Bornhofen

Das Konzept
Aktualität, Praxisbezug und eine ausgefeilte pädagogische Aufbereitung der Inhalte kennzeichnen die Werke von Bornhofen. Die **Zweibändigkeit** und die **Vernetzung** zwischen den Steuerlehre- und Buchführungsbüchern bei ständig aktueller Rechtslage gewährleisten das sichere Verständnis der beiden Sachgebiete als auch ihres wechselseitigen Zusammenhangs. Aufgaben verschiedener Schwierigkeitsgrade bringen die notwendige Sicherheit bei der Umsetzung des erlernten Wissens.

Der Veröffentlichungsrhythmus
Buchführung 1 und Steuerlehre 1 erscheinen der **laufenden** Rechtslage angepasst stets im **Juni** eines jeden Kalenderjahres. Der den Werken beigeordnete kostenlose **Aktualisierungsservice** informiert über Rechtsänderungen des bis Jahresende verbleibenden Zeitraums.

Buchführung 2 und Steuerlehre 2 erscheinen mit dem **vollständigen** Rechtsstand des Vorjahres stets im **Februar**. Gleichzeitig werden Ausblicke für das laufende Jahr geboten.

Die Autoren und das Team
Die inhaltliche und methodische Darstellung der Lehrbücher von *StD Dipl.-Hdl. Manfred Bornhofen* und *Dipl.-Kfm., CPA Martin Bornhofen* ist wesentlich geprägt durch ihre praktischen Erfahrungen in der Wirtschaft und der langjährigen Lehr- und Prüfungstätigkeit des ganzen Bornhofen-Teams in der Steuerfachangestelltenausbildung.

OStR, Dipl.-Hdl. Markus Bütehorn unterrichtet seit über 10 Jahren erfolgreich Steuerfachklassen in Neuwied (Rhein-Land-Pfalz). Er ist dort Mitglied des Prüfungsausschusses für Steuerfachangestellte.

Steuerberater, Dipl.-Kfm. Dr. Sebastian Gocksch war Mitarbeiter an einem Lehrstuhl für Betriebswirtschaftliche Steuerlehre und ist seit Jahren in der Praxis tätig.

OStR, Dipl.-Kfm. Reinhard Kintzel ist als erfahrener Steuerfachlehrer seit über 20 Jahren in verschiedenen Prüfungs- und Berufsbildungsgremien des Landes Niedersachsen tätig.

Finanzwirt, Dipl.-Hdl., StD Lothar Meyer ist seinerseits Mitglied verschiedener Prüfungs- und Lehrplankommissionsausschüsse des Landes Baden-Württemberg, aber vor allem mit ganzem Herzen Fachlehrer für Steuerrecht und Rechnungswesen.

Bornhofen

Die Lehrbücher

Buchführung 1
Grundlagen der Buchführung für Industrie- und Handelsbetriebe

Buchführung 2
Abschlüsse nach Handels- und Steuerrecht,
Betriebswirtschaftliche Auswertung, Vergleich mit den IAS/IFRS

Steuerlehre 1
Allgemeines Steuerrecht, Abgabenordnung, Umsatzsteuer

Steuerlehre 2
Einkommensteuer, Eigenheimzulage, Körperschaftsteuer,
Gewerbesteuer, Bewertungsgesetz und Erbschaftsteuer

Die Lösungsbücher

Zu den Lehrbüchern sind auch passende Lösungsbücher mit zusätzlichen Übungsaufgaben bzw. Fällen und Lösungen zur Rechtslage des Jahres 2006 erhältlich.

Manfred Bornhofen gehört zu den wenigen Autoren, die Gabler zu seinem 75-Jahre-Jubiläum 2004 für seine besonderen Leistungen als Autor mit dem Gabler-Award eigens ausgezeichnet hat.

Studiendirektor, Dipl.-Hdl. Manfred Bornhofen
Dipl.-Kfm., CPA Martin Bornhofen

Mitarbeiter:
OStR, Dipl.-Hdl. Markus Bütehorn
StB, Dipl.-Kfm. Dr. Sebastian Gocksch
OStR, Dipl.-Kfm. Reinhard Kintzel
Fw., Dipl.-Hdl., StD Lothar Meyer

Buchführung 1
DATEV-Kontenrahmen 2006

Grundlagen der Buchführung
für Industrie- und Handelsbetriebe

18., vollständig neubearbeitete Auflage

Bibliografische Information Der Deutschen Bibliothek
Die Deutsche Bibliothek verzeichnet diese Publikation in der Deutschen Nationalbibliografie;
detaillierte bibliografische Daten sind im Internet über <http://dnb.ddb.de> abrufbar.

Dieser Ausgabe liegt ein Post-it® Beileger der Firma
3M Deutschland GmbH bei.

Wir bitten unsere Leserinnen und Leser um Beachtung.

1. Auflage 1984
.
.
.
18., vollständig neubearbeitete Auflage Juni 2006

Alle Rechte vorbehalten
© Betriebswirtschaftlicher Verlag Dr. Th. Gabler | GWV Fachverlage GmbH, Wiesbaden 2006

Lektorat: Dr. Riccardo Mosena
Korrektorat: Inge Kachel-Moosdorf

Der Gabler Verlag ist ein Unternehmen von Springer Science+Business Media.
www.gabler.de

Das Werk einschließlich aller seiner Teile ist urheberrechtlich geschützt. Jede Verwertung außerhalb der engen Grenzen des Urheberrechtsgesetzes ist ohne Zustimmung des Verlags unzulässig und strafbar. Das gilt insbesondere für Vervielfältigungen, Übersetzungen, Mikroverfilmungen und die Einspeicherung und Verarbeitung in elektronischen Systemen.

Die Wiedergabe von Gebrauchsnamen, Handelsnamen, Warenbezeichnungen usw. in diesem Werk berechtigt auch ohne besondere Kennzeichnung nicht zu der Annahme, dass solche Namen im Sinne der Warenzeichen- und Markenschutz-Gesetzgebung als frei zu betrachten wären und daher von jedermann benutzt werden dürften.

Umschlaggestaltung: KünkelLopka Medienentwicklung, Heidelberg
Druck und buchbinderische Verarbeitung: LegoPrint, Lavis
Gedruckt auf säurefreiem und chlorfrei gebleichtem Papier
Printed in Italy

ISBN-10 3-8349-0169-5
ISBN-15 978-3-8349-0169-9

Vorwort zur 18. Auflage

Die **Buchführung 1** erscheint im **Juni** eines jeden Kalenderjahres mit dem aktuellen Rechtsstand des **laufenden** Jahres.

Zusammen mit der **Buchführung 2** deckt das Werk die grundlegenden Inhalte der Buchführung und des Jahresabschlusses ab.
Während die **Buchführung 2** die Abschlüsse nach Handels- und Steuerrecht (inklusive eines Vergleichs zu Abschlüssen nach IAS/IFRS) sowie deren betriebswirtschaftliche Auswertung behandelt, erläutert und erklärt die **Buchführung 1**

die Grundlagen der Buchführung für Industrie- und Handelsbetriebe.

Die 18., überarbeitete Auflage der Buchführung 1 berücksichtigt den **aktuellen Rechtsstand** des Jahres **2006**. Sollten sich nach dem Erscheinen der Buchführung 1 noch Rechtsänderungen für 2006 ergeben, können diese kostenlos im Internet unter

www.gabler.de/bornhofen

abgerufen werden.
Damit wird bei der Buchführung 1 der **vollständige Rechtsstand** des Jahres 2006 garantiert.

Rechtsänderungen gegenüber dem Vorjahr bzw. Änderungen, die sich ab 2006 ergeben, sind durch senkrechte Randlinien gekennzeichnet.

Zahlreiche erläuternde **Schaubilder, Beispiele, Wiederholungsfragen** und zu lösende **Übungsaufgaben** – basierend auf dem Rechtsstand des Jahres 2006 – unterstützen den Lernerfolg.
Zur Erleichterung der Erfolgskontrolle wird in umfangreichen Kapiteln bereits nach einzelnen Abschnitten unter dem Stichwort "**Übung**" auf die entsprechenden Wiederholungsfragen und Übungsaufgaben hingewiesen.
Die "**Zusammenfassenden Erfolgskontrollen**" bieten die Möglichkeit, auch Inhalte vorhergehender Kapitel in die laufende Erfolgskontrolle einzubeziehen.

Aufgrund der vielen **Vernetzungen**, die sich zwischen dem **Steuerrecht und** dem **Rechnungswesen** ergeben, wird mit einem **besonderen Symbol** (siehe Seite VI) auf Schnittstellen zu den Werken **Steuerlehre 1** und **Steuerlehre 2** sowie zur **Buchführung 2** und innerhalb der **Buchführung 1** hingewiesen. Somit wird ein optimaler Lernerfolg im Kontext Steuerrecht und Rechnungswesen auf stets aktueller Rechtslage gewährleistet.

Der Buchführung 1 liegen die DATEV-Kontenrahmen **SKR 04** und **SKR 03, gültig ab 1.1. 2006**, zugrunde. Diese sind nicht nur die in der Praxis am häufigsten verwendeten Kontenrahmen, sondern gleichzeitig auch zu anderen Kontenrahmen (z.B. GKR und IKR) kompatibel.
Beide Kontenrahmen sind mit Zustimmung der DATEV eG am Ende des Buches abgedruckt.

Für die Lösungen der Übungsaufgaben und für zusätzliche Aufgaben mit Lösungen ist ein **Lösungsbuch** erhältlich (**ISBN 3 – 8349 – 0170 – 9**).

Manfred Bornhofen
Martin C. Bornhofen

Erläuterung zu den in diesem Buch verwendeten Symbolen

| Die mit einer senkrechten Randlinie versehenen Seiten kennzeichnen die Rechtsänderungen gegenüber dem Vorjahr bzw. Änderungen, die sich ab 2006 ergeben.

Das Symbol **B 1** verweist auf die **Buchführung 1**, 18. Auflage.

Das Symbol **B 2** verweist auf die **Buchführung 2**, 17. Auflage.

Das Symbol **S 1** verweist auf die **Steuerlehre 1**, 27. Auflage.

Das Symbol **S 2** verweist auf die **Steuerlehre 2**, 26. Auflage.

Das Symbol **A L** verweist auf das **Lösungsbuch** zur **Buchführung 1**, 18. Aufl. und darin enthaltene zusätzliche Aufgaben mit Lösungen.

Inhaltsverzeichnis

A. Grundlagen der Buchführung für Industrie- und Handelsbetriebe

1 Einführung in das betriebliche Rechnungswesen 1
  1.1 Begriff 1
  1.2 Aufgaben des betrieblichen Rechnungswesens 2
  1.3 Buchführung als Teilbereich des betrieblichen Rechnungswesens ... 3
    1.3.1 Begriff 3
    1.3.2 Aufgaben der Buchführung 4
      1.3.2.1 Selbstinformation 4
      1.3.2.2 Rechenschaftslegung 4
      1.3.2.3 Besteuerungsgrundlagen 5
      1.3.2.4 Gläubigerschutz 5
      1.3.2.5 Beweismittel 5
  1.4 Erfolgskontrolle 5

2 Buchführungs- und Aufzeichnungsvorschriften 7
  2.1 Handels- und steuerrechtliche Buchführungspflicht 7
    2.1.1 Handelsrechtliche Buchführungspflicht 7
    2.1.2 Steuerrechtliche Buchführungspflicht 9
    2.1.3 Grundsätze ordnungsmäßiger Buchführung 11
    2.1.4 Verstöße gegen die Buchführungspflicht und mögliche Folgen 12
  2.2 Aufzeichnungspflichten 15
    2.2.1 Originäre Aufzeichnungspflichten 15
      2.2.1.1 Umsatzsteuerliche Aufzeichnungen 15
      2.2.1.2 Aufzeichnung des Wareneingangs 16
      2.2.1.3 Aufzeichnung des Warenausgangs 16
      2.2.1.4 Aufzeichnung bestimmter Betriebsausgaben 17
      2.2.1.5 Aufzeichnung geringwertiger Wirtschaftsgüter des Anlagevermögens 18
    2.2.2 Abgeleitete Aufzeichnungspflichten 18
    2.2.3 Folgen bei Nichterfüllung der Aufzeichnungspflichten 18
  2.3 Aufbewahrungspflichten der Buchführungs- und Aufzeichnungsunterlagen 19
  2.4 Erfolgskontrolle 21

3 Grundlagen der Finanzbuchführung 23
  3.1 Inventur und Inventar 23
    3.1.1 Inventur 23
    3.1.2 Inventar 25
    3.1.3 Zusammenfassung und Erfolgskontrolle 30
  3.2 Bilanz 32
    3.2.1 Form und Inhalt der Bilanz 32
    3.2.2 Gliederung der Bilanz 35
      3.2.2.1 Bilanzgliederung der Kapitalgesellschaften 35
      3.2.2.2 Bilanzgliederung der Nicht-Kapitalgesellschaften .. 35
    3.2.3 Zusammenfassung und Erfolgskontrolle 39
  3.3 Bestandsveränderungen 41
    3.3.1 Aktiv-Tausch 42

3.3.2 Aktiv-Passiv-Mehrung 43
3.3.3 Passiv-Tausch 44
3.3.4 Aktiv-Passiv-Minderung 45
3.3.5 Zusammenfassung und Erfolgskontrolle 46
3.4 Bestandskonten 48
   3.4.1 Eröffnung der Bestandskonten 48
      3.4.1.1 Eröffnung der Aktivkonten 49
      3.4.1.2 Eröffnung der Passivkonten 49
      3.4.1.3 Eröffnung der Aktiv- und Passivkonten 50
   3.4.2 Buchen auf Bestandskonten 51
      3.4.2.1 Buchen auf Aktivkonten 51
      3.4.2.2 Buchen auf Passivkonten 52
   3.4.3 Abschluss der Bestandskonten 53
   3.4.4 Buchungssatz 56
   3.4.5 Erfolgskontrolle 60
3.5 Erfolgskonten 64
   3.5.1 Betrieblich verursachte Eigenkapitaländerungen 64
      3.5.1.1 Betrieblich verursachte Eigenkapitalminderungen 64
      3.5.1.2 Betrieblich verursachte Eigenkapitalmehrungen 65
   3.5.2 Buchen auf Erfolgskonten 66
   3.5.3 Abschluss der Erfolgskonten 69
   3.5.4 Zusammenfassung und Erfolgskontrolle 72
3.6 Kontenrahmen und Kontenplan 78
   3.6.1 Zweck der Kontenrahmen 78
   3.6.2 Aufbau der Kontenrahmen SKR 03 und SKR 04 78
   3.6.3 Zusammenfassung und Erfolgskontrolle 83

■ **Zusammenfassende Erfolgskontrolle** 85

3.7 Abschreibung abnutzbarer Anlagegüter 86
   3.7.1 Ursachen der Abschreibung 86
   3.7.2 Berechnen der Abschreibung 87
   3.7.3 Buchen der Abschreibung 89
   3.7.4 Abschluss des Anlagekontos und des Abschreibungskontos 90
   3.7.5 Zusammenfassung und Erfolgskontrolle 92

■ **Zusammenfassende Erfolgskontrolle** 96

3.8 Warenkonten 97
   3.8.1 Wareneinkauf, Warenverkauf und Abschluss der Warenkonten .. 97
      3.8.1.1 Wareneingang 97
      3.8.1.2 Erlöse 98
      3.8.1.3 Bestand Waren und Bestandsveränderungen der Waren .. 100
   3.8.2 Ausweis der Warenkonten 107
   3.8.3 Erfolgskontrolle 108

■ **Zusammenfassende Erfolgskontrolle** 111

3.9 Umsatzsteuerkonten 112
   3.9.1 System der Umsatzsteuer 112
   3.9.2 Buchen auf Umsatzsteuerkonten 114
      3.9.2.1 Buchen der Vorsteuer 115
         3.9.2.1.1 Geleistete Anzahlungen 119

3.9.2.1.2 Gemischt genutzte Fahrzeuge	121
3.9.2.2 Buchen der Umsatzsteuer	123
3.9.2.2.1 Erhaltene Anzahlungen	126
3.9.2.3 Buchen der Umsatzsteuer-Vorauszahlungen	128
3.9.3 Abschluss der Umsatzsteuerkonten	132
3.9.4 Erfolgskontrolle	133
■ **Zusammenfassende Erfolgskontrolle**	136
3.10 Privatkonten	138
3.10.1 Privatentnahmen	138
3.10.1.1 Entnahme von Gegenständen	139
3.10.1.2 Private Nutzung betrieblicher Gegenstände	142
3.10.1.3 Andere unentgeltliche sonstige Leistungen	145
3.10.2 Buchen der Privatentnahmen	146
3.10.2.1 Buchen der Entnahme von Gegenständen	146
3.10.2.2 Buchen der privaten Nutzung betrieblicher Gegenstände	147
3.10.2.3 Buchen der anderen unentgeltlichen sonstigen Leistungen	153
3.10.3 Privateinlagen	154
3.10.4 Buchen der Privateinlagen	155
3.10.5 Abschluss der Privatkonten	155
3.10.6 Zusammenfassung und Erfolgskontrolle	157
■ **Zusammenfassende Erfolgskontrolle**	161
3.11 Hauptabschlussübersicht	163
3.11.1 Aufbau und Inhalt der Hauptabschlussübersicht	163
3.11.2 Zusammenfassung und Erfolgskontrolle	167
4 Beschaffung und Absatz	171
4.1 Warenbezugskosten	171
4.1.1 Überblick über die Bezugskosten	171
4.1.2 Steuerliche Bedeutung der Bezugskosten	172
4.1.3 Buchen der Bezugskosten	173
4.1.4 Abschluss der Bezugsnebenkostenkonten	177
4.1.5 Zusammenfassung und Erfolgskontrolle	178
■ **Zusammenfassende Erfolgskontrolle**	181
4.2. Warenvertriebskosten	183
4.2.1 Überblick über die Vertriebskosten	183
4.2.2 Steuerliche Bedeutung der Vertriebskosten	183
4.2.3 Buchen der Vertriebskosten	184
4.2.4 Abschluss der Vertriebskostenkonten	185
4.2.5 Zusammenfassung und Erfolgskontrolle	185
■ **Zusammenfassende Erfolgskontrolle**	188
4.3 Warenrücksendungen und Gutschriften	190
4.3.1 Buchen der Rücksendungen und Gutschriften auf der Einkaufsseite	190
4.3.2 Buchen der Rücksendungen und Gutschriften auf der Verkaufsseite	192
4.3.3 Zusammenfassung und Erfolgskontrolle	194
■ **Zusammenfassende Erfolgskontrolle**	196

4.4 Preisnachlässe und Preisabzüge 197
    4.4.1 Begriff und steuerliche Bedeutung der Rabatte, Skonti und Boni 197
    4.4.2 Buchen der Preisnachlässe und Preisabzüge auf der
         Einkaufsseite 198
         4.4.2.1 Erhaltene Rabatte 198
         4.4.2.2 Erhaltene Skonti 199
         4.4.2.3 Erhaltene Boni 202
    4.4.3 Buchen der Preisnachlässe und Preisabzüge auf der
         Verkaufsseite 204
         4.4.3.1 Gewährte Rabatte 204
         4.4.3.2 Gewährte Skonti 205
         4.4.3.3 Gewährte Boni 206
    4.4.4 Zusammenfassung und Erfolgskontrolle 207

■ **Zusammenfassende Erfolgskontrolle** 212

    4.5 Handelskalkulation 213
        4.5.1 Kalkulationsschema 213
        4.5.2 Kalkulationszuschlag 214
        4.5.3 Kalkulationsfaktor 215
        4.5.4 Handelsspanne 216
        4.5.5 Erfolgskontrolle 217
    4.6 Besonderheiten der Industriebuchführung 219
        4.6.1 Kauf von Roh-, Hilfs- und Betriebsstoffen 219
        4.6.2 Bestand Stoffe und Bestandsveränderungen der Stoffe 223
        4.6.3 Bestandsveränderungen der unfertigen und fertigen Erzeugnisse 225
        4.6.4 Erfolgskontrolle 227

■ **Zusammenfassende Erfolgskontrolle** 229

5 Personalwirtschaft 231

    5.1 Überblick über die Personalkosten 231
    5.2 Buchungsmethoden für Personalkosten 232
    5.3 Gesetzliche Unfallversicherung 238
    5.4 Geringverdiener (Auszubildende) 239
    5.5 Vorschüsse 240
    5.6 Vermögenswirksame Leistungen 243
    5.7 Geringfügige Beschäftigungen 247
        5.7.1 Geringfügig entlohnte Beschäftigung 247
            5.7.1.1 Geringfügig entlohnte Beschäftigung in Unternehmen 247
            5.7.1.2 Geringfügig entlohnte Beschäftigung in Privathaushalten 249
            5.7.1.3 Mehrere geringfügig entlohnte Beschäftigungen bei einem
                  Arbeitgeber 250
            5.7.1.4 Mehrere geringfügig entlohnte Beschäftigungen bei
                  verschiedenen Arbeitgebern..................... 251
            5.7.1.5 Geringfügig entlohnte Beschäftigung neben einer
                  versicherungspflichtigen Hauptbeschäftigung 252
        5.7.2 Kurzfristige Beschäftigung 253
    5.8 Gleitzone bei Arbeitsentgelten zwischen 400,01 € und 800,00 € 255
    5.9 Sachzuwendungen an Arbeitnehmer 258
        5.9.1 Wohnung und Unterkunft 258
        5.9.2 Verpflegung 262

      5.9.3 Gestellung von Kraftfahrzeugen 264
      5.9.4 Bezug von Waren 266
  5.10 Zusammenfassung und Erfolgskontrolle 268

- **Zusammenfassende Erfolgskontrolle** 277

6 Finanzwirtschaft 279
  6.1 Kaufmännische Zinsrechnung 279
      6.1.1 Zinsberechnung 279
            6.1.1.1 Berechnung von Jahreszinsen 279
            6.1.1.2 Berechnung von Tageszinsen 280
            6.1.1.3 Berechnung der Zinstage 281
      6.1.2 Berechnung von Kapital, Zinssatz und Zeit 281
            6.1.2.1 Berechnung des Kapitals 281
            6.1.2.2 Berechnung des Zinssatzes 282
            6.1.2.3 Berechnung der Zeit 282
      6.1.3 Summarische Zinsrechnung 283
      6.1.4 Erfolgskontrolle 284
  6.2 Währungsrechnen mit dem Euro 287
      6.2.1 Umrechnung von Euro in DM 287
      6.2.2 Umrechnung von DM in Euro 288
      6.2.3 Umrechnung zwischen nationalen Währungen 288
      6.2.4 Buchen der Euro-Rundungsdifferenzen 289
      6.2.5 Erfolgskontrolle 290
  6.3 Zahlungsverkehr 291
      6.3.1 Geldverrechnungskonten 291
      6.3.2 Personenkonten 293
            6.3.2.1 Buchen mit Debitoren 294
            6.3.2.2 Buchen mit Kreditoren 296
            6.3.2.3 Abschluss der Personenkonten 297
      6.3.3 Erfolgskontrolle 298
  6.4 Darlehen 299
      6.4.1 Darlehensaufnahme 299
      6.4.2 Darlehensrückzahlung 301
      6.4.3 Erfolgskontrolle 303
  6.5 Leasing 305
      6.5.1 Begriff des Leasing 305
      6.5.2 Zurechnung des Leasing-Gegenstandes beim Leasinggeber 306
      6.5.3 Zurechnung des Leasing-Gegenstandes beim Leasingnehmer ... 308
      6.5.4 Erfolgskontrolle 310
  6.6 Wechselverkehr 311
      6.6.1 Buchen der Besitzwechsel 311
            6.6.1.1 Besitzwechseleingang 311
            6.6.1.2 Besitzwechseleinzug 312
            6.6.1.3 Besitzwechselweitergabe 314
            6.6.1.4 Besitzwechseldiskontierung 315
      6.6.2 Buchen der Schuldwechsel 318
            6.6.2.1 Schuldwechselausgang 318
            6.6.2.2 Schuldwechseleinlösung 319
      6.6.3 Erfolgskontrolle 320

6.7 Wertpapiere 322
    6.7.1 Buchmäßige Einteilung der Wertpapiere 322
        6.7.1.1 Wertpapiere des Anlagevermögens 323
        6.7.1.2 Wertpapiere des Umlaufvermögens 323
    6.7.2 Buchen beim Kauf von Wertpapieren 324
        6.7.2.1 Kauf von Dividendenpapieren 324
        6.7.2.2 Kauf von festverzinslichen Wertpapieren 325
    6.7.3 Buchen von Zins- und Dividendenerträgen 328
        6.7.3.1 Zinserträge 328
        6.7.3.2 Dividendenerträge 330
    6.7.4 Buchen beim Verkauf von Wertpapieren 333
        6.7.4.1 Verkauf von Dividendenpapieren 333
        6.7.4.2 Verkauf von festverzinslichen Wertpapieren 336
    6.7.5 Erfolgskontrolle 339

■ **Zusammenfassende Erfolgskontrolle** 342

7 Anlagenwirtschaft 343
7.1 Sachanlagenverkehr 343
    7.1.1 Überblick über die Sachanlagegüter 343
    7.1.2 Buchen der Anschaffung von Sachanlagegütern 343
    7.1.3 Buchen der zu aktivierenden Eigenleistungen 347
    7.1.4 Buchen der Veräußerungen von Sachanlagegütern 351
        7.1.4.1 Bruttomethode 351
        7.1.4.2 Inzahlungnahme von Sachanlagegütern 344
    7.1.5 Geringwertige Wirtschaftsgüter 356
    7.1.6 Anlagenspiegel 360
    7.1.7 Geleistete Anzahlungen und Anlagen im Bau 362
7.2 Erfolgskontrolle 364

■ **Zusammenfassende Erfolgskontrolle** 369

8 Buchungen im Steuerbereich 371
8.1 Steuern und steuerliche Nebenleistungen 371
    8.1.1 Betriebssteuern 371
        8.1.1.1 Abzugsfähige Betriebssteuern 372
        8.1.1.2 Nicht abzugsfähige Betriebssteuern 375
    8.1.2 Privatsteuern 376
    8.1.3 Steuerliche Nebenleistungen 376
8.2 Steuerliche Sonderfälle 377
    8.2.1 Export - Import 377
        8.2.1.1 Innergemeinschaftlicher Erwerb 377
        8.2.1.2 Innergemeinschaftliche Lieferung 380
        8.2.1.3 Ausfuhrlieferung 382
        8.2.1.4 Leistungen im Sinne des § 13b UStG 383

8.2.2	Nicht abzugsfähige Betriebsausgaben		386
	8.2.2.1 Art und Umfang der nicht abzugsfähigen Betriebsausgaben		386
	8.2.2.2 Buchmäßige und steuerliche Behandlung von nicht abzugsfähigen Betriebsausgaben.		387
		8.2.2.2.1 Aufwendungen für Geschenke	387
		8.2.2.2.2 Bewirtungsaufwendungen	391
8.2.3	Reisekosten		395
	8.2.3.1 Buchung anhand von Einzelbelegen		397
	8.2.3.2 Buchung nach Pauschalbeträgen		398
		8.2.3.2.1 Kilometerpauschalen bei Geschäfts- und Dienstreisen	398
		8.2.3.2.2 Verpflegungspauschalen bei Geschäfts- und Dienstreisen	399
		8.2.3.2.3 Übernachtungspauschale bei Dienstreisen	399

8.3 Erfolgskontrolle 400

■ **Zusammenfassende Erfolgskontrolle** 405

Anhang 1 DATEV-Kontenrahmen SKR 04 407

Anhang 2 DATEV-Kontenrahmen SKR 03 431

Stichwortverzeichnis 454

Abkürzungsverzeichnis

A	=	Abschnitt
AAG	=	Aufwendungsausgleichsgesetz
AB	=	Anfangsbestand
AEAO	=	Anwendungserlass zur AO
AfA	=	Absetzung für Abnutzung
AG	=	Aktiengesellschaft
AktG	=	Aktiengesetz
AK	=	Anschaffungskosten
aLuL	=	aus Lieferungen und Leistungen
AN	=	Arbeitnehmer
ANK	=	Anschaffungsnebenkosten
AO	=	Abgabenordnung
AR	=	Ausgangsrechnung
AV	=	Anlagevermögen/Arbeitslosenversicherung
AWV	=	Arbeitsgemeinschaft für wirtschaftliche Verwaltung
B	=	Berichtigungsschlüssel
BA	=	Bundesanzeiger, Betriebsausgaben
BdF	=	Bundesministerium der Finanzen
BFH	=	Bundesfinanzhof
BGA	=	Betriebs- und Geschäftsausstattung
BGB	=	Bürgerliches Gesetzbuch
BNK	=	Bezugsnebenkosten
BiRiLiG	=	Bilanzrichtlinien-Gesetz
BMF	=	Bundesministerium der Finanzen
BpO	=	Betriebsprüfungsordnung
BStBl	=	Bundessteuerblatt
BuG	=	Betriebs- und Geschäftsausstattung
BV	=	Betriebsvermögen
BWA	=	Betriebswirtschaftliche Auswertung
DATEV	=	Datenverarbeitungsorganisation des steuerberatenden Berufes in der Bundesrepublik Deutschland eG
DB	=	Der Betrieb
EGAO	=	Einführungsgesetz zur Abgabenordnung
Eh.	=	Einzelhandel
e.K.	=	eingetragener Kaufmann
EK	=	Eigenkapital
ER	=	Eingangsrechnung
ESt	=	Einkommensteuer
EStDV	=	Einkommensteuer-Durchführungsverordnung
EStH	=	Amtliches Einkommensteuer-Handbuch
EStG	=	Einkommensteuergesetz
EStR	=	Einkommensteuer-Richtlinien
EU	=	Europäische Union
EUSt	=	Einfuhrumsatzsteuer
EV	=	Eigenverbrauch
EWWU	=	Europäische Wirtschafts- und Währungsunion
FA	=	Finanzamt
Fifo	=	First in first out
FK	=	Fremdkapital
GewSt	=	Gewerbesteuer
GKR	=	Gemeinschaftskontenrahmen der Industrie
GmbH	=	Gesellschaft mit beschränkter Haftung

GoBS	=	Grundsätze ordnungsmäßiger DV-gestützter Buchführungssysteme
GoS	=	Grundsätze ordnungsmäßiger Speicherbuchführung
GuVK	=	Gewinn- und Verlustkonto
GuVR	=	Gewinn- und Verlustrechnung
GWG	=	geringwertiges Wirtschaftsgut
H	=	Hinweise, Haben
HAÜ	=	Hauptabschlussübersicht
HB	=	Handelsbilanz
HGB	=	Handelsgesetzbuch
HK	=	Herstellungskosten
HR	=	Handelsregister
HRefH	=	Handelsrechtsreformgesetz
IKR	=	Industriekontenrahmen
K	=	Kontokorrent
KapCoRiLiG	=	Kapitalgesellschaften- und Co-Richtlinien-Gesetz
KG	=	Kommanditgesellschaft
KiSt	=	Kirchensteuer
KSt	=	Körperschaftsteuer
KV	=	Krankenversicherung
Lifo	=	Last in first out
LFZG	=	Lohnfortzahlungsgesetz
LSt	=	Lohnsteuer
LStDV	=	Lohnsteuer-Durchführungsverordnung
m.Z.	=	mit Zinsschein
ND	=	Nutzungsdauer
OFD	=	Oberfinanzdirektion
OHG	=	offene Handelsgesellschaft
o.Z.	=	ohne Zinsschein
PflegeVG	=	Pflegeversicherungsgesetz
PV	=	Pflegeversicherung
PublG	=	Publizitätsgesetz
R	=	Richtlinie
rkr.	=	rechtskräftig
RV	=	Rentenversicherung
Rz.	=	Randziffer/Randzahl
S	=	Soll
SachbezV	=	Sachbezugsverordnung
SB	=	Schlussbestand
SBK	=	Schlussbilanzkonto
SKR	=	Spezialkontenrahmen
sL	=	sonstige Leistungen
SolZ	=	Solidaritätszuschlag
SolZG	=	Solidaritätszuschlagsgesetz
StB	=	Steuerbilanz
StBereinG	=	Steuerbereinigungsgesetz
StEntlG	=	Steuerentlastungsgesetz 1999/2000/2002
StEuglG	=	Steuer-Euroglättungsgesetz
StSenkG	=	Steuersenkungsgesetz
StSenkErgG	=	Steuersenkungsergänzungsgesetz
SV	=	Saldovortrag
Tz.	=	Textziffer/Textzahl
U 1	=	Umlage 1
U 2	=	Umlage 2
USt	=	Umsatzsteuer

UStDV	=	Umsatzsteuer-Durchführungsverordnung
USt-IDNr.	=	Umsatzsteuer-Identifikationsnummer
USt-IDNrn.	=	Umsatzsteuer-Identifikationsnummern
UStR	=	Umsatzsteuer-Richtlinien
UV	=	Umlaufvermögen
vBP	=	vereidigter Buchprüfer
VermBG	=	Vermögensbildungsgesetz
VoSt	=	Vorsteuer
VSt	=	Vermögensteuer
VwL	=	vermögenswirksame Leistungen
VZ	=	Veranlagungszeitraum
WG	=	Wechselgesetz
WoBauFG	=	Wohnungsbauförderungsgesetz
WoPG	=	Wohnungsbau-Prämiengesetz
WP	=	Wirtschaftsprüfer
WStG	=	Wechselsteuergesetz
ZM	=	Zusammenfassende Meldung

A. Grundlagen der Buchführung

1 Einführung in das betriebliche Rechnungswesen

1.1 Begriff

Das **betriebliche Rechnungswesen** ist ein System zur Ermittlung, Verarbeitung, Speicherung und Abgabe von Informationen über ausgewählte wirtschaftliche und rechtliche Vorgänge eines Betriebes.
Nach dem Buchführungserlass aus dem Jahre 1937 wird das betriebliche Rechnungswesen in **vier Teilbereiche** gegliedert:

> 1. **Buchführung** (Zeitraumrechnung)
> 2. **Kalkulation** (Stückrechnung)
> 3. **Statistik** (Vergleichsrechnung) und
> 4. **Planung** (Vorschaurechnung)

Zu 1. Buchführung

Die **Buchführung** ist eine **Zeitraumrechnung**. Sie erfasst die Vermögens- und Kapitalbestände und deren Veränderung zum Zwecke der Ermittlung des Erfolges eines Rechnungszeitraumes (Jahr, Monat). Vermögen und Kapital werden nach Art, Menge und Wert aufgezeichnet. Der Erfolg kann Gewinn oder Verlust sein.
Die Buchführung wurde erstmals 1494 durch den Franziskanermönch **Luca Pacioli** zusammenfassend dargestellt.

Zu 2. Kalkulation

Die **Kalkulation** wird in der modernen Literatur als **Kosten- und Leistungsrechnung** bezeichnet. Die Kosten- und Leistungsrechnung ist eine **Stück- bzw. Leistungseinheitsrechnung**.
Die **Kostenrechnung** erfasst den in Geld bewerteten Gütereinsatz zur Herstellung von Erzeugnissen, zur Bereitstellung von Waren oder Dienstleistungen. Ihr Zweck ist die Ermittlung der Selbstkosten des hergestellten Produktes bzw. der Leistungseinheit.
Die **Leistungsrechnung** hat die Aufgabe, die betrieblichen Leistungen, gemessen an den Umsatzerlösen, Bestandsveränderungen und innerbetrieblichen Eigenleistungen, zu erfassen und sie den Kosten gegenüberzustellen.

Zu 3. Statistik

Die **Statistik** ist eine Vergleichsrechnung. Sie besteht in der zahlenmäßigen Erfassung von immer wiederkehrenden Vorgängen (Umsätze, Auftragseingänge, Zahlungsströme, Laufstunden von Maschinen). Als Quelle der Statistik dient die Buchführung mit ihren Belegen und Erhebungen durch unmittelbare Mengenfeststellung mittels Zählung.

Zu 4. Planung

Unter **Planung** ist eine Vorschaurechnung zu verstehen. Sie ist eine auf die Zukunft gerichtete Rechnung und besteht in der Aufstellung und Vorgabe von Sollzahlen für begrenzte Zeiträume oder Projekte.

1.2 Aufgaben des betrieblichen Rechnungswesens

Aufgaben des betrieblichen Rechnungswesens sind

> 1. die Ermittlung von Prognoseinformationen zur Unterstützung der betrieblichen Planung (**Entscheidungsvorbereitung**),
> 2. die Ermittlung von Vergangenheitsinformationen für Zwecke der Rechenschaftslegung (**Dokumentation**),
> 3. die Ermittlung von Informationen über Soll-Ist-Abweichungen (**Überwachung, Kontrolle**) und
> 4. die Steuerung fremden Verhaltens in Richtung auf betriebsziel-erfüllende Handlungsweisen (**Steuerung, Lenkung**).

Das betriebliche Rechnungswesen dient mit seiner **Informationsfunktion** vor allem der **Unternehmensführung** als Entscheidungsgrundlage und Frühwarnsystem. Die im betrieblichen Rechnungswesen vorhandenen Informationen stellen eine fundierte Basis für betriebswirtschaftliche Entscheidungen (z.B. Investitionen) dar und zeigen beim Abweichen von vorgegebenen Werten der Unternehmensführung frühzeitig Handlungsbedarf an.

Das betriebliche Rechnungswesen hat aber auch die Aufgabe die **Außenwelt zu informieren**. So sind z.B. große Kapitalgesellschaften (z.B. Aktiengesellschaften) verpflichtet, ihre **Bilanz, Gewinn- und Verlustrechnung, Anhang** und ihren **Lagebericht** bekanntzumachen und die Unterlagen beim Handelsregister einzureichen (§ 325 Abs. 2 HGB).

Ebenfalls informiert das betriebliche Rechnungswesen über wesentliche **Besteuerungsgrundlagen** (z.B. **Umsatz, Gewinn**). Die Finanzverwaltung (**Finanzamt**) hat das **Recht nachzuprüfen, ob** die in den Steuererklärungen angegebenen **Besteuerungsgrundlagen stimmen**. Bei einer Prüfung wird mit Hilfe des betrieblichen Rechnungswesens festgestellt, ob die Steuern in der gesetzlich geschuldeten Höhe entrichtet worden sind.

Bei der Erfüllung der Aufgaben ist das betriebliche Rechnungswesen als **dynamisches System** anzusehen. Die relevanten Informationen werden zunächst **erhoben** (z.B. Belege), **gespeichert** (z.B. kontiert), **verarbeitet** (z.B. gebucht) und **erneut gespeichert** (z.B. Bilanz), bevor sie an interne (z.B. Unternehmensführung) oder externe Adressaten (z.B. Aktionäre) **abgegeben** werden.

1.3 Buchführung als Teilbereich des betrieblichen Rechnungswesens

1.3.1 Begriff

Die wirtschaftlichen und rechtlichen Vorgänge, die das betriebliche Rechnungswesen umfasst, verändern ständig **Vermögen und Schulden** eines Unternehmens, und zwar durch

- Einkäufe,
- Lagerungen,
- Nutzung und Verbrauch von Gebäuden, Maschinen, Werkzeugen, Werkstoffen,
- Inanspruchnahme von Dienstleistungen und
- Verkäufe.

Diese Vorgänge bezeichnet man als **Geschäftsvorfälle**. Die planmäßige, lückenlose und ordnungsmäßige **Erfassung der Geschäftsvorfälle** eines Unternehmens mit ihrem wesentlichen Inhalt und ihrem Geldwert mit Hilfe von Belegen bezeichnet man als **Buchführung**.

Die **Art der Geschäftsvorfälle** ist davon abhängig, welchem **Wirtschaftszweig (Industrie oder Handel)** ein Unternehmen angehört.
Damit **alle Arten der Geschäftsvorfälle** dargestellt werden können, wird im Folgenden von einem **kombinierten Industrie- und Handelsbetrieb**, der J & M Möbelfabrik GmbH, ausgegangen, der neben **industriellen Erzeugnissen** (Tische), die **selbst hergestellt** werden, noch **Handelswaren** (Stühle) führt, die **ohne** Be- oder Verarbeitung weiterverkauft werden:

Buchungsrelevante Vorgänge (**Geschäftsvorfälle**) der **J & M Möbelfabrik GmbH**	
	Beispiele:
Industrie	Kauf einer Kreissäge auf Ziel (auf Kredit) 3.000,00 Euro Kauf einer Fräsmaschine gegen Bankscheck 5.000,00 Euro Barkauf von Holz für Tische 500,00 Euro Zielkauf von Schrauben für Tische 50,00 Euro Zielkauf von Farben für Tische 250,00 Euro Barkauf von Schmieröl für die Fräsmaschine 110,00 Euro Verkauf von Fertigerzeugnissen (Tischen) auf Ziel 2.500,00 Euro
Handel	Kauf von Stühlen gegen Bankscheck 650,00 Euro Zielverkauf von Stühlen 1.200,00 Euro

1.3.2 Aufgaben der Buchführung

Die **Buchführung** bildet mit ihrem Zahlenmaterial heute eine **wichtige Grundlage** für das **gesamte betriebliche Rechnungswesen**. Die **Buchführung dient** vor allem:

1. der **Selbstinformation** des Unternehmers,
2. der **Rechenschaftslegung** gegenüber den Gesellschaftern,
3. dem Nachweis der **Besteuerungsgrundlagen**,
4. dem **Gläubigerschutz** und
5. als **Beweismittel**.

1.3.2.1 Selbstinformation

Anhand der **Buchführung** kann sich der Unternehmer darüber **informieren**:

- wie sich sein Vermögen und seine Schulden zusammensetzen und verändern,
- welchen Gewinn oder Verlust er innerhalb eines Zeitraums erwirtschaftet hat,
- welche Aufwendungen und Erträge seinen Erfolg im Einzelnen nach Art und Höhe beeinflusst haben,
- wie hoch seine Privatentnahmen sind.

1.3.2.2 Rechenschaftslegung

Oft ist ein **Einzelunternehmer nicht** in der Lage, das erforderliche **Eigenkapital allein aufzubringen**. Andere beteiligen sich an dem Unternehmen, das dann in der Form einer **Gesellschaft** betrieben wird.
Die kapitalmäßige Beteiligung ist nicht immer mit einer Beteiligung an der Geschäftsführung verbunden, so dass Kapital**geber** und Kapital**verwalter verschiedene Personen** sind. Dies gilt z.B. für die stille Gesellschaft, die Kommanditgesellschaft (KG), die GmbH und die AG.
Wer fremdes Kapital verwaltet, schuldet dem Kapital**geber Rechenschaft** über seine **Verwaltung**. Dieser allgemeine Grundsatz gilt auch im Gesellschaftsrecht.
Grundlage der **Rechenschaftslegung** ist die **Buchführung**.

1.3.2.3 Besteuerungsgrundlagen

Wesentliche **Besteuerungsgrundlagen** ergeben sich aus der **Buchführung** (z.B. **Umsatz, Gewinn**).

Das **Finanzamt** hat das **Recht**, die **Besteuerungsgrundlagen** zu **überprüfen**.

Bei einer Prüfung dient die **Buchführung** als Kontrollmittel. Mit ihrer Hilfe kann festgestellt werden, ob die Steuern in der gesetzlich geschuldeten Höhe entrichtet worden sind.

1.3.2.4 Gläubigerschutz

Die **Buchführung** dient **direkt** und **indirekt** auch dem **Gläubigerschutz**.

Der **direkte** Gläubigerschutz besteht z.B. darin, dass sich eine Bank anhand geprüfter Buchführungszahlen vor der Gewährung eines Kredits ein Urteil über die Kreditwürdigkeit des Kreditnehmers bildet und sich während der Laufzeit des Kredits Kenntnisse über dessen wirtschaftliche Lage verschafft.

Indirekt dient die Buchführung dem Gläubigerschutz, wenn sie den Unternehmer davor bewahrt, die eigene wirtschaftliche Lage falsch zu beurteilen, falsche unternehmerische Entscheidungen zu treffen und durch zu hohe Privatentnahmen die Haftungsmasse (= das Vermögen) zum Nachteil der Gläubiger zu verringern.

1.3.2.5 Beweismittel

Schließlich können Handelsbücher in einem Prozess als **Beweismittel** dienen. Das **Gericht** kann die Vorlegung der Handelsbücher anordnen (§ 258 Abs. 1 HGB).

Welche Beweiskraft den vorgelegten Büchern beizulegen ist, entscheidet der Richter nach dem prozessualen Grundsatz freier Beweiswürdigung; ggf. zieht er einen vereidigten Buchprüfer bzw. Wirtschaftsprüfer als Sachverständigen hinzu.

1.4 Erfolgskontrolle

WIEDERHOLUNGSFRAGEN

1. Was versteht man unter dem betrieblichen Rechnungswesen?
2. Was bezeichnet man als Buchführung?
3. In welche Teilbereiche kann das Rechnungswesen gegliedert werden?
4. Welche Aufgaben hat das betriebliche Rechnungswesen zu erfüllen?
5. Welches Interesse hat das Finanzamt an der Buchführung?

ÜBUNGSAUFGABEN

Übungsaufgabe 1:

Welcher der nachstehenden Arbeitsbereiche gehört nicht zu den Teilbereichen des betrieblichen Rechnungswesens? Kreuzen Sie die richtige Lösung an.

(a) Kalkulation
(b) Statistik
(c) Werbung
(d) Buchführung

Übungsaufgabe 2:

Setzen Sie die gesuchten Aufgaben der Buchführung in die richtigen Zeilen ein. Die Buchstaben in den unterlegten Feldern ergeben das Lösungswort.

Wenn die Buchführung die ihr gestellten Aufgaben erfüllt, dann kann

1. sich der Unternehmer selbst einen Überblick über die Zusammensetzung seines Vermögens und seiner Schulden verschaffen,

2. ein Gesellschafter des Unternehmens die Geschäftsführung kontrollieren,

3. sie auch vor Gericht verwertet werden,

4. das Finanzamt prüfen, ob der in der Steuererklärung ausgewiesene Gewinn stimmt,

5. die Hausbank die Kreditwürdigkeit prüfen.

Lösungswort:

1	2	3	4	5	6	7	8	9	10
						K			

2 Buchführungs- und Aufzeichnungsvorschriften

2.1 Handels- und steuerrechtliche Buchführungspflicht

Ob Bücher zu führen sind, ist **nicht** in das Ermessen des Unternehmers gestellt. Der Unternehmer ist vielmehr **gesetzlich verpflichtet**, Bücher zu führen, wenn bestimmte Voraussetzungen erfüllt sind. Buchführungsvorschriften sind sowohl im **Handelsrecht** als auch im **Steuerrecht** enthalten.

2.1.1 Handelsrechtliche Buchführungspflicht

Die **handelsrechtliche** Buchführungspflicht knüpft an die **Kaufmannseigenschaft** an. Nach § 238 Abs. 1 Satz 1 HGB ist jeder **Kaufmann** verpflichtet, Bücher zu führen. **Kaufmann** ist, wer ein **Handelsgewerbe** betreibt (§ 1 **Abs. 1** HGB).

Handelsgewerbe ist jeder **Gewerbebetrieb**, es sei denn, dass das Unternehmen nach Art oder Umfang einen in kaufmännischer Weise eingerichteten Geschäftsbetrieb (kaufmännische Organisation) **nicht** erfordert (§ 1 Abs. 2 HGB). Ob ein **Gewerbebetrieb** vorliegt, richtet sich nach den Merkmalen des **§ 15 Abs. 2 EStG**.
Ein **Gewerbebetrieb** liegt nach § 15 Abs. 2 EStG vor, wenn folgende Merkmale erfüllt sind:

- Selbständigkeit,
- Nachhaltigkeit,
- Gewinnerzielungsabsicht,
- Beteiligung am allgemeinen wirtschaftlichen Verkehr und
- keine Land- und Forstwirtschaft, keine freie Berufstätigkeit und keine andere selbständige Arbeit.

Unternehmer, die einen **Gewerbebetrieb** im Sinne des § 15 Abs. 2 EStG führen, bezeichnet man als **gewerbliche Unternehmer**.

Beispiel:
Der ehemalige Kellner Hans Müller pachtet eine Gastwirtschaft, die er auf eigene Rechnung bewirtschaftet. Er beschäftigt keine Angestellte.

Hans Müller ist **gewerblicher Unternehmer**, weil er einen Gewerbebetrieb führt, bei dem alle Merkmale des § 15 Abs. 2 EStG erfüllt sind.

Gewerbliche Unternehmer, deren Unternehmen nach Art oder Umfang einen in kaufmännischer Weise eingerichteten Geschäftsbetrieb **nicht** erfordert (**Kleingewerbetreibende**), sind **keine Kaufleute**.
Anhaltspunkte für einen in kaufmännischer Weise eingerichteten Geschäftsbetrieb (**kaufmännische Organisation**) sind z.B.:

- ein hoher Umsatz,
- eine hohe Mitarbeiterzahl,
- ein umfangreiches Warenangebot,
- vielfältige Geschäftskontakte.

Beispiel:
Bei dem gewerblichen Unternehmer Hans Müller (Beispiel zuvor) liegen keine Anhaltspunkte für eine kaufmännische Organisation vor.

Hans Müller ist als Kleingewerbetreibender **kein Kaufmann** und damit nach § 238 HGB **nicht buchführungspflichtig**.

Gewerbliche Unternehmer, deren Unternehmen nach Art oder Umfang einen in kaufmännischer Weise eingerichteten Geschäftsbetrieb (**kaufmännische Organisation**) erfordert, sind **Kaufleute** und damit **verpflichtet, Bücher zu führen** (§ 238 Abs. 1 Satz 1 HGB).

Beispiel:
Franz-J. Wichtig hat in diesem Jahr einen Supermarkt in Bonn eröffnet. Er beschäftigt 15 Arbeitskräfte. Wichtig rechnet in diesem Jahr mit einem Umsatz von 500.000 € und einem Gewinn von 50.000 €.

Franz-J. Wichtig ist **Kaufmann** und damit **buchführungspflichtig**, weil sein Gewerbebetrieb eine kaufmännische Organisation erfordert (hoher Umsatz, hohe Mitarbeiterzahl, umfangreiches Warenangebot, vielfältige Geschäftskontakte).

Handelsrechtlich buchführungspflichtig ist **jeder gewerbliche Unternehmer**, dessen Unternehmen nach Art oder Umfang einen in kaufmännischer Weise eingerichteten Geschäftsbetrieb erfordert, **unabhängig** von der **Eintragung** in das Handelsregister.

Für **Kleingewerbetreibende** besteht die Möglichkeit, die **Kaufmannseigenschaft** freiwillig durch **Eintragung** in das Handelsregister zu erlangen.
Ein gewerbliches Unternehmen, dessen Gewerbebetrieb nicht schon nach § 1 Abs. 2 HGB Handelsgewerbe ist, **gilt** als **Handelsgewerbe** i.S.d. HGB, **wenn** die Firma des Unternehmens in das Handelsregister **eingetragen** ist (§ 2 HGB).
Mit der Erlangung der **Kaufmannseigenschaft** wird der **Kleingewerbetreibende** handelsrechtlich **buchführungspflichtig**.

Beispiel:
Der gewerbliche Unternehmer Hans Müller, dessen Unternehmen **keine** kaufmännische Organisation erfordert, lässt sich **freiwillig** in das Handelsregister eintragen und firmiert in Zukunft "Hans Müller e.K.".

Hans Müller ist durch Eintragung **Kaufmann** und damit **buchführungspflichtig**.

Land- und Forstwirte und Handelsgesellschaften (z.B. AG, GmbH, KG, OHG), die keine gewerblichen Unternehmen sind, werden ebenfalls **durch Eintragung** in das Handelsregister zum **Kaufmann und** damit **buchführungspflichtig** (§§ 3 und 6 HGB).

Zusammenfassung zu Abschnitt 2.1.1:

2.1.2 Steuerrechtliche Buchführungspflicht

Die **steuerrechtliche** Buchführungspflicht ist in den §§ 140 AO und 141 AO geregelt. Sie wird auch als abgeleitete und originäre Buchführungspflicht bezeichnet.

Die **abgeleitete** Buchführungspflicht ist in **§ 140 AO** geregelt und lautet:

> "Wer nach **anderen Gesetzen als den Steuergesetzen** Bücher ... zu führen hat, die für die Besteuerung von Bedeutung sind, hat die Verpflichtung, die ihm nach den anderen Gesetzen obliegen, auch für die Besteuerung zu erfüllen."

Unter § 140 AO fallen alle **Kaufleute**, denn sie sind **nach "Nichtsteuergesetzen"** (z. B. nach dem **HGB**) verpflichtet, **Bücher zu führen**.
Darüber hinaus werden **Gewerbetreibende sowie Land- und Forstwirte**, soweit sie nicht Kaufleute sind und damit bereits durch § 140 AO erfasst werden, nach **§ 141 AO** buchführungspflichtig, wenn sie bestimmte Grenzen überschreiten (= **originäre** Buchführungspflicht).
Gewerbetreibende sowie **Land- und Forstwirte**, die nach den Feststellungen der Finanzbehörde für den einzelnen Betrieb die folgenden Grenzen überschreiten, sind nach **§ 141 AO** buchführungspflichtig:

1. **Umsätze** von mehr als **350.000 Euro** im Kalenderjahr oder
2. selbstbewirtschaftete land- und forstwirtschaftliche Fläche mit einem **Wirtschaftswert** (§ 46 BewG) von mehr als **25.000 Euro** oder
3. **Gewinn aus Gewerbebetrieb** von mehr als **30.000 Euro** im Wirtschaftsjahr oder
4. **Gewinn aus Land- und Forstwirtschaft** von mehr als **30.000 Euro** im Kalenderjahr.

Ab 1.1.2007 soll die Umsatzgrenze von 350.000 € auf **500.000 Euro** erhöht werden.

Die **Finanzbehörde** hat den Steuerpflichtigen auf den **Beginn** der Buchführungspflicht **hinzuweisen**. Diese Mitteilung soll dem Steuerpflichtigen **mindestens einen Monat** vor Beginn des Wirtschaftsjahres bekannt gegeben werden, von dessen Beginn ab die Buchführungspflicht zu erfüllen ist (AEAO zu § 141, Nr. 4 Sätze 1 und 2).

Beispiel:
Der Kioskbesitzer A, Koblenz, der Einkünfte aus Gewerbebetrieb erzielt, ist **kein Kaufmann**. Anhand seiner Einkommensteuer- und Umsatzsteuererklärung für das Jahr 2005 stellt die Finanzbehörde folgende Beträge fest:

Umsatz	150.000 EUR
Gewinn aus Gewerbebetrieb	32.000 EUR

Nach § 140 AO ist A **nicht buchführungspflichtig**, weil er als Nichtkaufmann keine Bücher führen muss. Nach § 141 AO ist A jedoch **buchführungspflichtig**, weil er die Betragsgrenze des § 141 Abs. 1 Nr. 4 AO (Gewinn aus Gewerbebetrieb) überschreitet.

Selbständig Tätige mit Einkünften im Sinne des § 18 EStG (z.B. Ärzte, Rechtsanwälte, Wirtschaftsprüfer, Steuerberater) **fallen nicht unter § 141 AO**.

> **Übung:** 1. Wiederholungsfragen 1 bis 4 (Seite 21),
> 2. Übungsaufgaben 1 und 2 (Seite 21 f.)

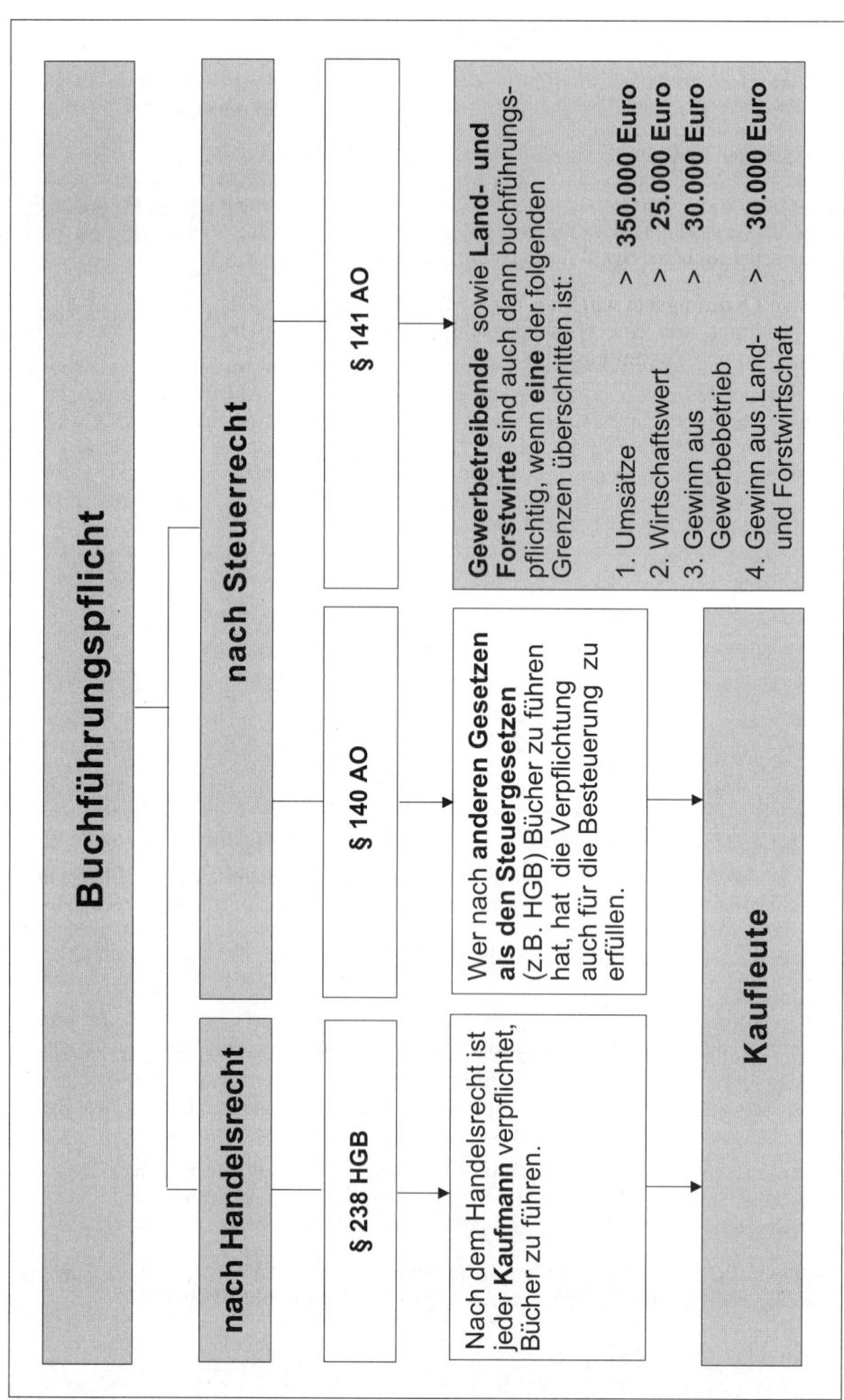

2.1.3 Grundsätze ordnungsmäßiger Buchführung

Sowohl das **Handelsrecht** als auch das **Steuerrecht** verlangen vom Buchführungspflichtigen, dass er bestimmte **Buchführungsgrundsätze** beachtet.

§ 238 Abs. 1 HGB verpflichtet jeden **Kaufmann**, in seinen Büchern seine Handelsgeschäfte und die Lage seines Vermögens nach den **Grundsätzen ordnungsmäßiger Buchführung** (**GoB**) ersichtlich zu machen. Nach den Vorschriften der **§§ 140 und 141 AO** gelten die Grundsätze ordnungsmäßiger Buchführung (**GoB**) auch für den **steuerrechtlich** zur Buchführung Verpflichteten.

In den **Ordnungsvorschriften** der §§ 238, 239 und 257 HGB sowie in § 146 AO ist bestimmt, wie eine ordnungsmäßige Buchhaltung beschaffen sein muss. Eine Buchführung ist **ordnungsgemäß**, wenn

- die für die kaufmännische Buchführung **erforderlichen Bücher** geführt werden,
- die **Bücher förmlich in Ordnung** sind und
- der **Inhalt sachlich richtig** ist (H 29 (GoB) EStH).

Für die **Ordnungsmäßigkeit einer Buchführung** hat die Arbeitsgemeinschaft für wirtschaftliche Verwaltung e.V. (**AWV**), Eschborn, folgende **Kernpunkte** aufgestellt, die auch als **Grundsätze ordnungsmäßiger DV-gestützter Buchführungssysteme** (**GoBS**) gelten (BMF-Schreiben vom 7.11.1995, BStBl 1995 I S. 738 ff.; siehe auch Anhang 10 (IV) EStH):

Die buchungsmäßigen Geschäftsvorfälle müssen richtig, vollständig und zeitgerecht erfasst sein sowie sich in ihrer Entstehung und Abwicklung verfolgen lassen (**Beleg- und Journalfunktion**).

Die Geschäftsvorfälle sind so zu verarbeiten, dass sie geordnet darstellbar sind und ein Überblick über die Vermögens- und Ertragslage gewährleistet ist (**Kontenfunktion**).

Die **Buchungen** müssen einzeln und geordnet nach Konten und diese fortgeschrieben nach Kontensummen oder Salden sowie nach Abschlussposten dargestellt und jederzeit lesbar gemacht werden können.

Ein **sachverständiger Dritter** muss sich in dem jeweiligen Verfahren der Buchführung in angemessener Zeit zurechtfinden und sich einen Überblick über die Geschäftsvorfälle und die Lage des Unternehmens verschaffen können.

Das Verfahren der DV-Buchführung muss durch eine **Verfahrensdokumentation**, die sowohl die aktuellen als auch die historischen Verfahrensinhalte nachweist, verständlich und nachvollziehbar gemacht werden.

Das in der Dokumentation beschriebene Verfahren muss dem in der Praxis eingesetzten Programm (Version) voll entsprechen (**Programmidentität**).

Übung: Wiederholungsfrage 5 (Seite 21)

2.1.4 Verstöße gegen die Buchführungspflicht und mögliche Folgen

Gegen die **Buchführungspflicht verstößt, wer** entweder

- **keine Bücher führt**, obwohl er dazu verpflichtet ist,
oder
- seine **Bücher mangelhaft führt**.

Bei mangelhafter Führung der Bücher ist zwischen **formellen** und **sachlichen** Mängeln zu unterscheiden.

Beispiele für formelle Mängel:

- Abkürzungen, Ziffern, Buchstaben oder Symbole werden nicht eindeutig verwendet (z.B. Abkürzung "Ba" bedeutet einmal bar, dann Bank, dann Büroausstattung, dann Barscheck usw.);
- eine Buchung wird so verändert (z.B. durch Überschreiben oder Durchstreichen), dass ihr ursprünglicher Inhalt nicht mehr feststellbar ist;
- Buchungen werden in Bleistift vorgenommen;
- Buchungen werden mit Tintenex oder auf andere Weise entfernt;
- Kasseneinnahmen und Kassenausgaben werden nicht täglich, sondern in größeren Zeitabständen festgehalten;
- Buchungen werden nicht in der Zeitfolge, sondern zeitlich ungeordnet vorgenommen;
- die Buchführung ist durch viele Stornobuchungen, Umbuchungen und Nachtragsbuchungen nicht mehr so klar und übersichtlich, dass sie einem sachverständigen Dritten innerhalb angemessener Frist einen Überblick über die Geschäftsvorfälle und die Vermögenslage ermöglicht.

Beispiele für sachliche Mängel:

- Ein buchungspflichtiger Geschäftsvorfall (z.B. der Barverkauf von Waren) ist nicht gebucht;
- ein fingierter (d.h. nicht existierender) Geschäftsvorfall (z.B. Privateinlage des Inhabers) wurde gebucht;
- ein Geschäftsvorfall wurde unvollständig gebucht (z.B. von einer Tageskasseneinnahme über 3.500 Euro wurden nur 3.200 Euro gebucht),
- ein Geschäftsvorfall (z.B. ein Kreditkauf von Waren) wurde im falschen Abrechnungszeitraum gebucht.

Ein **Kaufmann** kann **nicht unmittelbar** zur Erfüllung seiner **handelsrechtlichen** Buchführungs- und Bilanzierungspflicht **gezwungen werden**.

Die **Nichterfüllung** dieser Pflichten führt jedoch zur **Bestrafung**, wenn der Kaufmann seine Zahlungen eingestellt hat oder über sein Vermögen das Insolvenzverfahren eröffnet wurde (Fälle des einfachen und betrügerischen **Bankrotts**, §§ 283 und 283b Strafgesetzbuch).

Hat ein **steuerrechtlich** zur Buchführung Verpflichteter **keine Bücher geführt**, kann die Finanzbehörde die Erfüllung der Buchführungspflicht durch Auferlegung eines **Zwangsgeldes** erzwingen(§ 328 AO).
Das einzelne **Zwangsgeld** kann bis zu **25.000 Euro** betragen (§ 329 AO).

Bei fehlender Buchführung hat das Finanzamt die **Besteuerungsgrundlagen zu schätzen** (§ 162 AO).

Bei **formellen Mängeln** wird die Ordnungsmäßigkeit der Buchführung grundsätzlich **nicht** berührt, wenn die formellen Mängel so **gering** sind, dass das sachliche Ergebnis der Buchführung nicht beeinflusst wird (R 5.2 Abs. 2 EStR 2005).

Schwere und gewichtige formelle Mängel, die das Wesen der kaufmännischen Buchführung berühren, können dagegen zur **Verwerfung der Buchführung** führen.

Enthält die Buchführung **materielle Mängel**, so wird ihre Ordnungsmäßigkeit dadurch **nicht** berührt, **wenn** es sich um **unwesentliche** Mängel handelt, z.B. nur unbedeutende Vorgänge sind nicht oder falsch dargestellt. Derartige Fehler sind dann zu **berichtigen** oder das Buchführungsergebnis ist durch eine **Zuschätzung** (Ergänzungsschätzung) richtigzustellen (R 5.2 Abs. 2 EStR 2005).

Enthält die Buchführung dagegen **wesentliche**, also **schwerwiegende materielle Mängel**, so ist die Buchführung **nicht mehr ordnungsgemäß**. In diesem Fall ist eine **Vollschätzung** erforderlich (R 4.1 Abs. 2 Satz 3 EStR 2005).

Eine **Vollschätzung** nach § 162 AO ist vorzunehmen, wenn die Buchführung so schwerwiegende formelle und/oder materielle Mängel enthält, dass das ausgewiesene Buchergebnis auch durch eine Zuschätzung nicht richtig gestellt werden kann.

Die Inanspruchnahme von Steuervergünstigungen ist seit 1975 **nicht mehr von dem Vorliegen einer ordnungsmäßigen Buchführung abhängig.**

Werden buchungspflichtige Geschäftsvorfälle leichtfertig oder vorsätzlich nicht oder falsch gebucht und wird dadurch eine Verkürzung der Steuereinnahmen ermöglicht, liegt eine **Steuergefährdung** (= Ordnungswidrigkeit) vor, die mit einer **Geldbuße bis zu 5.000 Euro** geahndet werden kann (§ 379 AO).

Bei einer **Steuerverkürzung** im Sinne des § 378 AO kann die **Geldbuße** sogar **bis zu 50.000 Euro** betragen.

Liegt der Tatbestand der **Steuerhinterziehung** vor (§ 370 AO), können **Geldstrafen oder Freiheitsstrafen bis zu fünf Jahren**, in besonders schweren Fällen **bis zu zehn Jahren** verhängt werden.
Bei **gewerbsmäßiger oder bandenmäßiger Steuerhinterziehung** ist eine Freiheitsstrafe von **einem Jahr** bis zu **zehn Jahren** vorgesehen (§ 370a AO).

Das **Schaubild** auf der folgenden Seite gibt einen Überblick über die **Verstöße gegen** die steuerrechtliche **Buchführungspflicht und mögliche Folgen.**

Verstöße gegen die Buchführungsvorschriften und mögliche Folgen

Verstöße gegen steuerrechtliche Buchführungsvorschriften	mögliche Folgen
Verpflichteter führt **keine Bücher**	Zwangsgeld bis **25.000 Euro**; Vollschätzung; bei Steuergefährdung Geldbuße bis **5.000 Euro**; bei Steuerverkürzung Geldbuße bis **50.000 Euro**; bei Steuerhinterziehung Geld- oder Freiheitsstrafen.
Verpflichteter **führt Bücher mit** geringfügigen formellen oder unwesentlichen sachlichen Mängeln	Berichtigung durch Zuschätzung
Verpflichteter **führt Bücher mit** schweren und gewichtigen formellen oder sachlichen Mängeln	Verwerfung der Buchführung; Vollschätzung; bei Steuergefährdung Geldbuße bis **5.000 Euro**; bei Steuer**verkürzung** Geldbuße bis **50.000 Euro**; bei Steuer**hinterziehung** Geld- oder Freiheitsstrafen.

2.2 Aufzeichnungspflichten

Im **Steuerrecht** wird unterschieden zwischen **Buchführung und Aufzeichnungen**.

Die Buchführung erfasst **alle** Geschäftsvorfälle nach einem bestimmten **System** (z.B. doppelte Buchführung).

Aufzeichnungen erfassen **nur bestimmte** steuerlich bedeutsame Sachverhalte.

Die **Buchführung** ist also **umfassender als** die **Aufzeichnungen**.

Aufzeichnungen sind so vorzunehmen, dass der **Zweck** erreicht wird, den sie für die Besteuerung erfüllen sollen.

Die **Ordnungsvorschriften** des § 146 AO gelten **sowohl** für die **Buchführung als auch** für die **Aufzeichnungen**.

Bei den **Aufzeichnungspflichten** sind zu unterscheiden:

> 1. die **originären** Aufzeichnungspflichten und
> 2. die **abgeleiteten** Aufzeichnungspflichten.

2.2.1 Originäre Aufzeichnungspflichten

Unter **originären** steuerrechtlichen **Aufzeichnungspflichten** sind solche zu verstehen, die sich **unmittelbar** aus Steuergesetzen ergeben.

Die wichtigsten **originären** Aufzeichnungspflichten werden im Folgenden erläutert.

2.2.1.1 Umsatzsteuerliche Aufzeichnungen

Der **Unternehmer** ist nach **§ 22 UStG** verpflichtet, zur Feststellung der Umsatzsteuer und der Grundlagen ihrer Berechnung Aufzeichnungen zu machen.

Aus den Aufzeichnungen müssen u.a. zu ersehen sein:

> 1. die vereinbarten bzw. vereinnahmten **Entgelte** für die vom Unternehmer **ausgeführten** Leistungen. Dabei ist ersichtlich zu machen, wie sich die Entgelte auf die steuerpflichtigen Umsätze, **getrennt nach Steuersätzen**, und auf die **steuerfreien Umsätze** verteilen;
> 2. die **vereinnahmten Entgelte** für **noch nicht ausgeführte** Leistungen. Dabei ist ersichtlich zu machen, wie sich die Entgelte auf die steuerpflichtigen Umsätze, **getrennt nach Steuersätzen**, und auf die **steuerfreien Umsätze** verteilen;
> 3. die **Bemessungsgrundlagen** für ausgeführte **unentgeltliche Leistungen**;
> 4. die **Entgelte** für **empfangene** Leistungen (Vorumsätze);
> 5. die **Bemessungsgrundlage** für die **Einfuhr** und
> 6. die **Bemessungsgrundlagen** für **innergemeinschaftlichen Erwerb** und die hierauf entfallenden **Steuerbeträge**.

Buchführende Unternehmer erfüllen diese Aufzeichnungspflichten in der Regel dadurch, dass sie in ihrer **Buchführung** die **Konten den Anforderungen des § 22 UStG** entsprechend gliedern.

2.2.1.2 Aufzeichnung des Wareneingangs

Gewerbliche Unternehmer müssen nach § 143 AO den Waren**eingang** gesondert aufzeichnen. Die Pflicht, den Wareneingang gesondert aufzuzeichnen, gilt für **alle gewerblichen** Unternehmer.

Land- und Forstwirte fallen **nicht** unter die Vorschrift des § 143 AO.

Aufzuzeichnen sind alle Waren, Rohstoffe, unfertigen Erzeugnisse, Hilfsstoffe und Zutaten, die der Unternehmer im Rahmen seines Gewerbebetriebs zur Weiterveräußerung oder zum Verbrauch erwirbt (§ 143 Abs. 2 AO).

Nach **§ 143 Abs. 3 AO** müssen die Aufzeichnungen folgende **Angaben** enthalten:

> 1. den **Tag des Wareneingangs oder** das **Datum der Rechnung**,
> 2. den Namen oder die Firma und die Anschrift des **Lieferers**,
> 3. die handelsübliche **Bezeichnung** der Ware,
> 4. den **Preis** der Ware,
> 5. einen Hinweis auf den **Beleg**.

Eine bestimmte **Form** ist für die Aufzeichnung des Wareneingangs **nicht vorgeschrieben**.

Buchführende Gewerbetreibende erfüllen die Aufzeichnungspflicht des § 143 AO, wenn sich die geforderten Angaben aus der **Buchführung** ergeben.

Nichtbuchführende Gewerbetreibende erfüllen ihre Aufzeichnungspflichten nach § 143 AO in der Regel durch Führen eines **Wareneingangsbuchs**.

Die Aufzeichnung des Wareneingangs kann nach § 146 Abs. 5 Satz 1 AO auch in der **gesonderten Ablage von Belegen** bestehen (z.B. Offene-Posten-Buchführung) **oder** auf **Datenträgern** (z.B. Magnetband, Magnetplatte, Diskette) erfolgen.

2.2.1.3 Aufzeichnung des Warenausgangs

Gewerbliche Unternehmer, die nach Art ihres Geschäftsbetriebs Waren regelmäßig an **andere gewerbliche** Unternehmer zur Weiterveräußerung oder zum Verbrauch liefern, müssen nach § 144 AO den Waren**ausgang** gesondert aufzeichnen.

Die Pflicht, den Warenausgang gesondert aufzuzeichnen, gilt demnach **nur für bestimmte** gewerbliche Unternehmer.

Buchführungspflichtige Land- und Forstwirte, die gewerbliche Unternehmer (z.B. Obst- und Gemüsehändler) beliefern, müssen ebenfalls den Warenausgang gesondert aufzeichnen (§ 144 Abs. 5 AO).

Die Aufzeichnungen müssen nach § 144 Abs. 3 AO die folgenden **Angaben** enthalten:

> 1. den **Tag** des Warenausgangs oder das **Datum** der Rechnung,
> 2. den Namen oder die Firma und die Anschrift des **Abnehmers**,
> 3. die handelsübliche **Bezeichnung** der Ware,
> 4. den **Preis** der Ware,
> 5. einen Hinweis auf den **Beleg**.

Eine bestimmte **Form** ist für die Aufzeichnung des Warenausgangs **nicht** vorgeschrieben.

Bei **buchführenden** Unternehmern können die Aufzeichnungspflichten im Rahmen der **Buchführung** erfüllt werden.

Nichtbuchführende Steuerpflichtige erfüllen ihre Aufzeichnungspflicht in der Regel durch Führen eines **Warenausgangsbuches.**

Die Aufzeichnung des Warenausgangs kann ebenfalls durch die **geordnete Ablage der Belege** ersetzt werden **oder auf Datenträgern** erfolgen (§ 146 Abs. 5 AO).

2.2.1.4 Aufzeichnung bestimmter Betriebsausgaben

Land- und Forstwirte, Gewerbetreibende und selbständig Tätige sind nach § 4 Abs. 7 EStG verpflichtet, bestimmte Betriebsausgaben **einzeln und getrennt** von den anderen Betriebsausgaben aufzuzeichnen.

Zu den **aufzeichnungspflichtigen Betriebsausgaben** gehören nach § 4 Abs. 5 EStG z.B. **Aufwendungen für Geschenke** an Geschäftsfreunde und **Aufwendungen für Bewirtung** von Geschäftsfreunden.

Diese Aufwendungen sind z.T. bei der steuerlichen Gewinnermittlung **abzugsfähig** (z.B. Geschenke bis 35 Euro), z.T. sind sie **nicht abzugsfähig** (z.B. Geschenke über 35 Euro).

Soweit diese Betriebsausgaben nicht bereits nach den Vorschriften des EStG vom Abzug ausgeschlossen sind, dürfen sie bei der Gewinnermittlung nur berücksichtigt werden, wenn sie **besonders aufgezeichnet sind** (§ 4 Abs. 7 Satz 2 EStG).

Wie diese Aufzeichnungspflicht im Einzelnen zu erfüllen ist, ergibt sich aus den Einkommensteuer-Richtlinien (R 4.11 EStR 2005).

2.2.1.5 Aufzeichnung geringwertiger Wirtschaftsgüter des Anlagevermögens

Will ein Steuerpflichtiger **geringwertige Wirtschaftsgüter** des Anlagevermögens (= Anlagegüter, deren Anschaffungs- oder Herstellungskosten **410 Euro** nicht übersteigen) im Jahr der Anschaffung oder Herstellung **voll abschreiben**, so muss er sie unter Angabe des Tages der Anschaffung oder Herstellung in einem besonderen, laufend zu führenden **Verzeichnis** aufführen (§ 6 Abs. 2 EStG).

Das **Verzeichnis** braucht **nicht** geführt zu werden, wenn diese Angaben aus der **Buchführung** ersichtlich sind, wobei es **erforderlich** ist, dass die geringwertigen Wirtschaftsgüter auf einem **besonderen Konto** (z.B. **0670** (0480) Geringwertige Wirtschaftsgüter bis 410 Euro) gebucht werden.

Auf das besondere Verzeichnis kann außerdem verzichtet werden, wenn sich die erforderlichen Angaben bereits aus dem **Bestandsverzeichnis** nach **R 5.4 EStR 2005** ergeben.

Ferner brauchen die geringwertigen Wirtschaftsgüter **nicht** in das besondere Verzeichnis aufgenommen zu werden, wenn die Anschaffungs- oder Herstellungskosten für das einzelne **Wirtschaftsgut nicht mehr als 60 Euro** betragen (R 5.4 Abs. 3 EStR 2005).

2.2.2 Abgeleitete Aufzeichnungspflichten

Aufzeichnungspflichten, die **nach anderen** als steuerrechtlichen Vorschriften bestehen, sind nach § 140 Abs. 1 AO auch für die Besteuerung zu erfüllen, wenn sie für diese von Bedeutung sind.

Von den vielen so genannten **außersteuerlichen** Aufzeichnungspflichten sind z.B. betroffen:

- Apotheker, Herstellungsbücher;
- Banken, Depotbücher;
- Bauträger und Baubetreuer, Bücher nach der Gewerbeordnung;
- Fahrschulen, Fahrschüler-Ausbildungsbücher;
- Gebrauchtwagenhändler, Gebrauchtwagenbücher;
- Handelsmakler, Tagebuch nach HGB;
- Heimarbeiter, Entgeltbücher;
- Hotel-, Gaststätten- und Pensionsgewerbe, Fremdenbücher;
- Reisebüro, Bücher nach der Gewerbeordnung;
- Winzer, Kellerbücher und Weinlagerbücher nach dem Weingesetz.

2.2.3 Folgen bei Nichterfüllung der Aufzeichnungspflichten

Die **Erfüllung** der steuerrechtlichen **Aufzeichnungspflichten** kann nach § 328 Abs. 1 AO **erzwungen** werden.
Verstöße gegen die steuerrechtlichen **Aufzeichnungspflichten** werden wie Verstöße gegen die Buchführungspflicht behandelt.

> **Übung:** 1. Wiederholungsfragen 6 bis 10 (Seite 21),
> 2. Übungsaufgaben 3 und 4 (Seite 22)

2.3 Aufbewahrungspflichten der Buchführungs- und Aufzeichnungsunterlagen

Buchführungs- und Aufzeichnungsunterlagen müssen sowohl nach **Handelsrecht** (§ 257 HGB) als auch nach **Steuerrecht** (§ 147 AO) **aufbewahrt** werden.

Nach **Handelsrecht sind nur Kaufleute** verpflichtet, ihre Handelsbücher, Inventare, Eröffnungsbilanzen und Jahresabschlüsse (= Bilanzen und Gewinn- und Verlustrechnungen), Lageberichte sowie die zu ihrem Verständnis erforderlichen Arbeitsanweisungen und sonstigen Organisationsunterlagen, empfangene Handelsbriefe, Wiedergaben der abgesandten Handelsbriefe und Buchungsbelege geordnet aufzubewahren (§ 257 Abs. 1 HGB).

Die weitergehenden **steuerrechtlichen** Vorschriften verpflichten **alle Buchführungspflichtigen** zu den in § 257 Abs. 1 HGB aufgeführten Unterlagen noch **sonstige Unterlagen, soweit sie für die Besteuerung von Bedeutung sind** (z.B. Abschreibungsunterlagen), gesondert aufzubewahren (§ 147 Abs. 1 AO).

Nach § 257 Abs. 3 HGB und § 147 Abs. 2 AO können alle aufzubewahrenden Unterlagen, mit Ausnahme der Eröffnungsbilanzen und Jahresabschlüsse, als Wiedergabe auf einem **Bildträger** (z.B. Mikrofilm) oder auf anderen **Datenträgern** (z.B. Disketten, Magnetbänder, Magnetplatte, elektrooptische Speicherplatte) aufbewahrt werden, wenn dies den Grundsätzen ordnungsmäßiger Buchführung entspricht und sichergestellt ist, dass die Wiedergabe oder die Daten mit den aufzubewahrenden Unterlagen übereinstimmen, wenn sie lesbar gemacht werden (§ 147 Abs. 2 Nr. 1 AO).

Die **Aufbewahrungsfrist** für Bücher, **Inventare**, **Buchungsbelege** (z.B. Rechnungen), **Jahresabschlüsse** sowie die zu ihrem Verständnis erforderlichen **Arbeitsanweisungen** und sonstigen Organisationsunterlagen beträgt **zehn Jahre**.

Empfangene Handelsbriefe, Wiedergaben der abgesandten Handelsbriefe und die **sonstigen Unterlagen**, soweit sie für die **Besteuerung von Bedeutung** sind, müssen grundsätzlich **sechs Jahre** aufbewahrt werden (§ 257 Abs. 4 HGB und § 147 Abs. 3 AO).

Die Aufbewahrungsfrist **beginnt** handels- und steuerrechtlich mit dem Schluss des Kalenderjahres, in dem die letzte Eintragung in das Buch gemacht, das Inventar aufgestellt, der Jahresabschluss festgestellt, der Handelsbrief empfangen oder abgesandt, der Buchungsbeleg entstanden ist sowie die sonstigen Unterlagen zustande gekommen sind (§ 257 Abs. 5 HGB und § 147 Abs. 4 AO).

Handelsrechtlich **endet** die Aufbewahrungsfrist nach Ablauf von zehn bzw. sechs Jahren.

Steuerrechtlich ist für das **Fristende** – anders als im Handelsrecht – die **Ablaufhemmung** nach § 147 Abs. 3 Satz 2 AO zu beachten.

Nach § 147 Abs. 3 Satz 2 AO läuft die Aufbewahrungsfrist von zehn bzw. sechs Jahren **nicht** ab, soweit und **solange** die Unterlagen **für Steuern von Bedeutung** sind, für welche die allgemeine **Festsetzungsfrist** des § 169 Abs. 2 Satz 1 AO **noch nicht abgelaufen** ist (siehe dazu auch H 29 (Aufbewahrungspflichten) EStH).

> **Übung:** 1. Wiederholungsfragen 11 und 12 (Seite 21),
> 2. Übungsaufgaben 5 und 6 (Seite 22)

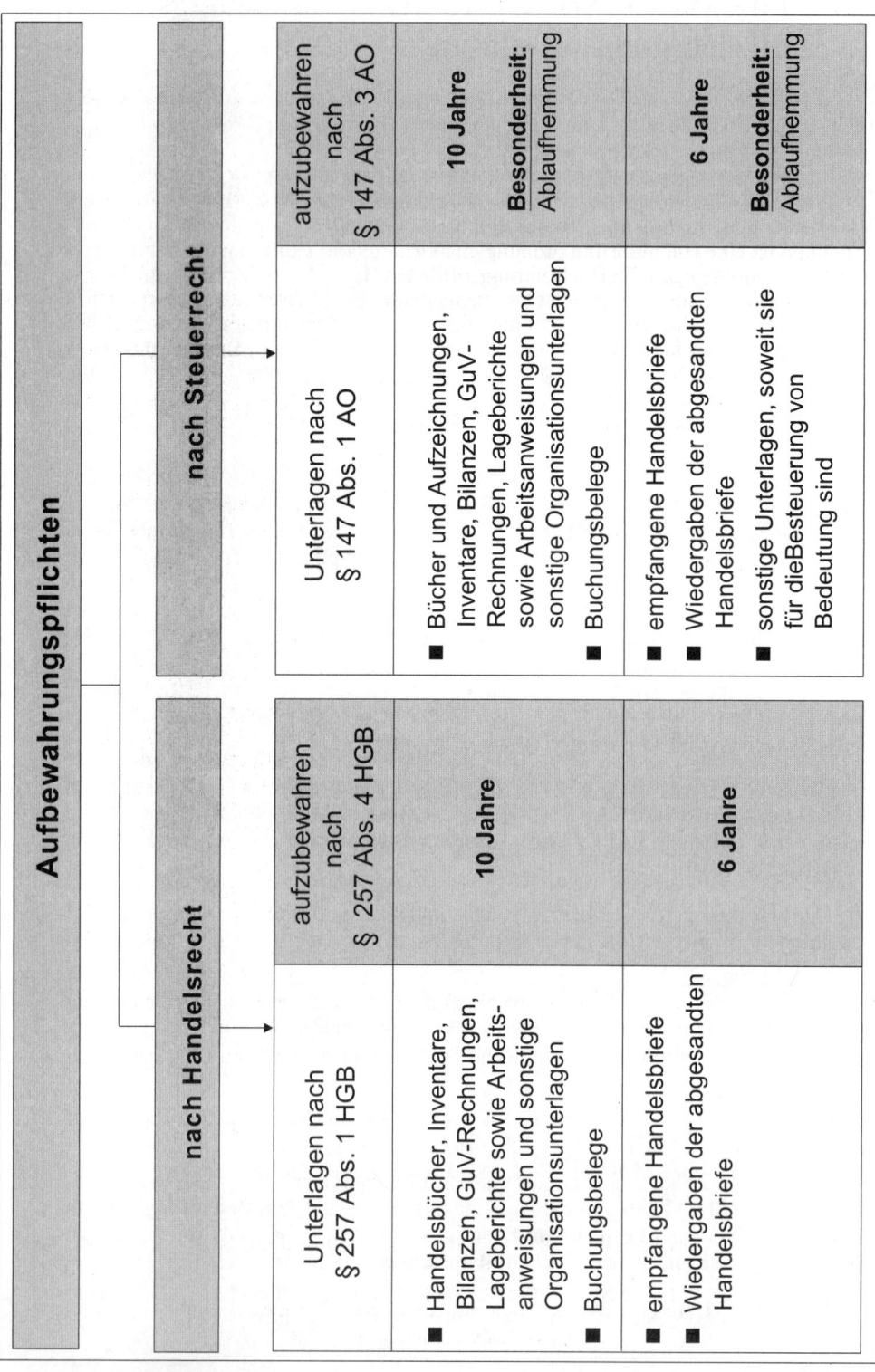

2.4 Erfolgskontrolle

WIEDERHOLUNGSFRAGEN

1. Wer ist nach § 1 Abs. 1 HGB Kaufmann?
2. Was versteht man unter einem Handelsgewerbe?
3. Wer ist handelsrechtlich verpflichtet, Bücher zu führen?
4. Wer ist steuerrechtlich zur Buchführung verpflichtet?
5. Wann ist eine Buchführung ordnungsmäßig?
6. Wer verstößt gegen die Buchführungspflichten?
7. Zwischen welchen Mängeln ist bei mangelhafter Buchführung zu unterscheiden?
8. Welche Folgen hat die Nichterfüllung der steuerrechtlichen Buchführungspflicht?
9. Welche Aufzeichnungspflichten kennen Sie?
10. Welche Folgen hat die Nichterfüllung steuerrechtlicher Aufzeichnungspflichten?
11. Welche Unterlagen müssen nach dem Steuerrecht aufbewahrt werden?
12. Wie lange müssen diese Unterlagen aufbewahrt werden?

ÜBUNGSAUFGABEN

Übungsaufgabe 1:

> Prüfen und begründen Sie bei den Aufgaben 1 bis 4 die handelsrechtliche Buchführungspflicht.

1. Der Landwirt Ohlig betreibt in Maisborn (Hunsrück) einen Getreideanbaubetrieb. Er erzielt aus seinem Betrieb Einkünfte aus Land- und Forstwirtschaft nach § 13 EStG. Sein Betrieb erfordert eine kaufmännische Organisation; eine Eintragung in das Handelsregister erfolgte nicht.
2. Heinz Boden betreibt in Köln ein Tapetengeschäft und erzielt damit Einkünfte aus Gewerbebetrieb nach § 15 EStG. Sein Betrieb erfordert keinen in kaufmännischer Weise eingerichteten Geschäftsbetrieb.
3. Dr. med. Claus betreibt in Düsseldorf eine Facharztpraxis; er erzielt aus seiner Praxis Einkünfte aus selbständiger Arbeit nach § 18 EStG. Aufgrund der Betriebsgröße ist eine kaufmännische Organisation erforderlich.
4. Dieter Daumen betreibt in Bonn ein Sportartikelgeschäft. Sein Betrieb erfordert keine kaufmännische Organisation. Der Umsatz betrug im Jahr 2005 210.000,00 Euro; der Überschuss der Betriebseinnahmen über die Betriebsausgaben betrug – 15.000,00 Euro. Im August 2006 wurde er vom Finanzamt aufgefordert, künftig seinen Gewinn durch Betriebsvermögensvergleich zu ermitteln.

Übungsaufgabe 2:

> Prüfen und begründen Sie bei den Aufgaben 1 bis 4 die steuerrechtliche Buchführungspflicht.

1. Jessica Hahlbrock betreibt in Stuttgart eine Fachbuchhandlung; sie ist Kaufmann im Sinne des HGB.
2. Der selbständig tätige Steuerberater Raymond Bothe betreibt seine Kanzlei in Bremen. Im Jahr 2005 betrug sein Umsatz 360.000,00 Euro und sein Gewinn 150.000,00 Euro.

3. Der Textileinzelhändler Daniel Kühlenthal hat zu Beginn des vergangenen Jahres in München seinen Betrieb eröffnet; der Betrieb erfordert keine kaufmännische Organisation. Sein Umsatz betrug im vergangenen Jahr 360.000,00 Euro und sein Gewinn 28.000,00 Euro.

4. Eva Gusterer hat in diesem Jahr in Köln einen Supermarkt eröffnet; aufgrund der großen Anzahl von Lieferanten ist eine kaufmännische Organisation unbedingt notwendig. Frau Gusterer rechnet in diesem Jahr mit einem Umsatz von 300.000,00 Euro und einem Gewinn von 24.000,00 Euro.

Übungsaufgabe 3:

Der buchführungspflichtige Gewerbetreibende Dieter Schwabe, Heilbronn, hat im Rahmen seiner Buchführung u.a. folgende Vorgänge erfasst:

1. Bei der Buchung der Geschäftsvorfälle verwendet Schwabe die Abkürzung "BA" einmal für "bar", dann für "Bank" und schließlich für "Büroausstattung".
2. Einige Buchungen hat Schwabe durch Überschreiben so verändert, dass ihr ursprünglicher Inhalt nicht mehr lesbar ist.
3. Eine Tageseinnahme in Höhe von 5.000,00 Euro hat Schwabe nur mit 4.500 Euro gebucht.
4. Die Bilanz zum 31.12.2006 erstellt Schwabe aufgrund eines unvollständigen Inventars.

Prüfen Sie, ob bei den angeführten Vorgängen Verstöße gegen die Buchführungsvorschriften in Form von formellen oder sachlichen Mängeln vorliegen.

Übungsaufgabe 4:

Der Gewerbetreibende Kliensmann, München, ist nicht Kaufmann im Sinne des HGB; Umsatz, Betriebsvermögen und Gewinn überschreiten nicht die Grenzen des § 141 AO. Kliensmann will von Ihnen wissen, welche Bücher und Aufzeichnungen er führen muss.

Welche Auskunft geben Sie ihm?

Übungsaufgabe 5:

Wie lange hat der buchführungspflichtige Gewerbetreibende Werner Neuhofer, Dresden, folgende Unterlagen aufzubewahren?

1. Buchungsbelege (z.B. Rechnungen, Lieferscheine, Bankauszüge usw.)
2. Angebote an Kunden
3. Bilanzen

Übungsaufgabe 6:

Dieter Schwabe (aus Übungsaufgabe 3) hat die Buchführungsvorschriften sehr nachlässig erfüllt, so dass in seiner Buchführung viele schwere und gewichtige formelle und materielle Mängel vorhanden sind.

Wie wird die Finanzverwaltung darauf reagieren?

3 Grundlagen der Finanzbuchführung

3.1 Inventur und Inventar

Jeder **Kaufmann** ist nach Handelsrecht und nach Steuerrecht **verpflichtet**,

> 1. zu **Beginn** eines Handelsgewerbes (§ 240 **Abs. 1** HGB) und
> 2. für den **Schluss** eines **jeden** Geschäftsjahres (§ 240 **Abs. 2** HGB)

eine Bestandsaufnahme (= **Inventur**) durchzuführen (§ 240 HGB und § 141 AO).

Ebenso haben **Gewerbetreibende** und **Land- und Forstwirte, die** nur nach **Steuerrecht buchführungspflichtig** sind, **Bestandsaufnahmen** zu machen. Für sie gelten die **handelsrechtlichen** Inventurvorschriften entsprechend (§ 141 AO).

> **Merke:** **Buchführungspflichtige** sind auch **inventurpflichtig**.

3.1.1 Inventur

Durch die **Inventur** sollen alle **Vermögensgegenstände** (z.B. Grundstücke, Waren, Forderungen aus Lieferungen und Leistungen) und alle **Schulden** (z.B. Schulden aus Lieferungen und Leistungen, Schulden gegenüber Banken) **mengenmäßig und wertmäßig** erfasst werden.

> **Merke:** Die **Inventur** ist eine mengen- und wertmäßige **Bestandsaufnahme** aller Vermögensgegenstände und Schulden.

Die **handelsrechtlichen** Begriffe "**Vermögensgegenstände**" und "**Schulden**" entsprechen dem **steuerrechtlichen** Begriff "**Wirtschaftsgut**":

Steuerrecht	Handelsrecht
Wirtschaftsgüter	**Vermögensgegenstände**
	Schulden

Wird eine vorgeschriebene **Inventur nicht durchgeführt**, ist die **Buchführung** als **nicht ordnungsgemäß** anzusehen (R 5.3 Abs. 4 EStR 2005).

Nach der **Art der Durchführung** unterscheidet man

> 1. die **körperliche Inventur** und
> 2. die **Buchinventur**

Zu 1. Körperliche Inventur

Das HGB enthält keine ausdrückliche Vorschrift, dass die Inventur zum Bilanzstichtag **körperlich** durchzuführen ist. Es kann jedoch davon ausgegangen werden, dass der Gesetzgeber die **körperliche** Aufnahme aller Vermögensgegenstände als eine **Voraussetzung** angesehen hat.

Bei der **körperlichen Inventur** werden die körperlichen Gegenstände (wie z.B. Rohstoffe und Waren) durch **Zählen, Messen, Wiegen und Bewerten** aufgenommen.

Auf eine jährliche **körperliche** Bestandsaufnahme der beweglichen Gegenstände des **Anlagevermögens** (z.B. Maschinen, Kraftfahrzeuge) **kann verzichtet werden, wenn** jeder Zugang und jeder Abgang dieser Gegenstände laufend in ein **Bestandsverzeichnis (Anlagenverzeichnis)** eingetragen wird und auf Grund dieses Verzeichnisses die am Bilanzstichtag vorhandenen Gegenstände ohne Weiteres ermittelt werden können (§ 241 Abs. 2 HGB; R 5.4 Abs. 5 EStR 2005).
Dieses Verzeichnis kann auch in Form einer **Anlagenkartei** geführt werden.

Zu 2. Buchinventur

Nicht alle Vermögensgegenstände lassen sich durch eine **körperliche** Inventur erfassen. Der Wert der körperlich **nicht** erfassbaren Wirtschaftsgüter wird durch eine **Buchinventur** ermittelt.

Bei der **Buchinventur** werden die Vermögensgegenstände und Schulden (= **Wirtschaftsgüter**) wie z.B. Forderungen und Verbindlichkeiten, mit Hilfe von Belegen und buchhalterischen Aufzeichnungen aufgenommen.

Ein **weiteres Kriterium** zur Unterteilung der Inventurverfahren ist der **Zeitpunkt** der körperlichen Bestandsaufnahme. Danach unterscheidet man folgende **Inventurverfahren**:

```
                      Inventurverfahren
       ┌──────────────┬──────────────┬──────────────┐
  Stichtag-      zeitver-        permanente     Stichproben-
  inventur       schobene         Inventur       inventur
                 Inventur
   § 240          § 241            § 241          § 241
  Abs. 1, 2 HGB  Abs. 3 HGB       Abs. 2 HGB     Abs. 1 HGB
```

Die als **Stichtaginventur** bezeichnete körperliche Bestandsaufnahme **für** den Bilanzstichtag (z.B. 31.12.) ist das herkömmliche Inventurverfahren. Es ist das **sicherste Verfahren** und überall dort anzuwenden, wo es wirtschaftlich geboten und wegen Fehlens geeigneter buchmäßiger Unterlagen notwendig ist.

Die Inventur **für** den Bilanzstichtag (z.B. 31.12.) braucht nicht **am** Bilanzstichtag vorgenommen zu werden.

Die Inventur muss aber **zeitnah** sein, d.h. in der Regel innerhalb einer Frist von **zehn Tagen** vor oder nach dem Bilanzstichtag durchgeführt werden. Dabei muss sichergestellt sein, dass die **Bestandsveränderungen** zwischen dem Bilanzstichtag und dem Tag der Bestandsaufnahme anhand von Belegen oder Aufzeichnungen **ordnungsgemäß berücksichtigt werden** (R 5.2 Abs. 1 EStR 2005).

3.1.2 Inventar

Vermögensgegenstände und Schulden, die durch **Inventur** (Bestandsaufnahme) festgestellt worden sind, werden nach Art, Menge und unter Angabe ihres Wertes in einem **Verzeichnis**, dem **Inventar**, aufgeführt.

> **Merke:** Das **Inventar** ist ein **Verzeichnis**, das alle Vermögensgegenstände und Schulden nach Art, Menge und Wert ausweist.

In das **Inventar** sind grundsätzlich **alle Vermögensgegenstände und Schulden** aufzunehmen.

Eine **Ausnahme** gilt lediglich für **bestimmte Wirtschaftsgüter des Anlagevermögens**, die bestimmte Betragsgrenzen nicht überschreiten oder besonders aufgezeichnet werden.

Geringwertige Anlagegüter im Sinne des § 6 Abs. 2 EStG, die im Jahr der Anschaffung oder Herstellung in voller Höhe abgeschrieben worden sind, **brauchen nicht inventarisiert zu werden,** wenn

> - ihre Anschaffungs- oder Herstellungskosten **nicht mehr als 60 Euro** betragen haben **oder**
> - sie **mehr als 60 Euro, aber nicht mehr als 410 Euro** gekostet haben und
>   - beim Zugang auf einem **besonderen Konto** gebucht **oder**
>   - in einem **besonderen Verzeichnis** erfasst worden sind
>   (R 5.4 Abs. 3 EStR 2005).

Die **Werte** aller Vermögensgegenstände und Schulden sind zu **addieren**. Der **Unterschiedsbetrag** zwischen der Summe des Vermögens und der Summe der Schulden ist das **Reinvermögen** (= **Eigenkapital**).

	I. Vermögen
−	II. Schulden
=	III. Reinvermögen

Für das Inventar gibt es keine Gliederungsvorschriften. Gliederungsgrundsätze und Gliederungsvorschriften gibt es jedoch für die Bilanz.

Im Hinblick darauf, dass das **inventarisierte Vermögen** und die **inventarisierten Schulden** in die **Bilanz** übernommen werden, haben sich in der Praxis für die **Gliederung des Inventars** bestimmte **Regeln** gebildet.

Das **Vermögen** wird nach seiner "**Flüssigkeit**" (**Liquidität**) geordnet, d.h. nach dem Grad, wie es in Geld umgesetzt werden kann. Die **weniger flüssigen** Vermögensgegenstände (z.B. Grundstücke) werden im Inventar **zuerst** und die **flüssigsten** Vermögensgegenstände (z.B. Kassenbestand) **zuletzt** aufgeführt.

Das **Vermögen** wird nach der **Flüssigkeit** unterteilt in

> 1. **Anlagevermögen** und
> 2. **Umlaufvermögen**.

Zum **Anlagevermögen** gehören alle Gegenstände, die am Bilanzstichtag dazu bestimmt sind, dem Geschäftsbetrieb **dauernd** (länger als ein Jahr) zu dienen, z.B. Grundstücke, Bauten, Maschinen, Betriebs- und Geschäftsausstattung (§ 247 Abs. 2 HGB).

Bebaute Grundstücke (Grund und Boden **und** Gebäude) stellen nach dem **BGB eine Einheit** dar.

Nach dem **HGB** liegen **zwei Gegenstände** vor, und zwar der **nicht abnutzbare Grund und Boden** (auch **Grundstücke** genannt) **und** das **abnutzbare Gebäude** (auch **Bauten genannt**).

BGB	HGB
Grundstücke	**Grundstücke** (Grund und Boden)
	Bauten (Gebäude)

Zum **Umlaufvermögen** gehören alle Gegenstände, die am Bilanzstichtag dazu bestimmt sind, dem Geschäftsbetrieb **nur vorübergehend** zu dienen, z.B. Waren, Roh-, Hilfs- und Betriebsstoffe, Forderungen aus Lieferungen und Leistungen, Kassenbestand (R 6.1 Abs. 2 EStR 2005).

Die **Schulden** werden nach ihrer **Fälligkeit** unterteilt in

> 1. **langfristige Schulden** und
> 2. **kurzfristige Schulden**.

Zu den **langfristigen Schulden** gehören z.B. Schulden gegenüber Banken und Sparkassen (= Kreditinstituten).

Zu den **kurzfristigen Schulden** (in der Regel solche, die innerhalb von 90 Tagen fällig werden) gehören z.B. Schulden aus Lieferungen und Leistungen.

Die **langfristigen** Schulden werden im Inventar **zuerst** und die **kurzfristigen** Schulden **zuletzt** aufgeführt.

Folgende **Gleichungen** lassen sich aus dem **Inventar** ableiten:

| **Reinvermögen** | = | **Vermögen** | − | **Schulden** |

| **Vermögen** | = | **Reinvermögen** | + | **Schulden** |

Enthält das **Inventar** in formeller oder materieller Hinsicht nicht nur unwesentliche **Mängel** (z.B. ein erheblicher Teil des Warenbestandes ist im Inventar nicht ausgewiesen), so ist die **Buchführung nicht** als **ordnungsmäßig** anzusehen (R 5.3 Abs. 4 EStR 2005).

Seit dem 1.1.1977 ist es **nicht mehr erforderlich, dass** der **Kaufmann** das **Inventar unterzeichnet**.

Das **Inventar** muss jedoch nach wie vor **zehn Jahre** lang **aufbewahrt** werden (§ 257 **Abs. 1** in Verbindung mit § 257 **Abs. 4** HGB).

Auf der nächsten Seite (Seite 28) folgt ein **Beispiel** für ein **Inventar**.

3.1.3 Zusammenfassung und Erfolgskontrolle

3.1.3.1 Zusammenfassung

In der Übersicht auf der Seite 29 werden die Merkmale der **Inventurpflicht** noch einmal zusammengefasst.

Inventar

der Getränkehandlung Karl Müller, Koblenz, zum 31.12.2006

	EUR	EUR
I. Vermögen		
1. Anlagevermögen		
1.1 Grundstücke und Bauten		
Grundstücke: Koblenz, Löhrstr. 1-3	50.000	
Geschäftsbauten: Koblenz, Löhrstr. 1-3	300.000	350.000
1.2 Betriebs- und Geschäftsausstattung		
1 Lkw	12.000	
1 Pkw	4.000	
Sonstige Betriebs- und Geschäftsausstattung lt. besonderem Verzeichnis	3.500	19.500
2. Umlaufvermögen		
2.1 Vorräte		
Waren		
200 Kästen Pils zu je 7,50 €	1.500	
100 Kästen Export zu je 5 €	500	
40 Kästen Limo zu je 5 €	200	2.200
2.2 Forderungen		
Forderungen aus Lieferungen und Leistungen lt. besonderem Verzeichnis		3.200
2.3 Kassenbestand, Guthaben bei Kreditinstituten		
Kassenbestand	500	
Deutsche Bank Koblenz	8.000	8.500
Summe des Vermögens		**383.400**
II. Schulden		
1. Langfristige Schulden		
1.1 Schulden gegenüber Kreditinstituten		
Darlehen Sparkasse Koblenz		140.000
2. Kurzfristige Schulden		
2.1 Schulden aus Lieferungen und Leistungen		
Königsbacher Brauerei, Koblenz	3.000	
Rhenser Brunnen, Rhens	2.000	5.000
Summe der Schulden		**145.000**
III. Ermittlung des Reinvermögens		
Summe des Vermögens		383.400
− Summe der Schulden		145.000
= **Reinvermögen** (Eigenkapital)		**238.400**

Koblenz, 08.01.2007

Inventurpflicht

nach Handelsrecht

§ 240 HGB

Nach dem Handelsrecht ist jeder **Kaufmann** verpflichtet, Inventuren durchzuführen.

→ **Kaufleute**

nach Steuerrecht

§ 140 AO

Wer nach **anderen Gesetzen als den Steuergesetzen** (z.B. HGB) Inventuren durchzuführen hat, hat die Verpflichtung auch für die Besteuerung zu erfüllen.

§ 141 AO

Gewerbetreibende sowie **Land- und Forstwirte**, die nicht unter § 140 AO fallen, sind inventurpflichtig, wenn **eine der** folgenden Grenzen überschritten ist:

1. Umsätze   >   350.000 Euro
2. Wirtschaftswert   >   25.000 Euro
3. Gewinn aus Gewerbebetrieb   >   30.000 Euro
4. Gewinn aus Land- und Forstwirtschaft   >   30.000 Euro

3.1.3.2 Erfolgskontrolle

WIEDERHOLUNGSFRAGEN

1. Was versteht man unter einer Inventur?
2. Wer ist verpflichtet, Inventuren durchzuführen?
3. Wann sind Inventuren nach § 240 Abs. 1 und Abs. 2 HGB durchzuführen?
4. Was soll durch die Inventur erfasst werden?
5. Unter welchen Voraussetzungen kann auf eine jährliche körperliche Bestandsaufnahme der beweglichen Anlagegüter verzichtet werden?
6. Was versteht man unter einem Inventar?
7. Wie wird das Reinvermögen rechnerisch ermittelt?
8. Welche Vermögensgegenstände werden dem Anlagevermögen zugeordnet?
9. Welche Vermögensgegenstände werden dem Umlaufvermögen zugeordnet?

ÜBUNGSAUFGABEN

Übungsaufgabe 1:

Welche Aussage ist richtig? Kreuzen Sie die richtige Lösung an.

Die Stichtaginventur

(a) muss innerhalb eines Monats vor oder nach dem Bilanzstichtag durchgeführt werden.
(b) ist jeweils genau am Bilanzstichtag durchzuführen.
(c) kann irgendwann im Geschäftsjahr erfolgen; die Bestände müssen dann fortgeschrieben werden.
(d) muss innerhalb von 10 Tagen vor oder nach dem Bilanzstichtag erfolgen.

Übungsaufgabe 2:

Der Gewerbetreibende Müller (Spielzeugfabrik) hat die nachstehenden Vermögensgegenstände und Schulden durch Inventur erfasst. Ordnen Sie zu:

Vermögensgegenstände/Schulden	Anlagevermögen	Umlaufvermögen	Schulden
1. Unbebautes Grundstück			
2. Bankdarlehen			
3. Lkw			
4. Produktionsmaschine			
5. Bankguthaben			
6. Kassenbestand			
7. Schreibtisch für das Büro			
8. Warenbestand			

Übungsaufgabe 3:

Der Autohändler Meier, Heilbronn, erwarb im Oktober 2006 einen Pkw vom Hersteller Mercedes Benz, Stuttgart. Der Pkw wird als Vorführwagen genutzt und steht potentiellen Käufern für Probefahrten zur Verfügung. Üblicherweise veräußert Meier solche Pkw innerhalb von 6 bis 9 Monaten nach dem Kauf mit einem deutlich niedrigeren Preis als dem Listenpreis.

Gehört der Pkw, der im Oktober 2006 angeschafft wurde, am 31.12.2006 (Bilanzstichtag) zum Anlage- oder Umlaufvermögen?

Übungsaufgabe 4:

Ein Inventar ist ordnungsgemäß erstellt. Welche Gleichungen sind richtig?

1. Anlagevermögen + Umlaufvermögen + Schulden = Reinvermögen
2. Vermögen – Schulden = Reinvermögen
3. Reinvermögen – Schulden = Vermögen
4. Reinvermögen + Schulden = Anlagevermögen + Umlaufvermögen

Übungsaufgabe 5:

Die Unternehmerin Inge Neis, Münster, hat durch Inventur zum 31.12.2006 folgende Bestände ermittelt:

Guthaben bei der Sparkasse Münster	23.900,00 €
Schulden aus Warenlieferungen lt. besonderem Verzeichnis	18.500,00 €
Grundstück Münster, Hauptstraße 5	10.000,00 €
Geschäftsbauten Münster, Hauptstraße 5	52.200,00 €
Darlehnsschuld bei der Commerzbank, Münster	35.000,00 €
Kassenbestand	7.600,00 €
Lkw Mercedes	16.400,00 €
Pkw Audi	16.400,00 €
sonstige Betriebs- und Geschäftsausstattung lt. besonderem Verzeichnis	10.800,00 €
Forderungen aus Warenlieferung lt. besonderem Verzeichnis	21.100,00 €
Warenbestand lt. besonderer Liste	35.700,00 €

Erstellen Sie das Inventar zum 31.12.2006.

Übungsaufgabe 6:

Wie lange muss das Inventar aufbewahrt werden? Kreuzen Sie die richtige Lösung an.

(a) 6 Jahre
(b) 2 Jahre
(c) 10 Jahre
(d) 30 Jahre

Übungsaufgabe 7:

Die Textilgroßhändlerin Sabine Arenz, Bielefeld, hat folgende (verkürzte) Inventare erstellt:

	31.12.2005	31.12.2006
Vermögen	200.000,00 €	210.000,00 €
– Schulden	– 40.000,00 €	– 20.000,00 €
= Reinvermögen	160.000,00 €	190.000,00 €

Interpretieren Sie die Veränderung des Reinvermögens unter der Voraussetzung, dass Frau Arenz weder Privatentnahmen noch Privateinlagen getätigt hat.

3.2 Bilanz

Jeder **Kaufmann** ist **verpflichtet,**

> 1. zu **Beginn** seines Handelsgewerbes eine **Gründungsbilanz** und
> 2. für den **Schluss** eines **jeden** Geschäftsjahres eine **Schlussbilanz**

aufzustellen (§ 242 Abs. 1 HGB).

Für **Gewerbetreibende** sowie **Land- und Forstwirte,** die nach **§ 141 AO buchführungspflichtig** sind, gilt § 242 Abs. 1 HGB sinngemäß, d.h., auch diese Steuerpflichtigen haben eine **Gründungsbilanz** und **Schlussbilanzen** aufzustellen.

Das **Inventar** ist **Grundlage** für die Aufstellung der **Bilanz**.

3.2.1 Form und Inhalt der Bilanz

Im **Inventar** werden alle Vermögensgegenstände und Schulden einzeln **untereinander** in Listenform aufgeführt. Am Schluss des Inventars wird das Reinvermögen (Eigenkapital) ermittelt.

Die **Bilanz** ist eine kurz gefasste Gegenüberstellung von Vermögen und Kapital; in ihr werden das **Vermögen** auf der **linken Seite** und das **Eigenkapital** sowie die **Schulden** auf der **rechten** Seite erfasst. Das Eigenkapital steht vor den Schulden.

Inventar

Vermögen
− Schulden
= Eigenkapital

An die Stelle des Wortes "**Schulden**" tritt in der Bilanz das Wort "Verbindlichkeiten".

Bilanz

| Vermögen | Eigenkapital |
| | Verbindlichkeiten |

Aus der Bilanz lässt sich auch die **Gleichung** ableiten:

> Vermögen = Eigenkapital + Verbindlichkeiten

Die **linke Seite** der Bilanz heißt **Aktiva**. Auf der **Aktivseite** wird das **Vermögen** in seinen **unterschiedlichen Formen** ausgewiesen. Die **Aktivseite** der Bilanz gibt Auskunft darüber, welche **Vermögensformen** in einem Unternehmen stecken.

> **Aktiva = Vermögensseite**

Die **rechte Seite** der Bilanz heißt **Passiva**. Auf der **Passivseite** stehen das **Eigenkapital und** die **Verbindlichkeiten**. Die **Passivseite** gibt Auskunft darüber, **wer** das **Kapital** (= die Mittel zur Finanzierung des Vermögens) **aufgebracht hat**.

> **Passiva = Kapitalseite**

Das **Kapital**, das der Unternehmer aus **eigenen Mitteln** zur Finanzierung des Vermögens aufgebracht hat, wird als **Eigenkapital** bezeichnet.

Beispiel:
Die Gesellschafter J & M haben Anfang 2006 eine Möbelfabrik in Koblenz in der Rechtsform einer GmbH gegründet. J & M haben aus **eigenen Mitteln** folgende Gründungseinlagen geleistet:

ein **Grundstück** im Wert von	**10.000,00 EUR,**
ein **Fabrikgebäude** im Wert von	**100.000,00 EUR** und
Bargeld von	**20.000,00 EUR.**

Die **130.000,00 EUR** stellen **Eigenkapital** dar, weil die Gesellschafter die Wirtschaftsgüter aus eigenen Mitteln aufgebracht haben.
Die GmbH ist verpflichtet, zu **Beginn** ihres Handelsgewerbes eine **Gründungsbilanz** aufzustellen (§ 242 Abs. 1 HGB).

Die **Gründungsbilanz** der J & M Möbelfabrik GmbH sieht wie folgt aus:

Aktiva	Bilanz der J & M Möbelfabrik GmbH zum 31.1.2006		Passiva
A. Anlagevermögen:		**A. Eigenkapital:**	
I. Sachanlagen:		I. Gezeichnetes Kapital	130.000,00
1. Grundstücke und Bauten	110.000,00		
B. Umlaufvermögen:			
I. Kassenbestand	20.000,00		
	130.000,00		130.000,00

13.02.2006   J & M

Haben **Fremde** die Mittel zur Anschaffung von Vermögensgegenständen zur Verfügung gestellt, werden diese Mittel als **Fremdkapital** bezeichnet.

Allgemein gilt für alle **Bilanzen**, dass das **Vermögen** gleich dem **Kapital** sein muss:

Aktiva	Bilanz	Passiva
Vermögen		Kapital (Eigenkapital und Fremdkapital)
↑		↑
Vermögens**formen**		Kapital**quellen**

Bilanz und **Inventar unterscheiden sich** nicht nur in ihrer **Form**, sondern auch in ihrem **Umfang**.

Im **Inventar** werden alle Vermögensgegenstände und Schulden mit ihrer Bezeichnung und ihrem Wert **einzeln** ausgewiesen.

In der **Bilanz** werden gleichartige Vermögensgegenstände und Verbindlichkeiten **gebündelt** und ihre Werte **postenweise** zusammengefasst. Durch diese Zusammenfassung ist die **Bilanz übersichtlicher** als das Inventar, das meistens viele Seiten umfasst. Die **Bilanz** zeigt das **Vermögen**, das **Eigenkapital** und das **Fremdkapital** "auf einen Blick".

Das **HGB** enthält zur **Form** und zum **Inhalt** der **Bilanz** eine Reihe von Vorschriften, die sinngemäß auch für die nach § 141 AO Bilanzierungspflichtigen gelten (§ 141 Abs. 1 Satz 2 AO):

Die Bilanz ist nach den **G**rundsätzen **o**rdnungsmäßiger **B**uchführung (**GoB**) aufzustellen.	§ 243 Abs. 1 HGB
Die Bilanz ist innerhalb einer **angemessenen Frist** nach dem Stichtag aufzustellen.	§ 243 Abs. 3 HGB
Die Bilanz ist in **deutscher Sprache** und in **Euro** aufzustellen.	§ 244 HGB
Die Bilanz muss **klar** und **übersichtlich** sein.	§ 243 Abs. 2 HGB
In der Bilanz sind das Vermögen, das Eigenkapital und die Verbindlichkeiten gesondert auszuweisen und **hinreichend aufzugliedern**.	§ 247 Abs. 1 HGB
Die Bilanz ist vom Kaufmann unter Angabe des **Datums** zu **unterzeichnen**.	§ 245 HGB

📖 B 2 Einzelheiten zu den Grundsätzen ordnungsmäßiger Buchführung (GoB) erfolgen im **Abschnitt 3.1.3** der **Buchführung 2**, 17. Auflage, Seite 22 ff.

3.2.2 Gliederung der Bilanz

Die **Gliederung der Bilanz** ist **abhängig** von der **Rechtsform** einer Unternehmung. Für die **Bilanzgliederung** ist deshalb zwischen **zwei Gruppen** von Bilanzierenden zu unterscheiden:

> 1. **Kapitalgesellschaften** (z.B. AG, GmbH) und Personenhandelsgesellschaften, die **wie Kapitalgesellschaften** behandelt werden (z.B. GmbH & Co. KG)
> 2. **Nicht-Kapitalgesellschaften**
>   2.1 Einzelkaufleute
>   2.2 Personenhandelsgesellschaften **mit** einer natürlichen Person als Vollhafter (z.B. OHG, KG)
>   2.3 Personen, die nach § 141 AO buchführungspflichtig sind

3.2.2.1 Bilanzgliederung der Kapitalgesellschaften

Kapitalgesellschaften sind verpflichtet, die Bilanz aufzustellen, die der **Gliederung des § 266 HGB** entspricht.

Seit dem 1.1.2000 haben Personenhandelsgesellschaften **ohne** eine natürliche Person als Vollhafter (z.B. **GmbH & Co. KG**) nach § 264a HGB **wie Kapitalgesellschaften** Rechnung zu legen.

Große und mittelgroße Kapitalgesellschaften und diesen gleichgestellte Gesellschaften haben die im Gliederungsschema des § 266 Abs. 2 und 3 HGB genannten **Posten** der Aktivseite und der Passivseite **gesondert und in der vorgeschriebenen Reihenfolge** auszuweisen (§ 266 Abs. 1 **Satz 2** HGB).

> Die **Bilanzgliederung** für **große** und **mittelgroße Kapitalgesellschaften** und diesen gleichgestellte Gesellschaften wird auf der Seite 36 dargestellt.

Kleine Kapitalgesellschaften können die Bilanz in **verkürzter Form** aufstellen, in die **nur** die mit **Buchstaben und römischen Zahlen** bezeichneten **Posten** des Gliederungsschemas (von Seite 36) gesondert und in der vorgeschriebenen Reihenfolge aufgenommen werden (§ 266 Abs. 1 **Satz 3** HGB).

3.2.2.2 Bilanzgliederung der Nicht-Kapitalgesellschaften

Für **Nicht-Kapitalgesellschaften** schreiben das HGB und die AO **keine bestimmte Bilanzgliederung** vor.

Nicht-Kapitalgesellschaften haben die **Bilanz** nach den **Grundsätzen ordnungsmäßiger Buchführung (GoB)** aufzustellen (§ 243 Abs. 1 HGB).

In der Bilanz sind das **Anlage- und Umlaufvermögen**, das **Eigenkapital** und die **Verbindlichkeiten gesondert auszuweisen und hinreichend zu gliedern** (§ 247 Abs. 1 HGB).

Beim gesonderten Ausweis und der Gliederung ist der **Grundsatz der Klarheit und Übersichtlichkeit** zu beachten (§ 243 Abs. 2 HGB).

Nicht-Kapitalgesellschaften erfüllen diese Voraussetzungen, wenn sie die Gliederung ihrer Bilanz dem Gliederungsschema der **Kapitalgesellschaften** anpassen.

> Auf der Seite 37 wird die **Bilanz** einer **Nicht-Kapitalgesellschaft** abgedruckt, die diesen Anforderungen entspricht.

A **Bilanzgliederung** für große und mittelgroße **Kapitalgesellschaften** P

A. Anlagevermögen:
  I. Immaterielle Vermögensgegenstände:
   1. Konzessionen, gewerbliche Schutzrechte und ähnliche Rechte und Werte sowie Lizenzen an solchen Rechten und Werten;
   2. Geschäfts- oder Firmenwert;
   3. geleistete Anzahlungen;
  II. Sachanlagen:
   1. Grundstücke, grundstücksgleiche Rechte und Bauten einschließlich der Bauten auf fremden Grundstücken;
   2. technische Anlagen und Maschinen;
   3. andere Anlagen, Betriebs- und Geschäftsausstattung;
   4. geleistete Anzahlungen und Anlagen im Bau;
  III. Finanzanlagen:
   1. Anteile an verbundenen Unternehmen;
   2. Ausleihungen an verb. Unternehmen;
   3. Beteiligungen;
   4. Ausleihungen an Unternehmen, mit denen ein Beteiligungsverh. besteht;
   5. Wertpapiere des Anlagevermögens;
   6. sonstige Ausleihungen.

B. Umlaufvermögen:
  I. Vorräte:
   1. Roh-, Hilfs- und Betriebsstoffe;
   2. unfertige Erzeugnisse, unfertige Leistungen;
   3. fertige Erzeugnisse und Waren;
   4. geleistete Anzahlungen;
  II. Forderungen u. sonst. Vermögensg.
   1. Forderungen aus Lieferungen und Leistungen;
   2. Forderungen gegen verbundene Unternehmen;
   3. Forderungen gegen Unternehmen, mit denen ein Beteiligungsverhältnis besteht;
   4. sonstige Vermögensgegenstände;
  III. Wertpapiere:
   1. Anteile an verbundenen Unternehmen;
   2. eigene Anteile;
   3. sonstige Wertpapiere;
  IV. Kassenbestand, Bundesbankguthaben, Guthaben bei Kreditinstituten und Schecks.

C. Rechnungsabgrenzungsposten.

A. Eigenkapital:
  I. Gezeichnetes Kapital;
  II. Kapitalrücklage;
  III. Gewinnrücklagen:
   1. gesetzliche Rücklage;
   2. Rücklage für eigene Anteile;
   3. satzungsmäßige Rücklagen;
   4. andere Gewinnrücklagen;
  IV. Gewinnvortrag/Verlustvortrag;
  V. Jahresüberschuss/Jahresfehlbetrag.

B. Rückstellungen:
   1. Rückstellungen für Pensionen und ähnliche Verpflichtungen;
   2. Steuerrückstellungen;
   3. sonstige Rückstellungen.

C. Verbindlichkeiten:
   1. Anleihen, davon konvertibel;
   2. Verbindlichkeiten gegenüber Kreditinstituten;
   3. erhaltene Anzahlungen auf Bestellungen;
   4. Verbindlichkeiten aus Lieferungen und Leistungen;
   5. Verbindlichkeiten aus der Annahme gezogener Wechsel und der Ausstellung eigener Wechsel;
   6. Verbindlichkeiten gegenüber verbundenen Unternehmen;
   7. Verbindlichkeiten gegenüber Unternehmen, mit denen ein Beteiligungsverhältnis besteht;
   8. sonstige Verbindlichkeiten, davon aus Steuern, davon im Rahmen der sozialen Sicherheit.

D. Rechnungsabgrenzungsposten.

Bilanz-Gliederung einer Nicht-Kapitalgesellschaft

Aktiva

A. Anlagevermögen:
I. Immaterielle Vermögensgegenstände:
 1. Software;
 2. Geschäfts- und Firmenwert;
II. Sachanlagen:
 1. Grundstücke und Bauten;
 2. technische Anlagen und Maschinen;
 3. Betriebs- und Geschäftsausstattung;
III. Finanzanlagen:
 1. Beteiligungen;
 2. Wertpapiere des Anlagevermögens.

B. Umlaufvermögen:
I. Vorräte:
 1. Roh-, Hilfs- und Betriebsstoffe;
 2. fertige Erzeugnisse und Waren;
II. Forderungen und sonstige Vermögensgegenstände:
 1. Forderungen aus Lieferungen und Leistungen;
 2. sonstige Vermögensgegenstände;
III. Wertpapiere:
 1. sonstige Wertpapiere;
IV. Kassenbestand, Bundesbankguthaben, Guthaben bei Kreditinstituten und Schecks.

C. Rechnungsabgrenzungsposten.

Passiva

A. Eigenkapital.
(bei Personenhandelsgesellschaften mit einer natürlichen Person als Vollhafter gegliedert nach Vollhaftern und Teilhaftern)

B. Rückstellungen:
1. Rückstellungen für Pensionen;
2. Steuerrückstellungen;
3. sonstige Rückstellungen.

C. Verbindlichkeiten:
1. Verbindlichkeiten gegenüber Kreditinstituten;
2. Verbindlichkeiten aus Lieferungen und Leistungen;
3. Verbindlichkeiten aus der Annahme gezogener Wechsel und der Ausstellung eigener Wechsel;
4. sonstige Verbindlichkeiten.

D. Rechnungsabgrenzungsposten.

Auf der folgenden Seite 38 befindet sich eine **Bilanz**, die auf der Grundlage des **Inventars** von Seite 28 dieses Buches erstellt worden ist.

Inventar

der Getränkehandlung Karl Müller, Koblenz, zum 31.12.2006

	EUR	EUR
I. Vermögen		
1. Anlagevermögen		
1.1 Grundstücke und Bauten		
Grundstücke: Koblenz, Löhrstr. 1-3	50.000	
Geschäftsbauten: Koblenz, Löhrstr. 1-3	300.000	350.000
1.2 Betriebs- und Geschäftsausstattung		
1 Lkw	12.000	
1 Pkw	4.000	
Sonstige Betriebs- und Geschäftsausstattung		
lt. besonderem Verzeichnis	3.500	19.500
2. Umlaufvermögen		
2.1 Vorräte		
Waren		
200 Kästen Pils zu je 7,50 €	1.500	
100 Kästen Export zu je 5 €	500	
40 Kästen Limo zu je 5 €	200	2.200
2.2 Forderungen		
Forderungen aus Lieferungen und Leistungen		
lt. besonderem Verzeichnis		3.200
2.3 Kassenbestand, Guthaben bei Kreditinstituten		
Kassenbestand	500	
Deutsche Bank Koblenz	8.000	8.500
Summe des Vermögens		**383.400**
II. Schulden		
1. Langfristige Schulden		
1.1 Schulden gegenüber Kreditinstituten		
Darlehen Sparkasse Koblenz		140.000
2. Kurzfristige Schulden		
2.1 Schulden aus Lieferungen und Leistungen		
Königsbacher Brauerei, Koblenz	3.000	
Rhenser Brunnen, Rhens	2.000	5.000
Summe der Schulden		**145.000**
III. Ermittlung des Reinvermögens		
Summe des Vermögens		383.400
Summe der Schulden		145.000
= **Reinvermögen** (Eigenkapital)		**238.400**

Koblenz, 08.01.2007

Bilanz zum 31.12.2006

Aktiva	EUR	Passiva	EUR
A. Anlagevermögen		**A. Eigenkapital**	238.400
I. Sachanlagen			
1. Grundstücke und Bauten	350.000		
2. Betriebs- und Geschäftsausstattung	19.500		
B. Umlaufvermögen		**B. Verbindlichkeiten**	
I. Vorräte		I. Verbindlichkeiten gegenüber Kreditinstituten	140.000
1. Waren	2.200		
II. Forderungen		II. Verbindlichkeiten aLuL	5.000
1. Forderungen aLuL	3.200		
III. Kassenbestand und Guthaben bei Kreditinstituten	8.500		
	383.400		**383.400**

10.04.2007   Karl Müller

3.2.3 Zusammenfassung und Erfolgskontrolle

3.2.3.1 Zusammenfassung

> - Die **Bilanz** wird auf der **Grundlage des Inventars** erstellt.
>
> - Die **Bilanz** ist eine kurz gefasste Gegenüberstellung des Vermögens und des Kapitals eines Unternehmens.
>
> - Auf der **linken Seite** der Bilanz (**Aktiva**) werden die **Vermögensgegenstände**, unterteilt in Anlage- und Umlaufvermögen, auf der **rechten Seite** der Bilanz (**Passiva**) das **Kapital**, unterteilt in Eigenkapital und Verbindlichkeiten, dargestellt.
>
> - Für **Kapitalgesellschaften** und diesen gleichgestellte Gesellschaften ist die Bilanzgliederung **gesetzlich vorgeschrieben**.
>
> - **Nicht-Kapitalgesellschaften** orientieren sich an der Bilanzgliederung der Kapitalgesellschaften.

3.2.3.2 Erfolgskontrolle

WIEDERHOLUNGSFRAGEN

1. Wer ist verpflichtet, Bilanzen zu erstellen?
2. Was versteht man unter einer Bilanz?
3. Was wird auf der Aktivseite der Bilanz ausgewiesen?
4. Was wird auf der Passivseite der Bilanz ausgewiesen?
5. Wodurch unterscheiden sich Inventar und Bilanz voneinander?
6. Welche zwei Gruppen von Bilanzierenden sind hinsichtlich der Gliederung der Bilanz zu unterscheiden?

ÜBUNGSAUFGABEN

Übungsaufgabe 1:

Welche Aussage ist richtig?

1. Die Bilanz ist eine Stichtagsbetrachtung.
2. Die Bilanz ist eine Zeitraumbetrachtung.
3. Die Bilanz ist ein Teil des handelsrechtlichen Jahresabschlusses.
4. Die linke Seite der Bilanz heißt Passiva.
5. Die linke Seite der Bilanz ist die Investitionsseite.

Übungsaufgabe 2:

Welche Aussage ist richtig?

Aktiva abzüglich Passiva sind

1. immer negativ.
2. das Anlagevermögen.
3. das Reinvermögen.
4. immer Null.
5. das Umlaufvermögen.

Übungsaufgabe 3:

Ergänzen Sie die nachstehende (vereinfachte) Bilanz:

A	Bilanz zum 31.12.2006		P
Anlagevermögen	600.000,00 €	Eigenkapital	?
Umlaufvermögen	500.000,00 €	Verbindlichkeiten	800.000,00 €
	?		1.100.000,00 €

Übungsaufgabe 4:

Erstellen Sie aus der Lösung der Übungsaufgabe 5 (Abschnitt 3.1.3.2, Seite 31) die entsprechende Bilanz.

Übungsaufgabe 5:

Stellen Sie fest, welche der nachstehenden Kaufleute im Sinne des HGB die Bilanzgliederung des § 266 HGB beachten müssen. Kreuzen Sie die richtige Lösung an.

(a) Eduard Müller e.K.
(b) Eduard Müller KG
(c) Eduard Müller OHG
(d) Eduard Müller GmbH

Übungsaufgabe 6:

Eduard Müller e.K., Heilbronn, erstellt am 23.06.2007 seine Bilanz zum 31.12.2005.

Beurteilen Sie diesen Sachverhalt im Hinblick auf die Bilanzvorschriften des HGB.

Übungsaufgabe 7:

Sachverhalt wie in Übungsaufgabe 6 mit dem Unterschied, dass es sich um die "mittelgroße" Eduard Müller GmbH handelt.

Beurteilen Sie diesen Sachverhalt im Hinblick auf die Bilanzvorschriften des HGB.

3.3 Bestandsveränderungen

Die **Bilanz** wird für einen bestimmten **Zeitpunkt** aufgestellt. Unmittelbar **nach** diesem **Zeitpunkt ändern sich** die **Bestände** des Vermögens und/oder des Kapitals durch **Geschäftsvorfälle**.

Das **Bilanzgleichgewicht**, d.h. die summenmäßige Übereinstimmung von Aktiva und Passiva, **bleibt auch nach den Änderungen erhalten**, da jede Änderung eines Bestandes durch eine entsprechende Änderung eines anderen Bestandes ausgeglichen wird.

Es gibt **Bestandsveränderungen**, die das **Eigenkapital berühren** und solche, die das **Eigenkapital nicht berühren**.

In diesem Kapitel werden nur **Bestandsveränderungen** dargestellt und erläutert, die das **Eigenkapital nicht berühren**.

Folgende **vier Arten** der **Bestandsveränderungen** sind zu unterscheiden:

> 1. Aktiv - Tausch
> 2. Aktiv - Passiv - Mehrung
> 3. Passiv - Tausch
> 4. Aktiv - Passiv - Minderung

Diese **vier Arten** der **Bestandsveränderungen** werden anhand der **Gründungsbilanz** der **J & M Möbelfabrik GmbH**, Koblenz, erläutert.

Die **Gründungsbilanz** (Eröffnungsbilanz) der J & M Möbelfabrik GmbH, Koblenz, sieht wie folgt aus (siehe Seite 33):

Aktiva	Bilanz der J & M Möbelfabrik GmbH zum 31.01.2006		Passiva

A. Anlagevermögen:
  I. Sachanlagen:
    1. Grundstücke und
       Bauten
	110.000,00	**A. Eigenkapital:**
		  I. Gezeichnetes Kapital
			130.000,00

B. Umlaufvermögen: I. Kassenbestand	20.000,00		
	130.000,00		130.000,00

13.02.2006   J & M

3.3.1 Aktiv-Tausch

Beim **Aktiv-Tausch** ändern sich **zwei Aktivposten** der **Bilanz**. Ein Aktivposten wird **vermehrt**, ein anderer Aktivposten um den gleichen Betrag **vermindert**. Die **Bilanzsumme** ändert sich **nicht**.

1. Geschäftsvorfall:
Die J & M Möbelfabrik GmbH **kauft** eine **Fertigungsmaschine** für **10.000,00 €**, die sie **bar bezahlt**.

Aktiva	Bilanz *vor* dem 1. Geschäftsvorfall		Passiva
A. Anlagevermögen: I. Sachanlagen: 1. Grundstücke und Bauten	110.000,00	**A. Eigenkapital:** I. Gezeichnetes Kapital	130.000,00
B. Umlaufvermögen: I. Kassenbestand	20.000,00		
	130.000,00		130.000,00

13.02.2006   J & M

Aktiva	Bilanz *nach* dem 1. Geschäftsvorfall		Passiva
A. Anlagevermögen: I. Sachanlagen: 1. Grundstücke und Bauten **2. Maschinen**	110.000,00 **10.000,00**	**A. Eigenkapital:** I. Gezeichnetes Kapital	130.000,00
B. Umlaufvermögen: I. Kassenbestand	10.000,00		
	130.000,00		130.000,00

14.02.2006   J & M

Es hat ein **Tausch zwischen zwei Aktivposten** stattgefunden. Durch den Geschäftsvorfall **vermehrt** sich der Bilanzposten **Maschinen** um 10.000 EUR und der **Kassenbestand vermindert** sich um 10.000 EUR.

3.3.2 Aktiv-Passiv-Mehrung

Bei der **Aktiv-Passiv-Mehrung** ändern sich **ein Aktivposten** und **ein Passivposten**. Sowohl ein Aktivposten als auch ein Passivposten der Bilanz werden **vermehrt**. Die Bilanzsumme nimmt um den gleichen Betrag zu ("**Bilanzverlängerung**").

2. Geschäftsvorfall:
Die J & M Möbelfabrik GmbH kauft **Holz** für **5.000,00 € auf Ziel** (= Kredit).

Aktiva	Bilanz *vor* dem 2. Geschäftsvorfall		Passiva
A. Anlagevermögen:		A. Eigenkapital:	
I. Sachanlagen:		I. Gezeichnetes Kapital	130.000,00
1. Grundstücke und Bauten	110.000,00		
2. Maschinen	10.000,00		
B. Umlaufvermögen:			
I. Kassenbestand	10.000,00		
	130.000,00		130.000,00

14.02.2006   J & M

Aktiva	Bilanz *nach* dem 2. Geschäftsvorfall		Passiva
A. Anlagevermögen:		A. Eigenkapital:	
I. Sachanlagen:		I. Gezeichnetes Kapital	130.000,00
1. Grundstücke und Bauten	110.000,00		
2. Maschinen	10.000,00	B. Verbindlichkeiten:	
B. Umlaufvermögen:		1. Verbindlichkeiten aus	
I. Vorräte		Lieferungen und	
1. Rohstoffe	5.000,00	Leistungen	5.000,00
II. Kassenbestand	10.000,00		
	135.000,00		135.000,00

15.02.2006   J & M

Durch diesen Geschäftsvorfall vermehren sich die Rohstoffe und die Verbindlichkeiten aus Lieferungen und Leistungen um **5.000 EUR**.

Verbindlichkeiten aLuL sind Verpflichtungen bzw. Schulden aus Kaufverträgen, Werkverträgen, Dienstleistungsverträgen, Miet- und Pachtverträgen, bei denen die **Zahlung** vom Bilanzierenden **noch zu erbringen** ist.

3.3.3 Passiv-Tausch

Beim **Passiv-Tausch** ändern sich **zwei Passivposten** der **Bilanz**. Ein Passivposten wird **vermehrt**, ein anderer Passivposten wird **vermindert**. Die **Bilanzsumme** ändert sich **nicht**.

3. Geschäftsvorfall:
Die **Verbindlichkeit aLuL** in Höhe von **5.000,00 €** wird mit einem aufgenommenen **Bankkredit** bezahlt.

Aktiva	Bilanz *vor* dem 3. Geschäftsvorfall		Passiva
A. Anlagevermögen: I. Sachanlagen: 1. Grundstücke und Bauten 2. Maschinen	 110.000,00 10.000,00	**A. Eigenkapital:** I. Gezeichnetes Kapital **B. Verbindlichkeiten:**	 130.000,00
B. Umlaufvermögen: I. Vorräte 1. Rohstoffe II. Kassenbestand	 5.000,00 10.000,00	1. Verbindlichkeiten aus Lieferungen und Leistungen	 5.000,00
	135.000,00		135.000,00

15.02.2006   J & M

Aktiva	Bilanz *nach* dem 3. Geschäftsvorfall		Passiva
A. Anlagevermögen: I. Sachanlagen: 1. Grundstücke und Bauten 2. Maschinen	 110.000,00 10.000,00	**A. Eigenkapital:** I. Gezeichnetes Kapital **B. Verbindlichkeiten:**	 130.000,00
B. Umlaufvermögen: I. Vorräte 1. Rohstoffe II. Kassenbestand	 5.000,00 10.000,00	1. Verbindlichkeiten gegenüber Kreditinstituten 2. Verbindlichkeiten aus Lieferungen und Leistungen	 5.000,00 0,00
	135.000,00		135.000,00

16.02.2006   J & M

Es hat ein **Tausch** zwischen **zwei Passivposten** stattgefunden. Durch den Geschäftsvorfall **vermehrt** sich der Bilanzposten **Verbindlichkeiten gegenüber Kreditinstituten** um 5.000 EUR, während sich die **Verbindlichkeiten aLuL** um 5.000 EUR **vermindern**.

3.3.4 Aktiv-Passiv-Minderung

Bei der **Aktiv-Passiv-Minderung** ändern sich **ein Aktivposten** und **ein Passivposten**. Sowohl ein Aktivposten als auch ein Passivposten der Bilanz werden **vermindert**. Die **Bilanzsumme** nimmt um den gleichen Betrag ab ("**Bilanzverkürzung**").

4. Geschäftsvorfall:
Das **Bankdarlehen** in Höhe von **5.000,00 €** wird durch **Barzahlung** getilgt.

Aktiva	Bilanz *vor* dem 4. Geschäftsvorfall		Passiva
A. Anlagevermögen:		**A. Eigenkapital:**	
I. Sachanlagen:		I. Gezeichnetes Kapital	130.000,00
1. Grundstücke und Bauten	110.000,00		
2. Maschinen	10.000,00	**B. Verbindlichkeiten:**	
B. Umlaufvermögen:		1. Verbindlichkeiten gegenüber Kreditinstituten	5.000,00
I. Vorräte			
1. Rohstoffe	5.000,00	2. Verbindlichkeiten aus Lieferungen und Leistungen	0,00
II. Kassenbestand	10.000,00		
	135.000,00		**135.000,00**
16.02.2006 J & M			

Aktiva	Bilanz *nach* dem 4. Geschäftsvorfall		Passiva
A. Anlagevermögen:		**A. Eigenkapital:**	
I. Sachanlagen:		I. Gezeichnetes Kapital	130.000,00
1. Grundstücke und Bauten	110.000,00		
2. Maschinen	10.000,00	**B. Verbindlichkeiten:**	
B. Umlaufvermögen:		1. Verbindlichkeiten gegenüber Kreditinstituten	0,00
I. Vorräte			
1. Rohstoffe	5.000,00	2. Verbindlichkeiten aus Lieferungen und Leistungen	0,00
II. Kassenbestand	5.000,00		
	130.000,00		**130.000,00**
17.02.2006 J & M			

Durch diesen Geschäftsvorfall **vermindern** sich der **Kassenbestand und** die **Verbindlichkeiten gegenüber Kreditinstituten** um 5.000 EUR.

3.3.5 Zusammenfassung und Erfolgskontrolle

3.3.5.1 Zusammenfassung

> ■ Geschäftsvorfälle ändern die **Werte der Bilanzposten**.
>
> ■ Man unterscheidet **vier Arten** dieser Änderungen:
> **Aktiv-Tausch** = Änderung von zwei Aktivposten
> **Passiv-Tausch** = Änderung von zwei Passivposten
> **Aktiv-Passiv-Mehrung** = Zunahme eines Aktiv- und eines Passivpostens
> **Aktiv-Passiv-Minderung** = Abnahme eines Aktiv- und eines Passivpostens.
>
> ■ Das **Bilanzgleichgewicht** bleibt nach diesen Änderungen **erhalten**.

3.3.5.2 Erfolgskontrolle

WIEDERHOLUNGSFRAGEN

1. Wann liegt ein Aktiv-Tausch vor?
2. Wann liegt ein Passiv-Tausch vor?
3. Wann liegt eine Aktiv-Passiv-Mehrung ("Bilanzverlängerung") vor?
4. Wann liegt eine Aktiv-Passiv-Minderung ("Bilanzverkürzung") vor?

ÜBUNGSAUFGABEN

Übungsaufgabe 1:

Der Unternehmer Fritz Arnoldi, Hannover, hat zum 31.12.2006 folgende vereinfachte Bilanz (**ohne** Posten-Überschriften) erstellt:

Aktiva	(vereinfachte) Bilanz zum 31.12.2006		Passiva
Waren	50.000,00	Eigenkapital	60.000,00
Forderungen aLuL	5.000,00	Verbindlichkeiten aLuL	10.000,00
Kassenbestand und Guthaben bei Kreditinstituten	15.000,00		
	70.000,00		70.000,00

Geschäftsvorfälle:

1. Arnoldi kauft eine gebrauchte Fertigungsmaschine für 5.000 EUR, die er bar bezahlt.
2. Arnoldi begleicht eine Verbindlichkeit aLuL von 1.000 EUR durch eine Darlehnsaufnahme bei einer Bank.
3. Arnoldi kauft einen Lkw für 15.000 EUR auf Liefererkredit.
4. Arnoldi bezahlt eine Verbindlichkeit aLuL in Höhe von 5.000 EUR durch Bankscheck aus einem Bankguthaben.

Stellen Sie nach jedem Geschäftsvorfall eine (vereinfachte) Bilanz auf.

Übungsaufgabe 2:

Um welche Art Bestandsveränderung handelt es sich in folgenden Fällen:

1. Unser Kunde begleicht eine Forderung aLuL bar.

2. Wir kaufen einen Pkw auf Ziel.

3. Begleichung einer Verbindlichkeit aLuL durch Bankscheck. Das Bankkonto weist ein Guthaben aus.

4. Kauf von Grund und Boden gegen Barzahlung.

5. Postbanküberweisung zur Begleichung einer Verbindlichkeit aLuL. Das Postbankkonto weist ein Guthaben aus.

6. Eine Verbindlichkeit aLuL wird durch Banküberweisung beglichen. Das Bankkonto weist eine Verbindlichkeit aus.

7. Rückzahlung einer Darlehnsverbindlichkeit durch Banküberweisung. Das Bankkonto weist ein Guthaben aus.

Übungsaufgabe 3:

Der Unternehmer Bernd Bieger, Stuttgart, hat zum 31.12.2006 folgende vereinfachte Bilanz (ohne Posten-Überschriften) erstellt:

Aktiva	(vereinfachte) Bilanz zum 31.12.2006		Passiva
Waren	30.000,00	Eigenkapital	40.000,00
Forderungen aLuL	10.000,00	Verbindlichkeiten aLuL	10.000,00
Kassenbestand und Guthaben bei Kreditinstituten	10.000,00		
	50.000,00		50.000,00

Geschäftsvorfälle

1. Ein Kunde überweist zur Begleichung einer Forderung aLuL auf das Bankkonto von Bieger 8.000 EUR. Das Bankkonto weist ein Guthaben aus.
2. Bieger begleicht eine Verbindlichkeit aLuL in Höhe von 5.000 EUR durch Banküberweisung. Das Bankkonto weist ein Guthaben aus.
3. Bieger hebt 1.000 EUR vom Bankkonto ab und legt das Geld in die Geschäftskasse.
4. Bieger begleicht eine Verbindlichkeit aLuL von 500 EUR bar.

Erstellen Sie nach diesen vier Geschäftsvorfällen eine neue (vereinfachte) Bilanz.

3.4 Bestandskonten

Um nicht **nach** jedem Geschäftvorfall eine **neue Bilanz** erstellen zu müssen, werden in der Praxis die **Bestandsveränderungen** auf **Konten** erfasst.

Die **Konten** sind Einzelabrechnungen der verschiedenen Bilanzposten.

Aus methodischen Gründen werden im Folgenden **Konten** geführt, die die Form eines **großen T's** haben; sie werden deshalb **T-Konten** genannt.

Wie die Bilanz hat auch das **Konto zwei Seiten**. Die **linke Seite** des Kontos heißt **Soll (S)** und die **rechte** Seite des Kontos heißt **Haben (H)**:

Soll (S)	Kasse	Haben (H)

Konten, die die Bestände der **Bilanz** aufnehmen, heißen **Bestandskonten**.

Konten, die die Bestände der **Aktivseite** der Bilanz aufnehmen, heißen **Aktivkonten**.
Konten, die die Bestände der **Passivseite** der Bilanz aufnehmen, heißen **Passivkonten**.

Für jeden **Posten der Bilanz** wird **mindestens ein Konto** geführt.

Aktiva	Bilanz	Passiva
Vermögen	Eigenkapital	
	Verbindlichkeiten	
Aktivkonten	Passivkonten	
Bestandskonten		

Übung: Übungsaufgabe 1 (Seite 60)

3.4.1 Eröffnung der Bestandskonten

Zu Beginn des Geschäftsjahres werden die **Bestände der Bilanz** auf einzelne **Konten** übertragen (= **Eröffnung der Konten**).
Bei der **Eröffnung der Bestandskonten** bleibt das **Bilanzgleichgewicht** (Aktiva = Passiva) **erhalten**. Das bedeutet, dass jeder Geschäftsvorfall mindestens doppelt (zweimal) gebucht werden muss. Dabei ist der Betrag auf der **Sollseite gleich** dem Betrag auf der **Habenseite**.

3.4.1.1 Eröffnung der Aktivkonten

Die Bestände des Vermögens stehen in der **Bilanz** auf der **linken Seite** (Aktiva). Die **Anfangsbestände des Vermögens** werden deshalb auf den entsprechenden **Konten** auch auf der **linken Seite** (Soll) vorgetragen ("eröffnet").

Die **Gegenbuchung** erfolgt auf der **rechten Seite** (Haben) des Kontos

"9000 (9000) Saldenvorträge" (SV).

Beispiel:

Aktiva	Bilanz		Passiva
Kassenbestand	20.000,00		

Aktivkonto

S	1600 (1000) **Kasse**	H	S	**9000** (9000) **Saldenvorträge** (SV)	H
SV	20.000,00			Kasse	20.000,00

Bei jeder Eintragung auf einem **Konto** ist das **Gegenkonto** anzugeben, damit die Buchung später besser nachvollzogen werden kann.

Einzelheiten über die **Kontennummern** erfolgen im Abschnitt "3.6 Kontenrahmen und Kontenplan", Seite 78 ff.

3.4.1.2 Eröffnung der Passivkonten

Die **Bestände** der **Verbindlichkeiten** und des **Eigenkapitals** stehen in der Bilanz auf der **rechten Seite** (Passiva). Die **Anfangsbestände** dieser Posten werden deshalb auch auf der **rechten Seite** (Haben) der entsprechenden Konten vorgetragen.

Die **Gegenbuchung** erfolgt auf dem Konto **Saldenvorträge** (SV) im **Soll**.

Beispiel:

Aktiva	Bilanz		Passiva
		Verbindlichkeiten aLuL	500,00

Passivkonto

S	**9000** (9000) **Saldenvorträge**	H	S	3300 (1600) **Verbindlichkeiten aLuL**	H
Verb.	500,00			SV	500,00

3.4.1.3 Eröffnung der Aktiv- und Passivkonten

Zu Beginn des Geschäftsjahres sind **alle Bestände der Bilanz** auf die **Aktiv-und Passivkonten** zu buchen.

Alle **Gegenbuchungen** erfolgen auf dem Konto "**Saldenvorträge**" (**SV**).

Beispiel:
Die **Bestände** der J & M Möbelfabrik GmbH, Koblenz, (Gründungsbilanz von Seite 33) werden auf den **Konten** wie folgt eröffnet.
Der Bilanzposten "**Grundstücke und Bauten**" mit **110.000 EUR** wird auf die Konten "**Bebaute Grundstücke**" mit **10.000,00 €** und "**Geschäftsbauten**" mit **100.000,00 €** aufgelöst.

Aktiva	Bilanz der J & M Möbelfabrik GmbH vom 31.01.2006		Passiva
A. Anlagevermögen:		**A. Eigenkapital:**	
I. Sachanlagen:		I. Gezeichnetes Kapital	130.000,00
1. Grundstücke und Bauten	110.000,00		
B. Umlaufvermögen:			
I. Kassenbestand	20.000,00		
	130.000,00		130.000,00

13.02.2006   J & M

Aktivkonten

S	0235 (0085) Bebaute Grundstücke	H
SV	10.000,00	

S	0240 (0090) Geschäftsbauten	H
SV	100.000,00	

S	1600 (1000) Kasse	H
SV	20.000,00	

Passivkonto

S	2000 (0800) Eigenkapital	H
		SV 130.000,00

S	9000 (9000) Saldenvorträge (SV)		H
Eigenkapital	130.000,00	Bebaute Grundstücke	10.000,00
		Geschäftsbauten	100.000,00
		Kasse	20.000,00
	130.000,00		130.000,00

3.4.2 Buchen auf Bestandskonten

Sind die **Konten eröffnet**, können die **laufenden Geschäftsvorfälle** gebucht werden.

Auch bei der **Buchung** der **laufenden Geschäftsvorfälle** bleibt das **Bilanzgleichgewicht (Aktiva = Passiva) erhalten**, so dass der **Betrag auf der Sollseite gleich dem Betrag** auf der **Habenseite** ist.

Die **Sollbuchung** wird auch als **Lastschrift** und die **Habenbuchung** als **Gutschrift** bezeichnet.

3.4.2.1 Buchen auf Aktivkonten

Alle **Erhöhungen** des Bestandes eines **Aktivkontos** werden auf der **Sollseite** gebucht, weil durch sie das **Vermögen** vergrößert wird.

Alle **Minderungen** des Bestandes eines **Aktivkontos** werden auf der **Habenseite** gebucht, weil durch sie das **Vermögen verringert** wird.

```
S                  Aktivkonten                    H
┌─────────────────────────┬─────────────────────┐
│ SV (Anfangsbestand)     │                     │
├─────────────────────────┤         –           │
│         +               │     Minderungen     │
│     Erhöhungen          │                     │
└─────────────────────────┴─────────────────────┘
```

Beispiel 1:
Die J & M Möbelfabrik GmbH **kauft** einen gebrauchten **Pkw** für 10.000,00 €, den sie **bar bezahlt**.

Durch den Kauf des Pkw **erhöht** sich das **Aktivkonto "Pkw"** um 10.000,00 €, und das **Aktivkonto "Kasse"** vermindert sich um 10.000,00 € (**Aktiv-Tausch**).

Buchung:

```
S     0520 (0320) Pkw     H        S    1600 (1000) Kasse    H
1) 10.000,00                       SV  20.000,00  1) 10.000,00
```

Erhöhungen werden auf der **Sollseite** eines **Aktivkontos** gebucht.

Minderungen werden auf der **Habenseite** eines **Aktivkontos** gebucht.

3.4.2.2 Buchen auf Passivkonten

Alle **Erhöhungen** des Bestandes eines **Passivkontos** werden auf der **Habenseite** gebucht, weil durch sie das **Kapital vergrößert** wird.

Alle **Minderungen** des Bestandes eines **Passivkontos** werden auf der **Sollseite** gebucht, weil durch sie das **Kapital verringert** wird.

Für **Passivkonten** gelten damit genau die **entgegengesetzten Grundsätze wie für Aktivkonten**.

S	Passivkonten	H
		SV (Anfangsbestand)
– Minderungen		+ Erhöhungen

Beispiel 2:
Die **J & M Möbelfabrik GmbH** kauft einen **Pkw** für 15.000,00 € **auf Ziel**.

Durch den Kauf des Pkw **erhöhen** sich das **Aktivkonto** "Pkw" und das **Passivkonto** "Verbindlichkeiten aLuL" um 15.000,00 € (**Aktiv-Passiv-Mehrung**).

Buchung:

S	0520 (0320) Pkw	H		S	3300 (1600) Verbindlichk. aLuL	H
2)	15.000,00				2)	15.000,00

> **Erhöhungen** werden auf der **Habenseite** eines **Passivkontos** gebucht.

Beispiel 3:
Die **J & M Möbelfabrik GmbH** tilgt das **Bankdarlehen** in Höhe von 5.000,00 € durch **Barzahlung**.

Durch die Barzahlung **vermindern** sich das **Passivkonto** "Verbindlichkeiten gegenüber Kreditinstituten" und das **Aktivkonto** "Kasse" um 5.000,00 € (**Aktiv-Passiv-Minderung**).

Buchung:

S	3160 (0640) Verbindlichkeiten gegenüber Kreditinstituten	H		S	1600 (1000) Kasse	H
3)	5.000,00	SV 5.000,00		SV 20.000,00	1)	10.000,00
					3)	5.000,00

> **Minderungen** werden auf der **Sollseite** eines **Passivkontos** gebucht.

Übung: 1. Wiederholungsfragen 1 bis 4 (Seite 60),
2. Übungsaufgaben 2 und 3 (Seite 60)

3.4.3 Abschluss der Bestandskonten

Zum Schluss des Geschäftsjahres werden die **Bestandskonten** abgeschlossen.

Der **Abschluss** vollzieht sich in **drei Schritten**:

> **1.** die **wertmäßig größere** Konto**seite** wird **addiert**,
>
> **2.** die **Summe** dieser Seite wird auf die **andere** Seite **übertragen**,
>
> **3.** die **Differenz** auf der wertmäßig kleineren Seite wird errechnet.
> Diese Differenz nennt man **Saldo**. Der Saldo stellt den Bestand
> des Abschlussstichtages (**Schlussbestand**) dar.
> Alle Schlussbestände werden auf dem Schlussbilanzkonto (**SBK**)
> **gegengebucht**.

Beispiel:

Soll		**1600** (1000) **Kasse**		Haben
SV (Anfangsbestand)	20.000,00	Ausgabe		7.000,00
Einnahme	1.000,00	Ausgabe		6.000,00
Einnahme	5.000,00	Ausgabe		42.000,00
Einnahme	8.000,00	SBK	**3.**	2.000,00
Einnahme	23.000,00			
1.	57.000,00		**2.**	57.000,00

Soll	**9998** (9998) **Schlussbilanzkonto (SBK)**	Haben
Kasse	2.000,00	

Das Schlussbilanz**konto** ist ein **Abschlusskonto**. Dieses Konto ist Bestandteil der Buchführung und fasst alle Schlussbestände zusammen.

Anhand dieses Kontos wird die **Bilanz** entwickelt, die nach einem bestimmten Schema gegliedert ist. Dabei werden in der Regel **mehrere Schlussbestände** des Schlussbilanzkontos (z.B. Lkw, Pkw) zu **einem Bilanzposten** (z.B. Betriebs- und Geschäftsausstattung) zusammengefasst.

Da die Summe der Schlussbestände aller Aktivkonten genau so groß ist wie die Summe der Schlussbestände aller Passivkonten, ist das Schlussbilanzkonto ausgeglichen.

> **Übung:** 1. Wiederholungsfrage 5 (Seite 60),
> 2. Übungsaufgaben 4 und 5 (Seite 61)

Zusammenfassendes Beispiel:

A. Eröffnungsbuchungen

B. Laufende Buchungen:
1. Wir begleichen eine Lieferrechnung über 500,00 € durch Banküberweisung.
2. Ein Kunde begleicht eine Rechnung über 1.000,00 € durch Banküberweisung.
3. Eine Verbindlichkeit aLuL über 4.000,00 € wird in ein Bankdarlehen mit einer Laufzeit von fünf Jahren umgewandelt.

C. Abschluss der Konten

Aktiva	(vereinfachte) **Bilanz**		Passiva
Waren	19.000,00	Eigenkapital	19.500,00
Forderungen aLuL	5.000,00	Verbindlichkeiten aLuL	10.500,00
Kassenbestand und Guthaben bei Kreditinstituten	6.000,00		
	30.000,00		30.000,00

Soll	9000 (9000) **Saldenvorträge** (SV)		Haben
Eigenkapital	19.500,00	Waren	19.000,00
Verbindlichkeiten aLuL	10.500,00	Forderungen aLuL	5.000,00
		Kasse	1.000,00
		Bank	5.000,00
	30.000,00		30.000,00

S	1140 (3980) **Bestand Waren**	H		S	2000 (0800) **Eigenkapital**	H
SV	19.000,00	SBK	19.000,00	SBK	19.500,00 SV	19.500,00

S	1200 (1400) **Forderungen aLuL**	H		S	3300 (1600) **Verbindlichkeiten aLuL**	H
SV	5.000,00	2)	1.000,00	1)	500,00 SV	10.500,00
		SBK	4.000,00	3)	4.000,00	
	5.000,00		5.000,00	SBK	6.000,00	
					10.500,00	10.500,00

S	1600 (1000) **Kasse**	H		S	3160 (0640) **Verb. g. Kreditinstituten**	H
SV	1.000,00	SBK	1.000,00	SBK	4.000,00	3)	4.000,00

S	1800 (1200) **Bank**	H
SV	5.000,00	1)	500,00
2)	1.000,00	SBK	5.500,00
	6.000,00		6.000,00

Soll	9998 (9998) **Schlussbilanzkonto** (SBK)		Haben
Waren	19.000,00	Eigenkapital	19.500,00
Forderungen aLuL	4.000,00	Verbindlichkeiten aLuL	6.000,00
Kasse	1.000,00	Verbindlichkeiten gegenüber Kreditinstituten	4.000,00
Bank	5.500,00		
	29.500,00		29.500,00

Übung: Übungsaufgaben 6 bis 8 (Seite 61 f.)

Zusammenfassung zu Abschnitt 3.4.1 bis 3.4.3:

Bestandskonten

- **Aktivkonten**
- **Passivkonten**

Soll	**Aktivkonten**	Haben
Anfangsbestand	— Minderungen	
+ Erhöhungen	Schlussbestand	

Soll	**Passivkonten**	Haben
— Minderungen	Anfangsbestand	
Schlussbestand	+ Erhöhungen	

Soll	**Schlussbilanzkonto**	Haben
Vermögen	Eigenkapital	
	Verbindlichkeiten	

3.4.4 Buchungssatz

Im Rahmen der **doppelten Buchführung** wird jeder Geschäftsvorfall **zweimal** (doppelt) gebucht, nämlich einmal auf der **Sollseite und** einmal auf der **Habenseite** eines Kontos.

Der **Buchungssatz** gibt kurz und eindeutig an, auf welchen Konten ein Geschäftsvorfall im Soll und im Haben zu buchen ist. Im Buchungssatz wird **zuerst** das Konto genannt, auf dem im **Soll** zu buchen ist und **dann** das Konto, auf dem im **Haben** zu buchen ist.

Soll- und Habenbuchung werden durch das Wort **"an"** verbunden.

Beispiel:
Ein Kunde begleicht unsere Forderungen aLuL über 500,00 € durch Banküberweisung.

	Soll		Haben
Buchungssatz:	Bank	**an**	Forderungen aLuL 500,00 €

Buchung:

S	1800 (1200) **Bank**	H		S	1200 (1400) **Forderungen aLuL**	H
	500,00					500,00

Die **Buchungssätze** sind im sog. **Grundbuch** (auch **Journal** bzw. Tagebuch genannt) in **zeitlicher** Reihenfolge (**chronologisch**) anhand von Belegen zu erfassen (§ 239 Abs. 2 HGB und H 29 (Zeitgerechte Erfassung) EStH).

Bei der **EDV-Buchführung** wird das **EDV-Journal** (mit Fehlerprotokoll) automatisch erstellt. Außerdem wird bei der Erfassung der Geschäftsvorfälle für den Nachweis der Buchungen eine **Primanota** (ein Erfassungsprotokoll) angefertigt.

Aus methodischen Gründen wird die **grundbuchmäßige Erfassung** der Buchungssätze im Folgenden in einer **Buchungsliste** dargestellt.

Als **Grundbuch** wird eine **Buchungsliste** eingesetzt, die vier Spalten hat, nämlich **Tz.** (= Textziffer/Textzahl), **Sollkonto**, **Betrag** und **Habenkonto**.

Beispiel:
Sachverhalt wie oben

Buchungssatz:

Tz.	Sollkonto	Betrag (€)	Habenkonto
1.	1800 (1200) **Bank**	500,00	1200 (1400) **Forderungen aLuL**

Ein Buchungssatz, bei dem nur **ein** Sollkonto und **ein** Habenkonto angesprochen werden, wird als **einfacher Buchungssatz** bezeichnet.

Ein **zusammengesetzter Buchungssatz** liegt vor, wenn bei einem Buchungssatz **mehrere** Soll- bzw. Habenkonten angesprochen werden.

Beispiel:
Ein Kunde begleicht unsere Forderungen aLuL in Höhe von **1.000,00 €** durch
    Banküberweisung   700,00 €
  und **Postbanküberweisung**   300,00 €

Buchungssatz:

Tz.	Sollkonto	Betrag (€)	Habenkonto
1.	**1800** (1200) **Bank** **1700** (1100) **Postbank**	700,00 300,00 1.000,00	 **1200** (1400) **Forderungen aLuL**

Buchung:

S	**1800** (1200) **Bank**	H		S	**1200** (1400) **Forderungen aLuL**	H
1)	**700,00**			SV	1.000,00	1) **1.000,00**

S	**1700** (1100) **Postbank**	H
1)	**300,00**	

Im Rahmen der **EDV-Buchführung** muss **direkt kontiert** werden: **Zusammengesetzte Buchungssätze** werden **in mehrere** EDV-gerechte **einfache Buchungssätze aufgelöst**.

Beispiel:
Sachverhalt wie oben

Buchungssatz:

Tz.	Sollkonto	Betrag (€)	Habenkonto
1 a	**1800** (1200) **Bank**	700,00	**1200** (1400) **Forderungen aLuL**
1 b	**1700** (1100) **Postbank**	300,00	**1200** (1400) **Forderungen aLuL**

Buchung:

S	**1800** (1200) **Bank**	H		S	**1200** (1400) **Forderungen aLuL**	H
1 a)	**700,00**			SV	1.000,00	1 a) **700,00**
						1 b) **300,00**
					1.000,00	1.000,00

S	**1700** (1100) **Postbank**	H
1 b)	**300,00**	

Übung: Übungsaufgabe 9 (Seite 63)

Bei EDV-Buchungen im **DATEV-System** (und dazu kompatiblen Systemen) werden in einer Kontierungszeile **zwei Kontennummern** angegeben. Eine Kontonummer in der Spalte "**Konto**" und die andere Kontonummer in der Spalte "**Gegenkonto**".

Die Eintragungen in der Soll- oder Habenspalte (**Betragsspalte**) beziehen sich stets auf die Spalte "**Konto**" (**nicht** auf die Spalte "**Gegenkonto**").

Beispiel:
Barkauf eines Pkw für 10.000,00 € von einem deutschen Privatmann.

Soll	Haben	BU	USt	K	Gegen-konto Nr.	Beleg Nr.	Beleg-Datum	Konto Nr.
10.000,00					1600 (1000)			0520 (0320)

Da der **Betrag** in der **Soll-Spalte** angegeben ist, wird er im Soll des **Kontos** (Pkw) gebucht. Da jeder Betrag doppelt zu buchen ist, wird er automatisch auf dem **Gegenkonto** (Kasse) im **Haben** gebucht.

Buchung:

S   **0520 (0320) Pkw**   H   S   **1600 (1000) Kasse**   H
      10.000,00   10.000,00

Das **gleiche Ergebnis** wird erreicht, wenn **Konto und Gegenkonto vertauscht** werden **und** der Betrag in der **Haben-Spalte** angegeben wird.

Beispiel:
Sachverhalt wie oben

Soll	Haben	BU	USt	K	Gegen-konto Nr.	Beleg Nr.	Beleg-Datum	Konto Nr.
	10.000,00				0520 (0320)			1600 (1000)

Da der Betrag in der **Haben-Spalte** angegeben ist, wird er im **Haben** des **Kontos** (Kasse) und automatisch auf dem **Gegenkonto** (Pkw) im **Soll** gebucht.

Buchung:

S   **0520 (0320) Pkw**   H   S   **1600 (1000) Kasse**   H
      10.000,00   10.000,00

Bei der **Bildung der Buchungssätze** ist streng darauf zu achten, ob **manuell** oder **EDV-gemäß** kontiert werden soll.

Beispiel für **manuelle** Kontierung:

Kauf eines Pkw von einer Privatperson auf Ziel für　　　　　10.000,00 €

Buchungssatz:

Sollkonto	Betrag (€)	Habenkonto
0520 (0320) Pkw	10.000,00	**3300** (1600) Verbindlichk. aLuL

Buchung:

S	**0520** (0320) Pkw	H	S	**3300** (1600) Verbindlichk. aLuL	H
10.000,00					10.000,00

Beispiel für **EDV-gemäße** Kontierung:

Kauf eines Pkw von einer Privatperson auf Ziel für　　　　　10.000,00 €

Zusätzliche Daten:

Kreditoren-Nr.	71601
Rechnungs-Nr.	506
Rechnungs-Datum	20.10.

Buchungssatz:

Soll	Haben	USt BtK	Gegen-konto Nr.	Beleg Nr.	Beleg-Datum	Konto Nr.
10.000,00		7	1601	506	20 10	0520 (0320)

Buchung:

S	**0520** (0320) Pkw	H	S	**71601** Kreditor (Lieferer)	H
10.000,00					10.000,00

Übung: Übungsaufgabe 10 (Seite 63)

3.4.5 Erfolgskontrolle

WIEDERHOLUNGSFRAGEN

1. Welche Arten von Bestandskonten sind zu unterscheiden?
2. Auf welcher Seite steht der Anfangsbestand bei den Passivkonten?
3. Auf welcher Seite wird eine Minderung des Anfangsbestands bei Aktivkonten gebucht?
4. Auf welcher Seite wird eine Erhöhung des Anfangsbestands bei Passivkonten gebucht?
5. Über welches Konto werden die Bestandskonten abgeschlossen?

ÜBUNGSAUFGABEN

Übungsaufgabe 1:

Ordnen Sie die nachstehenden Konten zu. Kreuzen Sie die richtigen Lösungen in den letzten beiden Spalten an.

Konto	Aktivkonto	Passivkonto
Kasse		
Verbindlichkeiten aLuL		
Verbindlichkeiten gegenüber Kreditinstituten		
Lkw		
Warenvorräte		
Eigenkapital		
Geschäftsbauten		
Bankguthaben		
Forderungen aLuL		

Übungsaufgabe 2:

Führen Sie ein Kassenkonto. Tragen Sie den Anfangsbestand auf dem Kassenkonto vor und buchen Sie – ohne Gegenbuchung – die folgenden Geschäftsvorfälle:

1. Saldovortrag (Anfangsbestand)   1.800,00 €
2. Barzahlung eines Kunden   200,00 €
3. Barzahlung an einen Lieferer   400,00 €
4. Barzahlung für Porto   50,00 €
5. Barzahlung für Telefongebühren   600,00 €
6. Lohnzahlung an Arbeiter bar   500,00 €
7. Barabhebung von der Bank   1.000,00 €
8. Gehaltszahlung an Angestellte bar   800,00 €
9. Mieteinnahme für die Überlassung einer Werkswohnung   300,00 €

Übungsaufgabe 3:

Führen Sie das Konto "Verbindlichkeiten aLuL". Tragen Sie den Anfangsbestand auf diesem Konto vor und buchen Sie – ohne Gegenbuchung – die folgenden Geschäftsvorfälle:

1. Saldovortrag (Anfangsbestand)   15.000,00 €
2. Kauf eines Computers auf Ziel   10.000,00 €
3. Postbanküberweisung an Lieferer   4.000,00 €
4. Kauf eines Pkw auf Ziel   35.000,00 €
5. Banküberweisung an Lieferer   6.000,00 €

Übungsaufgabe 4:

Welche Aussagen über Bestandskonten sind richtig?

1. Der Anfangsbestand der Bestandskonten steht immer im Haben.
2. Der Endbestand der Passivkonten steht in der Regel im Soll.
3. Der Endbestand der Aktivkonten steht in der Regel im Soll.
4. Die Endbestände der Bestandskonten werden in das Schlussbilanzkonto übertragen.
5. Bei Aktivkonten werden die Zugänge im Haben, bei Passivkonten im Soll gebucht.

Übungsaufgabe 5:

Die Schlussbilanz eines Einzelhändlers weist folgende Bestände aus

Warenbestand	20.000,00 €
Kassenbestand	30.000,00 €
Forderungen aLuL	40.000,00 €
Verbindlichkeiten aLuL	40.000,00 €
Eigenkapital	?

Geschäftsvorfälle des neuen Geschäftsjahres

1. Kauf von Waren auf Ziel (ER 001)	10.000,00 €
2. Ein Kunde zahlt seine Rechnung (AR 001) bar	5.000,00 €

Aufgaben

1. Bilden Sie die Buchungssätze für die Geschäftsvorfälle.
2. Eröffnen Sie die Konten (T-Konten) im neuen Geschäftsjahr durch Buchen der Saldenvorträge.
3. Buchen Sie die Geschäftsvorfälle auf den T-Konten.
4. Schließen Sie die Bestandskonten über das Schlussbilanzkonto ab.

Übungsaufgabe 6:

Der Einzelunternehmer Kurt Stein, Wiesbaden, hat durch Inventur folgende Bestände ermittelt:

0690 (0490) Sonstige Betriebs- und Geschäftsausstattung	110.000,00 €
1140 (3980) Bestand Waren	75.000,00 €
1800 (1200) Bankguthaben	30.000,00 €
1600 (1000) Kasse	5.000,00 €
2000 (0800) Eigenkapital	?
3160 (0640) Verbindlichkeiten gegenüber Kreditinstituten	110.000,00 €
3300 (1600) Verbindlichkeiten aLuL	60.000,00 €

Geschäftsvorfälle

1. Barabhebung vom Bankkonto	8.000,00 €
2. Begleichung einer Verbindlichkeit aLuL durch Bankscheck	6.000,00 €
3. Kauf einer Schreibmaschine auf Ziel	1.000,00 €
4. Tilgung eines Bankdarlehens durch Banküberweisung	5.000,00 €
5. Umwandlung einer Verbindlichkeit aLuL in ein Bankdarlehen Das Darlehen hat eine Laufzeit von drei Jahren.	20.000,00 €

Aufgaben

1. Richten Sie die entsprechenden Konten ein und nehmen Sie die entsprechenden Eröffnungsbuchungen vor. Die Bestandskonten ergeben sich aus den obigen Beständen.
2. Bilden Sie die Buchungssätze für die Geschäftsvorfälle.
3. Buchen Sie die Geschäftsvorfälle auf den T-Konten.
4. Schließen Sie die Konten über das Schlussbilanzkonto ab.

Übungsaufgabe 7:

Der Einzelunternehmer Peter Jung, Stuttgart, hat durch Inventur folgende Bestände ermittelt:

0520 (0320) Pkw	150.000,00 €
0690 (0490) Sonstige Betriebs- und Geschäftsausstattung	125.000,00 €
1140 (3980) Bestand Waren	175.000,00 €
1200 (1400) Forderungen aLuL	34.000,00 €
1600 (1000) Kasse	15.000,00 €
1800 (1200) Bankguthaben	37.000,00 €
2000 (0800) Eigenkapital	?
3160 (0640) Verbindlichkeiten gegenüber Kreditinstituten	100.000,00 €
3300 (1600) Verbindlichkeiten aLuL	160.000,00 €

Geschäftsvorfälle

1. Bareinzahlung auf Bankkonto	10.000,00 €
2. Ein Kunde begleicht eine Forderung aLuL durch Banküberweisung	14.000,00 €
3. Kauf eines Pkw auf Ziel	20.000,00 €
4. Aufnahme eines Bankdarlehens mit einer Laufzeit von fünf Jahren (Der Betrag wird dem Bankkonto gutgeschrieben)	35.000,00 €
5. Begleichung einer Verbindlichkeit aLuL durch Banküberweisung	10.000,00 €

Aufgaben

1. Richten Sie die entsprechenden Konten ein und nehmen Sie die entsprechenden Eröffnungsbuchungen vor.
2. Bilden Sie die Buchungssätze für die Geschäftsvorfälle.
3. Buchen Sie die Geschäftsvorfälle auf den T-Konten.
4. Schließen Sie die Konten über das Schlussbilanzkonto ab.

Übungsaufgabe 8:

Welche Geschäftsvorfälle liegen den folgenden Buchungssätzen zugrunde?

1. Betriebsausstattung an Bank	8.000,00 €
2. Verbindlichkeiten aLuL an Forderungen aLuL	7.000,00 €
3. Grund und Boden unbebaut an Bank	50.000,00 €
4. Bank an Postbank	10.000,00 €
5. Postbank an Kasse	5.000,00 €
6. Verbindlichkeiten aLuL an Verbindlichkeiten gegenüber Kreditinstituten	10.000,00 €
7. Verbindlichkeiten aLuL an Bank	8.000,00 €

Übungsaufgabe 9:

a) Welche Geschäftsvorfälle liegen den folgenden Buchungssätzen zugrunde?
b) Um welche Art von Bestandsveränderungen handelt es sich jeweils
   (Aktiv-Tausch; Passiv-Tausch; Aktiv-Passiv-Mehrung; Aktiv-Passiv-Minderung)?

1. Pkw an Kasse	10.000,00 €
2. Geschäftsausstattung an Bank	5.000,00 €
3. Pkw an Verbindlichkeiten aLuL	20.000,00 €
4. Kasse an Bank	10.000,00 €
5. Lkw an Postbank	30.000,00 €
6. Verbindlichkeiten aLuL an Verbindlichkeiten gegenüber Kreditinstituten	40.000,00 €
7. Bank an Verbindlichkeiten gegenüber Kreditinstituten	80.000,00 €

Übungsaufgabe 10:

Kontieren Sie folgende Geschäftsvorfälle nach zwei Möglichkeiten (EDV-Kontierung).

1. Kauf eines unbebauten Grundstücks gegen Bankscheck	50.000,00 €
2. Kauf einer Rechenmaschine von einem Privatmann durch Banküberweisung	2.000,00 €
3. Kauf eines Pkw von einem Privatmann durch Postbanküberweisung	11.000,00 €

Weitere Aufgaben mit Lösungen finden Sie im **Lösungsbuch** der Buchführung 1.

3.5 Erfolgskonten

Die **bisher** gebuchten Geschäftsvorfälle haben **nur** das **Vermögen** und/oder die **Verbindlichkeiten** verändert, **nicht** jedoch das **Eigenkapital**.

In **diesem Kapitel** werden die **betrieblich** verursachten **Eigenkapitaländerungen** dargestellt und erläutert.

3.5.1 Betrieblich verursachte Eigenkapitaländerungen

Rechnerisch ist das **Eigenkapital** der **Unterschiedsbetrag** zwischen der Summe des **Vermögens** und der Summe der **Verbindlichkeiten**:

Summe des Vermögens
− Summe der Verbindlichkeiten
= **Eigenkapital**

Bei den **betrieblich** verursachten **Eigenkapitaländerungen** wird unterschieden zwischen Eigenkapital**minderungen** und Eigenkapital**mehrungen**.

3.5.1.1 Betrieblich verursachte Eigenkapitalminderungen

Es gibt **betrieblich** verursachte **Ausgaben**, die **weder** zu einem **Aktiv-Tausch noch** zu einer **Verminderung der Verbindlichkeiten** führen.

Beispiel:
Die J & M Möbelfabrik GmbH hat einen Lagerplatz gemietet, für den sie monatlich **500 Euro Miete** durch **Banküberweisung** zahlt.

Durch die Banküberweisung der Miete vermindert sich das Bankguthaben um 500 €. Da der Verminderung des Bankguthabens weder eine Vermehrung eines anderen Vermögenswertes noch eine Verminderung von Verbindlichkeiten gegenübersteht, **vermindert** sich das **Eigenkapital** – wie die folgende Rechnung zeigt – um **500 €**.

	vor der Mietausgabe	nach der Mietausgabe
Summe des Vermögens − Summe der Verbindlichkeiten	100.000,00 EUR − 30.000,00 EUR	99.500,00 EUR − 30.000,00 EUR
= **Eigenkapital**	70.000,00 EUR	**69.500,00 EUR**

a) Kontostände **vor** der Mietausgabe

S	Bank	H	S	Eigenkapital	H
SV 100.000,00				SV	70.000,00

S	Verbindlichkeiten	H
	SV	30.000,00

b) Kontostände **nach** der Mietausgabe

S	Bank	H	S	Eigenkapital	H
SV 100.000,00	1)	500,00	1) Minderung 500,00	SV	70.000,00

S	Verbindlichkeiten	H
	SV	30.000,00

Eine **betrieblich** verursachte **Minderung** des **Eigenkapitals** bezeichnet man als **Aufwand**.

> **Merke: Aufwendungen mindern das Eigenkapital.**

3.5.1.2 Betrieblich verursachte Eigenkapitalmehrungen

Es gibt **betrieblich** verursachte **Einnahmen**, die **weder** zu einem **Aktiv-Tausch noch** zu einer **Vermehrung der Verbindlichkeiten** führen.

Beispiel:
Die J & M Möbelfabrik GmbH erhält von ihrer Bank eine **Zinsgutschrift** von **200 EUR**.

Durch diese Zinseinnahme erhöht sich das Bankguthaben um 200 EUR. Da der Vermehrung des Bankguthabens weder eine Verminderung eines anderen Vermögenswertes noch eine Vermehrung von Verbindlichkeiten gegenübersteht, **vermehrt** sich das **Eigenkapital** – wie die folgende Rechnung zeigt – um **200 EUR**.

	vor der Zinseinnahme	**nach** der Zinseinnahme
Summe des Vermögens	99.500,00 EUR	**99.700,00 EUR**
− Summe der Verbindlichkeiten	− 30.000,00 EUR	− 30.000,00 EUR
= **Eigenkapital**	69.500,00 EUR	**69.700,00 EUR**

a) Kontostände **vor** der Zinseinnahme

S	Bank	H	S	Eigenkapital	H
SV 99.500,00				SV 69.500,00	
			S	Verbindlichkeiten	H
				SV 30.000,00	

b) Kontostände **nach** der Zinseinnahme

S	Bank	H	S	Eigenkapital	H
SV 99.500,00				SV 69.500,00	
1) 200,00				1) Mehrung 200,00	
			S	Verbindlichkeiten	H
				SV 30.000,00	

Eine **betrieblich** verursachte **Mehrung** des **Eigenkapitals** bezeichnet man als **Ertrag**.

> **Merke: Erträge mehren das Eigenkapital.**

In der **Änderung des Eigenkapitals** spiegelt sich der **Erfolg** des Unternehmens wider. Der **Erfolg** kann dabei positiv (**Gewinn**) oder negativ (**Verlust**) sein.
Geschäftsvorfälle, die zu einer **betrieblich** verursachten Eigenkapital**mehrung** oder Eigenkapital**minderung** führen, werden als **Erfolgsvorgänge** bezeichnet.
Die **Konten** auf denen Erfolgsvorgänge erfasst werden, bezeichnet man als **Erfolgskonten**. Sie sind **Unterkonten** des **Eigenkapitalkontos**.

3.5.2 Buchen auf Erfolgskonten

Innerhalb der Erfolgskonten unterscheidet man zwischen **Aufwandskonten**, auf denen betrieblich verursachte Eigenkapital**minderungen** erfasst werden, und **Ertragskonten**, auf denen betrieblich verursachte Eigenkapital**mehrungen** gebucht werden.

Erfolgskonten	
Aufwandskonten (Eigenkapital**minderungen**)	**Ertragskonten** (Eigenkapital**mehrungen**)
Löhne Gehälter Miete Fahrzeugkosten Porto Telefon(kosten) Bürobedarf Zinsaufwendungen	Erlöse Provisionsumsätze Zinserträge

Für **Buchungen auf den Erfolgskonten** gelten die **gleichen Buchungsregeln wie** für die entsprechenden Buchungen auf dem **Eigenkapitalkonto**:

- **Aufwendungen** stehen auf den **Aufwandskonten im Soll**, da sie das Eigenkapital **verkleinern** (Eigenkapital**minderungen**) und
- **Erträge** stehen auf den **Ertragskonten im Haben**, da sie das Eigenkapital **vergrößern** (Eigenkapital**mehrungen**).

Aktiva	**Bilanz**	Passiva
Vermögen		Kapital

S	**Eigenkapitalkonto**	H
		SV (Anfangsbestand)
– Minderungen		+ Erhöhungen

S	**Erfolgskonten**	H
Minderungen des EK = **Aufwendungen**		Erhöhungen des EK = **Erträge**

Beispiel:
Karl Meyer, Köln, hat folgende (vereinfachte) **Eröffnungsbilanz** aufgestellt:

Aktiva	(vereinfachte) **Eröffnungsbilanz**		Passiva
Waren	50.000,00	Eigenkapital	60.000,00
Forderungen aLuL	40.000,00	Verbindlichkeiten aLuL	40.000,00
Kassenbestand und Guthaben bei Kreditinstituten	10.000,00		
	100.000,00		100.000,00

Geschäftsvorfälle:

1. Meyer erhält eine Provision durch Banküberweisung	2.000,00	EUR
2. Meyer erhält eine Zinsgutschrift der Bank	50,00	EUR
3. Meyer zahlt Löhne bar	1.000,00	EUR
4. Meyer zahlt Miete für seine Geschäftsräume bar	600,00	EUR

Buchungssätze:

Tz.	Sollkonto	Betrag (€)	Habenkonto
1.	Bank	2.000,00	Provisionsumsätze
2.	Bank	50,00	Zinserträge
3.	Löhne	1.000,00	Kasse
4.	Miete	600,00	Kasse

Buchung:

Soll	Saldenvorträge (SV)		Haben
Eigenkapital	60.000,00	Bestand Waren	50.000,00
Verbindlichkeiten aLuL	40.000,00	Forderungen aLuL	40.000,00
		Kasse	5.000,00
		Bank	5.000,00
	100.000,00		100.000,00

Bestandskonten:

S	Bestand Waren	H	S	Eigenkapital	H
SV	50.000,00			SV	60.000,00

S	Forderungen aLuL	H	S	Verbindlichkeiten aLuL	H
SV	40.000,00			SV	40.000,00

S	Bank	H
SV	5.000,00	
1)	2.000,00	
2)	50,00	

S	Kasse	H
SV	5.000,00	3) 1.000,—
		4) 600,—

Erfolgskonten:

S	Löhne	H	S	Provisionsumsätze	H
3)	1.000,00			1)	2.000,00

S	Miete	H	S	Zinserträge	H
4)	600,00			2)	50,00

Übung: 1. Wiederholungsfragen 1 bis 7 (Seite 75),
2. Übungsaufgabe 1 (Seite 75)

3.5.3 Abschluss der Erfolgskonten

Die **Erfolgskonten** sind als **Unterkonten des Eigenkapitalkontos** über das **Eigenkapitalkonto** abzuschließen.

Der **Abschluss** der **Erfolgskonten** erfolgt allerdings **nicht direkt**, sondern **indirekt**.

Zunächst werden alle Erfolgskonten über ein eigens dafür eingerichtetes **Sammelkonto**, das

Gewinn- und Verlustkonto (GuVK),

abgeschlossen.

Die **Buchungssätze** für den Abschluss der **Aufwandskonten** lauten:

GuVK an Aufwandskonten

und für den Abschluss der **Ertragskonten**:

Ertragskonten an GuVK.

S	Aufwandskonten	H	S	Ertragskonten	H
Aufwendungen	Saldo: GuVK		Saldo: GuVK	Erträge	

Soll	Gewinn- und Verlustkonto (GuVK)	Haben
Aufwendungen		Erträge

Der **Unterschiedsbetrag** zwischen der Summe der **Erträge** und der Summe der **Aufwendungen** ist der **Gewinn** oder der **Verlust**.

```
   Summe der Erträge
 − Summe der Aufwendungen
 = Gewinn oder Verlust
```

Der **Saldo** des **Gewinn- und Verlustkontos** weist den **Gewinn oder Verlust** eines Unternehmens aus.

Das **Gewinn- und Verlustkonto** wird über das **Eigenkapitalkonto** abgeschlossen. Dabei wird durch den **Gewinn** das **Eigenkapital vermehrt** und durch den **Verlust** das **Eigenkapital vermindert**.

Ein **Saldo** im **Soll** des **GuVK** stellt einen **Gewinn** (Erträge sind größer als Aufwendungen) dar:

Soll	Gewinn- und Verlustkonto (GuVK)	Haben
Aufwendungen	Erträge	
Saldo: EK **(Gewinn)**		

Soll	Eigenkapital (EK)	Haben
	Anfangsbestand (AB)	
	Mehrung = Gewinn	

Ein **Saldo** im **Haben** des **GuVK** stellt einen **Verlust** (Aufwendungen sind größer als Erträge) dar:

Soll	Gewinn- und Verlustkonto (GuVK)	Haben
Aufwendungen	Erträge	
	Saldo: EK **(Verlust)**	

Soll	Eigenkapital (EK)	Haben
Minderung = Verlust	Anfangsbestand	

Anhand des Gewinn- und Verlust**kontos** wird die Gewinn- und Verlust**rechnung** erstellt bzw. im Rahmen der EDV-Buchführung abgerufen.

Nach § 242 Abs. 2 HGB hat jeder Kaufmann für den Schluss eines jeden Geschäftsjahres eine Gewinn- und Verlust**rechnung** aufzustellen.

Einzelheiten zur Aufstellung der Gewinn- und Verlustrechnung erfolgen im Abschnitt 1.1.4 der **Buchführung 2**, 17. Auflage, Seite 299 ff.

Sind die Erfolgskonten abgeschlossen, kann der **Erfolg** auch durch **Eigenkapitalvergleich** (Betriebsvermögensvergleich) ermittelt werden.

Gewinn ist – sieht man von den Privatentnahmen und Privateinlagen ab – der **Unterschiedsbetrag** zwischen dem Eigenkapital (Betriebsvermögen) am Schluss des Wirtschaftsjahrs und dem Eigenkapital (Betriebsvermögen) am Schluss des vorangegangenen Wirtschaftsjahrs (§ 4 Abs. 1 Satz 1 EStG).

Für die **Erfolgsermittlung** gilt somit folgendes (vorläufiges) **Schema**, das später noch um die Privatentnahmen und Privateinlagen sowie die nicht abzugsfähigen Betriebsausgaben erweitert wird:

```
  Eigenkapital (BV) am Schluss des Wirtschaftsjahrs
- Eigenkapital (BV) am Schluss des vorangegangenen Wirtschaftsjahrs
= Unterschiedsbetrag (= Gewinn / Verlust)
```

Überträgt man das **Schema der Erfolgsermittlung** auf das vorangegangene Beispiel (siehe Seite 67 f.), bedeutet das:

```
  Eigenkapital (BV) 2006                      60.450,00 EUR
- Eigenkapital (BV) 2005                   -  60.000,00 EUR
= Unterschiedsbetrag (Gewinn 2006)             450,00 EUR
```

Die Erfolgsauswirkung lässt sich auch aus dem **Eigenkapitalkonto** erkennen (siehe Seite 72):

S	Eigenkapital		H
	Anfangsbestand	60.000,00	
	Mehrung = **Gewinn**	**450,00**	

Übung: 1. Wiederholungsfragen 8 und 9 (Seite 75),
2. Übungsaufgaben 2 bis 5 (Seite 76 f.)

3.5.4 Zusammenfassung und Erfolgskontrolle

3.5.4.1 Zusammenfassung

```
                    Erfolgskonten
                   /            \
          Aufwandskonten      Ertragskonten
                |                   |
                ▼                   ▼
```

S	Löhne	H		S	Provisionsumsätze	H
3)	1.000				1)	2.000

S	Miete	H		S	Zinserträge	H
4)	600				2)	50

S	Gewinn- und Verlustkonto	H
Aufwendungen (1.600)		Erträge (2.050)
Saldo: **Gewinn** (450)		

S	0800 (2000) Eigenkapital	H
		Anfangsbestand
		Mehrung = Gewinn (450)

Bestandskonten

Aktivkonten

- Anlagekonten
- Konten des Umlaufvermögens

Passivkonten

- Verbindlichkeitskonten
- Eigenkapitalkonto

Bestandskonten

Erfolgskonten

Aufwandskonten	Ertragskonten
Aufwendungen **mindern** das Eigenkapital	Erträge **mehren** das Eigenkapital

GuVK

Schlussbilanzkonto (SBK)

In der Praxis werden neben den Sachkonten noch **Personenkonten** geführt (siehe Seite 293 ff.). Das folgende Schaubild zeigt den Zusammenhang zwischen den Sachkonten und den Personenkonten.

```
                              Konten
                                │
                ┌───────────────┴───────────────┐
            Sachkonten                     Personenkonten
            (Hauptbuch)                   (Kontokorrentbuch)
                │                               │
        ┌───────┴───────┐               ┌───────┴───────┐
   Bestandskonten   Erfolgskonten    Debitoren        Kreditoren
        │               │               │                │
   ┌────┴────┐     ┌────┴────┐      Ford. aLuL      Verb. aLuL
 aktive   passive  Aufwands- Ertrags-
 Bestands- Bestands- konten  konten
 konten   konten
                                │
                              GuVK
                                │
                         Eigenkapital-
                            konto
                                │
                    Schlussbilanzkonto (SBK)
```

3.5.4.2 Erfolgskontrolle

WIEDERHOLUNGSFRAGEN

1. Wie wird das Eigenkapital rechnerisch ermittelt?
2. Wie wird eine betrieblich verursachte Eigenkapitalminderung bezeichnet?
3. Wie wird eine betrieblich verursachte Eigenkapitalmehrung bezeichnet?
4. Welche Aufwandskonten kennen Sie?
5. Welche Ertragskonten kennen Sie?
6. Auf welcher Kontoseite werden Aufwendungen gebucht?
7. Auf welcher Kontoseite werden Erträge gebucht?
8. Über welches Konto werden die Erfolgskonten abgeschlossen?
9. Über welches Konto wird das Gewinn- und Verlustkonto abgeschlossen?

ÜBUNGSAUFGABEN

Übungsaufgabe 1:

Es sind folgende Erfolgskonten zu führen:

Heizung, Gehälter, Löhne, Zinsaufwendungen für kurzfristige Verbindlichkeiten, Zinsaufwendungen für langfristige Verbindlichkeiten, Grundstückserträge, Zinserträge, Miete, Kfz-Reparaturen, Porto, Telefon.

Bilden Sie die Buchungssätze für folgende Geschäftsvorfälle:

	EUR
1. Wir zahlen Heizung für die Geschäftsräume durch Banküberweisung	200,00
2. Wir zahlen Gehälter durch Banküberweisung	500,00
3. Wir zahlen Löhne bar	1.000,00
4. Wir erhalten eine Zinslastschrift für kurzfr. Bankkredit	130,00
5. Wir erhalten Miete für die Überlassung einer Werkswohnung bar	200,00
6. Wir erhalten eine Zinsgutschrift der Bank	70,00
7. Wir zahlen Miete für Geschäftsräume bar	600,00
8. Barzahlung für Reparatur des betrieblichen Pkw	200,00
9. Wir zahlen Darlehnszinsen durch Bankscheck	120,00
10. Wir zahlen für Porto bar	400,00
11. Banküberweisung für Telefongebühren	250,00

Übungsaufgabe 2:

Der Unternehmer Hans Schäfer, Aachen, hat durch Inventur folgende Bestände ermittelt:

	EUR
Geschäftsausstattung	20.000,00
Bestand Waren	40.000,00
Forderungen aLuL	30.000,00
Bankguthaben	20.000,00
Kasse	10.000,00
Eigenkapital	100.000,00
Verbindlichkeiten aLuL	20.000,00

Außer den Bestandskonten, die sich aus den obigen Beständen ergeben, sind folgende Erfolgskonten zu führen:

Zinserträge, Miete, Gehälter, Porto, Telefon, Löhne, Reinigung, Reparaturen und Instandhaltung von Betriebs- und Geschäftsausstattung.

Geschäftsvorfälle

	EUR
1. Zinsgutschrift der Bank	100,00
2. Barzahlung Miete für Lagerplatz	500,00
3. Gehaltszahlung bar	800,00
4. Banküberweisung der Miete für Geschäftsräume	3.500,00
5. Barzahlung für Porto	50,00
6. Banküberweisung für Telefongebühren	120,00
7. Barzahlung für Löhne	1.020,00
8. Barzahlung für Büroreinigung	160,00
9. Banküberweisung für Reparatur der Geschäftsausstattung	320,00

Aufgaben

1. Tragen Sie die Anfangsbestände auf den T-Konten vor.
2. Bilden Sie die Buchungssätze für die Geschäftsvorfälle.
3. Buchen Sie die Geschäftsvorfälle auf den T-Konten.
4. Schließen Sie die Konten über das Schlussbilanzkonto ab.
5. Ermitteln Sie den Erfolg auch durch Eigenkapitalvergleich.

Übungsaufgabe 3:

Das Konto Zinserträge zeigt folgendes Bild:

S		Zinserträge	H
Bank	100,00	Bank	800,00
		Forderungen aLuL	400,00
		Postbank	500,00

Mit welcher der folgenden Buchungen wird das Konto abgeschlossen? Kreuzen Sie die richtige Lösung an.

Tz.	Soll	Betrag	Haben
1.	SBK	1.600,00	Zinserträge
2.	GuV	1.600,00	Zinserträge
3.	Zinserträge	1.600,00	GuV
4.	Zinserträge	1.600,00	SBK
5.	EK	1.600,00	Zinserträge
6.	Zinserträge	1.600,00	Bank

Übungsaufgabe 4:

Stellen Sie fest, ob die nachstehenden Geschäftsvorfälle den Gewinn erhöhen (+) oder mindern (–).

Tz.	Soll	Betrag	Haben	(+)	(–)
1.	Löhne	3.000,00	Bank		
2.	Sonstige BuG	5.000,00	Verbindlichkeiten aLuL		
3.	Bank	4.000,00	Zinserträge		
4.	Miete	2.000,00	Kasse		
5.	Bank	3.500,00	Kasse		
6.	Forderungen aLuL	9.000,00	Grundstückserträge		

Übungsaufgabe 5:

Das GuV-Konto zeigt folgendes Bild:

S		GuV-Konto	H
Gehälter	1.000,00	Provisionsumsätze	20.000,00
Reparaturen BuG	3.000,00	Grundstückserträge	400,00
Kfz-Reparaturen	500,00	Zinserträge	500,00
Zinsaufwendungen	4.000,00		

Mit welcher der folgenden Buchungen wird das Konto abgeschlossen? Kreuzen Sie die richtige Lösung an.

Tz.	Soll	Betrag	Haben
1.	SBK	12.400,00	GuV
2.	Bank	12.400,00	GuV
3.	EK	12.400,00	GuV
4.	GuV	12.400,00	EK
5.	EK	20.900,00	GuV
6.	Zinserträge	20.900,00	GuV

3.6 Kontenrahmen und Kontenplan

In den Unternehmen werden zur Bewältigung des Buchungsstoffes in der Regel **zahlreiche Konten** geführt.

Konten**rahmen** und Konten**plan** dienen dazu, die **Konten systematisch zu ordnen**.

Der **Kontenrahmen** ist ein Ordnungsinstrument für Konten der Buchhaltung. Er ist branchenspezifisch und beinhaltet die Obermenge aller für die einzelnen Branchen möglichen Konten.

Der **Kontenplan** ist ein Ordnungsinstrument der Buchhaltung **eines bestimmten Unternehmens**. Im Kontenplan sind die individuell für das Unternehmen relevanten Konten zusammengefasst.

3.6.1 Zweck der Kontenrahmen

Die **systematische Ordnung** der Konten wird durch ihre **einheitliche Gliederung und Bezeichnung** erreicht.

Die **systematische Ordnung ermöglicht** z.B.

- einen **genauen Überblick über** die in einem Unternehmen geführten **Konten**,
- einen **Vergleich** der einzelnen Aufwendungen und Erträge **desselben** Unternehmens in verschiedenen Zeiträumen (**innerer Betriebsvergleich**),
- einen **Vergleich** der einzelnen Aufwendungen und Erträge eines Unternehmens mit denen **anderer** Unternehmen desselben Wirtschaftszweiges (**äußerer Betriebsvergleich**),
- die **Vereinheitlichung und Vereinfachung des Buchungstextes** durch die Verwendung von Kontennummern.

Datenverarbeitungsorganisationen (z.B. die **DATEV** eG) haben so genannte **Spezialkontenrahmen (SKR)** entwickelt, die so aufgebaut sind, dass sie den unterschiedlichen Anforderungen der von der Organisation betreuten Unternehmen gerecht werden.

Im Folgenden werden die **DATEV-Kontenrahmen SKR 04 und SKR 03** (gültig ab **2006**) zugrunde gelegt, die im **Anhang** abgedruckt sind.

3.6.2 Aufbau der Kontenrahmen SKR 04 und SKR 03

Die DATEV-Kontenrahmen **SKR 04 und SKR 03** sind – wie alle übrigen Kontenrahmen – nach dem **Zehnersystem** (dekadischen System) aufgebaut.

Sie sind in Konten**klassen**, Konten**gruppen** und **Einzelkonten** gegliedert.

Die **Kontenrahmen** enthalten **zehn** Konten**klassen**, die mit den **Ziffern 0 bis 9** nummeriert sind.

Der Aufbau der **Spezialkontenrahmen SKR 04** und **SKR 03** sieht folgende Reihenfolge der **Kontenklassen** vor:

	SKR 04	SKR 03
Kontenklasse 0	Anlagevermögen	Anlagevermögen, Eigenkapital, Langfristige Verbindlichkeiten, Rechnungsabgrenzungsposten
Kontenklasse 1	Umlaufvermögen	Umlaufvermögen, Verbindlichkeiten aus Lieferungen und Leistungen, sonst. Verbindlichkeiten
Kontenklasse 2	Eigenkapital	Finanzergebnis, a. o. Ergebnis, sonstige betriebliche Aufwendungen, sonstige betriebl. Erträge
Kontenklasse 3	Rückstellungen, Verbindlichkeiten	Wareneingang und Warenbestand
Kontenklasse 4	Umsatzerlöse, Bestandsveränderungen, sonstige betriebliche Erträge	betriebliche Aufwendungen
Kontenklasse 5	Materialaufwand	frei
Kontenklasse 6	Personalaufwand, sonstige betriebliche Aufwendungen	frei
Kontenklasse 7	Finanzergebnis, a.o. Ergebnis, Steuern, Gewinnverwendung	Bestand an Fertigerzeugnissen, Bestand an halbfertigen Erzeugnissen
Kontenklasse 8	frei	Umsatzerlös, Bestandsveränderungen
Kontenklasse 9	Vortragskonten, statistische Konten	Vortragskonten, statistische Konten
Konten 10000-69999	Debitoren	Debitoren
Konten 70000-99999	Kreditoren	Kreditoren

Die **Reihenfolge der Kontenklassen** des **SKR 04** richtet sich nach den handelsrechtlichen Gliederungsvorschriften für den **Jahresabschluss** (Bilanz und Gewinn- und Verlustrechnung) einer großen Kapitalgesellschaft. Das erleichtert die Abschlussarbeiten und die Aufstellung des Jahresabschlusses.

Da sich die Reihenfolge der **Kontenklassen des SKR 04** an der gesetzlich vorgeschriebenen Gliederung der Bilanz (§ 266 HGB) und der Gewinn- und Verlustrechnung (§ 275 HGB) orientiert, spricht man vom **Abschlussgliederungsprinzip**.

Im Folgenden wird der **Bilanzabschluss** einer **kleinen Kapitalgesellschaft** nach dem **Abschlussgliederungsprinzip des SKR 04** schematisch dargestellt.

Kontenklasse			
0	1	2	3
Anlagevermögen	Umlaufvermögen	Passiva	Passiva

A. Anlagevermögen
  I. Immaterielle Vermögensgegenstände
  II. Sachanlagen
  III. Finanzanlagen
	A. Eigenkapital
	  I. Gezeichnetes Kapital
	  II. Kapitalrücklage
	  III. Gewinnrücklagen
	  IV. Gewinnvortrag/Verlustvortrag
	  V. Jahresüberschuss/Jahresfehlbetrag
	
	B. Sonderposten mit Rücklageanteil

B. Umlaufvermögen
  I. Vorräte
  II. Forderungen und sonstige Vermögensgegenstände
  III. Wertpapiere
  IV. Kassenbestand, Bundesbankguthaben, Guthaben bei Kreditinstituten und Schecks
	C. Rückstellungen
	
	D. Verbindlichkeiten

C. Rechnungsabgrenzungsposten	**E. Rechnungsabgrenzungsposten**

Beim **Prozessgliederungsprinzip des SKR 03** wird die **Reihenfolge der Kontenklassen** (0 bis 9) nach den **Betriebsabläufen** bestimmt.

Die **Kontenklassen** des **SKR 03** spiegeln den **Prozess** von der betrieblichen Leistungs**erstellung** (0 bis 4) bis zur Leistungs**verwertung** (7 und 8) wider.

Der **SKR 04** und der **SKR 03** haben gemeinsam, dass sie zu gleichen **Jahresabschlussgliederungen** führen.

Jede Konten**klasse** kann in zehn Konten**gruppen** und jede Konten**gruppe** in zehn – bei Bedarf auch mehr – Konten **untergliedert** werden.

Jedes Konto des **SKR 04** bzw. **SKR 03** hat – aus Gründen der EDV-Kontierung – eine **vierstellige Kontonummer**.

```
   SKR 04-            Konto-              SKR 03-
 Kontonummer        bezeichnung         Kontonummer

  0  5  2  0           Pkw             0  3  2  0
  │  │  │  │                           │  │  │  │
  │  │  │  └──── Kontenklasse ─────────┘  │  │  │
  │  │  └─────── Kontengruppe ─────────── ┘  │  │
  │  └────────── Kontenuntergruppe ──────────┘  │
  └───────────── Konto ──────────────────────── ┘
```

Beim **Buchungssatz genügt** es, dass an Stelle der Konten**bezeichnung** nur die Konto**nummer** angegeben wird.

Im Folgenden werden die Konten**nummern** des **SKR 04 fettgedruckt** und die Kontennummern des **SKR 03 in Klammern** genannt.

Beispiel:
Ein Unternehmer kauft einen gebrauchten Pkw von einem Privatmann für 10.000 EUR auf Ziel

Buchungssatz:

Sollkonto	Betrag (€)	Habenkonto
0520 (0320) **Pkw**	10.000,00	**3300** (1600) **Verbindl. aLuL**

Buchung:

S   **0520** (0320) **Pkw**   H   S   **3300** (1600) **Verbindl. aLuL**   H
      10.000,00 | | 10.000,00

Die **vierstelligen Kontonummern dienen** nicht nur der systematischen Ordnung der Konten, sondern im Rahmen der EDV-Buchführung **auch der Steuerung des Buchungsvorgangs**. Zu diesem Zweck werden den vierstelligen Kontonummern weitere Ziffern hinzugefügt.

Die **zusätzlichen Ziffern** haben bestimmte **Funktionen** innerhalb der Datenverarbeitung, die im Kapitel "**EDV-Kontierung**" näher erläutert werden. Die Symbole der **Zusatzfunktionen** (V, M und KU) sind in den **DATEV**-Kontenrahmen **am Anfang** der Kontenklassen angegeben (siehe **Anhang**). Da sie bereits **im Programm berücksichtigt** sind, werden sie bei der **Kontierung nicht** mit angegeben. **Vor** den einzelnen Konten**nummern** stehen vielfach **Buchstaben** (z.B. **AV, AM**), deren **Funktion** am Ende der **Kontenrahmen** erläutert wird (siehe **Anhang**).

Neben den Konten und ihren Funktionen werden im **SKR 04 und SKR 03** noch die entsprechenden **Bilanz-Posten** (§ 266 HGB) angegeben, denen die Konten zugeordnet werden.

Beispiel:
Die folgenden Konten werden im **SKR 04** bzw. **SKR 03** dem **Bilanz-Posten** "**Betriebs- und Geschäftsausstattung**" zugeordnet:

Kontenklasse 0			Bilanzposten
SKR 04	SKR 03	Konten-Bezeichnung	
0520	0320	Pkw	
0540	0350	Lkw	
0620	0440	Werkzeuge	
0640	0430	Ladeneinrichtung	**Betriebs- und Geschäfts-ausstattung**
0650	0420	Büroeinrichtung	
0670	0480	GWG bis 410 Euro	
0690	0490	Sonstige Betriebs- und Geschäftsausstattung	

Im **SKR 04 und SKR 03** werden nicht nur die Bilanz-Posten, sondern auch die **Posten der Gewinn- und Verlustrechnung kurz: - GuV -** (§ 275 HGB) angegeben.

Beispiel:
Die folgenden Konten werden im **SKR 04** bzw. **SKR 03** dem **GuV-Posten** "**Löhne und Gehälter**" zugeordnet:

Kontenklasse 4 und 6			GuV - Posten
SKR 04	SKR 03	Konten-Bezeichnung	
6000	4100	Löhne und Gehälter	
6010	4110	Löhne	
6020	4120	Gehälter	**Löhne und Gehälter**
6030	4190	Aushilfslöhne	
6050	4125	Ehegattengehalt	
6080	4170	Vermögenswirksame Leistungen	

3.6.3 Zusammenfassung und Erfolgskontrolle

3.6.3.1 Zusammenfassung

- Der **Kontenrahmen** ist ein System zur einheitlichen Bezeichnung und Gliederung von Konten **einer Gruppe von Unternehmen**.
- Der **Kontenrahmen** ist in Konten**klassen**, Konten**gruppen** und **Konten** nach dem Zehnersystem (dekadischen System) gegliedert.
- Die **einheitliche** Konten**bezeichnung** und Konten**gliederung** ermöglicht den **inneren und äußeren Betriebsvergleich**.
- Die **Kontennummern** der **EDV-Kontenrahmen SKR 04 und SKR 03** dienen neben der systematischen Einordnung auch der Steuerung von Rechenvorgängen und Buchungsvorgängen.
- Der **Kontenplan** ist eine systematische Übersicht über die **in einem bestimmten Unternehmen** geführten Konten.

3.6.3.2 Erfolgskontrolle

WIEDERHOLUNGSFRAGEN

1. Was versteht man unter einem Kontenrahmen?
2. Was ist ein Kontenplan?
3. Wodurch unterscheiden sich Kontenrahmen und Kontenplan?
4. Was ermöglicht der Kontenrahmen?
5. Nach welchem Prinzip ist der DATEV-Kontenrahmen SKR 04 aufgebaut?
6. Nach welchem Prinzip ist der DATEV-Kontenrahmen SKR 03 aufgebaut?

ÜBUNGSAUFGABE

Kontieren Sie manuell die belegmäßig nachgewiesenen Geschäftsvorfälle nach dem **SKR 04** (SKR 03) anhand der folgenden Buchungsliste:

Tz.	Sollkonto	Betrag (€)	Habenkonto
1.			
2.			
usw.			

	EUR
1. Kauf eines Fabrikgebäudes zum Kaufpreis von	600.000,00
Von dem Kaufpreis entfallen auf Grund und Boden	100.000,00
Der Kaufpreis wird durch Banküberweisung beglichen.	
2. Kauf eines unbebauten Grundstücks auf Ziel	150.000,00
3. Wir begleichen eine Verbindlichkeit aLuL in Höhe von durch Banküberweisung.	150.000,00
4. Ein Kunde überweist auf unser Bankkonto zum Ausgleich einer Forderung aLuL.	13.560,00
5. Ein Kunde begleicht unsere Forderung aLuL in Höhe von	1.500,00
durch Banküberweisung	1.000,00
und durch Postbanküberweisung	500,00
6. Barabhebung vom Bankkonto	7.000,00
7. Aufnahme eines Bankdarlehens in Höhe von mit einer Laufzeit von fünf Jahren Der Betrag wird einem Bankkonto gutgeschrieben.	50.000,00
8. Tilgung des Bankdarlehens (von Tz. 7.) durch Banküberweisung	2.000,00
9. Barzahlung eines Kunden zum Ausgleich unserer Forderung aLuL	10.000,00
10. Zahlung der Miete für Geschäftsräume durch Banküberweisung	1.000,00
11. Zinsgutschrift der Bank	600,00
12. Lohnzahlung bar	1.200,00
13. Barzahlung für Porto	500,00
14. Banküberweisung für Telefongebühren	400,00
15. Provisionsumsätze für die Vermittlung von Aufträgen durch Banküberweisung	5.000,00
16. Banküberweisung für Büroreinigung	300,00
17. Gehaltszahlung bar	2.300,00
18. Barzahlung für Wartung der Registrierkasse	100,00
19. Zinslastschrift für kurzfristigen Bankkredit	180,00
20. Barkauf einer Ladentheke	2.800,00
21. Kauf einer Registrierkasse gegen Bankscheck	8.000,00

Zusammenfassende Erfolgskontrolle

Die Unternehmerin Georgis Bantes, Bonn, hat durch Inventur folgende Bestände ermittelt:

	EUR
0235 (0085) Bebaute Grundstücke	110.000,00
0240 (0090) Geschäftsbauten	260.000,00
0640 (0430) Ladeneinrichtung	10.000,00
0650 (0420) Büroeinrichtung	20.000,00
1140 (3980) Bestand Waren	65.000,00
1200 (1400) Forderungen aLuL	80.000,00
1800 (1200) Bankguthaben	15.000,00
1700 (1100) Postbankguthaben	2.000,00
1600 (1000) Kasse	3.000,00
2000 (0800) Eigenkapital	?
3160 (0640) Verbindlichkeiten gegenüber Kreditinstituten	180.000,00
3300 (1600) Verbindlichkeiten aLuL	35.000,00

Außer den Bestandskonten, die sich aus den obigen Beständen ergeben, sind folgende Erfolgskonten zu führen:

6310 (4210) Miete, **6010** (4110) Löhne, **7320** (2120) Zinsaufwendungen, **6805** (4920) Telefon, **6800** (4910) Porto, **7100** (2650) Zinserträge.

Geschäftsvorfälle	EUR
1. Kauf eines Fotokopiergerätes auf Ziel	5.000,00
2. Mietzahlung durch Banküberweisung	500,00
3. Darlehnstilgung durch Banküberweisung	6.000,00
4. Lohnzahlung bar	1.100,00
5. Postbanküberweisung an Lieferer wegen Verbindlichkeit aLuL	1.000,00
6. Banklastschrift für Darlehnszinsen	250,00
7. Banküberweisung für Telefongebühren	600,00
8. Barzahlung für Briefmarken	100,00
9. Banküberweisung eines Kunden zum Ausgleich unserer Forderung aLuL	4.000,00
10. Zinsgutschrift der Bank	300,00

Aufgaben

1. Tragen Sie die Anfangsbestände auf den Konten vor.
2. Bilden Sie die Buchungssätze.
3. Buchen Sie die Geschäftsvorfälle.
4. Schließen Sie die Konten ab.
5. Ermitteln Sie den Erfolg auch durch Eigenkapitalvergleich.
6. Stellen Sie die Bilanz zum 31.12.2006 auf.
   Beachten Sie dabei das handelsrechtliche Gliederungsschema.

3.7 Abschreibung abnutzbarer Anlagegüter

3.7.1 Ursachen der Abschreibung

Bei **abnutzbaren Anlagegütern**, deren **Verwendung oder Nutzung** sich erfahrungsgemäß auf einen Zeitraum von **mehr als einem Jahr** erstreckt, sind die **Anschaffungskosten (AK)** oder die **Herstellungskosten (HK)** auf die **betriebsgewöhnliche Nutzungsdauer (ND) zu verteilen** (§ 7 Abs. 1 EStG).

Zu den **Wirtschaftsgütern des abnutzbaren Anlagevermögens** gehören z.B.:

- entgeltlich erworbener **Geschäfts- oder Firmenwert**,
- **Gebäude**,
- **maschinelle Anlagen**,
- **Betriebsausstattung** (z.B. Pkw, Lkw, Werkzeuge, Gabelstapler),
- **Geschäftsausstattung** (z.B. Büromöbel, Büromaschinen).

<u>Anschaffungskosten</u> sind Aufwendungen, die geleistet werden, um einen Vermögensgegenstand zu erwerben und ihn in einen betriebsbereiten Zustand zu versetzen, soweit die Aufwendungen dem Vermögensgegenstand einzeln zugeordnet werden können (§ 255 Abs. 1 Satz 1 HGB).

<u>Herstellungskosten</u> sind Aufwendungen, die durch den Verbrauch von (Sach-) Gütern und die Inanspruchnahme von Diensten für die Herstellung eines Vermögensgegenstandes, seine Erweiterung oder über seinen ursprünglichen Zustand hinausgehende wesentliche Verbesserung entstehen (§ 255 Abs. 2 Satz 1 HGB).

Die nach § 15 UStG **abziehbare Vorsteuer** gehört **weder** zu den **Anschaffungskosten noch** zu den **Herstellungskosten** eines Vermögensgegenstandes (§ 9b Abs. 1 EStG).

> Einzelheiten zu den **Anschaffungs- und Herstellungskosten** erfolgen im Kapitel "**7 Anlagenwirtschaft**", Seite 343 ff.

Der **Teil** der **Anschaffungs- oder Herstellungskosten**, der auf ein Wirtschaftsjahr entfällt, wird **handelsrechtlich** als **Abschreibung** und **steuerrechtlich** als Absetzung für Abnutzung (**AfA**) bezeichnet.

Abschreibungsursachen können sein:

1. technische Ursachen
- Gebrauchsverschleiß
- Ruheverschleiß (z.B. Verrosten)
- Katastrophenverschleiß (z.B. Feuer, Unfall, Explosion)

2. wirtschaftliche Ursachen
- Entwertung durch technischen Fortschritt
- Entwertung durch Bedarfsverschiebung
- Entwertung durch Preisverfall

3.7.2 Berechnen der Abschreibung

Die **Abschreibung** kann nach **mehreren Methoden** berechnet werden. Im Rahmen der **Buchführung 1** wird **nur die lineare Abschreibung** auf bewegliche Anlagegüter **erläutert**.

> Die **anderen Methoden** der Abschreibung werden im Kapitel 7, Seite 95 ff., der **Buchführung 2**, 17. Auflage, dargestellt und erläutert.

Bei der **linearen** Abschreibung auf **bewegliche** Anlagegüter werden die **AK/HK gleichmäßig** auf die Zeit der betriebsgewöhnlichen Nutzungsdauer **verteilt**.

Der jährliche Abschreibungs**betrag** ergibt sich, indem man die **AK/HK** durch die Anzahl der **Jahre** der betriebsgewöhnlichen **Nutzungsdauer dividiert**:

$$\text{linearer Abschreibungsbetrag} = \frac{\text{AK/HK}}{\text{Nutzungsdauer}}$$

Beispiel:
Die **Anschaffungskosten** einer Maschine betragen **50.000 Euro**. Die betriebsgewöhnliche **Nutzungsdauer** beträgt **10 Jahre**:

$$\text{jährlicher Abschreibungsbetrag} = \frac{50.000 \text{ EUR}}{10} = 5.000 \text{ €}$$

Der Abschreibungs**satz** ergibt sich, indem man **100** durch die Anzahl der **Jahre** der betriebsgewöhnlichen **Nutzungsdauer dividiert**:

$$\text{linearer Abschreibungssatz} = \frac{100}{\text{Nutzungsdauer}}$$

Beispiel:
Sachverhalt wie zuvor

$$\text{Abschreibungssatz} = \frac{100}{10} = 10\ \%$$

Die **Abschreibung** ist somit von den **AK/HK und** der betriebsgewöhnlichen **Nutzungsdauer** des Anlageguts **abhängig**.

Werden Anlagegüter **im Laufe** eines Wirtschaftsjahres (z.B. 1.7.) angeschafft oder hergestellt, ist die lineare AfA in diesem Wirtschaftsjahr **seit 2004** zwingend **monatsgenau (pro-rata-temporis)** zu berechnen (6/12) (R 7.4. Abs. 2 Satz 1 EStR 2005).
Die zeitanteilige AfA wird entsprechend beim **Ausscheiden** eines Anlageguts im Laufe eines Wirtschaftsjahres berechnet (R 7.4 Abs. 8 EStR 2005).
Wird ein Anlagegut **im Laufe** eines **Monats** (z.B. 15.2.) angeschafft oder hergestellt, so wird im Allgemeinen eine **Aufrundung auf volle Monate** (z.B. 11/12) nicht zu beanstanden sein. Beim **Ausscheiden** (z.B. 15.2.) eines Anlageguts erfolgt im Allgemeinen eine **Abrundung auf volle Monate** (z.B. 1/12).

Die **betriebsgewöhnliche Nutzungsdauer** ist zu Beginn der Nutzung vorsichtig **zu schätzen**. Anhaltspunkte für die Schätzung können die **betriebseigenen Erfahrungen** und die vom Bundesminister der Finanzen (BdF) im Einvernehmen mit den obersten Finanzbehörden der Länder aufgrund von **Erfahrungen der steuerlichen Außenprüfung** herausgegebenen **AfA-Tabellen** sein.

Auszug aus der **AfA-Tabelle** für allgemein verwendbare Anlagegüter (BMF-Schreiben vom 15.12.2000, BStBl 2000 I Seite 1532 ff.):

Lfd. Nr.	Anlagegüter	Nutzungs-dauer bis 2000	Nutzungs-dauer ab **2001**
1	2	3	4
6	**BETRIEBS- UND GESCHÄFTSAUSSTATTUNG**		
6.1	Wirtschaftsgüter der Werkstätten-, Labor- und Lagereinrichtungen	10	14
6.2	Wirtschaftsgüter der Ladeneinrichtungen	8	8
6.3	Messestände		6
6.4	Kühleinrichtungen	5	8
6.5	Klimageräte (mobil)	8	11
6.6	Be- und Entlüftungsgeräte (mobil)	5	10
6.7	Fettabscheider	5	5
6.8	Magnetabscheider	6	6
6.9	Nassabscheider	5	5
6.10	Heiß-/Kaltluftgebläse (mobil)	8	11
6.11	Raumheizgeräte (mobil)	5	9
6.12	Arbeitszelte	6	6
6.13	Telekommunikationsanlagen		
6.13.1	Fernsprechnebenstellenanlagen	8	10
6.13.2	Kommunikationsendgeräte		
6.13.2.1	Allgemein	6	8
6.13.2.2	Mobilfunkendgeräte	4	5
6.13.3	Textendeinrichtungen (Faxgeräte u.ä.)	5	6
6.13.4	Betriebsfunkanlagen	8	11
6.13.5	Antennenmasten	10	10
6.14	Büromaschinen und Organisationsmittel		
6.14.1	Adressier-, Kuvertier- und Frankiermaschinen	5	8
6.14.2	Paginiermaschinen	8	8
6.14.3	Datenverarbeitungsanlagen		
6.14.3.1	Großrechner	5	7
6.14.3.2	Workstations, Personalcomputer, Notebooks und deren Peripheriegeräte (Drucker, Scanner, Bildschirme u.ä.)	4	3

Die **neue AfA-Tabelle** gilt für alle Anlagegüter, die **nach dem 31.12.2000** angeschafft oder hergestellt worden sind.

Die in dieser Tabelle für die einzelnen Anlagegüter angegebene betriebsgewöhnliche Nutzungsdauer (ND) beruht auf Erfahrungen der steuerlichen Betriebsprüfung. Die Fachverbände der Wirtschaft wurden **vor** Aufstellung der AfA-Tabelle angehört. Die in der AfA-Tabelle angegebene **Nutzungsdauer** dient als **Anhaltspunkt für** die Beurteilung der **Angemessenheit der steuerlichen AfA**. Sie **berücksichtigt** die **technische Abnutzung** eines unter **üblichen** Bedingungen arbeitenden Betriebs.

> **Übung**: 1. Wiederholungsfragen 1 bis 7 (Seite 93),
> 2. Übungsaufgaben 1 bis 3 (Seite 93 f.)

3.7.3 Buchen der Abschreibung

Die Wirtschaftsgüter des **abnutzbaren** Anlagevermögens verlieren durch ihre Nutzung ständig an Wert.
Diese **Wertminderung** des Vermögens ist betrieblicher **Aufwand**, der auf den **Aufwandskonten**

> **6220** (4830) **Abschreibungen auf Sachanlagen (ohne AfA auf Kfz und Gebäude)**
> **6221** (4831) **Abschreibungen auf Gebäude**
> **6222** (4832) **Abschreibungen auf Kfz**

im **Soll** und auf einem **Bestandskonto** (z.B. Maschinen) im **Haben** erfasst wird.

Beispiel:
Der Unternehmer U, der zum Vorsteuerabzug berechtigt ist, hat am 20.10.2006 eine Maschine für **20.000,00 €** + 3.200,00 € USt = 23.200,00 € gegen Bankscheck angeschafft. Die betriebsgewöhnliche **Nutzungsdauer** beträgt **10 Jahre**.

1) Buchungssatz bei der Anschaffung zum 20.10.2006:

Tz.	Sollkonto	Betrag (€)	Habenkonto
1.	**0440** (0210) Maschinen **1405** (1575) Vorsteuer 16 % *)	20.000,00 3.200,00 23.200,00	**1800** (1200) Bank

*) Einzelheiten zum Buchen der Vorsteuer erfolgen im Abschnitt 3.9.2.1, Seite 115 ff.

Buchung bei der Anschaffung zum 20.10.2006:

S	**0440** (0210) **Maschinen**	H		S	**1800** (1200) **Bank**	H
1)	20.000,00					1) 23.200,00

S	**1405** (1575) **Vorsteuer 16 %**	H
1)	3.200,00	

2) Buchungssatz der Abschreibung zum 31.12.2006:

Tz.	Sollkonto	Betrag (€)	Habenkonto
2.	**6220** (4830) Abschreibungen	**500,00** *)	**0440** (0210) Maschinen

*) 20.000 € : 10 = 2.000 € x 3/12 = 500 € oder 20.000 € x 10 % = 2.000 € x 3/12 = 500 €

Buchung zum 31.12.2006:

S	**6220** (4830) **Abschreibungen**	H		S	**0440** (0210) **Maschinen**	H
2)	500,00			1) 20.000,00	2)	500,00

3.7.4 Abschluss des Anlagekontos und des Abschreibungskontos

Die Buchung der **Abschreibung** hat **Auswirkungen auf** das buchmäßige **Vermögen** des Unternehmers.

Nach Buchung der Abschreibung weist das **Anlagekonto** den um die Abschreibung verminderten **Buchwert (Restwert)** aus.

Da das **Anlagekonto** ein **Aktivkonto** ist, wird der **Restwert** zum Schluss des Wirtschaftsjahres in das **Schlussbilanzkonto** übernommen.

Beispiel:
Sachverhalt wie zuvor.

Buchungssatz:

Sollkonto	Betrag (€)	Habenkonto
9998 (9998) SBK	19.500,00	**0440** (0210) Maschinen

Buchung:

```
S              0440 (0210) Maschinen              H
1)              20.000,00   2)                500,00
                            SBK            19.500,00
                ─────────                  ─────────
                20.000,00                  20.000,00


S           9998 (9998) Schlussbilanzkonto        H
Maschinen      19.500,00
```

Die **Buchung der Abschreibung** hat **nicht nur Auswirkungen auf** das buchmäßige **Vermögen** des Unternehmers, **sondern auch** auf den **Erfolg**.

Da das **Abschreibungskonto** ein **Aufwandskonto** ist, wird es zum Schluss des Wirtschaftsjahres über das **Gewinn- und Verlustkonto** abgeschlossen.

Beispiel:
Sachverhalt wie zuvor

Buchungssatz:

Sollkonto	Betrag (€)	Habenkonto
9999 (9999) GuVK	500,00	**6220** (4830) Abschreibungen

Buchung:

S **6220 (4830) Abschr. auf Sachanl. (ohne AfA auf Kfz und Geb.)** H

2) 500,00 | GuVK 500,00

S **9999 (9999) Gewinn- und Verlustkonto** H

Abschreibungen 500,00

Übung: 1. Wiederholungsfragen 8 bis 11 (Seite 93),
2. Übungsaufgabe 4 bis 7 (Seite 94 f.)

3.7.5 Zusammenfassung und Erfolgskontrolle

3.7.5.1 Zusammenfassung

```
                          Bestandskonten
                          ┌──────┴──────┐
                    Aktivkonten      Passivkonten
                    ┌────┴────┐      ┌────┴────┐
              Anlage-   Konten des  Verbindlich-  Eigenkapital-
              konten    Umlauf-     keitskonten   konto
                        vermögens
                 │          │            │            │
         ┌───────┴──┐       │            │            │
    abnutzbares  nicht abnutzbares                    │
    Anlagever-   Anlagevermögen                       │
    mögen                                       Erfolgskonten
         │                                      Abschreibungen
    Abschreibungen                              (= Aufwendungen)
    (= Wertminderung)                                 │
         │                                           GuVK
    Anlagenrestwert
                          Bestandskonten
                     Schlussbilanzkonto (SBK)
```

3.7.5.2 Erfolgskontrolle

WIEDERHOLUNGSFRAGEN

1. Welche Vermögensgegenstände gehören im Einzelnen zu den abnutzbaren Anlagegütern?
2. Welche Abschreibungsursachen gibt es?
3. Wie nennt man die Abschreibung, bei der jährlich ein gleich hoher Betrag abgeschrieben wird?
4. Wie wird der jährliche Abschreibungsbetrag bei dieser Abschreibung auf bewegliche Anlagegüter berechnet?
5. Wie berechnet man den Abschreibungssatz bei dieser Abschreibung?
6. Wie wird die betriebsgewöhnliche Nutzungsdauer zu Beginn der Nutzung ermittelt?
7. Wie muss ein Wirtschaftsgut des abnutzbaren Anlagevermögens abgeschrieben werden, wenn es im Laufe des Jahres angeschafft wird?
8. Wie wird die Wertminderung des betrieblichen Vermögens buchmäßig erfasst?
9. Wie wirkt sich die Abschreibung auf das betriebliche Vermögen aus?
10. Wie wirkt sich die Abschreibung auf den Erfolg und damit auf das Eigenkapital des Unternehmers aus?
11. Über welches Konto wird das Abschreibungskonto abgeschlossen?

ÜBUNGSAUFGABEN

Übungsaufgabe 1:

Berechnen Sie den jährlichen Abschreibungsbetrag bei der linearen Abschreibung für folgende Anlagegüter:

Anlagegut	AK	Nutzungsdauer	Abschreibungsbetrag
1	20.000 EUR	5 Jahre	
2	10.000 EUR	4 Jahre	
3	25.000 EUR	5 Jahre	
4	8.000 EUR	8 Jahre	

Übungsaufgabe 2:

Berechnen Sie den Abschreibungssatz bei der linearen Abschreibung für folgende Anlagegüter:

Anlagegut	Nutzungsdauer	Abschreibungssatz
1	3 Jahre	
2	4 Jahre	
3	5 Jahre	
4	6 Jahre	

Übungsaufgabe 3:

Der Unternehmer U, Düsseldorf, der zum Vorsteuerabzug berechtigt ist, kauft am 09.08.2006 einen Pkw, der nur betrieblich genutzt wird, für 30.000,00 € + 16 % USt auf Ziel.
Die betriebsgewöhnliche Nutzungsdauer des Pkw beträgt 6 Jahre.

Wie hoch ist der Abschreibungsbetrag bei linearer Abschreibung für das Anschaffungsjahr?

Übungsaufgabe 4:

Der Unternehmer Weingart, Heidelberg, der zum Vorsteuerabzug berechtigt ist, weist in seiner Steuerbilanz zum 31.12.2006 eine Maschine mit einem Buchwert von 98.000,00 € aus. Die Maschine wurde bisher bei einer Nutzungsdauer von 10 Jahren mit einem Betrag von 14.000,00 € jährlich planmäßig linear abgeschrieben.

1. Ermitteln Sie die historischen (ursprünglichen) Anschaffungskosten der Maschine.
2. In welchem Jahr wurde die Maschine angeschafft?

Übungsaufgabe 5:

Der selbständige Facharzt Rüdiger Winter erwarb am 01.03.2006 einen neuen Pkw für 40.000,00 € + 16 % USt. Der Pkw gehört zu seinem Betriebsvermögen und wird in vollem Umfang betrieblich genutzt. Die betriebsgewöhnliche Nutzungsdauer des Pkw beträgt 6 Jahre.

Berechnen Sie die lineare Abschreibung des Pkw für 2006, 2007 und 2012 (Hinweis: § 9b EStG i.V.m § 4 Nr. 14 UStG).

Übungsaufgabe 6:

Welche der nachstehenden Wirtschaftsgüter des Betriebsvermögens können nicht planmäßig abgeschrieben werden?

1. Produktionsmaschine
2. Gebäude
3. Warenvorräte
4. Büroausstattung
5. Grund und Boden

Übungsaufgabe 7:

Folgende Situation ist gegeben:

S	0650 (0420) Büroeinrichtung	H	S	2000 (0800) Eigenkapital	H
AB	48.000,00			AB	32.000,00

S	0520 (0320) Pkw	H	S	0940 (0550) Darlehen	H
AB	30.000,00			AB	36.000,00

S 6220 (4830) Abschreibungen H	S 1800 (1200) Bank H
	40.000,00

S 6222 (4832) Abschreibungen Kfz H	S 4830 (2700) Sonstige Erträge H
	250.000,00

S 6300 (2300) Sonst. Aufwendungen H
200.000,00

S 9999 (9999) GuV H	S 9998 (9998) SBK H

Abschlussangaben

1. Abschreibung auf Büroeinrichtung   12.000,00 €
2. Abschreibung auf Pkw   10.000,00 €

Aufgaben

1. Buchen Sie die Abschreibungsbeträge.
2. Schließen Sie die Konten ab.

Zusammenfassende Erfolgskontrolle

Der Unternehmer Karl Heinz Kilzer, Köln, hat durch Inventur folgende Bestände ermittelt:

	EUR
0520 (0320) Pkw	72.000,00
0640 (0430) Ladeneinrichtung	15.000,00
1700 (1100) Postbank	20.000,00
1600 (1000) Kasse	1.500,00
2000 (0800) Eigenkapital	62.000,00
3151 (0631) Verbindlichkeiten gegenüber Kreditinstituten	28.700,00
3300 (1600) Verbindlichkeiten aLuL	17.800,00

Außer den Bestandskonten, die sich aus den obigen Beständen ergeben, sind folgende Erfolgskonten zu führen:

4560 (8510) Provisionsumsätze, **6020** (4120) Gehälter, **6220** (4830) Abschreibungen auf Sachanlagen, **6222** (4832) Abschreibungen auf Kfz, **7100** (2650) Zinserträge, **7310** (2110) Zinsaufwendungen.

Geschäftsvorfälle

	EUR
1. Kauf einer Registrierkasse gegen Bankscheck	18.000,00
2. Provisionsgutschrift auf unser Postbankkonto	10.500,00
3. Zinslastschrift für kurzfristigen Bankkredit	280,00
4. Gehaltszahlung durch Postbankkonto	2.000,00
5. Ein Kunde überweist Verzugszinsen auf unser Postbankkonto	110,00
6. Kauf eines Pkw durch Postbanküberweisung	14.000,00
Abschlussangaben	
7. Abschreibung auf Pkw	5.000,00
8. Abschreibung auf Ladeneinrichtung	2.000,00

Aufgaben

1. Tragen Sie die Anfangsbestände auf den Konten vor.
2. Bilden Sie die Buchungssätze.
3. Buchen Sie die Geschäftsvorfälle auf den T-Konten.
4. Schließen Sie die Konten ab.
5. Ermitteln Sie den Erfolg auch durch Eigenkapitalvergleich.
6. Stellen Sie die Bilanz zum 31.12.2006 auf. Beachten Sie dabei das handelsrechtliche Gliederungsschema.

3.8 Warenkonten

Die **Warenkonten** sind bedeutende Konten der **Groß- und Einzelhandelsbetriebe**, weil die meisten Geschäftsvorfälle dieser Betriebe den Waren**eingang** und den Waren**ausgang** betreffen.

Auch **Industriebetriebe** verkaufen vielfach Fertigprodukte von anderen Unternehmen, so dass sie ebenfalls ein Warenkonto (**Handelswaren**) führen können.

3.8.1 Wareneinkauf, Warenverkauf und Abschluss der Warenkonten

In der **Praxis** ist es üblich, den Warenverkehr auf **getrennten Warenkonten** zu buchen.

Dabei werden mindestens **drei Warenkonten** geführt:

> 1. das Aufwandskonto "**Wareneingang**",
> 2. das Ertragskonto "**Erlöse**" und
> 3. das Bestandskonto "**Bestand Waren**".

3.8.1.1 Wareneingang

Die **Wareneinkäufe** werden auf dem **Aufwandskonto**

<u>5200</u> (3200) **Wareneingang**

im **Soll** zu **Einkaufspreisen** gebucht.

Der **Wareneingang** wird **nicht** auf ein Bestandskonto gebucht, sondern auf einem **Aufwandskonto** erfasst, weil **unterstellt** wird, dass die **eingekaufte** Ware **sofort verkauft** wird (**Just-in-time-Verfahren**).

Beispiel 1:
Getränkehändler Karl Müller, Koblenz, kaufte im Laufe des Geschäftsjahres **10.000** Kästen Pils zum **Einkaufspreis** von je **7,50 EUR** = **75.000,00 EUR** auf Ziel.

Buchungssatz:

Tz.	Sollkonto	Betrag (€)	Habenkonto
1.	**5200** (3200) Wareneingang	75.000,00	**3300** (1600) Verbindlichkeiten aLuL

Buchung:

S **5200** (3200) **Wareneingang**   H   S **3300** (1600) **Verbindlichkeiten aLuL**   H
1)   75.000,00   1)   75.000,00

Das Konto **Wareneingang** wird als **Aufwandskonto** am Ende des Geschäftsjahres über das **Gewinn- und Verlustkonto (GuVK)** abgeschlossen. Der Saldo des Wareneingangskontos wird als **Wareneinsatz** bezeichnet.

3.8.1.2 Erlöse

Die **Warenverkäufe** werden auf dem **Ertragskonto**

<u>**4200** (8200) **Erlöse**</u>

im **Haben** zu **Verkaufspreisen** gebucht.

<u>Beispiel 2:</u>
Getränkehändler Karl Müller, Koblenz, **verkaufte** im Laufe des Geschäftsjahres bar **9.800** Kästen Pils zum **Verkaufs**preis von je **10,00 EUR = 98.000,00 EUR**.

Buchungssatz:

Tz.	Sollkonto	Betrag (€)	Habenkonto
2.	**1600** (1000) Kasse	98.000,00	**4200** (8200) Erlöse

Buchung :

S	**1600** (1000) **Kasse**	H	S	**4200** (8200) **Erlöse**	H
2) 98.000,00				2)	98.000,00

Das Konto **Erlöse** ist ein **Ertragskonto**, das am Ende des Geschäftsjahres über das Gewinn- und Verlustkonto (**GuVK**) abgeschlossen wird. Der Saldo des Erlöskontos wird als <u>**Warenumsatz**</u> bezeichnet.

Die **Differenz** aller **Wareneinkäufe** und **Warenverkäufe** einer Rechnungsperiode bezeichnet man als **Rohgewinn** bzw. **Rohverlust**.

Zusammenfassung zu Abschnitt 3.8.1.1 und 3.8.1.2:

```
Wareneinkäufe                          Warenverkäufe
     |                                       |
Wareneingang                              Erlöse
     |                                       |
Aufwendungen                             Erträge
     |                                       |
     +----------> Erfolg <------------------+
            (Rohgewinn/Rohverlust)
```

Abschluss der Warenkonten ohne Bestandsveränderungen

S 5200 (3200) Wareneingang H

Waren-einkäufe | Saldo: Waren-einsatz

S 4200 (8200) Erlöse H

Saldo: Waren-umsatz | Waren-verkäufe

S 9999 (9999) Gewinn-und Verlustkonto H

Wareneinsatz | Warenumsatz

Rohgewinn

Übung: 1. Wiederholungsfragen 1 bis 3 (Seite 108),
2. Übungsaufgabe 1 (Seite 108 f.)

3.8.1.3 Bestand Waren und Bestandsveränderungen der Waren

In den meisten Betrieben wird die **eingekaufte** Warenmenge **nicht** mit der **verkauften** Warenmenge **übereinstimmen**.

Diese Bestandsänderungen müssen am **Ende** des Geschäftsjahres noch berücksichtigt werden.

Zu **Beginn** des Geschäftsjahres wird der **Anfangsbestand der Waren** auf dem Aktivkonto "Bestand Waren" im **Soll** vorgetragen.

Beispiel:
Getränkehändler Karl Müller, Koblenz, hatte zu **Beginn** seines Geschäftsjahres u.a. **200** Kästen Pils zu je **7,50 EUR** = **1.500,00 EUR**.

Der **Anfangsbestand** wird wie folgt vorgetragen:

Buchungssatz:

Sollkonto	Betrag (€)	Habenkonto
1140 (3980) **Bestand Waren**	1.500,00	**9000** (9000) **Saldenvorträge**

Buchung:

S 1140 (3980) Bestand Waren H	S 9000 (9000) Saldenvorträge H
SV 1.500,00	Waren 1.500,00

Zum **Ende** des Geschäftsjahres wird im **Haben** des Kontos **Bestand Waren** der durch Inventur ermittelte **Schlussbestand der Waren** gebucht.
Die **Gegenbuchung** erfolgt auf dem **Schlussbilanzkonto**.

Beispiel:
Getränkehändler Karl Müller, Koblenz, hat am **Ende** des Geschäftsjahres einen **Schlussbestand** laut Inventur von **400** Kästen Pils zu je **7,50 €** = **3.000,00 €**.

Der **Schlussbestand** wird wie folgt gebucht:

Buchungssatz:

Sollkonto	Betrag (€)	Habenkonto
9998 (9998) **SBK**	3.000,00	**1140** (3980) **Bestand Waren**

Buchung:

S 1140 (3980) Bestand Waren H	S 9998 (9998) SBK H
SV (100) 1.500,00 | SBK (200) 3.000,00 →	Waren 3.000,00

> **Merke:** Das Konto "**Bestand Waren**" wird **nur** zu **Beginn** und zum **Ende** des Geschäftsjahres angesprochen (**nicht** im Laufe des Geschäftsjahres).

Der **Saldo** des Kontos "Bestand Waren" ergibt die **Bestandsveränderung** (Bestands**mehrung** oder Bestands**minderung**).

Bestandsmehrung

Eine **Bestandsmehrung** liegt vor, wenn der **Schlussbestand größer** ist als der **Anfangsbestand**:

S	1140 (3980) **Bestand Waren**	H
Anfangsbestand	Schlussbestand	
Bestands**mehrung**		

Die Bestands**mehrung** wird rechnerisch wie folgt ermittelt (siehe Beispiel unten):

Warenschlussbestand	3.000,00 €
− Warenanfangsbestand	− 1.500,00 €
= Bestands**mehrung**	**1.500,00 €**

Eine Bestands**mehrung** bedeutet, dass in einer Rechnungsperiode (einem Geschäftsjahr) **mehr Waren eingekauft als verkauft** worden sind.
Der auf dem Konto **Wareneingang** gebuchte **Aufwand** ist daher **zu hoch**.
Um den **periodengerechten Aufwand** eines Geschäftsjahres zu erhalten, muss der **Aufwand** auf dem Konto **Wareneingang** um die Bestands**mehrung gemindert** werden.
Buchmäßig wird die Bestands**mehrung** im **Haben** des Kontos **Wareneingang** erfasst. Dadurch ergibt sich auf dem Konto Wareneingang als Saldo der **Wareneinsatz** (der **Einkaufswert** der **verkauften** Waren).

Beispiel:
Getränkehändler Karl Müller, Koblenz, hat am **Ende** des Geschäftsjahres eine Bestands**mehrung** von **1.500,00 EUR** (200 Kästen Pils zu je 7,50 EUR).

Buchungssatz:

Sollkonto	Betrag (€)	Habenkonto
1140 (3980) **Bestand Waren**	1.500,00	5200 (3200) **Wareneingang**

Buchung:

S	1140 (3980) **Bestand Waren**			H
SV (200 Kästen)	1.500,00	SBK (400 Kästen)		3.000,00
WE (200 Kästen)	**1.500,00**			
	3.000,00			3.000,00

S	5200 (3200) **Wareneingang**			H
1) (10.000 Kästen)	75.000,00	Mehrung (200 Kästen)		1.500,00

Wareneingang	(10.000 Kästen)	75.000,00 EUR
− Bestands**mehrung** (	200 Kästen)	1.500,00 EUR
= **Wareneinsatz**	(9.800 Kästen)	**73.500,00 EUR**

Der **Wareneinsatz** ist der **Einkaufs**wert der **verkauften** Waren (von 9.800 Kästen Pils), der eingesetzt worden ist, um den **Erlös** (von 9.800 Kästen Pils) zu erzielen (siehe Beispiele 1 und 2, Seite 97 f.).

Schematische Übersicht über die **Reihenfolge** des Abschlusses der Konten "**Bestand Waren**" und "**Wareneingang**" bei Bestands**mehrung**:

```
S            1140 (3980) Bestand Waren            H
  Anfangsbestand
                            ① Schlussbestand (SBK)
  ② Saldo: Bestandsmehrung

S               9998 (9998) SBK                   H
  ① Waren

S            5200 (3200) Wareneingang             H
                            ② Bestandsmehrung
  Eingänge
                            ③ Saldo: GuVK

S               9999 (9999) GuVK                  H
  ③ Wareneingang (Wareneinsatz)
```

Die **Bestandsveränderung der Waren** kann auch auf dem **Erfolgskonto**

<u>5880 (3960) Bestandsveränderungen Waren</u>

erfasst werden.

Bei DATEV wird das Konto "**Bestandsveränderungen Waren**" mit dem Konto "**Wareneingang**" durch das Programm **saldiert**. Der **Saldo** wird als GuV-Posten "**Aufwendungen für Waren**" in der Gewinn- und Verlustrechnung nach § 275 HGB ausgewiesen (siehe Spalte GuV-Posten der Kontenrahmen SKR 04 und SKR 03).
Im Folgenden werden die **Bestandsveränderungen** auf das Konto "**Wareneingang**" gebucht, d.h. **nicht** auf das Konto "Bestandsveränderungen Waren".

Zusammenfassung zu Abschnitt 3.8.1.3:

Abschluss der Warenkonten bei Bestandsmehrung

S **1140** (3980) **Bestand Waren** H

| Anfangsbestand | ① **Schlussbestand** |
| ② **Saldo: WE (B-Mehrung)** | |

S **5200** (3200) **Wareneingang** H

| Eingänge | ② B-Mehrung |
| | ③ Saldo: GuVK |

S **4200** (8200) **Erlöse** H

| ③ Saldo: GuVK | Warenverkäufe |

S **9999** (9999) **GuVK** H

| ③ Wareneinsatz | ③ Erlöse |
| Rohgewinn | |

S **9998** (9998) **Schlussbilanzkonto (SBK)** H

| ① Warenbestand | |

Übung: 1. Wiederholungsfragen 4 bis 6 (Seite 108),
2. Übungsaufgabe 2 (Seite 109)

Bestandsminderung

Eine Bestands**minderung** liegt vor, wenn der **Schlussbestand kleiner** ist als der **Anfangsbestand**:

S	1140 (3980) Bestand Waren	H
Anfangsbestand	Schlussbestand	
	Bestands**minderung**	

Die Bestands**minderung** wird rechnerisch wie folgt ermittelt (siehe Beispiel unten):

Warenschlussbestand	750,00 €
− Warenanfangsbestand	1.500,00 €
= Bestands**minderung**	**750,00 €**

Eine Bestands**minderung** bedeutet, dass die gebuchten Erlöse nicht nur mit den eingekauften Waren des laufenden Geschäftsjahres erzielt worden sind, sondern auch noch mit Waren aus dem Vorjahr (= Anfangsbestand). In diesem Fall sind in einem Geschäftsjahr **mehr Waren verkauft als eingekauft** worden.
Der auf dem Konto **Wareneingang** erfasste **Aufwand** ist daher **zu niedrig**.
Um den **periodengerechten Aufwand** eines Geschäftsjahres zu erhalten, muss der **Aufwand** auf dem Konto **Wareneingang** um die Bestands**minderung erhöht** werden.
Buchmäßig wird die Bestands**minderung** im **Soll** des Kontos **Wareneingang** erfasst. Dadurch ergibt sich auf dem Konto Wareneingang als Saldo der **Wareneinsatz** (der **Einkaufswert** der **verkauften** Waren).

Beispiel:
Sachverhalt wie zuvor mit dem Unterschied, dass der Getränkehändler Karl Müller, Koblenz, am **Ende** des Geschäftsjahres eine Bestands**minderung** von **750,00 EUR** (100 Kästen Pils zu je 7,50 €) hat.

Buchungssatz:

Sollkonto	Betrag (€)	Habenkonto
5200 (3200) **Wareneingang**	750,00	**1140** (3980) **Bestand Waren**

Buchung:

S	1140 (3980) Bestand Waren		H
AB (200 Kästen)	1.500,00	SBK (100 Kästen)	750,00
		WE (100 Kästen)	**750,00**
	1.500,00		1.500,00

S	5200 (3200) Wareneingang		H
1) (10.000 Kästen)	75.000,00		
Minderung (100 Kästen)	**750,00**		

	Wareneingang	(10.000 Kästen)	75.000,00 EUR
+	Bestands**minderung**	(100 Kästen)	750,00 EUR
=	**Wareneinsatz**	(10.100 Kästen)	**75.750,00 EUR**

Der **Wareneinsatz** ist der **Einkaufswert** der **verkauften** Waren (von 10.100 Kästen Pils), der eingesetzt worden ist, um den **Erlös** (von 10.100 Kästen Pils) zu erzielen.

Schematische Übersicht über die **Reihenfolge** des Abschlusses der Konten "**Bestand Waren**" und "**Wareneingang**" bei Bestands**minderung**:

S　　　　　　　**1140** (3980) **Bestand Waren**　　　　　　H

Anfangsbestand	① Schlussbestand (SBK)
	② Saldo: Bestands**minderung**

S　　　　　　　**9998** (9998) **SBK**　　　　　　H

① Waren	

S　　　　　　　**5200** (3200) **Wareneingang**　　　　　　H

Eingänge	③ Saldo: GuVK
② Bestands**minderung**	

S　　　　　　　**9999** (9999) **GuVK**　　　　　　H

③ Wareneingang (Wareneinsatz)	

Zusammenfassung zu Abschnitt 3.8.1.3:

Abschluss der Warenkonten bei Bestandsminderung

S   1140 (3980) Bestand Waren   H

| Anfangsbestand | ① Schlussbestand |
| | ② Saldo: WE (B-**Minderung**) |

S 5200 (3200) Wareneingang H

| Eingänge | Saldo: GuVK |
| ② B-Minderung | ③ |

S   4200 (8200) Erlöse   H

| Saldo: GuVK | Warenverkäufe |
| ③ | |

S   9999 (9999) GuVK   H

| ③ Wareneinsatz | ③ Erlöse |
| Rohgewinn | |

S   9998 (9998) Schlussbilanzkonto   H

| ① **Waren**bestand | |

3.8.2 Ausweis der Warenkonten

Die Warenkonten sind nach dem **Bruttoverfahren** abzuschließen (§ 246 Abs. 2 HGB).

Das **Bruttoverfahren** wird so genannt, weil auf dem **Gewinn- und Verlustkonto** die **Aufwendungen** (der Wareneinsatz) und die **Erträge** (die Umsatzerlöse) **unsaldiert** (**brutto**) ausgewiesen werden.

Nach § 275 Abs. 2 HGB sind die **Umsatzerlöse** (Posten Nr. 1) und die **Aufwendungen für Waren** (Posten **Nr. 5a**) gesondert auszuweisen.

Nach dem Beispiel von Seite 101 ergibt sich für den Getränkehändler Müller folgender **Wareneinsatz** (Aufwendungen für Waren):

Wareneingang	75.000,00 €
− Bestandsmehrung	− 1.500,00 €
= **Wareneinsatz**	**73.500,00 €**

Nach dem Beispiel von Seite 98 und dem obigen Ergebnis ergibt sich für den Getränkehändler Müller folgender **Rohgewinn**:

Erlöse	98.000,00 €
− Wareneinsatz	− 73.500,00 €
= **Rohgewinn**	**24.500,00 €**

Der **Rohgewinn** zeigt, welchen **Erfolg** (Rohgewinn/Rohverlust) das Unternehmen durch den **Ein- und Verkauf von Waren** erzielt hat.
Der **Rohgewinn** ist ein **Zwischen-Saldo** des Gewinn- und Verlust**kontos**, der in der Gewinn- und Verlust**rechnung** nach § 275 Abs. 2 HGB **nicht ausgewiesen** wird.

Der **endgültige Saldo** des Gewinn- und Verlust**kontos** ist der **Reingewinn** (bzw. der **Reinverlust**).

Der Getränkehändler Müller hat noch sonstige Aufwendungen in Höhe von 15.000,00 € und sonstige Erträge in Höhe von 18.000,00 €, so dass er folgenden **Reingewinn** erzielt:

Rohgewinn	24.500,00 €
− sonstige Aufwendungen	− 15.000,00 €
+ sonstige Erträge	+ 18.000,00 €
= **Reingewinn**	**27.500,00 €**

Einzelheiten zum Ausweis der Konten als GuV-Posten in der GuV erfolgen im Abschnitt 1.1.4 der **Buchführung 2**, 17. Auflage, Seite 294 ff.

Übung: 1. Wiederholungsfragen 7 bis 12 (Seite 108),
2. Übungsaufgaben 3 und 4 (Seite 110)

3.8.3 Erfolgskontrolle

WIEDERHOLUNGSFRAGEN

1. Welche Warenkonten werden in der Praxis üblicherweise geführt?
2. Was wird auf dem Konto Wareneingang gebucht?
3. Was wird auf dem Konto Erlöse gebucht?
4. Was wird auf dem Konto Bestand Waren gebucht?
5. Wann liegt eine Bestandsmehrung vor?
6. Wie wird die Bestandsmehrung buchmäßig erfasst?
7. In welchem Fall liegt eine Bestandsminderung vor?
8. Wie wird die Bestandsminderung buchmäßig erfasst?
9. Wie werden die Warenkonten abgeschlossen?
10. Was versteht man unter dem Wareneinsatz?
11. Wie wird der Rohgewinn rechnerisch ermittelt?
12. Wie wird der Reingewinn rechnerisch ermittelt?

ÜBUNGSAUFGABEN

Übungsaufgabe 1:

Der Unternehmer A, Essen, hat durch Inventur folgende Bestände ermittelt:

	EUR
0640 (0430) Ladeneinrichtung	25.000,00
1140 (3980) Bestand Waren (Anfangsbestand)	80.000,00
1600 (1000) Kasse	6.000,00
1800 (1200) Bankguthaben	89.000,00
1200 (1400) Forderungen aLuL	150.000,00
3300 (1600) Verbindlichkeiten aLuL	135.000,00
2000 (0800) Eigenkapital	?

Geschäftsvorfälle

	EUR
1. Wareneinkäufe bar	5.000,00
2. Wareneinkäufe auf Ziel	130.000,00
3. Warenverkäufe bar	8.000,00
4. Warenverkäufe auf Ziel	180.000,00
5. Banküberweisung an Lieferer	50.000,00
6. Banküberweisung von Kunden	60.000,00

Abschlussangaben

7. Warenschlussbestand lt. Inventur	80.000,00
8. Abschreibung auf Ladeneinrichtung	5.000,00

Es sind folgende Warenkonten zu führen:

1140 (3980) Bestand Waren, **5200** (3200) Wareneingang, **4200** (8200) Erlöse.

Aufgaben

1. Bilden Sie die Buchungssätze.
2. Tragen Sie die Anfangsbestände auf den Konten vor.
3. Buchen Sie die Geschäftsvorfälle.
4. Schließen Sie die Konten ab. Es liegt keine Bestandsveränderung vor.
   Der Warenschlussbestand ist identisch mit dem Warenanfangsbestand.

Übungsaufgabe 2:

Der Unternehmer B, Mainz, hat durch Inventur folgende Bestände ermittelt:

	EUR
0640 (0430) Ladeneinrichtung	25.000,00
1140 (3980) Bestand Waren (Anfangsbestand)	8.000,00
1200 (1400) Forderungen aLuL	10.000,00
1600 (1000) Kasse	15.000,00
1800 (1200) Bankguthaben	13.000,00
3300 (1600) Verbindlichkeiten aLuL	45.000,00
2000 (0800) Eigenkapital	26.000,00

Geschäftsvorfälle

	EUR
1. Wareneinkäufe auf Ziel	80.000,00
2. Wareneinkäufe bar	10.000,00
3. Warenverkäufe auf Ziel	10.000,00
4. Warenverkäufe bar	150.000,00
5. Barzahlung an Lieferer zum Ausgleich einer Verbindlichkeit aLuL	50.000,00
6. Banküberweisung von Kunden zum Ausgleich einer Forderung aLuL	5.000,00

Abschlussangaben

7. Warenschlussbestand lt. Inventur	10.000,00
8. Abschreibung auf Ladeneinrichtung	5.000,00

Es sind folgende Warenkonten zu führen:

1140 (3980) Bestand Waren, **5200** (3200) Wareneingang, **4200** (8200) Erlöse.

Aufgaben

1. Bilden Sie die Buchungssätze.
2. Tragen Sie die Anfangsbestände auf den Konten vor.
3. Buchen Sie die Geschäftsvorfälle.
4. Schließen Sie die Konten ab. Es liegt eine Bestandsveränderung vor.

Übungsaufgabe 3:

Beim Unternehmer C ist folgende Situation gegeben:

```
S      1140 (3980 Bestand Waren      H
AB          20.000,00
```

```
S   5200 (3200) Wareneingang   H      S      4200 (8200) Erlöse      H
            200.000,00                                            440.000,00
```

```
S      9999 (9999) GuVK      H        S      9998 (9998) SBK        H
Aufw.  150.000,00  Erträge 10.000,00
```

Der Warenschlussbestand beträgt lt. Inventur   25.000,00 €

Aufgaben

1. Schließen Sie die Warenkonten ab.
2. Ermitteln Sie den Wareneinsatz.
3. Ermitteln Sie den Rohgewinn.
4. Ermitteln Sie den Reingewinn.

Übungsaufgabe 4:

Beim Unternehmer D ist folgende Situation gegeben:

```
S      1140 (3980 Bestand Waren      H
AB          20.000,00
```

```
S   5200 (3200) Wareneingang   H      S      4200 (8200) Erlöse      H
            200.000,00                                            340.000,00
```

```
S      9999 (9999) GuVK      H        S      9998 (9998) SBK        H
Aufw.  180.000,00  Erträge 10.000,00
```

Der Warenschlussbestand beträgt lt. Inventur   10.000,00 €

Aufgaben

1. Schließen Sie die Warenkonten ab.
2. Ermitteln Sie den Wareneinsatz.
3. Ermitteln Sie den Rohgewinn.
4. Ermitteln Sie den Reingewinn.

Zusammenfassende Erfolgskontrolle

Der Unternehmer Günter Seemann, Hamburg, hat durch Inventur folgende Bestände ermittelt:

	EUR
0640 (0430) Ladeneinrichtung	20.000,00
1140 (3980) Bestand Waren (Anfangsbestand)	80.000,00
1600 (1000) Kasse	23.000,00
1800 (1200) Bankguthaben	9.000,00
1200 (1400) Forderungen aLuL	60.000,00
3300 (1600) Verbindlichkeiten aLuL	50.000,00
2000 (0800) Eigenkapital	142.000,00

Geschäftsvorfälle

	EUR
1. Wareneinkäufe bar	2.000,00
2. Wareneinkäufe auf Ziel	120.000,00
3. Banküberweisung an Lieferer	20.000,00
4. Warenverkäufe bar	3.000,00
5. Warenverkäufe auf Ziel	160.000,00
6. Banküberweisung von Kunden	30.000,00

Abschlussangaben

7. Warenschlussbestand lt. Inventur	60.000,00
8. Abschreibung auf Ladeneinrichtung	5.000,00

Es sind folgende Warenkonten zu führen:

1140 (3980) Bestand Waren, **5200** (3200) Wareneingang, **4200** (8200) Erlöse.

Aufgaben

1. Bilden Sie die Buchungssätze.
2. Tragen Sie die Anfangsbestände auf den Konten vor.
3. Buchen Sie die Geschäftsvorfälle.
4. Schließen Sie die Konten ab.
5. Erstellen Sie anhand des SBK die Bilanz zum 31.12.2006. Beachten Sie das handelsrechtliche Gliederungsschema.

3.9 Umsatzsteuerkonten

Die **bisherigen** Geschäftsvorfälle wurden aus methodischen Gründen **ohne Umsatzsteuer (USt)** gebucht.
Im **folgenden Kapitel** wird die buchmäßige Behandlung der **Umsatzsteuer** dargestellt und erläutert.

3.9.1 System der Umsatzsteuer

Fast alle **Einkäufe** und **Verkäufe** eines **Unternehmens** sind mit **Umsatzsteuer** belastet.
Bis die Waren dem Endverbraucher zum Verkauf angeboten werden können, müssen die **Produkte** in der Regel **mehrere Unternehmensstufen** durchlaufen.

Beispiel:
Der Getränkehändler Karl Müller, Koblenz, **kauft** von der Königsbacher Brauerei AG, Koblenz, 100 Kästen Pils, die Müller seinen Kunden **verkauft**.

Bis der Kunde (der Endverbraucher) das Bier kaufen kann, hat das Produkt mindestens folgende **Stufen** durchlaufen:

        A. **Urerzeuger**   (landwirtschaftlicher Betrieb),
        B. **Weiterverarbeiter** (Königsbacher Brauerei AG),
        C. **Händler**   (Getränkehändler Karl Müller).

Die **Kosten und** der **Gewinn** (= **Mehrwert**) auf jeder Unternehmensstufe **erhöhen** den **Preis und** damit die **Umsatzsteuer** des Produktes.
Der **einzelne** Unternehmer führt jedoch nur die **Umsatzsteuer** an das Finanzamt ab, die auf den von ihm geschaffenen **Mehrwert** entfällt. Deshalb wird die **Umsatzsteuer** auch als **Mehrwertsteuer** bezeichnet.

Bis 31.12.2006 beträgt die **Umsatzsteuer** für jeden steuerpflichtigen Umsatz **16 %** der Bemessungsgrundlage (**allgemeiner Steuersatz**). **Ab 1.1.2007** wird der allgemeine Steuersatz auf **19 %** erhöht (§ **12 Abs. 1** UStG).
Für bestimmte in § **12 Abs. 2** UStG genannten Umsätze (z.B. Lebensmittel, Bücher) ermäßigt sich der Steuersatz auf **7 %** (**ermäßigter Steuersatz**). Der ermäßigte Steuersatz wird ab 1.1.2007 **nicht** erhöht.

Die **Umsatzsteuer**, die beim **Einkauf** anfällt, bezeichnet man als **Vorsteuer** (**Eingangs**umsatzsteuer). Sie stellt für den Unternehmer eine **Forderung gegenüber** dem **Finanzamt** dar.

Die **Umsatzsteuer**, die beim **Verkauf** entsteht, bezeichnet man als **Umsatzsteuer** (**Ausgangs**umsatzsteuer). Sie stellt für den Unternehmer eine **Verbindlichkeit gegenüber** dem **Finanzamt** dar.

Die **Umsatzsteuer**, die an das **Finanzamt zu zahlen** ist, bezeichnet man als **Umsatzsteuerschuld** (Zahllast). Sie ergibt sich durch **Abzug** der **Vorsteuer von** der **Umsatzsteuer**.

```
      Umsatzsteuer   (Ausgangsumsatzsteuer)
  −   Vorsteuer      (Eingangsumsatzsteuer)
  =   Umsatzsteuerschuld (Zahllast)
```

Das **Umsatzsteuersystem** soll mit folgendem Beispiel noch einmal erläutert werden:

Beispiel:
Der **Urerzeuger A** (landwirtschaftlicher Betrieb) liefert Rohstoffe an den Weiterverarbeiter B für 100 € + 16 % USt. A hat keinen Vorlieferanten und damit keine Vorsteuer.
B (Königsbacher Brauerei AG) verarbeitet die Rohstoffe und liefert das Fertigerzeugnis an den Großhändler C für 250 € + 16 % USt.
Der **Großhändler C** liefert das Produkt an den Einzelhändler D für 320 € +16 % USt.
Der **Einzelhändler D** liefert die Ware an den Endverbraucher E für 400 € +16 % USt.

Die **Umsatzsteuerschuld** (**Zahllast**) der einzelnen Stufen wird wie folgt berechnet:

Wirtschaftsstufe bzw. Phase	Rechnungsbetrag		USt (Traglast)	Vorsteuerabzug	Umsatzsteuerschuld (Zahllast)	Mehrwert = Wertschöpfung
		EUR	EUR	EUR	EUR	EUR
A Urerzeuger	Nettopreis + 16 % USt = Verkaufspreis	100,00 16,00 116,00	16,00	—	**16,00**	100,00
B Weiterverarbeiter	Nettopreis + 16 % USt = Verkaufspreis	250,00 40,00 290,00	40,00	16,00	**24,00**	150,00
C Großhändler	Nettopreis + 16 % USt = Verkaufspreis	320,00 51,20 371,20	51,20	40,00	**11,20**	70,00
D Einzelhändler	Nettopreis + 16 % USt = Verkaufspreis	400,00 **64,00** 464,00	64,00	51,20	**12,80**	80,00
	Die Summe der Umsatzsteuerschulden aller Wirtschaftsstufen beträgt Sie stimmt mit der USt überein, die im Verkaufspreis der letzten Stufe enthalten ist.				**64,00**	

Einzelheiten zum **Umsatzsteuersystem** erfolgen im Abschnitt 1.4 der **Steuerlehre 1**, 27. Auflage 2006, Seite 118 ff.

Im vorangegangenen Beispiel wird das Erzeugnis auf allen **vier Wirtschaftsstufen versteuert**.
Bemessungsgrundlage der Umsatzsteuer ist auf jeder Wirtschaftsstufe der **Nettopreis**.
Der **Vorsteuerabzug bewirkt** jedoch, dass auf **jeder** Stufe nur der **Netto-Umsatz** (die Wertschöpfung, der Mehrwert) **besteuert** wird.
Die **Umsatzsteuerschuld** (Zahllast), die im vorangegangenen Beispiel insgesamt 64 € beträgt, soll nach dem Willen des Gesetzgebers vom **Endverbraucher** (im Beispiel D) **getragen** werden.

> **Übung**: 1. Wiederholungsfragen 1 und 2 (Seite 133),
> 2. Übungsaufgabe 1 (Seite 133)

3.9.2 Buchen auf Umsatzsteuerkonten

Beim Unternehmer entsteht einerseits <u>**Umsatzsteuer**</u> (**Ausgangs**umsatzsteuer) für

1. die steuerpflichtigen **entgeltlichen Leistungen**, die er **ausführt**,
2. die steuerpflichtigen **unentgeltlichen Leistungen**,
3. den steuerpflichtigen **innergemeinschaftlichen Erwerb**,
4. die Leistungen, die der **Leistungsempfänger** nach **§ 13b Abs. 2 UStG** schuldet.

Andererseits fällt beim Unternehmer <u>**Vorsteuer**</u> (**Eingangs**umsatzsteuer) an für

1. die steuerpflichtigen **Lieferungen und sonstigen Leistungen**, die **andere** Unternehmer **an ihn ausführen**,
2. die steuerpflichtige **Einfuhr** (EUSt),
3. den steuerpflichtigen **innergemeinschaftlichen Erwerb**,
4. die **Leistungen i.S.d. § 13b Abs. 1 UStG**, die für sein Unternehmen ausgeführt worden sind.

Ist die entstandene **Umsatzsteuer größer als** die angefallene **Vorsteuer**, hat der Unternehmer den Unterschiedsbetrag, der als **Umsatzsteuerschuld** (Zahllast) bezeichnet wird, an das Finanzamt zu zahlen.

Im **umgekehrten Falle** erstattet das Finanzamt das **Vorsteuer-Guthaben**.

```
                    Unternehmen
    Leistungseingang    →    Leistungsausgang    →
       Vorsteuer                Umsatzsteuer

              Umsatzsteuer (Ausgangsumsatzsteuer)
            − Vorsteuer      (Eingangsumsatzsteuer)
            = Umsatzsteuerschuld (Zahllast)
```

3.9.2.1 Buchen der Vorsteuer

Der Unternehmer ist verpflichtet, beim Leistungs**eingang** die **Entgelte** (Nettobeträge) für empfangene Leistungen **und** die auf diese Entgelte entfallende Steuer (**Vorsteuer**) **getrennt aufzuzeichnen** (§ 22 Abs. 2 Nr. 5 UStG).

Die **Vorsteuer** (Eingangsumsatzsteuer) wird beim **allgemeinen** Steuersatz auf das Konto

<u>**1405** (1575) **Abziehbare Vorsteuer 16 %**</u> (kurz: **Vorsteuer 16 %**)

und beim **ermäßigten** Steuersatz auf das Konto

<u>**1401** (1571) **Abziehbare Vorsteuer 7 %**</u> (kurz: **Vorsteuer 7 %**)

gebucht.

Die **abziehbare Vorsteuer** ist für den Unternehmer eine **Forderung gegenüber dem Finanzamt**. Deshalb ist das **Vorsteuerkonto** ein **Forderungskonto** (Aktivkonto). Der Unternehmer kann die **Vorsteuer** von seiner **Umsatzsteuer abziehen, wenn** die **Voraussetzungen** des § 15 Abs. 1 UStG **erfüllt** sind.

> Einzelheiten zum Vorsteuerabzug erfolgen im Abschnitt "14.1 Voraussetzungen für den Vorsteuerabzug" der **Steuerlehre 1**, 27. Auflage 2006, Seite 348 ff.

Die Ausübung des **Vorsteuerabzugs** setzt voraus, dass der Unternehmer eine nach den §§ 14, 14a UStG ordnungsgemäß ausgestellte **Rechnung** besitzt (§ 15 Satz 1 Nr. 1 Satz 2 UStG).

Rechnung ist jedes Dokument, mit dem über eine Lieferung oder sonstige Leistung abgerechnet wird, gleichgültig, wie dieses Dokument im Geschäftsverkehr bezeichnet wird (§ 14 Abs. 1 **Satz 1** UStG).

Rechnungen sind auf **Papier** oder vorbehaltlich der Zustimmung des Empfängers auf **elektronischem Weg** zu übermitteln (§ 14 Abs. 1 **Satz 2** UStG).

Nach § 14 Satz 1 Abs. 4 Nr. 1 bis 9 UStG muss eine Rechnung folgende Angaben enthalten:

> ❶ Name und Anschrift des leistenden Unternehmers und des Leistungsempfängers,
> ❷ Steuernummer oder Umsatzsteuer-Identifikationsnummer des leistenden Unternehmers,
> ❸ Ausstellungsdatum,
> ❹ fortlaufende Nummer (Rechnungsnummer),
> ❺ Menge und Art (handelsübliche Bezeichnung) der gelieferten Gegenstände oder Umfang und Art der sonstigen Leistung,
> ❻ Zeitpunkt der Leistung oder Vereinnahmung des Entgelts,
> ❼ Entgelt und im Voraus vereinbarte Entgeltsminderung,
> ❽ Steuersatz sowie den auf das Entgelt entfallenden Steuerbetrag oder Hinweis auf eine Steuerbefreiung,
> ❾ Hinweis auf die Aufbewahrungspflicht des Leistungsempfängers in den Fällen des § 14b Abs. 1 Satz 5 UStG.

Voraussetzung für den **Vorsteuerabzug** ist, dass der Leistungsempfänger im Besitz einer nach den §§ 14 und 14a ausgestellten Rechnung ist und dass die Rechnung **alle** in den §§ 14 und 14a geforderten **Angaben** enthält, d.h. die Angaben in der Rechnung vollständig und richtig sind (Abschn. 202 Abs. 1 Satz 1 Nr. 1 UStR 2005).

Beispiel:
Der Getränkehändler Karl Müller, Koblenz, erhält folgende **Eingangsrechnung (ER)**:

Absender

❶ **königsbacher** Brauerei AG
Neustadt 5
56068 Koblenz

Empfänger
❶ Getränkehandlung
Karl Müller
Blumenstraße 18
56070 Koblenz

Ihre Bestellung
23.08.2006

Bank
Sparkasse Koblenz
BLZ 570 501 20
Kto-Nr. 101 465 051

Lieferdatum
❻ 24.08.2006

Ort / Datum
❸ Koblenz, 24.08.2006

❹ **Rechnung** Nr. 54309

			EUR	Ct
❺ 200	Kästen Pils (je 7,50 €)	❼	1.500,	00
❽	+ 16 % USt		240,	00
			1.740,	00

❷ Steuernummer: 22/220/1042/8

Die **Eingangsrechnung** (ER) erfüllt **alle acht** Voraussetzungen für eine Rechnung und die Voraussetzungen für den Vorsteuerabzug. Die **neunte** Voraussetzung ist **nicht** erforderlich, weil kein Fall des §14b Abs. 1 Satz 5 UStG vorliegt.

Buchungssatz:

Sollkonto	Betrag (€)	Habenkonto
5200 (3200) Wareneingang **1405** (1575) Vorsteuer 16 %	1.500,00 240,00 1.740,00	**3300** (1600) Verbindlichkeiten aLuL

Buchung:

S **5200** (3200) **Wareneingang** H   S **3300** (1600) **Verbindlichkeiten aLuL** H
    1.500,00 | | 1.740,00

S **1405** (1575) **Vorsteuer 16 %** H
    240,00 |

In Rechnungen, deren **Gesamtbetrag 100 EUR** (Entgelt und Umsatzsteuer) **nicht übersteigt** (**Kleinbetragsrechnungen**), brauchen – wie sonst notwendig – **Entgelt und Umsatzsteuer nicht getrennt** ausgewiesen zu werden. Es genügt, wenn zum Gesamtbetrag der **Steuersatz** angegeben wird. Der Unternehmer kann in diesem Falle die **Vorsteuer** selbst berechnen (§ 33 UStDV).
Die Grenze von 100 EUR soll ab **1.1.2007** auf **150 EUR** erhöht werden.

> Einzelheiten zur Kleinbetragsrechnung erfolgen im Abschnitt 12.5 der **Steuerlehre 1**, 27. Auflage 2006, Seite 340.

Beispiel:
Der Steuerberater Thorsten Reifferscheid, Koblenz, **kauft** von der Buchhandlung Reuffel, Koblenz, das Fachbuch "**Steuerlehre 1**" und erhält folgende **Kleinbetragsrechnung:**

Absender UST-IdNr. DE 148 768 111

BUCHHANDLUNG reuffel
INHABER EBERHARD DUCHSTEIN
LÖHRSTRAßE 92, KOBLENZ

Rechnung   Datum 25.08.2006

		EUR	Ct
1	Fachbuch Bornhofen, **Steuerlehre 1**	19	90
	Rechnungs-Endbetrag enthält **7 %** USt	19	90

Gelieferte Ware bleibt bis zur vollständigen Bezahlung Eigentum des Lieferanten.

Die **Kleinbetragsrechnung** erfüllt alle Voraussetzungen für eine Rechnung und die Voraussetzungen für den Vorsteuerabzug. Das **Entgelt** beträgt **18,60 EUR** (19,90 € : 1,07 = 18,60 €). Die **Vorsteuer** beträgt **1,30 €** (18,60 € x 7 %).

Buchungssatz:

Sollkonto	Betrag (€)	Habenkonto
6820 (4940) Zeitschriften, Bücher	18,60	
1401 (1571) Vorsteuer 7 %	1,30	
	19,90	**3300** (1600) Verbindlichkeiten aLuL

Buchung:

S **6820** (4940) **Zeitschriften, Bücher** H   S **3300** (1600) **Verbindlichkeiten aLuL** H
           18,60 | | 19,90

S   **1401** (1571) **Vorsteuer 7 %**   H
           1,30 |

Vorsteuerbeträge fallen nicht nur beim **Wareneingang** und bei **Aufwendungen** (z.B. Bücher, Büromaterial, Instandhaltungen) an, sondern auch beim Kauf von **Anlagegütern** (z.B. Maschinen, Betriebs- und Geschäftsausstattung).

Beispiel:
Der Unternehmer Florian Faßbender, Koblenz, kauft von der Firma H. Alex + Hutter, Koblenz, einen **Computer** und erhält folgende Rechnung:

H·ALEX Büroorganisation + HUTTER BÜROFACHMARKT

Friedrich-Mohr-Str. 1
56070 Koblenz-Lützel

Steuernummer: 22/220/1042/9

Herrn
Florian Faßbender
Erlenweg 7

Rechnung Nr. 25007

56075 Koblenz   30.08.2006

Sie erhielten am 25.08.2006

Menge	Artikelbezeichnung	Entgelt
1	ASI Computer P 700 PCI	1.549,00 €
	+ 16 % USt	247,84 €
		1.796,84 €

Buchungssatz:

Sollkonto	Betrag (€)	Habenkonto
0690 (0410) Geschäftsausstattung	1.549,00	
1405 (1575) Vorsteuer 16 %	247,84	
	1.796,84	**3300** (1600) Verbindl. aLuL

Buchung:

S **0690** (0410) **Geschäftsausstattung** H   S **3300** (1600) **Verbindlichk. aLuL** H

    1.549,00 | | 1.796,84

S   **1405** (1575) **Vorsteuer 16 %**   H

   247,84 |

Beim Buchen ist darauf zu achten, dass bei **Eingangsrechnungen** (ER) auf dem **Warenkonto** bzw. dem **Aufwandskonto** bzw. dem **Anlagekonto** grundsätzlich nur die **Nettobeträge** (Beträge **ohne** Vorsteuer) erfasst werden.

Ist die Vorsteuer **nicht abziehbar** (z.B. weil die Rechnung nicht ordnungsgemäß erstellt worden ist), sind die nicht abziehbaren Vorsteuerbeträge auf dem Konto zu erfassen, auf dem die **Nettobeträge** gebucht werden (= **Erhöhung der Anschaffungskosten**).

> **Übung**: 1. Wiederholungsfragen 3 und 4 (Seite 133),
> 2. Übungsaufgabe 2 (Seite 133)

3.9.2.1.1 Geleistete Anzahlungen

Ein Unternehmer darf Vorsteuerbeträge grundsätzlich nur für solche **Leistungen** abziehen, **die** bereits an ihn **ausgeführt** sind.

Der Grundsatz, dass die Vorsteuer erst **nach Ausführung** der Leistung abgezogen werden darf, wird durch § 15 Abs. 1 Nr. 1 **Satz 3** UStG durchbrochen.

Nach § 15 Abs. 1 Nr. 1 **Satz 3** UStG ist der **Vorsteuerabzug** bereits **vor** Ausführung einer Leistung möglich, wenn

> 1. eine **Anzahlungsrechnung** mit **gesondertem USt-Ausweis** vorliegt **und**
> 2. die **Anzahlung geleistet** ist.

Wird eine **Anzahlung vor** Ausführung der Leistung erbracht, so ist diese Vorauszahlung eine **Forderung**, die auf dem Konto

"Geleistete Anzahlungen"

gebucht wird.

Für **geleistete** Anzahlungen sind auf der **Aktivseite** der Bilanz **drei Bilanzposten** vorgesehen: Geleistete Anzahlungen auf **immaterielle Vermögensgegenstände**, **Sachanlagen und Vorräte**.

> **B 1** Der Bilanzposten "**geleistete Anzahlungen**" wurde bereits im Abschnitt "3.2.2 Gliederung der Bilanz", Seite 36, dargestellt.

Beispiel:
1. A leistet am 07.07.2006 eine **Anzahlung** für die Bestellung eines größeren Warenpostens in Höhe von 23.200 EUR an den Lieferer U per Bank. Über diesen Betrag erhält A eine Anzahlungsrechnung mit gesondertem USt-Ausweis (20.000 EUR + 3.200 EUR USt).
2. U erbringt am 08.09.2006 die **Leistung** und A erhält folgende **Endrechnung** (Auszug):

gesamte Leistung		40.000,00 EUR
+ 16 % USt		6.400,00 EUR
		46.400,00 EUR
− Anzahlung vom 7.7.2006	20.000,00 EUR	
+16 % USt	3.200,00 EUR	− 23.200,00 EUR
noch zu zahlen		23.200,00 EUR

3. Das Konto "Geleistete Anzahlungen" ist **aufzulösen**.
4. A überweist am 18.09.2006 den **Restbetrag** von 23.200,00 EUR per Bank.

Buchungssatz:

Tz.	Sollkonto	Betrag (€)	Habenkonto
1.	**1184** (1517) Geleistete Anzahlungen	20.000,00	**1800** (1200) Bank
	1405 (1575) Vorsteuer	3.200,00	**1800** (1200) Bank
2.	**5200** (3200) Wareneingang	40.000,00	**3300** (1600) Verbindl. aLuL
	1405 (1575) Vorsteuer	6.400,00	**3300** (1600) Verbindl. aLuL
3.	**3300** (1600) Verbindl. aLuL	20.000,00	**1184** (1517) Gel. Anzahlungen
	3300 (1600) Verbindl. aLuL	3.200,00	**1405** (1575) Vorsteuer
4.	**3300** (1600) Verbindl. aLuL	23.200,00	**1800** (1200) Bank

Buchung:

```
S  1184 (1517) Geleistete Anzahlungen  H      S      1800 (1200) Bank        H
1)      20.000,—    3)      20.000,—                              1)   20.000,—
                                                                  1)    3.200,—
                                                                  4)   23.200,—

S      1405 (1575) Vorsteuer          H      S   3300 (1600) Verbindl. aLuL   H
1)       3.200,—    3)       3.200,—         3)   20.000,—  2)   40.000,—
2)       6.400,—                             3)    3.200,—  2)    6.400,—
                                             4)   23.200,—
S      5200 (3200) Wareneingang       H           46.400,—       46.400,—
2)      40.000,—
```

> **Übung:** 1. Wiederholungsfragen 5 und 6 (Seite 133),
> 2. Übungsaufgabe 3 (Seite 134)

3.9.2.1.2 Gemischt genutzte Fahrzeuge

Ein angeschafftes, eingeführtes oder innergemeinschaftlich erworbenes Fahrzeug, das von dem Unternehmer sowohl unternehmerisch als auch für nichtunternehmerische (private) Zwecke genutzt wird, ist ein sog. **gemischt genutztes Fahrzeug**.

Ordnet der Unternehmer das gemischt genutzte Fahrzeug **seinem Unternehmen voll zu**, kann er die **Vorsteuer** in voller Höhe (**zu 100 %**) abziehen.
Die nichtunternehmerische (**private**) **Nutzung** ist als unentgeltliche sonstige Leistung (**unentgeltliche Wertabgabe**) nach **§ 3 Abs. 9a Nr. 1** der **Umsatzsteuer** zu unterwerfen (Abschn. 192 Abs. 21 Nr. 2c UStR 2005).

Voraussetzung für die Zuordnung zum Unternehmen ist, dass das Fahrzeug zu **mehr als 50 %** für das Unternehmen genutzt wird (= notwendiges Betriebsvermögen). Wird das Fahrzeug zu **weniger als 10 %** für das Unternehmen genutzt, kann der Unternehmer **keine Vorsteuer** abziehen (BMF-Schreiben vom 27.8.2004, BStBl I, Seite 864 ff.).

In den letzten Jahren hat sich der Vorsteuerabzug und die Besteuerung der Privatnutzung bei gemischt genutzten Fahrzeugen mehrfach geändert. Auf die umfangreichen Änderungen wird im Folgenden nicht eingegangen. Zu den Einzelheiten dieser Änderungen siehe BMF-Schreiben vom 27.8.2004, BStBl I Seite 864 ff.

Im Folgenden werden lediglich sog. **Neufahrzeuge** dargestellt und erläutert.

Ein **Neufahrzeug** ist ein Fahrzeug, das **nach dem 31.12.2003** für das Unternehmen angeschafft, hergestellt, eingeführt oder innergemeinschaftlich erworben wurde **und** von dem Unternehmer **sowohl unternehmerisch als auch für** nichtunternehmerische (**private) Zwecke genutzt wird**.

Bei **Neufahrzeugen** ist die **Vorsteuer** in **voller Höhe abziehbar** (Wegfall des § 15 Abs. 1b UStG). Im Gegenzug ist die **private Nutzung** als unentgeltliche sonstige Leistung (unentgeltliche Wertabgabe) nach § 3 Abs. 9a Nr. 1 UStG der **Umsatzsteuer** zu unterwerfen.

Als **Bemessungsgrundlage** sind dabei nach § 10 Abs. 4 Satz 1 Nr. 2 die **Ausgaben** anzusetzen, soweit sie zum vollen oder teilweisen Vorsteuerabzug berechtigt haben. Zur **Ermittlung der Ausgaben**, die auf die private Nutzung eines dem Unternehmen zugeordneten Fahrzeugs entfallen, hat der Unternehmer die Wahl zwischen drei Methoden: **Fahrtenbuchregelung**, **1 %-Regelung** oder **Schätzung**.

Anschaffungskosten

Beispiel:
Zum Unternehmensvermögen des Unternehmers U, Hamburg, gehört ein Pkw, der auch für private Zwecke genutzt wird. Die unternehmerische Nutzung beträgt mehr als 50 %.
U hat den Pkw am **02.01.2006** für 58.000 EUR (50.000 € + 8.0000 € USt) gekauft.

Es handelt sich um ein **Neufahrzeug**. U kann den Vorsteuerabzug in voller Höhe von 8.000 Euro in Anspruch nehmen und aus den laufenden Kosten den vollen Vorsteuerabzug geltend machen (Wegfall des § 15 Abs. 1b UStG).
Im Gegenzug ist der private Nutzungsanteil als unentgeltliche sonstige Leistung (unentgeltliche Wertabgabe) nach § 3 Abs. 9a Nr. 1 UStG der Umsatzsteuer zu unterwerfen.

Buchungssatz:

Sollkonto	Betrag (€)	Habenkonto
0520 (0320) Pkw	50.000,00	**3300** (1600) Verbindlichkeiten aLuL
1405 (1575) Vorsteuer	8.000,00	**3300** (1600) Verbindlichkeiten aLuL

Buchung:

S	**0520** (0320) **Pkw**	H		S	**3300** (1600) **Verbindlichkeiten aLuL**	H
	50.000,00					50.000,00
						8.000,00

S	**1405** (1575) **Vorsteuer**	H
	8.000,00	

> 📖 Einzelheiten zur **Besteuerung** der **privaten Nutzung** als unentgeltliche Wertabgabe nach § 3 Abs. 9a Nr. 1 UStG erfolgen im Abschnitt 3.10.1.2, Seite 142 ff.

Laufende Kfz-Kosten

Bei **Neufahrzeugen ist der Vorsteuerabzug** nicht nur aus den Anschaffungskosten, sondern auch aus den **laufenden Kosten** möglich.

Beispiel:
Der Unternehmer U, Hamburg, (Beispiel zuvor) hat im Monat Mai 2006 **Benzinkosten** in Höhe von **500 € + 80 € USt = 580,00 €** für sein **Neufahrzeug** aufgewendet. Er hat den Betrag von 580,00 € bar bezahlt.

U darf aus den laufenden Kosten die **Vorsteuer** in Höhe von **80,00 €** geltend machen.

Buchungssatz:

Sollkonto	Betrag (€)	Habenkonto
6530 (4530) Laufende Kfz-Betriebskosten	500,00	**1600** (1000) Kasse
1405 (1575) Vorsteuer	80,00	**1600** (1000) Kasse

Buchung:

S	**6530** (4530) **Laufende Kfz-Betriebskosten**	H		S	**1600** (1000) **Kasse**	H
	500,00					500,00
						80,00

S	**1405** (1575) **Vorsteuer**	H
	80,00	

> 📖 Die umsatzsteuerliche Behandlung der **Einfuhr**, des innergemeinschaftlichen **Erwerbs** und der Leistungen i.S.d. § 13b UStG erfolgen im Abschnitt 8.2, S. 377 ff.

3.9.2.2 Buchen der Umsatzsteuer

Der **Betrag**, den der **Unternehmer** seinen Abnehmern und Auftraggebern für seine steuerpflichtigen Leistungen **berechnet**, setzt sich – umsatzsteuerlich gesehen – aus dem **Entgelt** (Nettoerlös) **und** der **Umsatzsteuer** (**Ausgangs**umsatzsteuer) zusammen:

> **Entgelt** (Nettoerlös)
> \+ **Umsatzsteuer** (Ausgangsumsatzsteuer)
> = **Bruttoerlös**

Die entstandene **Umsatzsteuer** (**Ausgangs**umsatzsteuer) ist für den Unternehmer zunächst eine **Verbindlichkeit gegenüber dem Finanzamt**.
Sie wird bei **Sollbesteuerung** (= Besteuerung nach **vereinbarten** Entgelten) und beim **allgemeinen** Steuersatz auf das Konto

<u>**3805** (1775) **Umsatzsteuer 16 %**</u>

und beim **ermäßigten** Steuersatz auf das Konto

<u>**3801** (1771) **Umsatzsteuer 7 %**</u>

gebucht.

Das **Umsatzsteuerkonto** ist ein **Verbindlichkeitskonto (Passivkonto)**.

Beispiel:
Der Unternehmer U, Köln, liefert Waren für **netto** 1.000 € (= **Entgelt**) + 160 € USt = 1.160,00 € auf Ziel.

Buchungssatz:

Sollkonto	Betrag (€)	Habenkonto
1200 (1400) **Forderungen aLuL**	1.160,00	
	1.000,00	**4200** (8200) **Erlöse** (**Entgelt**)
	160,00	**3805** (1775) **Umsatzsteuer** 16 %

Buchung:

S **1200** (1400) **Forderungen aLuL** H	S **4200** (8200) **Erlöse** (Entgelt) H
1.160,00	1.000,00

	S **3805** (1775) **Umsatzsteuer 16 %** H
	160,00

Bei **Ist-Besteuerung** (= Besteuerung nach **vereinnahmten** Entgelten) erfolgt die Buchung auf dem Konto "**3815** (1765) **Umsatzsteuer nicht fällig 16 %**".

Mit dieser Form der Buchung erfüllt der Unternehmer auch die **Aufzeichnungspflichten** des Umsatzsteuergesetzes. Nach § 22 Abs. 2 UStG hat er die **Entgelte** in seiner Buchführung ersichtlich zu machen.

Das Verfahren, bei dem **direkt Entgelt und Umsatzsteuer getrennt gebucht** werden, wird als <u>**Nettoverfahren**</u> bezeichnet.

Aus **Vereinfachungsgründen** kann es z.B. im Einzelhandel zweckmäßig sein, **zunächst Entgelt und USt (= Bruttoerlös) in einer Summe** zu buchen **und** die **Trennung in Entgelt und USt erst am Schluss** eines Monats bzw. Vierteljahres vorzunehmen. Die Umsatzsteuer-Durchführungsverordnung (UStDV) lässt dies zu (§ 63 Abs. 3 UStDV).

Das Verfahren, bei dem **zunächst Entgelt und USt in einer Summe** gebucht werden und die Trennung erst später vorgenommen wird, wird als **Bruttoverfahren** bezeichnet.

Beispiel 1:
Der Einzelhändler U, Wiesbaden, der seine Umsätze mit 16 % versteuert, hat im **August 2006** aus **Warenverkäufen brutto** insgesamt **116.000,00 Euro** vereinnahmt.

Summe aller täglichen Buchungssätze:

Tz.	Sollkonto	Betrag (€)	Habenkonto
1.	**1600** (1000) Kasse	116.000,00	**4200** (8200) Erlöse

Summe aller täglichen Buchungen:

```
S      1600 (1000) Kasse      H    S      4200 (8200) Erlöse      H
1)     116.000,00                                        1)     116.000,00
```

Beispiel 2:
Am **Schluss** des Monats **August 2006** trennt der Einzelhändler U die Bruttoerlöse in **Entgelt** und **Umsatzsteuer**.

Buchungssatz:

Tz.	Sollkonto	Betrag (€)	Habenkonto
2.	**4200** (8200) Erlöse	16.000,00	**3805** (1775) Umsatzsteuer 16 %

Buchung:

```
S      1600 (1000) Kasse      H    S   3805 (1775) Umsatzsteuer 16 %   H
1)     116.000,00                                        2)      16.000,00


S      4200 (8200) Erlöse     H
2)     16.000,00    | 1)   116.000,00
```

Der **Saldo** des Erlöskontos (**100.000 EUR**) stellt die steuerpflichtigen **Entgelte** dar.

Der Unternehmer hat in seinen Aufzeichnungen (seiner Buchführung) ersichtlich zu machen, wie sich die **Entgelte** auf die steuerpflichtigen Umsätze, **getrennt nach Steuersätzen, und** auf die **steuerfreien Umsätze** verteilen (§ 22 Abs. 2 UStG).

Aus Kontrollgründen ist es **zweckmäßig**, nicht nur die Bemessungsgrundlagen, sondern **auch** die entsprechenden **Umsatzsteuerbeträge** auf **getrennten Konten** zu buchen.

Beispiel:
Der Lebensmittelgroßhändler Maier, Hannover, hat im August 2006

    1. für **2.000,00 € netto** Waren, die dem Steuersatz von **16 %** unterliegen, und
    2. für **6.000,00 € netto** Waren, die dem Steuersatz von **7 %** unterliegen,

auf Ziel geliefert.

Buchungssatz:

Tz.	Sollkonto	Betrag (€)	Habenkonto
1.	**1200** (1400) Forderungen aLuL	2.320,00 2.000,00 320,00	 **4200** (8200) Erlöse 16 % **3805** (1775) USt 16 %
2.	**1200** (1400) Forderungen aLuL	6.420,00 6.000,00 420,00	 **4300** (8300) Erlöse 7 % **3801** (1771) USt 7 %

Buchung:

```
S   1200 (1400) Forderungen aLuL   H        S      4200 (8200) Erlöse 16 %     H
1)      2.320,00 |                                              | 1)    2.000,00
2)      6.420,00 |
                                             S      3805 (1775) USt 16 %       H
                                                                | 1)      320,00

                                             S      4300 (8300) Erlöse 7 %     H
                                                                | 2)    6.000,00

                                             S      3801 (1771) USt 7 %        H
                                                                | 2)      420,00
```

Übung: Wiederholungsfrage 7 (Seite 133)

3.9.2.2.1 Erhaltene Anzahlungen

Nach § 13 Abs. 1 Nr. 1a Satz 4 UStG sind **vereinnahmte** Anzahlungen bereits **vor** Ausführung der Leistung der **Umsatzsteuer** zu unterwerfen.

> Einzelheiten zur umsatzsteuerlichen Behandlung von **vereinnahmten Entgelten** werden im Abschnitt 11.1.2 der **Steuerlehre 1**, Seite 322 f., dargestellt.

Die **erhaltene** Anzahlung ist noch **kein** betrieblicher **Erfolg**, weil die Leistung noch nicht erbracht worden ist.

Die **erhaltene** Anzahlung muss deshalb auf ein **passives Bestandskonto**, ein **Verbindlichkeitskonto**,

<u>3280 (1719) Erhaltene Anzahlungen</u>

gebucht werden.

Für erhaltene Anzahlungen ist auf der **Passivseite** der Bilanz unter **C. Verbindlichkeiten** ein **Bilanzposten** vorgesehen.

> Der Bilanzposten "**erhaltene Anzahlungen auf Bestellungen**" wurde bereits im Abschnitt "3.2.2 Gliederung der Bilanz", Seite 36, dargestellt.

Beispiel:
1. Unternehmer U erhält von seinem Kunden A am 12.07.2006 eine **Anzahlung** in Höhe von **23.200,00 EUR** auf die Bestellung eines größeren Warenpostens per Bank. Die Leistungen des U unterliegen dem allgemeinen Steuersatz.

2. U erbringt am 23.08.2006 die **Leistung** und erteilt A folgende Endrechnung (Auszug):

gesamte Leistung		40.000,00 EUR
+ 16 % USt		6.400,00 EUR
		46.400,00 EUR
– Anzahlung vom 12.7.2006	20.000,00 EUR	
+ 16 % USt	3.200,00 EUR	– 23.200,00 EUR
noch zu zahlen		23.200,00 EUR

3. Das Konto "Erhaltene Anzahlungen" ist **aufzulösen**.

4. Der Kunde A überweist am 30.08.2006 den **Restbetrag** von 23.200,00 € per Bank.

Buchungssatz:

Tz.	Sollkonto	Betrag (€)	Habenkonto
1.	**1800** (1200) Bank **1800** (1200) Bank	20.000,00 3.200,00	**3280** (1719) Erhaltene Anzahlungen **3805** (1775) Umsatzsteuer 16 %
2.	**1200** (1400) Ford. aLuL **1200** (1400) Ford. aLuL	40.000,00 6.400,00	**4200** (8200) Erlöse **3805** (1775) Umsatzsteuer 16 %
3.	**3280** (1719) Erhaltene Anz. **3805** (1775) USt 16 %	20.000,00 3.200,00	**1200** (1400) Forderungen aLuL **1200** (1400) Forderungen aLuL
4.	**1800** (1200) Bank	23.200,00	**1200** (1400) Forderungen aLuL

Buchung:

```
S       1800 (1200) Bank        H     S  3280 (1719) Erhaltene Anzahlungen  H

1)      20.000,00                     3)    20.000,00  | 1)    20.000,00
1)       3.200,00
4)      23.200,00
```

```
S  1200 (1400) Forderungen aLuL  H    S     3805 (1775) Umsatzsteuer 16 %   H

2)    40.000,00  | 3)    20.000,00    3)     3.200,00  | 1)     3.200,00
2)     6.400,00  | 3)     3.200,00                     | 2)     6.400,00
                 | 4)    23.200,00
      46.400,00        46.400,00
```

```
                                      S       4200 (8200) Erlöse            H

                                                       | 2)    40.000,00
```

Übung: Wiederholungsfrage 8 (Seite 133)

3.9.2.3 Buchen der Umsatzsteuer-Vorauszahlungen

3.9.2.3.1 Monatliche bzw. vierteljährliche Vorauszahlungen

Der Unternehmer hat auf die **Umsatzsteuerschuld (Zahllast)** des Kalenderjahres **Vorauszahlungen** zu leisten (§ 18 UStG).
Er hat **bis zum 10. Tag nach Ablauf des Voranmeldungszeitraums** eine **Voranmeldung** nach amtlich vorgeschriebenem Vordruck elektronisch zu übermitteln, in der er die **Zahllast (Vorauszahlung) selbst zu berechnen** hat (§ 18 Abs. 1 Satz 1 UStG).

Die **Vorauszahlung** ist am **10. Tag** nach Ablauf des Voranmeldungszeitraums (**Kalendermonat** oder Kalender**vierteljahr**) **fällig**.

Regel-Voranmeldungszeitraum ist seit 1.1.1996 das Kalender**vierteljahr** (§ 18 Abs. 2 Satz 1 UStG). Beträgt die **Umsatzsteuer-Schuld** für das **vorangegangene** Kalender**jahr mehr als 6.136 EUR**, ist der Kalender**monat** Voranmeldungszeitraum (§ 18 Abs. 2 UStG). Die **Vorauszahlungen** sind in diesem Fall **monatlich** zu leisten.

Beispiel:
Der Unternehmer U hat den **Voranmeldungszeitraum** in seiner Umsatzsteuer-Voranmeldung **anzukreuzen** (z.B. **Monatszahler** für den Monat August 2006):

Umsatzsteuer-Voranmeldung 2006
Voranmeldungszeitraum

bei **monatlicher** Abgabe bitte ankreuzen | bei **vierteljährlicher** Abgabe bitte ankreuzen

06 01	Jan.	06 07	Juli
06 02	Feb.	06 08	Aug. (X)
06 03	März	06 09	Sept.
06 04	April	06 10	Okt.
06 05	Mai	06 11	Nov.
06 06	Juni	06 12	Dez.

06 41	I. Kalendervierteljahr
06 42	II. Kalendervierteljahr
06 43	III. Kalendervierteljahr
06 44	IV. Kalendervierteljahr

Beträgt die **Umsatzsteuer-Schuld** für das **vorangegangene** Kalender**jahr nicht mehr als 512 EUR**, so kann das Finanzamt den Unternehmer von der Verpflichtung zur Abgabe der Voranmeldung und Entrichtung der Vorauszahlungen **befreien** (§ 18 Abs. 2 UStG).

Wird die **Umsatzsteuer-Schuld nicht** bis Ablauf des **Fälligkeitstags gezahlt**, so hat der Unternehmer einen **Säumniszuschlag** zu entrichten.
Ein **Säumniszuschlag** wird jedoch bei einer Säumnis bis zu **drei Tagen (Zahlungs-Schonfrist) nicht erhoben** (§ 240 Abs. 3 Satz 1 AO).

Seit 01.01.1994 fällt die Schonfrist in den Fällen weg, in denen die Steuerzahlung durch **Scheck** oder in **bar** bei der Finanzkasse erfolgt (§ 240 Abs. 3 **Satz 2** AO).
Wird die Umsatzsteuer-Schuld auf ein Konto des Finanzamtes **überwiesen**, bleibt die Schonfrist von drei Tagen erhalten.

Seit dem 1.1.2004 ist die Schonfrist für die Abgabe der Umsatzsteuer-Voranmeldung **(Abgabe-Schonfrist) entfallen**.

Beispiel:
Der Unternehmer U, Kiel, **Monatszahler**, hat für den Monat **September 2006** eine **Vorauszahlung** zu leisten, die wie folgt berechnet wird:

Umsatzsteuer	5.800,00 EUR
– Vorsteuer	– 3.000,00 EUR
= **Umsatzsteuerschuld (Zahllast) = Vorauszahlung**	**2.800,00 EUR**

U überweist diese **Vorauszahlung** am **11. Oktober 2006** durch die Bank.

Der Unternehmer hat **zwei Möglichkeiten** die **Vorauszahlung zu buchen**:

> 1. Er bucht sie auf das **Umsatzsteuerkonto**
>   oder
> 2. er bucht sie auf ein zusätzlich eingerichtetes **Umsatzsteuer-Vorauszahlungs-Konto**.

Beispiel:
Sachverhalt wie zuvor

1. Möglichkeit

Buchungssatz:

Sollkonto	Betrag (€)	Habenkonto
3805 (1775) Umsatzsteuer 16 %	2.800,00	**1800** (1200) Bank

Buchung:

```
S   3805 (1775) Umsatzsteuer 16 %   H      S      1800 (1200) Bank       H
         3.000,00 | 5.800,00                             | 1)   2.800,00
    1)   2.800,00 |
```

2. Möglichkeit

Buchungssatz:

Sollkonto	Betrag (€)	Habenkonto
3820 (1780) USt-Vorauszahlungen	2.800,00	**1800** (1200) Bank

Buchung:

```
S    1405 (1575) Vorsteuer 16 %    H     S   3805 (1775) Umsatzsteuer 16 %   H
         3.000,00 |                                            | 5.800,00

S  3820 (1780) USt-Vorauszahlungen H     S       1800 (1200) Bank            H
    2)   2.800,00 |                                            | 2)  2.800,00
```

> **Übung:** Wiederholungsfragen 9 und 10 (Seite 133)

3.9.2.3.2 Sondervorauszahlung

Hat der Unternehmer **Schwierigkeiten**, die **gesetzlichen Fristen** für die Übermittlung der Voranmeldungen und für die Entrichtung der Vorauszahlungen **einzuhalten**, besteht die **Möglichkeit der Fristverlängerung**.

Der Unternehmer kann beim Finanzamt einen **Antrag auf Dauerfristverlängerung** stellen, um die Fristen für die Abgabe der Voranmeldungen und für die Entrichtung der Vorauszahlungen um **einen Monat zu verlängern** (§§ 46 bis 48 UStDV).

Die **Fristverlängerung** wird bei **Monatszahlern**, **nicht** bei **Vierteljahreszahlern**, unter der **Auflage** gewährt, dass der Unternehmer **bis zum 10. Februar** (zuzüglich Schonfrist) eine **Sondervorauszahlung** anmeldet und entrichtet.

Die **Sondervorauszahlung** beträgt **ein Elftel der Summe der Vorauszahlungen – ohne** Anrechnung der Sondervorauszahlung – für das **vorangegangene** Kalenderjahr.

Beispiel:
Der Koblenzer Unternehmer U, **Monatszahler**, beantragt erstmals für **2006** eine Dauerfristverlängerung. Die **Umsatzsteuer-Vorauszahlungen** für das Kalenderjahr **2005** haben **30.107,20 EUR** betragen.

U hat in den **Antrag auf Dauerfristverlängerung** und die Anmeldung der **Sondervorauszahlung** in Zeile 26 und 27 einzutragen:

25			volle EUR	X
26	1. Summe der Umsatzsteuer-Vorauszahlungen für das Kalenderjahr 2005		30.107	—
27	2. Davon 1/11 = **Sondervorauszahlung 2006**	38	2.737	—

U zahlt den Betrag von **2.737 EUR** am **08.2.2006** an die Finanzkasse Montabaur-Diez (zuständig für den Koblenzer Unternehmer) durch Banküberweisung.

Buchungssatz **2006**:

Sollkonto	Betrag (€)	Habenkonto
3830 (1781) USt-Vorauszahlung 1/11	2.737,00	**1800** (1200) Bank

Buchung **2006**:

S **3830** (1781) **USt-Vorauszahlung 1/11** H	S **1800** (1200) **Bank** H
2.737,00	2.737,00

Die **Sondervorauszahlung** ist grundsätzlich **bei der** Berechnung der Umsatzsteuer-**Vorauszahlung** für den Monat **Dezember anzurechnen** (§ 48 Abs. 4 UStDV).

Beispiel:
Der Koblenzer Unternehmer U, **Monatszahler**, hat im Februar 2006 die **Sondervorauszahlung** in Höhe von **2.737,00 €** geleistet (Beispiel Seite 130), die er bei der Vorauszahlung für den Monat Dezember 2006 anrechnet.
Die **Umsatzsteuer-Vorauszahlung** beträgt für den Monat **Dezember 2006 3.900,00 €**.

U hat in seiner **Umsatzsteuer-Voranmeldung 2006** für den Monat Dezember 2006 in Zeile 65, 66 und 67 einzutragen:

Zeile			Steuer EUR	Ct
44				
65	Umsatzsteuer-Vorauszahlung		3.900	00
66	Anrechnung (Abzug) der festgesetzten Sondervorauszahlung für Dauerfristverlängerung	39	2.737	00
67	Verbleibende Umsatzsteuer-Vorauszahlung	83	1.163	00

Unternehmer U zahlt den Betrag von **1.163,00 €** am **08.2.2006** an die Finanzkasse Montabaur-Diez durch Banküberweisung.
Das Konto "3830 (1781) **Umsatzsteuer-Vorauszahlung 1/11**" wird zum **31.12.2006** mit dem Konto "3805 (1775) **Umsatzsteuer 16 %**" verrechnet (saldiert).
Der **Saldo** in Höhe von **1.163,00 €** wird zu Beginn des Jahres **2007** auf dem Konto "3805 (1775) **Umsatzsteuer 16 %**" vorgetragen. Im Rahmen der EDV-Buchführung wird dieser Betrag auch auf das Konto "3841 (1790) **Umsatzsteuer-Vorjahre**" gebucht.

Buchungssätze **2007**:

Tz.	Sollkonto	Betrag (€)	Habenkonto
1.	**9000** (9000) Saldenvorträge	1.163,00	**3805** (1775) Umsatzsteuer 16 %
2.	**3805** (1775) Umsatzsteuer 16 %	1.163,00	**1800** (1200) Bank

Buchungen 2007:

S **9000** (9000) **Saldenvorträge (SV)** H

1) USt   1.163,00

S **3805** (1775) **Umsatzsteuer 16 %** H   S   **1800** (1200) **Bank**   H

2)   1.163,00 | 1) SV   1.163,00 | 2)   1.163,00

> **Übung:** 1. Wiederholungsfragen 11 und 12 (Seite 133),
> 2. Übungsaufgabe 4 (Seite 134)

3.9.3 Abschluss der Umsatzsteuerkonten

Das **Umsatzsteuerkonto** ist ein **passives Bestandskonto** und das **Vorsteuerkonto** ist ein **aktives Bestandskonto**.
Die **USt-Vorauszahlungs-Konten** sind keine Bestandskonten. Sie werden zur besseren Übersicht geführt und können als "**Übergangskonten**" bezeichnet werden.
Zum **Schluss** des Geschäftsjahres werden die Salden aller Umsatzsteuerkonten zusammengefasst und das Ergebnis dieser Zusammenfassung in das **Schlussbilanzkonto** übernommen.
Die **Zusammenfassung** kann auf einem **USt-Verrechnungs-Konto** erfolgen.
Die **Zusammenfassung** der Salden aller Umsatzsteuerkonten kann aber auch **ohne** Einschaltung eines **Verrechnungskontos** auf dem **Umsatzsteuerkonto** erfolgen oder auf dem **Vorsteuerkonto**, wenn am Schluss des Jahres ein Vorsteuerguthaben besteht.

Beispiel:
Der Unternehmer U, Frankfurt, hat in einem Geschäftsjahr gebucht:

auf dem **Vorsteuerkonto**	30.000,00 €
auf dem **Umsatzsteuerkonto** im **Haben**	44.000,00 €
auf dem **Umsatzsteuerkonto** im **Soll** (Vorauszahlungen)	10.000,00 €

Er schließt die Umsatzsteuerkonten wie folgt ab:

Buchungssatz:

Tz.	Sollkonto	Betrag (€)	Habenkonto
1.	**3805** (1775) Umsatzsteuer 16 %	30.000,00	**1405** (1575) Vorsteuer 16 %
2.	**3805** (1775) Umsatzsteuer 16 %	4.000,00	**9998** (9998) Schlussbilanzkonto

Buchung:

```
   S  1405 (1575) Vorsteuer 16 %  H        S  3805 (1775) Umsatzsteuer 16 %  H
         30.000,00 | 1)  30.000,00           Vorausz. 10.000,00 | 44.000,00
                                             1) VoSt  30.000,00 |
                                             2) SBK    4.000,00 |
                                                      44.000,00 | 44.000,00

              S  9998 (9998) Schlussbilanzkonto  H
                         USt   4.000,00
```

Der **Abschluss** der Umsatzsteuerkonten erfolgt in der Praxis **programmgesteuert**, d.h. die Konten werden mit ihren Salden unter der Bilanzposition "Sonstige Verbindlichkeiten" (bei einer Umsatzsteuer**schuld**) oder "Sonstige Vermögensgegenstände" (bei einem Vorsteuer**guthaben**) ausgewiesen. Dadurch bleiben die Salden der einzelnen Vorgänge zur Erstellung der USt-Jahreserklärung erhalten.

Übung: 1. Wiederholungsfrage 13 (Seite 133),
2. Übungsaufgabe 5 und 6 (Seite 135)

3.9.4 Erfolgskontrolle

WIEDERHOLUNGSFRAGEN

1. Was versteht man unter dem Mehrwert?
2. Wie wird rechnerisch die Umsatzsteuerschuld (Zahllast) ermittelt?
3. Welche Umsatzsteuerkonten können geführt werden?
4. Welche Umsatzsteuer wird auf dem Vorsteuerkonto gebucht?
5. Unter welchen Voraussetzungen ist der Vorsteuerabzug bereits vor Ausführung einer Leistung möglich?
6. Wie werden die geleisteten Anzahlungen buchmäßig behandelt?
7. Welche Umsatzsteuer wird auf dem Umsatzsteuerkonto gebucht?
8. Wie werden erhaltene Anzahlungen buchmäßig behandelt?
9. In welchem Fall ist der Kalendermonat Voranmeldungszeitraum?
10. Auf welchem Konto werden die USt-Vorauszahlungen gebucht?
11. In welcher Höhe ist eine Sondervorauszahlung zu leisten, damit eine Dauerfristverlängerung gewährt wird?
12. Auf welchem Konto wird die Sondervorauszahlung gebucht?
13. Wie kann der Abschluss der Umsatzsteuerkonten erfolgen?

ÜBUNGSAUFGABEN

Übungsaufgabe 1:

Urerzeuger A liefert Rohstoffe an das Industrieunternehmen B für 5.000 EUR + 16 % USt. A hat keine Vorlieferanten und deshalb keine Vorsteuer.
Das Industrieunternehmen B erstellt aus den Rohstoffen Fertigerzeugnisse und liefert sie an den Großhändler C für 8.500 EUR + 16 % USt.
Der Großhändler C liefert die Fertigerzeugnisse an den Einzelhändler D für 10.000 EUR + 16 % USt.
Der Einzelhändler D liefert die Waren dem Endverbraucher E für 12.500 € + 16 % USt.

Ermitteln Sie die **Umsatzsteuer**, den **Vorsteuerabzug**, die **Umsatzsteuerschuld** (Zahllast) und den **Mehrwert** (die Wertschöpfung).

Wirtschaftsstufe bzw. Phase	Rechnungsbetrag EUR	USt (Traglast) EUR	Vorsteuerabzug EUR	Umsatzsteuerschuld (Zahllast) EUR	Mehrwert = Wertschöpfung EUR
A					
B					
Übertrag:					

Übertrag:					
C					
D					

Übungsaufgabe 2:

Bilden Sie die Buchungssätze für folgende Geschäftsvorfälle:

1. Kauf von Waren auf Ziel, netto   1.000,00
                                       + USt   160,00   1.160,00 €
2. Kauf eines nur betrieblich genutzten Pkw auf Ziel, netto   30.000,00
                                                             + USt   4.800,00   34.800,00 €
3. Kauf von Büromaterial bar, netto   400,00
                                      + USt   64,00   464,00 €

Übungsaufgabe 3:

Der Unternehmer Müller, Freiburg, kauft in einem Schreibwarengeschäft in Karlsruhe Büromaterial für insgesamt 348,00 € für seinen Betrieb. An der Kasse erhält er einen Bon mit dem Vermerk "einschließlich 16 % USt". Müller zahlt bar.

Bilden Sie den Buchungssatz für den Geschäftsvorfall (Hinweis: § 9b Abs. 1 EStG).

Übungsaufgabe 4:

Der Kölner Unternehmer U, Monatszahler, nimmt seit 1994 die Dauerfristverlängerung in Anspruch.
Auch für 2006 möchte er die Fristverlängerung in Anspruch nehmen.
U hat die folgenden Umsatzsteuer-Vorauszahlungen für das Kalenderjahr 2005 (lt. Zeile 67 der Umsatzsteuer-Voranmeldungen) geleistet:

Januar	420,00 EUR
Februar	2.220,00 EUR
März	1.705,00 EUR
April	2.315,00 EUR
Mai	5.150,00 EUR
Juni	2.750,00 EUR
Juli	2.090,00 EUR
August	1.190,00 EUR
September	2.541,00 EUR
Oktober	2.346,00 EUR
November	3.480,00 EUR
Dezember (3.826,00 € − 2.710,00 € Sondervorauszahlung)	1.116,00 EUR

1. Berechnen Sie die Sondervorauszahlung für 2006.
2. U überweist am 08.2.2006 die Sondervorauszahlung 2006 durch die Bank.
   Bilden Sie den Buchungssatz für die Überweisung der Sondervorauszahlung.

Übungsaufgabe 5:

Folgende Situation ist gegeben:

```
S      1405 (1575) Vorsteuer     H    S    3805 (1775) Umsatzsteuer    H
       120.000,00                                           200.000,00


            S      9998 (9998) Schlussbilanzkonto     H
```

Aufgabe

Schließen Sie die Umsatzsteuerkonten ab.

Übungsaufgabe 6:

Karl Rad, Mannheim, betreibt ein Einzelhandel mit Bürogeräten (USt-Satz 16 %).

Geschäftsvorfälle des Voranmeldungszeitraums August 2006:

1. Rad verkauft einen Personalcomputer an den Lehrer Walter, Ludwigshafen, für 1.972,00 € (brutto). Walter zahlt bei Lieferung bar.

2. Der Hersteller Roll, Speyer, beliefert Rad mit neuer Ware. Die Eingangsrechnung lautet über 5.000,00 € + 16 % USt.

3. Rad verkauft 30 LCD-Monitore an das Finanzamt Mannheim-Stadt für 200 € pro Stück netto.

4. Rad verkauft an den Schüler Müller, Mannheim, ein Notebook für 800 € + 128,00 € USt.

5. Das Finanzamt Mannheim-Stadt überweist den Rechnungsbetrag für die LCD-Monitore auf das Bankkonto von Karl Rad.

Aufgaben

1. Bilden Sie die Buchungssätze für die Geschäftsvorfälle.
2. Ermitteln Sie die Umsatzsteuerschuld (Zahllast) für den Voranmeldungszeitraum August 2006.

Zusammenfassende Erfolgskontrolle

Der Unternehmer Kurt Menning, Mainz, hat durch Inventur folgende Bestände ermittelt:

	EUR
0520 (0320) Pkw	10.000,00
0640 (0430) Ladeneinrichtung	10.000,00
1140 (3980) Bestand Waren (AB)	50.000,00
1200 (1400) Forderungen aLuL	20.000,00
1405 (1575) Vorsteuer 16 %	0,00
1800 (1200) Bankguthaben	15.000,00
1600 (1000) Kasse	5.000,00
3300 (1600) Verbindlichkeiten aLuL	15.000,00
3805 (1775) USt 16 %	5.000,00
2000 (0800) Eigenkapital	90.000,00

Außer den Bestandskonten, die sich aus den obigen Beständen ergeben, sind folgende Erfolgskonten zu führen:

5200 (3200) Wareneingang, **6220** (4830) Abschreibungen auf Sachanlagen, **6222** (4832) Abschreibungen auf Kfz, **6470** (4805) Reparaturen, **6815** (4930) Bürobedarf, **6500** (4500) Fahrzeugkosten, **4200** (8200) **Erlöse.**

Geschäftsvorfälle		EUR
1. Wareneinkauf auf Ziel, netto	10.000,00	
+ USt	1.600,00	11.600,00
2. Banküberweisung der Umsatzsteuerschuld (Zahllast)		5.000,00
3. Warenverkauf auf Ziel, netto	5.000,00	
+ USt	800,00	5.800,00
4. Reparaturrechnung für Schreibmaschine, brutto einschließlich 16 % USt, noch nicht bezahlt		76,56
5. Banküberweisung vom Kunden zum Ausgleich einer Forderung aLuL		13.560,00
6. Barkauf von Büromaterial, brutto einschließlich 16 % USt		102,08
7. Banküberweisung an Lieferer zum Ausgleich einer Verbindlichkeit aLuL		11.500,00
8. Kauf eines nur betrieblich genutzten Pkw auf Ziel, netto	23.000,00	
+ USt	3.680,00	26.680,00
9. Barkauf von Benzin für Pkw, brutto einschließlich 16 % USt		58,00
10. Warenverkauf auf Ziel, netto	45.000,00	
+ USt	7.200,00	52.200,00
Abschlussangaben		
11. Warenschlussbestand lt. Inventur		55.000,00
12. Abschreibung auf Pkw		5.000,00
13. Abschreibung auf Ladeneinrichtung		5.000,00

Aufgaben

1. Bilden Sie die Buchungssätze.
2. Tragen Sie die Anfangsbestände auf den Konten vor.
3. Buchen Sie die Geschäftsvorfälle.
4. Schließen Sie die Konten ab.
5. Stellen Sie die Bilanz zum 31.12.2006 nach dem handelsrechtlichen Gliederungsschema auf.

Weitere Aufgaben mit Lösungen finden Sie im **Lösungsbuch** der Buchführung 1.

3.10 Privatkonten

Das **Eigenkapital ändert sich** nicht nur durch Aufwendungen und Erträge, sondern **auch** durch Privat**entnahmen** und Privat**einlagen**.

3.10.1 Privatentnahmen

Entnimmt ein Unternehmer dem Betrieb **Wirtschaftsgüter** (Geld, Waren, Erzeugnisse, Nutzungen oder Leistungen) für **sich**, für seinen **Haushalt** oder für **andere betriebsfremde Zwecke**, so liegen Entnahmen (**Privatentnahmen**) vor (§ 4 Abs. 1 Satz 2 EStG).
Privatentnahmen mindern das betriebliche **Vermögen** und das **Eigenkapital**.

Da die **privat** verursachten Eigenkapital**minderungen** (Entnahmen) – im Gegensatz zu den **betrieblich** verursachten Eigenkapitalminderungen (Aufwendungen) – den **Gewinn oder Verlust** des Unternehmens **nicht** beeinflussen dürfen, ist bei der **Gewinnermittlung durch Betriebsvermögensvergleich** der **Unterschiedsbetrag** zwischen dem Eigenkapital am Schluss des Wirtschaftsjahres und dem Eigenkapital am Schluss des vorangegangenen Wirtschaftsjahres um den Wert der **Entnahmen** zu **erhöhen** (§ 4 Abs. 1 Satz 1 EStG).

```
  Eigenkapital am Schluss des Wirtschaftsjahres
- Eigenkapital am Schluss des vorangegangenen Wirtschaftsjahrs
= Unterschiedsbetrag
+ Entnahmen
```

Der einkommensteuerliche Entnahme-Begriff deckt sich **nicht** mit dem **umsatzsteuerlichen Begriff der unentgeltlichen Leistungen** (unentgeltlichen Wertabgabe). **Der Umsatzsteuer** unterliegen grundsätzlich nur **bestimmte Entnahmearten**.

Entnahmen (§ 4 Abs. 1 Satz 2 **EStG**)			
Geld- entnahme	**Sach-** entnahme (Waren/Erzeugnisse)	**Nutzungs-** entnahme	**Leistungs-** entnahme
	Entnahme von Gegenständen	Private Nutzung betrieblicher Gegenstände	Andere unentgeltliche sonstige Leistungen
	(§ 1 Abs. 1 Nr. 1 i.V.m. § 3 Abs.1b Satz 1 Nr. 1 UStG)	(§ 1 Abs. 1 Nr. 1 i.V.m. § 3 Abs.9a Nr. 1 UStG)	(§ 1 Abs. 1 Nr. 1 i.V.m. § 3 Abs.9a Nr. 2 UStG)
	unentgeltliche Leistungen (§ 3 Abs. 1b Satz 1 Nr. 1 und Abs. 9a Nr. 1 und Nr. 2 **UStG**)		

Beispiele:
1. Der Gewerbetreibende A, Bonn, entnimmt im August 2006 aus seiner Geschäftskasse 3.000 EUR für eine Urlaubsreise.

   Es liegt eine **Geldentnahme** aber **keine** steuerpflichtige **unentgeltliche Leistung** vor.

2. Der Koblenzer Metzgermeister U entnimmt im August 2006 seinem Geschäft Fleisch für seinen Privathaushalt.

   Es liegt eine **Sachentnahme** vor, die gleichzeitig eine **unentgeltliche Leistung** ist.

3. Der zum Vorsteuerabzug berechtigte Unternehmer U, München, verwendet seinen betrieblichen Pkw lt. Fahrtenbuch zu 30 % für private Zwecke.

   Es liegt eine **Nutzungsentnahme** vor, die gleichzeitig eine **unentgeltliche Leistung** ist.

4. Der Steuerberater U, Mainz, lässt durch seinen Auszubildenden Mathias Meister im Mai 2006 während der Geschäftszeit seinen Jagdhund ausführen.

   Es liegt eine **Leistungsentnahme** vor, die gleichzeitig eine **unentgeltliche Leistung** ist.

> **Übung:** 1. Wiederholungsfragen 1 bis 3 (Seite 158),
> 2. Übungsaufgabe 1 (Seite 158)

3.10.1.1 Entnahme von Gegenständen

Die **Entnahme eines Gegenstandes** ist nach § 1 Abs. 1 **Nr. 1** i.V.m. § 3 **Abs. 1b** Satz 1 **Nr. 1** UStG **steuerbar**, wenn folgende **Tatbestandsmerkmale** vorliegen:

> 1. **Entnahme eines Gegenstandes**,
> 2. durch einen **Unternehmer**,
> 3. aus seinem **Unternehmen**,
> 4. im **Inland**,
> 5. für **Zwecke außerhalb seines Unternehmens**,
> 6. wenn der Gegenstand oder seine Bestandteile **zum** vollen oder teilweisen **Vorsteuerabzug berechtigt** haben.

Fehlt eines dieser **Tatbestandsmerkmale**, so liegt **keine** steuerbare unentgeltliche Lieferung i.S.d. § 1 Abs. 1 **Nr. 1** i.V.m. § 3 **Abs. 1b** Satz 1 **Nr. 1** UStG vor.

Die **Entnahme eines Gegenstandes** aus dem Unternehmen im Sinne des § 3 Abs. 1b Satz 1 **Nr. 1** liegt nur dann vor, wenn der Vorgang bei entsprechender Ausführung an einen Dritten als **Lieferung** – einschließlich Werk**lieferung** – anzusehen wäre (Abschn. 24b Abs. 3 Satz 1 UStR 2005).
Eine **unentgeltliche** Lieferung (unentgeltliche Wertabgabe) wird nach § 3 Abs. 1b Satz 1 Nr. 1 UStG nur dann einer **entgeltlichen** Lieferung **gleichgestellt**, wenn der entnommene Gegenstand oder seine Bestandteile zum vollen oder teilweisen **Vorsteuerabzug** berechtigt haben (Abschn. 24b Abs. 2 Satz 1 UStR 2005).

Die Entnahme eines Gegenstandes, bei dem **Vorsteuer abgezogen** worden ist, wird bemessen nach (§ 10 Abs. 4 **Nr. 1** UStG):

> 1. dem **Nettoeinkaufspreis** zuzüglich der Nebenkosten für den Gegenstand oder für einen gleichartigen Gegenstand **zum Zeitpunkt des Umsatzes oder**
> 2. nach den **Selbstkosten** des Gegenstandes **zum Zeitpunkt des Umsatzes**.

Die **Umsatzsteuer** gehört **nicht** zur **Bemessungsgrundlage** (§ 10 Abs. 4 **Satz 2** UStG).

Welcher Wert anzusetzen ist, richtet sich danach, ob der betreffende Gegenstand **angeschafft** oder **hergestellt** worden ist.

Zu 1. Nettoeinkaufspreis

Der **Nettoeinkaufspreis** zuzüglich der Nebenkosten für den Gegenstand oder einen gleichartigen Gegenstand zum Zeitpunkt des Umsatzes **entspricht** regelmäßig den

> **Wiederbeschaffungskosten.**

Wiederbeschaffungskosten sind Kosten, die für die Beschaffung des Gegenstandes zum Zeitpunkt des Umsatzes aufzuwenden wären.

Beispiel:
Der Koblenzer Einzelhändler U entnimmt im August 2006 seinem Unternehmen eine Kühltruhe, die er **vor wenigen Tagen** für **250 €** + 40 € USt = 290 € erworben hat, für private Zwecke.

Die **Bemessungsgrundlage** für die Berechnung der USt beträgt **250 €**. In diesem Fall entsprechen die **Wiederbeschaffungskosten** den **Anschaffungskosten**, weil der Gegenstand **unmittelbar nach der Beschaffung** entnommen worden ist.

Wird der Gegenstand **nicht unmittelbar nach der Beschaffung** entnommen, sind die zwischenzeitlichen **Preisänderungen** zu berücksichtigen.

Beispiel:
Ein Großhändler entnimmt im **Oktober 2006** Waren für **580 €** incl. 16 % USt. Der Großhändler hat die Waren im **Mai 2006** für 500 € + 80 € USt = 580 € gekauft. Durch zwischenzeitliche **Preisänderungen** betragen die **Wiederbeschaffungskosten** der Waren im **Oktober 2006 600 €** netto.

Die **Bemessungsgrundlage** für die Berechnung der Umsatzsteuer beträgt **600 €**.

Zu 2. Selbstkosten

Kann der **Nettoeinkaufspreis nicht** ermittelt werden, so sind als Bemessungsgrundlage die **Selbstkosten** anzusetzen (§ 10 Abs. 4 Nr. 1 UStG).

Die **Selbstkosten** umfassen alle durch den betrieblichen Leistungsprozess bis zum Zeitpunkt der Entnahme entstandenen Kosten (Abschn. 155 Abs. 1 Satz 4 UStR 2005).

Aus **Vereinfachungsgründen** wird die **Bemessungsgrundlage** für die Entnahme von Gegenständen bei Unternehmen **bestimmter Gewerbezweige** anhand von amtlich festgelegten **Pauschbeträgen** ermittelt.

Diese Regelung dient der **Vereinfachung** und lässt keine Zu- und Abschläge wegen individueller persönlicher Ess- oder Trinkgewohnheiten zu. Auch Krankheit oder Urlaub rechtfertigen **keine Änderung der Pauschbeträge**.

Diese **Pauschbeträge** sind für das **Kalenderjahr 2006** für **unentgeltliche** Wertabgaben (**Sachentnahmen**) im BMF-Schreiben vom 20.12.2005 (BStBl 2005 I Seite 1046) aufgeführt. Sie sind mit dem **Jahreswert** für **eine Person** festgesetzt. Für **Kinder vom 2. bis zum vollendeten 12. Lebensjahr** ist die **Hälfte** des jeweiligen Wertes anzusetzen.

Gewerbezweig	Jahreswert für eine Person ohne Umsatzsteuer in €		
	zu 7 %	zu 16 %	insgesamt
Bäckerei und Konditorei	732	168	900
Fleischerei	708	528	1.236
Gast- und Speisewirtschaften			
mit Abgabe von kalten Speisen	840	888	1.728
mit Abgabe von kalten und warmen Speisen	1.068	1.524	2.592
Getränkeeinzelhandel	0	288	288
Café	852	396	1.248
Milch, Milcherzeugnisse, Fettwaren und Eier (Eh.)	432	60	492
Nahrungs- und Genussmittel (Eh.)	1.140	372	1.512
Obst, Gemüse, Südfrüchte und Kartoffeln (Eh.)	240	120	360

Beispiel:
Die Eheleute U betreiben in **Bonn** ein **Café**. Sie haben einen **10-jährigen Sohn**. Die Steuerpflichtigen bewerten ihre Sachentnahmen mit den **Pauschbeträgen**.

Die **Bemessungsgrundlage** beträgt für 2006:

	steuerpflichtige Umsätze		
	zu 7 % €	zu 16 % €	insgesamt €
Ehemann	852	396	1.248
Ehefrau	852	396	1.248
Kind (50 %)	426	198	624
Bemessungsgrundlage für 2006	**2.130**	**990**	**3.120**

Will der Steuerpflichtige **niedrigere Beträge** als die Pauschbeträge geltend machen, muss er entsprechende **Nachweise** führen.

> **Übung:** 1. Wiederholungsfragen 4 und 5 (Seite 158),
> 2. Übungsaufgaben 2 und 3 (Seite 158 f.)

3.10.1.2 Private Nutzung betrieblicher Gegenstände

Die **private Nutzung betrieblicher Gegenstände** ist nach § 1 Abs. 1 **Nr. 1** i.V.m. § 3 Abs. 9a Nr.1 UStG **steuerbar**, wenn folgende **Tatbestandsmerkmale** vorliegen:

1. Verwendung eines **dem Unternehmen zugeordneten Gegenstandes**,
2. der zum **Vorsteuerabzug berechtigt** hat,
3. durch einen **Unternehmer oder** sein **Personal**, sofern **keine Aufmerksamkeiten** vorliegen,
4. im **Inland**,
5. für **Zwecke außerhalb des Unternehmens**.

Als **nicht dem Unternehmen zugeordnete Gegenstände** gelten solche, die im Rahmen einer Lieferung, Einfuhr oder eines innergemeinschaftlichen Erwerbs für das Unternehmen angeschafft wurden, aber zu **weniger als 10 % unternehmerisch genutzt** werden. Die Lieferung, Einfuhr oder der innergemeinschaftliche Erwerb dieser Gegenstände gilt als nicht für das Unternehmen ausgeführt (§ 15 Abs. 1 Satz 2 UStG). Es handelt sich bei diesen Gegenständen **nicht um Unternehmensvermögen** mit der **Folge**, dass ein **Vorsteuerabzug** aus dem Erwerb dieser Gegenstände **nicht möglich** ist.

Die private Nutzung betrieblicher Gegenstände durch das **Personal** fällt nicht unter die Privatentnahmen.

Für die private Nutzung betrieblicher Gegenstände durch den **Unternehmer** sind in der Praxis vor allem die folgenden Fälle bedeutsam:

1. Private Nutzung betrieblicher **Fahrzeuge** durch den **Unternehmer**
2. Private Nutzung betrieblicher **Telekommunikationsgeräte** durch den **Unternehmer**

Zu 1. Private Nutzung betrieblicher Fahrzeuge durch den Unternehmer

In den letzten Jahren hat sich der Vorsteuerabzug und die Besteuerung der Privatnutzung bei gemischt genutzten Fahrzeugen mehrfach geändert. Auf die umfangreichen Änderungen wird im Folgenden nicht eingegangen. Zu den Einzelheiten dieser Änderungen siehe BMF-Schreiben vom 27.8.2004, BStBl I Seite 864 ff.

Im Folgenden werden lediglich sog. **Neufahrzeuge** dargestellt und erläutert.

Ein **Neufahrzeug** ist ein Fahrzeug, das **nach dem 31.12.2003** für das Unternehmen angeschafft, hergestellt, eingeführt oder innergemeinschaftlich erworben wurde **und** von dem Unternehmer **sowohl unternehmerisch als auch für** nichtunternehmerische **(private) Zwecke** genutzt wird (**gemischt genutztes Fahrzeug**).

Ordnet der Unternehmer das gemischt genutzte Fahrzeug **seinem Unternehmen voll zu**, kann er die **Vorsteuer** in voller Höhe (**zu 100 %**) abziehen.
Die nichtunternehmerische (**private**) **Nutzung** ist als unentgeltliche sonstige Leistung (**unentgeltliche Wertabgabe**) nach § 3 Abs. 9a Nr. 1 der **Umsatzsteuer** zu unterwerfen (Abschn. 192 Abs. 21 Nr. 2c UStR 2005).

Voraussetzung für die Zuordnung zum Unternehmen ist, dass das Fahrzeug zu **mehr als 50 %** für das Unternehmen genutzt wird (§ 6 Abs. 1 Nr. 4 Satz 2 EStG).
Wird das Fahrzeug zu **weniger als 10 %** für das Unternehmen genutzt, kann der Unternehmer **keine Vorsteuer** abziehen (BMF-Schreiben vom 27.8.2004, BStBl I, Seite 864 ff.).

Als **Bemessungsgrundlage** sind dabei nach § 10 Abs. 4 Satz 1 Nr. 2 die **Ausgaben** anzusetzen, soweit sie zum vollen oder teilweisen Vorsteuerabzug berechtigt haben. Zur **Ermittlung der Ausgaben**, die auf die private Nutzung eines dem Unternehmen zugeordneten Fahrzeugs entfallen, hat der Unternehmer die Wahl zwischen drei Möglichkeiten:

- **Fahrtenbuchregelung,**
- **1 %-Regelung** oder
- **Schätzung.**

Beispiel:
Zum Unternehmensvermögen des Unternehmers U, Hamburg, gehört ein Pkw, der auch für private Zwecke genutzt wird. Die unternehmerische Nutzung beträgt mehr als 50 %.
U hat den Pkw am **02.01.2006** für 58.000 EUR (50.000 € + 8.0000 € USt) gekauft.

Es handelt sich um ein **Neufahrzeug**. U kann den Vorsteuerabzug in voller Höhe von 8.000 Euro in Anspruch nehmen und aus den laufenden Kosten den vollen Vorsteuerabzug geltend machen (Wegfall des § 15 Abs. 1b UStG).
Im Gegenzug ist der private Nutzungsanteil als unentgeltliche sonstige Leistung (unentgeltliche Wertabgabe) nach § 3 Abs. 9a Nr. 1 UStG der Umsatzsteuer zu unterwerfen.

Fahrtenbuchregelung

Setzt der Unternehmer für **Ertragsteuerzwecke** die private Nutzung mit den auf die Privatfahrten entfallenden Aufwendungen an, indem er die für das Fahrzeug insgesamt entstehenden Aufwendungen durch Belege und das Verhältnis der privaten zu den übrigen Fahrten durch ein ordnungsgemäßes **Fahrtenbuch** nachweist (§ 6 Abs. 1 Nr. 4 Satz 3 EStG), ist von diesem Wert auch bei der Bemessungsgrundlage für die private Nutzung eines sog. Neufahrzeugs auszugehen.

Aus den Gesamtaufwendungen sind für umsatzsteuerliche Zwecke die **nicht mit Vorsteuer belasteten Kosten** in der belegmäßig nachgewiesenen Höhe **auszuscheiden** (BMF-Schreiben vom 27.8.2004, BStBl 2004 I Seite 864 ff.).

Beispiel:
Sachverhalt wie im Bespiel zuvor. U nutzt den betrieblichen Pkw lt. ordnungsgemäß geführtem Fahrtenbuch zu **30 %** für private Zwecke. Im Monat Oktober 2006 sind für den Pkw folgende Kosten angefallen:

1. Kosten, die **nicht** mit Vorsteuern belastet sind		
Kfz-Versicherungen und Kfz-Steuer		**100,00 €**
2. Kosten, die zum **Vorsteuerabzug** berechtigt haben		
Benzin	200,00 €	
Reparaturen	300,00 €	
Unfall auf Betriebsfahrt	1.750,00 €	
Absetzung für Abnutzung (AfA)	250,00 €	**2.500,00 €**
Kosten insgesamt		2.600,00 €

Die **Bemessungsgrundlage** für die steuerpflichtige **unentgeltliche sonstige Leistung** beträgt im Oktober 2006 **750 €** (30 % von **2.500 €**).

Die **Entnahme der sonstigen Leistung**, die **nicht** der **Umsatzsteuer** unterliegt, beträgt im Oktober 2006 **30 €** (30 % von **100 €**).

Wird ein Pkw z.B. von einem **Nichtunternehmer** und damit **ohne Berechtigung zum Vorsteuerabzug** erworben, gehört die **anteilige AfA nicht zur Bemessungsgrundlage**.

1 %-Regelung

Ermittelt der Unternehmer für **Ertragsteuerzwecke** den Wert der Nutzungsentnahme nach der sog. **1 %-Regelung** des § 6 Abs. 1 Nr. 4 Satz 2 EStG, so kann er von diesem Wert aus Vereinfachungsgründen bei der Bemessungsgrundlage für die private Nutzung eines sog. Neufahrzeugs ausgehen.

Für die **nicht mit Vorsteuer belasteten Kosten** kann er einen **pauschalen Abschlag von 20 %** vornehmen.

Der so ermittelte Betrag ist ein sog. **Nettowert**, auf den die USt mit dem allgemeinen Steuersatz aufzuschlagen ist (BMF-Schreiben vom 27.8.2004, BStBl 2004 I Seite 864 ff.).

Der **Brutto-Listenpreis** ist auf **volle 100 Euro** abzurunden (R 31 Abs. 9 Nr. 1 Satz 6 LStR).

Beispiel:
Der Unternehmer U, Hamburg, hat am 02.01.2006 einen gemischt genutzten Pkw für 58.000,00 € (brutto) gekauft (Beispiel Seite 143).
Der **Brutto-Listenpreis** des Kraftfahrzeugs hat im Zeitpunkt der **Erstzulassung 63.850,00 EUR** betragen.

Die Bemessungsgrundlage für die private Nutzung des Pkw wird nach der **1 %-Regelung** für den Monat Oktober 2006 wie folgt ermittelt:

Brutto-Listenpreis des Pkw im Zeitpunkt der Erstzulassung	63.850,00 €
abgerundet auf volle 100 EUR	63.800,00 €
davon **1 %** =	638,00 €
− 20 % Abschlag für nicht mit Vorsteuern belastete Kosten	− 127,60 €
= Bemessungsgrundlage für Oktober 2006	**510,40 €**

Zu 2.: Private Nutzung betrieblicher Telekommunikationsgeräte durch den Unternehmer

Kauft ein Unternehmer Telekommunikationsgeräte (z.B. Telefonanlagen nebst Zubehör, Faxgeräte, Mobilfunkeinrichtungen) für sein Unternehmen, kann er die hierauf entfallende **Vorsteuer** in **voller Höhe** nach § 15 UStG **absetzen** (Abschn. 24c Abs. 4 **Satz 1** UStR 2005).

Wird ein solches Gerät **für Zwecke außerhalb des Unternehmens** verwendet, liegt seit dem 1.4.1999 eine **unentgeltliche sonstige Leistung** i.S.d. § 3 **Abs. 9a Nr. 1** UStG vor (Abschn. 24c Abs. 4 **Satz 2** UStR 2005).

Beispiel:
Der Kölner Unternehmer U hat im Mai 2006 für sein Unternehmen eine neue Telefonanlage für 1.000 € + 160 € USt = 1.160 € **gekauft**. Die ihm in Rechnung gestellte Umsatzsteuer von 160 € hat er als Vorsteuer abgezogen.
Er nutzt das betriebliche Telefon zu 20 % für private Zwecke. Die Nutzungs-

dauer des Geräts beträgt 5 Jahre.

Die **Bemessungsgrundlage** für die Berechnung der Umsatzsteuer beträgt 2005 **40 €** (1.000 € : 5 Jahre Nutzungsdauer = 200 € x 20 % = 40 €).

Keine unentgeltlichen sonstigen Leistungen liegen bei **laufenden Telefonkosten** (z.B. Miete, Grund- und Gesprächsgebühren) vor (Abschn. 24c Abs. 4 **Satz 4** UStR 2005).

Beispiel:
Der Kölner Unternehmer U nutzt sein **gemietetes** Geschäftstelefon zu **20 %** für private Zwecke. Die gesamten Telefonkosten (Miete, Grund- und Gesprächsgebühren) haben 2006 **4.500 €** betragen.

Die anteiligen **privaten Telefonkosten** von **900 €** (20 % von 4.500 €) sind **keine unentgeltlichen sonstigen Leistungen**, d.h. sie stellen keinen umsatzsteuerbaren Vorgang dar.

Die auf die anteiligen **privaten Telefonkosten** entfallenden **Vorsteuerbeträge** sind **nicht abziehbar**.

> **Übung:** 1. Wiederholungsfragen 6 und 7 (Seite 158),
> 2. Übungsaufgaben 4 und 5 (Seite 159)

3.10.1.3 Andere unentgeltliche sonstige Leistungen

Die Erbringung einer **anderen unentgeltlichen sonstigen Leistung** ist nach § 1 Abs. 1 **Nr. 1** i.V.m. § 3 **Abs. 9a** Nr. 2 UStG **steuerbar**, wenn folgende **Tatbestandsmerkmale** vorliegen:

> 1. **Unentgeltliche Erbringung einer sonstigen Leistung**,
> 2. durch den **Unternehmer oder** sein **Personal**,
> 3. im **Inland**,
> 4. für **Zwecke außerhalb des Unternehmens**.

Fehlt eines dieser **Tatbestandsmerkmale**, so liegt **keine** steuerbare unentgeltliche sonstige Leistung i.S.d. § 1 Abs. 1 **Nr. 1** i.V.m. § 3 **Abs. 9a Nr. 2** UStG vor.

Zu den **unentgeltlichen sonstigen Leistungen** i.S.d. § 3 **Abs. 9a** Nr. 2 UStG gehören insbesondere unentgeltliche Dienstleistungen durch den **Einsatz von Betriebspersonal** für nicht unternehmerische (private) Zwecke zu Lasten des Unternehmers (Abschn. 24c Abs. 5 UStR 2005).

Die **anderen sonstigen Leistungen** im Sinn des § 3 Abs. 9a **Nr. 2** UStG werden für Privatzwecke des **Unternehmers** nach den bei der Ausführung dieser Umsätze **entstandenen Ausgaben** bemessen (§ 10 Abs. 4 **Nr. 3** UStG).

Im Gegensatz zu den unentgeltlichen sonstigen Leistungen nach § 3 Abs. 9a **Nr. 1** UStG gehören bei den **anderen sonstigen Leistungen** i.S.d. § 3 Abs. 9a **Nr. 2** UStG **sämtliche Ausgaben** zur Bemessungsgrundlage, **auch Ausgaben, für die der Vorsteuerabzug nicht möglich war**.

Beispiel:
Der selbständige Installateur U baut ein Eigenheim in Mainz und verwendet dabei Material von seinem Lager für netto **5.000 €**.
Auf den Einsatz seiner Gesellen an dieser Baustelle entfallen Arbeitslöhne und Lohnnebenkosten in Höhe von **7.500 €**.

Die **Bemessungsgrundlage** beträgt **12.500 €** (5.000 € + 7.500 €).

> **Übung:** 1. Wiederholungsfragen 8 und 9 (Seite 158),
> 2. Übungsaufgabe 6 (Seite 159)

3.10.2 Buchen der Privatentnahmen

Weil **Entnahmen** das Eigenkapital verändern, **könnten** sie **direkt** auf dem **Eigenkapitalkonto** gebucht werden.

Zur besseren Übersicht werden sie jedoch **nicht direkt** auf dem Eigenkapitalkonto, sondern auf **Unterkonten des Eigenkapitalkontos**, den **Privatkonten**, gebucht.

In der Praxis werden häufig **mehrere** Privatentnahme-Konten eingerichtet, um die verschiedenen Arten der Privatentnahmen, z.B. Privatsteuern, Sonderausgaben, Zuwendungen (Spenden), unentgeltliche Wertabgaben getrennt zu erfassen.

Im Folgenden wird aus Vereinfachungsgründen nur **ein Privatentnahme-Konto** für die **Sollbuchung** geführt, und zwar das Konto

2100 (1800) **Privatentnahmen**

3.10.2.1 Buchen der Entnahme von Gegenständen

Die **Geldentnahmen** und die **Sachentnahmen** werden auf der **Sollseite** des Kontos

2100 (1800) **Privatentnahmen**

erfasst.

Beispiel:
Der Einzelhändler U, Koblenz, **entnimmt** im August 2006 der Geschäftskasse für private Zwecke **1.000,00 €**.

Es liegt eine **Entnahme von Geld** vor. Die Entnahme ist jedoch **keine unentgeltliche Leistung**, die der Umsatzsteuer unterliegt.

Buchungssatz:

Sollkonto	Betrag (€)	Habenkonto
2100 (1800) Privatentnahmen	1.000,00	**1600** (1000) Kasse

Buchung:

S **2100** (1800) **Privatentnahmen** H   S   **1600** (1000) **Kasse**   H
   1.000,00 | | 1.000,00

Liegt bei einer **Entnahme von Gegenständen** gleichzeitig eine **steuerpflichtige unentgeltliche Leistung** vor, **erfolgt die Gegenbuchung** auf dem Ertragskonto

4620 (8910) **Entnahme durch den Unternehmer für Zwecke außerhalb des Unternehmens (Waren) 16 % USt**.

Beispiel:
Der Einzelhändler U, Koblenz, **entnimmt** im August 2006 aus seinem Geschäft **Waren** für den Privathaushalt. Der **Nettoeinkaufspreis** der Waren, die dem allgemeinen Steuersatz unterliegen, beträgt im Zeitpunkt der Entnahme **500,00 €**.

Es liegt eine **Entnahme** vor, die **gleichzeitig** eine steuerpflichtige **unentgeltliche Leistung** ist.
Es entsteht **Umsatzsteuer** in Höhe von **80,00 €** (16 % von 500 €).

Buchungssatz:

Sollkonto	Betrag (€)	Habenkonto
2100 (1800) Privatentnahmen	500,00	**4620** (8910) Entnahme durch den U
2100 (1800) Privatentnahmen	80,00	**3805** (1775) Umsatzsteuer 16 %

Buchung:

```
                                          4620 (8910) Entnahme durch den
S  2100 (1800) Privatentnahmen   H    S  Unternehmer für Zwecke außerh. des U.  H
         500,00                                                    500,00
          80,00

                                      S   3805 (1775) Umsatzsteuer 16 %   H
                                                                   80,00
```

Übung: 1. Wiederholungsfragen 10 und 11 (Seite 160),
2. Übungsaufgaben 7 und 8 (Seite 161)

3.10.2.2 Buchen der privaten Nutzung betrieblicher Gegenstände

Nutzungsentnahmen werden auf der **Sollseite** des Kontos

2100 (1800) Privatentnahmen

erfasst.
Die **Gegenbuchungen** erfolgen auf den Ertragskonten

4645 (8921) **Verwendung von Gegenständen für Zwecke außerhalb des Unternehmens 16 % USt (Kfz-Nutzung)**

4646 (8922) **Verwendung von Gegenständen für Zwecke außerhalb des Unternehmens 16 % USt (Telefon-Nutzung)**

und/oder

4638 (8918) **Verwendung von Gegenständen für Zwecke außerhalb des Unternehmens ohne USt (Telefon-Nutzung)**

4639 (8924) **Verwendung von Gegenständen für Zwecke außerhalb des Unternehmens ohne USt (Kfz-Nutzung).**

Private Nutzung betrieblicher Fahrzeuge durch den Unternehmer

Die **Buchungen** der privaten Nutzung betrieblicher Fahrzeuge durch den Unternehmer werden entsprechend den Beispielen zur Ermittlung der Bemessungsgrundlage (Seite 143 f.) durchgeführt.

Fahrtenbuchregelung

Beispiel:
Der Unternehmer U, Hamburg, nutzt seinen betrieblichen Pkw, den er in 2006 von einem **Unternehmer** und damit mit Berechtigung zum Vorsteuerabzug erworben hat, lt. ordnungsgemäß geführtem **Fahrtenbuch zu 30 % für private Zwecke**.
Im Monat **Oktober 2006** sind für den Pkw folgende Kosten angefallen (siehe Beispiel Seite 143):

1. Kosten, die **nicht** mit Vorsteuern belastet sind		
Kfz-Versicherungen und Kfz-Steuer		100,00 €
2. Kosten, die zum **Vorsteuerabzug** berechtigt haben		
Benzin	200,00 €	
Reparaturen	300,00 €	
Unfall auf Betriebsfahrt	1.750,00 €	
Absetzung für Abnutzung (AfA)	250,00 €	2.500,00 €
Kosten insgesamt		2.600,00 €

Die **Bemessungsgrundlage** für die steuerpflichtige **unentgeltliche sonstige Leistung** beträgt im Oktober 2006 **750,00 €** (30 % von 2.500,00 €).

Die **Umsatzsteuer** für die steuerpflichtige **unentgeltliche sonstige Leistung** beträgt im Oktober 2006 **120,00 €** (16 % von 750,00 €).

Die **Entnahme der sonstigen Leistung**, die **nicht** der **Umsatzsteuer** unterliegt, beträgt im Oktober 2006 **30,00 €** (30 % von 100,00 €).

Buchungssatz:

Sollkonto	Betrag (€)	Habenkonto
2100 (1800) Privatentnahmen	750,00	**4645** (8921) Verwendung von Gegenst.
2100 (1800) Privatentnahmen	120,00	**3805** (1775) Umsatzsteuer 16 %
2100 (1800) Privatentnahmen	30,00	**4639** (8924) Verw. v. Gegenst. ohne USt

Buchung:

S **2100** (1800) **Privatentnahmen** H	S **4645** (8921) Verwendung von Gegenständen für Zwecke außerhalb des Unternehmens 16 % USt (Kfz-Nutzung) H
750,00 120,00 30,00	750,00

S **3805** (1775) **Umsatzsteuer 16 %** H

    120,00

S **4639** (8924) Verwendung von Gegenständen für Zwecke außerhalb des Unternehmens ohne USt (Kfz-Nutzung) H

    30,00

1 %-Regelung

Beispiel:
Der Unternehmer U, Hamburg, verwendet seinen betrieblichen Pkw, den er von einem **Unternehmer** erworben hat, auch für private Zwecke.
Der **Brutto-Listenpreis** des Kraftfahrzeugs hat im Zeitpunkt der Erstzulassung **63.850,00 EUR** betragen.

Der private Nutzungsanteil für den Monat Oktober 2006 wird nach der **1 % - Regelung** wie folgt ermittelt (siehe Beispiel Seite 144):

Brutto-Listenpreis des Pkw im Zeitpunkt der Erstzulassung	63.850,00 €
abgerundet auf volle 100 EUR	63.800,00 €
davon **1 %** =	638,00 €
− 20 % Abschlag für nicht mit Vorsteuer belastete Kosten	− 127,60 €
= Bemessungsgrundlage	510,40 €
+ 16 % USt (16 % von 510,40 €)	81,66 €
= Privatanteil brutto für Oktober 2006	**592,06 €**

Buchungssatz:

Sollkonto	Betrag (€)	Habenkonto
2100 (1800) Privatentnahmen	510,40	**4645** (8921) Verwendung von Gegenst.
2100 (1800) Privatentnahmen	81,66	**3805** (1775) Umsatzsteuer 16 %
2100 (1800) Privatentnahmen	127,60	**4639** (8924) Verw. v. Gegenst. ohne USt

Buchung:

S 2100 (1800) Privatentnahmen H	S 4645 (8921) Verwendung von Gegenständen für Zwecke außerhalb des Unternehmens 16 % USt (Kfz-Nutzung) H
510,40	510,40
81,66	
127,60	

	S 3805 (1775) Umsatzsteuer 16 % H
	81,66

	S 4639 (8924) Verwendung von Gegenständen für Zwecke außerhalb des Unternehmens ohne USt (Kfz-Nutzung) H
	127,60

Übung: 1. Wiederholungsfragen 12 und 13 (Seite 158),
2. Übungsaufgaben 9 und 10 (Seite 160)

Private Nutzung betrieblicher Telekommunikationsgeräte durch den Unternehmer

Die **private Telefonnutzung** des Unternehmers, die **nicht** der Umsatzsteuer unterliegt, wird auf der **Sollseite** des Kontos

2100 (1800) Privatentnahmen

und auf der **Habenseite** des Kontos

4638 (8918) Verwendung von Gegenständen für Zwecke außerhalb des Unternehmens ohne USt (Telefon-Nutzung)

gebucht.

Beispiel:
Der Kölner Unternehmer U nutzt sein gemietetes **Geschäftstelefon** zu **20 %** für private Zwecke. Die gesamten **Telefonkosten** (Miete, Grund- und Gesprächsgebühren) haben im August 2006 **800 €** betragen und sind vom Bankkonto zuzüglich der **Umsatzsteuer** in Höhe von **128 €** abgebucht worden.

Die **anteiligen Telefonkosten** von **160 €** (20 % von 800 €) sind **keine unentgeltliche Leistung**. Der Vorgang ist **nicht steuerbar** und unterliegt **nicht** der **USt**. Die **Vorsteuer** in Höhe von **25,60 €** (20 % von 128 €) ist beim Eingang der Rechnungen zu **kürzen** (Abschn. 24c Abs. 4 Satz 5 UStR 2005).

Buchungssatz:

Sollkonto	Betrag (€)	Habenkonto
6805 (4920) Telefon	800,00	**1800** (1200) Bank
1405 (1575) Vorsteuer 16 %	102,40 *)	**1800** (1200) Bank
2100 (1800) Privatentnahmen	25,60	**1800** (1200) Bank
2100 (1800) Privatentnahmen	160,00	**4638** (8918) Verw. v. Gegenst. ohne USt

*) 128 € Vorsteuer – 25,60 € Vorsteuer (20 % von 128 €) = 102,40 € Vorsteuer

Buchung:

```
S    6805 (4920) Telefon    H    S       1800 (1200) Bank       H
     800,00   |                                    |   800,00
              |                                    |   102,40
              |                                    |    25,60

S  1405 (1575) Vorsteuer 16 %  H
     102,40  |
                                    4638 (8918) Verwendung von Gegenständen
                                    für Zwecke außerhalb des Unternehmens
S  2100 (1800) Privatentnahmen H   S    ohne USt (Telefon-Nutzung)    H
      25,60  |                                     |   160,00
     160,00  |
```

Kauft ein Unternehmer eine **Telefonanlage** für sein Unternehmen, die er auch **privat nutzt**, kann er die hierauf entfallende Vorsteuer in voller Höhe absetzen.

Die **Privatnutzung** ist seit dem 1.4.1999 eine **steuerpflichtige unentgeltliche sonstige Leistung** nach § 1 Abs.1 Nr.1 i.V.m. § 3 Abs. 9a Nr. 1 und § 3f UStG.

Die **private Telefonnutzung** des Unternehmers, die der **Umsatzsteuer** unterliegt, wird auf der **Sollseite** des Kontos

2100 (1800) Privatentnahmen

und auf der **Habenseite** des Kontos

4646 (8922) Verwendung von Gegenständen für Zwecke außerhalb des Unternehmens 16 % USt (Telefon-Nutzung)

gebucht.

Beispiel:
Der Kölner Unternehmer U hat im **Mai 2006** für sein Unternehmen eine neue Telefonanlage, die zum Vorsteuerabzug berechtigte, für **1.000 € + 160 € USt = 1.160 €** gegen Bankscheck **gekauft**. Er nutzt das betriebliche Telefon zu 20 % für private Zwecke. Die Nutzungsdauer der Anlage beträgt 5 Jahre.

Die Eingangsrechnung hat U ordnungsgemäß gebucht. Die **Privatnutzung** der Telefonanlage ist eine steuerpflichtige **unentgeltliche sonstige Leistung**. Die **Bemessungsgrundlage** der unentgeltlichen sonstigen Leistung entspricht der **anteiligen Abschreibung** in Höhe von **40,00 €** (1.000 € : 5 Jahre Nutzungsdauer = 200 € x 20 % = 40 €).

Buchungssatz:

Sollkonto	Betrag (€)	Habenkonto
2100 (1800) Privatentnahmen	40,00	**4646** (8922) Verwendung von Gegenst.
2100 (1800) Privatentnahmen	6,40 *)	**3805** (1775) Umsatzsteuer 16 %

*) 16 % von 40 € = 6,40 € Umsatzsteuer

Buchung:

```
                                           4646 (8922) Verwendung von Gegenständen
                                           für Zwecke außerhalb des Unternehmens
    S  2100 (1800) Privatentnahmen   H     S      16 % USt (Telefon-Nutzung)      H
           40,00                                                  40,00
            6,40


                                           S    3805 (1775) Umsatzsteuer 16 %     H
                                                                    6,40
```

3.10.2.3 Buchen der anderen unentgeltlichen sonstigen Leistungen

Die **Leistungsentnahmen** werden auf der **Sollseite** des Kontos

2100 (1800) **Privatentnahmen**

erfasst.

Die **Gegenbuchung** erfolgt bei einem Steuersatz von 16 % auf dem Konto

4660 (8925) **Unentgeltliche Erbringung einer sonstigen Leistung 16 % USt.**

Beispiel:
Der selbständige Installateur U baut ein Eigenheim in Mainz und verwendet dabei Material von seinem Lager für netto **5.000,00 €**.
Auf den Einsatz seiner Gesellen an dieser Baustelle entfallen Arbeitslöhne und Lohnnebenkosten in Höhe von **7.500,00 €**.

Die **Bemessungsgrundlage** für die unentgeltliche sonstige Leistung (Werkleistung) beträgt **12.500,00 €**. Die **Umsatzsteuer** beträgt **2.000,00 €** (16 % von 12.500 €).

Buchungssatz:

Sollkonto	Betrag (€)	Habenkonto
2100 (1800) Privatentnahmen	12.500,00	**4660** (8925) Unentg. Erbringung s.L.
2100 (1800) Privatentnahmen	2.000,00	**3805** (1775) Umsatzsteuer 16 %

Buchung:

```
                                      4660 (8925) Unentgeltliche Erbringung
                                                  einer sonstigen Leistung
S  2100 (1800) Privatentnahmen  H     S           16 % USt              H
─────────────────────────────────     ───────────────────────────────────
       12.500,00 |                                       |    12.500,00
        2.000,00 |                                       |

                                      S   3805 (1775) Umsatzsteuer 16 %  H
                                      ───────────────────────────────────
                                                         |    2.000,—
```

Übung: 1. Wiederholungsfragen 14 und 15 (Seite 158),
2. Übungsaufgabe 11 (Seite 160)

3.10.3 Privateinlagen

Führt ein Unternehmer dem Betrieb **Wirtschaftsgüter** (Bargeld und sonstige Wirtschaftsgüter) **zu**, so liegen **Einlagen (Privateinlagen)** vor (§ 4 Abs. 1 EStG).

Privateinlagen vermehren sowohl das betriebliche **Vermögen** als auch das **Eigenkapital**.

Da die **privat** verursachten Eigenkapital**mehrungen** (Einlagen) – im Gegensatz zu den **betrieblich** verursachten Eigenkapitalmehrungen (Erträge) – den **Gewinn oder Verlust** des Unternehmens **nicht** beeinflussen dürfen, ist bei der Gewinnermittlung durch Betriebsvermögensvergleich der Unterschiedsbetrag zwischen dem Eigenkapital am Schluss des Wirtschaftsjahres und dem Eigenkapital am Schluss des vorangegangenen Wirtschaftsjahres um den Wert der **Einlagen zu kürzen**.

```
    Eigenkapital am Schluss des Wirtschaftsjahres
  − Eigenkapital am Schluss des vorangegangenen Wirtschaftsjahres
  = Unterschiedsbetrag
  + Entnahmen
  − Einlagen
  = Gewinn oder Verlust
```

Einlagen unterliegen **nicht** der **Umsatzsteuer** (USt).

Einlagen sind grundsätzlich mit dem

Teilwert

für den Zeitpunkt der Zuführung anzusetzen (§ 6 Abs. 1 Nr. 5 EStG).

Teilwert ist der nicht mit USt belastete Betrag (**Nettowert**), den ein Erwerber des ganzen Betriebs im Rahmen des Gesamtkaufpreises für das einzelne Wirtschaftsgut ansetzen würde, dabei ist davon auszugehen, dass der Erwerber den Betrieb fortführt (§ 6 Abs. 1 Nr. 1 Satz 3 EStG).

Ist das Wirtschaftsgut **innerhalb der letzten drei Jahre** vor dem Zeitpunkt der Zuführung **privat angeschafft oder hergestellt** worden, ist die **Einlage**

höchstens mit den **Anschaffungskosten oder Herstellungskosten**

zu bewerten (§ 6 Abs. 1 Nr. 5 Buchstabe a EStG).

Beispiel:
Ein Unternehmer hat **2005** Wertpapiere mit Anschaffungskosten von **10.000 €** **privat** erworben. Der Unternehmer führt die Wertpapiere **2006** dem Betriebsvermögen zu. Der **Teilwert** (Kurswert zuzüglich anteiliger Nebenkosten) beträgt im Zeitpunkt der Zuführung **15.000 €**.

Da die Wertpapiere **innerhalb der letzten drei Jahre** vor ihrer Einlage privat angeschafft worden sind, dürfen **höchstens** die **AK** von **10.000 €** angesetzt werden.

Übung: Wiederholungsfragen 16 bis 18 (Seite 158)

3.10.4 Buchen der Privateinlagen

Weil **Einlagen** das Eigenkapital verändern, **könnten** sie **direkt** auf dem **Eigenkapitalkonto** gebucht werden.

Zur besseren Übersicht werden sie jedoch **nicht direkt** auf dem Eigenkapitalkonto, sondern auf dem **Unterkonto des Eigenkapitalkontos**, dem Konto

2180 (1890) **Privateinlagen**,

gebucht.

<u>Beispiel:</u>
Der Einzelhändler U, Koblenz, **legt** im Kalenderjahr 2006 einen Lottogewinn in Höhe von **5.000,00 €** in die **Geschäftskasse**.

Buchungssatz:

Sollkonto	Betrag (€)	Habenkonto
1600 (1000) **Kasse**	5.000,00	**2180** (1890) **Privateinlagen**

Buchung:

S **1600** (1000) **Kasse** H	S **2180** (1890) **Privateinlagen** H
5.000,00	5.000,00

> **Übung:** Wiederholungsfrage 19 (Seite 158)

3.10.5 Abschluss der Privatkonten

Da die **Privatkonten Unterkonten** des **Eigenkapitalkontos** sind, werden sie zum Ende des Wirtschaftsjahres über das **Eigenkapitalkonto abgeschlossen**.

<u>Beispiel:</u>
Sachverhalte wie zuvor

Buchungssatz:

Sollkonto	Betrag (€)	Habenkonto
2000 (0800) **Eigenkapital**	17.931,66	**2100** (1800) **Privatentnahmen**
2180 (1890) **Privateinlagen**	5.000,00	**2000** (0800) **Eigenkapital**

Buchung:

S 2100 (1800) Privatentnahmen H			S 2180 (1890) Privateinlagen H		
1.000,00	EK	17.931,66	EK	5.000,00	5.000,00
500,00					
80,00					
750,00					
120,00					
30,00					
510,40					
81,66					
127,60					
25,60					
160,00					
40,00					
6,40					
12.500,00					
2.000,00					
17.931,66		17.931,66			

S	2000 (0800) Eigenkapital		H
Entnahmen	17.931,66	AB	60.000,00
		Einlagen	5.000,00

Durch den **Vergleich des Eigenkapitals** am Ende des Wirtschaftsjahres mit dem Eigenkapital am Anfang des Wirtschaftsjahres ergibt sich unter Berücksichtigung der **Privatentnahmen und Privateinlagen** der **Gewinn** oder der **Verlust**.

Gewinn ist der Unterschiedsbetrag zwischen dem Betriebsvermögen (Eigenkapital) am Schluss des Wirtschaftsjahres und dem Betriebsvermögen (Eigenkapital) am Schluss des vorangegangenen Wirtschaftsjahres, **vermehrt** um den Wert der **Entnahmen** und **vermindert** um den Wert der **Einlagen** (§ 4 Abs. 1 Satz 1 EStG).

Für die **Erfolgsermittlung** gilt somit folgendes Schema:

```
  Eigenkapital am Schluss des Wirtschaftsjahres
– Eigenkapital am Schluss des vorangegangenen Wirtschaftsjahres
= Unterschiedsbetrag
+ Entnahmen
– Einlagen
= Gewinn oder Verlust
```

Übung: 1. Wiederholungsfrage 20 (Seite 158),
2. Übungsaufgabe 12 (Seite 160)

3.10.6 Zusammenfassung und Erfolgskontrolle

3.10.6.1 Zusammenfassung

Bestandskonten

- **Aktivkonten**
  - Anlagekonten
  - Konten des Umlaufvermögens
- **Passivkonten**
  - Verbindlichkeitskonten
  - Eigenkapitalkonto

Bestandskonten — Erfolgskonten — **Privatkonten**

Privatentnahmen	Privateinlagen
Entnahmen vermindern das Eigenkapital, aber **nicht** den Gewinn	**Einlagen** vermehren das Eigenkapital, aber **nicht** den Gewinn

GuVK

Schlussbilanzkonto (SBK)

3.10.6.2 Erfolgskontrolle

WIEDERHOLUNGSFRAGEN

1. Was versteht man unter Entnahmen?
2. Welche Entnahmen sind grundsätzlich gleichzeitig unentgeltliche Leistungen?
3. Welche Entnahmen sind keine unentgeltlichen Leistungen?
4. Was ist die Bemessungsgrundlage für die Entnahme von Gegenständen?
5. Was versteht man unter den Wiederbeschaffungskosten?
6. Unter welchen Voraussetzungen ist die private Nutzung betrieblicher Gegenstände nach § 3 Abs. 9a Nr. 1 UStG eine steuerbare unentgeltliche Leistung?
7. Nach welchen Methoden kann die Bemessungsgrundlage für die private Nutzung eines betrieblichen Fahrzeugs durch den Unternehmer ermittelt werden, und was wissen Sie über diese Methoden?
8. Unter welchen Voraussetzungen sind andere unentgeltliche sonstige Leistungen nach § 3 Abs. 9a Nr. 2 UStG steuerbare unentgeltliche Leistungen?
9. Was ist die Bemessungsgrundlage für unentgeltliche sonstige Leistungen i.S.d. § 3 Abs. 9a Nr. 2 UStG?
10. Auf welches Konto werden die Entnahmen von Gegenständen im Soll gebucht?
11. Auf welches Konto werden die Entnahmen von Gegenständen im Haben gebucht?
12. Auf welches Konto werden die Nutzungsentnahmen im Soll gebucht?
13. Auf welchen Konten werden die Nutzungsentnahmen im Haben gebucht?
14. Auf welches Konto werden die Leistungsentnahmen im Soll gebucht?
15. Auf welches Konto werden die Leistungsentnahmen im Haben gebucht?
16. Was versteht man unter Einlagen?
17. Mit welchem Wert sind Einlagen grundsätzlich anzusetzen?
18. In welchem Fall darf die Einlage höchstens mit den AK/HK angesetzt werden?
19. Auf welchem Konto werden die Einlagen im Haben gebucht?
20. Über welches Konto werden die Privatkonten abgeschlossen?

ÜBUNGSAUFGABEN

Übungsaufgabe 1:

Prüfen Sie, ob in folgenden Fällen eine Entnahme und eine steuerpflichtige unentgeltliche Leistung vorliegt.

1. Der Unternehmer A, Koblenz, entnimmt im September 2006 seinem Unternehmen Waren für private Zwecke.
2. Der zum Vorsteuerabzug berechtigte Unternehmer B, Bonn, benutzt im Mai 2006 den betrieblichen Pkw lt. Fahrtenbuch zu 30 % für Privatfahrten.
3. Der zum Vorsteuerabzug berechtigte Steuerberater D, München, benutzt im Juni 2006 das betriebliche Telefon auch für private Telefongespräche.
4. Der zum Vorsteuerabzug berechtigte Großhändler E, Kiel, überweist am 8.9.2006 vom betrieblichen Bankkonto seine Einkommensteuer-Vorauszahlung.

Übungsaufgabe 2:

Der Bürogeräteeinzelhändler Franz Fabel, Essen, hat seinem Geschäft im August 2006 einen PC-Monitor entnommen, den er seinem Neffen zum Geburtstag geschenkt hat. Der Nettoeinkaufspreis betrug im April 2006 150,00 € und der geplante Bruttoverkaufspreis im August 2006 290,00 €. Im August 2006 bietet der Hersteller den PC-Monitor für 120,00 € (netto) an.

Wie hoch ist die Bemessungsgrundlage für die Entnahme des Gegenstandes?

Übungsaufgabe 3:

Die Eheleute Schmidt betreiben in Köln eine Gastwirtschaft, in der kalte und warme Speisen angeboten werden. Zum Haushalt der Eheleute gehören eine 3-jährige Tochter und ein 15-jähriger Sohn. Die Steuerpflichtigen bewerten ihre Sachentnahmen mit den Pauschbeträgen.

Wie hoch ist die Bemessungsgrundlage für 2006?

Übungsaufgabe 4:

Malermeister Unger, Berlin, der zum Vorsteuerabzug berechtigt ist, benutzt den betrieblichen Pkw, den er im Jahre 2005 mit vollem Vorsteuerabzug erworben hat, auch für Privatfahrten. Im Jahr 2006 sind folgende Kosten für den Pkw angefallen:

Benzin	5.000,00 EUR
Kfz-Steuer und Kfz-Versicherung	4.000,00 EUR
Absetzung für Abnutzung (AfA)	7.000,00 EUR
	16.000,00 EUR

Insgesamt wurden mit dem Pkw 40.000 km gefahren, davon entfallen lt. ordnungsgemäß geführtem Fahrtenbuch 4.000 km auf die Privatfahrten.

Wie hoch ist die Bemessungsgrundlage für die private Nutzung des Fahrzeugs?

Übungsaufgabe 5:

Der Unternehmer Kurz, Moers, der zum Vorsteuerabzug berechtigt ist, verwendet einen Pkw, den er von einem Privatmann erworben hat, lt. ordnungsgemäß geführtem Fahrtenbuch zu 30 % für private Zwecke. Im Jahre 2006 sind folgende Kosten für den dem Unternehmensvermögen in vollem Umfang zugeordneten Pkw entstanden:

Absetzung für Abnutzung (AfA)	5.000,00 EUR
Kfz-Versicherung (Haftpflicht)	1.000,00 EUR
Kfz-Versicherung (Vollkasko)	1.600,00 EUR
Kfz-Steuer	500,00 EUR
Benzin und Öl	3.000,00 EUR
Reparatur	1.400,00 EUR

Wie hoch ist die Bemessungsgrundlage für die private Nutzung des Fahrzeugs?

Übungsaufgabe 6:

Der selbständige Malermeister Hoffmann, Wiesbaden, der zum Vorsteuerabzug berechtigt ist, lässt von seinen Mitarbeitern sämtliche Malerarbeiten in seinem neuen selbstgenutzten Einfamilienhaus ausführen.
Die Personalkosten dafür betragen 5.000,00 € und das Material, das er seinem Lager entnommen hat, 2.000,00 €.

Wie hoch ist die Bemessungsgrundlage für die unentgeltliche sonstige Leistung?

Übungsaufgabe 7:

Bilden Sie aus der Übungsaufgabe 2 von Seite 158 den entsprechenden Buchungssatz.

Übungsaufgabe 8:

Bilden Sie aus der Übungsaufgabe 3 von Seite 159 den entsprechenden Buchungssatz.

Übungsaufgabe 9:

Bilden Sie aus der Übungsaufgabe 4 von Seite 159 den entsprechenden Buchungssatz.

Übungsaufgabe 10:

Bilden Sie aus der Übungsaufgabe 5 von Seite 159 den entsprechenden Buchungssatz.

Übungsaufgabe 11:

Bilden Sie aus der Übungsaufgabe 6 von Seite 159 den entsprechenden Buchungssatz.

Übungsaufgabe 12:

S	**1800** (1200) Bank	H	S	**2000** (0800) Eigenkapital	H
78.000,00				50.000,00	

S	Aufwendungen	H	S	Erträge	H
200.000,00				250.000,00	

S	**1405** (1575) Vorsteuer	H	S	**3805** (1775) Umsatzsteuer	H
32.000,00				40.000,00	

S	**2100** (1800) Privatentnahmen	H	S	**2180** (1890) Privateinlagen	H
40.000,00				10.000,00	

S	**9999** (9999) GuVK	H	S	**9998** (9998) SBK	H

Aufgabe

Schließen Sie die Konten ab.

Zusammenfassende Erfolgskontrolle

Der Einzelhändler Kurt Stein, Bonn, hat durch Inventur folgende Bestände zum 31.12.2006 ermittelt:

	EUR
0215 (0065) Unbebaute Grundstücke	00,00
0520 (0320) Pkw	20.000,00
0640 (0430) Ladeneinrichtung	25.000,00
1140 (3980) Bestand Waren (AB)	150.000,00
1200 (1400) Forderungen aLuL	10.000,00
1405 (1575) Vorsteuer 16 %	00,00
1800 (1200) Bankguthaben	20.000,00
1600 (1000) Kasse	5.000,00
3300 (1600) Verbindlichkeiten aLuL	15.000,00
3805 (1775) Umsatzsteuer 16 %	00,00
2000 (0800) Eigenkapital	?

Außer den Bestandskonten und den Konten **2100** (1800) Privatentnahmen und **2180** (1890) Privateinlagen sind folgende Erfolgskonten zu führen:

5200 (3200) Wareneingang, **6310** (4210) Miete, **6805** (4920) Telefon, **6010** (4110) Löhne, **4200** (8200) Erlöse, **7100** (2650) Zinserträge, **4620** (8910) Entnahme durch den Unternehmer für Zwecke außerhalb des Unternehmens (Waren) 16 % USt, **4645** (8921) Verwendung von Gegenständen für Zwecke außerhalb des Unternehmens 16 % USt (Kfz-Nutzung), **4638** (8918) Verwendung von Gegenständen für Zwecke außerhalb des Unternehmens ohne USt (Telefon-Nutzung), **4639** (8924) Verwendung von Gegenständen für Zwecke außerhalb des Unternehmens ohne USt (Kfz-Nutzung), **6220** (4830) Abschreibungen auf Sachanlagen, **6222** (4832) Abschreibungen auf Kfz.

Geschäftsvorfälle

	EUR
1. Zahlung der Geschäftsmiete durch Banküberweisung	300,00
2. Stein hebt von seinem privaten Bankkonto ab und bezahlt damit Lieferantenrechnungen.	5.000,00
3. Barzahlung für Reparatur des privaten Pkw	350,00
4. Stein zahlt privaten Krankenversicherungsbeitrag durch Banküberweisung	1.000,00
5. Banküberweisung für private Telefongebühren	250,00
6. Stein legt ein unbebautes Grundstück, das er vor fünf Jahren privat angeschafft hat, in das Betriebsvermögen ein	10.000,00
7. Banklastschrift für betriebliche Telefongebühren, netto 850,00 + USt 136,00 Der private Nutzungsanteil beträgt 10 % (vgl. Tz. 17).	986,00
8. Zinsgutschrift der Bank	1.500,00

	EUR
9. Barzahlung Löhne	2.000,00
10. Stein entnimmt der Geschäftskasse für eine Urlaubsreise	750,00
11. Kauf von Waren auf Ziel, netto 320.000,00 + USt 51.200,00	371.200,00
12. Verkauf von Waren gegen bar, netto 440.000,00 + USt 70.400,00	510.400,00
13. Bareinzahlung auf Bankkonto	490.000,00
14. Banküberweisung an Lieferer	366.800,00
15. Warenentnahme für den Privathaushalt, netto 4.800,00 + USt 768,00	5.568,00
16. Stein benutzt den betrieblichen Pkw im Dezember 2006 lt. ordnungsgemäß geführtem Fahrtenbuch zu 30 % für Privatfahrten. a) Gesamtkosten, bei denen der Vorsteuerabzug möglich war b) Gesamtkosten, bei denen der Vorsteuerabzug nicht möglich war	1.333,33 500,00
17. Private Nutzung des gemieteten Geschäftstelefons, anteilige (private) Kosten (10 % von 850 €)	85,00
Abschlussangaben	
18. Warenbestand lt. Inventur	135.000,00
19. Abschreibung auf Pkw	5.000,00
20. Abschreibung auf Ladeneinrichtung	5.000,00

Aufgaben

1. Bilden Sie die Buchungssätze.
2. Tragen Sie die Anfangsbestände auf den Konten vor.
3. Buchen Sie die Geschäftsvorfälle.
4. Schließen Sie die Konten ab.
5. Ermitteln Sie den Erfolg auch durch Eigenkapitalvergleich.
6. Stellen Sie die Bilanz zum 31.12.2006 nach dem handelsrechtlichen Gliederungsschema auf.

Weitere Aufgaben mit Lösungen finden Sie im **Lösungsbuch** der Buchführung 1.

3.11 Hauptabschlussübersicht

Die **Hauptabschlussübersicht** (**HAÜ**), auch **Betriebsübersicht** genannt, ist eine Tabelle, in der alle Sachkonten (Bestandskonten, Erfolgskonten, Privatkonten) mit ihrem Buchführungsergebnis zusammengestellt werden.

Mit der **Hauptabschlussübersicht** kann ein **Probeabschluss** durchgeführt werden, **ohne** gleichzeitig die **einzelnen Konten abschließen** zu müssen.

Buchungsfehler können so schon **vor** dem Abschluss der Konten **entdeckt und berichtigt** werden.

Die **Hauptabschlussübersicht** kann somit als **Kontrollinstrument und Abschlusshilfe** bezeichnet werden.

Seit dem VZ 1996 kann nach § 60 Abs. 1 EStDV von Steuerpflichtigen, die ihren Gewinn durch Betriebsvermögensvergleich ermitteln (§ 4 Abs. 1 oder § 5 EStG), **nicht mehr verlangt werden**, dass neben Bilanz und GuV auch eine **Hauptabschlussübersicht** den Steuererklärungen beigefügt wird.

"Der Verpflichtung, auf Verlangen des Finanzamtes der Steuererklärung eine Hauptabschlussübersicht beizufügen, kommt **in der Praxis keine Bedeutung mehr** zu. Eine Hauptabschlussübersicht wird bei DV-gestützten Buchführungssystemen in der Regel nicht mehr erstellt; an ihre Stelle treten als Buchungsbelege die Umbuchungslisten (Begründung zu § 60 EStDV, BT-Drucksache 13/1558)."

3.11.1 Aufbau und Inhalt der Hauptabschlussübersicht

Es gibt **verschiedene Formen** der **Hauptabschlussübersicht**. Sie **unterscheiden sich** durch die **Anzahl ihrer Spalten**.

Die **ungekürzte Hauptabschlussübersicht** setzt sich aus **zwei Vorspalten** und **acht Bilanzspalten** zusammen:

Vorspalten

1. **Kontennummer**,
2. **Kontenbezeichnung**.

Bilanzspalten

1. Eröffnungsbilanz,
2. Umsatzbilanz,
3. **Summenbilanz** (Probebilanz),
4. **Saldenbilanz I** (vorläufige Saldenbilanz),
5. **Umbuchungsbilanz** (Umbuchungen),
6. **Saldenbilanz II** (endgültige Saldenbilanz),
7. **Schlussbilanz**,
8. **Erfolgsbilanz** (GuV-Rechnung).

1. Eröffnungsbilanz

In der **Eröffnungsbilanz** werden die **Schlussbestände des Vorjahres** erfasst.

2. Umsatzbilanz

In der **Umsatzbilanz** werden alle Beträge eingetragen, die sich durch die **Buchungen der laufenden Geschäftsvorfälle** des Wirtschaftsjahres ergeben haben.

In einer **gekürzten Hauptabschlussübersicht** wird auf die **Eröffnungsbilanz und Umsatzbilanz verzichtet** und mit der **Summenbilanz** begonnen:

Nr.	Konten-Bezeichnung	Summenbilanz		vorläufige Saldenbilanz		Umbuchungen		endgültige Saldenbilanz		Schlussbilanz		GuV-Rechnung	
		S	H	S	H	S	H	S	H	A	P	A	E

3. Summenbilanz (Probebilanz)

In der **Summenbilanz** werden die **Beträge der Sollseite und die Beträge der Habenseite jedes einzelnen Kontos** eingetragen, so wie sie sich **nach** der Buchung der Anfangsbestände und der Buchung der laufenden Geschäftsvorfälle ergeben. Die **Summenbilanz** entspricht damit den Zahlen der **Eröffnungsbilanz** und der **Umsatzbilanz**:

```
    1. Eröffnungsbilanz
 +  2. Umsatzbilanz
 =  3. Summenbilanz
```

Die Summen der **Soll- und Habenspalte** der Summenbilanz müssen **übereinstimmen**. Stimmen die Summen **nicht** überein, müssen die Fehler gesucht und berichtigt werden.

4. Saldenbilanz I (vorläufige Saldenbilanz)

Aus der Summenbilanz wird die **Saldenbilanz I** entwickelt. Da die Umbuchungen noch nicht vorgenommen sind, wird sie auch als **vorläufige Saldenbilanz** bezeichnet. Die Bezeichnung Saldenbilanz ist ungenau. Besser wäre die Bezeichnung "**Überschussbilanz**", weil der Kontenüberschuss auf der Überschuss-Seite (**größeren Seite**) eingetragen wird.

Beispiel:

Konten-Nr.	Bezeichnung	Summenbilanz		Saldenbilanz I	
		S	H	S	H
1600 (1000)	**Kasse**	35.000,00	30.000,00	**5.000,00**	

Die Summen der **Soll- und Habenspalte** der Saldenbilanz müssen **übereinstimmen**.

5. Umbuchungsbilanz (Umbuchungen)

In der **Umbuchungsbilanz** werden die **abschlussvorbereitenden Buchungen** erfasst. Darüber hinaus können in den Umbuchungsspalten Buchungsfehler berichtigt werden.
In der **Umbuchungsbilanz** wird nach **denselben Grundsätzen** gebucht **wie** bei den Buchungen **auf den Konten**.
Die Addition der Sollspalte muss mit der Addition der Habenspalte **übereinstimmen**.

6. Saldenbilanz II (endgültige Saldenbilanz)

In der **Saldenbilanz II** werden die sich **nach den Umbuchungen** ergebenden **neuen Salden** eingetragen. Soweit sich **keine Umbuchungen** ergeben, werden die **unverändert gebliebenen Salden** der Saldenbilanz I in die Saldenbilanz II übertragen. Danach werden keine Änderungen mehr vorgenommen, deshalb bezeichnet man die **Saldenbilanz II** auch als **endgültige Saldenbilanz**.

7. Schlussbilanz

In der **Schlussbilanz** werden die **endgültigen Salden der Bestandskonten** erfasst. Bei der Addition von Aktiva und Passiva besteht **keine Summengleichheit**, weil das Eigenkapitalkonto noch nicht den Gewinn oder Verlust des entsprechenden Wirtschaftsjahres enthält.

8. Erfolgsbilanz (GuV-Rechnung)

In der **Erfolgsbilanz** werden die **endgültigen Salden der Erfolgskonten** erfasst. Bei der Addition der Aufwendungen und Erträge ergibt sich ebenfalls **keine Summengleichheit**. Der **Unterschiedsbetrag** zwischen den **Aufwendungen und Erträgen** der Erfolgsbilanz muss **genau so groß** sein **wie** der **Unterschiedsbetrag** zwischen den **Aktiva und Passiva** der Schlussbilanz. Der **Unterschiedsbetrag** stellt den **Gewinn oder Verlust** der Rechnungsperiode dar.

Beispiel:
Der Einzelkaufmann Karl Lotter, Kastellaun (Hunsrück), hat zum 31.12.2006 folgende **Summen- und Saldenbilanz** erstellt (siehe folgende Seite 166).

Abschlussangaben

Abschreibung Pkw	6.000,00 EUR
Warenbestand laut Inventur	2.900,00 EUR

abschlussvorbereitende Buchungen (Spalte "**Umbuchungen**")

1. Abschreibung **an** Pkw	6.000,00 EUR
2. Bestand Waren **an** Wareneingang (2.900 € – 1.500 €)	1.400,00 EUR
3. Eigenkapital **an** Privat	800,00 EUR
4. USt **an** Vorsteuer	6.900,00 EUR

Nr.	Konten-Bezeichnung	Summenbilanz S	Summenbilanz H	Saldenbilanz I S	Saldenbilanz I H	Umbuchungen S	Umbuchungen H	Saldenbilanz II S	Saldenbilanz II H	Schlussbilanz A	Schlussbilanz P	GuV-Rechnung A	GuV-Rechnung E
0215	Unb. Grundstücke	70.000		70.000				70.000		70.000			
0520	Pkw	30.000		30.000			1) 6.000	24.000		24.000			
5200	Wareneingang	10.000	600	9.400			2) 1.400	8.000				8.000	
1140	Bestand Waren	1.500		1.500		2) 1.400		2.900		2.900			
1200	Forderungen	40.000	10.000	30.000				30.000		30.000			
1405	Vorsteuer	7.000	100	6.900			4) 6.900						
1800	Bank	87.700	27.200	60.500				60.500		60.500			
1600	Kasse	10.500	3.000	7.500				7.500		7.500			
2000	Eigenkapital		30.000		30.000	3) 800			29.200		29.200		
2100	Privat	800		800			3) 800						
3300	Verbindlichkeiten	300	93.300		93.000				93.000		93.000		
3805	USt	15.000	34.300		19.300	4) 6.900			12.400		12.400		
4200	Erlöse		81.500		81.500				81.500				81.500
6010	Löhne	2.000		2.000				2.000				2.000	
6020	Gehälter	1.000		1.000				1.000				1.000	
6310	Miete	200		200				200				200	
6320	Heizung	2.000		2.000				2.000				2.000	
6500	Fahrzeugkosten	2.000		2.000				2.000				2.000	
6222	Abschreibungen			0		1) 6.000		6.000				6.000	
		280.000	280.000	223.800	223.800	15.100	15.100	216.100	216.100	194.900	134.600	21.200	81.500
									Gewinn		60.300	60.300	
										194.900	194.900	81.500	81.500

3.11.2 Zusammenfassung und Erfolgskontrolle

3.11.2.1 Zusammenfassung

```
                         Bestandskonten
                              │
                ┌─────────────┴─────────────┐
           Aktivkonten                 Passivkonten
                │                           │
        ┌───────┴───────┐           ┌───────┴───────┐
    Anlage-      Konten des Um-  Verbindlich-  Eigenkapital-
    konten       laufvermögens   keitskonten   konto
        │               │               │           │
        └───────┬───────┘               │     ┌─────┴─────┐
                ▼                       ▼     ▼           ▼
         Bestandskonten                 Erfolgs-    Privat-
                                        konten      konten
                │                           │           │
                └───────────────┬───────────┴───────────┘
                                ▼
                       Hauptabschlussübersicht
```

3.11.2.2 Erfolgskontrolle

WIEDERHOLUNGSFRAGEN

1. Was ist eine Hauptabschlussübersicht?
2. Welchem Zweck dient die Hauptabschlussübersicht?
3. Wie ist eine Hauptabschlussübersicht aufgebaut?
4. Welche Beträge werden in die Summenbilanz eingetragen?
5. Woher stammen die Beträge der vorläufigen Saldenbilanz?
6. Welche Buchungsvorgänge werden in der Umbuchungsspalte erfasst?
7. Wie werden die Beträge der endgültigen Saldenbilanz "weiterverarbeitet"?
8. Wie wird die Bestandsveränderung (Unterschied zwischen dem Warenanfangsbestand und dem Warenendbestand) berücksichtigt?

ÜBUNGSAUFGABEN

Übungsaufgabe 1:

Der Großhändler Rolf Schneider, Berlin, hat zum 31.12.2006 folgende Bestände ermittelt:

	EUR
0235 (0085) Bebaute Grundstücke	25.000,00
0240 (0090) Geschäftsbauten	175.000,00
0520 (0320) Pkw	50.000,00
0650 (0420) Büroeinrichtung	42.000,00
5200 (3200) Wareneingang	
1140 (3980) Bestand Waren	20.000,00
1200 (1400) Forderungen aLuL	27.400,00
1405 (1575) Vorsteuer 16 %	
1800 (1200) Bankguthaben	87.700,00
1600 (1000) Kasse	5.240,00
2000 (0800) Eigenkapital	388.900,00
2100 (1800) Privatentnahmen	
3300 (1600) Verbindlichkeiten aLuL	34.800,00
3805 (1775) Umsatzsteuer 16 %	8.640,00
4200 (8200) Erlöse	
4620 (8910) Entnahme durch den Unternehmer	
6010 (4110) Löhne	
6310 (4210) Miete	
6500 (4500) Fahrzeugkosten	
6220 (4830) Abschr. auf Sachanl. (ohne AfA auf Kfz und Gebäude)	
6221 (4831) Abschreibungen auf Gebäude	
6222 (4832) Abschreibungen auf Kfz	

Geschäftsvorfälle

	EUR
1. Wareneinkauf auf Ziel, netto 100.000,00 + USt 16.000,00	116.000,00
2. Warenverkauf auf Ziel, netto 200.000,00 + USt 32.000,00	232.000,00
3. Banküberweisung der Umsatzsteuerschuld (Zahllast)	8.640,00
4. Verkauf von Waren gegen bar, netto 30.000,00 + USt 4.800,00	34.800,00
5. Barzahlung Löhne	15.000,00
6. Warenentnahme für Privathaushalt, netto 5.000,00 + USt 800,00	5.800,00
7. Banküberweisung an Lieferer	34.800,00
8. Barkauf von Benzin für den nur betrieblich genutzten Pkw, brutto einschließlich 16 % USt	174,00
9. Zahlung der Miete durch Banküberweisung	1.200,00
10. Schneider entnimmt der Geschäftskasse für eine Urlaubsreise.	1.000,00

Abschlussangaben

	EUR
11. Warenendbestand laut Inventur	25.000,00
12. Abschreibung auf Geschäftsbauten	15.000,00
13. Abschreibung auf Pkw	10.000,00
14. Abschreibung auf Büroeinrichtung	4.000,00

Aufgaben

1. Bilden Sie die Buchungssätze.
2. Tragen Sie die Anfangsbestände auf den Konten vor.
3. Buchen Sie die Geschäftsvorfälle (ohne Abschlussangaben).
4. Legen Sie sich eine Hauptabschlussübersicht nach dem Muster von Seite 166 an.
5. Tragen Sie die Summe der Soll- und Habenseite jedes einzelnen Kontos in die Summenbilanz ein. Addieren Sie die Soll- und Habenspalte der Summenbilanz.
6. Ermitteln Sie die Salden und tragen Sie sie in die Saldenbilanz I ein. Addieren Sie die Soll- und Habenspalte der Saldenbilanz I.
7. Nehmen Sie die abschlussvorbereitenden Buchungen in der Spalte Umbuchungen vor. Addieren Sie die Soll- und Habenspalte der Umbuchungen.
8. Ermitteln Sie die neuen Salden und tragen Sie sie in die Saldenbilanz II ein. Addieren Sie die Soll- und Habenspalte der Saldenbilanz II.
9. Tragen Sie die Salden der Bestandskonten in die Schlussbilanz und die Salden der Erfolgskonten in die Gewinn- und Verlustrechnung ein und ermitteln Sie den Erfolg.

Übungsaufgabe 2:

Der Einzelunternehmer Friedel Eckert, Bonn, hat zum 31.12.2006 folgende Summenbilanz erstellt:

	Summenbilanz	
	S EUR	H EUR
0215 (0065) Unbebaute Grundstücke	180.000,00	
0520 (0320) Pkw	30.000,00	
5200 (3200) Wareneingang	20.000,00	600,00
1140 (3980) Bestand Waren (Anfangsbestand)		
1200 (1400) Forderungen aLuL	50.000,00	20.000,00
1405 (1575) Vorsteuer 16 %	17.000,00	10.100,00
1800 (1200) Bank	87.700,00	27.200,00
1600 (1000) Kasse	10.500,00	5.000,00
2000 (0800) Eigenkapital		130.000,00
2100 (1800) Privat	800,00	
3300 (1600) Verbindlichkeiten aLuL	10.300,00	113.300,00
3805 (1775) Umsatzsteuer 16 %	15.000,00	39.300,00
4200 (8200) Erlöse		100.000,00
6010 (4110) Löhne	14.000,00	
6020 (4120) Gehälter	2.000,00	
6305 (4200) Raumkosten	1.200,00	
6500 (4500) Fahrzeugkosten	7.000,00	
6222 (4832) Abschreibungen auf Kfz		

Abschlussangaben

1. Warenendbestand lt. Inventur   10.000,00 EUR
2. Abschreibung auf Pkw   8.000,00 EUR
3. Die übrigen Bestände stimmen mit den Salden der Konten überein.

Aufgabe

Erstellen Sie die Hauptabschlussübersicht für Friedel Eckert.

4 Beschaffung und Absatz

4.1 Warenbezugskosten

Bisher wurde der **Wareneingang ohne** die anfallenden **Warenbezugskosten gebucht.**

Beispiel:
Einzelhändler Müller bezieht im Juni 2006 Waren für 1.000 € + 160 € USt = 1.160,00 € auf Ziel.

Buchungssatz:

Sollkonto	Betrag (€)	Habenkonto
5200 (3200) Wareneingang	1.000,00	**3300** (1600) Verbindlichk. aLuL
1405 (1575) Vorsteuer 16 %	160,00	**3300** (1600) Verbindlichk. aLuL

Buchung:

S **5200** (3200) **Wareneingang** H   S **3300** (1600) **Verbindlichkeiten aLuL** H

1.000,00 | | 1.000,00
         | | 160,00

S **1405** (1575) **Vorsteuer 16 %** H

160,00 |

In diesem Kapitel wird erläutert, wie die **Warenbezugskosten** zu buchen sind.

4.1.1 Überblick über die Bezugskosten

Beim **Warenbezug** können **neben** dem **Kaufpreis** folgende **Kosten** anfallen, die deshalb auch als Anschaffungs**nebenkosten** bezeichnet werden:

> **Transportkosten**
> - Eingangsfrachten,
> - Rollgelder (Vergütung für Rollfuhrdienst),
> - Postgebühren,
> - Anfuhr- und Abladekosten,
> - Transportversicherungsbeiträge,
> - Kosten der Transportverpackung,
>
> **Zölle**
>
> **Vermittlungsgebühren**
> - Einkaufsprovisionen,
> - Einkaufskommissionen.

4.1.2 Steuerliche Bedeutung der Bezugskosten

Einkommensteuerrechtlich gehören die Anschaffungs**nebenkosten** mit dem **Kaufpreis** einer Ware zu den **Anschaffungskosten**:

Kaufpreis, netto
+ Anschaffungs**nebenkosten**, netto
= **Anschaffungskosten**

Nebenkosten gehören zu den **Anschaffungskosten**, soweit sie dem Wirtschaftsgut einzeln zugeordnet werden können (H 32a (Nebenkosten) EStH).

Beispiel:
Einzelhändler Müller bezieht Waren für 1.000 € + 160 € USt = 1.160,00 € auf Ziel. Die **Transportkosten** gehen zu Lasten des Käufers. Der Transportunternehmer, der die Waren zum Einzelhändler befördert, berechnet für den Transport der Waren 100 € + 16 € USt = 116,00 €.

Die **Anschaffungskosten** der Waren betragen

Kaufpreis, netto	1.000,00 €
+ Anschaffungs**nebenkosten**, netto	100,00 €
= **Anschaffungskosten**	**1.100,00 €**

Die **in Rechnung gestellte Umsatzsteuer** ist beim Leistungsempfänger **Vorsteuer**, die dieser von seiner Umsatzsteuer abziehen kann, wenn die Voraussetzungen des § 15 UStG erfüllt sind.

Die im Zusammenhang mit Bezugskosten anfallende **abziehbare Vorsteuer** gehört nicht zu den Anschaffungs**nebenkosten und** damit auch **nicht** zu den **Anschaffungskosten** der Waren (§ 9b Abs. 1 Satz 1 EStG).

Beispiel:
Der Unternehmer A, Bonn, der **zum Vorsteuerabzug berechtigt** ist, bezieht von dem Unternehmer U Waren für 5.000 € + 800 € USt = 5.800,00 €. U befördert die Waren nach Bonn und berechnet dafür 200 € + 32 € USt = 232,00 €.

Die **Anschaffungskosten** der Waren betragen **5.200 €** (5.000 € Kaufpreis + 200 € Anschaffungsnebenkosten). Die **abziehbare Vorsteuer** in Höhe von insgesamt 832 € (800 € + 32 €) gehört **nicht** zu den **Anschaffungskosten**.

Die **nicht abziehbare Vorsteuer** gehört hingegen **zu den Anschaffungskosten**.

Beispiel:
Sachverhalt wie zuvor mit dem Unterschied, dass A **nicht zum Vorsteuerabzug berechtigt** ist.

Die Anschaffungskosten betragen **6.032,00 €** (5.800 € + 232 €).

4.1.3 Buchen der Bezugskosten

Weil die **Warenbezugskosten** als Anschaffungs**nebenkosten** zu den Anschaffungskosten der bezogenen Waren gehören, **könnten** sie **direkt** auf dem **Wareneingangskonto** gebucht werden.

Die **direkte** Buchung der Warenbezugskosten auf dem Wareneingangskonto hätte den **Nachteil**, dass die **Höhe der Bezugskosten** nachträglich **nicht** mehr ohne Weiteres festgestellt werden könnte.

Benötigt der Unternehmer die **Höhe der Warenbezugskosten** (z.B. für seine **Kalkulation**), ist es zweckmäßig, sie auf ein **eigenes Konto** zu buchen, das nach den DATEV-Kontenrahmen **SKR 04** bzw. **SKR 03**

<u>5800 (3800) Bezugsnebenkosten</u>

heißt.

Das **Bezugsnebenkostenkonto** ist ein **Unterkonto des Wareneingangskontos**.

Beispiel:
Einzelhändler Müller, Köln, bezieht Waren auf Ziel vom Großhändler Schmitz, Dortmund, und erhält folgende Rechnung (Auszug):

Warenwert	930,00 €
+ **Transportkosten**	**70,00 €**
	1.000,00 €
+ 16 % USt	160,00 €
	1.160,00 €

Buchungssatz:

Sollkonto	Betrag (€)	Habenkonto
5200 (3200) Wareneingang	930,00	
5800 (3800) BNK	70,00	
1405 (1575) Vorsteuer 16 %	160,00	
	1.160,00	**3300** (1600) Verbindlichk. aLuL

Buchung:

S **5200** (3200) **Wareneingang** H   S **3300** (1600) **Verbindlichkeiten aLuL** H
   930,00 | | 1.160,00

S   **5800** (3800) **BNK**   H
        70,00 |

S **1405** (1575) **Vorsteuer 16 %** H
   160,00 |

Werden wegen der besseren Übersicht oder für Zwecke der **Kalkulation** in einem Unternehmen **mehrere Warenkonten** geführt (z.B. in einem Kaufhaus Konten für Textilwaren, Lebensmittel, Haushaltswaren), so ist es **zweckmäßig, auch die Anschaffungsnebenkosten** den einzelnen Warengruppen entsprechend auf **getrennten Konten** zu erfassen.

Eine **weitere Möglichkeit** besteht darin, die Anschaffungs**nebenkosten** nicht auf einem oder mehreren Sammelkonten zu buchen, sondern sie **artenmäßig zu trennen**, d.h. für jede Anschaffungsnebenkosten**art** (z.B. Frachten, Zölle) getrennte Anschaffungsnebenkostenkonten einzurichten. Diese **artenmäßige** Aufgliederung und Buchung der Anschaffungsnebenkosten verursacht zwar **Mehrarbeit**, kann aber im Interesse einer **genauen Kalkulation** erforderlich sein.

Oft kann der Käufer die ihm berechnete **Transportverpackung** (z.B. Kisten, Fässer, Flaschen) dem Verkäufer gegen Kostenerstattung **zurückgeben**.

Die **Gutschrift** für die **zurückgegebene Verpackung** wird dann auf dem **Bezugsnebenkostenkonto im Haben** gebucht. **Es empfiehlt sich**, in diesen Fällen die **berechnete und zurückgegebene Verpackung** auf einem **eigenen Bezugsnebenkostenkonto zu buchen**, das nach dem **SKR 04** bzw. SKR 03

<u>**5820** (3830) **Leergut**</u>

heißt.

Beispiel 1:
Einzelhändler Müller bezieht Waren auf Ziel und erhält folgende Rechnung (Auszug):

Warenwert	800,00 €
+ Transportkosten	100,00 €
+ **Verpackungskosten (12 Fässer)**	**300,00 €**
	1.200,00 €
+ 16 % USt	192,00 €
	1.392,00 €

Bei der Rücksendung werden **2/3 der Verpackungskosten** gutgeschrieben.

1) Buchungssatz beim Wareneingang:

Tz.	Sollkonto	Betrag (€)	Habenkonto
1.	**5200** (3200) Wareneingang	800,00	
	5800 (3800) BNK	100,00	
	5820 (3830) **Leergut**	**300,00**	
	1405 (1575) Vorsteuer 16 %	192,00	
		1.392,00	**3300** (1600) Verbindlichk. aLuL

Buchung:

S 5200 (3200) **Wareneingang** H	S 3300 (1600) **Verbindlichkeiten aLuL** H
1) 800,00	1) 1.392,00

S 5800 (3800) **BNK** H
1) 100,00

S 5820 (3830) **Leergut** H
1) 300,00

S 1405 (1575) **Vorsteuer 16 %** H
1) 192,00

Beispiel 2:

Die 12 Fässer werden an den Lieferer zurückgesandt. Müller erhält folgende Gutschrift:

2/3 von 300 EUR	=	200,00 €
+ 16 % USt	=	32,00 €
		232,00 €

2) Buchungssatz beim Eingang der Gutschrift:

Tz.	Sollkonto	Betrag (€)	Habenkonto
2.	3300 (1600) Verbindlichk. aLuL	232,00	
		200,00	5820 (3830) **Leergut**
		32,00	1405 (1575) Vorsteuer 16 %

Buchung:

S 3300 (1600) **Verbindlichkeiten aLuL** H	S 5820 (3830) **Leergut** H
2) 232,00 1) 1.392,00	1) 300,00 **2) 200,00**

S 1405 (1575) **Vorsteuer 16 %** H
1) 192,00 **2) 32,00**

> **Übung**: 1. Wiederholungsfragen 1 bis 4 (Seite 178),
> 2. Übungsaufgaben 1 und 2 (Seite 178 f.)

Einfuhr

Fallen beim Wareneinkauf neben dem Kaufpreis **Zölle** an, könnten sie auf dem Konto "**5800** (3800) **Bezugsnebenkosten**" erfasst werden, weil sie als Bezugsnebenkosten mit zu den Anschaffungskosten gehören.

Zur besseren Übersicht werden sie im Folgenden auf dem speziellen Bezugsnebenkostenkonto

5840 (3850) Zölle und Einfuhrabgaben

gebucht.

Die bei der **Einfuhr** entrichtete **Einfuhrumsatzsteuer (EUSt)** ist für den Unternehmer **als Vorsteuer abziehbar** (§ 15 Abs. 1 Nr. 2 UStG).

Sie wird auf dem speziellen Konto

1433 (1588) Bezahlte Einfuhrumsatzsteuer

erfasst, weil sie in der Umsatzsteuer-Voranmeldung (2006) gesondert (Zeile 57) angegeben werden muss.

Beispiel:
1. Unternehmer A, München, kauft im August 2006 vom Lieferer U, Bern (Schweiz), Waren für 10.000,00 Euro auf Ziel. Im Kaufvertrag vereinbaren sie die Lieferkondition "unverzollt und unversteuert", d.h. der Leistungsempfänger (A) schuldet Zoll und Einfuhrumsatzsteuer.
2. Lieferer U zahlt für A **200,00 € Zoll** und **1.632,00 € EUSt** (16 % von 10.200 €). U übergibt vereinbarungsgemäß den quittierten Zollbescheid an A und erhält dafür einen Bankscheck in Höhe von 1.832,00 €.

Buchungssatz:

Tz.	Sollkonto	Betrag (€)	Habenkonto
1.	**5200** (3200) **Wareneingang**	10.000,00	**3300** (1600) **Verbindlichk. aLuL**
2.	**5840** (3850) **Zölle**	200,00	**1800** (1200) **Bank**
	1433 (1588) **Bezahlte EUSt**	1.632,00	**1800** (1200) **Bank**

Buchung:

S	**5200** (3200) **Wareneingang**	H	S	**3300** (1600) **Verbindlichk. aLuL**	H
1)	10.000,00			1)	10.000,00

S	**5840** (3850) **Zölle u. Einfuhrabgaben**	H	S	**1800** (1200) **Bank**	H
2)	200,00			2)	200,00
				2)	1.632,00

S	**1433** (1588) **Bezahlte EUSt**	H
2)	1.632,00	

4.1.4 Abschluss der Bezugsnebenkostenkonten

Die **Bezugsnebenkostenkonten** sind **Unterkonten des Wareneingangskontos**. Sie werden deshalb **über** das Konto **Wareneingang abgeschlossen**.

Beispiel:
Die **Bezugsnebenkostenkonten** des Einzelhändlers Müller (siehe Beispiele Seite 174 ff.) werden wie folgt abgeschlossen:

S	5800 (3800) **Bezugsnebenkosten**		H
1)	100,00	Wareneingang	100,00

S	5820 (3830) **Leergut**		H
1)	300,00	2)	200,00
		Wareneingang	100,00
	300,00		300,00

S	5840 (3850) **Zölle und Einfuhrabgaben**		H
2)	200,00	Wareneingang	200,00

S	5200 (3200) **Wareneingang**		H
Eingänge	75.000,00		
BNK	100,00		
Leergut	100,00		
Zölle	200,00		

Übung: 1. Wiederholungsfragen 5 und 6 (Seite 178),
2. Übungsaufgaben 3 bis 5 (Seite 180)

4.1.5 Zusammenfassung und Erfolgskontrolle

4.1.5.1 Zusammenfassung

> - **Warenbezugskosten** sind alle Kosten, die bei der Anschaffung der Waren neben dem Kaufpreis anfallen.
> - **Warenbezugskosten** werden auch Anschaffungs**nebenkosten** genannt.
> - Die Anschaffungs**nebenkosten** gehören mit dem **Kaufpreis** zu den **Anschaffungskosten**.
> - Die **abziehbare** Vorsteuer gehört **nicht** zu den **Anschaffungskosten**.
> - Die **nicht abziehbare** Vorsteuer gehört zu den **Anschaffungskosten**.
> - Die Anschaffungs**nebenkosten** werden auf **Unterkonten** beim **SKR 04** in der **Kontenklasse 5** und beim SKR 03 in der Kontenklasse 3 gebucht.
> - Das **Bezugsnebenkostenkonto** wird **über** das Konto **Wareneingang** abgeschlossen.

4.1.5.2 Erfolgskontrolle

WIEDERHOLUNGSFRAGEN

1. Welche Kosten können beim Warenbezug anfallen?
2. Wie werden die Bezugskosten auch noch genannt?
3. Wie sind Warenbezugskosten einkommensteuerlich zu behandeln?
4. Welche Möglichkeiten gibt es, die Anschaffungsnebenkosten zu buchen?
5. Über welches Konto ist das Bezugsnebenkostenkonto abzuschließen?
6. Über welches Konto ist das Leergutkonto abzuschließen?

ÜBUNGSAUFGABEN

Übungsaufgabe 1:

Bilden Sie die Buchungssätze für die folgenden belegmäßig nachgewiesenen Geschäftsvorfälle. Alle Vorsteuerbeträge sind abziehbar. Die Warenbezugskosten sollen auf den Unterkonten Bezugsnebenkosten und Leergut gebucht werden.

		EUR
1. Einzelhändler Adams erhält folgende Eingangsrechnung:		
Warenwert	3.000,00 €	
+ Transportkosten	15,00 €	
+ Verpackungskosten (kein Leergut)	85,00 €	
	3.100,00 €	
+ 16 % USt	496,00 €	3.596,00

2. Großhändler Beck erhält folgende
   Eingangsrechnung:

		EUR
Warenwert	2.000,00 €	
+ Transportkosten	200,00 €	
+ 12 Leihfässer	900,00 €	
	3.100,00 €	
+ 16 % USt	496,00 €	3.596,00

Bei Rücksendung der Fässer werden 2/3 der
Verpackungskosten gutgeschrieben.

3. Die 12 Leihfässer werden an den Lieferer zurückgesandt.
   Beck erhält folgende Gutschrift:

2/3 von 900 € =	600,00 €	
+ 16 % USt	96,00 €	696,00

4. Wareneinkauf gegen Bankscheck, netto 1.000,00 €
   + USt 160,00 € → 1.160,00

5. Eingangsfracht für Wareneinkauf von
   Nr. 4 bar, netto 100,00 €
   + USt 16,00 € → 116,00

6. Bahnfracht für bezogene Waren wird
   einschließlich 16 % USt durch Bank überwiesen → 197,20

7. Rollgeld für bezogene Waren wird
   einschließlich 16 % USt bar gezahlt → 46,40

8. Prämie für Transportversicherung
   bezogener Waren wird durch Postbank beglichen → 75,00

Übungsaufgabe 2:

Der Bürogerätehändler Franz Luftig e.K., Heilbronn, erwarb am 02.03.2006 10 Personalcomputer vom Hersteller Reimens, Nürnberg.
Zwei der Personalcomputer werden im Büro des Franz Luftig aufgestellt und dienen den Mitarbeitern als Arbeitsmittel, acht der Computer sind für den Weiterverkauf bestimmt. Die ordnungsgemäße Eingangsrechnung lautet (Auszug):

10 PC XP je 600,00 €	6.000,00 €
+ Fracht und Versicherung	200,00 €
	6.200,00 €
+ 16 % USt	992,00 €
	7.192,00 €

Franz Luftig buchte die Eingangsrechnung wie folgt:

Sollkonto	Betrag (€)	Habenkonto
5200 (3200) Wareneingang	6.000,00	**3300** (1600) Verbindlichkeiten aLuL
5800 (3800) BNK	200,00	**3300** (1600) Verbindlichkeiten aLuL
1405 (1575) Vorsteuer	992,00	**3300** (1600) Verbindlichkeiten aLuL

Überprüfen Sie die Buchung und führen Sie eine eventuelle Korrekturbuchung durch.

Übungsaufgabe 3:

Die Einzelhändlerin Frieda Kuch, Karlsruhe, hat von dem schweizerischen Unternehmer Bürli, Bern, Handelswaren bezogen; die Eingangsrechnung lautet über 30.000,00 €. Die Lieferung erfolgte "unverzollt und unversteuert" und deshalb hat Frieda Kuch die Waren beim Zollamt verzollt und versteuert; sie zahlte bar 400,00 € Zoll und 4.800,00 € Einfuhrumsatzsteuer.

Frieda Kuch buchte wie folgt:

a) die Eingangsrechnung "Bürli":

Sollkonto	Betrag (€)	Habenkonto
5200 (3200) Wareneingang	30.000,00	**3300** (1600) Verbindlichkeiten aLuL

b) die Zahlung beim Zollamt:

Sollkonto	Betrag (€)	Habenkonto
7675 (4350) Verbrauchsteuer	5.200,00	**1600** (1000) Kasse

Überprüfen Sie die Buchung und führen Sie eine eventuelle Korrekturbuchung durch.

Übungsaufgabe 4:

Welche Aussage ist richtig? Kreuzen Sie die richtige Antwort an.

(a) Warenbezugsnebenkosten mindern die Anschaffungskosten der Waren.
(b) Warenbezugsnebenkosten erhöhen den Wareneinsatz.
(c) Warenbezugsnebenkosten werden erfolgsneutral gebucht.
(d) Vorsteuerbeträge, die abziehbar sind, gehören zu den Anschaffungskosten.

Übungsaufgabe 5:

Kontieren Sie EDV-gemäß folgende Geschäftsvorfälle. Verwenden Sie – soweit dies möglich ist – automatische Konten.

		EUR
1. Wareneinkauf auf Ziel: Warenwert	3.000,00 €	
Transportkosten	100,00 €	
	3.100,00 €	
+ 16 % USt	496,00 €	3.596,00
Lieferant: 7 1601		
Rechnungs-Nr. 708		
Rechnungs-Datum 10.11.		
2. Rollgeld für bezogene Waren wird einschließlich 16 % USt bar gezahlt		46,40
Rechnungs-Nr. 809		
Rechnungs Datum 10.11.		
3. Prämie für Transportversicherung bezogener Waren wird durch Postbank gezahlt		75,00
Rechnungs-Nr. 507		
Rechnungs-Datum 12.11.		

Zusammenfassende Erfolgskontrolle

Der Unternehmer Christian Bäumler, Bonn, der zum Vorsteuerabzug berechtigt ist, hat zum 31.12.2006 durch Inventur folgende Werte ermittelt:

	EUR
0640 (0430) Ladeneinrichtung	25.000,00
1140 (3980) Bestand Waren (Anfangsbestand)	150.000,00
1200 (1400) Forderungen aLuL	56.500,00
1405 (1575) Vorsteuer 16 %	0,00
1800 (1200) Bankguthaben	15.500,00
1600 (1000) Kasse	10.000,00
3300 (1600) Verbindlichkeiten aLuL	27.000,00
3805 (1775) Umsatzsteuer 16 %	10.000,00
2000 (0800) Eigenkapital	220.000,00

Geschäftsvorfälle

		EUR
1. a) Wareneinkauf auf Ziel, netto	5.500,00 €	
+ USt	880,00 €	6.380,00
b) Barzahlung für Fracht und Rollgeld, netto	80,00 €	
+ USt	12,80 €	92,80
2. Die USt-Zahllast in Höhe von wird an das Finanzamt durch Bank überwiesen.		10.000,00
3. Banküberweisung von Kunden zum Ausgleich einer Forderung aLuL		16.950,00
4. Wareneinkauf auf Ziel:		
Warenwert	5.000,00 €	
+ Fracht	200,00 €	
+ Rollgeld	80,00 €	
+ 15 Leihfässer	600,00 €	
	5.880,00 €	
+ 16 % USt	940,80 €	6.820,80
Bei Rücksendung der Fässer werden 2/3 der Verpackungskosten gutgeschrieben.		
5. Die 15 Leihfässer werden an den Lieferer zurückgeschickt. Bäumler erhält eine entsprechende Gutschrift.		?
6. Banküberweisung an Lieferer zum Ausgleich einer Verbindlichkeit aLuL		7.910,00
7. Zielverkauf von Waren, netto	50.000,00 €	
+ USt	8.000,00 €	58.000,00

Abschlussangaben

	EUR
8. Abschreibung auf Ladeneinrichtung	5.000,00
9. Warenendbestand lt. Inventur	130.000,00

Aufgaben

1. Bilden Sie die Buchungssätze. Die Warenbezugskosten sollen auf den Unterkonten Bezugsnebenkosten und Leergut gebucht werden.
2. Tragen Sie die Anfangsbestände auf den Konten vor.
3. Buchen Sie die Geschäftsvorfälle.
4. Schließen Sie die Konten ab und ermitteln Sie den Gewinn.
5. Erstellen Sie die Schlussbilanz nach dem handelsrechtlichen Gliederungsschema.

Weitere Aufgaben mit Lösungen finden Sie im **Lösungsbuch** der Buchführung 1.

4.2 Warenvertriebskosten

Wie beim Wareneingang so fallen auch beim Warenausgang (Vertrieb, Absatz) bestimmte Kosten an, die als **Warenvertriebskosten** bezeichnet werden.

4.2.1 Überblick über die Vertriebskosten

Beim **Warenvertrieb** können folgende Kosten anfallen:

> **Transportkosten**
> - Ausgangsfrachten,
> - Postgebühren,
> - Abfuhrkosten,
> - Transportversicherungsbeiträge,
> - Kosten der Versandverpackung,
>
> **Zölle**
>
> **Vermittlungsgebühren**
> - Verkaufsprovisionen,
> - Verkaufskommissionen.

4.2.2 Steuerliche Bedeutung der Vertriebskosten

Die **Warenvertriebskosten** gehören einkommensteuerrechtlich zu den **sofort abzugsfähigen Betriebsausgaben**, d.h. sie wirken sich in dem Jahr, in dem sie anfallen, in voller Höhe auf den Erfolg (Gewinn oder Verlust) aus.

Die dem Unternehmer zusammen mit den Vertriebskosten **berechnete Umsatzsteuer** ist für diesen **Vorsteuer**, die er von seiner Umsatzsteuer abziehen kann, wenn die Voraussetzungen des § 15 UStG erfüllt sind.

Beispiel:
Der Unternehmer U, Köln, der zum Vorsteuerabzug berechtigt ist, liefert per Bahn Waren an den Einzelhändler A, Hannover. Nach den vertraglichen Vereinbarungen liefert U "**frei Haus**", d.h. die Bahnfracht Köln-Hannover geht zu Lasten des U. Die Bahn berechnet U

Fracht	500,00 €
+ 16 % USt	80,00 €
	580,00 €

U zahlt die Bahnfracht durch Bankscheck.

Die **Nettofracht** ist für U **sofort abzugsfähige Betriebsausgabe**; die **Umsatzsteuer** ist für U **abziehbare Vorsteuer**.

4.2.3 Buchen der Vertriebskosten

In der Praxis ist es üblich, die **Vertriebskosten artenmäßig getrennt** auf **eigenen Vertriebskostenkonten** zu buchen.

Der **SKR 04** bzw. der SKR 03 sehen für die Buchung der Vertriebskosten (Kosten der Warenabgabe) folgende **Vertriebskostenkonten** vor:

> **6710** (4710) **Verpackungsmaterial**
> **6740** (4730) **Ausgangsfrachten**
> **6760** (4750) **Transportversicherungen**
> **6770** (4760) **Verkaufsprovisionen**
> **6780** (4780) **Fremdarbeiten (Vertrieb)**

Beispiel:
Sachverhalt wie im Beispiel zuvor (Seite 183)

Buchungssatz:

Sollkonto	Betrag (€)	Habenkonto
6740 (4730) Ausgangsfrachten	**500,00**	
1405 (1575) Vorsteuer 16 %	80,00	
	580,00	1800 (1200) Bank

Buchung:

```
S   6740 (4730) Ausgangsfrachten   H      S    1800 (1200) Bank         H
         500,00 |                                            | 580,00


S    1405 (1575) Vorsteuer 16 %    H
          80,00 |
```

Werden die **Vertriebskosten** dem Kunden **weiterberechnet**, so handelt es sich um ein **zusätzliches Entgelt**, das über **Erlöse** zu buchen ist.
Die **Vertriebskostenkonten** dürfen **nicht entlastet** werden (Verrechnungsverbot; § 246 Abs. 2 HGB).

Beispiel:
Der Unternehmer U, Koblenz, liefert per Bahn Waren an den Einzelhändler A, Bonn. Nach den vertraglichen Vereinbarungen liefert U "**ab Lager**", d.h. die Bahnfracht Koblenz-Bonn geht zu Lasten des A. U berechnet folgende Kosten, die er vorgelegt hat, dem Einzelhändler A weiter:

Fracht	200,00 €
+ 16 % USt	32,00 €
	232,00 €

Buchungssatz:

Sollkonto	Betrag (€)	Habenkonto
1200 (1400) Forderungen aLuL	232,00 200,00 32,00	**4200** (8200) Erlöse **3805** (1775) USt 16 %

Buchung:

```
S   1200 (1400) Forderungen aLuL   H        S      4200 (8200) Erlöse       H
        232,00 |                                           | 200,00


                                             S      3805 (1775) USt 16 %    H
                                                           | 32,00
```

4.2.4 Abschluss der Vertriebskostenkonten

Die **Warenvertriebskostenkonten** sind **Aufwandskonten**, die **über** das **Gewinn- und Verlustkonto (GuVK)** abgeschlossen werden.

4.2.5 Zusammenfassung und Erfolgskontrolle

4.2.5.1 Zusammenfassung

- **Warenvertriebskosten** sind alle Kosten, die unmittelbar im Zusammenhang mit dem Vertrieb von Waren anfallen.
- **Vertriebskosten** sind grundsätzlich **sofort abzugsfähige Betriebsausgaben.**
- **Vertriebskosten** werden beim **SKR 04** auf Konten der **Klasse 6** und beim SKR 03 auf Konten der Klasse 4 gebucht.
- Die Vertriebskosten**konten** werden **über** das **Gewinn- und Verlustkonto abgeschlossen.**

4.2.5.2 Erfolgskontrolle

WIEDERHOLUNGSFRAGEN

1. Welche Kosten können beim Warenvertrieb anfallen?
2. Wie sind diese Kosten einkommensteuerlich zu behandeln?
3. Wie wird die mit den Vertriebskosten berechnete Umsatzsteuer beim Unternehmer behandelt?
4. Welche Vertriebskostenkonten kennen Sie?
5. Über welches Konto werden die Vertriebskostenkonten abgeschlossen?
6. Auf welches Konto werden die weiterberechneten Vertriebskosten gebucht?

ÜBUNGSAUFGABEN

Übungsaufgabe 1:

Bilden Sie die Buchungssätze für die folgenden belegmäßig nachgewiesenen Geschäftsvorfälle:

	EUR
1. Kauf von 100 Versandkartons auf Ziel,	
netto 200,00	
+ USt 32,00	232,00
2. Rechnung eines Transportunternehmers für den Transport von Waren zu einem Kunden	
Warentransport 500,00	
+ 16 % USt 80,00	580,00
3. Barkauf von Verpackungsmaterial für den Warenvertrieb, netto 300,00	
+ USt 48,00	348,00
4. Zahlung für Vertreterprovision (Verkaufsprovision) durch Bankscheck, netto 600,00	
+ USt 96,00	696,00
5. Barzahlung einer Beitragsrechnung der Securitas-Versicherungs AG für die Transportversicherung einer Warensendung an einen Kunden	150,00
6. Ausgangsrechnung an einen Kunden:	
Warenwert 5.000,00	
+ Versandverpackung 300,00	
+ Fracht 200,00	
5.500,00	
+ 16 % USt 880,00	6.380,00
7. Barzahlung der Ausgangsfracht, brutto einschließlich 16 % USt	110,20

Übungsaufgabe 2:

Der Maschinenbauer Rüdiger Wenzel e.K., Köln, lieferte an die Wörns GmbH, Kiel, eine Spezialmaschine. Gemäß den Kaufvertragsvereinbarungen musste Wenzel die Kosten des Transports tragen.
Der damit beauftragte Fuhrunternehmer Fritz Eilig erteilt Wenzel folgende Rechnung (Auszug):

Gütertransport Köln - Kiel	1.000,00 €
+ 16 % USt	160,00 €
	1.160,00 €

Rüdiger Wenzel buchte die Eingangsrechnung wie folgt:

Sollkonto	Betrag (€)	Habenkonto
5800 (3800) Bezugsnebenkosten	1.000,00	**3300** (1600) Verbindlichkeiten aLuL
1405 (1575) Vorsteuer	160,00	**3300** (1600) Verbindlichkeiten aLuL

Überprüfen Sie die Buchung und führen Sie eine eventuelle Korrekturbuchung durch.

Übungsaufgabe 3:

Die Großhändlerin Susanne Meier, München, hat aufgrund der Vermittlung des selbständigen Handelsmaklers Willi Kurz einen neuen Kunden gewinnen können und dadurch einen Umsatz in Höhe von 200.000,00 € + 16 % USt erzielt.
Vereinbarungsgemäß erhält Willi Kurz von Susanne Meier eine Provision in Höhe von 1,5 % des Nettoumsatzes.

1. Erstellen Sie die Provisionsabrechnung des Willi Kurz.
2. Kontieren Sie die Ausgangsrechnung bei Willi Kurz.
3. Kontieren Sie die Eingangsrechnung bei Susanne Meier.

Übungsaufgabe 4:

Die Friedhelm Schulz KG, Würzburg, hat am 01.03.2006 an die Welsch AG, Freiburg, eine Spezialmaschine geliefert und dafür dem Frachtführer Fritz Mützig, Würzburg, 580,00 € (einschließlich USt) bezahlt; eine ordnungsgemäße Eingangsrechnung vom 06.03.2006 liegt vor.
Vereinbarungsgemäß berechnet die Schulz KG die Transportkosten an die Welsch AG weiter. Die entsprechende Ausgangsrechnung wird am 10.03.2006 zugestellt.

Kontieren Sie für die Schulz KG
1. die Eingangsrechnung des Frachtführers und
2. die Ausgangsrechnung an die Welsch AG.

Übungsaufgabe 5:

Welche Aussage ist richtig? Kreuzen Sie die richtige Antwort an.

(a) Das Konto "Ausgangsfrachten" wird über das Wareneinkaufskonto abgeschlossen.
(b) Das Konto "Ausgangsfrachten" wird über das Schlussbilanzkonto abgeschlossen.
(c) Das Konto "Ausgangsfrachten" wird über das GuV-Konto abgeschlossen.
(d) Das Konto "Ausgangsfrachten" wird über das Konto Erlöse abgeschlossen.

Übungsaufgabe 6:

Kontieren Sie EDV-gemäß die folgenden belegmäßig nachgewiesenen Geschäftsvorfälle:

	EUR
1. Zahlung für Verpackungsmaterial durch Bankscheck, netto 500,00 € + 16 % USt 80,00 €	580,00
2. Barzahlung der Ausgangsfracht, brutto einschließlich 16 % USt	162,40

Zusammenfassende Erfolgskontrolle

Der Unternehmer Bauer, Nürnberg, der zum Vorsteuerabzug berechtigt ist, hat zum 31.12.2006 durch Inventur folgende Werte ermittelt:

	EUR
0640 (0430) Ladeneinrichtung	26.000,00
1140 (3980) Bestand Waren (Anfangsbestand)	151.000,00
1200 (1400) Forderungen aLuL	57.500,00
1405 (1575) Vorsteuer 16 %	0,00
1800 (1200) Bankguthaben	16.500,00
1600 (1000) Kasse	11.000,00
3300 (1600) Verbindlichkeiten aLuL	28.000,00
3805 (1775) Umsatzsteuer 16 %	11.000,00
2000 (0800) Eigenkapital	223.000,00

Geschäftsvorfälle

	EUR
1. Wareneinkauf auf Ziel, netto 5.000,00 € + USt 800,00 €	5.800,00
2. Warenverkauf auf Ziel, netto 8.000,00 € + USt 1.280,00 €	9.280,00
3. Ausgangsfrachten hierauf bar, netto 500,00 € + USt 80,00 €	580,00
4. Barkauf von Versandverpackung, netto 600,00 € + USt 96,00 €	696,00
5. Banküberweisung eines Kunden	22.600,00
6. Banküberweisung der Umsatzsteuerschuld (Zahllast)	11.000,00
7. Barverkauf von Waren, brutto (16 % USt)	113,68
8. Warenverkauf auf Ziel, netto 3.000,00 € + USt 480,00 €	3.480,00
9. Ausgangsfracht hierauf bar, netto 400,00 € + USt 64,00 €	464,00

Abschlussangaben

	EUR
10. Abschreibung auf Ladeneinrichtung	2.000,00
11. Warenendbestand laut Inventur	150.000,00

Aufgaben

1. Tragen Sie die Anfangsbestände auf T-Konten vor.
2. Bilden Sie die Buchungssätze.
3. Buchen Sie die Geschäftsvorfälle.
4. Schließen Sie die Konten ab und ermitteln Sie den Gewinn.
5. Stellen Sie die Bilanz zum 31.12.2006 nach dem handelsrechtlichen Gliederungsschema auf.

Weitere Aufgaben mit Lösungen finden Sie im **Lösungsbuch** der Buchführung 1.

4.3 Warenrücksendungen und Gutschriften

Waren werden **zurückgesandt** oder **im Preis ermäßigt**, wenn der Verkäufer den Kaufvertrag nicht ordnungsgemäß erfüllt, wenn er z.B. **falsche oder mangelhafte Waren** liefert.

Für die Rücksendung bzw. den festgestellten Mangel der Waren erteilt der Verkäufer dem Käufer eine entsprechende **Gutschrift**.

Rücksendungen und Gutschriften ergeben sich sowohl auf der **Einkaufsseite** als auch auf der **Verkaufsseite**.

4.3.1 Buchen der Rücksendungen und Gutschriften auf der Einkaufsseite

Gutschriften auf der Einkaufsseite für Rücksendungen und Sachmängel **mindern** die Anschaffungskosten des Wareneingangs.

Sie werden deshalb auf der **Habenseite** des **Wareneingangskontos** gebucht.

Die beim Wareneingang anfallende **Vorsteuer mindert sich entsprechend**, weil sich auf der anderen Seite auch die Umsatzsteuer des Lieferers vermindert.

Diese **Minderung** ist **als Vorsteuerberichtigung** auf der **Habenseite des Vorsteuerkontos** zu buchen.

Der Minderung der Anschaffungskosten des Wareneingangs und der Vorsteuerberichtigung steht eine entsprechende **Reduzierung der Verbindlichkeiten** gegenüber, die auf der **Sollseite** des Kontos **Verbindlichkeiten aLuL** gebucht wird.

In der Praxis werden Anschaffungskostenminderung, Vorsteuerberichtigung und Reduzierung der Verbindlichkeit in der Regel erst beim Vorliegen der **Gutschrift** des Lieferers gebucht.

Beispiele:
a) Wir haben von einem Lieferer Waren für 10.000 € + 1.600 € USt = 11.600,00 € auf Ziel gekauft. Beim Auspacken der Waren stellen wir fest, dass ein Teil stark beschädigt und für den Verkauf ungeeignet ist. Wir senden den mangelhaften Teil der Waren an den Lieferer zurück. Für die Rücksendung erhalten wir vom Lieferer eine **Gutschrift** über 1.000 € + 160 € USt = 1.160,00 €.

1) Buchungssatz beim **Wareneingang** (lt. Eingangsrechnung):

Tz.	Sollkonto	Betrag (€)	Habenkonto
1.	**5200** (3200) Wareneingang **1405** (1575) Vorsteuer 16 %	10.000,00 1.600,00 11.600,00	**3300** (1600) Verbindlich. aLuL

Buchung:

S 5200 (3200) **Wareneingang** H	S 3300 (1600) **Verbindlichkeiten aLuL** H
1) 10.000,00	1) 11.600,00

S **1405** (1575) **Vorsteuer 16 %** H

1)   1.600,00

2) Buchungssatz bei der **Rücksendung** (lt. Gutschrift):

Tz.	Sollkonto	Betrag (€)	Habenkonto
2.	3300 (1600) Verbindlichk. aLuL	1.160,00 1.000,00 160,00	5200 (3200) Wareneingang 1405 (1575) Vorsteuer 16 %

Buchung:

S 3300 (1600) **Verbindlichk. aLuL** H	S 5200 (3200) **Wareneingang** H
2) **1.160,00** | 1) 11.600,00	1) 10.000,00 | 2) **1.000,00**

S **1405** (1575) **Vorsteuer 16 %** H

1)   1.600,00 | 2)   **160,00**

b) Aufgrund einer Mängelrüge schreibt uns der Lieferer 300 € + 48 € USt = 348,00 € gut. Die eingegangene **Ware** haben wir **nicht zurückgeschickt**, weil sie – unter Berücksichtigung einer Preisermäßigung – für den Verkauf noch geeignet ist.

Buchungssatz:

Sollkonto	Betrag (€)	Habenkonto
3300 (1600) Verbindlichk. aLuL **3300** (1600) Verbindlichk. aLuL	300,00 48,00	**5200** (3200) Wareneingang **1405** (1575) Vorsteuer 16 %

Buchung:

S 3300 (1600) **Verbindlichkeiten aLuL** H	S 5200 (3200) **Wareneingang** H
348,00	300,00

S **1405** (1575) **Vorsteuer 16 %** H

48,00

4.3.2 Buchen der Rücksendungen und Gutschriften auf der Verkaufsseite

Gutschriften auf der Verkaufsseite für Rücksendungen und Sachmängel **schmälern** die **Verkaufserlöse**.

Sie werden deshalb auf der **Sollseite** des **Erlöskontos** gebucht.

Umsatzsteuerlich handelt es sich bei der **Erlösschmälerung** um eine **Berichtigung des Entgelts** (§ 17 UStG), die eine **Berichtigung der Umsatzsteuer** zur Folge hat.

Die **USt-Berichtigung** wird auf der **Sollseite** des **Umsatzsteuerkontos** gebucht.

Der Erlösschmälerung und der USt-Berichtigung steht eine entsprechende **Minderung der Forderung** gegenüber, die auf der **Habenseite** des Kontos **Forderungen aLuL** gebucht wird.

Beispiel:
Wir haben an einen Kunden Waren für 20.000 € + 3.200 € USt = 23.200,00 € auf Ziel geliefert. Von unserem Kunden nehmen wir falsch gelieferte Ware im Wert von 1.000 € + 160 € USt = 1.160,00 € zurück und erteilen ihm darüber eine Gutschrift.

1) Buchungssatz beim **Warenausgang** (lt. Ausgangsrechnung):

Tz.	Sollkonto	Betrag (€)	Habenkonto
1.	**1200** (1400) Forderungen aLuL	23.200,00 20.000,00 3.200,00	**4200** (8200) Erlöse **3805** (1775) USt 16 %

Buchung:

S **1200** (1400) Forderungen aLuL H   S **4200** (8200) **Erlöse** H

1)   23.200,00 | | 1)   20.000,00

                                                S **3805** (1775) **USt 16 %** H

                                                       | 1)   3.200,00

2) Buchungssatz bei der **Rücksendung** (lt. Gutschrift):

Tz.	Sollkonto	Betrag (€)	Habenkonto
2.	**4200** (8200) Erlöse **3805** (1775) USt 16 %	1.000,00 160,00 1.160,00	**1200** (1400) Forderungen aLuL

Buchung:

```
S    4200 (8200) Erlöse    H        S   1200 (1400) Forderungen aLuL   H
2)   1.000,00 | 1)  20.000,00        1)       23.200,00 | 2)   1.160,00


S    3805 (1775) USt 16 %    H
2)     160,00 | 1)   3.200,00
```

Gutschriften für Rücksendungen und **Sachmängel** können auch auf das **Unterkonto**

<u>4700 (8700) Erlösschmälerungen</u>

gebucht werden.

Das **Unterkonto Erlösschmälerungen** wird zum Ende des Wirtschaftsjahres **über** das **Erlöskonto abgeschlossen**.

Merke: Rücksendungen und Gutschriften mindern

- auf der **Einkaufseite** den **Wareneingang**, die **Vorsteuer** und die **Verbindlichkeiten**

  und

- auf der **Verkaufseite** die **Erlöse**, die **Umsatzsteuer** und die **Forderungen**.

4.3.3 Zusammenfassung und Erfolgskontrolle

4.3.3.1 Zusammenfassung

Rücksendungen und Gutschriften

- auf der **Einkauf**sseite
- auf der **Verkauf**sseite

Einkaufsseite:

S **5200** (3200) **Wareneingang** H
→ Rücksendungen und Gutschriften (H)

S **1405** (1575) **Vorsteuer 16 %** H
→ Vorsteuer-Berichtigung (H)

S **3300** (1600) **Verbindlichkeiten** H
→ Rücksendungen und Gutschriften (S)

Verkaufsseite:

S **4200** (8200) **Erlöse** H
→ Rücksendungen und Gutschriften (S)

S **3805** (1775) **Umsatzsteuer 16 %** H
→ USt-Berichtigung (S)

S **1200** (1400) **Forderungen** H
→ Rücksendungen und Gutschriften (H)

4.3.3.2 Erfolgskontrolle

WIEDERHOLUNGSFRAGEN

1. In welchen Fällen werden Waren zurückgesandt?
2. In welchem Fall werden Waren im Preis ermäßigt?
3. Wie wirken sich Rücksendungen und Gutschriften auf der Einkaufsseite buchmäßig aus?
4. Wie wirken sich Rücksendungen und Gutschriften auf der Verkaufsseite buchmäßig aus?

ÜBUNGSAUFGABEN

Übungsaufgabe 1:

Bilden Sie die Buchungssätze für die folgenden belegmäßig nachgewiesenen Geschäftsvorfälle:

		EUR
1. Wareneinkauf auf Ziel, netto	5.000,00 €	
+ USt	800,00 €	5.800,00
2. Warenverkauf auf Ziel, netto	10.000,00 €	
+ USt	1.600,00 €	11.600,00
3. Warenrücksendung vom Kunden, netto	400,00 €	
+ USt	64,00 €	464,00
4. Warenrücksendung an Lieferer, netto	500,00 €	
+ USt	80,00 €	580,00
5. Warenrücksendung vom Kunden, brutto einschließlich 16 % USt		58,00
6. Warenrücksendung an Lieferer, brutto einschließlich 16 % USt		102,08
7. Aufgrund einer Mängelrüge erhält ein Kunde eine Gutschrift, netto	300,00 €	
+ USt	48,00 €	348,00
8. Wir erhalten von einem Lieferer eine Gutschrift aufgrund einer Mängelrüge, brutto einschließlich 7 % USt		160,50
9. Banküberweisung von Kunden		13.560,00
10. Banküberweisung an Lieferer		9.040,00

Übungsaufgabe 2:

Kontieren Sie EDV-gemäß die folgenden belegmäßig nachgewiesenen Geschäftsvorfälle. Verwenden Sie automatische Konten. Unterkonten werden nicht geführt.

	EUR
1. Warenrücksendung an Lieferer, netto 1.000 € + 160 € USt = Lieferant: 71500	1.160,00
2. Warenrücksendung vom Kunden, netto 500 € + 80 € USt = Kunde: 11405	580,00

Zusammenfassende Erfolgskontrolle

Der Unternehmer Hans Thomas, Köln, hat durch Inventur folgende Bestände ermittelt:

	EUR
0540 (0350) Lkw	20.000,00
0640 (0430) Ladeneinrichtung	25.000,00
1140 (3980) Bestand Waren (AB)	150.000,00
1200 (1400) Forderungen aLuL	20.000,00
1800 (1200) Bankguthaben	20.000,00
1600 (1000) Kasse	5.000,00
3300 (1600) Verbindlichkeiten aLuL	15.000,00
2000 (0800) Eigenkapital	225.000,00

Geschäftsvorfälle

			EUR
1.	Kauf von Waren auf Ziel, netto	5.000,00 €	
	+ USt	800,00 €	5.800,00
2.	Warenrücksendung an Lieferer, netto	1.000,00 €	
	+ USt	160,00 €	1.160,00
3.	Warenverkauf auf Ziel, netto	8.000,00 €	
	+ USt	1.280,00 €	9.280,00
4.	Ausgangsfracht hierauf bar, netto	500,00 €	
	+ USt	80,00 €	580,00
5.	Warenrücksendung vom Kunden, netto	700,00 €	
	+ USt	112,00 €	812,00
6.	Warenrücksendung an Lieferer, netto	630,00 €	
	+ USt	100,80 €	730,80
7.	Warenrücksendung vom Kunden, netto	410,00 €	
	+ USt	65,60 €	475,60
8.	Banküberweisung von Kunden		11.300,00
9.	Barkauf von Verpackungsmaterial, netto	300,00 €	
	+ USt	48,00 €	348,00
10.	Banküberweisung an Lieferer		3.000,00

Abschlussangaben

11.	Warenendbestand lt. Inventur	150.000,00
12.	Abschreibung auf Lkw	3.000,00
13.	Abschreibung auf Ladeneinrichtung	2.000,00

Aufgaben

1. Bilden Sie die Buchungssätze.
2. Tragen Sie die Anfangsbestände auf den Konten vor.
3. Buchen Sie die belegmäßig nachgewiesenen Geschäftsvorfälle.
4. Schließen Sie die Konten ab.

4.4 Preisnachlässe und Preisabzüge

Die **Lieferer** gewähren häufig ihren Kunden **Nachlässe** und **Abzüge** auf ihre Listenpreise.

Diese **Nachlässe** und **Abzüge** werden als **Rabatte, Skonti** und **Boni** bezeichnet.

4.4.1 Begriff und steuerliche Bedeutung der Rabatte, Skonti und Boni

<u>Rabatte</u> sind Preisnachlässe, die der Lieferer aus unterschiedlichen Gründen gewährt, z.B. als

- **Mengenrabatt** = bei der Abnahme größerer Mengen
- **Treuerabatt** = bei länger dauernder Geschäftsbeziehung
- **Wiederverkäuferrabatt** = bei Verkäufen an Händler
- **Personalrabatt** = bei Verkäufen an Mitarbeiter
- **Sonderrabatt** = bei Sonderverkäufen (z.B. Saisonverkäufen).

Rabatte werden in der Regel sofort beim Ausstellen der Rechnung preismindernd berücksichtigt. Sie werden deshalb auch als **Sofort-Rabatte** bezeichnet.

Bei **Sofort-Rabatten** berechnet der Lieferer die **Umsatzsteuer** schon vom **verminderten Rechnungsbetrag**, so dass die **Rabatte nicht** zu den **Anschaffungskosten** gehören **und** für die **Umsatzsteuer keine Bedeutung** haben.

<u>Skonto</u> ist ein **Abzug** des Kunden vom Rechnungsbetrag bei Zahlung innerhalb einer vereinbarten kurzen Frist (Preis**abzug**).

Die **Möglichkeit des Skontoabzugs** soll den **Kunden veranlassen**, den Kaufpreis **kurzfristig** nach Wareneingang **zu zahlen** und somit keinen Liefererkredit in Anspruch zu nehmen.

Umsatzsteuerlich bewirkt der **Skontoabzug beim Lieferer** eine **Entgeltsminderung und** damit eine **Minderung der Umsatzsteuer**, während sich **beim Kunden** die **Vorsteuer verringert**.

Einkommensteuerlich verringert der **Skontoabzug beim Lieferer** den **Ertrag** aus dem Warenverkauf **und beim Käufer** die **Anschaffungskosten** des Wareneingangs.

<u>Bonus</u> ist ein nachträglich entweder viertel-, halb- oder jährlich vom Lieferer gewährter **Nachlass**, den dieser meistens nach der Höhe des Umsatzes staffelt, den der Kunde bei ihm erreicht hat (**nachträglich gewährter Rabatt**).

Der Nachlass wird deshalb auch als **Umsatzbonus** bezeichnet.

Mit der **Bonusgewährung** will der Lieferer seine **Kunden veranlassen**, einen möglichst **hohen Anteil ihres Bedarfs** bei ihm zu **decken**.

Steuerlich werden **Boni** genauso behandelt **wie Skonti**: **Boni mindern** die Umsatzsteuer bzw. die **Vorsteuer** und **verringern** den **Ertrag** bzw. die **Anschaffungskosten**.

> **Übung**: Wiederholungsfragen 1 bis 8 (Seite 209)

4.4.2 Buchen der Preisnachlässe und Preisabzüge auf der Einkaufsseite

Rabatte, Skonti und Boni, die der Buchführende von seinem Lieferer erhält, werden auch als **Liefererrabatte, Liefererskonti und Liefererboni** bezeichnet.

4.4.2.1 Erhaltene Rabatte

Erhaltene Rabatte (Liefererrabatte), die schon in der Rechnung des Lieferers preismindernd berücksichtigt sind (**Sofort-Rabatte**), werden in der Regel **buchmäßig nicht erfasst**.

Erhaltene Rabatte gehören **nicht** zu den **Anschaffungskosten** und haben auch **keine Bedeutung für die Vorsteuer**.

Beispiel:
Wir erhalten für eine Warenlieferung von einem Lieferer folgende **Rechnung** (Auszug):

Listenpreis der Ware	1.000,00 €
– 10 % Rabatt	– 100,00 €
Nettobetrag	900,00 €
+ 16 % USt	144,00 €
Bruttorechnungsbetrag	1.044,00 €

Buchungssatz:

Sollkonto	Betrag (€)	Habenkonto
5200 (3200) Wareneingang	900,00	
1405 (1575) Vorsteuer 16 %	144,00	
	1.044,00	**3300** (1600) Verbindlichk. aLuL

Buchung:

S 5200 (3200) **Wareneingang** H	S 3300 (1600) **Verbindlichkeiten aLuL** H
900,00	1.044,00

S 1405 (1575) **Vorsteuer 16 %** H
144,00

Werden Rabatte ausnahmsweise nachträglich gewährt oder will man die beim Einkauf erhaltenen Sofort-Rabatte **gesondert** erfassen, können diese auf dem Konto

5770 (3770) Erhaltene Rabatte

gebucht werden. Dieses Konto ist ein **Unterkonto des Wareneingangkontos**. Es wird deshalb zum Ende des Jahres **über** das **Wareneingangskonto abgeschlossen**.

4.4.2.2 Erhaltene Skonti

Erhaltene Skonti (Liefererskonti) stellen einkommensteuerlich eine nachträgliche **Minderung der Anschaffungskosten** des Wareneingangs dar. Sie **könnten** deshalb **direkt** auf der Habenseite des **Wareneingangskontos** gebucht werden.

Zur besseren Übersicht und für Zwecke der Kalkulation und Verprobung ist es jedoch üblich, sie auf einem **eigenen Konto**,

5730 (3730) Erhaltene Skonti,

zu buchen.

Beispiel:
Wir haben von einem Lieferer Waren für 10.000 € + 1.600 € USt = 11.600,00 € auf Ziel gekauft. Zehn Tage nach der Lieferung begleichen wir die Rechnung unter Abzug von **3 % Skonto** durch Banküberweisung.

Warenwert	10.000,00 €
+ 16 % USt	1.600,00 €
Bruttorechnungsbetrag	11.600,00 €
− **3 % Skonto** (3 % von 11.600 €)	− **348,00 €**
Überweisungsbetrag	11.252,00 €

1) Buchungssatz beim **Wareneingang**:

Tz.	Sollkonto	Betrag (€)	Habenkonto
1.	**5200** (3200) Wareneingang **1405** (1575) Vorsteuer 16 %	10.000,00 1.600,00 11.600,00	**3300** (1600) Verbindlichk. aLuL

Buchung:

S   **5200** (3200) **Wareneingang**   H   S   **3300** (1600) **Verbindlichkeiten aLuL**   H

1)   **10.000,00**   1)   **11.600,00**

S   **1405** (1575) **Vorsteuer 16 %**   H

1)   **1.600,00**

Der bei der Zahlung abgezogene **Skontobetrag von 348 €** ist **zu zerlegen** in den Teil, der auf den **Warenwert** entfällt (348 € : 1,16 = **300 €**) und den Teil, der auf die **Umsatzsteuer** entfällt (348 € − 300 € = **48 €**). Steuerlich handelt es sich bei dem Teil, der auf den **Warenwert** entfällt, um eine Anschaffungskostenminderung und bei dem Teil, der auf die **Umsatzsteuer** entfällt, um eine **Minderung** der **Vorsteuer**.

2) Buchungssatz bei der **Zahlung**:

Tz.	Sollkonto	Betrag (€)	Habenkonto
2.	**3300** (1600) Verbindlichk. aLuL	11.600,00 11.252,00 300,00 48,00	 **1800** (1200) Bank **5730** (3730) **Erhaltene Skonti** **1405** (1575) Vorsteuer 16 %

Buchung:

S   **3300** (1600) **Verbindlichk. aLuL**   H   S   **1800** (1200) **Bank**   H

2)   **11.600,00** | 1)   **11.600,00**   2)   **11.252,00**

                                                       S   **5730** (3730) **Erhaltene Skonti**   H

                                                                                        2)   **300,00**

                                                       S   **1405** (1575) **Vorsteuer 16 %**   H

                                                                                        2)   **48,00**

Das Konto "**Erhaltene Skonti**" ist ein **Unterkonto** des Kontos "**Wareneingang**" und wird deshalb über dieses Konto **abgeschlossen**.

Beispiel:
Das Konto "**5730 (3730) Erhaltene Skonti**" aus dem Beispiel zuvor (Seite 199 f.) wird wie folgt **abgeschlossen**:

S	5730 (3730) Erhaltene Skonti		H
Wareneingang	300,00	2)	300,00

S	5200 (3200) Wareneingang		H
1)	10.000,00	Erhaltene Skonti	300,00

Der **Abschluss** zeigt, dass **erhaltene Skonti** eine **Minderung der Anschaffungskosten** des Wareneingangs darstellen.

Wird die **Vorsteuer** – wie im vorangegangenen Beispiel – **sofort** bei der Buchung der Zahlung **berichtigt**, bezeichnet man das Buchungsverfahren als **Nettoverfahren**.

Werden alle Skonti **zunächst brutto** (d.h. einschließlich der Umsatzsteuer) gebucht und die Berichtigung erst später vorgenommen, bezeichnet man das Verfahren als **Bruttoverfahren**.

Beispiel:
Sachverhalt wie im Beispiel zuvor (Seite 199 f.)

2) Buchungssatz bei der Zahlung nach dem **Bruttoverfahren**:

Sollkonto	Betrag (€)	Habenkonto
3300 (1600) Verbindlichk. aLuL	11.600,00	
	11.252,00	**1800** (1200) Bank
	348,00	**5730** (3730) Erhaltene Skonti

Buchung:

S **3300** (1600) **Verbindlichkeiten aLuL** H
2) 11.600,00	1) 11.600,00

S **1800** (1200) **Bank** H
	2) 11.252,00

S **5730** (3730) **Erhaltene Skonti** H
	2) 348,00

Die **Berichtigung der Vorsteuer** erfolgt beim **Bruttoverfahren** für alle Skontibeträge eines bestimmten Zeitraums (meistens des USt-Voranmeldungszeitraums) in einer Summe.

Beispiel:
Sachverhalt wie im Beispiel zuvor

3) Buchung der Vorsteuerberichtigung:

S	5730 (3730) Erhaltene Skonti	H		S	1405 (1575) Vorsteuer	H
3)	48,00	1) 348,00			3)	48,00

Der **Saldo** des Kontos "**Erhaltene Skonti**" entspricht der **Anschaffungskostenminderung** von **300,00 €**.

4.4.2.3 Erhaltene Boni

Erhaltene Boni (**Liefererboni**) stellen einkommensteuerlich – wie erhaltene Skonti – eine **Minderung der Anschaffungskosten** des Wareneingangs dar.

Zur besseren Übersicht und zur Abgrenzung gegenüber den Rücksendungen werden jedoch auch die Boni auf einem **eigenen Konto**,

<u>**5740 (3740) Erhaltene Boni**</u>,

gebucht.

Beispiel:
Der Lieferer aus dem Beispiel zuvor (Seite 199) gewährt uns zum Ende des Jahres einen **Bonus** von **1.000 €** + **160 € USt** = **1.160,00 €**.

Buchungssatz:

Sollkonto	Betrag (€)	Habenkonto
3300 (1600) Verbindlichk. aLuL	1.160,00	
	1.000,00	5740 (3740) Erhaltene Boni
	160,00	1405 (1575) Vorsteuer 16 %

Buchung:

S	3300 (1600) Verbindlichkeiten aLuL	H		S	5740 (3740) Erhaltene Boni	H
	1.160,00					1.000,00

S	1405 (1575) Vorsteuer 16 %	H
		160,00

Das Konto "**Erhaltene Boni**" ist ein **Unterkonto** des **Kontos** "**Wareneingang**" und wird deshalb über dieses Konto abgeschlossen.

Beispiel:
Das Konto "**5740** (3740) **Erhaltene Boni**" aus dem Beispiel zuvor wird wie folgt **abgeschlossen**:

```
S           5740 (3740) Erhaltene Boni           H
  Wareneingang   1.000,00  |  1.000,00


S           5200 (3200) Wareneingang             H
  1)             10.000,00 |  Erhaltene Skonti     300,00
                           |  Erhaltene Boni     1.000,00
```

Der **Abschluss zeigt**, dass **erhaltene Boni** – wie erhaltene Skonti – eine **Minderung** der **Anschaffungskosten** des Wareneingangs darstellen.

> **Übung**: 1. Wiederholungsfragen 9 bis 14 (Seite 209),
> 2. Übungsaufgaben 1 und 2 (Seite 209 f.)

4.4.3 Buchen der Preisnachlässe und Preisabzüge auf der Verkaufsseite

Rabatte, Skonti und Boni, die der Buchführende seinem **Kunden gewährt**, werden auch als **Kundenrabatte, Kundenskonti und Kundenboni** bezeichnet.

4.4.3.1 Gewährte Rabatte

Gewährte Rabatte (Kundenrabatte), die schon in der Rechnung an den Kunden preismindernd berücksichtigt sind (Sofort-Rabatte), werden in der Regel – wie die Liefererrabatte – buchmäßig nicht erfasst.

Es wird der um die Rabatte verminderte Erlös gebucht.

Beispiel:
Wir erteilen für eine Warenlieferung folgende Rechnung (Auszug):

Listenpreis der Waren	10.000,00 €
– 20 % Rabatt	– 2.000,00 €
Nettobetrag	8.000,00 €
+ 16 % USt	1.280,00 €
Bruttorechnungsbetrag	9.280,00 €

Buchungssatz:

Sollkonto	Betrag (€)	Habenkonto
1200 (1400) Forderungen aLuL	9.280,00 8.000,00 1.280,00	4200 (8200) Erlöse 3805 (1775) USt 16 %

Buchung:

```
S   1200 (1400) Forderungen aLuL   H        S    4200 (8200) Erlöse    H
        9.280,00 |                                              | 8.000,00

                                             S    3805 (1775) USt 16 %  H
                                                                | 1.280,00
```

Auch auf der **Verkaufsseite** können die **Rabatte** gesondert auf einem **eigenen Konto**, dem Konto "**4770 (8770) Gewährte Rabatte**", erfasst werden. Das Konto **Gewährte Rabatte** ist ein **Unterkonto des Erlöskontos**. Es wird zum Ende des Jahres **über** das **Erlöskonto abgeschlossen**.

4.4.3.2 Gewährte Skonti

Gewährte Skonti (Kundenskonti) **mindern** nachträglich die **Erlöse**.

Sie werden jedoch – entsprechend der buchmäßigen Behandlung der Liefererskonti – auf einem **eigenen Konto**,

<u>**4730** (8730) **Gewährte Skonti**,</u>

erfasst.

Beispiel:
Wir haben Waren für 20.000 € + 3.200 € USt = 23.200,00 € auf Ziel verkauft. Der Kunde zahlt vereinbarungsgemäß den Rechnungsbetrag durch Banküberweisung unter Abzug von **2 % Skonto**.

Warenwert	20.000,00 €
+ 16 % USt	3.200,00 €
Bruttorechnungsbetrag	23.200,00 €
− **2 % Skonto**	− 464,00 €
Überweisungsbetrag	22.736,00 €

Der bei der Zahlung abgezogene **Skontobetrag (464,00 €)** ist in den **Erlösanteil (400,00 €)** und den **USt-Anteil (64,00 €)** zu zerlegen. Die USt ist zu berichtigen.

2) Buchungssatz beim Zahlungseingang:

Tz.	Sollkonto	Betrag (€)	Habenkonto
2.	**1800** (1200) **Bank**	22.736,00	
	4730 (8730) **Gewährte Skonti**	400,00	
	3805 (1775) **USt 16 %**	64,00	
		23.200,00	**1200** (1400) **Forderungen aLuL**

Buchung:

```
S       1800 (1200) Bank        H      S  1200 (1400) Forderungen aLuL  H
2)       22.736,00                      1)     23.200,00 | 2)   23.200,00


S   4730 (8730) Gewährte Skonti  H      S     4200 (8200) Erlöse         H
2)        400,00                                          | 1)   20.000,00


S      3805 (1775) USt 16 %      H
2)         64,00 | 1)    3.200,00
```

Die **Kundenskonti** können – wie die Liefererskonti – nach dem **Nettoverfahren** (= sofortige USt-Berichtigung) **oder** nach dem **Bruttoverfahren** (= spätere USt-Berichtigung) gebucht werden.

Das Konto "Gewährte Skonti" wird über das Konto "**4200** (8200) **Erlöse**" **abgeschlossen**.

Beispiel:
Das Konto "**4730** (8730) **Gewährte Skonti**" aus dem Beispiel zuvor wird wie folgt **abgeschlossen**:

```
         S       4730 (8730) Gewährte Skonti       H
         2)              400,00 | Erlöse    400,00


         S          4200 (8200) Erlöse             H
         Gewährte Skonti  400,00 | 1)      20.000,00
```

Der **Abschluss zeigt**, dass **gewährte Skonti** die **Erlöse mindern**.

4.4.3.3 Gewährte Boni

Gewährte Boni (**Kundenboni**) **mindern** die **Erlöse**. Sie werden buchmäßig **wie Kundenskonti** behandelt.

Die Erlösminderungen werden zur besseren Übersicht und zur Abgrenzung gegenüber den Warenrücksendungen der Kunden auf einem **Unterkonto des Erlöskontos** erfasst.

Das Unterkonto

4740 (8740) **Gewährte Boni**

wird am Ende des Jahres über das **Erlöskonto abgeschlossen**.

Beispiel:
Wir gewähren dem Kunden aus dem Beispiel zuvor (Seite 205) zum Ende des Jahres einen **Bonus** von 500,00 € + 80,00 € USt = 580,00 €.

Buchungssatz:

Sollkonto	Betrag (€)	Habenkonto
4740 (8740) **Gewährte Boni** **3805** (1775) **USt 16 %**	500,00 80,00 580,00	**1200** (1400) **Forderungen aLuL**

Buchung:

```
S   4740 (8740) Gewährte Boni   H        S  1200 (1400) Forderungen aLuL  H
        500,00 |                                                    | 580,00


S   3805 (1775) USt  16 %   H
        80,00 |
```

Beispiel:
Das Konto "**4740** (8740) **Gewährte Boni**" aus dem Beispiel zuvor wird wie folgt **abgeschlossen**:

```
            S       4740 (8740) Gewährte Boni       H
                        500,00 | Erlöse      500,00 •─┐
                                                      │
                                                      │
            S           4200 (8200) Erlöse           H │
            Gewährte Skonti  400,00 | 1)   20.000,00   │
          ─►Gewährte Boni    500,00 |                  │
                        ↑_____│
```

Der **Abschluss** zeigt, dass **gewährte Boni** – wie gewährte Skonti – die **Erlöse mindern**.

> **Übung:** 1. Wiederholungsfragen 15 bis 19 (Seite 209),
> 2. Übungsaufgaben 3 und 4 (Seite 210 f.)

4.4.4 Zusammenfassung und Erfolgskontrolle

4.4.4.1 Zusammenfassung

Rabatte, Skonti und Boni

auf der **Einkaufs**seite

S 5200 (3200) Wareneingang H

Einkäufe gemindert um Sofort-Rabatte	Erhaltene Skonti
	Erhaltene Boni

S 5730 (3730) Erhaltene Skonti H

	Liefererskonti

S 5740 (3740) Erhaltene Boni H

	Liefererboni

S 1405 (1575) Vorsteuer H

	VoSt-Berichtigung für erhaltene Boni, erhaltene Skonti

S 3300 (1600) Verbindl. aLuL H

Erhaltene Skonti	Verbindlichkeiten gemindert um Sofort-Rabatte
Erhaltene Boni	

auf der **Verkaufs**seite

S 4200 (8200) Erlöse H

Gewährte Skonti	Verkäufe gemindert um Sofort-Rabatte
Gewährte Boni	

S 4730 (8730) Gewährte Skonti H

Kundenskonti	

S 4740 (8740) Gewährte Boni H

Kundenboni	

S 3805 (1775) Umsatzsteuer H

USt-Berichtigung für gewährte Boni, gewährte Skonti	

S 1200 (1400) Forderungen aLuL H

Forderungen gemindert um Sofort-Rabatte	Gewährte Skonti
	Gewährte Boni

4.4.4.2 Erfolgskontrolle

WIEDERHOLUNGSFRAGEN

1. Was sind Rabatte?
2. Was ist Skonto?
3. Was bezweckt der Lieferer mit der Skontogewährung?
4. Welche umsatzsteuerliche Auswirkung hat der Skontoabzug?
5. Welche einkommensteuerliche Wirkung hat der Skontoabzug?
6. Was versteht man unter Bonus?
7. Was bezweckt der Lieferer mit der Bonusgewährung?
8. Wie werden Boni steuerlich behandelt?
9. Wie werden Liefererrabatte buchmäßig behandelt?
10. Auf welchem Konto werden Liefererskonti gebucht?
11. Über welches Konto wird dieses Konto abgeschlossen?
12. Was versteht man bei der Skontibuchung
    a) unter Nettoverfahren und
    b) unter Bruttoverfahren?
13. Auf welchem Konto werden Liefererboni gebucht?
14. Über welches Konto wird dieses Konto abgeschlossen?
15. Wie werden Kundenrabatte buchmäßig behandelt?
16. Auf welchem Konto werden Kundenskonti gebucht?
17. Über welches Konto wird dieses Konto abgeschlossen?
18. Auf welchem Konto werden Kundenboni gebucht?
19. Über welches Konto wird dieses Konto abgeschlossen?

ÜBUNGSAUFGABEN

Übungsaufgabe 1:

Bilden Sie die Buchungssätze für die folgenden belegmäßig nachgewiesenen Geschäftsvorfälle:

	EUR
1. Wir erhalten für eine Warenlieferung folgende Rechnung (Auszug): Listenpreis der Ware 1.200,00 € − 10 % Rabatt − 120,00 € = 1.080,00 € + 16 % USt 172,80 €	1.252,80
2. Wir begleichen diese Liefererrechnung über unter Abzug von 2 % Skonto durch Banküberweisung.	1.252,80
3. Unser Lieferer sendet uns für das 1. Halbjahr eine Umsatzbonus-Gutschrift über netto 2.500,00 € + USt 400,00 €	2.900,00

Übungsaufgabe 2:

Bilden Sie die Buchungssätze für die folgenden belegmäßig nachgewiesenen Geschäftsvorfälle:

		EUR
1. Wir kaufen Waren auf Ziel, netto	4.500,00 €	
+ USt	720,00 €	5.220,00
2. Barzahlung für Eingangsfracht hierauf, netto	100,00 €	
+ USt	16,00 €	116,00
3. Wir senden beschädigte Waren der obigen Sendung zurück. Der Lieferer erteilt uns eine Gutschrift über netto	500,00 €	
+ USt	80,00 €	580,00
4. Wir begleichen den Rest der Rechnung zur Tz. 1 unter Abzug von 2 % Skonto durch Banküberweisung.		?
5. Wir verkaufen Waren auf Ziel, netto	4.700,00 €	
+ USt	752,00 €	5.452,00
6. Barzahlung für Ausgangsfracht hierauf, netto	200,00 €	
+ USt	32,00 €	232,00
7. Wir erteilen dem Kunden (Tz. 5) eine Gutschrift für eine Mängelrüge, netto	300,00 €	
+ USt	48,00 €	348,00

Übungsaufgabe 3:

Bilden Sie die Buchungssätze für die folgenden belegmäßig nachgewiesenen Geschäftsvorfälle:

		EUR
1. Kauf von Waren auf Ziel, netto	5.000,00 €	
+ USt	800,00 €	5.800,00
2. Lieferer gewährt uns einen Bonus, netto	300,00 €	
+ USt	48,00 €	348,00
3. Kauf von Waren auf Ziel, netto	4.000,00 €	
− 10 % Rabatt	− 400,00 €	
	3.600,00 €	
+ USt	576,00 €	4.176,00
4. Banküberweisung an Lieferer für Rechnung (Tz. 3)	4.176,00 €	
abzüglich 3 % Skonto	− 125,28 €	4.050,72
5. Warenverkauf auf Ziel, netto	8.000,00 €	
+ USt	1.280,00 €	9.280,00
6. Wir gewähren einem Kunden einen Bonus, netto	600,00 €	
+ USt	96,00 €	696,00

	EUR

7. Warenverkauf auf Ziel, netto   10.000,00 €
    – Rabatt   – 2.000,00 €
                            8.000,00 €
    + USt   1.280,00 €
	9.280,00

8. Banküberweisung vom Kunden
   für Rechnung (Tz. 7)   9.280,00 €
   abzüglich 2 % Skonto   185,60 €
	9.094,40

9. Gutschrift der Bank über
   für Ausgangsrechnung über 7.540 €
   (einschl. 16 % USt) abzüglich 2 % Skonto
	7.389,20

10. Lastschrift der Bank über
    für Eingangsrechnung über 8.468 €
    (einschl. 16 % USt) abzüglich 3 % Skonto
	8.213,96

Übungsaufgabe 4:

Kontieren Sie EDV-gemäß die folgenden belegmäßig nachgewiesenen Geschäftsvorfälle. Verwenden Sie – soweit möglich – automatische Konten.

	EUR

1. Der Kunde Dahlhoff (Debitoren-Nr. 10 112)
   zahlt vereinbarungsgemäß den Rechnungsbetrag
   über 10.000 € + 1.600 € USt = 11.600 €
   abzüglich 2 % Skonto   =   232,00 €
   durch Postbanküberweisung.
	11.368,00

2. Banküberweisung an Lieferer Liesenfeld
   (Kreditoren-Nr. 70 017) für Rechnung
   über 3.600 € + 576 € USt = 4.176,00 €
   abzüglich 3 % Skonto   =   125,28 €
	4.050,72

3. Der Lieferer Bach (Kreditoren-Nr. 70 103)
   gewährt uns in Form einer Gutschrift
   einen Bonus von 1.000 € + 160 € USt =
	1.160,00

4. Wir gewähren dem Kunden Caesar (Debitoren-
   Nr. 10 107) in Form einer Gutschrift
   einen Bonus von 500 € + 80 € USt =
	580,00

Zusammenfassende Erfolgskontrolle

Der Unternehmer Eduard Jäger, Bonn, hat durch Inventur folgende Bestände ermittelt:

	EUR
0640 (0430) Ladeneinrichtung	35.000,00
1140 (3980) Bestand Waren (AB)	130.000,00
1200 (1400) Forderungen aLuL	25.000,00
1405 (1575) Vorsteuer 16 %	0,00
1800 (1200) Bankguthaben	9.000,00
1600 (1000) Kasse	1.000,00
3300 (1600) Verbindlichkeiten aLuL	10.000,00
3805 (1775) Umsatzsteuer 16 %	10.000,00
2000 (0800) Eigenkapital	180.000,00

Geschäftsvorfälle

			EUR
1. Kauf von Waren auf Ziel, netto		5.000,00 €	
+ USt		800,00 €	5.800,00
2. Banküberweisung an Lieferer für Rechnung (Tz. 1)		5.800,00 €	
abzüglich 2 % Skonto		116,00 €	5.684,00
3. Kauf von Waren auf Ziel, netto		2.000,00 €	
– Rabatt		– 200,00 €	
		1.800,00 €	
+ USt		288,00 €	2.088,00
4. Verkauf von Waren auf Ziel, netto		20.000,00 €	
– Rabatt		– 4.000,00 €	
		16.000,00 €	
+ USt		2.560,00 €	18.560,00
5. Banküberweisung vom Kunden für Rechnung über		11.600,00 €	
abzüglich 2 % Skonto		232,00 €	11.368,00
6. Banküberweisung der Umsatzsteuerschuld (Zahllast)			10.000,00
7. Lieferer gewährt Jäger einen Bonus, netto		500,00 €	
+ USt		80,00 €	580,00
8. Jäger gewährt einem Kunden einen Bonus, netto		300,00 €	
+ USt		48,00 €	348,00

Abschlussangaben

	EUR
9. Warenendbestand lt. Inventur	135.000,00
10. Abschreibung auf Ladeneinrichtung	5.000,00

Aufgaben

1. Bilden Sie die Buchungssätze. Konten für Rabatte werden nicht geführt.
2. Tragen Sie die Anfangsbestände auf T-Konten vor.
3. Buchen Sie die Geschäftsvorfälle.
4. Schließen Sie die Konten ab.

4.5 Handelskalkulation

Kalkulation heißt Preise berechnen. **Handelskalkulation** ist die Preisberechnung der Handelsbetriebe.
Die Unternehmensleitung der Handelsbetriebe will vor allem wissen, zu welchem **Einkaufspreis** (Bezugspreis) die Ware bezogen wird, und zu welchem **Verkaufspreis** die Ware abgesetzt werden kann.
Der Betriebskreislauf eines Handelsbetriebes lässt erkennen, dass die Handelskalkulation von der **Einkaufsrechnung** ausgeht und zur **Verkaufsrechnung** führt:

```
                    Kassenhaltung
                         ❹
        ┌───────────────────────────────┐
        ↓                               │
    Einkauf                          Verkauf
       ❶                               ❸
        │                               ↑
        └───────→  Lagerung  ───────────┘
                     ❷
```

4.5.1 Kalkulationsschema

Auf der Grundlage der auf den einzelnen Stufen ermittelten **Kosten** lassen sich die **Angebotspreise** kalkulieren.
Handelswaren verursachen Kosten im **Beschaffungsbereich, Verwaltungsbereich und Vertriebsbereich (nicht** aber – wie im Industriebetrieb – auch **im Fertigungsbereich).**

Handlungskosten sind Kosten, die neben den Bezugskosten anfallen, wie z.B. Personalkosten, Miete, Abschreibungen usw.

Die **Umsatzsteuer** wird bei der Preisberechnung grundsätzlich **nicht** berücksichtigt, d.h. alle Preise sind **Nettopreise**.

	Netto-Listeneinkaufspreis	
−	Liefererrabatt (erhaltener Rabatt)	v.H.
	Netto-Zieleinkaufspreis	
−	Liefererskonto (erhaltener Skonto)	v.H.
	Netto-Bareinkaufspreis	
+	Bezugskosten (z.B. Fracht, Rollgeld, Transportversicherung)	absolut bzw. v.H.
	Netto-Einstandspreis (Bezugspreis)	
+	Handlungskosten (Geschäftskosten)	v.H.
	Selbstkosten	
+	Gewinn	v.H.
	Netto-Barverkaufspreis	
+	Kundenskonto (gewährter Skonto)	i.H.
	Netto-Zielverkaufspreis	
+	Kundenrabatt (gewährter Rabatt)	i.H.
	Netto-Listenverkaufspreis	

Beispiel:
Die J & M GmbH kauft einen Tisch zum Netto-Listenpreis von 480 € ein. Sie erhält vom Lieferer 25 % Rabatt und 3 % Skonto. J & M kalkulieren mit 34,80 € Bezugskosten, 16 2/3 % Handlungskosten, 5 % Gewinn, 2 % Kundenskonto und 20 % Kundenrabatt.
Der Netto-Listen**verkaufspreis** des Tischs wird wie folgt berechnet:

Netto-Listeneinkaufspreis	480,00 €
− Liefererrabatt (25 % von 480 €)	120,00 €
Netto-Zieleinkaufspreis	360,00 €
− Liefererskonto (3 % von 360 €)	10,80 €
Netto-Bareinkaufspreis	349,20 €
+ Bezugskosten	34,80 €
Netto-Einstandspreis (Bezugspreis)	384,00 €
+ Handlungskosten (16 2/3 % von 384 €)	64,00 €
Selbstkosten	448,00 €
+ Gewinn (5 % von 448 €)	22,40 €
Netto-Barverkaufspreis	470,40 €
+ Kundenskonto (2 % von 480 €)	9,60 €
Netto-Zielverkaufspreis	480,00 €
+ Kundenrabatt (20 % von 600 €)	120,00 €
Netto-Listenverkaufspreis	**600,00 €**

In der Praxis der Handelsbetriebe werden häufig **vereinfachte** Kalkulationsverfahren angewandt. Diese Verfahren sind sinnvoll, wenn die Bedingungen über längere Zeit **konstant** bleiben.

4.5.2 Kalkulationszuschlag

Aus Vereinfachungsgründen werden vielfach die **einzelnen** Prozentsätze zwischen dem Netto-Einstandspreis (Bezugspreis) und dem Netto-Listenverkaufspreis zu **einem** Prozentsatz zusammengefasst.

Der Unterschied zwischen dem Verkaufspreis und dem Bezugspreis, ausgedrückt in Prozenten des **Bezugspreises**, wird als **Kalkulationszuschlag** bezeichnet:

Netto-Einstandspreis (Bezugspreis) + Handlungskosten	Bezugspreis (100 %)
Selbstkosten + Gewinn	
Netto-Barverkaufspreis + Kundenskonto	+ Kalkulationszuschlag (56,25 %)
Netto-Zielverkaufspreis + Kundenrabatt	
Netto-Listenverkaufspreis	Listenverkaufspreis (156,25 %)

Beispiel:
Sachverhalt wie im Beispiel zuvor (Seite 214). Der **Kalkulationszuschlag** und der Netto-Listenverkaufspreis werden wie folgt berechnet:

Bezugspreis	= 384 €	− 100 %
Unterschiedsbetrag zwischen Listenverkaufspreis und Bezugspreis (600 € − 384 €)	= 216 €	− x %
	$x = \dfrac{100\% \times 216\,€}{384\,€}$	
	x = **56,25 %** (Kalkulationszuschlag)	

Kalkulationsvereinfachung:

Bezugspreis (100 %)	384,00 €
+ **Kalkulationszuschlag (56,25 %** von 384 €)	216,00 €
Listenverkaufspreis (156,25 %)	**600,00 €**

4.5.3 Kalkulationsfaktor

An Stelle des Kalkulations**zuschlags** kann der Händler auch mit dem Kalkulations**faktor** rechnen.

Der **Kalkulationsfaktor** ist die Zahl, mit der man den Bezugspreis multiplizieren muss, um den Verkaufspreis zu erhalten.

Bezugspreis   x   Kalkulationsfaktor   =   Listenverkaufspreis

Beispiel:
Sachverhalt wie im Beispiel zuvor. Der **Kalkulationsfaktor** beträgt bei einem Kalkulations**zuschlag** von **56,25 %** = **1,5625**.

Kalkulationsvereinfachung:

384 € x **1,5625** =	**600,00 €**

Übung: 1. Wiederholungsfragen 1 bis 3 (Seite 217), 2. Übungsaufgaben 1 bis 4 (Seite 217)

4.5.4 Handelsspanne

In vielen Wirtschaftsbereichen wird der **Verkaufspreis** empfohlen. In diesem Falle wird der Händler eine **Rückwärtskalkulation** (retrograde Kalkulation) durchführen, um den **Bezugspreis** zu erhalten.

Der Unterschied zwischen dem Verkaufspreis und dem Bezugspreis, ausgedrückt in Prozenten des **Verkaufspreises**, wird als <u>**Handelsspanne**</u> bezeichnet:

Bezugspreis		
+ Handlungskosten		**Bezugspreis (64 %)**
Selbstkosten		↑
+ Gewinn		
Barverkaufspreis		**− Handelsspanne (36 %)**
+ Kundenskonto		↑
Zielverkaufspreis		
+ Kundenrabatt		
Listenverkaufspreis		**Listenverkaufspreis (100 %)**

Beispiel:
Sachverhalt wie im Beispiel zuvor (Seite 214). Die Handelsspanne und der Bezugspreis werden wie folgt berechnet:

Listenverkaufspreis	=	600 € − 100 %
Unterschiedsbetrag zwischen Listenverkaufspreis und Bezugspreis (600 € − 384 €)	=	216 € − x %
x	=	$\frac{100\ \% \times 216\ €}{600\ €}$
x	=	**36 %** (Handelsspanne)

Kalkulationsvereinfachung:

Listenverkaufspreis (100 %)	600,00 €
− **Handelsspanne (36 % von 600 €)**	− 216,00 €
Bezugspreis (64 %)	**384,00 €**

Übung: 1. Wiederholungsfrage 4 (Seite 217),
2. Übungsaufgabe 5 und 6 (Seite 217 f.)

4.5.5 Erfolgskontrolle

WIEDERHOLUNGSFRAGEN

1. Wie wird der Netto-Listenverkaufspreis eines Handelsbetriebs ermittelt? (Nennen Sie das Kalkulationsschema.)
2. Wie wird der Kalkulationszuschlag ermittelt?
3. Was versteht man unter dem Kalkulationsfaktor?
4. Wie wird die Handelsspanne ermittelt?

ÜBUNGSAUFGABEN

Übungsaufgabe 1:

1. Ermitteln Sie den Bezugspreis, wenn Ihnen folgende Zahlen zur Verfügung stehen: Selbstkosten 399,00 EUR und Handlungskosten 45 %.
2. Ermitteln Sie die Selbstkosten, wenn Ihnen folgende Zahlen zur Verfügung stehen: Bezugspreis 120,00 EUR und Handlungskosten 35 %.
3. Ermitteln Sie den Zielverkaufspreis, wenn der Barverkaufspreis 544,00 EUR beträgt und 2 % Kundenskonto gewährt werden.
4. Ermitteln Sie den Zieleinkaufspreis bei einem Listeneinkaufspreis von 1.120,00 EUR und einem Liefererrabatt von 5 %.
5. Ermitteln Sie die Selbstkosten bei einem Barverkaufspreis von 845,00 EUR und einem Gewinn von 18 %.

Übungsaufgabe 2:

Zu welchem Netto-Listenverkaufspreis kann ein Artikel angeboten werden, der mit 10 % Kundenrabatt, 2 % Kundenskonto und 20 % Gewinn verkauft werden soll und dessen Selbstkosten 270,00 EUR betragen?

Übungsaufgabe 3:

Für einen Warenposten stehen dem Baustoffgroßhändler Bieser folgende Zahlen zur Verfügung:

Netto-Zieleinkaufspreis	600,00 EUR
Netto-Einstandspreis (Bezugspreis)	650,00 EUR
Selbstkosten	800,00 EUR
Netto-Barverkaufspreis	1.000,00 EUR
Netto-Listenverkaufspreis	1.300,00 EUR

1. Wie hoch ist der Kalkulationszuschlag?
2. Wie hoch ist der Kalkulationsfaktor?

Übungsaufgabe 4:

Zu welchem Netto-Listenverkaufspreis kann ein Artikel angeboten werden, der mit 25 % Kundenrabatt und 2 % Kundenskonto verkauft werden soll und dessen Netto-Barverkaufspreis 447,65 EUR beträgt?

Übungsaufgabe 5:

Wie hoch ist die Handelsspanne der Übungsaufgabe 3 (Seite 217)?

Übungsaufgabe 6:

Die J & M Möbelfabrik GmbH, Koblenz, kauft im Rahmen ihres Handelsbetriebs Rokoko-Stühle ein, die ohne Be- und Verarbeitung weiterverkauft werden sollen. Die J & M GmbH erhält folgende Eingangsrechnung (ER):

FR. MEERBOTHE GMBH fm

Fr. Meerbothe GmbH, Mariahilfstraße 20, 56070 Koblenz-Lützel

J & M Möbelfabrik GmbH
Kammertsweg 64

56070 Koblenz

Bankverbindung:
Koblenzer Volksbank eG
Konto 2734566
BLZ 570 603 54
Steuernummer 22 220 1042 4

RECHNUNG   Nr. 970711   Datum 05.07.2006   W/S

Anzahl	Gegenstand	Listenpreis	Rabatt	Gesamtpreis
25	Rokoko-Stühle	875 €	10 %	19.687,50 €
	Transport-versicherung 1 %			196,88 €
	Fracht			906,13 €
				20.790,51 €
	16 % USt			3.326,48 €
	Rechnungsbetrag			**24.116,99 €**

Zahlbar innerhalb 10 Tagen abzüglich 2 % Skonto vom Warenwert oder 30 Tage netto.

Ermitteln Sie anhand der obigen Eingangsrechnung der Firma Meerbothe

1. den Zieleinkaufspreis je Stuhl
2. den Bareinkaufspreis je Stuhl
3. den Bezugspreis je Stuhl
4. die Handelsspanne, wenn die J & M GmbH einen Stuhl zum Netto-Listenpreis von 1.175,00 € anbietet (zwei Dezimalstellen).

4.6 Besonderheiten der Industriebuchführung

Industriebetriebe stellen **Erzeugnisse** her mit dem Ziel, diese mit einem möglichst hohen Gewinn abzusetzen. Dabei entstehen auf den einzelnen Stufen des Betriebskreislaufs Kosten.

```
                    Kassenhaltung
                          ❹
       Einkauf                          Verkauf
          ❶                                ❸
                     Produktion
                          ❷
```

Unter **Kosten** versteht man den bewerteten Verbrauch von Wirtschaftsgütern zum Zwecke des Absatzes der betrieblichen Erzeugnisse. Neben dem Verbrauch von Wirtschaftsgütern zählen **auch Betriebssteuern** zu den Kosten.

Ein **Zweck** der Buchführung eines Industriebetriebs ist es, die **Kosten zu erfassen**. Nach ihrer Erfassung und Zurechenbarkeit **zum** einzelnen Erzeugnis unterscheidet man Einzelkosten und Gemeinkosten.

Einzelkosten sind Kosten, die jedem Erzeugnis **unmittelbar** zugerechnet werden können. Dazu gehören die Rohstoffkosten (z.B. Kosten für den Verbrauch von Holz, Stahl, Glas, Textilien).

Gemeinkosten sind Kosten, die den Erzeugnissen nur **mittelbar** mit Hilfe von Zuschlagsätzen zugerechnet werden können. Dazu gehören die Hilfsstoffkosten (z.B. Kosten für den Verbrauch von Nägeln, Schrauben, Farben) und die Betriebsstoffkosten (z.B. Kosten für den Verbrauch von Brennstoffen, Treibstoffen).

Bei Industriebetrieben kommt den **Herstellungskosten** besondere Bedeutung zu. Ein wesentlicher Bestandteil der Herstellungskosten sind die **Materialkosten**, die ebenfalls in Material**einzel**- und Material**gemeinkosten** unterteilt werden.

Weiterhin unterscheidet man innerhalb der Materialkosten zwischen Kosten für **Roh-, Hilfs- und Betriebsstoffe. Rohstoffe** sind Hauptbestandteile und **Hilfsstoffe** Nebenbestandteile, die stofflich in das Fertigerzeugnis eingehen. **Betriebsstoffe** gehen dagegen stofflich nicht in das Fertigerzeugnis ein. Sie sind jedoch zur Herstellung der Erzeugnisse erforderlich (z.B. Strom).

4.6.1 Kauf von Roh-, Hilfs- und Betriebsstoffen

Der **Kauf von Roh-, Hilfs- und Betriebsstoffen** wird – wie der Kauf von Waren (siehe Seite 97 f.) – **auf Aufwandskonten erfasst**, weil unterstellt wird, dass die eingekauften Stoffe sofort bei der Produktion verbraucht werden.

Die DATEV-Kontenrahmen sehen hierfür folgende Konten vor:

> 5010 (3010) **Aufwendungen für Rohstoffe**
> 5020 (3020) **Aufwendungen für Hilfsstoffe**
> 5030 (3030) **Aufwendungen für Betriebsstoffe**

Beispiel:
Die J & M Möbelfabrik GmbH kauft folgende Stoffe ein:

1. Rohstoffe auf Ziel, netto   5.100,00 €
           + USt   816,00 €   5.916,00 €

2. Hilfsstoffe auf Ziel, netto   1.600,00 €
           + USt   256,00 €   1.856,00 €

3. Betriebsstoffe auf Ziel, netto   1.250,00 €
           + USt   200,00 €   1.450,00 €

4. Die J & M GmbH sendet beschädigte
Rohstoffe zurück, netto   300,00 €
           + USt   48,00 €   348,00 €

5. Für mangelhaft gelieferte Betriebs-
stoffe erhält die J & M GmbH eine
Gutschrift, netto   150,00 €
           + USt   24,00 €   174,00 €

Buchungssatz:

Tz.	Sollkonto	Betrag (€)	Habenkonto
1.	**5010** (3010) Aufw. für Rohstoffe **1405** (1575) Vorsteuer 16 %	5.100,00 816,00 5.916,00	 **3300** (1600) Verbindl. aLuL
2.	**5020** (3020) Aufw. für Hilfsstoffe **1405** (1575) Vorsteuer 16 %	1.600,00 256,00 1.856,00	 **3300** (1600) Verbindl. aLuL
3.	**5030** (3030) Aufw. für Betriebsst. **1405** (1575) Vorsteuer 16 %	1.250,00 200,00 1.450,00	 **3300** (1600) Verbindl. aLuL
4.	**3300** (1600) Verbindl. aLuL	348,00 300,00 48,00	 **5010** (3010) Aufw. für Rohstoffe **1405** (1575) Vorsteuer 16 %
5.	**3300** (1600) Verbindl. aLuL	174,00 150,00 24,00	 **5030** (3030) Aufw. für Betriebsst. **1405** (1575) Vorsteuer 16 %

Buchung:

S 5010 (3010) Aufw. für Rohstoffe H				S 1405 (1575) Vorsteuer 16 % H			
1)	5.100,00	4)	300,00	1)	816,00	4)	48,00
				2)	256,00	5)	24,00
				3)	200,00		

S 5020 (3020) Aufw. für Hilfsstoffe H				S 3300 (1600) Verbindlichk. aLuL H			
2)	1.600,00			4)	348,00	1)	5.916,00
				5)	174,00	2)	1.856,00
						3)	1.450,00

S 5030 (3030) Aufw. für Betriebsst. H			
3)	1.250,00	5)	150,00

Fallen beim **Eingang** von Roh-, Hilfs- und Betriebsstoffen **Anschaffungsnebenkosten (ANK)** an, so können diese zur besseren Übersicht auf entsprechende Bezugsnebenkosten-Konten gebucht werden:

> **5801 (3801) Bezugsnebenkosten Rohstoffe**
> **5802 (3802) Bezugsnebenkosten Hilfsstoffe**
> **5803 (3803) Bezugsnebenkosten Betriebsstoffe**

Beispiel:
Beim Eingang von Roh-, Hilfs- und Betriebsstoffen sind folgende **Anschaffungsnebenkosten** angefallen:

1. Bahnfracht für Rohstoffe, netto	100,00 €	
+ USt	16,00 €	116,00 €
Der Betrag wurde nicht sofort gezahlt.		
2. Postgebühren für Hilfsstoffe, bar		50,00 €
3. Transportkosten für Betriebsstoffe gegen Bankscheck, netto	200,00 €	
+ USt	32,00 €	232,00 €

Buchungssatz:

Tz.	Sollkonto	Betrag (€)	Habenkonto
1.	**5801** (3801) BNK Rohstoffe **1405** (1575) Vorsteuer 16 %	100,00 16,00 116,00	**3300** (1600) Verbindl. aLuL
2.	**5802** (3802) BNK Hilfsstoffe	50,00	**1600** (1000) Kasse
3.	**5803** (3803) BNK Betriebsstoffe **1405** (1575) Vorsteuer 16 %	200,00 32,00 232,00	**1800** (1200) Bank

Buchung:

```
S    5801 (3801) BNK Rohstoffe    H        S      1600 (1000) Kasse      H
1)          100,00    |                                         |  2)       50,00


S    5802 (3802) BNK Hilfsstoffe  H        S      1800 (1200) Bank       H
2)           50,00    |                                         |  3)      232,00


S 5803 (3803) BNK Betriebsstoffe  H        S   3300 (1600) Verbindl. aLuL H
3)          200,00    |                                         |  1)      116,00


S    1405 (1575) Vorsteuer 16 %   H
1)           16,00    |
3)           32,00    |
```

Die **Bezugsnebenkosten-Konten** werden **über** die entsprechenden **Aufwandskonten 5010** (3010), **5020** (3020) und **5030** (3030) **abgeschlossen**.

> **Übung**: 1. Wiederholungsfragen 1 und 2 (Seite 227),
> 2. Übungsaufgaben 1 und 2 (Seite 227 f.)

4.6.2 Bestand Stoffe und Bestandsveränderungen der Stoffe

In den meisten Industriebetrieben wird die **eingekaufte** Menge an Roh-, Hilfs- und Betriebsstoffen in einem Rechnungszeitraum **nicht** mit der **verbrauchten** Stoffmenge im gleichen Zeitraum **übereinstimmen**.

Diese **Bestandsveränderungen** der Stoffe müssen am **Ende** des Geschäftsjahres berücksichtigt werden.

Zu **Beginn** des Geschäftsjahres werden **im Soll** auf den folgenden **Bestandskonten** die **Anfangsbestände vorgetragen**:

> 1010 (3971) Bestand Rohstoffe
> 1020 (3972) Bestand Hilfsstoffe
> 1030 (3973) Bestand Betriebsstoffe

Zum **Ende** des Geschäftsjahres werden **im Haben** der Bestandskonten die durch Inventur ermittelten **Schlussbestände gebucht**.
Die **Gegenbuchung** erfolgt auf dem **Schlussbilanzkonto**.

Die **Bestandsveränderungen** (Bestands**mehrungen** bzw. Bestands**minderungen**) der Stoffe werden über die folgenden Konten gebucht:

> 5881 (3961) Bestandsveränderungen Rohstoffe
> 5882 (3962) Bestandsveränderungen Hilfsstoffe
> 5883 (3963) Bestandsveränderungen Betriebsstoffe

Beispiel:
Die J & M Möbelfabrik GmbH hat folgende **Stoffbestände** ermittelt:

Anfangsbestände zum 1.1.2006:

Rohstoffe	70.180,00 €
Hilfsstoffe	22.360,00 €
Betriebsstoffe	16.150,00 €

Endbestände zum 31.12.2006:

Rohstoffe	58.610,00 €
Hilfsstoffe	32.750,00 €
Betriebsstoffe	13.910,00 €

Die Buchungen zum 31.12.2006 werden wie folgt vorgenommen:

Buchungssätze der **Schlussbestände** und **Bestandsveränderungen**:

Tz.	Sollkonto	Betrag (€)	Habenkonto
	9998 (9998) SBK	58.610,00	**1010** (3971) Bestand Rohstoffe
	9998 (9998) SBK	32.750,00	**1020** (3972) Bestand Hilfsstoffe
	9998 (9998) SBK	13.910,00	**1030** (3973) Bestand Betriebsstoffe
1.	**5881** (3961) BV Rohstoffe	11.570,00	**1010** (3971) Bestand Rohstoffe
2.	**1020** (3972) Bestand Hilfsstoffe	10.390,00	**5882** (3962) BV Hilfsstoffe
3.	**5883** (3963) BV Betriebsstoffe	2.240,00	**1030** (3973) Bestand Betriebsst.

Buchung:

```
S    1010 (3971) Bestand Rohstoffe   H         S   5881 (3961) BV Rohstoffe   H

AB       70.180,00 | SBK   58.610,00            1)    11.570,00 |
                   | 1)    11.570,00
         70.180,00 |       70.180,00


S    1020 (3972) Bestand Hilfsstoffe  H        S   5882 (3962) BV Hilfsstoffe  H

AB       22.360,00 | SBK   32.750,00                              | 2)  10.390,00
2)       10.390,00 |
         32.750,00 |       32.750,00


S    1030 (3973) Bestand Betriebsst.  H        S   5883 (3963) BV Betriebsstoffe  H

AB       16.150,00 | SBK   13.910,00            3)     2.240,00 |
                   | 3)     2.240,00
         16.150,00 |       16.150,00


S                        9998 (9998) SBK                                        H

Bestand Rohstoffe         58.610,00
Bestand Hilfsstoffe       32.750,00
Bestand Betriebsstoffe    13.910,00
```

Die **Bestandsveränderungskonten** für **Roh-, Hilfs- und Betriebsstoffe** werden **über** die Aufwandskonten **5010** (3010) Aufwendungen für Rohstoffe, **5020** (3020) Aufwendungen für Hilfsstoffe und **5030** (3030) Aufwendungen für Betriebsstoffe **abgeschlossen**.

> **Übung**: 1. Wiederholungsfragen 3 und 4 (Seite 227),
> 2. Übungsaufgabe 3 (Seite 228)

4.6.3 Bestandsveränderungen der unfertigen und fertigen Erzeugnisse

Am **Bilanzstichtag** sind in der Regel nicht alle **Erzeugnisse** eines Industriebetriebes **fertiggestellt** und nicht alle fertiggestellten Erzeugnisse **abgesetzt**.

Der **Bestand** an unfertigen und fertigen Erzeugnissen wird zum Bilanzstichtag durch **Inventur** ermittelt.

Die unfertigen und fertigen **Erzeugnisse** werden mit den bis zum Bilanzstichtag angefallenen **Herstellungskosten** bewertet.

> Einzelheiten zu den **Herstellungskosten** erfolgen im Abschnitt 6.2.1.2 der **Buchführung 2**, 17. Auflage, Seite 80 ff.

Die **Bestände** an **unfertigen und fertigen Erzeugnissen** werden auf eigens dafür eingerichteten Konten aktiviert. Die DATEV-Kontenrahmen **SKR 04** und SKR 03 sehen hierfür folgende Konten vor:

> **1050** (7050) **Bestand unfertige Erzeugnisse**,
> **1100** (7110) **Bestand fertige Erzeugnisse**.

Auf diesen Konten werden jeweils **nur** der **Anfangsbestand**, der **Schlussbestand** und die **Bestandsveränderungen** zwischen Anfangs- und Schlussbestand erfasst.

Beispiel:
Die J & M Möbelfabrik GmbH hat durch Inventur die folgenden **Bestände** ermittelt:

	Unfertige Erzeugnisse	Fertige Erzeugnisse
01.01.2006 (Anfangsbestände)	35.670,00 €	80.280,00 €
31.12.2006 (Schlussbestände)	28.450,00 €	100.150,00 €

S	1050 (7050) Bestand unfertige Erzeugnisse (2006)		H
AB	35.670,00	SBK	28.450,00
		Bestandsveränderung	7.220,00
	35.670,00		35.670,00

S	1100 (7110) Bestand fertige Erzeugnisse (2006)		H
AB	80.280,00	SBK	100.150,00
Bestandsveränderung	19.870,00		
	100.150,00		100.150,00

Die **Anfangsbestände** werden auf dem Konto "**9000 Saldenvorträge**" gegengebucht.

Die **Gegenbuchung** der **Schlussbestände** erfolgt auf dem **SBK**.

Die **Bestandsveränderungen** werden auf den Konten

> **4810** (8960) **Bestandsveränderungen unfertige Erzeugnisse**
> **4800** (8980) **Bestandsveränderungen fertige Erzeugnisse**

gegengebucht.

Beispiel:
Sachverhalt wie zuvor. Die Konten **4810** (8960) und **4800** (8980) zeigen nach den Buchungen der Bestandsveränderungen folgendes Bild:

S	**4810** (8960) **Bestandsveränderungen unfertige Erzeugnisse**		H
Unfertige Erzeugnisse	**7.220,00**		

S	**4800** (8980) **Bestandsveränderungen fertige Erzeugnisse**		H
		Fertige Erzeugnisse	**19.870,00**

Die Konten "**Bestandsveränderungen**" sind – wie sich aus den Konten-Nrn. ergibt – **Erfolgskonten**. Sie werden über das **GuVK** abgeschlossen.

In einer nach dem **Gesamtkostenverfahren** gegliederten GuV werden die Bestandsveränderungen unter **Posten 2** "Erhöhung oder Verminderung des Bestands an **fertigen und unfertigen Erzeugnissen**" ausgewiesen.

Bei einer **betriebswirtschaftlichen** Auswertung dieser GuV ist hinsichtlich des Postens "Bestandsveränderungen" Folgendes zu beachten:

In der GuV werden unter den Aufwendungen die **gesamten Kosten** der im Geschäftsjahr **hergestellten** Erzeugnisse artenmäßig ausgewiesen, gleichgültig, ob diese Erzeugnisse in diesem Geschäftsjahr auch abgesetzt wurden oder nicht.

Auf der anderen Seite werden unter den **Umsatzerlösen** die Erlöse aller Erzeugnisse ausgewiesen, die in diesem Geschäftsjahr **abgesetzt** wurden, gleichgültig, ob sie in dem betreffenden oder einem früheren Jahr hergestellt wurden.

Will man die **Gesamtaufwendungen** der im betreffenden Geschäftsjahr **umgesetzten Erzeugnisse** ermitteln, dann ist der **Posten 2** mit den **Aufwendungen zusammenzufassen**.

Will man hingegen die **Gesamtleistung** ermitteln, die den Gesamtaufwendungen der **hergestellten Erzeugnisse** entspricht, dann ist der **Posten 2** mit den **übrigen Leistungen zusammenzufassen**.

> **Übung**: 1. Wiederholungsfragen 5 und 6 (Seite 227),
> 2. Übungsaufgabe 4 (Seite 229)

4.6.4 Erfolgskontrolle

WIEDERHOLUNGSFRAGEN

1. Wie wird der Kauf von Roh-, Hilfs- und Betriebsstoffen buchmäßig erfasst?
2. Welche Bezugsnebenkosten-Konten werden beim Eingang von Roh-, Hilfs- und Betriebsstoffen üblicherweise geführt?
3. Was wird auf den Bestandskonten Stoffe gebucht?
4. Wie werden die Bestandsveränderungen der Stoffe buchmäßig behandelt?
5. Wie werden die Bestände an fertigen und unfertigen Erzeugnissen zum Bilanzstichtag ermittelt?
6. Mit welchem Wert werden die fertigen und unfertigen Erzeugnisse bilanziert?

ÜBUNGSAUFGABEN

Übungsaufgabe 1:

Bilden Sie die Buchungssätze für folgende Geschäftsvorfälle:

		EUR
1. Kauf von Rohstoffen auf Ziel, netto	12.000,00 €	
+ USt	1.920,00 €	13.920,00
2. Rücksendung beschädigter Rohstoffe, netto	1.000,00 €	
+ USt	160,00 €	1.160,00
3. Barzahlung von Fracht für Rohstoffe, netto	250,00 €	
+ USt	40,00 €	290,00
4. Banküberweisung für auf Ziel gekaufte Rohstoffe		
Rechnungsbetrag	12.760,00 €	
− 2 % Skonto	− 255,20 €	12.504,80
5. Kauf von Hilfsstoffen gegen Bankscheck, netto	700,00 €	
+ USt	112,00 €	812,00
6. Transportkosten für Hilfsstoffe bar, netto	60,00 €	
+ USt	9,60 €	69,60
7. Kauf von Betriebsstoffen auf Ziel, netto	5.500,00 €	
+ USt	880,00 €	6.380,00
8. Gutschrift für mangelhaft gelieferte Betriebsstoffe, netto	150,00 €	
+ USt	24,00 €	174,00
9. Postbanküberweisung für auf Ziel gekaufte Betriebsstoffe, nach Abzug von 3 % Skonto		6.019,82
10. Transportkosten für Betriebsstoffe bar, netto	120,00 €	
+ USt	19,20 €	139,20

Übungsaufgabe 2:

Bilden Sie die Buchungssätze für die folgenden Geschäftsvorfälle der Schulmöbelfabrik Steglich:

		EUR
1. Zielkauf von Eichenholz für Tische, netto	12.000,00 €	
+ USt	1.920,00 €	13.920,00
2. Zielkauf von Stahlrohren für Stühle, netto	2.700,00 €	
+ USt	432,00 €	3.132,00
3. Zielkauf von Sperrholz für Stühle, netto	3.100,00 €	
+ USt	496,00 €	3.596,00
4. Zielkauf von Schrauben für Tische und Stühle, netto	450,00 €	
+ USt	72,00 €	522,00
5. Zielkauf von Farben für Tische und Stühle, netto	750,00 €	
+ USt	120,00 €	870,00
6. Zielkauf von Leim für Tische und Stühle, netto	850,00 €	
+ USt	136,00 €	986,00
7. Kauf von Schmieröl für die Fertigungsmaschinen gegen Bankscheck, netto	400,00 €	
+ USt	64,00 €	464,00
8. Zielkauf von Treibstoffen für die Fertigungsmaschinen, netto	3.600,00 €	
+ USt	576,00 €	4.176,00
9. Zielkauf von Sperrholz als Einlegebretter für Tische, netto	2.800,00 €	
+ USt	448,00 €	3.248,00
10. Kauf von Lacken für Tische und Stühle gegen Bankscheck, netto	1.900,00 €	
+ USt	304,00 €	2.204,00

Übungsaufgabe 3:

Der Unternehmer Hipleh hat folgende Bestände ermittelt:

	Anfangsbestände	Schlussbestände
Rohstoffe	70.280,00 EUR	65.320,00 EUR
Hilfsstoffe	50.350,00 EUR	52.190,00 EUR
Betriebsstoffe	30.480,00 EUR	27.170,00 EUR

Bilden Sie die Buchungssätze für die Schlussbestände und die Bestandsveränderungen der Stoffe.

Übungsaufgabe 4:

Ein Industriebetrieb hat durch Inventur folgende Bestände ermittelt:

	Unfertige Erzeugnisse	Fertige Erzeugnisse
01.01.2006 (Anfangsbestände)	17.860,00 EUR	85.730,00 EUR
31.12.2006 (Schlussbestände)	19.350,00 EUR	92.140,00 EUR

1. Ermitteln Sie die Bestandsveränderungen.
2. Bilden Sie die Buchungssätze für die Bestandsveränderungen.
3. Richten Sie die entsprechenden Konten ein und buchen Sie die Bestandsveränderungen auf Konten.
4. Schließen Sie alle eingerichteten Konten ab.

Zusammenfasssende Erfolgskontrolle

Ein Industriebetrieb hat durch Inventur folgende Bestände ermittelt:

	EUR
0440 (0210) Maschinen	200.000,00
1010 (3971) Bestand Rohstoffe	100.000,00
1020 (3972) Bestand Hilfsstoffe	25.000,00
1030 (3973) Bestand Betriebsstoffe	14.300,00
1050 (7050) Bestand unfertige Erzeugnisse	101.300,00
1100 (7110) Bestand fertige Erzeugnisse	95.400,00
1200 (1400) Forderungen aLuL	115.000,00
1405 (1575) Vorsteuer 16 %	0,00
1600 (1000) Kasse	16.400,00
1800 (1200) Bankguthaben	86.400,00
2000 (0800) Eigenkapital	?
3300 (1600) Verbindlichkeiten aLuL	167.808,00
3805 (1775) Umsatzsteuer 16 %	5.670,00

Folgende Konten sind noch einzurichten:

5010 (3010) Aufwendungen für Rohstoffe, **5020** (3020) Aufwendungen für Hilfsstoffe, **5030** (3030) Aufwendungen für Betriebsstoffe, **4200** (8200) Erlöse, **5881** (3961) Bestandsveränderungen Rohstoffe, **5882** (3962) Bestandsveränderungen Hilfsstoffe, **5883** (3963) Bestandsveränderungen Betriebsstoffe, **4810** (8960) Bestandsveränderungen unfertige Erzeugnisse, **4800** (8980) Bestandsveränderungen fertige Erzeugnisse, **6000** (4100) Löhne und Gehälter, **6220** (4830) Abschreibungen auf Sachanlagen, **6310** (4210) Miete, **6460** (4800) Reparaturen von Maschinen, **9999** (9999) GuVK, **9998** (9998) SBK.

Geschäftsvorfälle

		EUR
1. Kauf von Rohstoffen auf Ziel, netto	30.000,00 €	
+ USt	4.800,00 €	34.800,00
2. Kauf von Hilfsstoffen auf Ziel, netto	10.000,00 €	
+ USt	1.600,00 €	11.600,00
3. Kauf von Betriebsstoffen auf Ziel, netto	15.000,00 €	
+ USt	2.400,00 €	17.400,00
4. Banküberweisung von Kunden		23.000,00
5. Verkauf von Erzeugnissen auf Ziel, netto	160.000,00 €	
+ USt	25.600,00 €	185.600,00
6. Banküberweisung für Geschäftsmiete		15.000,00
7. Banküberweisung an Lieferer		34.500,00
8. Verkauf von Erzeugnissen gegen Banküberweisung, netto	110.000,00 €	
+ USt	17.600,00 €	127.600,00
9. Banküberweisung der Umsatzsteuerschuld (Zahllast)		5.670,00
10. Banküberweisung der Löhne und Gehälter		36.000,00
11. Banküberweisung für Maschinenreparatur, netto 2.000,00 €		
+ USt 320,00 €		2.320,00

Abschlussangaben

	EUR
12. Abschreibung auf Maschinen	20.000,00
13. Endbestand Rohstoffe	40.000,00
14. Endbestand Hilfsstoffe	15.000,00
15. Endbestand Betriebsstoffe	11.100,00
16. Endbestand unfertige Erzeugnisse	76.000,00
17. Endbestand fertige Erzeugnisse	140.000,00

Aufgaben

1. Bilden Sie die Buchungssätze.
2. Tragen Sie die Anfangsbestände auf den Konten vor.
3. Buchen Sie die belegmäßig nachgewiesenen Geschäftsvorfälle.
4. Schließen Sie die Konten ab.

Weitere Aufgaben mit Lösungen finden Sie im **Lösungsbuch** der Buchführung 1.

5 Personalwirtschaft

Die Inanspruchnahme des Produktionsfaktors **Arbeit** verursacht Kosten, die unter dem Begriff **Personalkosten** zusammengefasst werden.

5.1 Überblick über die Personalkosten

Zu den **Personalkosten** gehören alle Aufwendungen, die durch die Beschäftigung von Arbeitnehmern verursacht werden.

Arbeitnehmer werden in die Gruppe der **Arbeiter** und die der **Angestellten** untergliedert. Die Abgrenzung zwischen Arbeiter und Angestellten erfolgt anhand der **Art der ausgeübten Beschäftigung** und ist im Einzelfall zu entscheiden. Kennzeichnend für die Tätigkeit als Arbeiter ist, dass vor allem die **körperliche** Arbeitskraft dem Arbeitgeber zur Verfügung gestellt wird.
Die Vergütungen für Arbeiter werden als **Löhne**, die Vergütungen für Angestellte als **Gehälter** bezeichnet.

Die **Arbeitnehmer** erhalten grundsätzlich nicht das vertraglich vereinbarte Arbeitsentgelt (**Bruttolohn** bzw. **-gehalt**) ausgezahlt. In der Regel behält der Arbeitgeber bestimmte **Abzüge** ein und zahlt dem Arbeitnehmer einen Nettobetrag (**Nettolohn** bzw. **-gehalt**) aus. Diese vom Arbeitgeber einbehaltenen Abzüge umfassen **Steuern** (Lohnsteuer, Solidaritätszuschlag und ggf. Kirchensteuer) sowie die **Arbeitnehmeranteile zur Sozialversicherung**.

Für den **Arbeitgeber** stellt das vertraglich vereinbarte Arbeitsentgelt **nicht** die Personalkosten dar. Zusätzlich zum Bruttolohn bzw. -gehalt hat er den **Arbeitgeberanteil zur Sozialversicherung** sowie die gesetzlichen Beiträge zur **Unfallversicherung** (Berufsgenossenschaft) zu tragen. Daneben können **freiwillige soziale Aufwendungen** des Arbeitgebers Bestandteile der Personalkosten sein.
Die Personalkosten des **Arbeitgebers** lassen sich wie folgt einteilen:

---

1. Löhne und Gehälter

Dazu gehören alle **Löhne** für Arbeiter und alle **Gehälter** für Angestellte, gleich, für welche Arbeit, in welcher Form und unter welcher Bezeichnung sie gezahlt werden (z.B. auch Urlaubsgelder, Weihnachtsgelder, Überstundenvergütungen, vermögenswirksame Leistungen, Sachbezüge).

2. Gesetzliche soziale Aufwendungen

Dazu gehören die Arbeit**geber**anteile zur gesetzlichen Kranken-, Pflege-, Renten- und Arbeitslosenversicherung, die Beiträge zur gesetzlichen Unfallversicherung (Berufsgenossenschaft).

3. Freiwillige soziale Aufwendungen

Dazu gehören z.B. freiwillige Fahrtkostenzuschüsse, freiwillige Zuschüsse zu Kantinen, Erholungs- und Sportanlagen, Betriebsbüchereien, Unterstützungen im Krankheits- und Todesfall.

Die **Sozialversicherungsbeiträge** betragen **2006** bei der

Rentenversicherung (RV):	**19,5 %** des beitragspflichtigen Arbeitsentgelts, höchstens 19,5 % der Beitragsbemessungsgrenze (2006: monatl. **5.250 € / 4.400 €**),
Krankenversicherung (KV):	**13,8 %** (BEK) des beitragspflichtigen Arbeitsentgelts, höchstens 13,8 % der Beitragsbemessungsgrenze (2006: monatl. **3.562,50 € / 3.562,50 €**), **0,9 %** Zuschlag für alle Arbeitnehmer
Pflegeversicherung (PV):	**1,7 %** des beitragspflichtigen Arbeitsentgelts, höchstens 1,7 % der Beitragsbemessungsgrenze (2006: monatl. **3.562,50 € / 3.562,50 €**), **0,25 %** Zuschlag für Kinderlose
Arbeitslosenversicherung (AV):	**6,5 %** (2007: **4,5 %**) des beitragspflichtigen Arbeitsentgelts, höchstens 6,5 % (2007: **4,5 %**) der Beitragsbemessungsgrenze (2006: monatl. **5.250 € / 4.400 €**).

Diese **Beiträge** sind **grundsätzlich** vom Arbeit**nehmer** und Arbeit**geber je zur Hälfte** zu tragen.
Seit 1.1.2005 wird bei **Kinderlosen** zwischen 23 und 65 Jahren einen **Zuschlag von 0,25 % zur Pflegeversicherung** erhoben.
Seit 1.1.2006 fällt für **alle** Arbeitnehmer ein zusätzlicher KV-Beitragsatz von **0,9 %** an.

5.2 Buchungsmethoden für Personalkosten

Die Personalkosten können nach **drei Methoden** gebucht werden:

> 1. nach der **Bruttomethode**,
> 2. nach der **Nettomethode** oder
> 3. nach der **Verrechnungsmethode**.

Zu 1. Bruttomethode

Bei der **Bruttomethode** wird der Bruttolohn bzw. das Bruttogehalt zum Zeitpunkt der wirtschaftlichen Verursachung **in einem Betrag** (brutto) gebucht.
Der **Bruttolohn** bzw. das **Bruttogehalt** stellen für das Unternehmen **Aufwand** dar, der auf die Aufwandskonten

   6010 (4110) **Löhne** oder **6020** (4120) **Gehälter**

gebucht wird.

Einbehaltene, aber **noch nicht abgeführte Abzüge** stellen im Zeitpunkt der Gehalts- bzw. Lohnauszahlung **Verbindlichkeiten** dar, die auf folgenden Konten erfasst werden:

 3730 (1741) **Verbindlichkeiten aus Lohn- und Kirchensteuer**
 3740 (1742) **Verbindlichkeiten im Rahmen der sozialen Sicherheit**

Der **Nettoarbeitslohn** (Nettolohn bzw. Nettogehalt) wird in der Regel vom Arbeitgeber durch die **Bank** überwiesen. **Bis** zur Banküberweisung ist der **Nettolohn** ebenfalls eine **Verbindlichkeit**, die auf dem folgenden Konto erfasst wird:

<u>**3720 (1740) Verbindlichkeiten aus Lohn und Gehalt**</u>.

Beispiel 1:
Die **Gehaltsabrechnung** der **ledigen, kinderlosen** Angestellten Andrea Dötsch, 25 Jahre alt, Koblenz, für den Monat **Juli 2006** sieht wie folgt aus:

		AG-Anteil	AN-Anteil	Gesamt	
	Bruttogehalt				**2.000,00 €**
Steuern	– LSt	–	260,00 €	260,00 €	
	– SolZ	–	14,30 €	14,30 €	
	– KiSt	–	23,40 €	23,40 €	
		–	**297,70 €**	297,70 €	**– 297,70 €**
Beiträge	– KV (6,9 %)	138,00 €	138,00 €	276,00 €	
	– **Zuschlag (0,9 %)**	–	**18,00 €**	18,00 €	
	– PV (0,85 %)	17,00 €	17,00 €	34,00 €	
	– **Zuschlag (0,25 %)**	–	**5,00 €**	5,00 €	
	– RV (9,75 %)	195,00 €	195,00 €	390,00 €	
	– AV (3,25 %)	65,00 €	65,00 €	130,00 €	
		415,00 €	**438,00 €**	853,00 €	**– 438,00 €**
	= **Nettogehalt**				**1.264,30 €**

Buchungssatz:

Sollkonto	Betrag (€)	Habenkonto
6020 (4120) Gehälter	2.000,00	
	297,70	3730 (1741) Verb. aus LSt und KiSt
	438,00	3740 (1742) Verb. im Rahmen d.s.S.
	1.264,30	3720 (1740) Verb. aus Lohn/Gehalt

Buchung:

S	**6020 (4120) Gehälter**	H
1)	2.000,–	

S	**3730 (1741) Verb. aus LSt und KiSt**	H
	1)	297,70

S	**3740 (1742) Verb. im Rahmen d.s.S.**	H
	1)	438,00

S	**3720 (1740) Verb. aus Lohn und Gehalt**	H
	1)	1.264,30

Zusätzlich zum Bruttoarbeitslohn stellt der Arbeit**geberanteil an den Sozialversicherungsbeiträgen** ebenfalls **Aufwand** des Unternehmens dar, der auf das Konto

<u>**6110 (4130) Gesetzliche soziale Aufwendungen**</u>

gebucht wird.

Beispiel 2:
Sachverhalt wie im Beispiel 1. Der Arbeit**geberanteil** von **415,00 €** ist noch nicht abgeführt.

Der Arbeit**geberanteil** ist **Aufwand** und – solange er noch nicht abgeführt ist – eine "**Verbindlichkeit im Rahmen der sozialen Sicherheit**".

Buchungssatz:

Sollkonto	Betrag (€)	Habenkonto
6110 (4130) Gesetzl. soz. Aufw.	415,00	**3740** (1742) Verbindl. i.R. d.s.S.

Buchung:

```
S  6110 (4130) Gesetzl. soz. Aufw.  H      S  3740 (1742) Verbindl. i.R. d.s.S.  H
2)       415,00                                                    1)      438,00
                                                                   2)      415,00
```

Die **Verbindlichkeit** aus **Lohn und Gehalt** wird (z.B. am Monatsende) in der Regel durch **Bank** überwiesen.

Beispiel 3:
Sachverhalt wie im Beispiel 1. Das **Nettogehalt** wird durch Bank überwiesen.

Buchungssatz:

Sollkonto	Betrag (€)	Habenkonto
3720 (1740) Verb. aus Lohn/Gehalt	1.264,30	**1800** (1200) Bank

Buchung:

```
S 3720 (1740) Verb. aus Lohn/Gehalt  H      S   1800 (1200) Bank    H
3)      1.264,30 | 1)     1.264,30                       | 3)    1.264,30
```

Die **Verbindlichkeiten aus Lohn- und Kirchensteuer (LSt, SolZ, KiSt)** sind so zu überweisen, dass sie am **10. des folgenden Monats** beim zuständigen **Finanzamt** eingegangen sind. Die Fälligkeit der **Verbindlichkeiten im Rahmen der sozialen Sicherheit (RV, KV, PV, AV)** ist seit 1.1.2006 neu geregelt worden. Der **drittletzte Bankarbeitstag** des **aktuellen Monats** ist nun der gesetzliche Termin.

Beispiel 4:
Die **Steuern und Beiträge** (aus Beispiel 1 und 2) werden durch Bank überwiesen.
Buchungssatz:

Sollkonto	Betrag (€)	Habenkonto
3730 (1741) Verbindl. aus LSt/KiSt	297,70	**1800** (1200) Bank
3740 (1742) Verb. im Rahmen d.s.S.	853,00	**1800** (1200) Bank

Buchung:

```
S  3730 (1741) Verb. aus LSt/KiSt  H      S   1800 (1200) Bank    H
4)       297,70 | 1)      297,70                         | 4)      297,70
                                                         | 4)      853,00

S  3740 (1742) Verb. im Rahmen d.s.S.  H
4)       853,00 | 1)      438,00
                | 2)      415,00
```

Zu 2. Nettomethode

Bei der **Nettomethode** werden der **Nettoarbeitslohn**, die **Abzüge** und der **Arbeitgeberanteil** im Zeitpunkt der Zahlung **einzeln** (netto) gebucht.

Beispiel:
Sachverhalt wie im Beispiel 1 bis 4 (Seite 233 f.).

Nach der **Nettomethode** werden der **Nettolohn** bei Zahlung zum Monatsende und die **Abzüge** und der **AG-Anteil** bei Zahlung zum gesetzlich festgelegten Termin gebucht.

Buchungssatz:

Tz.	Sollkonto	Betrag (€)	Habenkonto
1.	**6020** (4120) Gehälter	1.264,30	**1800** (1200) Bank
2.	**6020** (4120) Gehälter	297,70	**1800** (1200) Bank
3.	**6020** (4120) Gehälter	438,00	**1800** (1200) Bank
4.	**6110** (4130) Ges. soz. Aufw.	415,00	**1800** (1200) Bank

Buchung:

S	**6020 (4120) Gehälter**	H		S	**1800 (1200) Bank**	H
1)	1.264,30			1)		1.264,30
2)	297,70			2)		297,70
3)	438,00			3)		438,00
				4)		415,00

S	**6110 (4130) Ges. soz. Aufw.**	H
4)	415,00	

Auf dem Konto "Gehälter" werden – wie bei der Bruttomethode – im Soll 2.000,00 € (1.264,30 € + 297,70 € + 438,00 €) erfasst.

Seit dem 1.1.2006 sind Sozialversicherungsbeiträge am **drittletzten Bankarbeitstag** des **laufenden** Monats fällig; ein verbleibender Restbetrag wird zum drittletzten Bankarbeitstag des Folgemonats fällig.
Mit dieser Neuregelung gewinnt die **Nettomethode** für kleine und mittlere Unternehmen an Bedeutung.

Wer nicht im Zeitpunkt der Zahlung einzeln bucht, kann die Sozialversicherungsbeiträge auf das neue Konto "**3759** (1759) **Voraussichtliche Beitragsschuld gegenüber den Sozialversicherungsträgern**" buchen (siehe Seite 237).

Zu 3. Verrechnungsmethode

Bei der **Verrechnungsmethode** werden die Personalkosten – wie bei der Bruttomethode – zum Zeitpunkt der wirtschaftlichen Verursachung in einem Betrag (brutto) erfasst. Der Unterschied zur Bruttomethode besteht darin, dass ein **Verrechnungskonto**, das Konto "**3790 (1755) Lohn- und Gehaltsverrechnung**", zwischengeschaltet wird.

Beispiel:
Die Gehaltsabrechnung der ledigen, kinderlosen Angestellten Andrea Dötsch, 25 Jahre alt, Koblenz, für den Monat Juli 2006 sieht wie folgt aus (Beispiel 1, S. 233):

Bruttogehalt	2.000,00 €
– LSt/KiSt/SolZ	– 297,70 €
– Sozialversicherungsbeiträge (AN-Anteil)	– 438,00 €
= Nettogehalt	1.264,30 €

Buchungssatz:

Tz.	Sollkonto	Betrag (€)	Habenkonto
1.	6020 (4120) Gehälter	2.000,00	3790 (1755) Lohn- u. Gehaltsv.
	3790 (1755) Lohn- u. Gehaltsv.	297,70	3730 (1741) Verb. LSt/KiSt
	3790 (1755) Lohn- u. Gehaltsv.	438,00	3740 (1742) Verb. im Rahmen d.s.S.
	3790 (1755) Lohn- u. Gehaltsv.	1.264,30	3720 (1740) Verb. aus Lohn/Gehalt
2.	6110 (4130) Ges. soz. Aufw.	415,00	3740 (1742) Verb. im Rahmen d.s.S.

Buchung:

```
S    6020 (4120) Gehälter    H         S   3790 (1755) Lohn- und Gehalts-
                                                       verrechnung            H
1)      2.000,00                        1)       297,70  | 1)      2.000,00
                                        1)       438,00  |
                                        1)     1.264,30  |
                                               ─────────   ─────────
                                                2.000,00    2.000,00


S   6110 (4130) Ges. soz. Aufw.  H      S   3730 (1741) Verb. aus LSt/KiSt   H
2)       415,00                                          | 1)        297,70


                                        S 3740 (1742) Verb. im Rahmen d.s.S. H
                                                         | 1)        438,00
                                                         | 2)        415,00


                                        S 3720 (1740) Verb. aus Lohn/Gehalt  H
                                                         | 1)      1.264,30
```

Übung: 1. Wiederholungsfragen 1 bis 6 (Seite 268 f.),
2. Übungsaufgabe 1 bis 6 (Seite 269 ff.)

Seit dem 1.1.2006 ist die Fälligkeit der Sozialversicherungsbeiträge neu geregelt worden. Zum **Fälligkeitstag** der Sozialversicherungsbeiträge (Fälligkeit am drittletzten Bankarbeitstag des **laufenden** Monats) wird der **Prognosebeitrag** zur Sozialversicherung auf dem Konto

3759 (1759) Voraussichtliche Beitragsschuld gegenüber den Sozialversicherungsträgern

im **Soll** gebucht.

Am **Monatsende** werden der **tatsächliche** Arbeitgeberanteil und Arbeitnehmeranteil zur Sozialversicherung gemeinsam im **Haben** auf dem Konto **3759 (1759)** erfasst. Der sich dabei auf dem Konto ergebende **Saldo** ist der verbleibende **Restbetrag** oder **Erstattungsanspruch** für den Folgemonat.

Beispiel 1:
Die J & M GmbH, Koblenz, hat für den Monat Januar 2006 einen Prognosebeitrag zur Sozialversicherung von insgesamt **42.000,00 €** (AN-Anteil + AG-Anteil) ermittelt.

Buchungssatz zum 27.01.2006:

Tz.	Sollkonto	Betrag (€)	Habenkonto
1	3759 (1759) Voraussichtliche Beitragsschuld	42.000,00	1800 (1200) Bank

Beispiel 2:
Am **Monatsende** ergibt sich für die J & M GmbH folgendes **tatsächliche** Bild:

Bruttogehalt	100.000,00 €
− LSt/KiSt/SolZ	− 15.000,00 €
− Sozialversicherungsbeiträge (AN-Anteil)	− 21.300,00 €
= Nettogehalt	63.700,00 €

Der **AG-Anteil** zur Sozialversicherung beträgt **21.200,00 €**.

Buchungssatz zum Monatsende Januar 2006:

Tz.	Sollkonto	Betrag (€)	Habenkonto
2	6020 (4120) Gehälter	100.000,00	
		15.000,00	3730 (1741) Verb. LSt/KiSt
		21.300,00	3759 (1759) Voraussichtl. Beitragss.
		63.700,00	3720 (1740) Verb. aus Lohn/Gehalt
	6110 (4130) Ges. soz. Aufw.	21.200,00	3759 (1759) Voraussichtl. Beitragss.

Buchung der Beispiele 1 und 2:

S	3759 (1759) **Voraussichtl. Beitragsschuld**	H	S	**1800 (1200) Bank**	H
1)	42.000,00	2) 21.300,00		1)	42.000,00
		2) 21.200,00			

S	**6020 (4120) Gehälter**	H	S	**3730 (1741) Verb. LSt/KiSt**	H
2)	100.000,00			2)	15.000,00

S	6110 (4130) **Gesetzliche soziale Aufw.**	H	S	3720 (1740) **Verb. aus Lohn/Gehalt**	H
2)	21.200,00			2)	63.700,00

Auf dem Konto **3759 (1759)** bleibt ein **Restbetrag** von **500 €** offen, der am 24.02.2006 fällig wird.

5.3 Gesetzliche Unfallversicherung

Neben den Arbeitgeberanteilen an den Sozialversicherungsbeiträgen gehören auch die Beiträge zur gesetzlichen Unfallversicherung zu den **gesetzlichen sozialen Aufwendungen.**
Die Beiträge zur gesetzlichen Unfallversicherung (Berufsgenossenschaft) stellen für den Arbeitgeber einen **Teil der Personalkosten** dar.
Im Gegensatz zu den Beiträgen zur Sozialversicherung trägt der **Arbeitgeber** die Beiträge zur gesetzlichen Unfallversicherung **allein.**

Die Beiträge werden als **Aufwand** des Unternehmens auf dem Konto

6120 (4138) Beiträge zur Berufsgenossenschaft

erfasst.

Beispiel:
Unternehmer U überweist Beiträge an die Verwaltungs-Berufsgenossenschaft, Hamburg, durch Bank in Höhe von 500,00 Euro.

Buchungssatz:

Sollkonto	Betrag (€)	Habenkonto
6120 (4138) Beiträge zur Berufs-genossenschaft	500,00	**1800 (1200) Bank**

Buchung:

```
      6120 (4138) Beiträge zur Berufs-
   S          genossenschaft         H       S    1800 (1200) Bank    H
              500,00                                              500,00
```

> **Übung:** 1. Wiederholungsfrage 7 (Seite 269),
> 2. Übungsaufgabe 7 (Seite 271)

5.4 Geringverdiener (Auszubildende)

Die **Sozialversicherungsbeiträge** sind **grundsätzlich** vom Arbeit**nehmer** und Arbeit**geber** je zur **Hälfte** zu tragen. Eine **Ausnahme** besteht für versicherungspflichtige Arbeitnehmer, deren monatliches Arbeitsentgelt **325 Euro** in den alten und den neuen Bundesländern (**Geringverdienergrenze**) **nicht** übersteigt. Für diese versicherungspflichtigen Arbeitnehmer trägt der Arbeit**geber** den Beitrag zur Kranken-, Pflege-, Renten- und Arbeitslosenversicherung **allein**.
Seit 1.4.1999 gilt die Geringverdienergrenze **nur noch für Auszubildende**.

Beispiel:
Die Auszubildende Brigitte Krautkrämer, 19 Jahre alt, Köln, hat im Monat **Juni 2006** eine Ausbildungsvergütung von **325,00 Euro** erhalten.

Ihre "Gehaltsabrechnung" sieht wie folgt aus

Ausbildungsvergütung	325,00 €
− Lohnsteuer/Kirchensteuer/Solidaritätszuschlag	0,00 €
− Sozialversicherungsbeiträge (AN-Anteil)	0,00 €
= Auszahlungsbetrag (Banküberweisung)	**325,00 €**

Der **Arbeitgeber-Anteil** zur Sozialversicherung beträgt:

Rentenversicherung:	19,5 % von 325,00 € =	63,38 €
Krankenversicherung:	14,7 % von 325,00 € =	47,78 €
Pflegeversicherung:	1,7 % von 325,00 € =	5,53 €
Arbeitslosenversicherung:	6,5 % von 325,00 € =	21,13 €
		137,82 €

Buchungssatz (Nettomethode):

Tz.	Sollkonto	Betrag (€)	Habenkonto
1.	**6020** (4120) Gehälter	325,00	**1800** (1200) Bank
2.	**6110** (4130) Ges. soz. Aufw.	137,82	**1800** (1200) Bank

Buchung (Nettomethode):

```
S    6020 (4120) Gehälter    H        S     1800 (1200) Bank      H

1)       325,00                                           1)    325,00
                                                          2)    137,82


S   6110 (4130) Ges. soz. Aufw.  H

2)       137,82
```

> **Übung:** 1. Wiederholungsfrage 8 (Seite 269),
> 2. Übungsaufgabe 8 (Seite 271)

5.5 Vorschüsse

Löhne und Gehälter sind an einem bestimmten Tag fällig. Werden dem Arbeitnehmer **vor** dem Fälligkeitstag **Vorschüsse** auf – bereits erbrachte oder noch zu erbringende – Arbeitsleistungen gezahlt, handelt es sich **nicht** um Aufwendungen, sondern um **Forderungen** des Arbeitgebers gegenüber dem Arbeitnehmer. Zu unterscheiden ist zwischen **kurz- und langfristigen Vorschüssen**.

Die **kurzfristigen Vorschüsse**, die auf den Arbeitslohn des **laufenden Jahres** gewährt werden, sind bei der Auszahlung auf das Konto

<u>**1340 (1530) Forderungen gegen Personal**</u> und

die **langfristigen** Vorschüsse (Restlaufzeit größer 1 Jahr) auf das Konto

<u>**1345 (1537) Forderungen gegen Personal – Restlaufzeit größer 1 Jahr**</u>

zu buchen.

Beispiel 1:
Die ledige, kinderlose Angestellte Andrea Dötsch, 25 Jahre alt, erhält am 13. August 2006 einen **kurzfristigen** Vorschuss von **500,00 EUR** bar. Diesen Vorschuss fordert der Arbeitgeber Ende August 2006 vereinbarungsgemäß zurück.

Buchungssatz:

Tz.	Sollkonto	Betrag (€)	Habenkonto
1.	**1340 (1530) Forderungen gegen Personal**	500,00	**1600 (1000) Kasse**

Buchung:

S **1340 (1530) Ford. gegen Personal** H	S **1600 (1000) Kasse** H
1) 500,00	1) 500,00

Beispiel 2:
Die Gehaltsabrechnung der ledigen, kinderlosen Angestellten Andrea Dötsch sieht für den Monat August 2006 wie folgt aus:

Bruttogehalt	2.000,00 €
– Lohnsteuer/Kirchensteuer/Solidaritätszuschlag	– 297,70 €
– Sozialversicherungsbeiträge	– 438,00 €
Nettogehalt	1.264,30 €
– **Verrechnung Vorschuss**	**– 500,00 €**
= Auszahlungsbetrag	764,30 €

Mit der **Verrechnung des Vorschusses** ist die Forderung gegen die Angestellte Dötsch ausgeglichen.

Buchungssatz:

Tz.	Sollkonto	Betrag (€)	Habenkonto
2.	**6020** (4120) Gehälter	2.000,00	
		297,70	**3730** (1741) Verb. aus LSt/KiSt
		438,00	**3740** (1742) Verb. im Rahmen d.s.S.
		500,—	**1340** (1530) **Ford. g. Personal**
		764,30	**3720** (1740) Verb. aus Lohn/Gehalt

Buchung:

S 6020 (4120) Gehälter H
2) 2.000,00

S 3730 (1741) Verb. aus LSt/KiSt H
2) 297,70

S 3740 (1742) Verb. im Rahmen d.s.S. H
2) 438,00

S 1340 (1530) Ford. gegen Personal H
1) 500,00   2) **500,00**

S 3720 (1740) Verb. aus Lohn/Gehalt H
2) 764,30

Gewährt der Arbeitgeber dem Arbeitnehmer **unverzinsliche oder zinsverbilligte Darlehen** (Arbeitgeberdarlehen), so ist seit 1.1.2000 nach R 31 Abs. 11 LStR nach folgenden Grundsätzen zu verfahren.

Die **Zinsvorteile** sind als **Sachbezüge** zu versteuern, **wenn** die Summe der noch nicht getilgten Darlehen am Ende des Lohnzahlungszeitraums **2.600 Euro übersteigt**. **Zinsvorteile** sind anzunehmen, soweit der **Effektivzins** (**nicht** der Nominalzins) für ein Darlehen **5 % unterschreitet** (R 31 Abs. 11 Sätze 2 und 3 LStR).

> Einzelheiten zu den **Sachbezügen** erfolgen im Abschnitt "5.9 Sachzuwendungen an Arbeitnehmer", Seite 258 ff.

Beispiel 1:
Die ledige, kinderlose, katholische Angestellte Heike Cornely mit einem monatlichen Bruttogehalt von 2.300,00 € erhält zum 1.7.2006 ein **zinsloses Darlehen** von 25.000,00 €. Den Darlehnsbetrag hat der Arbeitgeber auf das Bankkonto der Angestellten überwiesen. Cornely tilgt das Darlehen jeweils zum 30.6., beginnend ab 30.6.2007.

Buchungssatz:

Tz.	Sollkonto	Betrag (€)	Habenkonto
1.	**1345** (1537) Ford. g. Personal	25.000,00	**1800** (1200) Bank

Buchung:

S 1345 (1537) **Forderungen g. Personal** H
1) 25.000,00

S 1800 (1200) **Bank** H
1) 25.000,00

Beispiel 2:
Für das Kalenderjahr **2006** hat Heike Cornely eine **Zinsersparnis** von **625,00 €** (5 % von 25.000 € = 1.250 € für 6 Monate = 625,00 €).
Bei monatlicher Zinsfälligkeit handelt es sich um **laufenden** Arbeitslohn. Es sind somit **monatlich 104,17 €** (625 € : 6 Monate) lohnsteuer- und sozialversicherungspflichtig.

Die Gehaltsabrechnung für den Monat Juli 2006 sieht wie folgt aus:

Bruttogehalt	2.300,00 €
+ Sachbezug für Zinsersparnis	**104,17 €**
= steuer- und sozialversicherungspflichtiges Gehalt	2.404,17 €
− Lohnsteuer/Kirchensteuer/Solidaritätszuschlag	− 427,93 €
− Sozialversicherungsbeiträge (Arbeitnehmeranteil)	− 526,53 €
Nettogehalt	1.449,71 €
− **Sachbezug** (wird abgezogen, weil er nur für die Berechnung der Abzüge notwendig ist)	− 104,17 €
= Auszahlungsbetrag	**1.345,54 €**

Buchungssatz:

Tz.	Sollkonto	Betrag (€)	Habenkonto
2.	**6020** (4120) **Gehälter**	2.404,17	
		427,93	**3730** (1741) Verbindl. aus LSt/KiSt
		526,53	**3740** (1742) Verb. im Rahmen d.s.S.
		104,17	**4949** (8614) Verr. sonst. Sachb. ohne USt
		1.345,54	**3720** (1740) Verb. aus Lohn/Gehalt

Buchung:

S	**6020** (4120) **Gehälter**	H
2) 2.404,17		

S	**3730** (1741) **Verb. aus LSt/KiSt**	H
		2) 427,93

S	**3740** (1742) **Verb. im Rahmen d.s.S.**	H
		2) 526,53

S	4949 (8614) **Verrechnete sonstige Sachbezüge ohne USt**	H
		2) **104,17**

S	**3720** (1740) **Verb. Aus Lohn/Gehalt**	H
		2) 1.345,54

Übung: 1. Wiederholungsfragen 9 und 10 (Seite 269),
2. Übungsaufgaben 9 und 10 (Seite 272)

5.6 Vermögenswirksame Leistungen

Vermögenswirksame Leistungen (vwL) sind Geldleistungen, die der Arbeitgeber für den Arbeitnehmer in einer im Vermögensbildungsgesetz (VermBG) genannten Anlageform anlegt.

Das 3. Vermögensbeteiligungsgesetz vom 7.9.1998 verbessert die Anlageformen vermögenswirksamer Leistungen nach dem **5. Vermögensbildungsgesetz.**
Es erweitert den Katalog der geförderten Anlagearten um neue Formen der Produktivkapitalbeteiligung.

Überdies hat es die für die Sparzulage maßgebliche **Einkommensgrenzen** von **17.900 Euro** oder bei Zusammenveranlagung von Ehegatten nach § 26b EStG **35.800 Euro** angehoben.

Die **staatliche Förderung** der Vermögensbildung besteht in einer steuer- und sozialversicherungsfreien **Arbeitnehmer-Sparzulage**, die für bestimmte, gesetzlich abschließend geregelte Anlageformen vermögenswirksamer Leistungen vom **Finanzamt** gewährt wird.

Anstelle der bisher gemeinsam für Bausparen und Beteiligungen geltenden Begrenzung der Arbeitnehmer-Sparzulage von 10 % auf Anlagen bis 936 DM werden seit 1.1.1999 **zwei Förderarten** angeboten, die **nebeneinander** in Anspruch genommen werden können. Dabei sind seit 2004 die folgenden Einschränkungen zu beachten:

> ■ **Förderart 1** gilt für Bausparen bis **470 Euro** mit **9 %** Zulage, (Sparzulage: 9 % von 470 = 42,30 €)
>
> ■ **Förderart 2** gilt für Beteiligungen am Betriebsvermögen bis **400 Euro** mit **18 %** Zulage bei westdeutschen Arbeitnehmern und **22 %** Zulage bei ostdeutschen Arbeitnehmern.

Damit können bei Arbeitnehmern, die **beide** Förderarten in Anspruch nehmen, bis **870 Euro** (470 € + 400 €) gefördert werden.

Nutzt ein Arbeitnehmer **beide** Förderarten und unterschreitet er die Einkommensgrenzen, so erhält er als **Arbeitnehmer-Sparzulage** in den **alten** Bundesländern nunmehr **114,30 Euro** (42,30 € + 72 €) und in den **neuen** Bundesländern **130,30 Euro** (42,30 € + 88 €).

Die vermögenswirksamen Leistungen sind **steuerpflichtige Einnahmen** im Sinne des EStG und **Entgelt** im Sinne der **Sozialversicherung**. Sie sind arbeitsrechtlich **Bestandteil des Lohns oder Gehalts** (§ 2 Abs. 6 und 7 des 5. VermBG).

Getragen werden die vermögenswirksamen Leistungen entweder vom

> 1. **Arbeitnehmer,**
> 2. **Arbeitgeber** oder
> 3. **Arbeitnehmer und Arbeitgeber.**

Zu 1. VwL wird vom Arbeitnehmer allein getragen

Trägt der Arbeitnehmer die vwL allein, wird sie bei der Lohnabrechnung **abgezogen** und **unmittelbar** vom Arbeit**geber** an das Unternehmen bzw. Institut **überwiesen**, bei dem die vwL angelegt werden soll.

Beispiel:
Die ledige Angestellte Andrea Dötsch (Beispiel von Seite 233) spart monatlich **39,17 €** (470 € : 12) bei einer Bausparkasse nach dem 5. VermBG (nur Förderart 1).

Ihre **Gehaltsabrechnung** sieht wie folgt aus:

Bruttogehalt	2.000,00 €
− Lohnsteuer/Kirchensteuer/Solidaritätszuschlag	− 297,70 €
− Sozialversicherungsbeiträge (Arbeitnehmeranteil)	− 438,00 €
Nettogehalt	1.264,30 €
− abzuführende **vwL**	− **39,17 €**
= Auszahlungsbetrag	1.225,13 €

Buchungssatz:

Tz.	Sollkonto	Betrag (€)	Habenkonto
1.	**6020** (4120) Gehälter	2.000,00	
		297,70	**3730** (1741) Verbindl. aus LSt/KiSt
		438,00	**3740** (1742) Verb. im Rahmen d.s.S.
		39,17	**3770** (1750) Verb. aus Vermögensbild.
		1.225,13	**3720** (1740) Verb. aus Lohn/Gehalt
2.	**6110** (4130) Ges. soz. Aufw.	415,00	**3740** (1742) Verb. im Rahmen d.s.S.

Buchung:

```
S      6020 (4120) Gehälter      H      S 3730 (1741) Verbindl. LSt/KiSt  H
1)     2.000,00                                                  1)    297,70


S  6110 (4130) Gesetzl. soz. Aufw. H    S 3740 (1742) Verb. im Rahmen d.s.S. H
2)       415,00                                                  1)    438,00
                                                                 2)    415,00


                                        S 3770 (1750) Verb. aus Vermögensb. H
                                                                 1)     39,17


                                        S 3720 (1740) Verb. aus Lohn/Gehalt H
                                                                 1)  1.225,13
```

Übung: 1. Wiederholungsfrage 11 (Seite 269),
2. Übungsaufgabe 11 (Seite 272)

Zu 2. VwL wird vom Arbeitgeber allein getragen

Trägt der **Arbeitgeber** die **vermögenswirksame Leistung allein**, erhöht sich der Arbeitslohn um die **vermögenswirksame Leistung**.
Die vom Arbeitgeber getragene vermögenswirksame Leistung wird auf dem Konto

6080 (4170) Vermögenswirksame Leistungen

erfasst.

Beispiel:
Die ledige Angestellte Andrea Dötsch (Beispiel von Seite 233) spart monatlich **39,17 Euro** bei einer Bausparkasse nach dem 5. VermBG, die der Arbeit**geber** zusätzlich **trägt**. Dadurch erhöht sich der steuer- und sozialversicherungspflichtige Bruttoarbeitslohn um 39,17 Euro.

Ihre **Gehaltsabrechnung** sieht wie folgt aus:

Bruttogehalt	2.000,00 €
+ **vwL** (vom Arbeit**geber** getragen)	**39,17 €**
= steuer- und sozialversicherungspflichtiges Gehalt	2.039,17 €
− Lohnsteuer/Kirchensteuer/Solidaritätszuschlag	− 309,89 €
− Sozialversicherungsbeiträge (Arbeitnehmeranteil)	− 446,58 €
Nettogehalt	1.282,70 €
− abzuführende **vwL**	− **39,17 €**
= Auszahlungsbetrag	**1.243,53 €**

Buchungssatz:

Tz.	Sollkonto	Betrag (€)	Habenkonto
1.	6020 (4120) Gehälter **6080** (4170) **VwL**	2.000,00 **39,17** 309,89 446,58 **39,17** 1.243,53	 3730 (1741) Verbindl. aus LSt/KiSt 3740 (1742) Verb. im Rahmen d.s.S. **3770 (1750) Verb. aus Vermögensb.** 3720 (1740) Verb. aus Lohn/Gehalt
2.	6110 (4130) Ges. soz. Aufw.	432,12	3740 (1742) Verb. im Rahmen d.s.S.

Buchung:

S	6020 (4120) **Gehälter**	H
1)	2.000,00	

S	6080 (4170) **VwL**	H
1)	39,17	

S	6110 (4130) **Gesetzl. soz. Aufw.**	H
2)	432,12	

S 3730 (1741) **Verbindl. aus LSt/KiSt** H
1) 309,89

S 3740 (1742) **Verb. im Rahmen d.s.S.** H
1) 446,58
2) 432,12

S 3770 (1750) **Verb. aus Vermögensb.** H
1) **39,17**

S 3720 (1740) **Verb. aus Lohn/Gehalt** H
1) 1.243,53

Zu 3. VwL wird vom Arbeitnehmer und Arbeitgeber getragen

Werden die **vermögenswirksamen Leistungen** vom Arbeit**nehmer** und Arbeit**geber gemeinsam** getragen, erhöht sich der Arbeitslohn lediglich um die vom Arbeit**geber** getragene **vermögenswirksame Leistung**. Die Buchung erfolgt wie zu 2.

Beispiel:
Die ledige Angestellte Andrea Dötsch (Beispiel von Seite 233) spart monatlich **39,17 Euro** bei einer Bausparkasse nach dem 5. VermBG. Der Arbeit**geber trägt** 50 % der vermögenswirksamen Leistung (50 % von 39,17 € = **19,59 €**). Die andere Hälfte der vwL **trägt** die **Angestellte**. Dadurch erhöht sich der steuer- und sozialversicherungspflichtige Bruttoarbeitslohn um 19,59 Euro.

Ihre **Gehaltsabrechnung** sieht wie folgt aus:

Bruttogehalt	2.000,00 €
+ vwL (vom Arbeit**geber** getragen)	**19,59 €**
= steuer- und sozialversicherungspflichtiges Gehalt	2.019,59 €
− Lohnsteuer/Kirchensteuer/Solidaritätszuschlag	− 303,70 €
− Sozialversicherungsbeiträge (Arbeitnehmeranteil)	− 442,30 €
Nettogehalt	1.273,59 €
− abzuführende vwL	− **39,17 €**
= Auszahlungsbetrag	1.234,42 €

Buchungssatz:

Tz.	Sollkonto	Betrag (€)	Habenkonto
1.	6020 (4120) Gehälter 6080 (4170) **VwL**	2.000,00 **19,59** 303,70 442,30 **39,17** 1.234,42	 3730 (1741) Verbindl. aus LSt/KiSt 3740 (1742) Verb. im Rahmen d.s.S. 3770 (1750) **Verb. aus Vermögensb.** 3720 (1740) Verb. aus Lohn/Gehalt
2.	6110 (4130) Ges. soz. Aufw.	419,07	3740 (1742) Verb. im Rahmen d.s.S.

Buchung:

```
S    6020 (4120) Gehälter     H      S 3730 (1741) Verbindl. aus LSt/KiSt H
1)   2.000,00                                                   1)   303,70

S    6080 (4170) VwL          H      S 3740 (1742) Verb. im Rahmen d.s.S. H
1)      19,59                                                   1)   442,30
                                                                2)   419,07

S    6110 (4130) Gesetzl. soz. Aufw. H   S 3770 (1750) Verb. aus Vermögensb. H
2)     419,07                                                   1)    39,17

                                     S 3720 (1740) Verb. aus Lohn/Gehalt H
                                                                1)  1.234,42
```

Übung: 1. Wiederholungsfragen 12 und 13 (Seite 269),
2. Übungsaufgaben 12 bis 15 (Seite 273 f.)

5.7 Geringfügige Beschäftigungen

Die geringfügigen Beschäftigungen sind mit Wirkung vom 1.4.2003 steuer- und sozialversicherungsrechtlich neu geregelt worden.

Eine **geringfügige Beschäftigung** kann nach § 8 Abs. 1 SGB IV

> 1. eine **geringfügig entlohnte Beschäftigung**
>   oder
> 2. eine **kurzfristige Beschäftigung**

sein. Nur bei den **geringfügig entlohnten Beschäftigten** (nicht bei den kurzfristig Beschäftigten) darf das Arbeitsentgelt im Monat **400 Euro nicht** übersteigen.
Personen in **Berufsausbildung** gelten **nicht** als geringfügig Beschäftigte.
Bei den **geringfügig entlohnten Beschäftigten** ist zu unterscheiden, ob die Tätigkeiten in **Unternehmen** oder in **Privathaushalten** ausgeübt werden.

5.7.1 Geringfügig entlohnte Beschäftigung

5.7.1.1 Geringfügig entlohnte Beschäftigung in Unternehmen

Eine geringfügig entlohnte Beschäftigung in einem **Unternehmen** liegt vor, wenn das Arbeitsentgelt aus dieser Tätigkeit regelmäßig **im Monat 400 Euro nicht** übersteigt. Die wöchentliche **Arbeitszeit** ist dabei **unerheblich**.

Der Arbeitgeber hat seit 1.4.2003 an die **Einzugsstelle**, die **Bundesknappschaft** (www.minijob-zentrale.de), für die geringfügig entlohnten Beschäftigungen in Unternehmen **Pauschalabgaben** zu entrichten. Die Pauschalabgaben betragen grundsätzlich

> **25 % des Arbeitsentgelts.**

Davon entfallen **12 %** auf die **Rentenversicherung**, **11 %** auf die **Krankenversicherung** und **2 %** auf eine einheitliche **Pauschsteuer**. Steuerrechtlich sind mit der einheitlichen **Pauschsteuer** von **2 %** des Arbeitsentgelts die **Lohnsteuer**, der **Solidaritätszuschlag** und die **Kirchensteuer** abgegolten (§ 40a Abs. 2 EStG).

Ab 1.7.2006 soll der pauschale Abgabesatz von 25 % auf **30 %** erhöht werden (Beschluss des Kabinetts vom 22.02.2006).

Der Pauschalbeitrag zur **Krankenversicherung** fällt nur an, wenn der geringfügig Beschäftigte in der gesetzlichen Krankenversicherung versichert ist (z.B. **familienversichert**). Für geringfügig Beschäftigte, die **privat** oder **gar nicht** krankenversichert sind, fällt **kein** Pauschalbeitrag zur Krankenversicherung an.

Neben der Pauschale von **25 %** haben Arbeitgeber mit **weniger als 30 Beschäftigten** seit 1.1.2005 nur noch eine **Umlage** für die Krankheitsaufwendungen (U 1) nach dem Aufwendungsausgleichsgesetz (AAG) zu berücksichtigen.

Die **Umlage 1** (U 1) für den Ausgleich der Arbeitgeberaufwendungen bei Krankheit oder Kur **beträgt** bei der Bundesknappschaft seit dem 1.1.2006 **0,1 % des Bruttoarbeitsentgelts** aller im Betrieb beschäftigten **Arbeitnehmer**.

Der **Arbeitgeber** hat die **Pauschalbeiträge** zur Renten- und Krankenversicherung, die **Pauschsteuer** sowie die **Umlage (U 1) allein zu tragen** und bis zum **drittletzten Arbeitstag** des Monats, in dem die Beschäftigung ausgeübt wird, an die Bundesknappschaft zu entrichten.

Für den **Arbeitnehmer** ist das Arbeitsentgelt aus dieser Beschäftigung **steuer- und sozialversicherungsfrei**.

Beispiel:

Der Arbeitgeber Heinz Fischer, Koblenz, Betriebsnummer 52199473, Steuernummer 22/220/1020/2, beschäftigt seit 1.1.2006 in seinem Unternehmen eine familienversicherte **Angestellte**, die Büroarbeiten erledigt, für monatlich **400 Euro**. Sein Betrieb hat **weniger als 30 Beschäftigte**. Die Zahlungen an die geringfügig entlohnte Beschäftigte erfolgen jeweils am Monatsende bar. Die Bundesknappschaft wurde ermächtigt, die Pauschalabgaben bei Fälligkeit zu Lasten des Bankkontos von Heinz Fischer per Lastschrift einzuziehen.

Fischer hat monatlich **100,00 EUR** (25 % von 400 € = 100 €) **Pauschalabgaben** zuzüglich **0,40 EUR U 1** (0,1 % von 400 €) an die Bundesknappschaft zu entrichten. Für die Arbeitnehmerin sind die 400 Euro steuer- und sozialversicherungsfrei. Fischer hat in seinem **Dauer-Beitragsnachweis** folgende Angaben einzutragen:

Arbeitgeber	Betriebsnummer des Arbeitgebers	Steuernummer des Arbeitgebers *)
Heinz Fischer	52199473	22/220/1020/2

Zeitraum: von 01 01 2006 bis 31 12 2006

Bundesknappschaft
45115 Essen

Rechtskreis **) Ost: ☐ West: ☒
Fälligkeit am 25. des lfd. Monats **) ☐
Dauer-Beitragsnachweis **) ☐
bisheriger Dauer-Beitragsnachweis gilt erneut ab nächsten Monat **) ☐

Beitragsnachweis für geringfügig Beschäftigte (einschließlich einheitlicher Pauschsteuer)	Beitragsgruppe	Euro	Cent
Beiträge zur Krankenversicherung für geringfügig Beschäftigte	6000		
Beiträge zur Rentenversicherung der Arbeiter - voller Beitrag bei Verzicht auf die Rentenversicherungsfreiheit - 11% von 400 EUR	0100	44	00
Beiträge zur Rentenversicherung der Angestellten - voller Beitrag bei Verzicht auf die Rentenversicherungsfreiheit -	0200		
Beiträge zur Rentenversicherung der Arbeiter für geringfügig Beschäftigte 12% von 400 EUR	0500	48	00
Beiträge zur Rentenversicherung der Angestellten für geringfügig Beschäftigte	0600		
Umlage nach dem Lohnfortzahlungsgesetz (LFZG) für Krankheitsaufwendungen 0,1 % von 400 EUR	U1	0	40
Umlage nach dem Lohnfortzahlungsgesetz (LFZG) für Mutterschaftsaufwendungen	U2		
einheitliche Pauschsteuer 2% von 400 EUR	St	8	00
Gesamtsumme		100	40

Es wird bestätigt, dass die Angaben mit denen der Lohn- und Gehaltsunterlagen übereinstimmen und in diesen sämtliche Entgelte enthalten sind.

abzüglich Erstattung gemäß § 10 LFZG

27.12.05 Heinz Fischer
Datum, Unterschrift

zu zahlender Betrag/Guthaben: 100,40

*) Die Steuernummer ist nur anzugeben, sofern die einheitliche Pauschsteuer an die Bundesknappschaft abgeführt wird.
**) Zutreffendes ankreuzen

KNAPPSCHAFT

Buchungssatz (monatlich):

Sollkonto	Betrag (€)	Habenkonto
6030 (4190) Aushilfslöhne	400,00	**1600** (1000) Kasse
6030 (4190) Aushilfslöhne	92,40	**1800** (1200) Bank
6040 (4199) Pauschale Steuer für Aushilfen	8,—	**1800** (1200) Bank

Buchung (Nettobuchung):

```
S      6030 (4190) Aushilfslöhne      H    S    1600 (1000) Kasse    H
       400,00                                                 400,00
        92,40


S  6040 (4199) Pauschale Steuer für Aushilfen  H    S   1800 (1200) Bank   H
        8,00                                                  92,40
                                                               8,00
```

Der Arbeitgeber hat die **Möglichkeit**, auf die Pauschalierung des Arbeitslohns zu verzichten und den Arbeitslohn nach den Merkmalen der vom Arbeitnehmer vorgelegten **Lohnsteuerkarte** zu erheben (Wahlrecht).

> **Übung:** 1. Wiederholungsfragen 14 bis 18 (Seite 269),
> 2. Übungsaufgabe 16 (Seite 274)

5.7.1.2 Geringfügig entlohnte Beschäftigung in Privathaushalten

Eine geringfügig entlohnte Beschäftigung in einem **Privathaushalt** liegt vor, wenn sie durch einen privaten Haushalt begründet worden ist und die Tätigkeit sonst gewöhnlich durch Mitglieder des privaten Haushalts erledigt wird, z.B. Reinigung der Wohnung, Waschen, Bügeln, Zubereitung von Mahlzeiten, Gartenpflege.

Auch bei einer geringfügig entlohnten Beschäftigung in einem Privathaushalt darf das Arbeitsentgelt aus dieser Beschäftigung regelmäßig **400 Euro monatlich nicht** übersteigen.

Der Arbeitgeber hat seit 1.4.2003 an die **Einzugsstelle**, die **Bundesknappschaft** (www.minijob-zentrale.de), für die geringfügig entlohnten Beschäftigungen in Privathaushalten **Pauschalabgaben** zu entrichten. Die **Pauschalabgaben** betragen grundsätzlich

12 % des Arbeitsentgelts.

Davon entfallen **5 %** auf die Rentenversicherung, **5 %** auf die Krankenversicherung und **2 %** auf die einheitliche Pauschsteuer. **Neben** der Pauschale von **12 %** hat der Arbeitgeber mit **weniger als 30 Beschäftigten** die **Umlage 1 (U 1) von 0,1 %** zu entrichten (Regelfall). Der **Arbeitgeber** hat die **Pauschalabgaben allein zu tragen**.

Beispiel:
Der Arbeitgeber U, Köln, beschäftigt seit 1.1.2006 in seinem Privathaushalt eine familienversicherte **Arbeiterin** (Putzhilfe) für 400 Euro monatlich. Sein Betrieb hat **weniger als 30 Beschäftigte**.
Die Zahlung an die Putzhilfe erfolgt jeweils am Monatsende bar aus der Geschäftskasse und die Pauschalabgaben an die Bundesknappschaft werden durch Überweisung vom betrieblichen Bankkonto gezahlt.

U hat monatlich **48,40 EUR** (12 % von 400 EUR = 48 EUR zuzüglich 0,1 % von 400 EUR = 0,40 EUR) **Pauschalabgaben** an die Bundesknappschaft zu entrichten.
Für die Arbeitnehmerin sind die 400 Euro steuer- und sozialversicherungsfrei.

Buchungssatz (monatlich):

Sollkonto	Betrag (EUR)	Habenkonto
2100 (1800) Privatentnahmen	400,00	**1600** (1000) Kasse
2100 (1800) Privatentnahmen	48,40	**1800** (1200) Bank

Buchung (monatlich):

S	**2100** (1800) **Privatentnahmen**	H		S	**1600** (1000) **Kasse**	H
	400,00					400,00
	48,40			S	**1800** (1200) **Bank**	H
						48,40

> **Übung:** 1. Wiederholungsfragen 18 und 19 (Seite 269),
> 2. Übungsaufgabe 17 (Seite 274)

5.7.1.3 Mehrere geringfügig entlohnte Beschäftigungen bei einem Arbeitgeber

Wird eine geringfügig entlohnte Beschäftigung **sowohl** im **Unternehmen als auch** im **Privathaushalt** bei **einem** Arbeitgeber ausgeübt, sind grundsätzlich insgesamt **25 %** des Arbeitsentgelts als Pauschalabgaben zu entrichten. Eine Aufteilung in den unternehmerischen und den privaten Tätigkeitsbereich ist nicht vorgesehen. Die verringerten Pauschalabgaben von 12 % des Arbeitsentgelts gelten nur, wenn die geringfügig entlohnte Beschäftigung **ausschließlich** in Privathaushalten ausgeübt wird.

Beispiel:
Der Arbeitgeber U, Augsburg, beschäftigt seit dem 1.1.2006 eine familienversicherte **Arbeiterin** (Raumpflegerin) für monatlich 400 Euro. Die Tätigkeit der Raumpflegerin bezieht sich **sowohl** auf die Reinigung der **Büroräume als auch** auf die des **Privathaushalts** des U. Der Betrieb des U hat weniger als 30 Beschäftigte. Die Zahlungen an die geringfügig entlohnte Beschäftigte erfolgen jeweils am Monatsende bar. Die Bundesknappschaft wurde ermächtigt, die Pauschalabgaben zu Lasten des Bankkontos von U per Lastschrift einzuziehen.

U hat monatlich **100,40 EUR** (25 % von 400 EUR = 100 EUR zuzüglich 0,1 % von 400 EUR = 0,40 EUR) Pauschalabgaben an die Bundesknappschaft zu entrichten. Die Pauschalabgabe von 12 % des Arbeitsentgelt ist ausgeschlossen, weil die Tätigkeit nicht ausschließlich im Privathaushalt ausgeübt wird.

Buchungssatz (monatlich):

Sollkonto	Betrag (€)	Habenkonto
6030 (4190) Aushilfslöhne	400,00	**1600** (1000) Kasse
6030 (4190) Aushilfslöhne	92,40	**1800** (1200) Bank
6040 (4199) Pauschale Steuer für Aushilfen	8,00	**1800** (1200) Bank

Buchung (Nettobuchung):

S	**6030** (4190) **Aushilfslöhne**	H		S	**1600** (1000) **Kasse**	H
	400,00					400,00
	92,40					

S	**6040** (4199) **Pauschale Steuer für Aushilfen**	H		S	**1800** (1200) **Bank**	H
	8,00					92,40
						8,00

> **Übung:** 1. Wiederholungsfrage 20 (Seite 269),
> 2. Übungsaufgabe 18 (Seite 274)

5.7.1.4 Mehrere geringfügig entlohnte Beschäftigungen bei verschiedenen Arbeitgebern

Werden **mehrere** geringfügig entlohnte Beschäftigungen bei **verschiedenen** Arbeitgebern nebeneinander ausgeübt, sind zur Beantwortung der Frage, ob eine geringfügig entlohnte Beschäftigung vorliegt, die **einzelnen Arbeitsentgelte zusammenzurechnen**.
Dies gilt unabhängig davon, ob die Tätigkeiten in Unternehmen oder in Privathaushalten ausgeübt werden.

> Beispiel:
> Der Gastwirt U 1 beschäftigt seit 1.1.2006 in seiner Gaststätte eine familienversicherte **Arbeiterin** (Kellnerin) für monatlich **230 EUR**. Die Arbeitnehmerin übt neben dieser Beschäftigung noch eine weitere Tätigkeit als Kellnerin bei dem Gastwirt U 2 für monatlich **170 EUR** aus. Beide Gastwirte haben weniger als 30 Beschäftigte.
>
> Bei der Zusammenrechnung beider Beschäftigungen ist die Geringfügigkeitsgrenze von 400 Euro nicht überschritten. Die Arbeitgeber haben insgesamt Pauschalabgaben von **100,40 EUR** (25 % + 0,1 % Umlage von 400 EUR) monatlich an die Bundesknappschaft zu entrichten. Davon trägt der Arbeitgeber U 1 **57,73 EUR** (25,1 % von 230 EUR) und der Arbeitgeber U 2 **42,67 EUR** (25,1 % von 170 EUR). Für die Kellnerin sind beide Beschäftigungen steuer- und sozialversicherungsfrei.

Bei einem **Überschreiten** der Geringfügigkeitsgrenze von 400 Euro monatlich führt dies zur **vollen Sozialversicherungspflicht**, wobei u.U. die neue Gleitzone (400,01 € bis 800,00 €) zu beachten ist.
Steuerrechtlich haben die Arbeitgeber unter Verzicht auf die Vorlage einer Lohnsteuerkarte die Möglichkeit, den Arbeitslohn pauschal mit **20 %** zu versteuern, wenn das monatliche Arbeitsentgelt beim einzelnen Arbeitgeber **nicht mehr als 400 Euro** beträgt (§ 40a Abs. 2a EStG). Hinzu kommen der Solidaritätszuschlag (5,5 % der Lohnsteuer) und die pauschale Kirchensteuer nach dem jeweiligen Landesrecht.

5.7.1.5 Geringfügig entlohnte Beschäftigung neben einer versicherungspflichtigen Hauptbeschäftigung

Seit dem 1.4.2003 kann eine geringfügig entlohnte Beschäftigung **neben** einer versicherungspflichtigen **Hauptbeschäftigung** erfolgen.

Dabei wird das Arbeitsentgelt der geringfügig entlohnten Beschäftigung **nicht** mit dem der Hauptbeschäftigung **zusammengerechnet**.

Der **Arbeitgeber trägt** für die geringfügig entlohnte Beschäftigung die **Pauschalabgaben allein**, während für den **Arbeitnehmer** das Arbeitsentgelt aus dieser Beschäftigung **steuer- und sozialversicherungsfrei** ist.

Beispiel:
Der Arbeitnehmer A, München, übt als kaufmännischer Angestellter eine sozialversicherungspflichtige Hauptbeschäftigung aus.
Von Mai bis September 2006 übt er zusätzlich bei dem Arbeitgeber U als **Arbeiter** (Kellner) eine Beschäftigung aus. Sein monatliches Arbeitsentgelt beträgt **400 Euro**. Außerdem erhält er regelmäßig **Trinkgeld** von **ca. 150 Euro** im Monat. Weiteren Beschäftigungen geht A nicht nach. Die Betriebe des U haben **mehr als 30 Beschäftigte**. Die Zahlung an den Kellner erfolgt jeweils am Monatsende bar und die Pauschalabgaben an die Bundesknappschaft werden durch die Bank gezahlt.

Die geringfügig entlohnte Beschäftigung wird **nicht** mit der Hauptbeschäftigung zusammengerechnet. U hat für die geringfügig entlohnte Beschäftigung **100 Euro** (25 % von 400 EUR) monatlich an die Bundesknappschaft zu entrichten. Die Umlage entfällt, weil der Betrieb des U mehr als 30 Beschäftigte hat.
Das **Trinkgeld** ist **steuer- und sozialversicherungsfrei** und führt nicht zu einer Überschreitung der Geringfügigkeitsgrenze von 400 Euro (§ 3 Nr. 51 EStG).
Die Abzüge für die Hauptbeschäftigung sind an das Finanzamt und die Krankenkasse zu zahlen.

Buchungssatz für die geringfügig entlohnte Beschäftigung (monatlich):

Sollkonto	Betrag (€)	Habenkonto
6030 (4190) Aushilfslöhne	400,00	**1600** (1000) Kasse
6030 (4190) Aushilfslöhne	92,00	**1800** (1200) Bank
6040 (4199) Pauschale Steuer für Aushilfen	8,00	**1800** (1200) Bank

Buchung (Nettobuchung):

```
S      6030 (4190) Aushilfslöhne      H    S    1600 (1000) Kasse    H
          400,00                                         |   400,00
           92,00                                         |

S  6040 (4199) Pauschale Steuer für Aushilfen  H    S    1800 (1200) Bank    H
            8,00                                         |    92,00
                                                         |     8,00
```

Übung: 1. Wiederholungsfragen 21 und 22 (Seite 269),
2. Übungsaufgaben 19 und 20 (Seite 275)

5.7.2 Kurzfristige Beschäftigung

Eine **kurzfristige Beschäftigung** im **lohnsteuerlichen** Sinne liegt vor, wenn

> 1. der Arbeitnehmer bei dem Arbeitgeber **nur gelegentlich**, nicht regelmäßig beschäftigt wird,
> 2. die Dauer der Beschäftigung **18 zusammenhängende Arbeitstage nicht übersteigt**,
> 3. der Arbeitslohn während der Beschäftigungsdauer **62 Euro** durchschnittlich **je Arbeitstag nicht übersteigt** **oder** die Beschäftigung zu einem unvorhersehbaren Zeitpunkt **sofort** erforderlich wird und
> 4. der durchschnittliche **Stundenlohn** während der Beschäftigungsdauer **12,00 Euro nicht übersteigt** (§ 40a Abs. 4 EStG).

Werden Arbeitnehmer **kurzfristig** beschäftigt (sog. **Aushilfskräfte**), kann die Lohnsteuer mit einem **Pauschsteuersatz** von

> **25 % des Arbeitslohns**

zuzüglich Solidaritätszuschlag und Kirchensteuer erhoben werden (§ 40a **Abs. 1** EStG).

Eine kurzfristige Beschäftigung ist **sozialversicherungsfrei**, wenn die Beschäftigung für eine Zeitdauer ausgeübt wird, die im Laufe eines **Kalenderjahres** auf **nicht mehr als zwei Monate** oder insgesamt **50 Arbeitstage** nach ihrer **Eigenart** begrenzt zu sein pflegt oder im Voraus vertraglich begrenzt ist. Eine kurzfristige Beschäftigung liegt **nicht** mehr vor, wenn die Beschäftigung **berufsmäßig** ausgeübt wird.

Beispiel:
Der Arbeitgeber U, **Bonn**, beschäftigt wegen Krankheit eines Arbeitnehmers in 2006 für 15 Tage eine **Aushilfe**. Für jeden der 15 Arbeitstage erhält die Aushilfe 75 Euro. Die Zahlung in Höhe von **1.125 €** (15 x 75 €) erfolgt in bar. Die Arbeitszeit beträgt 10 Stunden am Tag.

Der Arbeitgeber kann die Lohnsteuer **pauschalieren**, weil alle Voraussetzungen für eine kurzfristige Beschäftigung erfüllt sind. Wegen der unvorhersehbaren, sofortigen Beschäftigung darf der Tageslohn 62 Euro übersteigen. Sofern die Aushilfstätigkeit nicht berufsmäßig ausgeübt wird, ist sie sozialversicherungsfrei.

Die **Abrechnung** für die Aushilfe sieht für 2006 wie folgt aus:

Lohn (15 x 75 €)		1.125,00 €
+ pauschalierte LSt (**25 %** von 1.125 €)	281,25 €	
+ Solidaritätszuschlag (5,5 % von 281,25 €)	15,46 €	
+ pauschalierte KiSt (7 % von 281,25 €)	19,68 €	316,39 €
= Kosten des Arbeitgebers		1.441,39 €

Buchungssatz:

Sollkonto	Betrag (€)	Habenkonto
6030 (4190) Aushilfslöhne	1.125,00	**1600** (1000) Kasse
6040 (4199) Pauschale Steuer	316,39	**3730** (1741) Verb. aus LSt und KiSt

Buchung:

S	6030 (4190) **Aushilfslöhne**	H	S	1600 (1000) **Kasse**	H
	1.125,00				1.125,00

S	6040 (4199) **Pauschale Steuern für Aushilfen**	H	S	3730 (1741) **Verb. aus LSt/KiSt**	H
	316,39				316,39

Zusammenfassung zu Abschnitt 5.7:

```
                    Geringfügige Beschäftigung
                   /                          \
  geringfügig entlohnte Beschäftigung    kurzfristige Beschäftigung
      (§ 8 Abs. 1 Nr. 1 SGB IV)            (§ 8 Abs. 1 Nr. 2 SGB IV)
         /            \
  in Unternehmen    in Privathaushalten
    /     \           /        \
Arbeit-  Arbeit-   Arbeit-    Arbeit-              Arbeit-     Arbeit-
geber    nehmer    nehmer     geber                geber       nehmer
```

Arbeitgeber (Unternehmen)	Arbeitnehmer	Arbeitnehmer	Arbeitgeber (Privathaushalt)	Arbeitgeber (kurzfristig)	Arbeitnehmer
Pauschalabgaben **25 %** des Arbeitsentgelts zuzüglich U 1= **0,1 %** bei Kleinbetrieben	keine Beiträge, keine Steuern		Pauschalabgaben **12 %** des Arbeitsentgelts zuzüglich U 1= **0,1 %** bei Kleinbetrieben	Pauschalsteuersatz **25 %** des Arbeitslohns zuzüglich SolZ und KiSt, sozialversicherungsfrei	keine Beiträge, keine Steuern

5.8 Gleitzone bei Arbeitsentgelten zwischen 400,01 € und 800,00 €

Seit dem 1.4.2003 wird für Arbeitsentgelte, die zwischen **400,01 Euro und 800,00 Euro** liegen, **sozialversicherungsrechtlich** eine **Gleitzone** eingeführt (§ 20 Abs. 2 SGB IV). Diese Gleitzone gilt **nicht** für **Ausbildungsverhältnisse**.
Steuerrechtlich ergeben sich im Rahmen der Gleitzone keine Besonderheiten, d.h. der Arbeitnehmer muss eine **Lohnsteuerkarte** vorlegen.

Die Beiträge zur **Sozialversicherung** werden bei Arbeitsentgelten zwischen 400,01 € und 800,00 € vom Arbeitgeber und Arbeitnehmer **nicht je zur Hälfte** getragen. Der **Arbeitgeber** hat innerhalb der Gleitzone den **vollen** Beitragsanteil zu tragen, während der Beitragsanteil des **Arbeitnehmers** gleitend bis zum vollen Arbeitnehmeranteil bei 800,00 € ansteigt.

Die Berechnung der einzelnen Beitragsanteile innerhalb der Gleitzone erfolgt in **drei Schritten**:

1. Berechnung des **Gesamtbeitrags** (Arbeitgeberanteil + Arbeitnehmeranteil)
2. Berechnung des **Arbeitgeberanteils**
3. Berechnung des **Arbeitnehmeranteils**.

Zu 1. Gesamtbeitrag

Um den Gesamtbeitrag zu berechnen, ist es erforderlich, zunächst die **Bemessungsgrundlage** für den Gesamtbeitrag zu ermitteln. Auf diese Bemessungsgrundlage wird dann der **Gesamtbeitragssatz** angewendet.

Gesamtbeitrag = Bemessungsgrundlage x Gesamtbeitragssatz

Die **Bemessungsgrundlage** für die Ermittlung des Gesamtbeitrags zur Sozialversicherung wird für das Jahr **2006** nach folgender **Formel** berechnet:

Bemessungsgrundlage = 238,68 + 1,4033 x (Arbeitsentgelt − 400)

Der **Gesamtbeitragssatz** beträgt für **nicht Kinderlose** zur Zeit **42 %** und setzt sich aus Rentenversicherung (**19,5 %**), Krankenversicherung (**13,4 % + 0,9 %** für Arbeitnehmer), Pflegeversicherung (**1,7 % + 0,25 %** für Kinderlose) und Arbeitslosenversicherung (**6,5 %**) zusammen.

Beispiel:
Das Arbeitsentgelt der **nicht kinderlosen** Arbeitnehmerin A beträgt für den Monat Juni 2006 **600 Euro**.

Die **Bemessungsgrundlage** wird wie folgt ermittelt:

Bemessungsgrundlage = 238,68 + 1,4033 x (600 − 400)
Bemessungsgrundlage = 238,68 + 1,4033 x 200
Bemessungsgrundlage = 238,68 + 280,66
Bemessungsgrundlage = **519,34 EUR**

Multipliziert man die Bemessungsgrundlage mit dem Gesamtbeitragssatz von 42 %, ergibt sich der **Gesamtbeitrag** zur Sozialversicherung von **218,13 €** (519,34 € x 42 %).

Zu 2. Arbeitgeberanteil

Der **Arbeitgeber** hat von dem Gesamtbeitragsatz von 42 % für nicht kinderlose Arbeitnehmer lediglich **20,55 %** (9,75 % + 6,7 % + 0,85 % + 3,25 %) zu tragen.

Beispiel:
Sachverhalt wie im Beispiel zuvor

Der **Arbeitgeber hat 123,30 EUR** (600 EUR x 20,55 %) **zu tragen**.

Zu 3. Arbeitnehmeranteil

Für die Ermittlung des Arbeitnehmeranteils an den Sozialversicherungsbeiträgen wird der Arbeitgeberanteil vom Gesamtbeitrag abgezogen:

Gesamtbeitrag
− Arbeitgeberanteil
= **Arbeitnehmeranteil**

Beispiel:
Sachverhalt wie im Beispiel zuvor

Der **Arbeitnehmeranteil** an den Sozialversicherungsbeiträgen beträgt **94,83 EUR**:

Gesamtbeitrag	218,13 EUR
− Arbeitgeberanteil	− 123,30 EUR
= **Arbeitnehmeranteil**	**94,83 EUR**

Die **Lohnabrechnung** der Arbeitnehmerin A sieht für den Monat Juni 2006 wie folgt aus:

Lohn		600,00 EUR
− Lohnsteuer (I/0)	0,00 €	
− Solidaritätszuschlag	0,00 €	
− Kirchensteuer	0,00 €	− 0,00 EUR
− **Sozialversicherungsbeiträge (Arbeitnehmeranteil)**		− 94,83 EUR
= Nettolohn		505,17 EUR

Der **Arbeitgeberanteil** zu Sozialversicherung beträgt   **123,30 EUR**

Buchungssatz (monatlich):

Sollkonto	Betrag (€)	Habenkonto
6010 (4110) Löhne	600,00	
	94,83	**3740** (1742) Verb. im Rahmen d.s.S.
	505,17	**3720** (1740) Verb. aus Lohn/Gehalt
6110 (4130) Ges. soz. Aufw.	123,30	**3740** (1742) Verb. im Rahmen d.s.S.

Buchung (Bruttomethode):

S 6010 (4110) **Löhne** H	S 3740 (1742) **Verb. im Rahmen d.s.S.** H
600,00	94,83
	123,30

S 6110 (4130) **Ges. soz. Aufw.** H	S 3720 (1740) **Verb. aus Lohn/Gehalt** H
123,30	505,17

Beispiel:
Sachverhalt wie im Beispiel auf Seite 255 mit dem Unterschied, dass die Arbeitnehmerin **kinderlos** ist.

Der **Arbeitnehmeranteil** an den Sozialversicherungsbeiträgen beträgt lt. Gleitzonen-Rechner:

	Gesamtbeitrag	219,43 EUR
−	Arbeitgeberanteil	− 123,30 EUR
=	**Arbeitnehmeranteil**	**96,13 EUR**

Sollte ab 1.7.2006 der pauschale Beitragssatz von 25 % auf 30 % erhöht werden, wird sich auch die Berechnung der Beiträge für Beschäftigte in der Gleitzone verändern. Einzelheiten zu diesem Thema können im Internet unter **www.gabler.de/bornhofen** abgerufen werden.

> **Übung:** 1. Wiederholungsfragen 23 bis 25 (Seite 269),
> 2. Übungsaufgabe 21 (Seite 275)

5.9 Sachzuwendungen an Arbeitnehmer

Fließt dem Arbeitnehmer **Arbeitslohn** in Form von **Sachbezügen** zu, so sind diese ebenso wie Barlohnzahlungen dem **laufenden Arbeitslohn** oder den **sonstigen Bezügen** zuzuordnen (R 31 Abs. 1 Satz 1 LStR).

Sachbezüge bleiben **außer Ansatz**, wenn sie insgesamt **44 Euro** im Kalender**monat** (**Freigrenze**) **nicht übersteigen** (§ 8 Abs. 2 EStG). Eine Übertragung von nicht ausgeschöpften Beträgen in andere Kalendermonate ist **nicht** möglich (vgl. OFD Erfurt, Vfg. vom 30.1.1996 - S 2334 A- 37- St 332 (T)).

Die Sachbezüge werden, abhängig davon, ob in ihnen Umsatzsteuer enthalten ist oder nicht, auf folgende Konten gebucht:

AM **4947** (8611) **Verrechnete sonstige Sachbezüge 16 % USt (z.B. Kfz-Gestellung)**

oder

4949 (8614) **Verrechnete sonstige Sachbezüge ohne USt**

Im Folgenden werden die in der Praxis **wichtigsten Sachbezüge** beispielhaft dargestellt.

5.9.1 Wohnung und Unterkunft

Wird einem Arbeit**nehmer** die Möglichkeit gegeben, eine **Wohnung oder Unterkunft** des Arbeit**gebers kostenlos oder verbilligt** zu nutzen, so handelt es sich um einen **geldwerten Vorteil**, der als **Arbeitslohn** steuerbar ist.

Für die **Höhe** des **geldwerten Vorteils** ist zunächst zu unterscheiden, ob es sich um eine **Wohnung** oder um eine **Unterkunft** handelt.

Eine **Wohnung** ist eine in sich geschlossene Einheit von Räumen, in denen ein selbständiger Haushalt geführt werden kann. Wesentlich ist, dass eine **Wasserversorgung und -entsorgung**, zumindest eine einer Küche vergleichbare **Kochgelegenheit** sowie eine **Toilette** vorhanden sind. Danach stellt z.B. ein Einzimmerappartement mit Küchenzeile und WC als Nebenraum eine Wohnung dar (R 31 Abs. 6 LStR).

Soweit diese **Voraussetzungen nicht** vorhanden sind, handelt es sich um eine **Unterkunft**. Danach stellt z.B. ein Einzimmerappartement bei Mitbenutzung von Bad, Toilette und Küche eine Unterkunft dar (R 31 Abs. 6 LStR).

Die Gewährung der kostenlosen oder verbilligten **Wohnung oder Unterkunft** ist **umsatzsteuerfrei** (§ 4 Nr. 12a UStG).

Wohnung (Werkswohnung)

Wird einem Arbeitnehmer eine **Wohnung** des Arbeitgebers **kostenlos** zur Verfügung gestellt, so ist als **geldwerter Vorteil** die **ortsübliche Miete** anzusetzen. Für Energie, Wasser und sonstige **Nebenkosten** ist der **übliche Preis am Abgabeort** anzusetzen.

> Beispiel 1:
> Der ledige, kinderlose Arbeitnehmer A, Bochum, der ein Bruttogehalt von **2.500 €** bezieht, hat 2006 von seinem Arbeitgeber eine Wohnung **kostenlos** zur Verfügung gestellt bekommen. Der **ortsübliche Mietpreis** einschl. Nebenkosten beträgt monatlich **500,00 €**.
>
> Der **steuerpflichtige Arbeitslohn** des A wird für einen Monat wie folgt ermittelt:
>
> | | |
> |---|---:|
> | Bruttogehalt | 2.500,00 € |
> | + geldwerter Vorteil (ortsübliche Miete) | **500,00 €** |
> | = steuerpflichtiger Arbeitslohn | 3.000,00 € |

Die **Gehaltsabrechnung** des A sieht für den Monat Mai 2006 wie folgt aus:

Bruttogehalt	2.500,00 €
+ Sachbezug (**ortsübliche Miete**)	**500,00 €**
= steuer- und sozialversicherungspflichtiges Gehalt	3.000,00 €
− Lohnsteuer/Kirchensteuer/Solidaritätszuschlag	− 637,84 €
− Sozialversicherungsbeiträge (Arbeitnehmeranteil)	− 657,00 €
Nettogehalt	1.705,16 €
− Sachbezug	− **500,00 €**
= Auszahlungsbetrag	1.205,16 €

Der **Arbeitgeberanteil** zur Sozialversicherung beträgt **622,50 €**.

Buchungssatz (Bruttomethode):

Tz.	Sollkonto	Betrag (€)	Habenkonto
1.	**6020** (4120) Gehälter	3.000,00	
		637,84	**3730** (1741) Verbindl. aus LSt/KiSt
		657,00	**3740** (1742) Verb. im Rahmen d.s.S.
		500,—	**4949** (8614) **Verr.sonst.Sachb.o.USt**
		1.205,16	**3720** (1740) Verb. aus Lohn/Gehalt
	6110 (4130) Ges.soz.Aufw.	622,50	**3740** (1742) Verb. im Rahmen d.s.S.

Buchung (Bruttomethode):

```
S    6020 (4120) Gehälter     H      S  3730 (1741) Verbindl. aus LSt/KiSt  H
1)   3.000,00                                          1)      637,84


S 6110 (4130) Gesetzl. soz. Aufw. H    S 3740 (1742) Verb. im Rahmen d.s.S.  H
1)   622,50                                            1)      657,00
                                                       1)      622,50


                                       S 4949 (8614) Verr.sonst.Sachb. ohne USt  H
                                                       1)      500,00


                                       S 3720 (1740) Verb. aus Lohn/Gehalt   H
                                                       1)    1.205,16
```

Bei **verbilligter** Überlassung einer **Wohnung** ist als **geldwerter Vorteil** der **Unterschiedsbetrag** zwischen dem **vereinbarten Preis** und der **ortsüblichen Miete** einschließlich Nebenkosten anzusetzen.

Beispiel 2:
Sachverhalt wie im Beispiel 1 mit dem **Unterschied**, dass A monatlich **375,00 €** an **Miete zahlt**, die mit seinem Gehalt verrechnet wird.

Die **Gehaltsabrechnung** des A sieht für den Monat Mai 2006 wie folgt aus:

Bruttogehalt		2.500,00 €
gezahlte Miete der Wohnung	375,00 €	
ortsüblicher Mietpreis einschl. Nebenkosten	500,00 €	
+ Sachbezug (**verbilligte Wohnung**)		**125,00 €**
= steuer- und sozialversicherungspflichtiger Arbeitslohn		2.625,00 €
− Lohnsteuer/Kirchensteuer/Solidaritätszuschlag		− 503,22 €
− Sozialversicherungsbeiträge (Arbeitnehmeranteil)		− 574,87 €
− Nettogehalt		1.546,91 €
− Sachbezug		− **125,00 €**
− Miete		− 375,00 €
= Auszahlungsbetrag		1.046,91 €

Der **Arbeitgeberbeitrag** zur Sozialversicherung beträgt **544,69 €**.

Buchungssatz (Bruttomethode):

Tz.	Sollkonto	Betrag (€)	Habenkonto
2.	6020 (4120) Gehälter	2.625,00	
		503,22	3730 (1741) Verbindl. aus LSt/KiSt
		574,87	3740 (1742) Verb. im Rahmen d.s.S.
		125,00	4949 (8614) Verr.sonst.Sachb.ohne USt
		375,00	4860 (2750) Grundstückserträge
		1.046,91	3720 (1740) Verb. aus Lohn/Gehalt
	6110 (4130) Ges.soz.Aufw.	544,69	3740 (1742) Verb. im Rahmen d.s.S.

Buchung (Bruttomethode):

S	6020 (4120) **Gehälter**	H	S	3730 (1741) **Verbindl. aus LSt/KiSt**	H
2)	2.625,00			2)	503,22

S	6110 (4130) **Gesetzl. soz. Aufw.**	H	S	3740 (1742) **Verb. im Rahmen d.s.S.**	H
2)	544,69			2)	574,89
				2)	544,69

			S	4949 (8614) **Verr. sonst. Sachb. ohne USt**	H
				2)	125,00

			S	4860 (2750) **Grundstückserträge**	H
				2)	375,00

			S	3720 (1740) **Verb. aus Lohn/Gehalt**	H
				2)	1.046,91

Unterkunft

Wird einem Arbeitnehmer eine **Unterkunft** des Arbeitgebers **kostenlos oder verbilligt** zur Verfügung gestellt, wird der **geldwerte Vorteil** nach **amtlichen Sachbezugswerten festgelegt.**

Für **2006** gelten nach der **SachBezV 2006** folgende Sachbezugswerte:

Art des Sachbezugs	alte Bundesländer	neue Bundesländer
Unterkunft	**196,50 €**	**182 €**

Ein Abschlag bei nicht vorhandener Heizung ist seit 2002 nicht mehr vorgesehen.
Für **Jugendliche** unter 18 Jahren und **Auszubildende** vermindert sich der Wert um **15 %**. **Ebenso** wird für **diejenigen Beschäftigten** ein Abschlag von 15 % auf den Wert der kostenlosen Unterkunft vorgenommen, **die in den Haushalt des Arbeitgebers oder** in einer **Gemeinschaftsunterkunft aufgenommen** worden sind.

Beispiel 3:
Die ledige, nicht kinderlose Helga Sabel ist Haushälterin bei Familie Schmitz in Köln. Neben ihrem monatlichen Bruttolohn von **700 Euro** bewohnt sie **kostenlos** ein **möbliertes Zimmer mit Heizung** (ohne Bad und WC) **im Hause** der Familie Schmitz.

Ihre **Lohnabrechnung** sieht für den Monat Juni 2006 wie folgt aus:

Bruttolohn	700,00 €
+ Sachbezug (**Unterkunft**) (196,50 € – 29,48 €)	**167,02 €**
= steuer- und sozialversicherungspflichtiger Arbeitslohn	867,02 €
– Lohnsteuer/Kirchensteuer/Solidaritätszuschlag	– 0,00 €
– Sozialversicherungsbeiträge (Arbeitnehmeranteil)	– 187,71 €
Nettolohn	679,31 €
– Sachbezug	– **167,02 €**
= Auszahlungsbetrag	512,29 €

Der **Arbeitgeberanteil** zur Sozialversicherung beträgt **179,90 €**.

Buchungssatz (Bruttomethode):

Tz.	Sollkonto	Betrag (€)	Habenkonto
3.	**6010** (4110) Löhne	867,02	
		187,71	**3740** (1742) Verb. im Rahmen d.s.S.
		167,02	**4949** (8614) Verr.sonst.Sachb. ohne USt
		512,29	**3720** (1740) Verb. aus Lohn/Gehalt
	6110 (4130) Ges.soz.Aufw.	179,90	**3740** (1742) Verb. im Rahmen d.s.S.

Buchung (Bruttomethode):

S	**6010** (4110) **Löhne**	H		S	**3740** (1742) **Verb. im Rahmen d.s.S.**	H
3)	867,02				3)	187,71
					3)	179,90

S	**6110** (4130) **Ges. soz. Aufw.**	H		S	**4949** (8614) **Verrechnete sonstige Sachbezüge ohne USt**	H
3)	179,90				3)	167,02

S	3720 (1740) Verb. aus Lohn/Gehalt	H
	3)	512,29

> **Übung:** 1. Wiederholungsfragen 26 und 27 (Seite 269),
> 2. Übungsaufgaben 22 und 23 (Seite 275)

5.9.2 Verpflegung

Ebenso wie für die Unterkunft wird der **geldwerte Vorteil** auch für **Verpflegung** nach **amtlichen Sachbezugswerten** festgelegt.

Nach der **SachBezV 2006** beträgt der **Sachbezugswert** von unentgeltlichen oder verbilligten Mahlzeiten **für alle Länder 2006:**

Art des Sachbezugs	Sachbezugswert	
	monatlich	täglich
Frühstück	44,30 €	1,48 €
Mittagessen	79,20 €	2,64 €
Abendessen	79,20 €	2,64 €
gesamt	202,70 €	6,76 €

Die Ermäßigung für Jugendliche unter 18 Jahren und Auszubildende ist seit 1999 entfallen.

Beispiel:
Die Auszubildende A, Leipzig, isst arbeitstäglich in einer Gaststätte zu Mittag. Der Preis der Mahlzeit beträgt **3,50 €**. A zahlt für das Mittagessen nur **1,50 €**. Der Unterschiedsbetrag wird von ihrem Arbeitgeber beglichen.

Der **geldwerte Vorteil** für A wird für **einen Tag 2006** wie folgt ermittelt:

Sachbezugswert der Mahlzeit	2,64 €
– Zahlung der Arbeitnehmerin	– 1,50 €
= **geldwerter Vorteil**	1,14 €

Der **geldwerte Vorteil** ergibt sich aus dem **Unterschiedsbetrag** zwischen dem **Sachbezugswert** der Mahlzeit **und** der **Zahlung** der Arbeitnehmerin.
Hieraus ergibt sich, dass die steuerliche Erfassung der Mahlzeiten entfällt, wenn gewährleistet ist, dass der Arbeitnehmer für jede Mahlzeit mindestens einen Preis in Höhe des amtlichen Sachbezugswerts zahlt (R 31 Abs. 7 LStR).
Der amtliche Sachbezugswert enthält **16 % Umsatzsteuer**, die vom Arbeit**geber** anzumelden und abzuführen ist. Entrichtet der Arbeit**nehmer** ein **höheres** Entgelt als der Sachbezugswert, so ist die **Umsatzsteuer daraus zu errechnen**.

In den amtlichen **Sachbezugswerten für Verpflegung** ist – im Gegensatz zu den Werten für die Unterkunft – die **Umsatzsteuer** mit **16 %** enthalten.

Beispiel:
Die 20-jährige Auszubildende A, Bonn, erhält im Juni 2006 neben ihrer Ausbildungsvergütung von **600,00 €** freie Verpflegung im Wert von insgesamt **202,70 €** (44,30 € + 79,20 € + 79,20 €). Da die Auszubildende für die Verpflegung nichts zahlt, ist der volle Wert nach der Sachbezugsverordnung anzusetzen.

Die "**Gehaltsabrechnung**" der Auszubildenden A sieht im Juni 2006 wie folgt aus:

Bruttogehalt		600,00 €
+ Sachbezug (**Verpflegung**), netto	174,74 €	
+ 16 % USt	27,96 €	**202,70 €**
= steuer- und sozialversicherungspflichtiges Gehalt		802,70 €
– Lohnsteuer/Kirchensteuer/Solidaritätszuschlag		– 0,00 €
– Sozialversicherungsbeiträge (Arbeitnehmeranteil)		– 173,78 €
Nettogehalt		628,92 €
– Sachbezug		**– 202,70 €**
= Auszahlungsbetrag		426,22 €

Der **Arbeitgeberanteil** zur Sozialversicherung beträgt **166,56 €**.

Buchungssatz (Bruttomethode):

Sollkonto	Betrag (€)	Habenkonto
6020 (4120) Gehälter	802,70	
	173,78	**3740** (1742) Verb. im Rahmen d.s.S.
	174,74	**4947** (8611) Verr. Sachb. 16 % USt *)
	27,96	**3805** (1775) Umsatzsteuer 16 %
	426,22	**3720** (1740) Verb. aus Lohn/Gehalt
6110 (4130) Ges.soz.Aufw.	166,56	**3740** (1742) Verb. im Rahmen d.s.S.

*) Durch die Eingabe des Berichtigungsschlüssels 4 unterbleibt die Errechnung der USt. Die Gewährung von freier Verpflegung ist eine **sonstige Leistung** i.S.d. UStG.

Buchung (Bruttomethode):

S **6020** (4120) **Gehälter** H	S **3740** (1742) **Verb. im Rahmen d.s.S.** H
802,70	173,78
	166,56

S **6110** (4130) **Ges. Soz. Aufw.** H	S **4947** (8611) **Verrechnete sonstige Sachbezüge 16 % USt** H
166,56	173,78

	S **3805** (1775) **Umsatzsteuer 16 %** H
	27,96

	S **3720** (1740) **Verb. aus Lohn/Gehalt** H
	426,22

Übung: 1. Wiederholungsfrage 28 (Seite 269),
2. Übungsaufgabe 24 (Seite 276)

5.9.3 Gestellung von Kraftfahrzeugen

Überlässt ein Arbeitgeber seinem Arbeitnehmer ein **Kraftfahrzeug** für eine **gewisse Dauer** (mehr als fünf Tage im Monat) zur privaten Nutzung, so ist der **geldwerte Vorteil** entweder nach der **1 %-Regelung**, mit Hilfe eines **Fahrtenbuches** oder durch **Schätzung** zu ermitteln. Dabei bleibt die monatliche Geringfügigkeitsgrenze von **44 Euro** nach § 8 Abs. 2 Satz 9 EStG **außer Betracht**.

1 %-Regelung

Der Arbeitgeber hat den **privaten Nutzungsanteil** mit monatlich **1 % des Bruttolistenpreises** (zuzüglich der Kosten für Sonderausstattungen, z.B. Navigationsgeräte, Diebstahlsicherungssysteme) anzusetzen, der im **Zeitpunkt der Erstzulassung** für das Kraftfahrzeug festgelegt ist. Dies gilt **auch** bei **gebraucht erworbenen** oder **geleasten** Fahrzeugen. Der **Bruttolistenpreis** ist **auf volle 100 Euro abzurunden** (R 31 Abs. 9 Nr. 1 Satz 6 LStR)
Dieser **prozentuale Ansatz** des privaten Nutzungsanteils umfasst die eigentlichen **Privatfahrten** (Freizeitfahrten).
Kann das Kraftfahrzeug **auch** zu **Fahrten zwischen Wohnung und Arbeitsstätte** genutzt werden, **erhöht sich der Wert um jeden Kilometer der Entfernung** zwischen Wohnung und Arbeitsstätte **um 0,03 % des Bruttolistenpreises** (§ 8 Abs. 2 EStG; R 31 Abs. 9 Nr. 1 LStR).

Beispiel:
Der ledige, kinderlose Angestellte A, Bonn, erhält neben seinem Bruttogehalt von **2.500 €** ab 2006 einen gebraucht angeschafften Firmenwagen auch zur Privatnutzung. Der **Bruttolistenpreis** im Zeitpunkt der Erstzulassung hat 2005 **20.477,24 €** betragen. Die **Entfernung zwischen Wohnung und Arbeitsstätte** beträgt **30 km**.

Der **geldwerte Vorteil** für A wird für **einen Monat** wie folgt ermittelt:

Geldwerte Vorteile für Privatfahrten (1 % von 20.400 €)	204,00 €
+ **Zuschlag für Fahrten zwischen Wohnung und Arbeitsstätte** (0,03 % von 20.400 € x 30 km)	183,60 €
= **geldwerter Vorteil insgesamt**	**387,60 €**

Aus dem so ermittelten Betrag ist die **Umsatzsteuer herauszurechnen**. Ein **pauschaler Abschlag von 20 %** für nicht mit Vorsteuer belastete Kosten ist in diesen Fällen **unzulässig** (BMF-Schreiben vom 27.8.2004, BStBl 2004 I S. 864 ff.).

Die **Gehaltsabrechnung** des A sieht für den Monat **Mai 2006** wie folgt aus:

Bruttogehalt		2.500,00 €
+ Sachbezug (**Gestellung eines Pkw**), netto	334,14 €	
+ 16 % USt	53,46 €	**387,60 €**
= steuer- und sozialversicherungspflichtiges Gehalt		2.887,60 €
− Lohnsteuer/Kirchensteuer/Solidaritätszuschlag		− 596,62 €
− Sozialversicherungsbeiträge (Arbeitnehmeranteil)		− 632,38 €
Nettogehalt		1.658,60 €
− Sachbezug		− **387,60 €**
= Auszahlungsbetrag		1.271,00 €

Der **Arbeitgeberanteil** zur Sozialversicherung beträgt **599,17 €**.

Buchungssatz (Bruttomethode):

Sollkonto	Betrag (€)	Habenkonto
6020 (4120) Gehälter	2.887,60	
	596,62	**3730** (1741) Verbindl. aus LSt/KiSt
	632,38	**3740** (1742) Verb. im Rahmen d.s.S.
	334,14	**4947** (8611) Verr. Sachb. 16 % USt *)
	53,46	**3805** (1775) Umsatzsteuer 16 %
	1.271,00	**3720** (1740) Verb. aus Lohn/Gehalt
6110 (4130) Ges.soz.Aufw.	599,17	**3740** (1742) Verb. im Rahmen d.s.S.

*) Durch die Eingabe des Berichtigungsschlüssels 4 unterbleibt die automatische Errechnung der Umsatzsteuer.

Buchung (Bruttomethode):

S **6020** (4120) **Gehälter** H	S **3730** (1741) **Verbindl. aus LSt/KiSt** H
2.887,60	596,62

S **6110** (4130) **Ges.soz.Aufw.** H	S **3740** (1742) **Verb. im Rahmen d.s.S.** H
599,17	632,38
	599,17

S **4947** (8611) **Verrechnete sonstige Sachbezüge 16 % USt (z.B. Kfz-Gest.)** H

	334,14

S **3805** (1775) **Umsatzsteuer 16 %** H

	53,46

S **3720** (1740) **Verb. aus Lohn/Gehalt** H

	1.271,00

Die Neuregelung zur Ermittlung der privaten Pkw-Nutzung nach dem "Gesetz zur Eindämmung missbräuchlicher Steuergestaltung" gilt **nicht** für die Überlassung von betrieblichen Pkws an Arbeitnehmer.

Fahrtenbuchmethode

Der **geldwerte Vorteil** für die private Nutzung des betrieblichen Kraftfahrzeugs kann auch mit den **tatsächlichen Aufwendungen** für das Kraftfahrzeug angesetzt werden, **wenn** die für das Kraftfahrzeug insgesamt entstehenden Aufwendungen durch Belege und das Verhältnis der privaten zu den übrigen Fahrten durch ein ordnungsgemäßes **Fahrtenbuch** nachgewiesen werden (R 31 Abs. 9 Nr. 2 LStR).

Wird bei einer **entgeltlichen** Fahrzeugüberlassung der private Nutzungswert mit Hilfe eines ordnungsgemäßen **Fahrtenbuchs** anhand der durch Belege nachgewiesenen Gesamtkosten ermittelt (R 31 Abs. 9 Nr. 2 LStR), ist das aufgrund des Fahrtenbuchs ermittelte Nutzungsverhältnis **auch bei der Umsatzsteuer** zugrunde zu legen.

Die **Fahrten zwischen Wohnung und Arbeitsstätte** sowie die **Familienheimfahrten** aus Anlass einer doppelten Haushaltsführung werden **umsatzsteuerlich** den **Privatfahrten** des Arbeitnehmers **zugerechnet**.

Aus den Gesamtkosten dürfen **keine Kosten ausgeschieden** werden, bei denen ein **Vorsteuerabzug nicht möglich** ist (BMF-Schreiben vom 27.8.2004, BStBl 2004 I Seite 864 ff.).

Die **Buchung erfolgt analog** zur **1 %- Regelung.**

> Die **umsatzsteuerrechtliche** Behandlung beider Methoden erfolgt im Abschnitt 8.1.1 der **Steuerlehre 1**, 27. Auflage, Seite 274 ff.

> **Übung:** 1. Wiederholungsfrage 29 (Seite 269),
> 2. Übungsaufgabe 25 (Seite 276)

5.9.4 Bezug von Waren

Der steuerlichen Bewertung der Sachbezüge, die die Voraussetzungen der R 32 **Abs. 1** LStR erfüllen, sind die **Endpreise** (einschließlich der USt) zugrunde zu legen, zu denen der Arbeitgeber die Waren fremden Letztverbrauchern im allgemeinen Geschäftsverkehr anbietet (R 32 **Abs. 2** Satz 1 LStR).

Der um **4 %** geminderte Endpreis ist der **Geldwert** des Sachbezugs; als **Arbeitslohn** ist der **Unterschiedsbetrag** zwischen diesem **Geldwert und** dem vom Arbeitnehmer **gezahlten Entgelt** anzusetzen (R 32 Abs. 2 Satz 9 LStR).

Arbeitslöhne dieser Art aus demselben Dienstverhältnis bleiben **steuerfrei**, soweit sie insgesamt den **Rabatt-Freibetrag** von **1.080 Euro im** Kalenderjahr nicht übersteigen (R 32 Abs. 2 Satz 10 LStR).

Beispiel:
Ein Automobilunternehmen überlässt einem Arbeit**nehmer** ein Kraftfahrzeug zu einem Vorzugspreis von **10.000,00 Euro** brutto gegen Bankscheck. Der **Endpreis** dieses Kraftfahrzeugs für fremde Letztverbraucher beträgt **12.500,00 Euro**. Der Arbeitnehmer erhielt in diesem Jahr noch keinen Personalrabatt.

Der **steuerpflichtige Arbeitslohn** wird wie folgt berechnet:

Pkw-Endpreis	12.500,00 €
− 4 % vom Endpreis (4 % von 12.500 €)	− 500,00 €
geminderter Endpreis	12.000,00 €
− bezahlter Preis des Arbeitnehmers	− 10.000,00 €
Arbeitslohn	2.000,00 €
− **Rabatt-Freibetrag** (§ 8 Abs. 3 EStG)	− 1.080,00 €
= **steuerpflichtiger Arbeitslohn**	**920,00 €**

Als steuerpflichtiger und sozialversicherungspflichtiger Arbeitslohn ist dem Arbeitnehmer somit der Betrag von 920 Euro anzusetzen und entsprechend zu buchen.

Daneben hat der Arbeitgeber den **Verkauf des Pkw** an seinen Arbeitnehmer zu buchen.
Dabei ist der vom Arbeitnehmer bezahlte Betrag von **10.000 Euro** ein **Bruttowert**, der einem **Nettobetrag** von **8.620,69 €** (10.000 € : 1,16) entspricht. Die **Umsatzsteuer** beträgt **1.379,31 €** (16 % von 8.620,69 €).

Buchungssatz:

Sollkonto	Betrag (€)	Habenkonto
1800 (1200) Bank	10.000,00	
	8.620,69	**4200** (8200) Erlöse
	1.379,31	**3805** (1775) Umsatzsteuer 16 %

Buchung:

```
S     1800 (1200) Bank     H         S    4200 (8200) Erlöse    H
      10.000,00 |                                    | 8.620,69

                                     S  3805 (1775) Umsatzsteuer 16 % H
                                                    | 1.379,31
```

Nicht zum Arbeitslohn gehören Sachleistungen (**Aufmerksamkeiten**), die auch im gesellschaftlichen Verkehr üblicherweise ausgetauscht werden und zu keiner ins Gewicht fallenden Bereicherung des Arbeitnehmers führen. Aufmerksamkeiten sind Sachzuwendungen bis zu einem Wert von **40 Euro** (Freigrenze), z.B. Blumen, Genussmittel, ein Buch oder ein Tonträger, die dem Arbeitnehmer aus Anlass eines besonderen **persönlichen** Ereignisses (z.B. Geburtstag) zugewendet werden (R 73 Satz 3 LStR).

> **Übung:** 1. Wiederholungsfragen 30 und 31 (Seite 269),
> 2. Übungsaufgabe 26 (Seite 276)

5.10 Zusammenfassung und Erfolgskontrolle

5.10.1 Zusammenfassung

- Zu den **Personalkosten** gehören alle Aufwendungen, die durch die Beschäftigung von Mitarbeitern des Unternehmens verursacht werden.
- **Bruttoarbeitslohn** (Lohn, Gehalt) ist der Betrag **vor** Abzug der Steuern und Beiträge.
- **Nettoarbeitslohn** ist der Betrag **nach** Abzug der Steuern und Beiträge.
- Unter dem **Arbeitgeberanteil** versteht man den Teil des Gesamtbeitrags zur gesetzlichen Kranken-, Pflege-, Renten- und Arbeitslosenversicherung, den der Arbeit**geber** zu tragen hat.
- Bei **Geringverdienern** (Arbeitsentgelt nicht mehr als 325 EUR) trägt der Arbeitgeber die **Sozialversicherungsbeiträge allein**. Geringverdiener können nur noch **Auszubildende** sein.
- **Vorschüsse** auf den später fällig werdenden Arbeitslohn stellen Forderungen dar.
- **Vermögenswirksame Leistungen** (**vwL**) werden vom Arbeitnehmer oder Arbeitgeber allein oder von beiden zusammen getragen. Der Teil, den der Arbeitgeber trägt, ist für ihn Aufwand.
- Die **geringfügigen Beschäftigungen** sind seit 1.4.2003 neu geregelt. Aus den 325 EUR-Jobs sind **400 EUR-Jobs** geworden. Für geringfügig entlohnte Beschäftigung in **Unternehmen** beträgt die Pauschalabgabe 25 % des Arbeitsentgelts und für geringfügig entlohnte Beschäftigung in **Privathaushalten 12 %** des Arbeitsentgelts. **Kleinbetriebe** mit bis zu 30 Arbeitnehmern haben zusätzlich eine **Umlage** zu entrichten.
Liegt das Arbeitsentgelt **über 400 EUR** erfolgt die **Besteuerung** nach der **Lohnsteuerkarte**.
Sozialversicherungsrechtlich ist seit 1.4.2003 für Arbeitsentgelte zwischen **400,01 EUR und 800,00 EUR** eine **Gleitzone** eingeführt worden.
- **Sachbezüge** (z.B. Wohnung, Unterkunft, Verpflegung, Gestellung von Kraftfahrzeugen, Bezug von Waren) sind ebenso wie Barlohnzahlungen dem **Arbeitslohn** zuzuordnen.

5.10.2 Erfolgskontrolle

WIEDERHOLUNGSFRAGEN

1. Auf welchen Konten wird der Bruttoarbeitslohn gebucht?
2. Auf welchen Konten werden die einbehaltenen, aber noch nicht abgeführten Steuern und Beiträge gebucht?
3. Wie hoch sind z.Z. die Sozialversicherungsbeiträge?
4. Wer trägt grundsätzlich die Sozialversicherungsbeiträge?
5. Welcher Unterschied besteht bei der Lohnbuchung zwischen der Netto- und Bruttomethode?

6. Was versteht man bei der Lohnbuchung unter der Verrechnungsmethode?
7. Welchen Beitrag zur gesetzlichen Sozialversicherung trägt der Arbeitgeber allein?
8. In welchem Fall trägt der Arbeitgeber die Sozialversicherungsbeiträge allein?
9. Wie werden Vorschüsse buchmäßig behandelt?
10. Wie werden verrechnete Vorschüsse buchmäßig behandelt?
11. Wie wird die vwL, die der Arbeitnehmer allein trägt, buchmäßig behandelt?
12. Wie wird die vwL, die der Arbeitgeber allein trägt, buchmäßig behandelt?
13. Wie wird die vwL, die vom Arbeitgeber und Arbeitnehmer gemeinsam getragen wird, buchmäßig behandelt?
14. Was versteht man unter einer geringfügig entlohnten Beschäftigung in einem Unternehmen?
15. Wie hoch ist der Pauschalabgabensatz bei einer geringfügig entlohnten Beschäftigung in einem Unternehmen?
16. Wie setzt sich dieser Pauschalabgabensatz zusammen?
17. Wie wird eine geringfügig entlohnte Beschäftigung in Unternehmen buchmäßig behandelt?
18. Wie hoch ist der Pauschalabgabensatz bei einer geringfügig entlohnten Beschäftigung in einem Privathaushalt?
19. Wie setzt sich dieser Pauschalabgabensatz zusammen?
20. Wie wird eine geringfügig entlohnte Beschäftigung behandelt, die sowohl im Unternehmen als auch im Privathaushalt eines Arbeitgebers ausgeübt wird?
21. Werden mehrere geringfügig entlohnte Beschäftigungen bei verschiedenen Arbeitgebern zusammengerechnet?
22. Wird eine geringfügig entlohnte Beschäftigung neben einer versicherungspflichtigen Hauptbeschäftigung mit dieser zusammengerechnet?
23. In welchem Fall liegt eine kurzfristige Beschäftigung im lohnsteuerlichen Sinne vor?
24. Wie hoch ist der Pauschsteuersatz für eine kurzfristige Beschäftigung nach § 40a Abs. 1 EStG?
25. Wie werden die Sozialversicherungsbeiträge im Rahmen der Gleitzone bei Arbeitsentgelten zwischen 400,01 EUR und 800,00 EUR von Arbeitgeber und Arbeitnehmer getragen?
26. Wie wird der geldwerte Vorteil einer Wohnung lohnsteuerrechtlich behandelt?
27. Wie wird der geldwerte Vorteil einer Unterkunft lohnsteuerrechtlich behandelt?
28. Wie wird der geldwerte Vorteil für Verpflegung lohnsteuerrechtlich behandelt?
29. Wie wird der geldwerte Vorteil für die Gestellung von Kraftfahrzeugen lohnsteuerrechtlich behandelt?
30. Wie wird der Bezug von Waren lohnsteuerrechtlich und sozialversicherungsrechtlich behandelt?
31. Wie wird der Bezug von Waren umsatzsteuerrechtlich behandelt?

ÜBUNGSAUFGABEN

Übungsaufgabe 1:

Bilden Sie die Buchungssätze nach der Bruttomethode.

	EUR
1. Bruttogehalt	3.000,00
– Lohnsteuer, III/1	– 270,16
– Solidaritätszuschlag	– 14,85
– Kirchensteuer	– 24,31
– Sozialversicherungsbeiträge (AN-Anteil)	– 657,00
= Nettogehalt	2.033,68

	EUR
Das Nettogehalt wird am 28. des laufenden Monats durch Bank überwiesen.	
2. Arbeitgeberanteil zur Sozialversicherung, noch nicht abgeführt	622,50
3. Banküberweisung der Steuern zum 10. des folgenden Monats an das Finanzamt	309,32
4. Banküberweisung der Beiträge am gesetzlich festgelegten Termin an die Krankenkasse	1.279,50

Bei den Lohnbuchungen wird unterstellt, dass die **Prognosebeiträge** zur Sozialversicherung **identisch** sind mit den **tatsächlichen** Gesamtsozialversicherungsbeiträgen. Das neue Konto **3759** (1759) wird **nicht** angesprochen (siehe Seite 237).

Übungsaufgabe 2:

Bilden Sie die Buchungssätze nach der Bruttomethode.

1. Sammelbeleg über gezahlte Gehälter durch Banküberweisung:

Brutto-gehalt €	Abzüge		Auszahlung €	AG-Anteil €
	LSt/KiSt/SolZ €	RV/KV/PV/AV €		
22.000,00	3.270,00	3.800,00	14.930,00	3.700,00

2. Banküberweisung der Steuern und Beiträge.

Übungsaufgabe 3:

Der ledige, kinderlose Angestellte A, Bonn, erhält für den Monat Juni 2006 ein Gehalt von 3.000,00 €. Die Lohnsteuer beträgt 557,08 €, der Solidaritätszuschlag 30,63 € und die Kirchensteuer 50,13 €. Das Nettogehalt wird durch Bank überwiesen.

1. Wie hoch sind die gesamten Beiträge zur gesetzlichen RV?
2. Wie hoch sind die gesamten Beiträge zur gesetzlichen KV(BEK)?
3. Wie hoch sind die gesamten Beiträge zur gesetzlichen PV?
4. Wie hoch sind die gesamten Beiträge zur gesetzlichen AV?
5. Wie hoch ist der Arbeitnehmeranteil zur gesetzlichen Sozialversicherung?
6. Wie hoch ist der Arbeitgeberanteil zur gesetzlichen Sozialversicherung?
7. Wie hoch ist der Auszahlungsbetrag?
8. Bilden Sie die erforderlichen Buchungssätze nach der Bruttomethode einschließlich der Banküberweisung der Steuern und Beiträge.

Übungsaufgabe 4:

Der ledige, kinderlose Angestellte B, Köln, der freiwillig bei der BEK versichert ist, erhält für den Monat Juni 2006 ein Gehalt von 6.000,00 Euro. Die Lohnsteuer beträgt 1.722,83 €, der Solidaritätszuschlag 94,75 € und die Kirchensteuer 155,05 €. Das Nettogehalt wird durch Bank überwiesen.

1. Wie hoch sind die gesamten Beiträge zur gesetzlichen RV?
2. Wie hoch sind die gesamten Beiträge zur gesetzlichen KV?
3. Wie hoch sind die gesamten Beiträge zur gesetzlichen PV?
4. Wie hoch sind die gesamten Beiträge zur gesetzlichen AV?
5. Wie hoch ist der Arbeitnehmeranteil zur gesetzlichen Sozialversicherung?
6. Wie hoch ist der Arbeitgeberanteil zur gesetzlichen Sozialversicherung?
7. Wie hoch ist der Auszahlungsbetrag?
8. Bilden Sie die erforderlichen Buchungssätze nach der Bruttomethode einschließlich der Banküberweisung der Steuern und Beiträge an das Finanzamt und die Krankenkasse.

Übungsaufgabe 5:

Bilden Sie die Buchungssätze nach der Nettomethode für folgende Gehaltsliste einschließlich der Banküberweisungen für Steuern und Beiträge an das Finanzamt und die Krankenkasse. Die Nettogehälter werden ebenfalls durch Bank überwiesen.

	EUR
Bruttogehälter	15.800,00
– Lohnsteuer/Kirchensteuer/Solidaritätszuschlag	– 4.500,00
– Sozialversicherungsbeiträge (AN-Anteil)	– 2.836,00
= Nettogehälter	8.464,00
Sozialversicherungsbeiträge (AG-Anteil)	2.796,50

Übungsaufgabe 6:

Sachverhalt wie in Übungsaufgabe 5 mit dem Unterschied, dass die Buchungssätze nach der Verrechnungsmethode zu bilden sind.

Übungsaufgabe 7:

Bilden Sie den Buchungssatz für eine Postbanküberweisung des Beitrags zur gesetzlichen Unfallversicherung über 1.000,00 €.

Übungsaufgabe 8:

Der 19-jährige Auszubildende C, Mainz, erhält für den Monat Juni 2006 eine Ausbildungsvergütung von 320,00 Euro durch Banküberweisung. Lohnsteuer, Solidaritätszuschlag und Kirchensteuer fallen nicht an.

1. Wie hoch sind die gesamten Beiträge zur gesetzlichen RV?
2. Wie hoch sind die gesamten Beiträge zur gesetzlichen KV (BEK)?
3. Wie hoch sind die gesamten Beiträge zur gesetzlichen PV?
4. Wie hoch sind die gesamten Beiträge zur gesetzlichen AV?
5. Wie hoch ist der Arbeitnehmeranteil zur gesetzlichen Sozialversicherung?
6. Wie hoch ist der Arbeitgeberanteil zur gesetzlichen Sozialversicherung?
7. Wie hoch ist der Auszahlungsbetrag?
8. Bilden Sie die erforderlichen Buchungssätze einschließlich der Banküberweisung der Steuern und Beiträge.

Übungsaufgabe 9:

Bilden Sie die Buchungssätze nach der Bruttomethode. Die Nettogehälter werden durch Bank überwiesen.

	EUR
1. Gehaltsvorschüsse bar	6.000,00
2. Bruttogehälter	20.000,00
– Lohnsteuer/Kirchensteuer/Solidaritätszuschlag	– 3.270,00
– Sozialversicherungsbeiträge (AN-Anteil)	– 3.500,00
Nettogehälter	13.230,00
– Verrechnung Vorschüsse	– 6.000,00
= Auszahlung	7.230,00
3. Arbeitgeberanteil zur Sozialversicherung, noch nicht abgeführt	3.450,00
4. Banküberweisung der Steuern und Beiträge	10.220,00

Übungsaufgabe 10:

Bilden Sie die Buchungssätze nach der Bruttomethode. Die Nettogehälter werden durch Bank überwiesen.

	EUR
1. Gehaltsvorschüsse bar	4.000,00
2. Bruttogehälter	22.000,00
– Lohnsteuer/Kirchensteuer/Solidaritätszuschlag	– 3.270,00
– Sozialversicherungsbeitrag (AN-Anteil)	– 3.800,00
Nettogehälter	14.930,00
– Verrechnung Vorschüsse	– 4.000,00
= Auszahlung	?
3. Arbeitgeberanteil zur Sozialversicherung, noch nicht abgeführt	3.745,00
4. Banküberweisung der Steuern und Beiträge	?

Übungsaufgabe 11:

Bilden Sie die Buchungssätze nach der Bruttomethode. Alle Zahlungen erfolgen durch Banküberweisung.

	EUR
1. Bruttogehalt	1.100,00
– Lohnsteuer/Kirchensteuer/Solidaritätszuschlag	– 32,32
– Sozialversicherungsbeiträge (AN-Anteil)	– 240,90
Nettogehalt	826,78
– abzuführende vwL	– 39,17
= Auszahlungsbetrag	787,61
2. Arbeitgeberanteil zur Sozialversicherung, noch nicht abgeführt	228,25
3. Banküberweisung der Steuern, Beiträge und vwL	?

Übungsaufgabe 12:

Bilden Sie die Buchungssätze nach der Bruttomethode. Alle Zahlungen erfolgen durch Banküberweisung.

		EUR
1.	Bruttogehalt	1.060,00
	+ vwL (vom Arbeitgeber getragen)	39,17
		1.099,17
	– Lohnsteuer/Kirchensteuer/Solidaritätszuschlag	– 32,15
	– Sozialversicherungsbeiträge (AN-Anteil)	– 240,72
	Nettogehalt	826,30
	– abzuführende vwL	– 39,17
	= Auszahlungsbetrag	787,13
2.	Arbeitgeberanteil zur Sozialversicherung, noch nicht abgeführt	228,07
3.	Banküberweisung der Steuern, Beiträge und vwL	?

Übungsaufgabe 13:

Bilden Sie die Buchungssätze nach der Bruttomethode. Alle Zahlungen erfolgen durch Banküberweisung.

		EUR
1.	Bruttogehälter	18.000,00
	+ vwL (50 % v. 546 € = 273 € vom AG getragen)	273,00
		18.273,00
	– Lohnsteuer/Kirchensteuer/Solidaritätszuschlag	– 2.220,00
	– Sozialversicherungsbeiträge (AN-Anteil)	– 3.050,00
	Nettogehälter	13.003,00
	– abzuführende vwL	– 546,00
	= Auszahlung	12.457,00
2.	Arbeitgeberanteil zur Sozialversicherung, noch nicht abgeführt	3.005,00
3.	Banküberweisung der Steuern, Beiträge und vwL	?

Übungsaufgabe 14:

Sabine Roll hat eine 3-jährige Tochter Luice, die bisher von ihrer Großmutter betreut wurde. Seit dem 01.01.2006 besucht Luice den Kindergarten und der Arbeitgeber von Frau Roll zahlt den Kindergartenbeitrag in Höhe von 80,00 € zusätzlich zum laufenden Gehalt bar an Sabine Roll aus.

Bilden Sie den Buchungssatz für die Auszahlung des Kindergartenbeitrags.

Übungsaufgabe 15:

Der 19-jährige Auszubildende Christoph Klein erhielt bis Mai 2006 eine Ausbildungsvergütung von 320 €. Seit Juni 2006 erhält er neben den 320 € eine vom Arbeitgeber getragene vwL in Höhe von 39,17 €, die mit 9 % gefördert wird.
Klein hat vorher nicht vermögenswirksam gespart. Lohn- und Kirchensteuer fallen nicht an.

1. Wie hoch ist das verfügbare Einkommen vor der "Lohnerhöhung"?
2. Wie hoch ist das verfügbare Einkommen nach der "Lohnerhöhung"?

Übungsaufgabe 16:

Der Arbeitgeber U, München, beschäftigt in 2006 in seinem Unternehmen für 350 EUR monatlich eine geringfügig entlohnte Arbeiterin. Sein Betrieb hat weniger als 30 Beschäftigte. Die Zahlungen an die Arbeiterin erfolgen jeweils am Monatsende bar. Die Abgaben (die Beiträge, die Umlage und die einheitliche Pauschsteuer nach § 40a Abs. 2 EStG) werden von U pauschal an die Bundesknappschaft durch Bank abgeführt.

1. Wie hoch ist die monatliche Pauschalabgabe, die an die Bundesknappschaft zu entrichten ist?
2. Bilden Sie den monatlich erforderlichen Buchungssatz nach der Nettomethode.

Übungsaufgabe 17:

Der Arbeitgeber U, Nürnberg, beschäftigt in 2006 in seinem Privathaushalt eine Arbeiterin (Raumpflegerin) für 380 EUR monatlich. Sein Betrieb hat weniger als 30 Beschäftigte. Die Zahlungen an die Raumpflegerin erfolgen jeweils am Monatsende bar aus der Geschäftskasse.
Die Abgaben (die Beiträge, die Umlage und die einheitliche Pauschsteuer nach § 40a Abs. 2 EStG) werden von U pauschal an die Bundesknappschaft durch die (betriebliche) Bank überwiesen.

1. Wie hoch ist die monatliche Pauschalabgabe, die an die Bundesknappschaft zu entrichten ist?
2. Bilden Sie den monatlich erforderlichen Buchungssatz nach der Nettomethode.

Übungsaufgabe 18:

Der Arbeitgeber U, Mainz, beschäftigt in 2006 eine familienversicherte Arbeiterin (Raumpflegerin) für 380 Euro monatlich. Die Tätigkeit der Raumpflegerin bezieht sich sowohl auf die Reinigung der Büroräume als auch auf die des Privathaushalts des U. Der Betrieb des U hat weniger als 30 Beschäftigte.
Die Zahlung an die Raumpflegerin erfolgt jeweils am Monatsende bar aus der Geschäftskasse und die Pauschalabgaben an die Bundesknappschaft werden durch Überweisung vom betrieblichen Bankkonto gezahlt.

1. Wie hoch ist die monatliche Pauschalabgabe, die an die Bundesknappschaft zu entrichten ist?
2. Bilden Sie den monatlich erforderlichen Buchungssatz nach der Nettomethode.

Übungsaufgabe 19:

Die Arbeiterin (Raumpflegerin) A, Stuttgart, hat zwei geringfügig entlohnte Beschäftigungen bei verschiedenen gewerblichen Arbeitgebern.
Das Arbeitsentgelt beträgt beim ersten Arbeitgeber 400 EUR monatlich und beim zweiten Arbeitgeber 300 EUR monatlich.

Welche Folgen ergeben sich sozialversicherungs- und steuerrechtlich bei den Arbeitgebern?

Übungsaufgabe 20:

Die Arbeitnehmerin A, Koblenz, ist in 2006 halbtags als Steuerfachangestellte für monatlich 1.200 EUR beschäftigt.
Daneben erledigt sie – mit Zustimmung ihres Arbeitgebers – in 2006 Büroarbeiten bei einem kleinen Handwerksbetrieb und erhält hierfür monatlich 300 EUR. Der Handwerksbetrieb hat weniger als 30 Beschäftigte.
Der Handwerksbetrieb zahlt A ihr Arbeitsentgelt jeweils am Monatsende bar. Die Pauschalabgaben an die Bundesknappschaft werden durch die Bank überwiesen.

1. Wie hoch ist die monatliche Pauschalabgabe, die für die geringfügig entlohnte Beschäftigung an die Bundesknappschaft zu entrichten ist?
2. Bilden Sie den monatlich erforderlichen Buchungssatz des Handwerksbetriebs nach der Nettomethode.

Übungsaufgabe 21:

Wie hoch sind in 2006 der Arbeitgeberanteil und der Arbeitnehmeranteil zur Sozialversicherung bei einem Arbeitsentgelt von 700 EUR? Der Krankenkassenbeitragssatz beträgt 13,4 %. Der Beschäftigte ist nicht kinderlos.

Übungsaufgabe 22:

Der ledige Angestellte A, 25 Jahre alt, (Steuerklasse I; rk), Bonn, der ein Bruttogehalt von 1.040,00 € bezieht, hat in 2006 von seinem Arbeitgeber eine Wohnung kostenlos zur Verfügung gestellt bekommen. Der ortsübliche Mietpreis einschließlich Nebenkosten beträgt monatlich 475,00 €. A ist bei der BEK versichert.

1. Wie hoch ist der monatliche Auszahlungsbetrag, der durch die Bank überwiesen wird?
2. Bilden Sie die erforderlichen Buchungssätze einschließlich der Banküberweisung der Steuern und Beiträge.

Übungsaufgabe 23:

Sachverhalt wie in Übungsaufgabe 22 mit dem Unterschied, dass A monatlich 10 Euro an Miete zahlt, die mit seinem Gehalt verrechnet wird.

1. Wie hoch ist der monatliche Auszahlungsbetrag, der durch die Bank überwiesen wird?
2. Bilden Sie die erforderlichen Buchungssätze einschließlich der Banküberweisung der Steuern und Beiträge.

Übungsaufgabe 24:

Peter Ohlig arbeitet als Angestellter bei der Frischmilch AG; er ist ledig, hat keine Kinder und ist konfessionslos. Ohlig erhält einen Bruttomonatslohn von 3.000,00 €.
Peter Ohlig kann in der Kantine seines Arbeitgebers unentgeltlich Mahlzeiten einnehmen; im Juni 2006 hat er 20 Mittagessen zu sich genommen.
Die Lohnsteuer beträgt 558,00 €, der Solidaritätszuschlag 30,69 €, der Arbeitgeberanteil zur Sozialversicherung beträgt 625,50 € und der Arbeitnehmeranteil 652,50 €.

1. Erstellen Sie die Gehaltsabrechnung für den Monat Juni 2006.
2. Bilden Sie den Buchungssatz für die Gehaltsabrechnung.

Übungsaufgabe 25:

Der ledige Angestellte Dieter Knopp, 24 Jahre alt, (Steuerklasse I; rk), Ulm, der ein Bruttogehalt von 1.013 Euro bezieht, erhält in 2006 einen Firmenwagen auch zur Privatnutzung. Der Bruttolistenpreis im Zeitpunkt der Erstzulassung des Pkw hat 30.677,51 EUR betragen.
Die Entfernung zwischen Wohnung und Arbeitsstätte beträgt 20 km. Dieter Knopp führt kein Fahrtenbuch. Er ist bei der BEK versichert.

1. Wie hoch ist der geldwerte Vorteil des Steuerpflichtigen Dieter Knopp für einen Monat?
2. Wie hoch ist der monatliche Auszahlungsbetrag, der durch die Bank überwiesen wird?
3. Bilden Sie die erforderlichen Buchungssätze einschließlich der Banküberweisung der Steuern und Beiträge.

Übungsaufgabe 26:

Peter Flöck ist Arbeitnehmer (Monatsgehalt 5.300,00 €, Steuerklasse III, zwei Kinder, die steuerlich nicht mehr zu berücksichtigen sind, ohne Konfession) der Luxor AG, Automobilhersteller in Worms. Im Juni 2006 kaufte er von seiner Arbeitgeberin einen Pkw. Er erhielt einen Personalrabatt und hatte dadurch einen steuerpflichtigen geldwerten Vorteil in Höhe von 3.600,00 €. Der Verkauf ist ordnungsgemäß gebucht.
Es gelten für die Steuerklasse III folgende Zahlen:

Jahreslohnsteuer bei einem Jahreslohn von	63.600,00 €	11.040,00 €
Jahreslohnsteuer bei einem Jahreslohn von	67.200,00 €	12.120,00 €
Monatslohnsteuer bei einem Monatslohn von	5.300,00 €	?
Monatslohnsteuer bei einem Monatslohn von	8.900,00 €	1.100,00 €

Die Bemessungsgrenzen betragen im Jahr 2006:

Rentenversicherung/Arbeitslosenversicherung	5.250,00 €/Monat
Krankenversicherung/Pflegeversicherung	3.562,50 €/Monat

Die Beitragssätze betragen:

RV	AV	KV	PV	Zuschlag KV
19,5 %	6,5 %	14 %	1,7 %	0,9 %

1. Ermitteln Sie die Lohnsteuer für den Monat Juni 2006.
2. Ermitteln Sie jeweils den Arbeitgeber- und Arbeitnehmerbeitrag zur Sozialversicherung.
3. Erstellen Sie die Gehaltsabrechnung für Peter Flöck.
4. Bilden Sie den Buchungssatz für die Gehaltsabrechnung.

Zusammenfassende Erfolgskontrolle

Der Unternehmer Siegfried Bieser, Köln, hat durch Inventur folgende Bestände ermittelt:

	EUR
0235 (0085) Bebaute Grundstücke	40.000,00
0240 (0090) Geschäftsbauten	80.000,00
0520 (0320) Pkw	20.000,00
0640 (0430) Ladeneinrichtung	24.000,00
1140 (3980) Bestand Waren (AB)	65.300,00
1200 (1400) Forderungen aLuL	60.000,00
1340 (1530) Forderung gegen Personal	1.000,00
1405 (1575) Vorsteuer 16 %	0,00
1800 (1200) Bankguthaben	18.600,00
1600 (1000) Kasse	4.600,00
3300 (1600) Verbindlichkeiten aLuL	50.550,00
3720 (1740) Verbindlichkeiten aus Lohn und Gehalt	0,00
3730 (1741) Verbindlichkeiten aus LSt/KiSt	1.981,00
3740 (1742) Verbindlichkeiten im Rahmen der sozialen Sicherheit	6.369,00
3790 (1755) Lohn- und Gehaltsverrechnung	0,00
3805 (1775) Umsatzsteuer 16 %	15.000,00
2000 (0800) Eigenkapital	?

Außer den Bestandskonten und dem Konto **2100** (1800) Privatentnahmen sind folgende Erfolgskonten zu führen:
5200 (3200), **4200** (8200), **4730** (8730), **6020** (4120), **6110** (4130), **4645** (8921), **4639** (8924), **6220** (4830), **6222** (4832).

Geschäftsvorfälle

		EUR
1. Banküberweisung der USt-Schuld		15.000,00
2. Wareneinkauf auf Ziel, netto	100.000,00	
+ USt	16.000,00	116.000,00
3. Warenverkauf auf Ziel, netto	200.000,00	
+ USt	32.000,00	232.000,00
4. Banküberweisung eines Kunden nach Abzug von 2 % Skonto		34.104,00
5. Gehaltsvorschüsse bar		4.000,00
6. Bruttogehälter		22.000,00
– Lohnsteuer/Kirchensteuer/Solidaritätszuschlag		– 3.270,00
– Sozialversicherungsbeiträge (AN-Anteil)		– 3.800,00
Nettogehälter		14.930,00
– Verrechnung Vorschüsse		– 4.000,00
= Auszahlung		?
Die Nettogehälter werden durch Bank überwiesen.		
7. Arbeitgeberanteil zur Sozialversicherung, noch nicht abgeführt		3.745,00

	EUR
8. Warenrücksendung an Lieferer, netto 540,0 + USt 86,40	626,40
9. Banküberweisung der Lohn- und Kirchensteuer	1.981,00
10. Banküberweisung der Sozialversicherungsbeiträge	6.369,00

11. Bieser benutzt das Neufahrzeug
lt. Fahrtenbuch zu 30 % für Privatfahrten. Die gesamten
Kfz-Kosten einschließlich der AfA betrugen 2006
  davon Kfz-Steuer
  davon Kfz-Versicherung
	2.500,00
	232,00
	268,00

Abschlussangaben	
12. Warenbestand lt. Inventur	60.000,00
13. Abschreibung auf Geschäftsbauten	4.000,00
14. Abschreibung auf Pkw	5.000,00
15. Abschreibung auf Ladeneinrichtung	3.500,00

Aufgaben

1. Bilden Sie die Buchungssätze. Tz. 6 ist nach der Verrechnungsmethode zu kontieren.
2. Tragen Sie die Anfangsbestände auf den Konten vor.
3. Buchen Sie die Geschäftsvorfälle.
4. Schließen Sie die Konten ab.
5. Ermitteln Sie den Erfolg.

Weitere Aufgaben mit Lösungen finden Sie im **Lösungsbuch** der Buchführung 1.

6 Finanzwirtschaft

6.1 Kaufmännische Zinsrechnung

6.1.1 Zinsberechnung

<u>Zinsen</u> sind der Preis für die Überlassung von Kapital für eine bestimmte Zeit.

Zinsen werden mit Hilfe der **Zinsrechnung**, die eine **angewandte Form der Prozentrechnung** ist, berechnet.
Die Zinsrechnung **unterscheidet** sich von der Prozentrechnung dadurch, dass eine weitere Größe, die **Zeit**, in die Berechnung einbezogen wird.
Der Prozentsatz, bezogen auf eine bestimmte Zeit, heißt **Zinssatz bzw. Zinsfuß**.
Wird der Zinssatz **ohne Zeitangabe** angegeben, bezieht er sich immer auf **ein Jahr**.

6.1.1.1 Berechnung von Jahreszinsen

Die Formel für die Berechnung der Zinsen für **ein Jahr** ist identisch mit der Formel für die Errechnung des **Prozentwertes** bei der Prozentrechnung.

Sollen **Zinsen (Z)** berechnet werden, müssen das **Kapital (K)**, der **Zinssatz (p)** und die **Zeit (t)** gegeben sein.

Bei der Berechnung der **Jahreszinsen** wendet man üblicherweise folgende Formel an:

$$Z = \frac{K \times p \times t}{100}$$

t = Jahre

Beispiel:
Ein Sparer besitzt am **1.1.2006** ein Sparguthaben von **5.000,00 €**, das von der Sparkasse mit **2 %** verzinst wird.

Die **Zinsen**, die zum Ende des Jahres (**31.12.2006**) gutgeschrieben werden, sind nach der obigen Formel wie folgt zu berechnen:

$$\text{Zinsen} = \frac{5.000,00\ € \times 2 \times 1}{100} = 100,00\ €$$

Übung: 1. Wiederholungsfragen 1 bis 3 (Seite 284),
2. Übungsaufgabe 1 bis 3 (Seite 284)

6.1.1.2 Berechnung der Tageszinsen

Da bei der Berechnung der Tageszinsen die Zeit (t) in Tagen ausgedrückt werden soll, muss der **Jahreszins** durch den **Divisor 360** auf einen **Tageszins** zurückgeführt werden.

Die **Formel** für die Berechnung der **Tageszinsen** lautet demnach:

$$Z = \frac{K \times p \times t}{100 \times 360}$$

t = Tage

Beispiel:
Der Kunde Säumig überzieht für **10 Tage** sein Bankkonto um **10.000,00 Euro**.
Die Bank berechnet ihm **12 %** Sollzinsen (Überziehungszinsen).

Die **Tageszinsen** werden nach obiger Formel wie folgt berechnet:

$$\text{Zinsen} = \frac{10.000,00\ € \times 12 \times 10}{100 \times 360} = 33,33\ \text{EUR}$$

Die **kaufmännische** Formel für die Berechnung der **Tageszinsen** lautet:

$$Z = \frac{\text{Zinszahl (\#)}}{\text{Zinsteiler}} = \frac{1\ \%\ \text{des Kapitals} \times \text{Tage}}{\frac{360}{\text{Zinssatz}}}$$

Beispiel:
Sachverhalt wie zuvor

Die **Tageszinsen** werden nach der **kaufmännischen** Formel wie folgt berechnet:

$$\text{Zinsen} = \frac{100,00\ € \times 10}{\frac{360}{12}} = \frac{1.000,00\ €}{30} = 33,33\ \text{EUR}$$

Übung: 1. Wiederholungsfragen 4 und 5 (Seite 284),
2. Übungsaufgabe 4 (Seite 285)

6.1.1.3 Berechnung der Zinstage

In der **bürgerlichen** Zinsrechnung zählt man in Deutschland das **Jahr** mit **365** (**366**) **Tagen** und jeden **Monat genau**.

In der **kaufmännischen** Zinsrechnung rechnet man in Deutschland das **Jahr** mit **360 Tagen** und jeden **Monat** mit **30 Tagen**. **Ausnahme**: Läuft der Zinszeitraum "**Ende Februar**" ab, so wird dieser Monat **taggenau** berechnet, also mit 28 oder 29 Tagen. Ist der Monat Februar **in** einem Zinsberechnungszeitraum enthalten (z.B. 1.1. bis 31.3.), wird der Februar mit **30 Tagen** gerechnet.

Zu beachten ist, dass bei der Berechnung der Zinstage der **erste Tag nicht mitgerechnet** wird.

Beispiel:
Ein Kapital von 5.000,00 € ist für den Zeitraum vom **5.4.2006 bis 27.5.2006** ausgeliehen.

Die **Tage** betragen:

```
    27.   05.   2006
 -  05.   04.   2006
    22 Tage + 1 Monat (= 30 Tage)
          = 52 Tage
```

> **Übung:** 1. Wiederholungsfragen 6 bis 8 (Seite 284),
> 2. Übungsaufgabe 5 (Seite 285)

6.1.2 Berechnung von Kapital, Zinssatz und Zeit

6.1.2.1 Berechnung des Kapitals

Die Formel zur Berechnung des Kapitals wird aus der Tageszinsformel abgeleitet und lautet:

$$\text{Kapital} = \frac{\text{Zinsen} \times 100 \times 360}{\text{Zinssatz} \times \text{Tage}}$$

Beispiel:
Welches Kapital bringt vom 12.1. bis 20.4.2006 bei 3 % 24,50 € Zinsen?

Lösung:

$$\text{Kapital} = \frac{24{,}50\ € \times 100 \times 360}{3 \times 98} = 3.000{,}00\ €$$

6.1.2.2 Berechnung des Zinssatzes

Die Formel zur Ermittlung des Zinssatzes wird aus der Tageszinsformel abgeleitet und lautet:

$$\text{Zinssatz} = \frac{\text{Zinsen} \times 100 \times 360}{\text{Kapital} \times \text{Tage}}$$

Beispiel:
Zu welchem **Zinssatz** wurden **3.000,00 €** am **12.1.2006** ausgeliehen, wenn am **20.4.2006 3.024,50 €** zurückgezahlt worden sind?

Lösung:

$$\text{Zinssatz} = \frac{24{,}50\ € \times 100 \times 360}{3.000{,}00\ € \times 98} = \underline{3\ \%}$$

6.1.2.3 Berechnung der Zeit

Die Formel zur Ermittlung der Zeit wird aus der Tageszinsformel abgeleitet und lautet:

$$\text{Zeit (Tage)} = \frac{\text{Zinsen} \times 100 \times 360}{\text{Kapital} \times \text{Zinssatz}}$$

Beispiel:
In wie viel **Tagen** bringen **3.000,00 €** zu **3 % 24,50 €** Zinsen?

Lösung:

$$\text{Tage} = \frac{24{,}50\ € \times 100 \times 360}{3.000{,}00\ € \times 3} = \underline{98\ \text{Tage}}$$

Übung: 1. Wiederholungsfragen 9 bis 11 (Seite 284),
2. Übungsaufgaben 6 bis 8 (Seite 285)

6.1.3 Summarische Zinsrechnung

Werden **mehrere Kapitalien** mit verschiedenen Laufzeiten und gleichem Zinssatz verzinst, können die Zinsen in einer Rechnung (summarisch) ermittelt werden.

Bei der **summarischen Zinsrechnung** gilt die Formel:

$$\text{Zinsen} = \frac{\text{Summe der Zinszahlen}}{\text{Zinsteiler}}$$

Beispiel:
Ein Schuldner will zum **30.06.2006** vier Rechnungen einschließlich **6 %** Verzugszinsen überweisen:

1. Rechnung über 3.100,00 €, fällig am 28.12.2005
2. Rechnung über   550,00 €, fällig am 03.02.2006
3. Rechnung über 2.155,50 €, fällig am 17.03.2006
4. Rechnung über 1.570,00 €, fällig am 01.06.2006

Auf welchen Betrag muss seine Überweisung ausgestellt sein?

Lösung:

Rechnung €	fällig am	Tage (bis 30.6.)	Zinszahl (#)
3.100,00	28.12.	182	5.642
550,00	03.02.	147	809
2.155,50	17.03.	103	2.220
1.570,00	01.06.	29	455

7.375,50   9.126 : 60 (Zinsteiler) = **152,10 €**
+ **152,10** Verzugszinsen
7.527,60 Überweisungsbetrag

Übung: 1. Wiederholungsfrage 12 (Seite 284),
2. Übungsaufgaben 9 bis 11 (Seite 286)

6.1.4 Erfolgskontrolle

WIEDERHOLUNGSFRAGEN

1. Was versteht man unter Zinsen?
2. Wodurch unterscheidet sich die Zinsrechnung von der Prozentrechnung?
3. Wie lautet die Formel für die Berechnung der Jahreszinsen?
4. Wie lautet die Formel für die Berechnung der Tageszinsen?
5. Wie lautet die kaufmännische Formel für die Berechnung der Tageszinsen?
6. Mit wie viel Tagen im Jahr rechnet man im Rahmen der kaufmännischen Zinsrechnung?
7. Mit wie viel Tagen im Monat rechnet man im Rahmen der kaufmännischen Zinsrechnung?
8. Wie wird der Monat Februar bei der Berechnung der Zinstage berücksichtigt?
9. Wie lautet die Formel für die Berechnung des Kapitals?
10. Wie lautet die Formel für die Berechnung des Zinssatzes?
11. Wie lautet die Formel für die Berechnung der Zeit?
12. Was wissen Sie über die summarische Zinsrechnung?

ÜBUNGSAUFGABEN

Übungsaufgabe 1:

Die Angestellte Tina Reifferscheid legt ihr erstes Gehalt in Höhe von 950,00 € für ein Jahr bei einer Bank an.

Wie viel Euro erhält sie nach dieser Zeit zurück, wenn ein Zinssatz von 4 % vereinbart wurde?

Übungsaufgabe 2:

Berechnen Sie die Jahreszinsen für

Tz.	Kapital	Zinssatz
1.	4.350 €	4 %
2.	4.300 €	4,5 %
3.	5.600 €	3 %
4.	7.500 €	3,5 %

Übungsaufgabe 3:

Berechnen Sie die Zinsen für

Tz.	Kapital	Zinssatz	Zeit
1.	2.500 €	4 %	3 Jahre
2.	3.000 €	3,5 %	2 Jahre
3.	4.300 €	3 %	3 Jahre
4.	7.500 €	4,5 %	4 Jahre

Übungsaufgabe 4:

Berechnen Sie die Zinsen für folgende Kapitalien

Tz.	Kapital	Zinssatz	Zeit
1.	2.500 €	3 %	14.04. bis 18.08.
2.	3.000 €	3,5 %	15.05. bis 20.09.
3.	4.500 €	4 %	03.06. bis 30.06.
4.	5.000 €	4,5 %	18.07. bis 01.10.

Übungsaufgabe 5:

Berechnen Sie die Zinstage für

Tz.	Zeit
1.	02.01. bis 16.06.
2.	09.05. bis 20.07.
3.	12.07. bis 05.11.
4.	23.11. bis 31.12.

Übungsaufgabe 6:

Berechnen Sie das Kapital für

Tz.	Zinsen	Zinssatz	Zeit
1.	659,13 €	12 %	127 Tage
2.	7.200,00 €	9 %	85 Tage
3.	228,00 €	6 %	190 Tage
4.	32,20 €	7 %	45 Tage

Übungsaufgabe 7:

Berechnen Sie den Zinssatz für

Tz.	Zinsen	Kapital	Zeit
1.	29,00 €	1.740,00 €	75 Tage
2.	3,47 €	650,00 €	48 Tage
3.	40,80 €	2.400,00 €	72 Tage
4.	13,89 €	800,00 €	100 Tage

Übungsaufgabe 8:

Berechnen Sie die Tage

Tz.	Zinsen	Kapital	Zinssatz
1.	172,92 €	6.194,00 €	5 %
2.	1,21 €	831,00 €	3,5 %
3.	4,95 €	108,00 €	6 %
4.	120,17 €	3.987,00 €	7 %

Übungsaufgabe 9:

Unternehmer U, Bonn, nimmt bei einer Bank 2006 einen Überbrückungskredit von **50.000,00 Euro** auf, über den er folgendermaßen verfügt:

$$10.000,00 \text{ €} \quad \text{am} \quad 21.07.2006$$
$$20.000,00 \text{ €} \quad \text{am} \quad 16.10.2006 \quad \text{und}$$
$$20.000,00 \text{ €} \quad \text{am} \quad 11.12.2006$$

Die Bank belastet ihn mit 9 % Zinsen.

Wie hoch ist die Bankschuld am 31.12.2006?

Übungsaufgabe 10:

Für einen Bankkunden sind am 31.12.2006 folgende Festgeldbeträge zu 4,5 % zu verzinsen:

Betrag	Anlagedatum
33.600,00 €	24.03.2006
27.100,00 €	12.06.2006
15.500,00 €	27.10.2006
64.950,00 €	06.11.2006

Wie hoch ist das Bankguthaben am 31.12.2006?

Übungsaufgabe 11:

Ein Sparer zahlt 2006 folgende Beträge auf sein Konto ein:

Betrag	Datum
1.560,00 €	10.02.2006
870,00 €	19.06.2006
1.840,00 €	12.10.2006

Wie hoch ist das Bankguthaben am 31.12.2006, wenn die Beträge mit 3 % verzinst werden?

6.2 Währungsrechnen mit dem Euro

Mit Beginn der Stufe 3a der Europäischen Wirtschafts- und Währungsunion (EWWU) am 1.1.1999 löste der **Euro** die **DM** als Währung ab.

In der **Übergangszeit bis** zum 1.1.2002 wurde der **bare** Zahlungsverkehr weiterhin in **DM** abgewickelt, während für den **unbaren** Zahlungsverkehr wahlweise **DM oder Euro** zugelassen waren.

Seit dem 1.1.2002 (Stufe 3b) sind die **Euro-Banknoten** und **Euro-Münzen** (Euro und Cent) im Umlauf.

Ebenfalls mit Wirkung zum 1.1.1999 sind unwiderrufliche **Umrechnungskurse** zwischen dem Euro und den Währungen der folgenden EU-Mitgliedstaaten festgelegt worden:

Land	Kurs	Währung
Belgien	1 Euro = 40,3399	Belgische Franken (BEF)
Deutschland	**1 Euro = 1,95583**	**Deutsche Mark (DEM)**
Finnland	1 Euro = 5,94573	Finnmark (FIM)
Frankreich	1 Euro = 6,55957	Französische Franken (FRF)
Irland	1 Euro = 0,787564	Irische Pfund (IEP)
Italien	1 Euro = 1936,27	Italienische Lire (ITL)
Luxemburg	1 Euro = 40,3399	Luxemburgische Franken (LUF)
Niederlande	1 Euro = 2,20371	Niederländische Gulden (NLG)
Österreich	1 Euro = 13,7603	Österreichische Schilling (ATS)
Portugal	1 Euro = 200,482	Portugiesische Escudos (PTE)
Spanien	1 Euro = 166,386	Spanische Peseten (ESP)

Umrechnungen von DM in Euro oder umgekehrt sind **zwingend** mit dem zum 1.1.1999 unabänderbar festgelegten **Umrechnungskurs** mit 5 Stellen hinter dem Komma vorzunehmen.

6.2.1 Umrechnung von Euro in DM

Bei Umrechnungen von Euro-Beträgen in DM ist der **Euro-Betrag** mit dem **Umrechnungskurs** zu **multiplizieren**.
Das **Umrechnungsverhältnis** ist kaufmännisch auf den nächsten Pfennig **zu runden**, d.h. beträgt die 3. Stelle hinter dem Komma **5 und mehr**, wird **aufgerundet, bis 4** wird **abgerundet**.

Beispiel:
Es sollen 100 Euro in DM umgerechnet werden.

Lösung:

$$100 \text{ Euro} \times 1{,}95583 \text{ DM/Euro} = 195{,}583 \text{ DM}$$

$$\text{gerundet} = \underline{\mathbf{195{,}58 \text{ DM}}}$$

6.2.2 Umrechnung von DM in Euro

Bei Umrechnungen von DM in Euro ist der **DM-Betrag** durch den **Euro-Umrechnungskurs** zu **dividieren**.

Das **Umrechnungsverhältnis** ist kaufmännisch auf den nächsten Cent **zu runden**, d.h. beträgt die 3. Stelle hinter dem Komma **5 und mehr**, wird **aufgerundet**, **bis 4** wird **abgerundet**.

Beispiel:
Es sollen 100 DM in Euro umgerechnet werden.

Lösung:

$$\frac{100 \text{ DM}}{1{,}95583 \text{ DM/Euro}} = 51{,}129188 \ldots \text{ Euro}$$

$$\text{gerundet} = \underline{\mathbf{51{,}13 \text{ Euro}}}$$

6.2.3 Umrechnung zwischen nationalen Währungen

Für Umrechnungen zwischen den verschiedenen nationalen Währungseinheiten (z.B. zwischen DEM und FRF) bestimmt Artikel 4 der Euro-Verordnung:

- Die jeweiligen Ausgangsbeträge sind zunächst in Euro und anschließend in die gewünschte nationale Währungseinheit umzurechnen.
- Das Zwischenergebnis in Euro darf hierbei für den anschließenden Rechenschritt auf nicht weniger als drei Nachkommastellen gerundet werden.

Beispiel:
Es sollen 1.000 DEM in Französische Francs (FRF) umgerechnet werden.

Lösung:

1. Schritt:

Umrechnung des Ausgangsbetrags von **1.000 DM in Euro** durch Teilen des Ausgangsbetrags mit dem festgesetzten Umrechnungskurs DEM/Euro.

$$\frac{1.000 \text{ DEM}}{1,95583 \text{ DEM/Euro}} = 511,291881196 \ldots \text{ Euro}$$

2. Schritt:

Umrechnung des auf nicht weniger als drei Nachkommastellen gerundeten Euro-Zwischenergebnisses in FRF durch Multiplikation des Zwischenergebnisses mit dem Umrechnungskurs FRF/Euro.

$$511,292 \text{ Euro} \times 6,55957 \text{ FRF/Euro} = 3.353,85566 \ldots \text{ FRF}$$
$$\text{gerundet} = \mathbf{3.353,86 \text{ FRF}}$$

6.2.4 Buchen der Euro-Rundungsdifferenzen

Durch die **Umrechnung** entstehende **Gewinne und Verluste** sind **grundsätzlich erfolgswirksam** zu erfassen.

Währungsverluste können auf das Erfolgskonto

<u>**7990 (2990) Aufwendungen aus Umrechnungsdifferenzen**</u>

und **Währungsgewinne** auf das Erfolgskonto

<u>**7990 (2990) Erträge aus Umrechnungsdifferenzen**</u>

gebucht werden.

Beispiel:
Der Unternehmer U, Köln, hat eine Forderung an den Kunden A in Höhe von **511,29 €**. A überweist 2006 den geschuldeten Betrag. Dabei ergibt sich eine Rundungsdifferenz von 0,01 €. Die Bank schreibt U **511,28 €** gut.

Buchungssatz:

Sollkonto	Betrag (€)	Habenkonto
1800 (1200) Bank	511,28	**1200** (1400) Forderungen aLuL
7990 (2990) Aufw. aus Umrechnungsd.	0,01	**1200** (1400) Forderungen aLuL

Buchung:

```
S        1800 (1200) Bank        H    S   1200 (1400) Forderungen aLuL   H

         511,28                      AB      511,29            511,28
                                                                0,01
                                             ─────             ─────
                                             511,29            511,29


S  7990 (2990) Aufw. aus Umrechnungsd.  H

         0,01
```

Gewinne aus Umrechnungen können aber auch **steuerneutral** durch Bildung einer Rücklage behandelt werden, die mit Ausscheiden des entsprechenden Wirtschaftsguts aus dem Betriebsvermögen, spätestens nach 5 Jahren, gewinnerhöhend aufzulösen ist (siehe § 6d **Euroumrechnungsrücklage** EStG).

6.2.5 Erfolgskontrolle

WIEDERHOLUNGSFRAGEN

1. Wie viel DM entspricht ein Euro nach dem zum 1.1.1999 unwiderruflich festgelegten Umrechnungskurs?
2. Wie wird der Euro in DM umgerechnet?
3. Wie wird die DM in Euro umgerechnet?
4. Wie erfolgt die Umrechnung zwischen nationalen Währungen?
5. Wie werden Euro-Rundungsdifferenzen buchmäßig behandelt?

ÜBUNGSAUFGABEN

Übungsaufgabe 1:

1. Wie viel DM entsprechen 5.000 Euro?
2. Wie viel Euro entsprechen 2.500 DM?
3. Wie viel FRF entsprechen 5.000 DEM?

Übungsaufgabe 2:

Der Unternehmer U, München, hat eine Forderung an den Kunden A in Höhe von **511,29 €**. A überweist den geschuldeten Betrag. Dabei ergibt sich eine Rundungsdifferenz. Die Bank schreibt U **511,30 €** gut.

Bilden Sie den Buchungssatz für U.

6.3 Zahlungsverkehr

6.3.1 Geldverrechnungskonten

Im Rahmen der **EDV-Buchführung** erfolgt die Dateneingabe in der Praxis ausschließlich nach **Buchungskreisen**.

Buchungskreise stellen z.B. sämtliche **Kassenbuchungen** dar. Ein anderer Buchungskreis sind die **Bankbuchungen** für eine bestimmte Bank.
Weitere Buchungskreise sind: Postbank, Eingangsrechnungen, Ausgangsrechnungen, sonstige Belege.

Beispiel:
Unternehmer U, Bonn, entnimmt 1.000,00 € aus der betrieblichen Kasse und zahlt sie auf das betriebliche Bankkonto ein.

Dieser Geschäftsvorfall berührt **zwei** Buchungskreise, die **Kasse** und die **Bank**.
Was geschieht, wenn bei Kasse und Bank wie folgt vorgegangen wird?

Buchungskreis Kasse:

Tz.	Betrag Soll	Betrag Haben	Gegenkonto Nr.	Konto Nr.
1.		1.000,00	**1800** (1200)	**1600** (1000)

Buchungskreis Bank:

Tz.	Betrag Soll	Betrag Haben	Gegenkonto Nr.	Konto Nr.
2.	1.000,00		**1600** (1000)	**1800** (1200)

Buchung:

```
S    1800 (1200) Bank      H      S    1600 (1000) Kasse     H
1)   1.000,00                     1)   1.000,00
2)   1.000,00                     2)   1.000,00
```

Wie das Beispiel zeigt, wurde der Geschäftsvorfall **zweimal gebucht**. Um solche Buchungen zu vermeiden, wird in der Praxis ein **Zwischenkonto**, das Konto

1460 (1360) Geldtransit,

eingeführt.

Beispiel:
Sachverhalt wie zuvor mit dem **Unterschied**, dass das **Geldtransitkonto** angesprochen wird.

Buchungskreis Kasse:

Tz.	Betrag Soll	Betrag Haben	Gegenkonto Nr.	Konto Nr.
1.		1.000,00	**1460** (1360)	**1600** (1000)

Buchungskreis Bank:

Tz.	Betrag Soll	Betrag Haben	Gegenkonto Nr.	Konto Nr.
2.	1.000,00		**1460** (1360)	**1800** (1200)

Buchung:

```
S    1800 (1200) Bank      H        S    1600 (1000) Kasse     H
2)   1.000,00                                         1)   1.000,00


S    1460 (1360) Geldtransit    H
1)   1.000,00  | 2)   1.000,00
```

Durch das Einschalten des Zwischenkontos **Geldtransit** wird erreicht:

1. Kasse und Bank werden nur einmal angesprochen.
2. Das Geldtransitkonto gleicht sich aus.
3. Leichtere Abstimmung von Buchungen zwischen den Buchungskreisen.
4. Bei der Erfassung stimmt die vom System gebildete Summe mit dem Vergleichswert (lt. Kassenbuch, Bankauszug) überein.

6.3.2 Personenkonten

Aus praktischen Gründen werden neben Sachkonten **Personenkonten** geführt.

Personen- oder Kontokorrentkonten sind Konten der Kunden (**Debitoren**) und Lieferanten (**Kreditoren**).

Die **Personenkonten** sind **Nebenbücher**. Sie haben die **Aufgabe**, die **Konten des Hauptbuches** (Forderungen aLuL und Verbindlichkeiten aLuL) **näher zu erläutern**.

Bei der doppelten Buchführung ist für Kreditgeschäfte in der Regel ein **Kontokorrentkonto**, unterteilt nach **Schuldnern** und **Gläubigern**, zu führen (R 5.2 Abs. 1 Satz 2 EStR 2005).

Das folgende Schaubild zeigt nochmals den Zusammenhang zwischen Haupt- und Nebenbuch.

Hauptbuch	Nebenbuch: Kontokorrentbuch
Sachkonten	Kundenkonten (**Debitoren**)
	S Kunde Müller H — 500,00
S Forderungen aLuL H — 1.000,00	S Kunde Maier H — 300,00
	S Kunde Schulz H — 200,00
	Lieferantenkonten (**Kreditoren**)
	S Lieferer Bäcker H — 200,00
S Verbindlichkeiten aLuL H — 500,00	S Lieferer Schneider H — 200,00
	S Lieferer Schuster H — 100,00

6.3.2.1 Buchen mit Debitoren

Der Unternehmer kann anhand des Sachkontos "**Forderungen aLuL**" zwar den **Gesamtbestand** seiner Forderungen feststellen, aber **nicht wer** und **wie viel** Geld der einzelne Kunde dem Unternehmer schuldet.

Dieser Nachteil lässt sich dadurch beheben, dass das Forderungskonto in **Kundenkonten (Debitoren)** aufgeteilt wird.

Jeder Kunde erhält ein eigenes, persönliches Konto, auf dem seine gesamten Umsätze gebucht werden (**Personenkonten**).

Bei DATEV oder bei DATEV-kompatiblen Kontenrahmen wird für die **Debitorenkonten** der **Kontonummernbereich** von **10 000 bis 69 999** reserviert.

Beispiel:
Wir verkaufen im September 2006 Waren für 2.000 € + 320 € USt = 2.320,00 € auf Ziel (an den Kunden Müller, zahlbar innerhalb 30 Tagen). Der Kunde Müller hat die **Debitoren-Nr. 10 116**.

Buchungssatz:

K steht für **Kontokorrent**

Betrag		Gegenkonto		Konto
Soll	Haben	K	Nr.	Nr.
	2.320,00	1	0 1 1 6	4400 (8400)

1-6 bedeutet **Debitor**

Das **automatische Konto 4400** (8400) hat eine Programmfunktion, die bewirkt, dass aus dem **Bruttobetrag** von **2.320,00 €** die **Umsatzsteuer** in Höhe von **320,00 €** errechnet und gebucht wird.

Buchung:

S   KU 10 116 Kunde Müller   H
2.320,00

S   AM 4400 (8400) Erlöse 16 %   H
2.000,00

S   KU 3805 (1775) USt 16 %   H
320,00

Erfolgt die Zahlung durch **Scheck**, ist es üblich, den Scheck bei der Bank einzureichen und aufgrund des Bankbelegs (Bankauszugs) zu buchen.

Beispiel:
Der Kunde Müller zahlt nach 30 Tagen seine Rechnung in Höhe von 2.320,00 € mit einem Bankscheck. Der Kunde Müller hat die **Debitoren-Nr. 10 116**. Siehe Beispiel zuvor.

Buchungssatz:

Betrag		Gegenkonto		Konto
Soll	Haben	K	Nr.	Nr.
2.320,00		1	0 1 1 6	**1800** (1200)

Buchung:

```
S    1800 (1200) Bank    H        S    10 116 Kunde Müller    H
     2.320,00  |                        2.320,00  |  2.320,00
```

Kundenschecks, die der Bank nicht sofort zum Einzug eingereicht werden, können auf dem Konto

1550 (1330) Schecks

gebucht werden.

Wird ein Scheck zum Ausgleich einer Verbindlichkeit aLuL an einen Lieferer weitergegeben, so vermindert sich der Bestand auf dem Scheckkonto.

Am Bilanzstichtag **vorhandene** Kundenschecks sind als **Aktivposten** in der Bilanz auszuweisen.

> Der Bilanzposten "**Schecks**" wurde bereits im Abschnitt "3.2.2 Gliederung der Bilanz", Seite 36, dargestellt.

> **Übung:** 1. Wiederholungsfragen 1 bis 6 (Seite 298),
> 2. Übungsaufgaben 1 und 2 (Seite 298)

6.3.2.2 Buchen mit Kreditoren

Wie jeder Kunde, so erhält auch jeder **Lieferer** in der Praxis ein eigenes, persönliches Konto, auf dem seine gesamten Umsätze gebucht werden (**Personenkonten**).

Bei DATEV oder DATEV-kompatiblen Kontenrahmen wird für die **Kreditorenkonten** der **Kontonummernbereich** von **70 000 bis 99 999** reserviert.

Beispiel:
Wir kaufen im August 2006 Waren für 1.000 € + 160 € USt = 1.160,00 € auf Ziel (vom Lieferer Bäcker, zahlbar innerhalb 30 Tagen). Der Lieferer Bäcker hat die **Kreditoren-Nr. 70 001**.

Buchungssatz:

Betrag		Gegenkonto		Konto
Soll	Haben	K	Nr.	Nr.
1.160,00		7	0 0 0 1	**5400** (3400)

7-9 bedeutet **Kreditor**

Das **automatische Konto 5400** (3400) hat eine Programmfunktion, die bewirkt, dass aus dem **Bruttobetrag** von **1.160,00 €** die **Vorsteuer** in Höhe von **160,00 €** errechnet und auf das Konto "KU **1405** (1575) **Vorsteuer 16 %**" gebucht wird.

Buchung:

```
      AV 5400 (3400) Wareneingang
S         16 % Vorsteuer        H      S    KU 70 001 Lieferer Bäcker    H
              1.000,00 |                                       | 1.160,00
```

```
S  KU 1405 (1575) Vorsteuer 16 %  H
         160,00 |
```

Nachdem wir das Zahlungsziel voll ausgeschöpft haben, begleichen wir die Rechnung des Lieferanten.

Beispiel:
Wir zahlen nach 30 Tagen die Rechnung in Höhe von 1.160,00 € durch Bankscheck. Der Lieferer Bäcker hat die **Kreditoren-Nr. 70 001**. Siehe Beispiel zuvor.

Buchungssatz:

Betrag Soll	Betrag Haben	Gegenkonto K	Gegenkonto Nr.	Konto Nr.
	1.160,00	7	0 0 1	**1800** (1200)

Buchung:

S KU 70 001 Lieferer Bäcker H		S 1800 (1200) Bank H	
1.160,00	1.160,00		1.160,00

6.3.2.3 Abschluss der Personenkonten

Im Rahmen der **EDV-Buchführung** erfolgen die laufenden Buchungen während des Jahres **zunächst** auf **Personenkonten**(Debitoren und Kreditoren).

Beim **Abschluss** der Personenkonten werden die **Summen** der Debitoren und Kreditoren durch das Programm **automatisch**, und zwar aufgrund der **Kontokorrentziffern** (1 bis 6 für Debitoren und 7 bis 9 für Kreditoren), auf die Sachkonten **Forderungen aus Lieferungen und Leistungen** und **Verbindlichkeiten aus Lieferungen und Leistungen** übertragen.

> Der Zusammenhang zwischen den Personenkonten und Sachkonten wurde bereit auf Seite 74 dargestellt.

Übung: 1. Wiederholungsfrage 7 (Seite 298),
2. Übungsaufgabe 3 (Seite 298)

6.3.3 Erfolgskontrolle

WIEDERHOLUNGSFRAGEN

1. Was versteht man im Rahmen der EDV-Buchführung unter "Buchungskreisen"?
2. Welchen Zweck erfüllt das Geldtransitkonto?
3. Was sind Personen- oder Kontokorrentkonten?
4. Was versteht man unter Debitoren?
5. Was versteht man unter Kreditoren?
6. Welcher Kontonummernbereich ist für die Debitorenkonten reserviert?
7. Welcher Kontonummernbereich ist für die Kreditorenkonten reserviert?

ÜBUNGSAUFGABEN

Übungsaufgabe 1:

Bilden Sie die Buchungssätze für die folgenden Geschäftsvorfälle. Kontieren Sie EDV-gemäß.

	EUR
1. Wir heben vom betrieblichen Bankkonto ab und legen den Betrag in die betriebliche Kasse.	1.000,00
2. Wir entnehmen der betrieblichen Kasse und zahlen den Betrag auf das betriebliche Bankkonto ein.	500,00

Übungsaufgabe 2:

Bilden Sie die Buchungssätze für die folgenden Geschäftsvorfälle. Kontieren Sie EDV-gemäß. Das Personenkonto soll das Gegenkonto sein.

	EUR
1. Banküberweisung des Kunden Schulz Der Kunde Schulz hat die Debitoren-Nr. 10 150.	1.160,00
2. Postbanküberweisung des Kunden Müller Der Kunde Müller hat die Debitoren-Nr. 10 116.	2.320,00

Übungsaufgabe 3:

Bilden Sie die Buchungssätze für die folgenden Geschäftsvorfälle. Kontieren Sie EDV-gemäß.

	EUR
1. Banküberweisung an den Lieferer Schuster Der Lieferer Schuster hat die Kreditoren-Nr. 70 115.	4.640,00
2. Postbanküberweisung an den Lieferer Bäcker Der Lieferer Bäcker hat die Kreditoren-Nr. 70 001.	696,00

6.4 Darlehen

Darlehen bzw. Kredite werden von **Lieferern**, **Banken** und **Privatpersonen** mit unterschiedlicher Laufzeit gewährt.

Im Folgenden wird die **Aufnahme und Rückzahlung von Bankdarlehen** erläutert.

> Die **Bewertung** der Bankdarlehen erfolgt im Kapitel "9 Bilanzierung der Verbindlichkeiten" der **Buchführung 2**, 17. Auflage, Seite 210 ff.

Der **Bankkredit** ist im Unterschied zum Lieferantenkredit grundsätzlich ein **Geldkredit**. Der Kreditbetrag wird dem Kreditnehmer lt. Kreditvertrag auf dem Girokonto bereitgestellt, so dass bei der Aufnahme und Rückzahlung eines Bankdarlehens immer zwei Bankkonten beteiligt sind:

> 1. das **Kreditkonto** für die Gewährung eines Bankkredits
> " **3150 (0630) Verbindlichkeiten gegenüber Kreditinstituten**" und
>
> 2. das **Girokonto "1800 (1200) Bank**" zur Abwicklung der damit verbundenen Zahlungen.

6.4.1 Darlehensaufnahme

Bei der Aufnahme eines Darlehens ist zu unterscheiden, ob es sich um einen

> - **kurzfristigen** Kredit **bis 1 Jahr**,
> - **mittelfristigen** Kredit **1 bis 5 Jahre** oder
> - **langfristigen** Kredit **über 5 Jahre**

handelt.

Entsprechend sind folgende **Verbindlichkeitskonten** zu verwenden:

3151 (0631) **Verbindlichkeiten gegenüber Kreditinstituten** - Restlaufzeit **bis 1 Jahr**

3160 (0640) **Verbindlichkeiten gegenüber Kreditinstituten** - Restlaufzeit **1 bis 5 Jahre**

3170 (0650) **Verbindlichkeiten gegenüber Kreditinstituten** - Restlaufzeit **größer 5 Jahre**

In der Praxis kommt es häufig vor, dass der **Ausgabebetrag** eines Darlehens **nicht** übereinstimmt mit dem **Rückzahlungsbetrag**.

Ist der **Ausgabebetrag niedriger** als der **Rückzahlungsbetrag**, bezeichnet man den **Unterschiedsbetrag** als Darlehns<u>abgeld</u> (auch als Disagio, Damnum, Abschluss-, Verwaltungs- und Buchungsgebühren).

> Beispiel:
> Unternehmer U nimmt zum **1.7.2006** bei seiner Bank ein Darlehen über **100.000,00 €** auf, das eine **Laufzeit** von **10 Jahren** hat. Der Zinssatz beträgt 5 %.
> Die Bank behält bei der Auszahlung ein **Damnum** von **2 %** ein und schreibt U **98.000,00 €** auf dessen Girokonto gut.

Buchungssatz bei der Darlehensaufnahme zum 1.7.2006:

Sollkonto	Betrag (€)	Habenkonto
1800 (1200) Bank **1940** (0986) Damnum	98.000,00 2.000,00 100.000,00	**3170** (0650) Verbindl. g. Kreditinst.

Buchung bei der Darlehensaufnahme zum 1.7.2006:

```
                                        3170 (0650) Verbindlichkeiten gegenüber
S    1800 (1200) Bank    H          S  Kreditinstituten - Restlaufzeit größer 5 Jahre  H
     98.000,00                                                        100.000,00


        1940 (0986) Damnum/
S              Disagio         H
        2.000,00
```

Der **Unterschiedsbetrag** zwischen **Rückzahlungsbetrag** und **Auszahlungsbetrag**, der auf dem Konto "**1940** (0986) **Damnum / Disagio**" erfasst wird, ist als **Rechnungsabgrenzungsposten** (siehe **erste** Spalte des DATEV-Kontenrahmens neben dem Konto Damnum / Disagio) auf die Laufzeit des Darlehens zu verteilen (H 37 (Damnum) EStH). Die Verteilung des Damnums erfolgt im Jahr der Darlehensaufnahme zeitanteilig (taggenau).

Beispiel:
Sachverhalt wie zuvor

Der **jährliche** Aufwandsbetrag beträgt **200,00 Euro** (2.000 € : 10).
Für 2006 beträgt der Aufwand für ein **halbes Jahr 100,00 Euro** (200 € : 2).

Buchungssatz zum 31.12.2006:

Sollkonto	Betrag (€)	Habenkonto
7320 (2120) Zinsaufwendungen	100,00	**1940** (0986) Damnum/Disagio

Buchung zum 31.12.2006:

```
S  7320 (2120) Zinsaufwendungen  H      S  1940 (0986) Damnum/Disagio  H
              100,00                         2.000,00    |   100,00
```

[B2] Einzelheiten zur Berechnung des Zinsaufwands erfolgen im Abschnitt 9.2.2 der **Buchführung 2**, 17. Auflage, Seite 214 ff.

6.4.2 Darlehensrückzahlung

Nach der **Tilgung** eines Darlehens werden folgende **Darlehensarten** unterschieden:

> 1. **Fälligkeitsdarlehen**,
> 2. **Ratendarlehen** und
> 3. **Annuitätendarlehen**.

Bei den verschiedenen Darlehensarten fallen unterschiedliche Belastungen an.

Zinsen und andere **Darlehenskosten** sind **nicht** auf die **Verbindlichkeitskonten** zu buchen, sondern sind gesondert auf den dafür vorgesehenen Konten (z.B. Zinsaufwendungen, Damnum/Disagio) zu erfassen.

Zu 1. Fälligkeitsdarlehen

Unter einem **Fälligkeitsdarlehen** versteht man ein Darlehen, das nach Ablauf der vereinbarten Laufzeit **in einer Summe** zurückzuzahlen ist.

Beispiel:
Das zum 1.7.2006 aufgenommene Bankdarlehen in Höhe von 100.000,00 € wird nach 10 Jahren am **30.6.2016** in einer Summe per Bank zurückgezahlt.

Buchungssatz zum 30.6.2016:

Sollkonto	Betrag (€)	Habenkonto
3170 (0650) Verbindl. g. Kreditinst.	100.000,00	**1800** (1200) Bank

Buchung zum 30.6.2016:

```
       3170 (0650) Verbindlichkeiten gegenüber
    S  Kreditinstituten - Restlaufzeit größer 5 Jahre  H        S    1800 (1200) Bank    H
       ─────────────────────────────────────────              ─────────────────────────
            100.000,00  | SV (AB)   100.000,00                           | 100.000,00
```

Die **Rückzahlung** des Darlehens ist **umgekehrt** zu buchen wie die **Aufnahme** des Darlehens.

Zu 2. Ratendarlehen

Unter einem **Ratendarlehen** versteht man ein Darlehen, das in **jährlich gleichbleibenden Raten** getilgt wird.

Beispiel:
Das zum 1.7.2006 aufgenommene Bankdarlehen in Höhe von 100.000,00 € wird in **jährlich gleichbleibenden Raten** von **10.000,00 €**, beginnend am **1.7.2007 getilgt. Der Zinssatz beträgt 5 %.**

Buchungssatz im Jahre 2007 (nur Tilgung):

Sollkonto	Betrag (€)	Habenkonto
3170 (0650) Verbindl. g. Kreditinst.	10.000,00	1800 (1200) Bank

Buchung im Jahre 2007 (nur Tilgung):

```
   3170 (0650) Verbindlichkeiten gegenüber
S  Kreditinstituten - Restlaufzeit größer 5 Jahre  H      S   1800 (1200) Bank   H
   ─────────────────────────────────────────────           ──────────────────────
      10.000,00 │ SV (AB)      100.000,00                                │ 10.000,00
```

Der Zinsaufwand ist auf das Konto "**7320 (2120) Zinsaufwendungen**" zu buchen.

Zu 3. Annuitätendarlehen

Unter einem **Annuitätendarlehen** versteht man ein Darlehen, bei dem die jährliche Summe aus **Tilgung und Zinsen** (= **Annuität**) **gleich groß** ist.
Da sich die Schuldsumme durch die Tilgung ständig verringert, werden die jährlichen Zinsbeträge immer kleiner und die Tilgungsbeträge entsprechend größer.

Beispiel:
Das zum **1.1.2006** aufgenommene Bankdarlehen in Höhe von 100.000 € ist mit 5 % zu verzinsen und in 10 Jahren in jährlichen Raten, beginnend am 1.1.2007, zu tilgen.
Die **jährliche Annuität** beträgt **13.000 €** (100.000,00 € x 0,130). Der Faktor 0,130 ist einer sog. **Annuitätentabelle** entnommen. Hat man den Betrag der **Annuität**, lassen sich **Tilgung** und **Zinsen** leicht bestimmen. Die **Zinsen** betragen für ein Jahr **5.000,00 €**, folglich beträgt die Tilgung **8.000,00 €** (13.000 € − 5.000 €).

Buchungssatz zum 1.1.2007 (nur Tilgung):

Sollkonto	Betrag (€)	Habenkonto
3170 (0650) Verbindl. g. Kreditinst.	8.000,00	1800 (1200) Bank

Buchung zum 1.1.2007 (nur Tilgung):

3170 (0650) Verbindlichkeiten gegenüber			
S Kreditinstituten - Restlaufzeit größer 5 Jahre H		S 1800 (1200) Bank H	
8.000,00	SV (AB) 100.000,00		8.000,00

Der **Zinsaufwand** ist durch die unterschiedliche Tilgungshöhe **jedes Jahr neu zu berechnen** und auf das Konto "**7320** (2120) **Zinsaufwendungen**" zu buchen.

Einzelheiten zur Berechnung des Zinsaufwands erfolgen im Abschnitt 9.2.2 der **Buchführung 2**, 17. Auflage, Seite 214 ff.

6.4.3 Erfolgskontrolle

WIEDERHOLUNGSFRAGEN

1. Welche zwei Bankkonten sind bei der Aufnahme und Rückzahlung eines Bankdarlehens immer beteiligt?
2. Was versteht man unter einem kurzfristigen Kredit?
3. Was versteht man unter einem mittelfristigen Kredit?
4. Was versteht man unter einem langfristigen Kredit?
5. Was versteht man unter dem Darlehnsabgeld?
6. Wie wird die Aufnahme eines Bankdarlehens buchmäßig behandelt?
7. Wie wird das Damnum/Disagio buchmäßig behandelt?
8. Was versteht man unter einem Fälligkeitsdarlehen?
9. Was versteht man unter einem Ratendarlehen?
10. Was versteht man unter einem Annuitätendarlehen?

ÜBUNGSAUFGABEN

Übungsaufgabe 1:

Der buchführende Gewerbetreibende A hat zum 1.10.2006 ein Bankdarlehen über 50.000,00 € aufgenommen (Fälligkeitsdarlehen).
Das Darlehen, das mit 7 % zu verzinsen ist, hat eine Laufzeit von acht Jahren und ist am 30.9.2014 in einer Summe zurückzuzahlen. Die Bank hat unter Einbehaltung eines Damnums von 3 % den entsprechenden Betrag dem laufenden Bankkonto des A gutgeschrieben.

1. Bilden Sie den Buchungssatz für die Darlehensaufnahme zum 1.10.2006.
2. Bilden Sie den Buchungssatz für die Zinsaufwendungen zum 31.12.2006.
3. Bilden Sie den Buchungssatz für die Verteilung des Damnums zum 31.12.2006.

Übungsaufgabe 2:

Der buchführende Gewerbetreibende B hat zum 1.1.2006 ein Darlehen mit einem Rückzahlungsbetrag von 150.000,00 € bei seiner Bank aufgenommen.
Die Tilgung erfolgt in zehn gleichen Raten, zahlbar jeweils am 1.1.
98 % des Rückzahlungsbetrags wurden B auf seinem Bankkonto gutgeschrieben, 2 % als Damnum einbehalten. Die Zinszahlung (Zinssatz 6 %) erfolgt jährlich nachträglich.

1. Bilden Sie den Buchungssatz für die Darlehensaufnahme zum 1.1.2006.
2. Bilden Sie den Buchungssatz für die Zinsaufwendungen zum 31.12.2006.
3. Bilden Sie den Buchungssatz für die Verteilung des Damnums zum 31.12.2006.
4. Bilden Sie den Buchungssatz für die Tilgung zum 1.1.2007.

Übungsaufgabe 3:

Der buchführende Gewerbetreibende C hat zum 1.1.2006 bei seiner Bank ein Ratendarlehen aufgenommen. Nennbetrag des Darlehens 100.000,00 €, Laufzeit: 1.1.2006 bis 31.12.2011, Auszahlung 95 %. Die Zinszahlung (Zinssatz 6 %) erfolgt jährlich nachträglich. Die Tilgung erfolgt jährlich, beginnend am 1.1.2007.

1. Bilden Sie den Buchungssatz für die Darlehensaufnahme zum 1.1.2006.
2. Bilden Sie den Buchungssatz für die Zinsaufwendungen zum 31.12.2006.
3. Bilden Sie den Buchungssatz für die Verteilung des Damnums zum 31.12.2006.
4. Bilden Sie den Buchungssatz für die Tilgung zum 1.1.2007.

Übungsaufgabe 4:

Der buchführende Gewerbetreibende D hat zum 1.1.2006 ein Annuitätendarlehen über 150.000,00 € bei seiner Bank aufgenommen. Es ist mit 6 % zu verzinsen und in 15 Jahren, beginnend ab 1.1.2007, in jährlichen Raten zu tilgen.
Der Annuitätenfaktor beträgt 0,103. Die Bank hat ein Damnum von 4.500,00 € einbehalten und 145.500,00 € dem laufenden Konto des D gutgeschrieben.

1. Bilden Sie den Buchungssatz für die Darlehensaufnahme zum 1.1.2006.
2. Bilden Sie den Buchungssatz für die Zinsaufwendungen zum 31.12.2006.
3. Bilden Sie den Buchungssatz für die Verteilung des Damnums zum 31.12.2006.
4. Bilden Sie den Buchungssatz für die Tilgung zum 1.1.2007.

6.5 Leasing

6.5.1 Begriff des Leasing

Unter **Leasing** versteht man eine mietähnliche, vertraglich besonders ausgestaltete Gebrauchsüberlassung von Wirtschaftsgütern gegen Entgelt.

Man unterscheidet in der Regel folgende **Arten des Leasing**:

```
                    Arten des Leasing
                           │
              ┌────────────┴────────────┐
         Konsumgüter-              Investitionsgüter-
          Leasing                      Leasing
                                         │
                                ┌────────┴────────┐
                           Operating-         Finanzierung-
                            Leasing              Leasing
                                                    │
                                            ┌───────┴───────┐
                                       Immobilien-     Mobilien-
                                         Leasing         Leasing
```

Konsumgüter-Leasing ist die Vermietung von Konsumgütern (z.B. Fernsehgeräte, Videorecorder) an Endverbraucher.

Investitionsgüter-Leasing ist die Vermietung von Investitionsgütern (z.B. Industrieanlagen, Ausrüstungen) an Betriebe.

Operating-Leasing ist ein **kurzfristiges** in der Regel jederzeit kündbares Leasingverhältnis, bei dem der Leasinggeber die Risiken des Leasing-Gegenstandes trägt.

Finanzierungs-Leasing ist ein **langfristiger** Leasingvertrag über unbewegliche Gegenstände (**Immobilien-Leasing**) oder bewegliche Gegenstände (**Mobilien-Leasing**) mit unkündbarer Grundmietzeit. Während der Grundmietzeit werden über die Leasingraten die Anschaffungs- oder Herstellungskosten, die Verzinsung und Gewinnanteile des Leasinggebers voll abgedeckt.
Der Leasingnehmer trägt hierbei die Risiken der technischen und wirtschaftlichen Entwertung des Leasing-Gegenstandes.

Im Rahmen der Buchführung ist die **Frage** zu beantworten, **wem** die Leasing-Gegenstände **zuzurechnen** sind, d.h. **wer** die Leasing-Objekte aktivieren und abschreiben darf.

Einzelheiten zur ertragsteuerlichen Behandlung von Leasingverträgen enthalten die verschiedenen BMF-Schreiben, die im **Anhang 21** des ESt-Handbuchs (**EStH**) **abgedruckt sind.**

6.5.2 Zurechnung des Leasing-Gegenstandes beim Leasinggeber

Die **Zurechnung** des Leasing-Gegenstandes ist von der von den Parteien gewählten **Vertragsgestaltung** und deren **tatsächlicher Durchführung** abhängig.

Im Folgenden wird nur der Leasingvertrag **ohne** Kauf- oder Verlängerungsoption erläutert. Die anderen Vertragsformen sind im BMF-Schreiben vom 19.4.1971 (vgl. **Anhang 21** EStH) dargestellt.

Bei **Leasingverträgen ohne Kauf- oder Verlängerungsoption** ist der Leasing-Gegenstand regelmäßig dem Leasing**geber zuzurechnen, wenn** die **Grundmietzeit** (Zeit, in der der Leasingvertrag nicht gekündigt werden kann)

> **mindestens 40 % und höchstens 90 %**

der **betriebsgewöhnlichen Nutzungsdauer** des Leasing-Gegenstandes beträgt.

Wird das Leasingobjekt dem Leasing**geber** zugerechnet, ist beim Leasing**geber**

> 1. der **Leasing-Gegenstand** mit seinen AK/HK zu **aktivieren**,
> 2. die **AfA** nach der betriebsgewöhnlichen Nutzungsdauer **vorzunehmen** und
> 3. die **Leasingrate** als **Betriebseinnahme** zu behandeln.

Wird das Leasingobjekt dem Leasing**nehmer** zugerechnet, ist beim Leasing**nehmer**

> die **Leasingrate** als **Betriebsausgabe** zu behandeln.

Beispiel:
Der **Unternehmer A**, Duisburg, hat eine **Maschine** zum 1.1.2006 **geleast**. Die **Grundmietzeit** beträgt **3 Jahre**. Eine **Kündigung** ist während der Grundmietzeit **nicht** möglich. Nach Ablauf der Grundmietzeit steht A **weder** eine **Kauf- noch eine Verlängerungsoption** zu.
Die Anschaffungskosten (**AK**) der Maschine haben **250.000 Euro** betragen.
Die betriebsgewöhnliche Nutzungsdauer (**ND**) der Maschine beträgt **4 Jahre**.
Der Leasinggeber übernimmt alle Kosten für Kundendienst und Verschleiß von Ersatzteilen.
Der Leasing**nehmer** hat 2006 eine Leasingrate von **jährlich 60.000 Euro + 9.600 Euro USt = 69.600 Euro** zu zahlen.
Der Betrag wird auf das Bankkonto des Leasinggebers überwiesen.

Es liegt ein **Finanzierungs-Leasing** in Form eines **Mobilien-Leasing** vor. Die **Grundmietzeit** beträgt **3 Jahre**, d.h. 3/4 = **75 %** der betriebsgewöhnlichen Nutzungsdauer der Maschine (4 Jahre).
Die Maschine ist folglich dem **Leasinggeber zuzurechnen**.

Buchungssatz der Leasingrate beim Leasing**geber**:

Sollkonto	Betrag (€)	Habenkonto
1800 (1200) Bank	69.600,00	
	60.000,00	**4000** (8000) Erlöse aus Leasinggeschäften
	9.600,00	**3805** (1775) Umsatzsteuer 16 %

Buchung der Leasingrate beim Leasing**geber**:

S   **1800** (1200) **Bank**   H   S   **4000** (8000) **Erlöse aus Leasinggeschäften**   H

69.600,00   60.000,00

S   **3805** (1775) **Umsatzsteuer 16 %**   H

                                             9.600,00

Buchungssatz der Leasingrate beim Leasing**nehmer**:

Sollkonto	Betrag (€)	Habenkonto
6840 (4810) Mietleasing	60.000,00	
1405 (1575) Vorsteuer 16 %	9.600,00	
	69.600,00	**1800** (1200) Bank

Buchung der Leasingrate beim Leasing**nehmer**:

S   **6840** (4810) **Mietleasing**   H   S   **1800** (1200) **Bank**   H

60.000,00   69.600,00

S   **1405** (1575) **Vorsteuer 16 %**   H

9.600,00

6.5.3 Zurechnung des Leasing-Gegenstandes beim Leasingnehmer

Bei **Leasingverträgen ohne Kauf- oder Verlängerungsoption** ist der Leasing-Gegenstand regelmäßig dem Leasing**nehmer zuzurechnen,** wenn die **Grundmietzeit** (Zeit, in der der Leasingvertrag nicht gekündigt werden kann)

> **weniger als 40 % oder mehr als 90 %**

der **betriebsgewöhnlichen Nutzungsdauer** des Leasing-Gegenstandes beträgt.

Der Leasing**nehmer** hat

1. den **Leasing-Gegenstand** mit den AK/HK zu **aktivieren,**
2. die **AfA** nach der betriebsgewöhnlichen Nutzungsdauer **vorzunehmen,**
3. eine **Verbindlichkeit** gegenüber dem Leasinggeber in Höhe der aktivierten AK/HK zu **passivieren,**
4. die **Leasingraten** in einen **Zins- und Kostenanteil** sowie einen **Tilgungsanteil aufzuteilen.**
   Der **Zins- und Kostenanteil** stellt eine sofort abzugsfähige **Betriebsausgabe** dar, während der **andere Teil** der Leasingrate als Tilgung der Kaufpreisschuld **erfolgsneutral** zu behandeln ist.

Der Leasing**geber** hat

1. eine **Forderung** an den Leasingnehmer in Höhe der aktivierten AK/HK zu **aktivieren.** Dieser Betrag ist grundsätzlich mit der vom Leasingnehmer ausgewiesenen Verbindlichkeit identisch.
2. die **Leasingraten** in einen **Zins- und Kostenanteil** sowie in einen **Anteil Tilgung** der Kaufpreisforderung **aufzuteilen.**

Der **Zins- und Kostenanteil** kann nach der **Barwertvergleichsmethode** oder nach der **Zinsstaffelmethode** ermittelt werden.

Nach der **Zinsstaffelmethode** wird der **Zins- und Kostenanteil** wie folgt ermittelt:

$$\frac{\text{Summe der Zins- und Kostenanteile aller Leasingraten}}{\text{Summe der Zahlenreihe aller Raten}} \times \text{Anzahl der restlichen Raten} + 1$$

Beispiel:
Der Fuhrunternehmer Karl Walter, Mannheim, hat von der Leasing GmbH, Frankfurt, ab 01.01.2006 einen Lkw geleast. Die beidseitig unkündbare Grundmietzeit beträgt 5 Jahre. Die Leasing GmbH hat den Lkw für 240.000,00 € angeschafft und die jährliche Leasingrate für Karl Walter beträgt 69.600,00 € jeweils fällig am 31.12. Die gesamt Umsatzsteuer in Höhe von 48.000,00 € ist nur im Leasingvertrag ausgewiesen.

Der Lkw ist dem Leasingnehmer zuzurechnen, weil er wirtschaftlicher Eigentümer ist.
Die Buchungssätze für die Übergabe des Lkw, die Überweisung der ersten Leasingrate am 31.12.2006 und die Jahresabschlussarbeiten zum 31.12.2006 lauten:

Tz.	Sollkonto	Betrag (€)	Habenkonto
1.	**0540** (0350) Lkw **1900** (0980) Aktive RAP **1405** (1575) Vorsteuer	240.000,00 60.000,00 48.000,00 348.000,00	**3337** (1626) Verb. 1 bis 5 Jahre
2.	**3337** (1626) Verb. 1 - 5 Jahre	69.600,00	**1800** (1200) Bank
3.	**6222** (4832) Abschr. Kfz **6250** (4815) Kaufleasing	48.000,00 20.000,00	**0540** (0350) Lkw **1900** (0980) Aktive RAP

Erläuterungen:

Zu 1.

Zur Vorsteuer siehe Abschn. 25 Abs. 4 Satz 2 UStR 2005.

Summe der Leasingraten: 5 x 60.000 €	300.000,00 €
− AK des Lkw	− 240.000,00 €
= Zins- und Kostenanteil für 5 Jahre	60.000,00 €
Verbindlichkeiten: 5 x 69.600 € (60.000 € + 9.600 € USt)	348.000,00 €

Zu 2.

348.000 € : 5   69.600,00 €

Zu 3.

Abschreibung des Lkw: 240.000 € : 5   48.000,00 €
Auflösung der aktiven RAP nach der Zinsstaffelmethode im 1. Jahr:

$$\frac{60.000\ €}{15\ *)} = 4.000\ € \times (4 + 1) = \qquad 20.000,00\ €$$

*) 1 + 2 + 3 + 4 + 5 = 15

6.5.4 Erfolgskontrolle

WIEDERHOLUNGSFRAGEN

1. Was versteht man unter Leasing?
2. Unter welcher Voraussetzung wird der Leasing-Gegenstand dem Leasinggeber bei Leasingverträgen ohne Kauf- oder Verlängerungsoption zugerechnet?
3. Wie wird der Leasing-Gegenstand buchmäßig beim Leasinggeber behandelt, wenn ihm der Leasing-Gegenstand zugerechnet wird?
4. Wie wird der Leasing-Gegenstand buchmäßig beim Leasingnehmer behandelt, wenn der Leasing-Gegenstand dem Leasinggeber zugerechnet wird?
5. Wie wird der Leasing-Gegenstand buchmäßig beim Leasingnehmer behandelt, wenn ihm der Leasing-Gegenstand zugerechnet wird?
6. Wie wird der Leasing-Gegenstand buchmäßig beim Leasinggeber behandelt, wenn der Leasing-Gegenstand dem Leasingnehmer zugerechnet wird?

ÜBUNGSAUFGABEN

Übungsaufgabe 1:

Der Unternehmer Horst Schulz, Köln, hat eine Maschine zum 1.1.2006 geleast. Die Grundmietzeit beträgt 48 Monate. Eine Kündigung ist während der Grundmietzeit nicht möglich. Nach Ablauf der Grundmietzeit steht Schulz weder eine Kauf- noch eine Verlängerungsoption zu.
Die Anschaffungskosten der Maschine haben 160.000,00 € betragen. Die betriebsgewöhnliche Nutzungsdauer der Maschine beträgt 5 Jahre. Der Leasinggeber trägt das Investitionsrisiko.
Der Leasingnehmer hat eine Leasingrate von monatlich 4.250 € + USt zu zahlen. Der Betrag wird jeweils auf das Bankkonto des Leasinggebers überwiesen.

1. Welche Art des Leasings liegt vor?
2. Wem ist der Leasing-Gegenstand zuzurechnen? Begründen Sie Ihre Antwort.
3. Bilden Sie den Buchungssatz für die Überweisung der ersten Leasingrate beim Leasinggeber.
4. Bilden Sie den Buchungssatz für die Überweisung der ersten Leasingrate beim Leasingnehmer.

Übungsaufgabe 2:

Der Gewerbetreibende Walter Schneider, Mannheim, hat am 01.07.2006 eine Maschine für eine Grundmiete von 4 Jahren geleast (Finanzierungs-Leasing); die Maschine ist ihm zuzurechnen. Den Zins- und Kostenanteil in Höhe von 120.000,00 € hat er in den Rechnungsabgrenzungsposten ausgewiesen.
Am 31.12.2006 bucht Walter Schneider wie folgt:

Sollkonto	Betrag(€)	Habenkonto
7300 (2100) Zinsaufwendungen	30.000,00	**1900** (0980) Aktive RAP

Überprüfen Sie, ob die Buchung richtig ist und bilden Sie ggf. die Korrekturbuchung.

6.6 Wechselverkehr

Der **Wechsel** ist eine Urkunde, in der der Gläubiger (Aussteller) den Schuldner (Bezogenen) auffordert, eine bestimmte Geldsumme an eine bestimmte Person (Wechselnehmer) oder deren Order zu bezahlen.

Beim Wechselverkehr ist zwischen **Besitzwechseln** und **Schuldwechseln** zu unterscheiden.

Besitzwechsel sind Wechsel, die der Verkäufer zum Ausgleich einer Forderung vom Käufer erhält.

Schuldwechsel sind Wechsel, die der Käufer als Bezogener zum Ausgleich einer Verbindlichkeit dem Verkäufer aushändigt.

6.6.1 Buchen der Besitzwechsel

Der Inhaber eines **Besitzwechsels** kann diesen wie folgt **verwenden:**

> 1. bis zur Fälligkeit **aufbewahren** und dann dem Bezogenen zur Einlösung vorlegen oder
> 2. vor Fälligkeit als Zahlungsmittel an einen Gläubiger **weitergeben** oder
> 3. vor Fälligkeit bei einer Bank **diskontieren** lassen.

Im Folgenden wird dargestellt, wie die einzelnen **Verwendungsmöglichkeiten** des Besitzwechsels gebucht werden.

Vor diesen Buchungen ist noch der Besitzwechsel**eingang** buchmäßig zu erfassen.

6.6.1.1 Besitzwechseleingang

Der Verkäufer hat aufgrund seiner Warenlieferung an den Käufer zunächst eine **Warenforderung**, die auf dem Konto "**1200** (1400) Forderungen aus Lieferungen und Leistungen" gebucht wird.

Erhält der Verkäufer zum Ausgleich dieser Forderung einen **Besitzwechsel**, so tritt an die Stelle der Warenforderung eine **Wechselforderung**. Die Wechselforderung ist in der Buchführung **gesondert** von der Warenforderung **zu erfassen**.

Besitzwechsel werden auf dem Konto

<u>1230 (1300) **Wechsel aus Lieferungen und Leistungen**</u>

gebucht.

Beispiel:
1. Wir liefern an B Waren für 5.000 € + 800 € USt = 5.800,00 € auf Ziel.
2. B sendet uns vereinbarungsgemäß zum Ausgleich unserer Forderung aLuL einen **Wechsel** über 5.800,00 €.

Buchungssatz:

Tz.	Sollkonto	Betrag (€)	Habenkonto
1.	**1200** (1400) Forderungen aLuL	5.800,00 5.000,00 800,00	**4200** (8200) Erlöse **3805** (1775) USt 16 %
2.	**1230** (1300) Wechsel aLuL	5.800,00	**1200** (1400) Ford. aLuL

Buchung:

S	**1200** (1400) **Forderungen aLuL**	H		S	**4200** (8200) **Erlöse**	H
1)	5.800,00	2) 5.800,00				1) 5.000,00

S	**1230** (1300) **Wechsel aLuL**	H		S	**3805** (1775) **USt 16 %**	H
2)	5.800,00					1) 800,00

6.6.1.2 Besitzwechseleinzug

Der Wechselinhaber legt den Wechsel in der Regel dem Schuldner **nicht selbst** vor, sondern beauftragt seine **Bank** mit dem **Einzug (Inkasso)**. Die Bank berechnet für den Einzug eine **Inkassoprovision**.

Die Bank schreibt dem Wechseleinreicher den Wechselbetrag **abzüglich der Inkassoprovision** gut.

Beispiel:
Wir lassen den Besitzwechsel über 5.800,00 € durch unsere Bank **einziehen**. Die Bank erteilt uns folgende Abrechnung:

	Wechselbetrag		5.800,00 €
−	**Inkassoprovision**	−	**12,00 €**
=	Gutschrift		5.788,00 €

Buchungssatz:

Sollkonto	Betrag (€)	Habenkonto
1800 (1200) Bank	5.788,00	
6855 (4970) Nebenkosten d. Geldverkehrs	12,00	
	5.800,00	**1230** (1300) Wechsel aLuL

Buchung:

S **1800** (1200) **Bank** H   S **1230** (1300) **Wechsel aLuL** H

5.788,00   5.800,00

S **6855** (4970) **Nebenkosten d. Geldverkehrs** H

12,00

Dadurch, dass der Käufer mit einem Wechsel zahlt, entsteht dem Verkäufer in der Regel ein **Zinsverlust**, weil die **Fälligkeit der Warenforderung** grundsätzlich **nicht** mit der **Fälligkeit der Wechselforderung** übereinstimmt.

In diesen Fällen wird der Verkäufer dem Käufer wegen verspäteter Zahlung **Verzugszinsen** berechnen. Die berechneten **Zinsen unterliegen nicht der Umsatzsteuer** (Abschn. 3 Abs. 3 UStR 2005).

Beispiel:
Wir senden unserem Kunden folgende Rechnung (Auszug):

8 % Zinsen auf 5.800,00 € für 45 Tage = **58,00 €**

Buchungssatz:

Sollkonto	Betrag (€)	Habenkonto
1200 (1400) Forderungen aLuL	58,00	**7100** (2650) Zinserträge

Buchung:

S **1200** (1400) **Forderungen aLuL** H   S **7100** (2650) **Zinserträge** H

58,00   58,00

Übung: 1. Wiederholungsfragen 1 bis 3 (Seite 320),
2. Übungsaufgabe 1 und 2 (Seite 320)

6.6.1.3 Besitzwechselweitergabe

Der Inhaber eines Besitzwechsels kann den Wechsel **vor** Fälligkeit als **Zahlungsmittel** an einen Gläubiger **weitergeben**. Er begleicht damit seine Verbindlichkeit.

Beispiel:
Wir geben den Besitzwechsel über 5.800,00 Euro weiter an unseren Lieferer zum Ausgleich einer Verbindlichkeit.

Buchungssatz:

Sollkonto	Betrag (€)	Habenkonto
3300 (1600) Verbindlichkeiten aLuL	5.800,00	**1230** (1300) Wechsel aLuL

Buchung:

S **3300** (1600) **Verbindlichkeiten aLuL** H   S   **1230** (1300) **Wechsel aLuL**   H

       5.800,00   5.800,00

Wenn die **Fälligkeit der Verbindlichkeit** und die **Fälligkeit des Wechsels** nicht übereinstimmen, kann der Lieferer wegen verspäteter Zahlung **Zinsen** berechnen.

Beispiel:
Wir erhalten von unserem Lieferer folgende Rechnung (Auszug):

8 % Zinsen auf 5.800,00 Euro für 45 Tage   =   **58,00 €**

Buchungssatz:

Sollkonto	Betrag (€)	Habenkonto
7310 (2110) Zinsaufwendungen für kurzfristige Verbindl.	58,00	**3300** (1600) Verbindl. aLuL

Buchung:

        7310 (2110) **Zinsaufwendungen für**
S   **kurzfristige Verbindl.**   H   S   **3300** (1600) **Verbindl. aLuL**   H

       58,00   58,00

Übung: Übungsaufgabe 3 (Seite 320)

6.6.1.4 Besitzwechseldiskontierung

Der Inhaber eines Besitzwechsels kann den Wechsel **vor** Fälligkeit an eine Bank **verkaufen**, d.h. ihn bei seiner Bank **diskontieren** lassen.

Die Bank gewährt dann vom Tag der Diskontierung bis zur Fälligkeit des Wechsels dem Einreicher einen **Diskontkredit**.

Die für diesen Kredit zu zahlenden **Wechselvorzinsen** (Wechsel**diskont**) werden von der Bank im Voraus belastet und mit der Gutschrift für den Wechselbetrag verrechnet.

Die Banken berechnen neben dem **Diskont** oft noch **Spesen**.

Beispiel:
Wir senden den Besitzwechsel über 5.800,00 € unserer Bank zum **Diskont**. Die Bank erteilt uns folgende Rechnung:

Wechselbetrag	5.800,00 €
− 8 % Diskont für 90 Tage	− 116,00 € *)
− Spesen	− 10,00 €
= Gutschrift	5.674,00 €

*) **Berechnung des Diskonts** nach der **Tageszinsformel** (siehe Seite 280):

$$\text{Zinsen (Diskont)} = \frac{K \times p \times t}{100 \times 360} = \frac{5.800\,€ \times 8 \times 90}{100 \times 360} = 116{,}00\ €$$

Buchungssatz:

Sollkonto	Betrag (€)	Habenkonto
1800 (1200) Bank	5.674,00	
7340 (2130) Diskontaufwendungen	116,00	
6855 (4970) Nebenkosten d. Geldverkehrs	10,00	
	5.800,00	**1230** (1300) Wechsel aLuL

Buchung:

S	**1800** (1200) **Bank**	H	S	**1230** (1300) **Wechsel aLuL**	H
	5.674,00				5.800,00

S	**7340** (2130) **Diskontaufwendungen**	H
	116,00	

S	**6855** (4970) **Nebenkosten d. Geldverkehrs**	H
	10,00	

Gewährt der Unternehmer im Zusammenhang mit einer Lieferung einen **Diskontkredit**, der als **gesonderte Leistung** anzusehen ist, so **mindern** die berechneten **Wechselvorzinsen** (Wechsel**diskont**) **nicht** das **Entgelt** für die Lieferung (Abschn. 151 Abs. 4 Satz 5 UStR 2005).

Dies hat zur **Folge**, dass die **Diskontbeträge nicht der USt** unterliegen, weil sie als gesonderte Leistung nach § 4 Nr. 8a UStG **steuerfrei** sind.

Für eine **gesonderte Leistung** ist erforderlich (Abschn. 29a Abs. 2 UStR 2005):

1. Die Lieferung oder sonstige Leistung **und** die Kreditgewährung (Diskontkredit) müssen **gesondert vereinbart** worden sein.
2. In der Vereinbarung über die Kreditgewährung muss auch der **Jahreszins** angegeben werden.
3. Die Entgelte für die beiden Leistungen müssen **getrennt abgerechnet** werden.

Berechnet der Unternehmer den ihm von der Bank berechneten **Diskont** und die **Spesen** dem Kunden **weiter (Regelfall)**, so unterliegen **nur die Spesen der USt**, wenn – was in der Praxis heute üblich ist – beim **Diskontkredit** die Voraussetzungen einer **gesonderten Leistung** erfüllt sind.

Die in Rechnung gestellten Spesen werden aus **umsatzsteuerlichen** Gründen auf dem **besonderen** Konto

<u>**7110 (8650) Erlöse aus Diskontspesen**</u>

erfasst.

Beispiel:
Diskont und Spesen werden von uns dem Kunden als **gesonderte Leistung** wie folgt in Rechnung (Auszug) gestellt:

Diskont (8 % auf 5.800 € für 90 Tage)		116,00 €
Spesen	10,00 €	
+ 16 % USt	1,60 €	11,60 €
		127,60 €

Buchungssatz:

Sollkonto	Betrag (€)	Habenkonto
1200 (1400) Forderungen aLuL	127,60	
	116,00	7130 (2670) Diskonterträge
	10,00	7110 (8650) **Erlöse aus Diskontspesen**
	1,60	3805 (1775) USt 16 %

Buchung:

S **1200** (1400) **Forderungen aLuL** H	S **7130** (2670) **Diskonterträge** H
127,60	116,00

	S **7110** (8650) **Erlöse aus Diskontspesen** H
	10,00

	S **3805** (1775) **Umsatzsteuer 16 %** H
	1,60

> **Übung**: 1. Wiederholungsfragen 4 bis 6 (Seite 320),
> 2. Übungsaufgabe 4 (Seite 321)

6.6.2 Buchen der Schuldwechsel

Beim Buchen der **Schuldwechsel** ist zwischen Schuldwechsel**ausgang** und Schuldwechsel**einlösung** zu unterscheiden.

6.6.2.1 Schuldwechselausgang

Der Käufer hat aufgrund der von ihm bezogenen Waren eine **Warenverbindlichkeit**, die auf dem Konto "**3300** (1600) Verbindlichkeiten aus Lieferungen und Leistungen" gebucht wird.

Zieht der Verkäufer über diese Verbindlichkeit einen Wechsel auf den Käufer und gibt der Käufer diesen Wechsel akzeptiert an den Lieferer zurück, so tritt an die Stelle einer **Warenverbindlichkeit** eine **Wechselverbindlichkeit** (= **Schuldwechsel**).

Die **Wechselverbindlichkeit** ist in der Buchführung **gesondert** von der Warenverbindlichkeit zu erfassen.

Wechselverbindlichkeiten werden auf das Konto

3350 (1660) **Schuldwechsel**

gebucht.

Beispiel:
1. Wir haben Waren für 10.000 € + 1.600 € USt = 11.600,00 € bezogen.
2. Wir geben dem Lieferer vereinbarungsgemäß einen akzeptierten **Schuldwechsel** über 11.600,00 €.

Buchungssatz:

Tz.	Sollkonto	Betrag (€)	Habenkonto
1.	**5200** (3200) Wareneingang **1405** (1575) Vorsteuer 16 %	10.000,00 1.600,00 11.600,00	**3300** (1600) Verbindl. aLuL
2.	**3300** (1600) Verbindl. aLuL	11.600,00	**3350** (1660) **Schuldwechsel**

Buchung:

```
S      5200 (3200) Wareneingang     H      S    3300 (1600) Verbindl. aLuL    H
1)         10.000,00                       2)      11.600,00  | 1)    11.600,00


S      1405 (1575) Vorsteuer 16 %   H      S    3350 (1660) Schuldwechsel     H
1)          1.600,00                                         | 2)    11.600,00
```

6.6.2.2 Schuldwechseleinlösung

Bei Fälligkeit legt der **letzte Wechselinhaber** den Wechsel dem **Bezogenen** zur Einlösung vor.

Erfüllungsort für die Wechseleinlösung sind die **Geschäftsräume des Bezogenen** ("**Wechselschulden sind Holschulden**").

Zur Vereinfachung des Einzugsverfahrens gibt der Bezogene in der Regel bereits auf dem Wechsel seine **Bank als Zahlstelle** an.

Die Bank löst dann den Wechsel zu Lasten des Kontos des Bezogenen ein und berechnet dafür eine **Domizilprovision.**

Beispiel:
Unser Schuldwechsel über 11.600,00 € wird am Fälligkeitstag bei unserer Bank vorgelegt und eingelöst. Die Bank berechnet 10,00 € **Domizilprovision**.

Buchungssatz:

Sollkonto	Betrag (€)	Habenkonto
3350 (1660) Schuldwechsel	11.600,00	
6855 (4970) Nebenkosten des Geldverkehrs	10,00	
	11.610,00	**1800** (1200) Bank

Buchung:

S   **3350** (1660) **Schuldwechsel**   H   S   **1800** (1200) **Bank**   H

           11.600,00 | | 11.610,00

S **6855** (4970) **Nebenkosten des Geldverkehrs** H

           10,00 |

Übung: 1. Wiederholungsfrage 7 (Seite 320),
2. Übungsaufgabe 5 (Seite 321)

6.6.3 Erfolgskontrolle

WIEDERHOLUNGSFRAGEN

1. Welche Verwendungsmöglichkeiten gibt es für einen Besitzwechsel?
2. Auf welchem Konto wird der eingehende Besitzwechsel gebucht?
3. In welchem Fall berechnen die Banken Inkassoprovision?
4. Was versteht man unter Wechseldiskontierung?
5. Was versteht man unter Diskont?
6. Wie wird die Weiterbelastung des von der Bank berechneten Diskonts und der Spesen an den Kunden umsatzsteuerlich behandelt?
7. Was heißt: "Wechselschulden sind Holschulden"?

ÜBUNGSAUFGABEN

Übungsaufgabe 1:

Bilden Sie die Buchungssätze für folgende Vorgänge:

1. Wir verkaufen am 1.7.2006 Waren auf Ziel für netto 4.000,00 € + 640,00 € USt = 4.640,00 €.
2. Der Käufer sendet uns am 8.7.2006 einen akzeptierten Wechsel über den Rechnungsbetrag.
3. Wir stellen dem Käufer am 12.7.2006 200,00 € Zinsen in Rechnung.
4. Der Käufer überweist diesen Betrag am 19.7.2006 auf unser Bankkonto.
5. Den Besitzwechsel lassen wir durch unsere Bank einziehen. Die Bank berechnet uns 10,00 € Inkassoprovision.

Übungsaufgabe 2:

Bilden Sie die Buchungssätze für folgende Vorgänge:

1. Wir haben eine Warenforderung an einen Kunden in Höhe von 11.000,00 €. Der Kunde überweist die Hälfte unserer Forderung durch die Bank. Für die andere Hälfte sendet er uns einen akzeptierten Wechsel.
2. Diesen Wechsel legen wir ihm bei Fälligkeit über unsere Bank zur Einlösung vor. Unsere Bank berechnet 2 Promille Inkassoprovision.

Übungsaufgabe 3:

Bilden Sie die Buchungssätze für folgende Vorgänge:

1. Ein Kunde sendet uns zum Ausgleich unserer Forderung aLuL einen Wechsel über 8.000,00 €.
2. Wir geben diesen Wechsel an einen Lieferer als Zahlungsmittel weiter.
3. Der Lieferer berechnet uns 100,00 € Zinsen.

Übungsaufgabe 4:

1. Wir geben unserer Bank am 17.7.2006 einen Besitzwechsel über 20.000,00 €
   zum Diskont.
   Die Bank berechnet uns 8 % Diskont für 90 Tage und 30,00 € Spesen.
2. Die Kosten der Diskontierung, die uns die Bank berechnet hat, berechnen wir
   unserem Kunden vereinbarungsgemäß als gesonderte Leistung weiter.

a) Erstellen Sie die Diskontabrechnung der Bank und die Rechnung für unseren
   Kunden.
b) Bilden Sie die Buchungssätze.

Übungsaufgabe 5:

Bilden Sie die Buchungssätze für folgende Vorgänge:

1. Wir beziehen Waren auf Ziel für netto 12.000,00 € + 1.920,00 € USt =
   13.920,00 €.
2. Über den Rechnungsbetrag akzeptieren wir einen Wechsel.
3. Der Wechsel wird bei Fälligkeit über unsere Bank eingelöst. Die Bank berechnet
   20,00 € Domizilprovision.

6.7 Wertpapiere

In diesem Kapitel wird erläutert, wie Wertpapier**käufe**, Wertpapier**verkäufe** und Wertpapier**erträge** zu buchen sind.

> [B 2] Die **Bilanzierung** der Wertpapiere wird im Abschnitt " 8.4 Bilanzierung der Wertpapiere" der **Buchführung 2**, 17. Auflage, Seite 203 ff. dargestellt.

6.7.1 Buchmäßige Einteilung der Wertpapiere

Wertpapiere im weitesten Sinne sind Urkunden, in denen ein Vermögensrecht brieflich zugesichert wird.

Man unterscheidet folgende Wertpapier**arten**:

> 1. **Waren**wertpapiere (z.B. Lagerschein im Sinne des HGB),
> 2. **Kapital**wertpapiere (z.B. Aktie, Hypothekenbrief),
> 3. **Geld**wertpapiere   (z.B. Scheck, Wechsel).

Gegenstand dieses Kapitels ist das Buchen von **Effekten**, die den **Kapital**wertpapieren zugeordnet werden.

Effekten sind Wertpapiere, die an der Börse gehandelt werden.

Die **Effekten** werden hinsichtlich ihres laufenden **Ertrags** unterteilt in

> 1. **Dividendenpapiere** (Wertpapiere mit **schwankendem** Ertrag), z.B. Aktien,
> 2. **festverzinsliche Wertpapiere** (Wertpapiere mit **konstantem** Ertrag), z.B. Obligationen, Pfandbriefe, Anleihen.

Buch- und bilanzmäßig werden die Wertpapiere des Betriebsvermögens eingeteilt in

> 1. Wertpapiere des **Anlagevermögens**
>   und
> 2. Wertpapiere des **Umlaufvermögens**.

6.7.1.1 Wertpapiere des Anlagevermögens

Wertpapiere des Anlagevermögens sind Wertpapiere, die am Bilanzstichtag dazu bestimmt sind, dem Betrieb dauernd zu dienen.
Bei den **Wertpapieren des Anlagevermögens** wird allgemein unterschieden zwischen

> 1. **Beteiligungen** und
> 2. Wertpapieren des Anlagevermögens, die **keine** Beteiligungen sind.

Die bilanzmäßige Behandlung von Wertpapieren als **Beteiligungen** setzt außer der Tatsache, dass sie dazu bestimmt sind, dem Betrieb dauernd zu dienen, voraus, dass der Wertpapierinhaber eine Beteiligungs**absicht** hat.

Eine **Beteiligungsabsicht** liegt immer dann vor, wenn der Inhaber der Wertpapiere bestrebt und in der Lage ist, mit Hilfe der ihm zustehenden Anteilsrechte **aktiv** einen **Einfluss** auf das Beteiligungsunternehmen auszuüben, in den Wertpapieren also **nicht nur** eine **Kapitalanlage gegen angemessene Verzinsung** sieht.

Auf die Höhe der Beteiligung kommt es nicht unbedingt an, doch gilt im Zweifel ein Anteilsbesitz von **20 % und mehr** als **Beteiligung** (§ 271 Abs. 1 Satz 3 HGB).

Für **Beteiligungen** und **Wertpapiere des Anlagevermögens** sehen die DATEV-Kontenrahmen u.a. folgende Konten vor:

    0820 (0510) **Beteiligungen**

    0910 (0530) **Wertpapiere mit Gewinnbeteiligungsansprüchen**

    0920 (0535) **Festverzinsliche Wertpapiere**

6.7.1.2 Wertpapiere des Umlaufvermögens

Wertpapiere des Umlaufvermögens sind alle Wertpapiere, die **nicht** zum Anlagevermögen gehören.

Im Allgemeinen wird erwartet, dass Wertpapiere des Umlaufvermögens jederzeit veräußerbar sind.

Die **Wertpapiere des Umlaufvermögens,** die im Folgenden besprochen werden, sind auf das Konto

    1510 (1348) **Sonstige Wertpapiere**

zu buchen.

> **Übung:** Wiederholungsfragen 1 bis 4 (Seite 339)

6.7.2 Buchen beim Kauf von Wertpapieren

In Anlehnung an die Einteilung der Wertpapiere nach ihrem **Ertrag** werden im Folgenden zunächst die Buchungen beim **Kauf** von **Dividendenpapieren** und dann die Buchungen beim **Kauf** von **festverzinslichen Wertpapieren** dargestellt.

6.7.2.1 Kauf von Dividendenpapieren

Beim **Kauf von Dividendenpapieren** sind die **Anschaffungskosten als Zugang** auf dem Konto

1510 (1348) Sonstige Wertpapiere

zu buchen.

Das **Wertpapierkonto** ist ein **Aktivkonto**. Die **Anschaffungskosten** setzen sich aus dem **Kaufpreis** (Kurswert) des Wertpapiers und den in der Regel anfallenden **Bezugsnebenkosten** (Bankprovision und Maklergebühr) zusammen.

Beispiel:
Wir kaufen über unsere Bank 10 Stück X-Aktien zu einem Kurs von 120 €. Die Wertpapiere sind nicht dazu bestimmt, unserem Betrieb dauernd zu dienen. Sie gehören demnach zum Umlaufvermögen.
Unsere Bank erteilt uns folgende Abrechnung:

	Kurswert (120 € x 10)		1.200,00 €
+	Bankprovision (1 % von 1.200 €)	12,00 €	
+	Maklergebühr (0,08 % von 1.200 €)	0,96 €	12,96 €
=	Lastschrift der Bank = **Anschaffungskosten**		**1.212,90 €**

Buchungssatz:

Sollkonto	Betrag (€)	Habenkonto
1510 (1348) **Sonstige Wertpapiere**	1.212,90	**1800** (1200) **Bank**

Buchung:

S   **1510** (1348) **Sonstige Wertpapiere**   H   S   **1800** (1200) **Bank**   H
　　　　　　1.212,90 |　　　　　　　　　　　　　　　　　　　　　　　| 1.212,90

> **Übung:** 1. Wiederholungsfrage 5 (Seite 339),
> 　　　　　2. Übungsaufgaben 1 und 2 (Seite 339)

6.7.2.2 Kauf von festverzinslichen Wertpapieren

Der Kauf von **festverzinslichen Wertpapieren** wird ebenfalls mit den **Anschaffungskosten** auf dem Konto "**1510** (1348) **Sonstige Wertpapiere**" gebucht.

Die **Anschaffungskosten** setzen sich wie beim Kauf von Dividendenpapieren aus dem **Kaufpreis** (Kurswert) **und** den **Anschaffungsnebenkosten** (Bankprovision und Maklergebühr) zusammen.

Die **Zinsen** festverzinslicher Wertpapiere werden dem Wertpapierinhaber gegen Vorlage des **Zinsscheins** nachträglich für ein halbes oder ein ganzes Jahr (Zinszahlungszeitraum) vergütet.

Der **Zinsschein** ist rechtlich eine **selbstständige Urkunde (Wirtschaftsgut)**, die den Inhaber zum Einzug der Zinsen berechtigt. Beim Kauf von Wertpapieren mit laufendem Zinsschein (m.Z.) sind deshalb die Anschaffungskosten des Zinsscheins **zu aktivieren**.

Werden festverzinsliche Wertpapiere im Laufe eines Zinszahlungszeitraums **mit** dem laufenden **Zinsschein (m.Z.)** erworben **(Regelfall)**, so hat der Erwerber dem Veräußerer den Zinsbetrag zu vergüten, der auf die Zeit seit Beginn des laufenden Zinszahlungszeitraums bis zum Erwerb **(letzter Zinstermin bis Handelstag (Kauftag) + 2 Börsentage – 1 Kalendertag)** entfällt.
Diese **Zinsen** heißen **Stückzinsen** und **entsprechen** den **Anschaffungskosten** des **Zinsscheins**.

Die entgeltlich erworbenen **Zinsscheine** können auf dem Konto

<u>**1511** (1349) **Zinsscheine**</u>

erfasst werden.

> Beispiel:
> Einzelhändler Müller kauft am 30.08.2006 über seine Bank 6 % Anleihen zum Kurs von 98 %, **mit laufendem Zinsschein**. Der Nennwert der Anleihe beträgt **5.000,00 €**, Kaufspesen 0,575 % des Nennwerts, Zinsfälligkeit jeweils am 1. Mai (M) und 1. November (N) eines Jahres für das abgelaufene Halbjahr. Die Wertpapiere gehören zum Umlaufvermögen.
>
> Seine Bank erteilt ihm folgende Abrechnung:

Kurswert (5.000 € x 98 %)	4.900,00 €
+ Bankprovision, Maklergebühr (0,575 % von 5.000 €)	28,75 €
= **Anschaffungskosten** der Wertpapiere	4.928,75 €
+ **Stückzinsen** (6 % von 5.000 € für 4 Monate)	
= **Anschaffungskosten** des Zinsscheins	**100,00 €**
= Lastschrift der Bank	5.028,75 €

Buchungssatz:

Sollkonto	Betrag (€)	Habenkonto
1510 (1348) Sonstige Wertpapiere	4.928,75	
1511 (1349) **Zinsscheine**	100,00	
	5.028,75	**1800** (1200) Bank

Buchung:

```
S   1510 (1348) Wertpapieranlagen   H        S      1800 (1200) Bank      H
─────────────────────────────────────        ─────────────────────────────────
        4.928,75 |                                              | 5.028,75


S      1511 (1349) Zinsscheine      H
─────────────────────────────────────
         100,00 |
```

Werden die **Zinsscheine** noch im Laufe des Anschaffungsjahrs **eingelöst**, dann werden die **Anschaffungskosten des Zinsscheins ausgebucht**.

> 📖 Die **Ausbuchung des Zinsscheins** erfolgt im Abschnitt "6.7.3.1 Zinserträge", Seite 328 ff.

Wird beim Erwerb festverzinslicher Wertpapiere der laufende **Zinsschein nicht (o.Z.)** mit erworben (**Ausnahmefall**), hat der Veräußerer dem Erwerber den Zinsbetrag zu vergüten, der auf die Zeit vom Tag des Erwerbs bis zum Ende des laufenden Zinszahlungszeitraums entfällt.

Diese **Stückzinsen** werden dann mit dem Kurswert (Kaufpreis) verrechnet und auf das Konto

7100 (2650) **Zinserträge**

gebucht.

Vereinnahmte Stückzinsen (§ 20 Abs. 2 Nr. 3 EStG) unterliegen seit 01.01.1994 der **Kapitalertragsteuer** (§ 43 Abs. 1 Nr. 8 EStG). Die buchmäßige Behandlung der Stückzinsen wird in Kapitel 6.7.4.2 (Seite 336) näher erläutert, dabei wird unterstellt, dass **keine** gezahlten Stückzinsen zur **Gegenrechnung** vorhanden sind.

Beispiel:

Einzelhändler Müller kauft am 25.10.2006 über seine Bank 7 % Anleihen zum Kurs von 98 %, **ohne** laufenden **Zinsschein**. Der Nennwert der Anleihe beträgt 5.000 €, Kauf-Spesen 0,575 % vom Nennwert, Zinsfälligkeit jeweils am 1. November für das abgelaufene Jahr. Die Wertpapiere gehören zum Umlaufvermögen.

Seine Bank erteilt ihm folgende (End-) Abrechnung:

	Kurswert (5.000 € x 98 %)	4.900,00 €
+	Bankprovision, Maklergebühr (0,575 % von 5.000 €)	28,75 €
=	**Anschaffungskosten** der Wertpapiere	4.928,75 €
−	**Stückzinsen** (7 % von 5.000 € für vier Tage)	3,89 €
+	Kapitalertragsteuer (30 % von 3,89 €)	1,17 €
+	Solidaritätszuschlag (5,5 % von 1,17 €)	0,06 €
=	Lastschrift der Bank	4.926,09 €

Buchungssatz:

Sollkonto	Betrag (€)	Habenkonto
1510 (1348) Sonstige Wertpapiere	4.928,75	
2150 (1810) **Privatsteuern**	1,23 *)	
	4.926,09	**1800** (1200) Bank
	3,89	**7100** (2650) Zinserträge

*) 1,17 € + 0,06 € = 1,23 €

Buchung:

```
S  1510 (1348) Sonstige Wertpapiere  H       S    1800 (1200) Bank      H
            4.928,75 |                                        | 4.926,09


S    2150 (1810) Privatsteuern   H           S    7100 (2650) Zinserträge   H
            1,23 |                                            | 3,89
```

Zusammenfassung zu Abschnitt 6.7.2.1 und 6.7.2.2:

Kauf von Wertpapieren

- **Kauf** von Dividendenpapieren
  - Kurswert
  - \+ Bankprovision
  - \+ Maklergebühr
  - = Banklastschrift (AK der WP)

- **Kauf** von festverzinslichen Wertpapieren
  - **mit** laufendem Zinsschein (**Regelfall**)
    - Kurswert
    - \+ Bankprovision
    - \+ Maklergebühr
    - = AK der WP
    - \+ Stückzinsen
    - = Banklastschrift
  - **ohne** laufendem Zinsschein (Ausnahmefall)
    - Kurswert
    - \+ Bankprovision
    - \+ Maklergebühr
    - = AK der WP
    - − Stückzinsen
    - \+ KapESt (30 %)
    - \+ SolZ (5,5 %)
    - = Banklastschrift

Übung: 1. Wiederholungsfragen 6 bis 10 (Seite 339),
2. Übungsaufgabe 3 (Seite 340)

6.7.3 Buchen von Zins- und Dividendenerträgen

Dem Inhaber von Wertpapieren fließen laufend **Erträge** aus Wertpapieren zu, die bei **festverzinslichen Papieren** in ihrer Höhe **gleich** bleiben und bei **Dividendenpapieren** je nach der Ertragslage des Dividendenschuldners in ihrer Höhe **schwanken**.

6.7.3.1 Zinserträge

In der Regel bewahrt der Wertpapierinhaber seine Effekten nicht selber auf, sondern gibt sie seiner **Bank** in Verwahrung.

Die **Bank** übernimmt für ihn den **Einzug der Zinsen** und schreibt sie seinem Konto gut.

Seit 1.1.1993 unterliegen **Zinserträge** aus festverzinslichen Wertpapieren der **Kapitalertragsteuer (Zinsabschlagsteuer)**.
Seit 1.1.1998 wird ein **Solidaritätszuschlag** (**SolZ**) von **5,5 %** auf die **Kapitalertragsteuer** erhoben (§ 3 Abs. 1 Nr. 5 SolZG).

Bei der **Kapitalertragsteuer** auf **Zinsen** handelt es sich – wie bei der Kapitalertragsteuer auf Dividenden – um eine **Vorauszahlung**, die auf die ESt-Jahresschuld angerechnet wird. Entsprechend wird der **Solidaritätszuschlag** als eigenständige Zuschlagsteuer auf die endgültige SolZ-Jahresschuld angerechnet.
Der Anleger erhält von der Bank eine **Steuer- und Zinsbescheinigung**, die beim Finanzamt zusammen mit der Einkommensteuererklärung eingereicht wird.

Stückzinsen werden seit 1.1.1994 ebenfalls der Kapitalertragsteuer unterworfen (§ 43 Abs. 2 Nr. 8 EStG).

Die **Kapitalertragsteuer** beträgt **30 %** des Kapitalertrags (§ 43a Abs. 1 Nr. 3 EStG).

Bei sog. **Tafelgeschäften** (Geschäfte über den Bankschalter) beträgt die **Kapitalertragsteuer** 35 % des Kapitalertrags.

Dem Inhaber festverzinslicher Wertpapiere, die zum Betriebsvermögen gehören, werden – falls er keine NV-Bescheinigung (Nicht-Veranlagungsbescheinigung) vorlegt – nur die **Nettozinserträge** gutgeschrieben.

Der **Freistellungsauftrag** von **1.421 €/2.842 €** (Alleinstehende/Verheiratete) gilt **nicht** für **Betriebseinnahmen**, d.h. für Zinsen, deren Wertpapiere zum Betriebsvermögen gehören (§ 44a Abs. 1 Nr. 1 EStG).

Für den Betrieb ist der **Bruttozinsbetrag** ein Ertrag, der auf dem Konto

<u>**7100 (2650) Zinserträge**</u>

erfasst wird.

Für **Zinserträge** gilt **nicht** – wie für Gewinnausschüttungen – das sog. **Halbeinkünfteverfahren**.

Bei **Einzelunternehmen** und **Personenhandelsgesellschaften** mit einer natürlichen Person als Vollhafter (z.B. OHG, KG) werden die **Kapitalertragsteuer und** der **Solidaritätszuschlag** auf dem speziellen Privatkonto

<u>**2150** (1810) **Privatsteuern**</u>

gebucht.

Beispiel:
Die Bank zieht für den Einzelhändler Müller am 05.04.2006 die **Zinsen** für eine ganzjährig abzurechnende 5,75 %-Postanleihe, die zu seinem Betriebsvermögen gehört, im Nennwert von 150.000,00 € ein und berechnet die **Kapitalertragsteuer** und den **Solidaritätszuschlag**:

Bruttozinsen (5,75 % von 150.000,00 €)		8.625,00 €
− **Kapitalertragsteuer** (30 % von 8.625,00 €)		− 2.587,50 €
− **Solidaritätszuschlag** (5,5 % von 2.587,50 €)	−	142,31 €
= **Netto**zinsen (Bankgutschrift)		5.895,19 €

Buchungssatz:

Sollkonto	Betrag (€)	Habenkonto
1800 (1200) Bank	5.895,19	
2150 (1810) **Privatsteuern**	2.729,81	
	8.625,00	**7100** (2650) Zinserträge

Buchung:

S	**1800** (1200) **Bank**	H		S	**7100** (2650) **Zinserträge**	H
5.895,19						8.625,00

S	**2150** (1810) **Privatsteuern**	H
2.729,81		

Erhalten **Kapitalgesellschaften und** Personenhandelsgesellschaften i.S.d. § 264a HGB (z.B. **GmbH & Co. KG**) Zinsen unter Abzug der Kapitalertragsteuer und des Solidaritätszuschlags für Erträge gutgeschrieben, wird die **Kapitalertragsteuer** auf das Konto

7635 (2215) **Zinsabschlagsteuer**

gebucht **und** der **Solidaritätszuschlag** auf dem Konto

7608 (2208) **Solidaritätszuschlag**

erfasst.

Werden Wertpapiere **mit Zinsschein** erworben **und** wird der Zinsschein noch im Laufe des Anschaffungsjahrs **eingelöst**, dann werden die **Anschaffungskosten des Zinsscheins ausgebucht**.

Beispiel:
Unsere Bank schreibt uns 2006 Zinsen unter Abzug der Kapitalertragsteuer und des Solidaritätszuschlags in Höhe von **205,05 €** für festverzinsliche Wertpapiere gut, die im Laufe des Jahres 2006 **mit Zinsschein** erworben wurden. Beim Kauf sind **100,00 € Stückzinsen** gezahlt worden (vergleiche Beispiel Seite 325). Die Kapitalertragsteuer beträgt **90 €** (30 % von 300 €) und der Solidaritätszuschlag beträgt **4,95 €** (5,5 % von 90 €).

Buchungssatz:

Sollkonto	Betrag (€)	Habenkonto
1800 (1200) **Bank**	205,05	
2150 (1810) **Privatsteuern**	94,95	
	100,00	**1511** (1349) **Zinsscheine**
	200,00	**7100** (2650) Zinserträge

Buchung:

S   **1800** (1200) **Bank**   H   S   **1511** (1349) **Zinsscheine**   H

     205,05 | AB   100,00 | 100,00

S   **2150** (1810) **Privatsteuern**   H   S   **7100** (2650) **Zinserträge**   H

     94,95 | 200,00

Probe: Bruttozinsen = Nettozinsen 205,05 € : 68,35[*)] x 100 = 300 €

[*)] Siehe Seite 332

Die aufgelaufenen Wertpapierzinsen werden im Abschnitt "5.3 Sonstige Vermögensgegenstände" der Buchführung 2, 17. Auflage, Seite 51 ff. dargestellt.

Übung: 1. Wiederholungsfragen 11 bis 14 (Seite 339),
2. Übungsaufgaben 4 und 5 (Seite 340)

6.7.3.2 Dividendenerträge

Auch bei den **Dividendenpapieren** übernimmt in der Regel eine **Bank** den **Einzug der Dividenden und schreibt** sie dem Dividendengläubiger **gut**.

Die **Dividenden** aus Aktien unterliegen der **Kapitalertragsteuer** und damit dem **Solidaritätszuschlag** (§ 3 Abs. 1 Nr. 5 SolZG).

Die **Kapitalertragsteuer** beträgt **20 %** der **Bardividende** (§ 43a Abs. 1 Nr. 1 EStG). Sie wird vom Schuldner der Dividende einbehalten und an das Finanzamt abgeführt. Der **Aktionär** erhält – falls er keine **NV-Bescheinigung** vorlegt – nur die **Nettodividende**. Seit 2002 gilt das sog. **Halbeinkünfteverfahren**.
Nach § 3 Nr. 40d EStG ist die **Hälfte** der Gewinnausschüttungen **steuerfrei**.

Für den Betrieb ist die **Bardividende** ein **Ertrag**, der auf dem Konto

    7103 (2655) **Laufende Erträge aus Anteilen an Kapitalgesellschaften**
             (Umlaufvermögen) 100 %/50 % steuerfrei (inländische Kap.Ges.)

erfasst wird.
Die **Kapitalertragsteuer und** der **Solidaritätszuschlag** werden auf dem speziellen Privatkonto
                2150 (1810) **Privatsteuern**
gebucht.

Die **DaimlerChrysler AG** hat folgende **Dividendenbekanntmachung** in wichtigen Tageszeitungen veröffentlicht:

DAIMLERCHRYSLER

Dividendenbekanntmachung
ISIN DE 0007100000

Unsere 8. ordentliche Hauptversammlung hat am 12. April 2006 beschlossen, den **Bilanzgewinn** des Geschäftsjahres 2005

in Höhe von	€	1.527.259.044,00
wie folgt zu verwenden:		
Ausschüttung von € 1,50 Dividende je dividendenberechtigter Stückaktie	€	1.527.259.044,00
Einstellung in Gewinnrücklagen	€	–
Gewinnvortrag	€	–

Die Dividende wird am 13. April 2006 nach Abzug von 20% Kapitalertragsteuer sowie 5,5% Solidaritätszuschlag auf die Kapitalertragsteuer in **Deutschland** wie folgt ausgezahlt:

- Für Namensaktien, die sich in Girosammelverwahrung befinden, erfolgt die Auszahlung der Dividende auf die bei den einzelnen Depotbanken geführten Konten der Aktionäre.
- Für Namensaktien, die sich in Eigen- sowie Streifbandverwahrung befinden, erfolgt die Auszahlung der Dividende durch Scheck an die im Aktienregister eingetragene Postanschrift der Aktionäre.

Für Namensaktien, die im US-Teil des Aktienregisters eingetragen sind, erfolgt die Auszahlung der Dividende über die Bank of New York.

Die Kapitalertragsteuer wird bei inländischen, nicht von der Steuer befreiten Aktionären gegen Vorlage der vom depotführenden Kreditinstitut auszustellenden Steuerbescheinigung auf die Einkommen- oder Körperschaftsteuer angerechnet. Gleichzeitig wird der einbehaltene Solidaritätszuschlag auf den bei der Veranlagung zur Einkommen- oder Körperschaftsteuer festgesetzten Solidaritätszuschlag angerechnet. Aktienhalter von effektiven Stücken erhalten mit der Auszahlung der Dividende eine Steuerbescheinigung.

Inländische Aktionäre erhalten von dem depotführenden Kreditinstitut die Dividende ohne Abzug von Kapitalertragsteuer und Solidaritätszuschlag, wenn sie eine Nichtveranlagungsbescheinigung des für sie zuständigen Finanzamtes vorgelegt oder soweit sie aufgrund eines erteilten Freistellungsauftrags für Kapitalerträge Anspruch auf Steuererstattung haben.

Die Besteuerung der Dividende erfolgt bei inländischen Aktionären nach den Vorschriften des Einkommensteuergesetzes (Halbeinkünfteverfahren) bzw. Körperschaftsteuergesetzes.

Stuttgart-Möhringen, 13. April 2006

DaimlerChrysler AG
Der Vorstand

Beispiel:
Einzelhändler Müller besitzt 100 Aktien der DaimlerChrysler AG, die zu seinem Betriebsvermögen gehören. Die AG schüttet 2006 (siehe Anzeige) eine **Dividende** von **1,50 €** je Stückaktie aus. Die Bank erteilt Müller folgende Abrechnung:

Bardividende	(100 x 1,50 €)	150,00 €
− **Kapitalertragsteuer**	(20 % von 150 €)	− 30,00 €
− **Solidaritätszuschlag**	(5,5 % von 30 €)	− 1,65 €
= **Netto**dividende (Gutschrift der Bank)		118,35 €

Buchungssatz:

Sollkonto	Betrag (€)	Habenkonto
1800 (1200) Bank	118,35	
2150 (1810) Privatsteuern	31,65	
	150,00	**7103** (2655) Laufende Erträge

Buchung:

S	**1800** (1200) **Bank**	H		S	**7103** (2655) **Laufende Erträge**	H
118,35						150,00 *)

*) Von den 150 € sind **75 €** nach § 3 Nr. 1 40d EStG **steuerfrei**.

S	**2150** (1810) **Privatsteuern**	H
31,65		

Probe: **Bar**dividende = **Netto**dividende 118,35 € : 78,9 x 100 = **150 €**

Zusammenfassung zu Abschnitt 6.7.3.1 und 6.7.3.2:

Wertpapiererträge

Zinserträge

Bruttozinsen
− KapESt (30 %)
− SolZ   (5,5 %)
= Nettozinsen
  (Bankgutschrift)

$$\text{Bruttozinsen} = \frac{\text{Nettozinsen} \times 100}{68,35}$$

Laufende Erträge

Bardividende
− KapESt (20 %)
− SolZ   (5,5 %)
= Nettodividende
  (Bankgutschrift)

$$\text{Bardividende} = \frac{\text{Nettodividende} \times 100}{78,9}$$

Übung: 1. Wiederholungsfragen 15 und 16 (Seite 339),
2. Übungsaufgaben 6 und 7 (Seite 340 f.)

6.7.4 Buchen beim Verkauf von Wertpapieren

Zum besseren Verständnis wird **zuerst** die Buchung des **Verkaufs** von **Dividendenpapieren** und dann die Buchung des **Verkaufs** von **festverzinslichen Wertpapieren** dargestellt.

6.7.4.1 Verkauf von Dividendenpapieren

Beim **Verkauf** von **Dividendenpapieren** werden deren **Anschaffungskosten** als **Abgang** auf dem entsprechenden Wertpapierkonto gebucht.

Der **Kurswert** der verkauften Wertpapiere **abzüglich** der **Veräußerungskosten** (Bankprovision, Maklergebühr) ergibt den **Nettoerlös**.

In der Regel wird der **Nettoerlös** eines verkauften Wertpapiers nicht mit dessen Anschaffungskosten übereinstimmen.

Ist der Nettoerlös **höher** als die Anschaffungskosten, erzielt der Verkäufer einen **Kursgewinn**.

Ist der Nettoerlös **niedriger** als die Anschaffungskosten, erzielt der Verkäufer einen **Kursverlust**.

	Nettoerlös
−	Anschaffungskosten
=	**Kursgewinn** oder **Kursverlust**

Der Kursgewinn aus dem **Verkauf** von Wertpapieren des Umlaufvermögens wird auf dem Konto

> **4901** (2723) **Erträge** aus der Veräußerung von Anteilen an Kapitalgesellschaften
> 100 %/50 % **steuerfrei** (inländische Kap.Ges.)

erfasst.

Der Kurs**verlust** aus dem **Verkauf** von Wertpapieren des Umlaufvermögens wird auf das Konto

> **6903** (2323) **Verluste** aus der Veräußerung von Anteilen an Kapitalgesellschaften
> 100 %/50 % **nicht abzugsfähig** (inländische Kap.Ges.)

gebucht.

Beispiel 1:
Wir verkaufen 2006 über unsere Bank Dividendenpapiere. Ihre Anschaffungskosten haben **2.432,40 €** betragen.

Die Bank erteilt uns folgende Abrechnung:

umgerechneter Kurswert	2.500,00 €
− Verkaufskosten (Bankprovision, Maklergebühr)	− 40,00 €
= Gutschrift der Bank (**Nettoerlös**)	2.460,00 €

Nettoerlös	2.460,00 €
− **Anschaffungskosten**	− 2.432,40 €
= **Kursgewinn**	27,60 €

Buchungssatz:

Tz.	Sollkonto	Betrag (€)	Habenkonto
1.	**1800** (1200) Bank	2.460,00	
		2.432,40	1510 (1348) Sonstige Wertpapiere
		27,60	4901 (2723) **Erträge aus der Veräußerung von Anteilen an Kap. Ges**

Buchung:

S	**1800** (1200) **Bank**	H		S	**1510** (1348) **Sonstige Wertpapiere**	H
1)	2.460,00			AK	2.432,40	1) 2.432,40

	4901 (2723) **Erträge aus der Veräußerung**	
S	**von Anteilen an Kap.Ges.**	H
		1) 27,60

Beispiel 2:
Sachverhalt wie im Beispiel 1 mit dem Unterschied, dass die Anschaffungskosten **2.550,00 €** betragen haben.

Nettoerlös	2.460,00 €
− **Anschaffungskosten**	− 2.550,00 €
= **Kursverlust**	90,00 €

Buchungssatz:

Tz.	Sollkonto	Betrag (€)	Habenkonto
2.	**1800** (1200) **Bank**	2.460,00	
	6903 (2323) **Verluste aus der Veräußerung von Anteilen**	90,00	
		2.550,00	**1510** (1348) Sonst. Wertp.

Buchung:

```
S      1800 (1200) Bank     H        S 1510 (1348) Sonst. Wertpapiere  H
2)    2.460,00                       AK   2.550,00  | 2)   2.550,00


        6903 (2323) Verluste aus der Ver-
S             äußerung von Anteilen   H
2)      90,00
```

Bei dieser Buchungsmethode wird das Wertpapierkonto als **reines Bestandskonto** geführt.

Es ist auch möglich, den Nettoerlös zunächst in voller Höhe im Haben des Wertpapierkontos zu buchen und den Kursgewinn oder Kursverlust erst im Rahmen der abschlussvorbereitenden Buchungen zum Abschluss-Stichtag vom Wertpapierkonto auf das Konto "Erträge aus der Veräußerung von Anteilen an Kapitalgesellschaften 100%/50% steuerfrei (inländische Kap. Ges.)" bzw. "Verluste aus der Veräußerung von Anteilen an Kapitalgesellschaften 100%/50% nicht abzugsfähig (inländische Kap. Ges.)" umzubuchen.

In diesem Fall wird das Wertpapierkonto als **gemischtes Konto** geführt. Der jeweilige Saldo dieses Kontos setzt sich im Jahresverlauf dann aus Bestands- und Erfolgsgrößen zusammen.

Gemischte Konten sollten im Interesse einer klaren Darstellung der Vermögenslage in der Buchführung nach Möglichkeit **nicht geführt** werden.

> **Übung**: 1. Wiederholungsfrage 17 (Seite 339),
> 2. Übungsaufgaben 8 bis 10 (Seite 341)

6.7.4.2 Verkauf von festverzinslichen Wertpapieren

Hinsichtlich der **Buchung der Anschaffungskosten** der verkauften **festverzinslichen Wertpapiere** sowie des erzielten **Kursgewinns** oder **Kursverlustes** gilt das zum Verkauf von **Dividendenpapieren** Gesagte entsprechend.

Wie beim Kauf, so fallen in der Regel auch beim Verkauf von festverzinslichen Wertpapieren **Stückzinsen** an.

Wird der laufende **Zinsschein** beim Wertpapierverkauf **mit veräußert**, so hat der Käufer dem Verkäufer den Zinsbetrag zu vergüten, der auf die Zeit seit dem Beginn des laufenden Zinszahlungszeitraums bis zur Veräußerung entfällt.

<u>Beispiel 1:</u>
Wir verkaufen am 30.08.2006 über unsere Bank 8 %-Bundesanleihen zum Kurs von 101 % **mit** laufendem Zinsschein. Der Nennwert der Anleihe beträgt 2.000,00 €, Zinszahlungstermin M/N. Ihre Anschaffungskosten haben **1.980,45 €** betragen und gehören zum Umlaufvermögen. Unsere Bank erteilt uns folgende Abrechnung:

Kurswert (2.000 € x 101 %)	2.020,00 €
− Bankprovision, Maklergebühr (0,575 % von 2.000 €)	11,50 €
= Nettoerlös	2.008,50 €
+ Stückzinsen (8% von 2.000 € für 4 Monate)	53,33 €
− Kapitalertragsteuer (30 % von 53,33 €)	− 16,00 €
− Solidaritätszuschlag (5,5 % von 16,— €)	− 0,88 €
= Gutschrift der Bank	2.044,95 €

Nettoerlös	2.008,50 €
− Anschaffungskosten	− 1.980,45 €
= Kursgewinn	28,05 €

Buchungssatz:

Tz.	Sollkonto	Betrag (€)	Habenkonto
1.	**1800** (1200) Bank	2.044,95	
		1.980,45	**1510** (1348) Sonstige Wertpapiere
		28,05	**4905** (2725) Erträge aus dem Abgang von G. des UV
		53,33	**7100** (2650) Zinserträge
	2150 (1810) Privatsteuern	16,88	

Buchung:

```
S       1800 (1200) Bank        H      S 1510 (1348) Sonstige Wertpapiere H
1)      2.044,95 |                      AB    1.980,45 | 1)     1.980,45

                                        4905 (2725) Erträge aus dem Ab-
                                        S         gang von G. des UV     H
                                                            | 1)     28,05

S    2150 (1810) Privatsteuern   H     S     7100 (2650) Zinserträge     H
1)      16,88 |                                             | 1)     53,33
```

Wird der laufende **Zinsschein nicht** mit veräußert, sondern einbehalten, so hat der Verkäufer dem Käufer den Zinsbetrag zu vergüten, der auf die Zeit ab dem Tag der Veräußerung bis zum Ende des laufenden Zinszahlungszeitraums entfällt.

Beispiel 2:
Sachverhalt wie im Beispiel 1 mit dem Unterschied, dass wir am 17.10.2006 die Wertpapiere **ohne Zinsschein (o.Z.)** veräußern.

Unsere Bank erteilt uns folgende Abrechnung:

Kurswert (2.000 € x 101 %)	2.020,00 €
− Bankprovision, Maklergebühr (0,575 % von 2.000 €)	− 11,50 €
= Nettoerlös	2.008,50 €
− Stückzinsen (8 % von 2.000 € für 16 Tage)	− 7,11 €
= Gutschrift der Bank	2.001,39 €

Nettoerlös	**2.008,50 €**
− Anschaffungskosten	**− 1.980,45 €**
= Kursgewinn	**28,05 €**

Buchungssatz:

Tz.	Sollkonto	Betrag (€)	Habenkonto
2.	**1800** (1200) Bank **7310** (2110) Zinsaufw.	2.001,39 7,11 1.980,45 28,05	**1510** (1348) Sonstige Wertpapiere **4905** (2725) Erträge aus dem Abgang von G. des UV

Buchung:

S	**1800** (1200) **Bank**	H	S	**1510** (1348) **Sonstige Wertpapiere**	H
2)	2.001,39		AB	1.980,45	2) 1.980,45

S	**7310** (2110) **Zinsaufwendungen**	H	S	**4905** (2725) Erträge aus dem Abgang von Gegenständen d. UV	H
2)	7,11				2) 28,05

Zusammenfassung zu Abschnitt 6.7.4.1 und 6.7.4.2:

Verkauf von Wertpapieren

Verkauf von Dividendenpapieren

Kurswert
− Bankprovision
− Maklergebühr

= Bankgutschrift

Verkauf von festverzinslichen Wertpapieren

mit laufendem Zinsschein

Kurswert
− Bankprovision
− Maklergebühr

= Nettoerlös
+ Stückzinsen
− KapESt (30 %)
− SolZ (5,5 %)

= Bankgutschrift

ohne laufenden Zinsschein

Kurswert
− Bankprovision
− Maklergebühr

= Nettoerlös
− Stückzinsen

= Bankgutschrift

6.7.5 Erfolgskontrolle

WIEDERHOLUNGSFRAGEN

1. Was versteht man unter Wertpapieren im weitesten Sinne?
2. Wie werden die Effekten hinsichtlich ihres laufenden Ertrags unterteilt?
3. Wann gehören Wertpapiere zum Anlagevermögen?
4. Welche Wertpapiere werden dem Umlaufvermögen zugerechnet?
5. Wie setzen sich die Anschaffungskosten von Dividendenpapieren zusammen?
6. Wie setzen sich die Anschaffungskosten von festverzinslichen Wertpapieren zusammen?
7. Was versteht man beim Kauf von festverzinslichen Wertpapieren unter Stückzinsen?
8. In welchem Fall hat beim Kauf der Käufer die Stückzinsen zu zahlen?
9. In welchem Fall hat beim Kauf der Verkäufer die Stückzinsen zu zahlen?
10. Was ist ein Zinsschein?
11. Wie werden laufende Zinserträge gebucht?
12. Wie werden die Zinserträge gebucht, die im Laufe des Jahres mit Zinsschein erworben wurden?
13. Wodurch unterscheiden sich Zinserträge von Dividendenerträgen?
14. Was wissen Sie über den Solidaritätszuschlag?
15. Wie viel Prozent beträgt die Kapitalertragsteuer auf Dividenden?
16. Auf welchem Konto werden die Dividendenerträge gebucht?
17. Wie berechnen Sie den Kursgewinn bzw. Kursverlust beim Verkauf von Dividendenpapieren?
18. Wie berechnen Sie den Kursgewinn bzw. Kursverlust beim Verkauf von festverzinslichen Wertpapieren?

ÜBUNGSAUFGABEN

Übungsaufgabe 1:

Der bilanzierende Gewerbetreibende Schmidt, Heilbronn, erwirbt zur kurzfristigen Geldanlage über seine Hausbank Aktien der Hilbert AG, Leverkusen. Seine Hausbank belastet das betriebliche Bankkonto mit dem Kurswert von 3.500,00 € sowie Bankprovision und Maklergebühr von insgesamt 37,80 €. Schmidt ordnet die Wertpapiere dem Betriebsvermögen zu.

1. Ermitteln Sie die Anschaffungskosten der Wertpapiere.
2. Bilden Sie den Buchungssatz für den Erwerbsvorgang.

Übungsaufgabe 2:

Dem bilanzierenden Gewerbetreibenden Schulze, Düsseldorf, werden beim Kauf von Aktien von seiner Hausbank die üblichen Anschaffungsnebenkosten in Höhe von 151,20 € in Rechnung gestellt.

Berechnen Sie die Anschaffungskosten gemäß § 255 Abs. 1 HGB.

Übungsaufgabe 3:

Die bilanzierende Gewerbetreibende Klaus, Karlsruhe, erwirbt im Laufe des Geschäftsjahres über ihre Hausbank folgende festverzinsliche Wertpapiere:

Wertpapierart	Kurswert	Nennwert	Stückzinsen	Bankgebühren
Obligationen (m.Z.)	9.800,00 €	10.000,00 €	300,00 €	57,50 €
Anleihe (m.Z.)	5.050,00 €	5.000,00 €	200,00 €	28,75 €
Anleihe (o.Z.)	18.500,00 €	20.000,00 €	500,00 €	115,00 €

1. Erstellen Sie die jeweiligen Kaufabrechnungen der Bank.
2. Bilden Sie die Buchungssätze dazu. Die Wertpapiere gehören zum Umlaufvermögen.

Übungsaufgabe 4:

Die Bank schreibt im Geschäftsjahr 2006 dem Großhändler Mayer – nach Abzug der KapESt und des SolZ – Zinsen für festverzinsliche Wertpapiere des Umlaufvermögens in Höhe von 221,55 € gut. Die Papiere sind im Laufe des Geschäftsjahres 2006 gekauft worden. Beim Kauf wurden 240,00 € Stückzinsen gezahlt.

1. Bilden Sie den Buchungssatz für die Zinsgutschrift.
2. Stellen Sie fest, wie sich die Geldanlage auf den steuerlichen Gewinn des Geschäftsjahres 2006 ausgewirkt hat.

Übungsaufgabe 5:

Die bilanzierende Gewerbetreibende Lydia Lustig kaufte sich am 31.03.2006 eine Bundesanleihe mit Zinsschein (m.Z.). Der Nennwert der Anleihe betrug 40.000,00 €; der Kurs 98 %. Die Auszahlung der Festzinsen (4 %) erfolgt jährlich am 01.01.
Die Bankgebühren betrugen beim Kauf 230,00 €. Lydia Lustig ordnet die Wertpapiere dem Umlaufvermögen zu und buchte:

Sollkonto	Betrag (€)	Habenkonto
1510 (1348) Sonstige Wertpapiere	39.830,00	1800 (1200) Bank

Die Zinsgutschrift zum 31.12.2006 buchte sie wie folgt:

Sollkonto	Betrag (€)	Habenkonto
1800 (1200) Bank	1.093,60	7100 (2650) Zinserträge

1. Führen Sie die notwendigen Korrekturbuchungen durch.
2. Ermitteln Sie die Gewinnauswirkung der Geschäftsvorfälle.

Übungsaufgabe 6:

Der bilanzierende Gewerbetreibende Franz Gans, Nürnberg, besitzt im Umlaufvermögen seit Jahren 500 Aktien der Lebkuchen AG, Nürnberg. Im Mai 2006 schüttet die AG eine Dividende in Höhe von 10,00 €/Aktie aus. Die Abzugssteuern wurden ordnungsgemäß einbehalten. Wie hoch ist die Bankgutschrift? Welche Antwort ist richtig?

(a) 3.945,00 €
(b) 3.681,25 €
(c) 3.417,50 €

Übungsaufgabe 7:

Der bilanzierende Gewerbetreibende Frieder Frost, Böblingen, hat seit Jahren 500 Aktien der Erfolgreich AG im Umlaufvermögen. Im Mai 2006 beschloss die Hauptversammlung der AG eine Dividende in Höhe von 20 €/Aktie. Die Dividendengutschrift nach Abzug der KapESt und des SolZ erfolgte auf dem privaten Bankkonto des Frost.

1. Bilden Sie den erforderlichen Buchungssatz.
2. Stellen Sie fest, inwieweit sich dieser Geschäftsvorfall auf den handelsrechtlichen und den steuerrechtlichen Gewinn auswirkt.

Übungsaufgabe 8:

Bilden Sie die Buchungssätze für folgende Verkäufe von Dividendenpapieren im Geschäftsjahr 2006 über die Hausbank des Gewerbetreibenden Eifrig, Köln. Die Wertpapiere gehörten bis zum Verkauf zum Umlaufvermögen. Das Wertpapierkonto wird als reines Bestandskonto geführt.

Buchwert zum Zeitpunkt des Verkaufs	Kurswert zum Zeitpunkt des Verkaufs	Veräußerungskosten
a) 4.680,50 €	5.200,00 €	70,20 €
b) 5.130,00 €	5.370,00 €	72,50 €
c) 3.740,85 €	3.500,00 €	47,25 €

Übungsaufgabe 9:

Ihr Mandant, der bilanzierende Gewerbetreibende Felix Hunger, veräußerte am 23.12.2006 40 Aktien der GuteHoffnung AG, Stuttgart, zum Kurs von 120,00 €/Stück. Die Verkaufsgebühren der Bank betrugen 51,84 €. Die Bank hat den Verkaufserlös auf dem privaten Bankkonto gutgeschrieben. Felix Hunger hatte im März 2006 100 Aktien der GuteHoffnung AG zum Kurs von 90,00 € gekauft; die Bankgebühren für diesen Kauf betrugen 97,20 €. Hunger hatte damals die Aktien im Umlaufvermögen aktiviert.

1. Bilden Sie den Buchungssatz für den Verkauf.
2. Ermitteln Sie die Auswirkung auf den steuerlichen Gewinn des Einzelunternehmers Felix Hunger.
3. Wie wäre der Fall zu beurteilen, wenn die Hunger GmbH die Aktien verkauft hätte?

Übungsaufgabe 10:

Im Frühjahr des Jahres 2006 (Geschäftsjahr = Kalenderjahr) hat sich die Gewerbetreibende Susi Müller, Berlin, folgende Aktien der Super AG, Stuttgart, die zu ihrem Umlaufvermögen gehören, gekauft:

Kaufdatum	Stückzahl	Anschaffungskosten
11.01.2006	100	4.000,00 €
26.01.2006	200	10.000,00 €
20.02.2006	100	3.200,00 €

Am 15.12.2006 veräußert Susi Müller 200 Aktien der Super AG. Die Bankgutschrift für den Verkaufserlös beträgt 11.000,00 €. Weitere Veräußerungskosten sind nicht angefallen.

Bilden Sie den Buchungssatz für den Verkauf (Hinweis: § 23 Abs. 1 Nr. 2 Satz 2 EStG).

Zusammenfassende Erfolgskontrolle

Der Unternehmer Ulrich Weiß, München, hat durch Inventur zum 31.12.2006 folgende Bestände ermittelt:

	EUR
0235 (0085) Bebaute Grundstücke	20.000,00
0240 (0090) Geschäftsbauten	80.000,00
0520 (0320) Pkw	20.000,00
0640 (0430) Ladeneinrichtung	25.000,00
1140 (3980) Bestand Waren (AB)	150.000,00
1530 (1349) Wertpapieranlagen	10.000,00
1200 (1400) Forderungen aLuL	20.000,00
1405 (1575) Vorsteuer 16 %	0,00
1800 (1200) Bankguthaben	20.000,00
1600 (1000) Kasse	5.000,00
3160 (0640) Verbindlichkeiten gegenüber Kreditinstituten	10.000,00
3300 (1600) Verbindlichkeiten aLuL	5.000,00
2000 (0800) Eigenkapital	335.000,00

Geschäftsvorfälle

	EUR
1. Verkauf von Waren auf Ziel, netto 50.000 € + 8.000 € USt	58.000,00
2. Weiß nahm zum 1.7.2006 ein Darlehen bei seiner Bank in Höhe von	50.000,00
auf. Bei der Auszahlung des Darlehens, das am 30.6.2011 in einer Summe zurückzuzahlen ist, wurde ein Damnum von 5 % einbehalten, so dass Weiß gutgeschrieben wurden. Der gesamte Vorgang ist noch nicht gebucht.	47.500,00
3. Ein Kunde sendet zum Ausgleich einer Forderung aLuL einen Wechsel über	2.800,00
4. Weiß gibt den Wechsel (Tz. 3) seiner Bank zum Diskont. Die Bank berechnet hierfür Diskont in Höhe von	35,00
5. Die Bank schreibt Weiß Zinsen für festverzinsliche Wertpapiere gut, netto Kapitalertragsteuer: 30 % Solidaritätszuschlag: 5,5 %	273,40
6. Kauf von Waren auf Ziel, netto 8.000 € + 1.280 € USt	9.280,00

Abschlussangaben

7. Warenbestand lt. Inventur	128.000,00
8. Abschreibung auf Geschäftsbauten	2.000,00
9. Abschreibung auf Pkw	5.000,00
10. Abschreibung auf Ladeneinrichtung	5.000,00

Aufgaben

1. Bilden Sie die Buchungssätze.
2. Tragen Sie die Anfangsbestände auf Konten vor.
3. Buchen Sie die Geschäftsvorfälle.
4. Schließen Sie die Konten ab und ermitteln Sie den Gewinn.

[AL] Weitere Aufgaben mit Lösungen finden Sie im **Lösungsbuch** der Buchführung 1.

7 Anlagenwirtschaft

7.1 Sachanlagenverkehr

In diesem Kapitel wird erläutert, wie die **Anschaffung** und die **Veräußerung** von **Sachanlagegütern** buchmäßig zu behandeln sind.

> Die **Bilanzierung** der Anlagegüter wird in den Abschnitten 6.1 und 7.1 der **Buchführung 2**, 17. Auflage, Seite 72 ff., dargestellt und erläutert.

7.1.1 Überblick über die Sachanlagegüter

Das **Anlagevermögen** setzt sich zusammen aus:

> I. Immateriellen Vermögensgegenständen,
> II. **Sachanlagen** und
> III. Finanzanlagen.

Sachanlagegüter sind bewegliche und unbewegliche körperliche Gegenstände, die zum Anlagevermögen gehören, wie

- **unbebaute** Grundstücke,
- Grundstückswerte eigener bebauter Grundstücke (**bebaute** Grundstücke),
- **Geschäftsbauten**,
- **Fabrikbauten**,
- **Wohnbauten**,
- **technische Anlagen und Maschinen**,
- **Betriebs- und Geschäftsausstattung**,
- **Anlagen im Bau**.

7.1.2 Buchen der Anschaffung von Sachanlagegütern

Unter **Anschaffung** versteht man den **entgeltlichen Erwerb** eines Wirtschaftsgutes von einem Anderen.

Anschaffungen sind mit den **Anschaffungskosten** auf den betreffenden **Anlagekonten** zu buchen (zu aktivieren).

> **Anschaffungskosten** sind Aufwendungen, die geleistet werden, um einen Vermögensgegenstand zu erwerben und ihn in einen betriebsbereiten Zustand zu versetzen (§ 255 Abs. 1 HGB).
> Zu den Anschaffungskosten gehören auch die Nebenkosten.
> Anschaffungspreisminderungen sind abzusetzen.

Die **Anschaffungskosten** ergeben sich aus

> **Kaufpreis** (Anschaffungspreis)
> + Anschaffungs**nebenkosten**
> − Anschaffungspreis**minderungen**
>
> = **Anschaffungskosten (AK)**

Kaufpreis (Anschaffungs**preis**) ist alles, was der Käufer aufwendet, um den Vermögensgegenstand zu erhalten, jedoch abzüglich der anrechenbaren Vorsteuer.

Anschaffungsnebenkosten sind Kosten, die **neben** dem **Kaufpreis** anfallen, z.B.

> **bei Grundstücken**
>
> - Grunderwerbsteuer (3,5 % des Kaufpreises)
> - Notargebühren, netto
> - Grundbuchgebühren
> - Maklerprovision, netto
> - Vermessungsgebühren, netto
>
> **bei anderen Vermögensgegenständen**
>
> - Eingangsfrachten, netto
> - Anfuhr- und Abladekosten, netto
> - Eingangsprovisionen, netto
> - Transportversicherungen
> - Montagekosten, netto

Anschaffungspreisminderungen sind z.B.

> - Skonti, netto
> - Rabatte, netto
> - Boni, netto
> - Preisnachlässe, netto

Nicht zu den **Anschaffungskosten** gehören:

> - **Geldbeschaffungskosten** (Zinsen, Damnum, Wechseldiskont), die für die Finanzierung einer Anschaffung aufgewendet werden
> - **anrechenbare Vorsteuer**

> **Merke:** Anschaffung und Finanzierung sind **zwei** verschiedene Vorgänge.

Die **nicht abziehbaren Vorsteuerbeträge** sind seit 2002 stets den **Anschaffungskosten** zuzurechnen (§ 9b Abs. 1 EStG).

Bei der **Anschaffung von Gebäuden** sind die **Anschaffungskosten aufzuteilen** auf den **Grund und Boden und** die **Baulichkeiten**, weil nur der Teil, der auf die Baulichkeiten entfällt, abgeschrieben werden kann.

Der Teil der **Anschaffungskosten**, der auf den **Grund und Boden** entfällt, wird auf dem Konto

0235 (0085) Grundstückswerte eigener bebauter Grundstücke

(bebaute Grundstücke)

erfasst.

Der Teil der **Anschaffungskosten**, der auf die **Baulichkeiten** entfällt, wird auf dem entsprechenden Gebäudekonto, z.B.

0240 (0090) **Geschäftsbauten**

gebucht.

Beispiel:
Der Unternehmer Weber, Bonn, hat 2006 ein Geschäftsgebäude zum **Kaufpreis** von **400.000,00 €** gegen Bankscheck gekauft.
Von den 400.000,00 € entfallen **40 % von 400.000,00 € = 160.000,00 € auf Grund und Boden** und **60 %** von 400.000,00 € = **240.000,00 €** auf das Gebäude. Außerdem sind **Anschaffungsnebenkosten** in Höhe von **20.000,00 €** durch Banküberweisung gezahlt worden, die entsprechend den Kaufpreiswerten aufzuteilen sind.

Die **Anschaffungskosten betragen:**

	Kaufpreis	+	Anschaffungsnebenkosten	=	AK
Grund und Boden	160.000,00 €	+	8.000,00 €	=	168.000,00 €
Gebäude	240.000,00 €	+	12.000,00 €	=	252.000,00 €
	400.000,00 €		20.000,00 €		420.000,00 €

Buchungssatz:

Tz.	Sollkonto	Betrag (€)	Habenkonto
1.	**0235** (0085) **Bebaute Grundstücke** **0240** (0090) **Geschäftsbauten**	160.000,00 240.000,00 400.000,00	**1800** (1200) Bank
2.	**0235** (0085) **Bebaute Grundstücke** **0240** (0090) **Geschäftsbauten**	8.000,00 12.000,00 20.000,00	**1800** (1200) Bank

Buchung:

S 0235 (0085) **Bebaute Grundstücke** H	S **1800** (1200) **Bank** H
1) 160.000,00	1) 400.000,00
2) 8.000,00	2) 20.000,00

S   0240 (0090) **Geschäftsbauten**   H
1) 240.000,00
2)   12.000,00

Anschaffungsnebenkosten (z.B. Bezugskosten) und **Anschaffungspreisminderungen** (z.B. Skonti) werden bei der Anschaffung von Gegenständen des **Anlagevermögens direkt** (**ohne** Unterkonten) auf dem entsprechenden **Anlagekonto** erfasst.

Beispiel:
Wir kaufen eine Maschine für **20.000 €** + 3.200 € USt = 23.200,00 € auf Ziel.
Neben dem Kaufpreis fallen an

		EUR
Bahnfracht, netto	800,00 €	
+ USt	128,00 €	928,00
Transportversicherung		200,00
Montagekosten, netto	1.500,00 €	
+ USt	240,00 €	1.740,00

Die Rechnung des Lieferanten begleichen wir vereinbarungsgemäß unter Abzug von **2 % Skonto** durch Banküberweisung.
Die Anschaffungs**nebenkosten** werden **ohne** Abzug von **Skonto** ebenfalls durch Banküberweisung beglichen.

Die **Anschaffungskosten** setzen sich wie folgt zusammen:

Kaufpreis, netto		20.000,00 €
+ Anschaffungs**nebenkosten**		
Bahnfracht, netto	800,00 €	
Transportversicherung	200,00 €	
Montagekosten, netto	1.500,00 €	2.500,00 €
− Anschaffungs**preisminderungen**		
Skonto, netto		− 400,00 €
= **Anschaffungskosten**		**22.100,00 €**

Buchungssatz:

Tz.	Sollkonto	Betrag (€)	Habenkonto
1.	**0440** (0210) Maschinen	20.000,00	
	1405 (1575) Vorsteuer 16 %	3.200,00	
		23.200,00	**3300** (1600) Verbindl. aLuL

Tz.	Sollkonto	Betrag (€)	Habenkonto
2.	**0440** (0210) Maschinen **1405** (1575) Vorsteuer 16 %	2.500,00 368,00 2.868,00	**1800** (1200) Bank
3.	**3300** (1600) Verbindl. aLuL	23.200,00 22.736,00 400,00 64,00	**1800** (1200) Bank **0440** (0210) Maschinen **1405** (1575) Vorsteuer 16 %

Buchung:

```
S    0440 (0210) Maschinen    H        S    3300 (1600) Verbindl. aLuL    H
1)   20.000,00 | 3)    400,00              3)   23.200,00 | 1)   23.200,00
2)    2.500,00 |

S    1405 (1575) Vorsteuer 16 %   H      S    1800 (1200) Bank    H
1)    3.200,00 | 3)     64,00                          | 2)    2.868,00
2)      368,00 |                                       | 3)   22.736,00
```

Das Maschinenkonto weist als Saldo die Anschaffungskosten in Höhe von **22.100,00 €** aus.

> **Übung**: 1. Wiederholungsfragen 1 bis 5 (Seite 364),
> 2. Übungsaufgaben 1 und 2 (Seite 364 f.)

7.1.3 Buchen der zu aktivierenden Eigenleistungen

Baubetriebe, Industriebetriebe, Handwerksbetriebe und andere Betriebe **mit eigenen Werkstätten** stellen neben den Wirtschaftsgütern, die für andere bestimmt sind, ganz oder zum Teil auch **Anlagegüter** her, die dem **eigenen Betrieb dienen** (z.B. Gebäude, maschinelle Anlagen, Büromöbel).

Diese **selbst hergestellten** Anlagegüter sind mit den **Herstellungskosten** zu aktivieren.

> **Herstellungskosten** sind Aufwendungen, die durch den Verbrauch von Sachgütern und die Inanspruchnahme von Diensten für die Herstellung eines Vermögensgegenstandes, seine Erweiterung oder für eine über den ursprünglichen Zustand hinausgehende wesentliche Verbesserung entstehen (§ 255 Abs. 2 HGB).

Zu den **Herstellungskosten** gehören handelsrechtlich **mindestens** (§ 255 Abs. 2 Satz 2 HGB)

Material**einzelkosten** + Fertigungs**einzelkosten** + Sonder**einzelkosten** der Fertigung
= **Wertuntergrenze der Herstellungskosten**

Handelsrechtlich bilden die vorgenannten **Einzelkosten** die **Wertuntergrenze** der zu aktivierenden Herstellungskosten.

Einzelkosten sind Kosten, die den hergestellten Vermögensgegenständen **direkt** zugerechnet werden können.

Die **Materialeinzelkosten** umfassen den Verbrauch an Roh-, Hilfs- und Betriebsstoffen, sofern dieser Wertverzehr den hergestellten Vermögensgegenständen direkt zurechenbar ist.

Zu den **Fertigungseinzelkosten** gehören insbesondere die Fertigungslöhne, die im Rahmen der Produktion anfallen und den einzelnen Produkten unmittelbar zurechenbar sind.

Die **Sondereinzelkosten der Fertigung** umfassen u.a. Kosten für Modelle und Spezialwerkzeuge, Lizenzgebühren sowie Kosten für Materialprüfungen.

Handelsrechtlich dürfen (müssen aber nicht) darüber hinaus weitere im § 255 Abs. 2 Satz 3 HGB genannte Aufwendungen (z.B. angemessene Teile der Material- und Fertigungsgemeinkosten) in die aktivierten Herstellungskosten eingerechnet werden.

Steuerrechtlich müssen die **Materialeinzelkosten**, die **Fertigungseinzelkosten**, die **Sondereinzelkosten der Fertigung** sowie die **Materialgemeinkosten** und die **Fertigungsgemeinkosten** in die zu aktivierenden Herstellungskosten einbezogen werden (R 6.3 EStR 2005).

Steuerrechtlich gehören demnach zu den **Herstellungskosten**:

	EUR	EUR
Material**einzelkosten**	.....	
+ Material**gemeinkosten**	.....	
= **Materialkosten**		.....
Fertigungs**einzelkosten**	.....	
+ Fertigungs**gemeinkosten**	.....	
= **Fertigungskosten**		.....
+ Sonder**einzelkosten** der Fertigung		.....
= **Herstellungskosten (HK)**		.....

Gemeinkosten sind Kosten, die dem hergestellten Vermögensgegenstand nur **indirekt** mit Hilfe von Zuschlagsätzen (ausgedrückt in Prozenten, bezogen auf die Einzelkosten) zuzurechnen sind.

Zu den **Materialgemeinkosten** und den **Fertigungsgemeinkosten** gehören nach R 6.3 Abs. 2 EStR 2005 u.a. die Aufwendungen für folgende Kostenstellen:

- Lagerhaltung, Transport und Prüfung des Fertigungsmaterials,
- Vorbereitung und Kontrolle der Fertigung,
- Werkzeuglager,
- Betriebsleitung, Raumkosten, Sachversicherungen,
- Unfallstationen und Unfallverhütungseinrichtungen der Fertigungsstätten,
- Lohnbüro, soweit in ihm die Löhne und Gehälter der in der Fertigung tätigen Arbeitnehmer abgerechnet werden.

In der Praxis aktivieren die meisten Unternehmen handelsrechtlich wie steuerrechtlich ihre Herstellungskosten in gleicher Höhe, d.h. sie setzen die **steuerrechtlich** aktivierungspflichtigen Herstellungskosten **auch handelsrechtlich** an.

Beispiel:
Ein Bauunternehmer mit eigenem Betonwerk, der handelsrechtlich und steuerrechtlich die gleichen Herstellungskosten aktiviert, errichtet eine **Garage** für die **eigenen Kraftfahrzeuge**.
Laut Materialentnahmescheinen und Lohnzettel sind angefallen:

Material**einzelkosten**	40.000,00 €
Fertigungslöhne (Fertigungs**einzelkosten**)	10.000,00 €
Die **Zuschlagsätze** betragen:	
Material**gemeinkosten**	20 %
Fertigungs**gemeinkosten**	130 %

Die **Herstellungskosten** werden wie folgt ermittelt:

Material**einzelkosten**	40.000,00 €	
+ Material**gemeinkosten**		
(20 % von 40.000 €)	8.000,00 €	
Materialkosten		48.000,00 €
Fertigungs**einzelkosten**	10.000,00 €	
+ Fertigungs**gemeinkosten**		
(130 % von 10.000 €)	13.000,00 €	
Fertigungskosten		23.000,00 €
= **Herstellungskosten**		71.000,00 €

Einzelheiten zur **Bewertung** in der Bilanz werden im Abschnitt "6.2 Bewertung in der Bilanz" in der **Buchführung 2,** 17. Auflage, Seite 77 ff., erläutert.

Die **Herstellungskosten** der selbst hergestellten Anlagegüter sind auf dem entsprechenden **Anlagekonto** (z.B. Geschäftsbauten, Garagen, Maschinen) zu aktivieren.

Die **Gegenbuchung** wird auf einem **eigenen Ertragskonto**, dem Konto

<u>**4820** (8990) **Andere aktivierte Eigenleistungen**</u>,

vorgenommen und gesondert in der Gewinn- und Verlust**rechnung** ausgewiesen (siehe **Posten 3** der handelsrechtlich gegliederten Gewinn- und Verlust**rechnung**).

Die <u>Eigenleistungen</u> umfassen **eigenes Material** und **eigenen Lohnaufwand**.

Zugelieferte Materialien und **Fremdleistungen** werden in der Regel **direkt als Anlagezugänge** (und nicht zunächst als Aufwand und später als aktivierte Eigenleistungen) erfasst.

Durch das Wort "**andere**" wird darauf hingewiesen, dass auch die im **GuV-Posten 2** erfassten Bestands**erhöhungen Eigenleistungen** sind.

<u>Beispiel:</u>
Sachverhalt wie im Beispiel zuvor

<u>Buchungssatz:</u>

Sollkonto	Betrag (€)	Habenkonto
0270 (0110) **Garagen**	71.000,00	**4820** (8990) **Andere aktivierte EL**

<u>Buchung:</u>

S   **0270** (0110) **Garagen**   H   S   **4820** (8990) **Andere aktivierte EL**   H
      71.000,00 | | 71.000,00

Das Konto "**4820** (8990) **Andere aktivierte Eigenleistungen**" wird über das **GuVK** abgeschlossen und in der **GuVR** unter dem **Posten Nr. 3** ausgewiesen.

> **Übung**: 1. Wiederholungsfragen 6 bis 9 (Seite 364),
> 2. Übungsaufgaben 3 bis 5 (Seite 365)

7.1.4 Buchen der Veräußerungen von Sachanlagegütern

Unter **Veräußerung** versteht man die entgeltliche Übertragung des wirtschaftlichen Eigentums an einem Wirtschaftsgut (H 41a (Veräußerung) EStH).

Die Veräußerung von Anlagegütern ist in der Regel **umsatzsteuerbar** und wenn kein Steuerbefreiungstatbestand vorliegt **umsatzsteuerpflichtig**.

Ist der **Nettoverkaufserlös** des Anlageguts **größer** als sein **Restbuchwert** im Zeitpunkt der Veräußerung, so entsteht ein **Buchgewinn**, ist er **kleiner**, so entsteht ein **Buchverlust**:

> **Nettoverkaufserlös**
> **− Restbuchwert**
> = Buchgewinn bzw. Buchverlust

Aus **umsatzsteuerlichen** Gründen und wegen der Abstimmung mit dem **Anlagenverzeichnis** werden die Veräußerungen von Sachanlagegütern nach der **Bruttomethode** gebucht.

Der **Restbuchwert** bzw. **Restwert** ist der Wert, der sich für das Wirtschaftsgut im Zeitpunkt seiner Veräußerung ergeben würde, wenn für diesen Zeitpunkt eine Bilanz aufzustellen wäre (R 6b.1 Abs. 2 Satz 1 EStR 2005).

7.1.4.1 Bruttomethode

Bei der **Bruttomethode** werden die **Erlöse** und die **Aufwendungen** aus der Veräußerung eines Anlageguts **unsaldiert (brutto)** erfasst.

Dies geschieht in der Weise, dass die **Nettoverkaufserlöse** (die Gegenwerte aus der Veräußerung der Wirtschaftsgüter) auf den folgenden Konten gebucht werden:

6889 (8800) **Erlöse aus Verkäufen Sachanlagevermögen**

(bei Buch**verlust**)

und

4849 (8829) **Erlöse aus Verkäufen Sachanlagevermögen**

(bei Buch**gewinn**)

Den **Erlösen** werden die **Restbuchwerte (Aufwendungen)** auf den folgenden Konten gegenübergestellt:

6895 (2310) **Anlagenabgänge Sachanlagen**
(Restbuchwert bei Buch**verlust**)

4855 (2315) **Anlagenabgänge Sachanlagen**
(Restbuchwert bei Buch**gewinn**).

Für den **Ausweis** in der Gewinn- und Verlustrechnung werden die Aufwendungen und Erlöse saldiert. Durch die **Saldierung** der Aufwendungen und Erlöse ergeben sich die **Erträge** bzw. die **Verluste** aus der Veräußerung der Sachanlagegüter, die in der Gewinn- und Verlustrechnung als "**sonstige betriebliche Erträge**" bzw. "**sonstige betriebliche Aufwendungen**" erscheinen.

Für die **Buchung** der Veräußerung von Sachanlagegütern nach der Bruttomethode empfiehlt sich folgende **Reihenfolge**:

1. Ermittlung und Buchung der **Abschreibung**,
2. Buchung des **Restbuchwerts** (des Anlagenabgangs),
3. Buchung des **Veräußerungsvorgangs**.

Beispiel:
Wir **verkaufen** am 15.5.2006 einen **Pkw** für **4.000 €** + 640 € USt = 4.640,00 € gegen Bankscheck.
Der Pkw wird in der Vorjahresbilanz noch mit **3.000,00 €** ausgewiesen.
Die **Abschreibung** beträgt im Veräußerungsjahr (2006) **1.000,00 €**.

Der Buch**gewinn** wird wie folgt ermittelt:

Nettoverkaufserlöse	4.000,00 €
− Restbuchwert (3.000 € AB − 1.000 € AfA)	− 2.000,00 €
= **Buchgewinn**	**2.000,00 €**

Buchungssatz:

Tz.	Sollkonto	Betrag (€)	Habenkonto
1.	**6222** (4832) Abschr. auf Kfz	1.000,00	**0520** (0320) Pkw
2.	**4855** (2315) **Anlagenabgänge**	2.000,00	**0520** (0320) Pkw
3.	**1800** (1200) Bank **1800** (1200) Bank	4.000,00 640,00	**4849** (8829) **Erlöse aus Verk.** **3805** (1775) USt 16 %

Buchung:

S 6222 (4832) Abschreibung auf Kfz H	S 0520 (0320) Pkw H
1) 1.000,00	SV (AB) 3.000,00 | 1) 1.000,00
	2) 2.000,00
	3.000,00 | 3.000,00

4855 (2315) Anlagenabgänge	4849 (8829) Erlöse aus Verkäufen
S (Restbuchwert bei Buch**gewinn**) H	S Sachanlagever. (bei Buch**gewinn**) H
2) **2.000,00**	3) **4.000,00**

Saldo: Ertrag 2.000,00 €

S 1800 (1200) Bank H	S 3805 (1775) USt 16 % H
3) 4.640,00	3) 640,00

Der **steuerfreie** Anlagenabgang (z.B. Abgang eines Grundstücks) mit Buchgewinn oder Buchverlust wird nach dem Buchungs-ABC der DATEV auf die **Aufwand**skonten

6895 (2310) **Anlagenabgänge Sachanlagen** (Restbuchwert bei Buch**verlust**) oder

4855 (2315) **Anlagenabgänge Sachanlagen** (Restbuchwert bei Buch**gewinn**)

im **Soll** und auf den **Ertrag**skonten

6900 (2320) **Verluste** aus dem Abgang von Gegenstände des AV oder

4900 (2720) **Erträge** aus dem Abgang von Gegenstände des AV

im **Haben** gebucht.

Ein **Vorteil** der **Bruttomethode** besteht darin, dass das **umsatzsteuerliche Entgelt** aus dem Erlöskonto in voller Höhe ersichtlich ist.

Nach § 22 Abs. 2 UStG sind die **steuerpflichtigen Umsätze** auf einem **gesonderten Konto** zu erfassen.

Übung: 1. Wiederholungsfragen 10 und 11 (Seite 364),
2. Übungsaufgaben 6 bis 8 (Seite 366)

7.1.4.2 Inzahlungnahme von Sachanlagegütern

Beim **Kauf eines Kraftfahrzeugs** wird oft ein **gebrauchtes Fahrzeug in Zahlung gegeben**.

Dabei wird der Bruttoverkaufspreis des gebrauchten Fahrzeugs auf den Bruttoeinkaufspreis des Neuwagens angerechnet.

Aus Gründen der Übersichtlichkeit ist es zweckmäßig, die **Verrechnung über** ein **Verbindlichkeitskonto** vorzunehmen.

Beispiel:
Wir kaufen 2006 einen neuen Pkw, der ausschließlich betrieblich genutzt wird, und geben einen Gebrauchtwagen in Zahlung. Der Autohändler rechnet wie folgt ab:

Pkw neu, netto		22.000,00 €
+ USt		3.520,00 €
		25.520,00 €
− **Inzahlungnahme Pkw alt**, netto	4.000,00 €	
+ USt	640,00 €	− 4.640,00 €
= Restkaufpreis, brutto		20.880,00 €

Wir begleichen den Restkaufpreis durch Bankscheck. Der Gebrauchtwagen stand am 1.1.2006 mit **1.500,00 €** zu Buch. Die **AfA** des laufenden Jahres (2006) beträgt **500,00 €**.

Buchungssatz:

Tz.	Sollkonto	Betrag (€)	Habenkonto
1.	**0520** (0320) Pkw **1405** (1575) Vorsteuer 16 %	22.000,00 3.520,00 25.520,00	**3300** (1600) Verbindl. aLuL
2.	**6222** (4832) Abschr. auf Kfz	500,00	**0520** (0320) Pkw
3.	**4855** (2315) Anlagenabgänge	1.000,00	**0520** (0320) Pkw
4.	**3300** (1600) Verbindl. aLuL	4.640,00 4.000,00 640,00	**4849** (8829) Erlöse aus Verk. **3805** (1775) USt 16 %
5.	**3300** (1600) Verbindl. aLuL	20.880,00	**1800** (1200) Bank

Buchung:

S	0520 (0320) Pkw	H		S	3300 (1600) Verbindl. aLuL	H
SV	1.500,00	2) 500,00		4)	4.640,00	1) 25.520,00
1)	22.000,00	3) 1.000,00		5)	20.880,00	
					25.520,00	25.520,00

S 1405 (1575) Vorsteuer 16 % H		4849 (8829) Erlöse aus Verkäufen S Sachanlagever. (bei Buchgewinn) H
1) 3.520,00		4) 4.000,00

S 6222 (4832) Abschr. auf Kfz H		S 3805 (1775) Umsatzsteuer 16 % H
2) 500,00		4) 640,00

S 4855 (2315) Anlagenabgänge H		S 1800 (1200) Bank H
3) 1.000,00		5) 20.880,00

Übung: Übungsaufgabe 9 (Seite 366)

7.1.5 Geringwertige Wirtschaftsgüter

So genannte **geringwertige Wirtschaftsgüter (GWG)** können im Wirtschaftsjahr der Anschaffung, Herstellung oder Einlage des Wirtschaftsguts oder der Eröffnung des Betriebs **in voller Höhe als Betriebsausgaben abgesetzt werden**, wenn folgende **Voraussetzungen** gegeben sind (§ 6 Abs. 2 EStG):

> 1. Die Wirtschaftsgüter müssen zum **beweglichen** abnutzbaren Anlagevermögen gehören;
> 2. die Wirtschaftsgüter müssen einer **selbständigen Nutzung** fähig sein;
> 3. die AK/HK, vermindert um einen darin enthaltenen Vorsteuerbetrag, oder der nach § 6 Abs. 1 Nr. 5 oder Nr. 6 EStG an deren Stelle tretende Wert dürfen für das einzelne Wirtschaftsgut **410 € nicht übersteigen**;
> 4. die Wirtschaftsgüter müssen aus einem **besonderen Verzeichnis** oder aus der **Buchführung** (auf einem besonderen Konto) ersichtlich sein.

Zu 1. Bewegliche abnutzbare Anlagegüter

Die AK/HK oder der Einlagewert eines abnutzbaren Anlageguts sind dann nach § 6 Abs. 2 EStG begünstigt, wenn es sich um ein **bewegliches** Wirtschaftsgut handelt.

Bewegliche Wirtschaftsgüter können nur

Sachen	(§ 90 BGB),
Tiere	(§ 90a BGB) und
Scheinbestandteile	(§ 95 BGB)

sein (R 7.1 Abs. 2 Satz 1 EStR 2005).

Immaterielle Wirtschaftsgüter gehören **grundsätzlich nicht** zu den **beweglichen** Wirtschaftsgütern (H 42 (Bewegliche Wirtschaftsgüter) EStH).

Eine **Ausnahme** stellen sog. **Trivial-Programme** (Standard-Anwender-Software) dar. Trivialprogramme sind abnutzbare **bewegliche** und selbständig nutzbare Wirtschaftsgüter. **Computerprogramme**, deren Anschaffungskosten **nicht mehr als 410 Euro** betragen, sind stets wie **Trivialprogramme** zu behandeln (R 5.5 Abs. 1 Satz 2 und Satz 3 EStR 2005).

Zu 2. Selbständige Nutzungsfähigkeit

Die Inanspruchnahme der Bewertungsfreiheit nach § 6 Abs. 2 EStG ist nur möglich, wenn das bewegliche abnutzbare Anlagegut **selbständig nutzungsfähig** ist.

Ein Wirtschaftsgut des Anlagevermögens ist einer **selbständigen** Nutzung **nicht** fähig, wenn folgende **Voraussetzungen kumulativ vorliegen** (R 6.13 Abs. 1 EStR 2005):

> 1. das Wirtschaftsgut kann nach seiner betrieblichen **Zweckbestimmung nur zusammen mit anderen Wirtschaftsgütern** des Anlagevermögens **genutzt** werden,
> 2. das Wirtschaftsgut ist mit den anderen Wirtschaftsgütern des Anlagevermögens in einen ausschließlichen betrieblichen **Nutzungszusammenhang** eingefügt, d.h. es tritt mit den in den Nutzungszusammenhang eingefügten anderen Wirtschaftsgütern des Anlagevermögens nach außen als **einheitliches Ganzes** in Erscheinung, wobei für die Bestimmung dieses Merkmals im Einzelfall die Feststellung der Verbindung, ihre technische Gestaltung und ihre Dauer von Bedeutung sein können,
> 3. das Wirtschaftsgut ist **mit den anderen** Wirtschaftsgütern des Anlagevermögens **technisch abgestimmt**.

Computerteile wie Rechner, Drucker, Maus, Tastatur und Monitor erfüllen alle diese drei Voraussetzungen, so dass sie **nicht selbständig nutzungsfähig** sind und damit **keine GWG** (FG München v. 30.6.1992, EFG 93 S. 214 rkr.).

Zu 3. Höchstgrenze der AK/HK von 410 Euro

Für die Beantwortung der Frage, ob bei einem GWG die Grenze von **410 Euro** überschritten ist oder nicht, ist stets von den **AK/HK abzüglich eines darin enthaltenen Vorsteuerbetrags** auszugehen.

Ob der Vorsteuerbetrag umsatzsteuerrechtlich **abziehbar ist oder nicht, spielt** in diesem Fall **keine Rolle** (R 9b Abs. 2 EStR 2005).

Zu 4. Besonderes, laufend zu führendes Verzeichnis

Für die Inanspruchnahme der Bewertungsfreiheit ist nach § 6 Abs. 2 Satz 4 EStG Voraussetzung, dass die geringwertigen Wirtschaftsgüter unter Angabe des Tages der Anschaffung oder Herstellung und der Anschaffungs- oder Herstellungskosten in einem **besonderen, laufend zu führenden Verzeichnis** aufgeführt werden.

Das Verzeichnis braucht **nicht** geführt zu werden, **wenn** sich die erforderlichen Angaben bereits aus der **Buchführung** ergeben **oder** wenn sich die erforderlichen Angaben bereits aus dem **Anlagenverzeichnis nach R 31** ergeben **oder** wenn die AK/HK für das einzelne Wirtschaftsgut **nicht mehr als 60 Euro** betragen haben (R 6.13 Abs. 2 EStR 2005).

Die **Bewertungsfreiheit** für geringwertige Anlagegüter können **auch** Steuerpflichtige in Anspruch nehmen, die den Gewinn nach **§ 4 Abs. 3 EStG** ermitteln, **wenn** sie ein **Verzeichnis** im obigen Sinne führen (R 6.13 Abs. 3 EStR 2005).

Sind die **Voraussetzungen** für die Inanspruchnahme der Bewertungsfreiheit nach § 6 Abs. 2 EStG **nicht gegeben oder** macht der Steuerpflichtige von der Bewertungsfreiheit **keinen Gebrauch, müssen die Wirtschaftsgüter aktiviert und** linear oder degressiv **abgeschrieben werden.**

Nimmt ein Steuerpflichtiger die Bewertungsfreiheit nach § 6 Abs. 2 EStG in Anspruch, müssen die **gesamten Aufwendungen für das GWG** im Jahr der Anschaffung, Herstellung, Einlage oder Eröffnung des Betriebes **in voller Höhe** als Betriebsausgaben abgesetzt werden.

Es ist **nicht zulässig**, im Jahr der Anschaffung oder Herstellung **nur einen Teil** der Aufwendungen **abzusetzen und** den **Restbetrag** auf die betriebsgewöhnliche Nutzungsdauer **zu verteilen** (R 6.13 Abs. 4 Satz 1 EStR 2005).

Die erforderlichen Angaben ergeben sich aus der **Buchführung**, wenn für die geringwertigen Wirtschaftsgüter ein **besonderes Konto** geführt wird.

Im DATEV-Kontenrahmen ist hierfür das Konto

0670 (0480) Geringwertige Wirtschaftsgüter bis 410 Euro

vorgesehen.

Die **Abschreibung** der GWG erfolgt über das Konto

6262 (4860) Abschreibungen auf aktivierte, geringwertige Wirtschaftsgüter

Beispiel:
Der Gewerbetreibende Becker, Koblenz, hat im Laufe des Jahres 2006 ein Kopiergerät für **400 €** + 64 € USt = 464,00 € gegen Bankscheck angeschafft.

Becker nimmt zum 31.12.2006 die Bewertungsfreiheit nach § 6 Abs. 2 EStG in Anspruch.

1) Buchungssatz beim Kauf:

Tz.	Sollkonto	Betrag (€)	Habenkonto
1.	**0670** (0480) GWG **1405** (1575) Vorsteuer 16 %	400,00 64,00 464,00	**1800** (1200) Bank

1) Buchung beim Kauf:

S	0670 (0480) **Geringwertige Wirtschaftsgüter bis 410 Euro**	H	S	**1800** (1200) **Bank**	H
1)	400,00			1)	464,00

S	1405 (1575) **Vorsteuer 16 %**	H
1)	64,00	

2) Buchungssatz zum 31.12.2006:

Tz.	Sollkonto	Betrag (€)	Habenkonto
2.	**6262** (4860) **Abschreibungen auf aktivierte GWG**	400,00	**0670** (0480) GWG bis 410 Euro

2) Buchung zum 31.12.2006:

```
       6262 (4860) Abschreibungen auf              0670 (0480) Geringwertige Wirt-
 S             aktivierte GWG         H      S         schaftsgüter (GWG)        H
 2)         400,00                           1)       400,00  | 2)       400,00
```

In der Praxis werden die GWG **auch direkt** auf dem Konto "**6260** (4855) **Sofortabschreibung geringwertiger Wirtschaftsgüter**" erfasst.

Die im Jahr der Anschaffung oder Herstellung in voller Höhe abgeschriebenen **GWG brauchen nicht** in das **besondere Verzeichnis** aufgenommen **oder** auf das **besondere Konto** (Geringwertige Wirtschaftsgüter bis 410 Euro) gebucht zu werden, **wenn** die **AK/HK** vermindert um einen darin enthaltenen Vorsteuerbetrag, für das einzelne Wirtschaftsgut **nicht mehr als 60 Euro betragen** (R 6.13 Abs. 2 EStR 2005).

In der Praxis ist es üblich, die **GWG bis 60 Euro direkt** auf ein entsprechendes **Aufwandskonto** (z.B. "**Bürobedarf**") **zu buchen**.

Beispiel:
Der Gewerbetreibende Grau hat im Laufe des Jahres 2006 eine Heftzange für **20,00 €** + 3,20 € USt = 23,20 € gegen Bankscheck angeschafft.

Buchungssatz:

Sollkonto	Betrag (€)	Habenkonto
6815 (4930) Bürobedarf **1405** (1575) Vorsteuer 16 %	20,00 3,20 23,20	**1800** (1200) Bank

Buchung:

```
 S     6815 (4930) Bürobedarf    H     S      1800 (1200) Bank       H
              20,00 |                                         | 23,20

 S    1405 (1575) Vorsteuer 16 %  H
               3,20 |
```

> **Übung:** 1. Wiederholungsfragen 12 und 13 (Seite 364),
> 2. Übungsaufgaben 10 bis 12 (Seite 366 f.)

7.1.6 Anlagenspiegel

Die **Entwicklung** der einzelnen Posten **des Anlagevermögens** ist in der **Bilanz oder** im **Anhang** darzustellen (§ 268 Abs. 2 HGB).

Auf Grund der umfangreichen Informationspflichten zum Anlagevermögen verlagern die Kapitalgesellschaften und Personenhandelsgesellschaften i.S.d. § 264a HGB (z.B. GmbH & Co. KG) diese Angaben überwiegend aus Gründen der Übersichtlichkeit in den **Anhang** als sog. **Anlagenspiegel (Anlagengitter)**.

Nach **§ 268 Abs. 2 HGB** sind im **Anlagenspiegel** zu den einzelnen Posten des Anlagevermögens folgende **Angaben** zu machen:

> - **AK/HK** der am **Beginn** des Geschäftsjahres vorhandenen Anlagegüter
> + **Zugänge** des Geschäftsjahres zu AK/HK
> − **Abgänge** des Geschäftsjahres zu AK/HK
> +/− **Umbuchungen** während des Geschäftsjahres zu AK/HK
> + **Zuschreibungen** des Geschäftsjahres
> − **Abschreibungen** gesamt **(kumuliert)**

Kleine Kapitalgesellschaften brauchen **kein Anlagengitter** aufzustellen (§ 274a Nr. 1 HGB).

Die **Abschreibungen des Geschäftsjahres** sind entweder in der **Bilanz oder** im **Anlagenspiegel** anzugeben. In der folgenden Darstellung werden die Abschreibungen des Geschäftsjahres im **Anlagenspiegel** vermerkt.

Beispiel:

Die J & M GmbH, deren Geschäftsjahr mit dem Kalenderjahr übereinstimmt, verfügt am 31.12.2005 u.a. über folgende **Anlagegegenstände**:

1. Unbebaute Grundstücke (Zugang 2003):	AK	50.000 €
2. Lkw (Zugang 2004):	AK	100.000 €
− Abschreibung 2004		20.000 €
− Abschreibung 2005		20.000 €
− Abschreibung 2006		20.000 €
Wert 31.12.2006		40.000 €

In 2006 ist u.a. folgender **Zugang** zu verzeichnen:

Pkw	AK	30.000 €
− Abschreibung 2006		− 6.000 €
Wert 31.12.2006		24.000 €

Im **Anlagenspiegel 2006** werden diese Vermögensgegenstände unter Einbeziehung der **Abschreibung 2006** und der **Bilanzwerte zum 31.12.2006** wie folgt berücksichtigt:

Anlage-vermögen	historische AK/HK €	Zu-gänge + €	Ab-gänge - €	Um-buchungen +/- €	Zu-schrei-bungen + €	Ab-schrei-bungen gesamt - €	Ab-schrei-bungen 2006 - €	Bilanz-wert 31.12. 2006 €
Grundstücke	50.000							50.000
Betriebs- und Geschäfts-ausstattung								
Lkw	100.000					60.000	20.000	40.000
Pkw		30.000				6.000	6.000	24.000

Ähnlich wird die Bilanzierungspraxis auch mit den zahlreichen Vermerkspflichten zu den **Forderungen und Verbindlichkeiten** verfahren und sog. **Forderungsspiegel** und **Verbindlichkeitsspiegel** erstellen.

> **Übung**: 1. Wiederholungsfrage 14 (Seite 364),
> 2. Übungsaufgabe 13 (Seite 368)

7.1.7 Geleistete Anzahlungen und Anlagen im Bau

Als **Anlagen im Bau** sind zu aktivierende Aufwendungen anzusetzen, die für Investitionen bis zum Bilanzstichtag vorgenommen wurden, ohne dass die Anlagen bereits endgültig fertiggestellt sind.

Im Bau befindliche Anlagen können Geschäftsbauten, Maschinen, Transportmittel und sonstige Ausstattungen sein.

Aus Gründen der Klarheit sind diese am Bilanzstichtag noch nicht fertiggestellten Anlagen in der Bilanz **gesondert** auszuweisen.

Die mit der Herstellung der Anlagen beauftragten Unternehmen verlangen im Allgemeinen dem Baufortschritt entsprechend **Abschlagzahlungen**.

Die **Anzahlungen auf Anlagen** werden als **Anlagevermögen** in der Bilanz ausgewiesen. **Geleistete Anzahlungen sind** – betriebswirtschaftlich gesehen – flüssige Mittel, die in Gegenständen des Sachanlagevermögens festgelegt worden sind.

Deshalb werden die **Anzahlungen** auf dem Konto **"Anlagen im Bau"** bzw. wenn für jede Anlageart ein eigenes Konto geführt wird, auf dem entsprechenden Konto aktiviert, z.B.

<u>**0710 (0120) Geschäftsbauten im Bau**</u>.

Beispiel:
Wir haben einen Bauunternehmer beauftragt, einen **Geschäftsbau** schlüsselfertig zu erstellen. Mit dem Bau ist im Oktober 2006 begonnen worden. Dem Baufortschritt entsprechend haben wir vereinbarungsgemäß folgende **Anzahlungen** durch Banküberweisung nach Vorlage entsprechender Rechnungen geleistet:

am 08.12.2006 netto **50.000,00 €** + 8.000,00 € USt = 58.000,00 €
am 22.12.2006 netto **40.000,00 €** + 6.400,00 € USt = 46.400,00 €

Buchungssatz:

Tz.	Sollkonto	Betrag (€)	Habenkonto
1.	**0710** (0120) **Geschäftsbauten im Bau** **1405** (1575) Vorsteuer 16 %	50.000,00 8.000,00 58.000,00	 **1800** (1200) Bank
2.	**0710** (0120) **Geschäftsbauten im Bau** **1405** (1575) Vorsteuer 16 %	40.000,00 6.400,00 46.400,00	 **1800** (1200) Bank

Buchung:

```
S  0710 (0120) Geschäftsbauten im Bau   H       S       1800 (1200) Bank        H
1)    50.000,00                                                         1)   58.000,00
2)    40.000,00                                                         2)   46.400,00

S       1405 (1575) Vorsteuer 16 %      H
1)     8.000,00
2)     6.400,00
```

Zum Bilanzstichtag (31.12.2006) wird das Konto "**0710** (0120) **Geschäftsbauten im Bau**" über das Schlussbilanzkonto abgeschlossen.

Nach endgültiger **Fertigstellung** der Anlagen werden die auf den Übergangskonten "**Anlagen im Bau**" gesammelten Beträge auf die entsprechenden **Anlagekonten umgebucht**.

Beispiel:
Sachverhalt wie zuvor. Im **neuen Jahr** (2007) haben wir noch folgende **Anzahlungen geleistet**:

am 12.01.2007	netto	**60.000,00 €**	+	9.600,00 € USt	=	69.600,00 €
am 22.03.2007	netto	**70.000,00 €**	+	11.200,00 € USt	=	81.200,00 €
am 19.04.2007	**Schlusszahlung**					
	netto	**35.000,00 €**	+	5.600,00 € USt	=	40.600,00 €

nach Fertigstellung, Abnahme und Endabrechnung

Buchungssatz:

Tz.	Sollkonto	Betrag (€)	Habenkonto
3.	**0710** (0120) **Geschäftsb. im Bau** **1405** (1575) Vorsteuer 16 %	60.000,00 9.600,00 69.600,00	 **1800** (1200) Bank
4.	**0710** (0120) **Geschäftsb. im Bau** **1405** (1575) Vorsteuer 16 %	70.000,00 11.200,00 81.200,00	 **1800** (1200) Bank
5.	**0710** (0120) **Geschäftsb.im Bau** **1405** (1575) Vorsteuer 16 %	35.000,00 5.600,00 40.600,00	 **1800** (1200) Bank
6.	**0240** (0090) **Geschäftsbauten**	255.000,00	**0710** (0120) **Geschäfts. im Bau**

Buchung:

S	**0710** (0120) **Geschäftsbauten im Bau**			H
AB	90.000,00	6)	255.000,00	
3)	60.000,00			
4)	70.000,00			
5)	35.000,00			
	255.000,00		255.000,00	

S	**1800** (1200) **Bank**		H
		3)	69.600,00
		4)	81.200,00
		5)	40.600,00

S	**1405** (1575) **Vorsteuer** 16 %	H
3)	9.600,00	
4)	11.200,00	
5)	5.600,00	

S	**0240** (0090) **Geschäftsbauten**	H
6)	255.000,00	

Übung: 1. Wiederholungsfragen 15 bis 17 (Seite 364),
2. Übungsaufgabe 14 (Seite 368)

7.2 Erfolgskontrolle

WIEDERHOLUNGSFRAGEN

1. Welche Vermögensgegenstände gehören zu den Sachanlagegütern? Nennen Sie Beispiele.
2. Was versteht man unter Anschaffung?
3. Wie setzen sich die Anschaffungskosten zusammen?
4. Welche Aufwendungen gehören zu den Anschaffungsnebenkosten?
5. Was gehört zu den Anschaffungspreisminderungen?
6. Mit welchem Wert sind die Anlagegüter zu aktivieren, die selbst hergestellt wurden und dem eigenen Betrieb dienen?
7. Aus welchen Kosten setzt sich dieser Wert zusammen?
8. Was versteht man unter Einzelkosten?
9. Was versteht man unter Gemeinkosten?
10. Was versteht man unter Veräußerung?
11. Wie werden der Buchgewinn bzw. Buchverlust aus der Veräußerung eines Anlagegutes berechnet?
12. Was versteht man unter einem GWG im Sinne des § 6 Abs. 2 EStG?
13. Wie können geringwertige Wirtschaftsgüter bei der Gewinnermittlung berücksichtigt werden?
14. Welche Angaben sind im Anlagenspiegel zu den einzelnen Posten des Anlagevermögens nach § 268 Abs. 2 HGB zu machen?
15. Warum werden Konten für im Bau befindliche Anlagen geführt?
16. Was wird auf diesen Konten gebucht?
17. Über welches Konto werden die Konten "Anlagen im Bau" zum Bilanzstichtag abgeschlossen?

ÜBUNGSAUFGABEN

Übungsaufgabe 1:

Der bilanzierende Gewerbetreibende Peter Müller, Magdeburg, hat am 30.03.2006 mit notariellem Vertrag ein bebautes Grundstück gekauft, das in vollem Umfang betrieblich genutzt wird. Das Gebäude wurde im Jahre 1992 errichtet. Im Kaufpreis ist der Wert des Grund und Bodens mit 120.000,00 € enthalten.
Die Grunderwerbsteuer beträgt 21.000,00 €, die Kosten für den notariellen Kaufvertrag betrugen 2.000,00 € + 16 % USt und die Eintragung in das Grundbuch, die am 24.07.2006 erfolgte, 1.000,00 €. Der Übergang von Nutzen und Lasten war vereinbarungsgemäß am 01.05.2006.
Weil der Kaufpreis vom privaten Bankkonto gezahlt wurde, erfolgte insoweit bisher noch keine Buchung. Die anderen Zahlungen überwies Müller im Juni 2006 vom betrieblichen Bankkonto und buchte wie folgt:

Grunderwerbsteuer, Notargebühren und Grundbuchgebühren:

Sollkonto	Betrag (€)	Habenkonto
7650 (4340) Sonstige Steuern	21.000,00	**1800** (1200) Bank
6825 (4950) Rechts- und Beratungskosten	3.000,00	
1405 (1575) Vorsteuer	320,00	
	3.320,00	**1800** (1200) Bank

1. Führen Sie alle notwendigen Buchungen zur Aktivierung des bebauten Grundstücks durch.
2. Ermitteln Sie die Gewinnauswirkungen Ihrer Buchungen.
3. Ermitteln Sie die Buchwerte für das Grundstück zum 31.12.2006.

Übungsaufgabe 2:

Der Bauunternehmer Schraube, Stuttgart, hat auf seinem Betriebsgelände eine alte Fabrikhalle von dem Abbruchunternehmer Bisam, Leonberg, abreißen lassen. Das Grundstück wurde am 01.04.2006 (Übergang von Nutzen und Lasten) angeschafft, das Gebäude (Anteil an den Anschaffungskosten: 240.000,00 €) war objektiv noch nutzbar; Schraube will jedoch auf dem Gelände eine neue Lagerhalle bauen. Mit der Errichtung der Lagerhalle wurde im Januar 2007 begonnen. Bisam sollte für den Abbruch 80.000,00 € erhalten. Der Abbruch erfolgte am 31.August 2006 und Schraube erhielt die entsprechende Eingangsrechnung im September 2006.

1. Wie ist der Abbruch der Fabrikhalle (betriebliche Restnutzungsdauer ca. 40 Jahre) bilanzsteuerrechtlich zu behandeln? Hinweis: H 33a EStH.
2. Bilden Sie den Buchungssatz für die Eingangsrechnung.

Übungsaufgabe 3:

Der Bauunternehmer U mit eigener Ziegelei erstellt 2006 mit seinen Arbeitern den Rohbau eines Geschäftsbaues für seinen Betrieb. Es betragen die Materialeinzelkosten 150.000,00 € und die Fertigungslöhne 60.000,00 €. Nach den Kalkulationsunterlagen rechnet er mit einem Materialgemeinkostenzuschlagsatz von 20 % und einem Fertigungsgemeinkostenzuschlagsatz von 80 %. Einem Dritten hätte er für den Rohbau netto 320.000,00 € berechnet.

1. Mit welchem Wert wird der Rohbau aktiviert? Es werden handelsrechtlich wie steuerrechtlich die gleichen Werte angesetzt.
2. Bilden Sie den Buchungssatz für den Rohbau.

Übungsaufgabe 4:

Ein Büromaschinenhersteller entnimmt 2006 der eigenen Produktion eine Büromaschine für den eigenen betrieblichen Bedarf. Es betragen deren

        Herstellungskosten   1.500,00 €
        Verkaufspreis, netto 2.100,00 €

Bilden Sie den Buchungssatz.

Übungsaufgabe 5:

Die Schreinerei eines Kaufhauses fertigt 2006 10 neue Schränke für die Ladenräume an. Das Holz hierfür wurde dem Lager entnommen. Der Nettoeinkaufspreis des Holzes hat 5.000,00 € betragen. Für sonstiges Fertigungsmaterial, das ebenfalls dem Lager entnommen worden ist, sind 600,00 € angefallen. Zugelieferte Materialien für die Schränke wurden für netto 500 € + 80 € USt gegen Bankscheck gekauft. An Fertigungslöhnen wurden insgesamt 2.500,00 € aufgewendet. Der Fertigungsgemeinkostenzuschlagsatz beträgt 50 %.

Bilden Sie alle Buchungssätze für den Kauf des Fertigungsmaterials und die Anfertigung der Schränke.

Übungsaufgabe 6:

Wir verkaufen im Juni 2006 einen Lkw für netto 15.000 € + 2.400 € USt = 17.400,00 € gegen Bankscheck.
Der Lkw stand in der Vorjahresbilanz noch mit 10.000,00 € zu Buche.
Die AfA vom letzten Bilanzstichtag bis zum Veräußerungszeitpunkt beträgt 3.333,00 €.

1. Bilden Sie den Buchungssatz für die AfA.
2. Bilden Sie die Buchungssätze für die Veräußerung des Lkw nach der Bruttomethode.

Übungsaufgabe 7:

Wir verkaufen im September 2006 ein unbebautes Grundstück für 40.000,00 €. Das Grundstück stand mit 30.000,00 € zu Buche. Der Kaufpreis wurde mit Bankscheck beglichen.

Bilden Sie die erforderlichen Buchungssätze für die Veräußerung nach der Bruttomethode.

Übungsaufgabe 8:

Wir verkaufen im April 2006 eine gebrauchte Büromaschine für netto 800,00 € + 128,00 € USt = 928,00 € gegen Bankscheck.
Im Zeitpunkt des Verkaufs hatte die Büromaschine einen Buchwert von 1.000,00 €.
Die AfA für den Zeitraum vom letzten Bilanzstichtag bis zum Veräußerungszeitpunkt ist bereits gebucht.

Bilden Sie die Buchungssätze für den Verkauf der Büromaschine nach der Bruttomethode.

Übungsaufgabe 9:

Der Unternehmer Weber, der zum Vorsteuerabzug berechtigt ist, kauft im Mai 2006 einen nur betrieblich genutzten Pkw für netto 25.000 € + 4.000 € USt = 29.000,00 €.
Er gibt einen gebrauchten Pkw für netto 5.000 € + 800 € USt = 5.800,00 € in Zahlung.
Dieser Pkw stand in der Vorjahresbilanz mit 3.000,00 € zu Buche.
Die noch zu berücksichtigende AfA im Veräußerungsjahr beträgt 2.000,00 €.
Den verbleibenden Kaufpreis begleicht Weber durch Banküberweisung.

Bilden Sie die erforderlichen Buchungssätze nach der Bruttomethode.

Übungsaufgabe 10:

Der Gewerbetreibende Thon hat im Laufe des Jahres 2006 zwei Büroschränke angeschafft. Die Rechnung lautet: 2 Büroschränke zu je 422,68 € = 845,36 € + 135,26 € USt = 980,62 €.
Thon hat die Rechnung wie folgt gebucht:

Sollkonto	Betrag(€)	Habenkonto
0650 (0420) Büroeinrichtung	845,36	**3300** (1600) Verbindlichkeiten aLuL
1405 (1575) Vorsteuer 16 %	135,26	**3300** (1600) Verbindlichkeiten aLuL

Zehn Tage nach der Lieferung begleicht Thon die Rechnung unter Abzug von 3 % Skonto durch Banküberweisung.
Die betriebsgewöhnliche Nutzungsdauer der Büroschränke beträgt 10 Jahre.

1. Kann Thon die Bewertungsfreiheit nach § 6 Abs. 2 EStG in Anspruch nehmen?
2. Bilden Sie die erforderlichen Buchungssätze
   a) bei Zahlung der Rechnung,
   b) zum Bilanzstichtag 31.12.

Absetzungen für Abnutzung sind linear vorzunehmen.

Übungsaufgabe 11:

Der bilanzierende Marko Soldo, Fensterbau in Heilbronn, erwarb am 01.07.2006 zwei Bürostühle (Nutzungsdauer 5 Jahre) für seinen Betrieb von der Baugut GmbH, Würzburg, für je 500,00 € netto. Die Eingangsrechnung wurde ordnungsgemäß gebucht. Eine unverzügliche Prüfung ergab, dass ein Bürostuhl leicht beschädigt, aber sonst voll nutzbar war. Soldo erhielt daraufhin von der Baugut GmbH eine Gutschrift in Höhe von 200,00 € netto für den beschädigten Stuhl.
Den Rechnungsausgleich buchte Soldo wie folgt:

Sollkonto	Betrag (€)	Habenkonto
3300 (1600) Verbindlichkeiten aLuL	1.160,00	
	32,00	1405 (1575) Vorsteuer
	200,00	0650 (0420) Büroeinrichtung
	928,00	1800 (1200) Bank
0670 (0480) GWG	800,00	0650 (0420) Büroeinrichtung

1. Führen Sie die notwendigen Korrekturbuchungen durch. Soldo strebt einen möglichst geringen steuerlichen Gewinn an.
2. Welche Buchungen sind zum Bilanzstichtag notwendig?

Übungsaufgabe 12:

Der bilanzierende Gewerbetreibende Paul Allemann, Freiburg, erwarb vom Schweizer Fabrikanten Ürli, Neuchatel, fünf Schreibtische für seine Büroräume. Ürli lieferte die Schreibtische mit seinem Lkw an und stellte Allemann folgende Rechnung (Auszug):

5 Schreibtische "Senator S" je 400,00 €	2.000,00 €
+ Zoll	20,00 €
+ verauslagte Einfuhrumsatzsteuer	320,00 €
+ Transportkosten	60,00 €
Rechnungsbetrag	2.400,00 €

Weil Allemann am Tag der Lieferung (01.09.2006) sofort bar zahlte, erhielt er von Ürli einen Nachlass auf den Warenwert in Höhe von 50,00 €. Allemann buchte wie folgt:

Sollkonto	Betrag (€)	Habenkonto
0650 (0420) Büroeinrichtung	2.350,00	1600 (1000) Kasse

Führen Sie die notwendigen Korrekturbuchungen durch. Allemann strebt einen möglichst geringen steuerlichen Gewinn an.

Übungsaufgabe 13:

Die X-GmbH, Kiel, deren Geschäftsjahr mit dem Kalenderjahr übereinstimmt, verfügt am 31.12.2005 u.a. über folgende Anlagengegenstände:

1. Unbebaute Grundstücke (Zugang 2003)   AK   80.000,00 €
2. Lkw (Zugang 2005)   AK 100.000,00 €
   Die Abschreibung beträgt ab 2005 jährlich   20.000,00 €

In 2006 hat die X-GmbH u.a. folgende Anlagegüter angeschafft:

1. Pkw   AK   50.000,00 €
   Die Abschreibung beträgt 2006   10.000,00 €
2. Maschine   AK   90.000,00 €
   Die Abschreibung beträgt 2006   9.000,00 €

Erstellen Sie nach dem Muster von Seite 361 einen Anlagenspiegel zum 31.12.2006.

Übungsaufgabe 14:

Wir haben einen Bauunternehmer beauftragt, ein Fabrikgebäude schlüsselfertig zu erstellen. Mit den Bauarbeiten wurde im November 2006 begonnen. Dem Fortschritt der Bauarbeiten entsprechend wurden folgende Abschlagzahlungen anhand von entsprechenden Rechnungen durch Banküberweisung geleistet:

am 23.12.2006	60.000 € +	9.600 €	USt
am 03.02.2007	70.000 € +	11.200 €	USt
am 08.03.2007	80.000 € +	12.800 €	USt

Der Bau wurde im März 2007 fertiggestellt und abgenommen. Nach Vorlage der Endabrechnung erfolgte die Schlusszahlung durch Banküberweisung am 29.03.2007 in Höhe von 50.000 € + 8.000 € USt.

1. Bilden Sie den Buchungssatz für die Anzahlung am 23.12.2006.
2. Bilden Sie den Buchungssatz für den Abschluss des Anlagenkontos zum 31.12.2006.
3. Bilden Sie die Buchungssätze für die Zahlungen im neuen Jahr (2007).
4. Bilden Sie den Buchungssatz nach Fertigstellung des Fabrikgebäudes (März 2007).

Zusammenfassende Erfolgskontrolle

Die Unternehmerin Karin Klein, Köln, hat zum 31.12.2006 folgende Summenbilanz erstellt:

	Summenbilanz	
	Soll €	Haben €
0235 (0085) Bebaute Grundstücke		
0240 (0090) Geschäftsbauten		
0520 (0320) Pkw	13.186,00	
0650 (0420) Büroeinrichtung		
0690 (0490) Sonstige Betriebs- u. Geschäftsausstattung	34.888,00	
0670 (0480) GWG	358,64	
3160 (0640) Verbindlichkeiten gegenüber Kreditinstituten	8.707,57	89.368,97
2000 (0800) Eigenkapital		1.473,56
3070 (0970) Sonstige Rückstellungen	2.000,00	2.000,00
1900 (0980) Aktive Rechnungsabgrenzung	1.466,27	1.466,27
1600 (1000) Kasse	145.868,95	133.917,90
1800 (1200) Bank	126.835,09	135.764,90
1200 (1400) Forderungen aLuL		
1405 (1575) Vorsteuer 16 %	13.480,94	431,03
3300 (1600) Verbindlichkeiten aLuL	87.683,87	91.723,52
3500 (1700) Sonstige Verbindlichkeiten	385,80	385,80
3805 (1775) Umsatzsteuer 16 %	4.148,48	19.020,65
2100 (1800) Privatentnahmen	13.414,71	562,01
7310 (2110) Zinsaufwendungen für kurzfristige Verb.	3.451,61	
7320 (2120) Zinsaufwendungen für langfristige Verb.	4.065,37	
4855 (2315) Anlagenabgänge (Restbuchwert bei Buchgewinn)		
5200 (3200) Wareneingang	89.524,78	7.570,82
1140 (3980) Bestand Waren	45.943,83	
6305 (4200) Raumkosten	4.180,01	
6400 (4360) Versicherungen	1.775,90	
6500 (4500) Fahrzeugkosten	2.783,89	
6600 (4610) Werbekosten	980,22	
6220 (4830) Abschreibungen auf Sachanlagen		
6221 (4831) Abschreibungen auf Gebäude		
6222 (4832) Abschreibungen auf Kfz		
6262 (4860) Abschreibungen auf aktivierte GWG		
6800 (4910) Porto	423,00	
6805 (4920) Telefon	659,50	
6815 (4930) Bürobedarf	468,89	
6827 (4957) Abschluss- und Prüfungskosten	914,26	
6300 (4900) Sonstige betriebliche Aufwendungen	3.011,57	180,09
4200 (8200) Erlöse	262,55	127.004,18
4849 (8829) Erlöse aus Anlagenverkäufen (bei Buchgewinn)		
	610.869,70	610.869,70

Geschäftsvorfälle

	EUR
1. Klein erwarb im November 2006 ein bebautes Grundstück (Geschäftsgrundstück), Baujahr 2000, zum Kaufpreis von Vom Kaufpreis entfielen auf	600.000,00
Grund und Boden	120.000,00
Gebäude	480.000,00
Außerdem fielen noch Erwerbsnebenkosten in Höhe von an (Grunderwerbsteuer 21.000 € sowie Notar- und Grundbuchkosten von 5.000 € + 800 € USt = 5.800 €). Zahlungen wurden bisher noch nicht geleistet, so dass der gesamte Vorgang noch nicht gebucht ist.	26.800,00
2. Kauf eines neuen Pkw im Dezember 2006 bei Inzahlunggabe eines gebrauchten Pkw. Beide Pkw werden bzw. wurden nur betrieblich genutzt.	
neuer Pkw, netto	30.000,00
+ USt	4.800,00
alter Pkw, netto	10.000,00
+ USt	1.600,00
Die AfA für den alten Pkw beträgt im Veräußerungsjahr	3.600,00
Zahlungen wurden bisher noch nicht geleistet. Der gesamte Vorgang ist noch nicht gebucht.	
3. Klein kauft im Dezember 2006 Büroeinrichtungsgegenstände zum Preis von netto	5.000,00
+ USt	800,00
Klein zahlt mit einem Bankscheck. Vom Kaufpreis zieht er vereinbarungsgemäß 2 % Skonto ab. Der gesamte Vorgang ist noch nicht gebucht.	
Abschlussangaben	
1. Warenbestand lt. Inventur	49.622,83
2. Abschreibung auf Geschäftsbauten	1.669,00
3. Abschreibung auf neuen Pkw	4.500,00
4. Abschreibung auf Büroeinrichtung	735,00
5. Abschreibung auf sonstige Betriebs- und Geschäftsausstattung	4.601,00
6. Klein nimmt die Bewertungsfreiheit nach § 6 Abs. 2 EStG in Anspruch.	
7. Abschluss des Privatkontos	
8. Abschluss der Umsatzsteuerkonten	

Aufgaben

1. Bilden Sie die Buchungssätze.
2. Ermitteln Sie den Erfolg über T-Konten oder mit Hilfe einer Hauptabschlussübersicht.

Weitere Aufgaben mit Lösungen finden Sie im **Lösungsbuch** der Buchführung 1.

8 Buchungen im Steuerbereich

8.1 Steuern und steuerliche Nebenleistungen

<u>Steuern</u> sind Geldleistungen, die nicht eine Gegenleistung für eine besondere Leistung darstellen und von einem öffentlich-rechtlichen Gemeinwesen zur Erzielung von Einnahmen allen auferlegt werden, bei denen der Tatbestand zutrifft, an den das Gesetz die Leistungspflicht knüpft (§ 3 Abs. 1 AO).
Einfuhr- und Ausfuhrabgaben sind **Steuern** im Sinne der Abgabenordnung (§ 3 Abs. 3 AO).

Für Zwecke der buchmäßigen Behandlung werden die Steuern wie folgt eingeteilt:

```
                            Steuern
                    ┌──────────┴──────────┐
              Betriebssteuern        Privatsteuern
         ┌──────────┴──────────┐
    abzugsfähige         nicht abzugsfähige
    Betriebssteuern      Betriebssteuern
    ┌────┴────┐
aktivierungs-  nicht aktivierungs-
pflichtige     pflichtige
Betriebssteuern Betriebssteuern

z.B.              z.B.              z.B.              z.B.
Grunderwerbsteuer Gewerbesteuer     Körperschaft-     ESt
Einfuhrabgaben    Grundsteuer       steuer            KiSt
                  Kfz-Steuer                          ErbSt
```

8.1.1 Betriebssteuern

<u>Betriebssteuern</u> sind Steuern, die unmittelbar durch den Betrieb veranlasst sind.

Betriebssteuern sind bei der Ermittlung des **steuerlichen** Gewinns entweder **abzugsfähig** oder **nicht abzugsfähig**.

8.1.1.1 Abzugsfähige Betriebssteuern

Fallen **abzugsfähige Betriebssteuern** bei der **Anschaffung** eines Wirtschaftsgutes an, so sind sie als Anschaffungs**nebenkosten** als Teil der Anschaffungskosten **aktivierungspflichtig** (z.B. Grunderwerbsteuer, nicht abziehbare Vorsteuer).

Beispiel:
1. Der Unternehmer U, der zum Vorsteuerabzug berechtigt ist, hat ein **unbebautes** Betriebsgrundstück zum Preis von **50.000,00 Euro** gegen Bankscheck gekauft.
2. Außerdem wurden durch Banküberweisung gezahlt:

Grunderwerbsteuer (3,5 % von 50.000 €)		1.750,00 €
Notargebühren, netto	800 €	
+ USt	128 €	928,00 €
Grundbuchgebühr		650,00 €

Die **Anschaffungskosten** des unbebauten Grundstücks betragen:

Kaufpreis		50.000,00 €
+ **Anschaffungsnebenkosten**		
Grunderwerbsteuer	1.750 €	
Notargebühren	800 €	
Grundbuchgebühr	650 €	3.200,00 €
= **Anschaffungskosten**		**53.200,00 €**

Buchungssatz:

Tz.	Sollkonto	Betrag (€)	Habenkonto
1.	**0215** (0065) Unbebaute Grundstücke	50.000,00	**1800** (1200) Bank
2.	**0215** (0065) Unbebaute Grundstücke	3.200,00	**1800** (1200) Bank
	1405 (1575) Vorsteuer 16 %	128,00	**1800** (1200) Bank

Buchung:

```
S  0215 (0065) Unbebaute Grundstücke  H      S    1800 (1200) Bank    H
1)     50.000,00                              1)     50.000,00
2)      3.200,00                              2)      3.200,00
                                              2)        128,00


S    1405 (1575) Vorsteuer 16 %    H
2)       128,00
```

Die als Anschaffungs**nebenkosten** behandelten **Steuern** wirken sich in der Regel bei **nicht abnutzbaren** Wirtschaftsgütern erst im Zeitpunkt der **Veräußerung** oder **Entnahme** auf den **Gewinn** aus.

> **Übung:** 1. Wiederholungsfragen 1 bis 3 (Seite 400),
> 2. Übungsaufgaben 1 und 2 (Seite 400 f.)

Fallen **abzugsfähige Betriebssteuern** bei der **Anschaffung bebauter** Grundstücke an, so sind sie als Anschaffungs**nebenkosten aufzuteilen** in den Teil, der auf den **Grund und Boden** entfällt, und den Teil, der auf die **Baulichkeiten** entfällt.

Beispiel:
1. Der Unternehmer Thomas Schmidt, der zum Vorsteuerabzug berechtigt ist, hat ein **bebautes** Geschäftsgrundstück zum Preis von **450.000,00 €** gegen Bankscheck gekauft. Von diesem Kaufpreis entfallen **90.000,00 €** auf den Grund und Boden.
2. Außerdem wurden durch Banküberweisung gezahlt:

Grunderwerbsteuer (3,5 % von 450.000 €)	15.750,00 €
Notargebühren (5.000 € + 800 € USt)	5.800,00 €
Grundbuchgebühr	4.500,00 €

Die **Anschaffungskosten** betragen:

	Kaufpreis	+	Nebenkosten	=	**AK**
Grund und Boden	90.000 €		5.050 €		**95.050,00 €**
Gebäude	360.000 €		20.200 €		**380.200,00 €**
	450.000 €		25.250 €		**475.250,00 €**

Buchungssatz:

Tz.	Sollkonto	Betrag (€)	Habenkonto
1.	**0235** (0085) Bebaute Grundstücke	90.000,00	**1800** (1200) Bank
	0240 (0090) Geschäftsbauten	360.000,00	**1800** (1200) Bank
2.	**0235** (0085) Bebaute Grundstücke	5.050,00	**1800** (1200) Bank
	0240 (0090) Geschäftsbauten	20.200,00	**1800** (1200) Bank
	1405 (1575) Vorsteuer 16 %	800,00	**1800** (1200) Bank

Buchung:

S	**0235** (0085) **Bebaute Grundstücke**	H		S	**1800** (1200) **Bank**	H
1)	90.000,00			1)	90.000,00	
2)	5.050,00			1)	360.000,00	
				2)	5.050,00	
				2)	20.200,00	
				2)	800,00	

S	**0240** (0090) **Geschäftsbauten**	H
1)	360.000,00	
2)	20.200,00	

S	**1405** (1575) **Vorsteuer 16 %**	H
2)	800,00	

Die als Anschaffungs**nebenkosten** behandelten Steuern wirken sich in der Regel bei **nicht abnutzbaren** Wirtschaftsgütern erst im Zeitpunkt der **Veräußerung** oder **Entnahme** und bei **abnutzbaren** Wirtschaftsgütern **während deren Nutzungsdauer** (in Form der Abschreibung) auf den **Gewinn aus.**

Übung: Übungsaufgabe 3 (Seite 401)

Sind **abzugsfähige** Betriebssteuern **keine** Anschaffungs**nebenkosten**, dann sind sie **sofort abzugsfähig**, d.h. sie wirken sich im Jahr ihrer Entstehung voll auf den Gewinn aus.

Bei den **sofort abzugsfähigen (nicht aktivierungspflichtigen) Betriebssteuern** ist wegen des **Ausweises** in der Gewinn- und Verlustrechnung nach § 275 HGB zwischen "**Steuern vom Einkommen und Ertrag**" und "**sonstigen Steuern**" zu unterscheiden:

GuV-Posten nach § 275 HGB	Beispiele
Steuern vom Einkommen und Ertrag	Gewerbesteuer
Sonstige Steuern	Grundsteuer Kfz-Steuer Ökosteuer

Beispiel:
Der Unternehmer Karl Josef Stoffel überweist in 2006 durch Bank die **Gewerbesteuer-Vorauszahlung** in Höhe von **2.500,00 €** für das Jahr 2006.

Buchungssatz:

Sollkonto	Betrag (€)	Habenkonto
7610 (4320) Gewerbesteuer	2.500,00	**1800** (1200) Bank

Buchung:

S	**7610** (4320) **Gewerbesteuer**	H		S	**1800** (1200) **Bank**	H
	2.500,00					2.500,00

8.1.1.2 Nicht abzugsfähige Betriebssteuern

Bestimmte **Steuern** sind zwar Betriebssteuern, aber nach § 12 EStG dürfen sie den **steuerlichen** Gewinn **nicht mindern**.

Auch bei den **nicht abzugsfähigen Betriebssteuern** ist wegen des Ausweises in der Gewinn- und Verlust**rechnung** nach § 275 HGB zwischen "**Steuern vom Einkommen und Ertrag**" und "**sonstigen Steuern**" zu unterscheiden:

GuV-Posten nach § 275 HGB	Beispiele
Steuern vom Einkommen und Ertrag	Körperschaftsteuer Solidaritätszuschlag Kapitalertragsteuer Zinsabschlagsteuer
sonstige Steuern	Vermögensteuer für Vorjahre *)

*) Die **Vermögensteuer** darf seit dem Veranlagungszeitraum 1997 nicht mehr festgesetzt werden.

Diese **Steuern** mindern zwar den **handelsbilanzmäßigen** Gewinn, dürfen aber den **steuerlichen** Gewinn **nicht mindern** (§ 12 Nr. 3 EStG).

Zur Ermittlung des **steuerlichen** Gewinns sind diese Steuern außerhalb der Buchführung dem Handelsbilanzgewinn wieder hinzuzurechnen.

Beispiel
Die J & M Möbelfabrik GmbH überweist durch Bank in 2006 die **Körperschaftsteuer** für 2006 in Höhe von **527,50 €** einschließlich SolZ an das Finanzamt.

Buchungssatz:

Sollkonto	Betrag (€)	Habenkonto
7600 (2200) Körperschaftsteuer	500,00	**1800** (1200) Bank
7608 (2208) Solidaritätszuschlag	27,50	**1800** (1200) Bank

Buchung:

```
S    7600 (2200) Körperschaftsteuer    H      S    1800 (1200) Bank    H
            500,00 |                                            | 527,50


S    7608 (2208) Solidaritätszuschlag  H
             27,50 |
```

Die Konten mit den **nicht abzugsfähigen** Betriebssteuern werden über das **GuVK** abgeschlossen. Damit mindern sie zulässigerweise den Handelsbilanzgewinn. Zur Ermittlung des **steuerlichen** Gewinns sind diese Steuern außerhalb der Buchführung dem in der Gewinn- und Verlust**rechnung** ausgewiesenen Gewinn hinzuzurechnen.

8.1.2 Privatsteuern

Privatsteuern sind Steuern, die **nicht** unmittelbar durch den Betrieb, sondern **privat** veranlasst sind.

Privatsteuern sind z.B. die **Einkommensteuer**, die **Kirchensteuer**, die **Erbschaftsteuer**, die **private Grundsteuer**, die **private Kfz-Steuer**, die **private Kapitalertragsteuer**, der **private Solidaritätszuschlag**.

Privatsteuern dürfen bei der Ermittlung des steuerlichen Gewinns **nicht** abgezogen werden (§ 12 Nr. 3 EStG).

Die **Privatsteuern** werden auf das spezielle **Privatkonto**

<u>2150 (1810) **Privatsteuern**</u>

gebucht.

Beispiel:
Der Großhändler Willi Schröder zahlt die **Einkommensteuer** einschließlich der **Kirchensteuer** und des **Solidaritätszuschlags** durch Überweisung vom betrieblichen Bankkonto in Höhe von 2.550,00 € an das Finanzamt.

Buchungssatz:

Sollkonto	Betrag (€)	Habenkonto
2150 (1810) **Privatsteuern**	2.550,00	1800 (1200) **Bank**

Buchung:

S   2150 (1810) **Privatsteuern**   H   S   1800 (1200) **Bank**   H
          2.550,00   2.550,00

8.1.3 Steuerliche Nebenleistungen

Die **steuerliche Nebenleistungen** sind selbst **keine Steuern**, sie können aber im Zusammenhang mit der **Besteuerung** und der **Steuererhebung** auftreten.

Steuerliche Nebenleistungen sind z.B. **Verspätungszuschläge, Zinsen, Säumniszuschläge** und **Zwangsgelder** (§ 3 Abs. 4 AO).

Die **Abzugsfähigkeit** dieser Nebenleistungen bei der Gewinnermittlung richtet sich nach der **Abzugsfähigkeit** der zugrundeliegenden **Steuer** (H 121 (Nebenleistungen) EStH).

Ist die **Steuer abzugsfähig**, ist die **Nebenleistung** ebenfalls **abzugsfähig**.

Ist die **Steuer nicht abzugsfähig**, ist die **Nebenleistung** ebenfalls **nicht abzugsfähig**.

Die **abzugsfähigen** steuerlichen Nebenleistungen werden auf den Konten

<u>**6436** (4396) **Steuerlich abzugsfähige Verspätungszuschläge und Zwangsgelder**</u>

oder

6430 (4390) **Sonstige Abgaben**

erfasst.

Die **nicht abzugsfähigen** steuerlichen Nebenleistungen sind auf den Konten

<u>**6437** (4397) **Steuerlich nicht abzugsfähige Verspätungszuschläge und Zwangsgelder**</u>

oder

2150 (1810) **Privatsteuern**

zu buchen.

> <u>Übung:</u> 1. Wiederholungsfragen 4 bis 9 (Seite 400),
> 2. Übungsaufgabe 4 (Seite 401 f.)

8.2 Steuerliche Sonderfälle

8.2.1 Export - Import

In diesem Abschnitt werden der **innergemeinschaftliche Erwerb**, die **innergemeinschaftliche Lieferung**, die **Ausfuhrlieferung** in Drittlandsgebiete und die **Leistungen im Sinne des § 13b UStG** buchmäßig erläutert.

> Die **Einfuhr** wurde bereits im Kapitel "Beschaffung und Absatz", Seite 176, dargestellt.

8.2.1.1 Innergemeinschaftlicher Erwerb

Seit dem 1.1.1993 sind Lieferungen zwischen vorsteuerabzugsberechtigten Unternehmern in der Europäischen Union (EU) als **innergemeinschaftlicher Erwerb** im **Bestimmungsland steuerpflichtig**.

Beim Import aus dem übrigen Gemeinschaftsgebiet ist **Steuerschuldner** nicht der Lieferer, sondern der **Erwerber**. Vorsteuerabzugsberechtigte Unternehmer können als Erwerber die **Erwerbsteuer** – wie die EUSt – als **Vorsteuer** abziehen (§ 15 Abs. 1 Nr. 3 UStG).

Der **innergemeinschaftliche Erwerb gegen Entgelt** ist **steuerbar**, wenn folgende **Tatbestandsmerkmale** erfüllt sind (§ 1 Abs. 1 **Nr. 5** i.V.m. § 1a **Abs. 1** UStG):

> 1. **Lieferung** (§ 3 Abs. 1 UStG)
> 2. aus dem Gebiet eines Mitgliedstaates (**übrigen Gemeinschaftsgebiet**)
> 3. in das Gebiet eines anderen Mitgliedstaates (**Inland**)
> 4. **durch** einen **Unternehmer** (keinen Kleinunternehmer), der die Lieferung gegen **Entgelt** im **Rahmen seines Unternehmens** ausführt
> 5. an bestimmte **Erwerber**
>   5.1 **Unternehmer**, der den Gegenstand **für sein Unternehmen** erwirbt oder
>   5.2 **juristische Person**, die **nicht als Unternehmer** tätig ist **oder** die den Gegenstand der Lieferung **nicht** für ihr **Unternehmen** erwirbt

Beim **innergemeinschaftlichen Erwerb** ergibt sich folgender **Grundfall**:

```
Ursprungsland                              Bestimmungsland
  Beginn                                        Ende


┌─────────────────────┐  innergemeinschaftlicher  ┌─────────────────┐
│      übriges        │         Erwerb       ───▶ │    Inland       │
│ Gemeinschaftsgebiet │                           │                 │
└─────────────────────┘                           └─────────────────┘

    Lieferer U                                   Erwerber A
    Unternehmer                                  Unternehmer

┌─────────────────────┐                        ┌─────────────────────┐
│ Aus der Sicht des   │                        │ Aus der Sicht des   │
│ Lieferers U liegt eine │                     │ Erwerbers A liegt ein │
│ innergemeinschaftliche │                     │ innergemeinschaftlicher │
│ Lieferung vor, die  │                        │ Erwerb vor, der der │
│ jedoch steuerfrei ist. │                     │ Erwerbsteuer unterliegt. │
└─────────────────────┘                        └─────────────────────┘
```

Der ausländische **Lieferer** muss **Unternehmer** im Sinne des § 2 Abs. 1 oder Abs. 3 UStG sein, d.h. er darf **kein Kleinunternehmer** im Sinne des § 19 Abs. 1 UStG sein. Der inländische Erwerber kann grundsätzlich davon ausgehen, dass ein ausländischer Lieferer **Unternehmer** ist, wenn dieser in der **Rechnung** die **USt-IdNr.** angibt, und lediglich den **Nettowert** ohne USt – unter Hinweis auf die **steuerfreie innergemeinschaftliche Lieferung** – in Rechnung stellt.

Der inländische **Erwerber** muss ebenfalls **Unternehmer** im Sinne des § 2 Abs. 1 oder Abs. 3 UStG sein, der den Gegenstand **für sein Unternehmen** erwirbt. Verwendet der inländische Erwerber beim Einkauf seine **USt-IdNr.**, so signalisiert er damit, dass er **Unternehmer** ist und den Gegenstand **für sein Unternehmen** erwerben will.

Für die **Buchung** des innergemeinschaftlichen Erwerbs sehen die DATEV-Kontenrahmen folgende Konten (allgemeiner Steuersatz) vor:

5425 (3425) **Innergemeinschaftlicher Erwerb 16 % Vorsteuer und 16 % Umsatzsteuer**,

1403 (1573) **Abziehbare Vorsteuer aus innergemeinschaftlichem Erwerb 16 %** und

3803 (1773) **Umsatzsteuer aus innergemeinschaftlichem Erwerb 16 %**.

Beispiel:
Der **französische Lieferer** Olivier Vergniolle, Paris, liefert 50 Damenmäntel an den **deutschen Erwerber** Kühlenthal und erteilt folgende **Rechnung**. Die Rechnung enthält die **USt-IdNr.** des französischen **Lieferers**, die **USt-IdNr.** des deutschen **Erwerbers** und den **Hinweis auf** die Steuerfreiheit der **Lieferung**:

> *Olivier Vergniolle, Textiles, 6 Rue Napoléon, Paris*
> **Numéro d'identification: FR 128335655**
>
> Herrn
> Textilkaufmann E. Kühlenthal
> Karthäuserhofweg 30
>
> 56075 Koblenz
>
> **USt-IdNr.: DE 149637654**   16.10.2006
>
> # Rechnung
> Nr. 2005/007
>
> Sie erhielten am 13.10.2006
>
> | Menge | Artikelbezeichnung | Stückpreis | Entgelt |
> |---|---|---|---|
> | 50 Stück | Damenmäntel | 200 € | **10.000,00 €** |
>
> **Die innergemeinschaftliche Lieferung ist steuerfrei.**

Kühlenthal erfasst den **innergemeinschaftlichen Erwerb** in seiner Buchhaltung wie folgt:

Buchungssatz:

Tz.	Sollkonto	Betrag (€)	Habenkonto
1.	**5425** (3425) **Innergemeinschaftl. Erwerb**	10.000,00	**3300** (1600) **Verb. aLuL**
2.	**1403** (1573) **Vorsteuer aus innerg. Erwerb**	1.600,00	**3803** (1773) **USt aus i.E.**

Buchung:

S	**AV 5425** (3425) **Innerg. Erwerb**	H		S	**3300** (1600) **Verbindl. aLuL**	H
1)	10.000,00				1)	10.000,00

S	**1403** (1573) **Vorsteuer aus innerg. E.**	H		S	**3803** (1773) **USt aus innerg. E**	H
2)	1.600,00				2)	1.600,00

Buchführende Unternehmer erfüllen die Aufzeichnungspflicht dadurch, dass sie in ihrer Buchhaltung die **Konten den Anforderungen des § 22** Abs. 2 Nr. 7 UStG entsprechend **gliedern** (siehe obiges Beispiel).

> **Übung:** 1. Wiederholungsfrage 10 (Seite 400),
> 2. Übungsaufgaben 5 (Seite 402)

8.2.1.2 Innergemeinschaftliche Lieferung

Eine **innergemeinschaftliche Lieferung** liegt vor, wenn der Gegenstand vom Inland in das übrige Gemeinschaftsgebiet gelangt.

```
┌──────────┐   innergemeinschaftliche   ┌──────────────────┐
│  Inland  │ ─────────────────────────▶ │     übriges      │
│          │         Lieferung          │ Gemeinschaftsgebiet │
└──────────┘                            └──────────────────┘
  Lieferer                                    Abnehmer
```

Die **innergemeinschaftliche Lieferung** ist in der Regel **steuerfrei**.

Eine **steuerfreie innergemeinschaftliche Lieferung** liegt nach § 4 **Nr. 1b** i.V.m. **§ 6a** Abs. 1 UStG vor, wenn folgende **Voraussetzungen** erfüllt sind:

1. **Beförderungs- oder Versendungslieferung** (§ 3 **Abs. 6** UStG)
2. durch den liefernden **Unternehmer** oder **Abnehmer**
3. **vom Inland**
4. in das **übrige Gemeinschaftsgebiet**
5. **Abnehmer:**
   1. **Unternehmer**, der den Gegenstand **für sein Unternehmen** erwirbt oder
   2. **juristische Person**, die **nicht** als **Unternehmer** tätig ist **oder** die den Gegenstand der Lieferung **nicht für** ihr **Unternehmen** erwirbt oder
   3. **Privatperson**, die ein **neues Fahrzeug erwirbt**
6. Erwerb unterliegt der **Erwerbsbesteuerung**

Die **Voraussetzungen** für die **Steuerbefreiung** der innergemeinschaftlichen Lieferung **müssen** vom liefernden Unternehmer **nachgewiesen werden** (§ 6a Abs. 3 UStG). Dies geschieht durch **Beleg- und Buchnachweis** (§§ 17a bis 17c UStDV).

Steuerfreie innergemeinschaftliche Lieferungen werden auf dem Ertragskonto

4125 (8125) Steuerfreie innergemeinschaftliche Lieferung § 4 Nr. 1b UStG

erfasst.

Beispiel:
Der **deutsche** Unternehmer U mit deutscher USt-IdNr., Bonn, versendet im Dezember 2006 mit der Bahn eine Maschine für 10.000,00 € netto an den **französischen** Unternehmer A mit französischer USt-IdNr., Paris, der die Maschine in seinem Unternehmen einsetzt. U liefert auf Ziel. Entsprechende Beleg- und Buchungsnachweise liegen vor.

Für U liegt eine **steuerfreie innergemeinschaftliche Lieferung** vor, weil alle Tatbestandsmerkmale des § 4 **Nr. 1b** i.V.m. § 6a Abs. 1 UStG erfüllt sind.

Buchungssatz:

Sollkonto	Betrag (€)	Habenkonto
1200 (1400) **Forderungen aLuL**	10.000,00	**4125** (8125) **Steuerfreie innerg. L.**

Buchung:

S **1200** (1400) **Forderungen aLuL** H	S	**4125** (8125) **Steuerfreie innerg. Lieferungen** H
10.000,00		10.000,00

Der **deutsche** Unternehmer U hat die **steuerfreie innergemeinschaftliche Lieferung** in seiner **Umsatzsteuer-Voranmeldung 2006** in Zeile 21 (Kennzahl 41) einzutragen:

	Lieferungen und sonstige Leistungen	Bemessungsgrundlage		Steuer	
19	(einschließlich unentgeltlicher Wertabgaben)	ohne Umsatzsteuer			
20	Steuerfreie Umsätze mit Vorsteuerabzug	volle EUR	Ct	EUR	Ct
	Innergemeinschaftliche Lieferungen (§ 4 Nr. 1b UStG)				
21	an Abnehmer mit USt-IdNr.	41 10.000	—		

Über die in **Zeile 21** der **Umsatzsteuer-Voranmeldung 2006** einzutragenden **steuerfreien** innergemeinschaftlichen Lieferungen sind vierteljährlich **Zusammenfassende Meldungen – ZM –** beim **Bundeszentralamt für Steuern** abzugeben (§ 18a UStG).

Beispiel:
Sachverhalt wie im Beispiel zuvor. Der **deutsche** Unternehmer U trägt die **steuerfreie innergemeinschaftliche Lieferung** in der **Zusammenfassenden Meldung** für das **4. Quartal 2006** wie folgt ein:

		1	2		3
		USt-IdNr. des Erwerbers / Unternehmers	Summe der Bemessungsgrundlagen		Hinweis auf Dreiecks-
Zeile	Länder-Kenn-Zeichen	in einem anderen Mitgliedstaat			geschäfte (falls ja, bitte "1" eintragen)
			EUR	Ct	
1	FR	99999999999	10.000	—	

Übung: 1. Wiederholungsfrage 11 (Seite 400),
2. Übungsaufgabe 6 (Seite 402)

8.2.1.3 Ausfuhrlieferung

Eine **Ausfuhrlieferung** liegt vor, wenn der Gegenstand vom Inland in das Drittlandsgebiet gelangt.

```
                    Ausfuhrlieferung
    ┌─────────┐                      ┌──────────────────┐
    │ Inland  │ ───────────────────▶ │ Drittlandsgebiet │
    └─────────┘                      └──────────────────┘
     Lieferer                              Abnehmer
```

Die **Ausfuhrlieferung** in das Drittlandsgebiet ist in der Regel **steuerfrei**.

Eine **steuerfreie Ausfuhrlieferung** liegt nach § 4 Nr. 1a i.V.m. § 6 Abs. 1 Satz 1 Nr. 1 und 2 UStG vor, wenn folgende **Voraussetzungen** erfüllt sind:

1. **Beförderungs- oder Versendungslieferung (§ 3 Abs. 6** UStG)
2. durch den liefernden **Unternehmer** oder **ausländischen Abnehmer**
3. **vom Inland**
4. in das **Drittlandsgebiet**

Die **Voraussetzungen** für die **Steuerbefreiung** der Ausfuhrlieferung müssen vom liefernden Unternehmer **nachgewiesen** werden (§ 6 Abs. 4 UStG).
Dies geschieht durch **Ausfuhrnachweis** (§§ 9 und 10 UStDV) und **Buchnachweis** (§ 13 UStDV).

Steuerfreie Ausfuhrlieferungen werden auf dem Ertragskonto

<u>**4120 (8120) Steuerfreie Umsätze § 4 Nr. 1a UStG**</u>

erfasst.

Beispiel:
Der deutsche Maschinenhersteller U, Mannheim, verkauft und befördert mit eigenem Lkw eine Maschine für 15.000,00 € netto zum Abnehmer A nach Bern (Schweiz = Drittlandsgebiet). U liefert auf Ziel. Entsprechende Nachweise liegen vor.

Für U liegt eine **steuerfreie Ausfuhrlieferung** vor, weil alle Tatbestandsmerkmale des § 4 Nr. 1a i.V.m. § 6 Abs. 1 Satz 1 Nr. 1 UStG erfüllt sind.

Buchungssatz:

Sollkonto	Betrag (€)	Habenkonto
1200 (1400) Ford. aLuL	15.000,00	**4120** (8120) Steuerfreie Umsätze

Buchung:

S	1200 (1400) Forderungen aLuL	H		S	4120 (8120) Steuerfreie Umsätze § 4 Nr. 1a UStG	H
	15.000,00				15.000,00	

U hat die **steuerfreie Ausfuhrlieferung** in seiner **Umsatzsteuer-Voranmeldung 2006** in **Zeile 24 (Kennzahl 43)** einzutragen:

	Lieferungen und sonstige Leistungen		Bemessungsgrundlage ohne Umsatzsteuer		Steuer	
19	(einschließlich unentgeltlicher Wertabgaben)		volle EUR	Ct.	EUR	Ct
20	**Steuerfreie Umsätze mit Vorsteuerabzug**					
	Innergemeinschaftliche Lieferungen (§ 4 Nr. 1 b UStG)					
21	an Abnehmer **mit** USt-IdNr.	41		–		
22	neue Fahrzeuge an Abnehmer **ohne** USt-IdNr.	44		–		
23	neuer Fahrzeuge außerhalb eines Unternehmens...	49		–		
	Weitere steuerfreie Umsätze mit Vorsteuerabzug					
24	(z.B. **Ausfuhrlieferungen**, Umsätze nach § 4 Nr. 2 bis 7 UStG).	43	15.000	–		

> **Übung:** 1. Wiederholungsfrage 12 (Seite 400),
> 2. Übungsaufgabe 7 (Seite 402)

8.2.1.4 Leistungen im Sinne des § 13b UStG

Für die folgenden steuerpflichtigen Umsätze schuldet der **Leistungsempfänger** nach § 13b Abs. 2 UStG die Umsatzsteuer:

> 1. **Werklieferungen** und **sonstige Leistungen** (auch **Werkleistungen**) eines im **Ausland ansässigen Unternehmers**;
> 2. **Lieferungen sicherungsübereigneter Gegenstände** durch den Sicherungsgeber an den Sicherungsnehmer **außerhalb des Insolvenzverfahrens**;
> 3. Umsätze, die unter das Grunderwerbsteuergesetz fallen (**Grundstücksumsätze**);
> 4. **Bauleistungen**;
> 5. **Lieferungen von Gas und Elektrizität** eines im Ausland ansässigen Unternehmers.

Der **Leistungsempfänger** kann die von ihm nach § 13b Abs. 2 UStG geschuldete Umsatzsteuer – ähnlich wie beim innergemeinschaftlichen Erwerb – als **Vorsteuer** abziehen, wenn er die Lieferung oder sonstige Leistung **für sein Unternehmen** bezieht **und** zur Ausführung von Umsätzen verwendet, die den **Vorsteuerabzug nicht ausschließen**.

Die umsatzsteuerlichen Erläuterungen der Leistungen im Sinne des § 13b UStG erfolgen in der **Steuerlehre 1**, 27. Auflage 2006, Seite 327.

Für die Buchung der **Leistungen im Sinne des § 13b UStG** sehen die DATEV-Kontenrahmen folgende Konten (allgemeiner Steuersatz) vor:

5925 (3125) **Leistungen eines im Ausland ansässigen Unternehmers 16 % Vorsteuer und 16 % Umsatzsteuer**

1409 (1579) **Abziehbare Vorsteuer nach § 13b UStG 16 %**

3836 (1786) **Umsatzsteuer nach § 13b UStG 16 %**

Beispiel:
Der Bauunternehmer U in Berlin lässt sich in 2006 von dem russischen Subunternehmer P aus Moskau in Potsdam einen Rohbau errichten, den P mit **100.000,00 €** in Rechnung stellt. Das Baumaterial wird von P gestellt. Die Bemessungsgrundlage beträgt 100.000,00 € (§ 10 Abs. 1 UStG).

Der im Ausland ansässige Unternehmer P erbringt im Inland eine steuerbare **Werklieferung** an den Bauunternehmer U (§ 1 Abs. 1 Nr. 1 i.V.m. § 3 Abs. 4 UStG). Ort der Werklieferung ist **Potsdam**, weil sich dort der Rohbau im Zeitpunkt der Verschaffung der Verfügungsmacht befindet (§ 3 Abs. 7 Satz 1 UStG). Die Werklieferung ist nach § 1 Abs. 1 Nr. 1 UStG steuerbar und mangels einer Steuerbefreiung (§ 4 UStG) auch steuerpflichtig. Die Umsatzsteuer für diese Werklieferung schuldet **U als Leistungsempfänger** (§ 13b **Abs. 2** Satz 1 UStG).
U kann die Umsatzsteuer als **Vorsteuer** abziehen (§ 15 Abs. 1 Satz 1 **Nr. 4** UStG; Abschn. 182a Abs. 33 UStR 2005).

Bauunternehmer U erfasst den Vorgang in seiner Buchhaltung wie folgt:

Buchungssatz:

Sollkonto	Betrag (€)	Habenkonto
5925 (3125) Leistungen eines i.A.a.U.	100.000,00	**3300** (1600) Verbindlichk. aLuL
1409 (1579) VoSt nach § 13b UStG	16.000,00	**3836** (1786) USt nach § 13b UStG

Buchung:

5925 (3125) **Leistungen eines im Ausland ansässigen Unternehmers**
S   16 % VoSt und 16 % USt   H   S   **3300** (1600) **Verbindl. aLuL**   H

   100.000,00   100.000,00

S **1409** (1579) **Vorsteuer nach § 13b UStG** H   S **3836** (1786) **USt nach § 13b UStG** H

   16.000,00   16.000,00

Bauunternehmer U hat die **Umsatzsteuer** in Höhe von **16.000,00 €** (16 % von 100.000 €) in seiner **Umsatzsteuer-Voranmeldung 2006** wie folgt einzutragen:

			Steuer EUR	Ct
44				
45	Übertrag			
46	Umsätze, für die als Leistungsempfänger die Steuer nach	Bemessungsgrundlage ohne Umsatzsteuer		
47	§ 13b Abs. 2 UStG geschuldet wird	volle EUR		
48	Leistungen eines im Ausland ansässigen Unternehmers (§ 13b Abs. 1 Satz 1 Nr. 1 und 5 UStG)......... **52**	100.000 —	16.000	00

Bauunternehmer U kann die Umsatzsteuer als **Vorsteuer** abziehen (§ 15 Abs. 1 Satz 1 Nr. 4 UStG). U hat die Vorsteuer in seiner **Umsatzsteuer-Voranmeldung 2006** wie folgt einzutragen:

58	Vorsteuerbeträge aus Leistungen i.S.d. § 13b Abs. 1 UStG (§ 15 Abs. 1 Satz 1 Nr. 4 UStG) ..	**67**	16.000,00

Übung: 1. Wiederholungsfrage 13 (Seite 400),
2. Übungsaufgabe 8 (Seite 402)

8.2.2 Nicht abzugsfähige Betriebsausgaben

Betriebsausgaben sind Aufwendungen, die durch den Betrieb veranlasst sind (§ 4 **Abs. 4** EStG).

Aber **nicht alle Betriebsausgaben sind** bei der Ermittlung des steuerlichen Gewinns **abzugsfähig**.

Durch § 4 **Abs. 5** EStG wird der **Abzug von Betriebsausgaben eingeschränkt**. Diese Vorschrift soll verhindern, dass unangemessene Repräsentationsaufwendungen die Einkommensteuerschuld des Steuerpflichtigen mindern.

8.2.2.1 Art und Umfang der nicht abzugsfähigen Betriebsausgaben

Nicht abzugsfähige Betriebsausgaben (Repräsentationsaufwendungen), die nach § 4 **Abs. 5** Nr. 1 bis 7 EStG den **Gewinn nicht mindern** dürfen, sind:

1. **Aufwendungen für Geschenke** an Personen, die nicht Arbeitnehmer des Steuerpflichtigen sind, wenn die Anschaffungs- oder Herstellungskosten aller einem Empfänger in einem Wirtschaftsjahr zugewendeten betrieblichen Geschenke insgesamt **35 Euro übersteigen**;

2. **30 % der** als **angemessen** anzusehenden **Bewirtungsaufwendungen und** die **unangemessenen Bewirtungsaufwendungen**;

3. Aufwendungen für Gästehäuser, die sich außerhalb des Orts eines Betriebs des Steuerpflichtigen befinden;

4. Aufwendungen für Jagd oder Fischerei, für Segeljachten oder Motorjachten sowie für ähnliche Zwecke und die hiermit zusammenhängenden Bewirtungen;

5. Mehraufwendungen für Verpflegung, soweit bestimmte Pauschbeträge (**24/12/ 6 Euro**) überschritten werden;

6. **Aufwendungen für Fahrten** des Steuerpflichtigen **zwischen Wohnung und Betriebsstätte** und für Familienheimfahrten, soweit bestimmte Pauschbeträge überschritten werden;

6a. (weggefallen);

6b. Aufwendungen für ein häusliches Arbeitszimmer sowie die Kosten der Ausstattung, beschränkter Abzug bis zu höchstens **1.250 €** im Kalenderjahr;

7. andere als die genannten Aufwendungen, die die Lebensführung des Steuerpflichtigen oder anderer Personen berühren, soweit sie nach allgemeiner Verkehrsauffassung als unangemessen anzusehen sind.

Zu den **nicht abzugsfähigen Betriebsausgaben** gehören **auch** die Geldbußen, Ordnungsgelder und Verwarnungsgelder, die von einer Behörde oder einem Gericht festgesetzt wurden und Schmiergelder (§ 4 Abs. 5 Nr. 8 und Nr. 10 EStG).

Aufwendungen zur Finanzierung staatspolitischer Zwecke (Mitgliedsbeiträge und Spenden an politische Parteien) sind **keine Betriebsausgaben** im Sinne des EStG (§ 4 Abs. 6 EStG).

8.2.2.2 Buchmäßige und steuerliche Behandlung von nicht abzugsfähigen Betriebsausgaben

Um die **Abzugsfähigkeit** bzw. **Nichtabzugsfähigkeit** besser prüfen zu können, sind die **Aufwendungen** im Sinne des § 4 Abs. 5 **Nr. 1 bis 4, 6b** und **7 EStG einzeln und getrennt** von den sonstigen Betriebsausgaben **aufzuzeichnen** (§ 4 **Abs. 7** EStG). Das **Erfordernis** der besonderen Aufzeichnung ist **erfüllt, wenn** für jede der in § 4 Abs. 7 EStG bezeichneten Gruppen von Aufwendungen **ein besonderes Konto** oder eine Spalte **geführt wird** (R 4.11 Abs. 1 Satz 1 EStR 2005).
Ist diese Pflicht **nicht** erfüllt, so sind die Aufwendungen als **nicht abzugsfähige Betriebsausgaben** zu behandeln.

Seit dem 1.4.1999 sind **Vorsteuerbeträge**, die auf Aufwendungen entfallen, für die das Abzugsverbot des § 4 Abs. 5 **Nr. 1 bis 4, 7, Abs. 7** oder des § **12 Nr. 1** EStG gilt, **nicht abziehbar** (§ 15 Abs. 1a Nr. 1 UStG).

Zu den **Aufwendungen**, die nach § 15 **Abs. 1a Nr. 1** UStG vom **Vorsteuerabzug ausgeschlossen** sind, gehören:

Nicht abziehbare Vorsteuerbeträge nach § 15 Abs. 1a **Nr. 1** UStG aus	
nicht abzugsfähige Betriebsausgaben i.S.d. § 4 Abs. 5 EStG	**nicht abzugsfähige Ausgaben** i.S.d. § 12 EStG
■ Aufwendungen für Geschenke (**Nr. 1**), ■ Bewirtungsaufwendungen (**Nr. 2**), ■ Aufwendungen für Gästehäuser (**Nr. 3**), ■ Aufwendungen für Jagd, Fischerei sowie Segel- und Motorjachten (**Nr. 4**), ■ unangemessene Aufwendungen für die Lebensführung (**Nr. 7**),	■ Lebensführungskosten (**Nr. 1**)

Im Folgenden werden exemplarisch die in der Praxis häufig vorkommenden **Aufwendungen für Geschenke** und **Bewirtungsaufwendungen** erläutert.

8.2.2.2.1 Aufwendungen für Geschenke

Aufwendungen für betrieblich veranlasste **Geschenke** an natürliche Personen, die nicht Arbeitnehmer des Steuerpflichtigen sind, oder an juristische Personen sind als Betriebsausgaben **abziehbar**, wenn die **Anschaffungs- oder Herstellungskosten** einschließlich eines umsatzsteuerrechtlich nicht abziehbaren Vorsteuerbetrags der dem Empfänger im Wirtschaftsjahr zugewendeten Geschenke insgesamt **35 Euro** (**Freigrenze**) **nicht übersteigen** (R 9b Abs. 2 EStR 2005).

Die Bestimmung der **Anschaffungs- oder Herstellungskosten** richtet sich nach den **allgemeinen** Grundsätzen, d.h. dass Skonti, Rabatte und andere Preisnachlässe die Anschaffungskosten mindern. **Vertriebskosten** (Verpackungs- und Versandkosten) gehören **nicht** zu den Anschaffungskosten (R 4.10 Abs. 3 EStR 2005).

Bei **Geschenken unter 35 Euro netto** kann der Vorsteuerabzug wie bisher gewährt werden, wenn der Unternehmer die Aufwendungen für Geschenke **gesondert** nach § 4 Abs. 7 EStG aufzeichnet (z.B. auf das Konto "**6610** (4630) Geschenke abzugsfähig" bucht).

Beispiel:
Unternehmer U, Bonn, der zum Vorsteuerabzug berechtigt ist, kauft im Mai 2006 ein Werbegeschenk für **30,00 €** + 4,80 € USt = 34,80 € bar.

Wird dieses Geschenk einem Kunden in einem Wirtschaftsjahr zugewendet, sind die Aufwendungen **abziehbar**, weil die Anschaffungskosten (30,00 €) die Freigrenze von 35 € nicht übersteigen. Ebenso kann die **Vorsteuer** in Höhe von 4,80 € abgezogen werden, wenn U seine Aufzeichnungspflichten nach § 4 Abs 7 EStG erfüllt.

Werden **mehrere** geringwertige Geschenke im Laufe eines Jahres demselben Empfänger zugewendet und dabei die **35 Euro-Grenze** überschritten, entfällt der **Vorsteuerabzug nachträglich**.

Übersteigen die Anschaffungskosten oder Herstellungskosten eines Geschenkes an einen Empfänger in einem Wirtschaftsjahr den Betrag von **35 Euro**, so sind die **Betriebsausgaben** in vollem Umfang **nicht abzugsfähig**.

Die für den Kauf eines **Geschenks über 35 Euro** (Nettobetrag ohne Umsatzsteuer) i.S.d. § 4 Abs. 5 Satz 1 **Nr. 1** EStG anfallende Umsatzsteuer ist vom **Vorsteuerabzug ausgeschlossen** (§ 15 Abs. 1a Nr. 1 UStG).

Die **Einschränkung** des Vorsteuerabzugs betrifft sowohl **höherwertige Geschenke** in Form von **Gegenständen** (z.B. eine Kiste Champagner) als auch in Form von **sonstigen Leistungen** (z.B. Eintrittskarten für Theater, Konzerte, Sportveranstaltungen oder Gutscheine für einen Restaurantbesuch).

Beispiel:
Sachverhalt wie im Beispiel zuvor mit dem **Unterschied**, dass U für das Geschenk **60,00 Euro** + 8,00 Euro USt = 68,00 Euro aufwendet.

Bei den Aufwendungen handelt es sich um **nicht abzugsfähige Betriebsausgaben** im Sinne des § 4 Abs. 5 Nr. 1 EStG, die vom **Vorsteuerabzug ausgeschlossen** sind.

Umsatzsteuerlich waren die nach **§ 4 Abs. 5** Nr. 1 **EStG nicht abzugsfähigen Betriebsausgaben** bis 31.3.1999 **Eigenverbrauch** (§ 1 Abs. 1 **Nr. 2c** UStG a.F.), der der **Umsatzsteuer** unterlag.

Seit dem 1.4.1999 sind die nach § 4 Abs. 5 Nr. 1 EStG **nicht abzugsfähigen Betriebsausgaben** vom **Vorsteuerabzug ausgeschlossen** (§ 15 Abs. 1a Nr. 1 UStG).

Aufwendungen für Geschenke werden auf den folgenden Konten gebucht:

6610 (4630) Geschenke abzugsfähig

6620 (4635) Geschenke nicht abzugsfähig

Einzelheiten zur **besonderen Aufzeichnung** ergeben sich aus **R 4.11 EStR 2005**.

Geschenke abzugsfähig (bis 35 Euro)

Beispiel:
Unternehmer U, Bonn, der zum Vorsteuerabzug berechtigt ist, **kauft** im Juni 2006 ein Geschenk für **25,00 €** + 4,00 € USt = 29,00 € bar und **schenkt** es direkt einem Kunden.

Buchungssatz:

Sollkonto	Betrag (€)	Habenkonto
6610 (4630) Geschenke abzugsfähig	25,00	
1405 (1575) Vorsteuer 16 %	4,00	
	29,00	**1600** (1000) Kasse

Buchung:

S **6610** (4630) **Geschenke abzugsfähig** H	S **1600** (1000) **Kasse** H
25,00	29,00

S **1405** (1575) **Vorsteuer 16 %** H	
4,00	

Geschenke nicht abzugsfähig (über 35 Euro)

Werden Gegenstände **über 35 Euro** netto direkt **als Geschenke** gekauft, ist der **Vorsteuerabzug** nach § 15 Abs. 1a Nr. 1 UStG **ausgeschlossen**. In diesem Fall wird der **Bruttobetrag** auf das Konto "Geschenke nicht abzugsfähig" gebucht.

Beispiel:
Sachverhalt wie im Beispiel zuvor mit dem **Unterschied**, dass U für das Geschenk **50,00 Euro** + 8,00 Euro USt = 58,00 Euro aufwendet.

Buchungssatz:

Sollkonto	Betrag (€)	Habenkonto
6620 (4635) Geschenke nicht abzugsfähig	58,00	**1600** (1000) Kasse

Buchung des Kassenbelegs:

S **6620** (4635) **Geschenke nicht abzugsfähig** H	S **1600** (1000) **Kasse** H
58,00	58,00

Geschenke aus dem Warensortiment

Werden Gegenstände im Wert von über 35 Euro **nicht** direkt **als Geschenke gekauft**, sondern aus dem **Warensortiment** bzw. aus dem **Produktionsprogramm entnommen**, sind die Aufwendungen im **Zeitpunkt der Hingabe** des Geschenks auf das Konto "**6620 (4635) Geschenke nicht abzugsfähig**" **umzubuchen**.

Die bisher abgezogene **Vorsteuer** ist nach § 17 Abs. 2 Nr. 5 UStG zu **berichtigen**, weil durch die spätere Umwandlung zum Geschenk Aufwendungen getätigt werden, die unter das Abzugsverbot des § 15 Abs. 1a Nr. 1 UStG fallen. Nach dieser Vorschrift ist die **Vorsteuer nicht abziehbar**, wenn die Aufwendungen auch nach einkommensteuerrechtlichen Vorschriften nicht abziehbar sind (§ 4 Abs. 5 Nr. 1 EStG).

Beispiel:
Uhrenhändler U, Köln, hat 100 Armbanduhren zum Stückpreis von 50 Euro + USt (5.000 Euro + 800 Euro USt) auf Ziel erworben. Er hat diesen Vorgang wie folgt erfasst:

Tz.	Sollkonto	Betrag (€)	Habenkonto
1.	**5200** (3200) Wareneingang	5.000,00	**3300** (1600) Verbindlichk. aLuL
	1405 (1575) Vorsteuer	800,00	**3300** (1600) Verbindlichk. aLuL

Eine dieser Uhren entnimmt er seinem Warensortiment und verschenkt sie an einen Kunden. Im Zeitpunkt der Hingabe des Geschenks ist eine **Vorsteuerkorrektur** nach § 17 Abs. 2 Nr. 5 UStG vorzunehmen (Abschn. 197 Abs. 5 UStR 2005).

Buchungssatz:

Tz.	Sollkonto	Betrag (€)	Habenkonto
2.	**6620** (4635) Geschenke nicht abzugsf.	50,00	**5200** (3200) Wareneingang
	6620 (4635) Geschenke nicht abzugsf.	8,00	**1405** (1575) VoSt 16 %

Buchung:

```
S  6620 (4635) Geschenke nicht abzugsfähig  H      S   5200 (3200) Wareneingang   H
2)            50,00                                  1)   5.000,00  | 2)    50,00
2)             8,00
                                                   S   1405 (1575) Vorsteuer 16 %  H
                                                   1)     800,00  | 2)     8,00
```

Werden Gegenstände im Wert bis 35 Euro **nicht** direkt **als Geschenke gekauft**, sondern aus dem **Warensortiment** bzw. aus dem **Produktionsprogramm entnommen**, sind die Aufwendungen im Zeitpunkt der Hingabe des Geschenks auf das Konto "**6610 (4630) Geschenke abzugsfähig**" **umzubuchen**. Die **Vorsteuer** ist **nicht zu korrigieren**. Der Vorgang ist wie folgt zu buchen:

6610 (4630) **Geschenke abzugsfähig** an **5200** (3200) **Wareneingang**

8.2.2.2.2 Bewirtungsaufwendungen

Bewirtungsaufwendungen sind Aufwendungen für den Verzehr von Speisen, Getränken und sonstigen Genussmitteln (R 4.10 Abs. 5 Satz 3 EStR 2005).

Seit 2004 dürfen **Bewirtungsaufwendungen nur noch** in Höhe von **70 %** der angemessenen und nachgewiesenen Aufwendungen als Betriebsausgaben abgezogen werden.
30 % der angemessenen und nachgewiesenen Bewirtungsaufwendungen dürfen als **Betriebsausgaben nicht** abgezogen werden.
Ebenso dürfen die **unangemessenen** bzw. **nicht nachgewiesenen Bewirtungsaufwendungen** als Betriebsausgaben den Gewinn nicht mindern.

Der **Vorsteuerabzug** für Bewirtungsaufwendungen aus geschäftlichem Anlass bleibt zulässig, soweit die Bewirtungsaufwendungen einkommensteuerrechtlich als **Betriebsausgaben** abzugsfähig sind (§ 4 Abs. 5 Satz 1 **Nr. 2** EStG).

Nach dem **BMF-Schreiben vom 23.06.2005** (BStBl 2005 I Seite 816) ist der Vorsteuerabzug in vollem Umfang für die dem einkommensteuerrechtlichen Abzugsverbot des § 4 Abs. 5 Satz 1 Nr. 2 EStG unterliegenden **angemessenen** Bewirtungsaufwendungen unter den allgemeinen Voraussetzungen des § 15 UStG zu gewähren.

```
                    ┌─────────────────────────────────┐
                    │     Bewirtungsaufwendungen      │
                    └─────────────────────────────────┘
                            │                │
                            ▼                ▼
                  ┌──────────────────┐  ┌──────────────────┐
                  │   angemessene    │  │  unangemessene   │
                  │Bewirtungsaufwend.│  │Bewirtungsaufwend.│
                  └──────────────────┘  └──────────────────┘
                       │         │              │
                       ▼         ▼              ▼
              ┌──────────┐ ┌──────────┐  ┌──────────────┐
              │70 % ab-  │ │30 % nicht│  │nicht abzugs- │
              │zugsfähige│ │abzugsfäh.│  │fähige        │
              │Betriebs- │ │Betriebs- │  │Betriebs-     │
              │ausgaben  │ │ausgaben  │  │ausgaben      │
              └──────────┘ └──────────┘  └──────────────┘
              ┌─────────────────────────┐ ┌──────────────┐
              │Vorsteuerabzug nach      │ │Vorsteuerabzug│
              │BMF-Schr. v. 23.6.05     │ │nicht möglich │
              │möglich                  │ │              │
              └─────────────────────────┘ └──────────────┘
```

Der **Nachweis** der Höhe und der betrieblichen Veranlassung der Aufwendungen durch schriftliche Angaben zu Ort, Tag, Teilnehmer und Anlass der Bewirtung sowie Höhe der Aufwendungen ist gesetzliches Tatbestandsmerkmal für den Abzug der Bewirtungsaufwendungen als Betriebsausgaben.

Bei Bewirtung in einer **Gaststätte** genügen neben der beigefügten Rechnung Angaben zu dem Anlass und den Teilnehmern der Bewirtung. Die Rechnung muss den Anforderungen des § 14 UStG genügen und maschinell erstellt und registriert sein. Die in Anspruch genommenen Leistungen sind nach Art, Umfang, Entgelt und Tag der Bewirtung in der Rechnung gesondert zu bezeichnen, die für den Vorsteuerabzug ausreichende Angabe "Speisen und Getränke" und die Angabe der für die Bewirtung in Rechnung gestellten Gesamtsumme sind für den Betriebsausgabenabzug nicht ausreichend (R 4.10 Abs. 8 EStR 2005).

Die **Bewirtungsaufwendungen** werden auf den folgenden Konten gebucht:

6640 (4650) **(Abzugsfähige) Bewirtungskosten** und

6644 (4654) **Nicht abzugsfähige Bewirtungskosten**

Einzelheiten zur besonderen Aufzeichnung ergeben sich aus **R 4.11 EStR 2005**.

Beispiel 1:
Der Unternehmer U, Köln, hat im August 2006 für die **Bewirtung von Geschäftsfreunden** in einer Gaststätte **250 € + 40 € USt = 290,00 €** bar aufgewendet. Die Aufwendungen sind **angemessen** und werden durch einen ordnungsgemäß ausgestellten Beleg **nachgewiesen**.

175,00 Euro (70 % von 250 €) sind abzugsfähige Betriebsausgaben (§ 4 Abs. 5 Nr. 2 EStG).

75,00 Euro (30 % von 250 €) dürfen **nicht** als Betriebsausgaben abgezogen werden (§ 4 Abs. 5 Nr. 2 EStG).

40,00 Euro kann U nach dem BMF-Schreiben vom 23.6.2005 (BStBl 2005 I S. 816) in voller Höhe geltend machen.

Buchungssatz:

Sollkonto	Betrag (€)	Habenkonto
6640 (4650) Bewirtungskosten	175,00	**1600** (1000) Kasse
6644 (4654) Nicht abzugsfähige BK	75,00	**1600** (1000) Kasse
1405 (1575) Vorsteuer 16 %	40,00	**1600** (1000) Kasse

Buchung:

S **6640** (4650) **Bewirtungskosten** H	S **1600** (1000) **Kasse** H
175,00	290,00

S **6644** (4654) **Nicht abzugsfähige BK** H
75,00

S **1405** (1575) **Vorsteuer 16 %** H
40,00

Beispiel 2:
Sachverhalt wie im Beispiel 1 mit dem **Unterschied**, dass von den Aufwendungen **50 Euro** als **unangemessen** anzusehen sind.

Nach dem BMF-Schreiben v. 23.6.2005 kann U den vollen **Vorsteuerabzug** auf die **angemessenen** Bewirtungsaufwendungen in Höhe von 200 € geltend machen. U kann daher **32 €** (16 % von 200 €) als Vorsteuerabzug in Anspruch nehmen.

```
                    Bewirtungsaufwendungen
                         = 250 Euro
              ┌──────────────┴──────────────┐
         angemessene                    unangemessene
    Bewirtungsaufwendungen          Bewirtungsaufwendungen
         = 200 Euro                       = 50 Euro
    ┌──────────┴──────────┐
70 % abzugsfähige    30 % nicht abzugsfähige   nicht abzugsfähige
Betriebsausgaben     Betriebsausgaben          Betriebsausgaben
  = 140 Euro           = 60 Euro                  = 50 Euro

Vorsteuerabzug nach BMF-Schr. v. 23.6.05 möglich    Vorsteuerabzug nicht möglich
  = 32 Euro (16 % von 200 €)                          = 8 Euro (16 % von 50 €)
```

Buchungssatz:

Sollkonto	Betrag (€)	Habenkonto
6640 (4650) Bewirtungskosten	140,00	**1600** (1000) Kasse
6644 (4654) Nicht abz. BK	60,00	**1600** (1000) Kasse
6644 (4654) Nicht abz. BK	58,00	**1600** (1000) Kasse
1405 (1575) Vorsteuer 16 %	32,00	**1600** (1000) Kasse

Buchung:

S **6640** (4650) **Bewirtungskosten** H   S   **1600** (1000) **Kasse**   H
        140,00 | | 290,00

S **6644** (4654) **Nicht abzugsfähige BK** H   S **1405** (1575) **Vorsteuer 16 %** H
         60,00 | 32,00 |
         58,00 |

Die Konten mit den **nicht abzugsfähigen Betriebsausgaben** ("Geschenke nicht abzugsfähig" und "Nicht abzugsfähige Bewirtungskosten") werden über das **GuVK** abgeschlossen.

Zur Ermittlung des **steuerlichen** Gewinns sind in diesem Fall diese **Aufwendungen außerhalb der Buchführung** dem in der Gewinn- und Verlustrechnung ausgewiesenen Gewinn **hinzuzurechnen**.

Beispiel:
Der Steuerpflichtige Müller, Köln, der seinen Gewinn durch Betriebsvermögensvergleich ermittelt, weist auf seinem **GuVK** für das Wirtschaftsjahr 2006 einen **Gewinn** von **106.420,00 €** aus.
Seine nach § 4 Abs. 5 EStG nicht abzugsfähigen Betriebsausgaben betragen **2.300,00 €**. Dieser Betrag ist ordnungsgemäß auf den Konten "**Geschenke nicht abzugsfähig**" und "**Nicht abzugsfähige Bewirtungskosten**" gebucht und über das GuVK abgeschlossen worden.

Sein **steuerlicher** Gewinn wird wie folgt ermittelt:

Gewinn lt. GuVK	106.420,00 €
+ **nicht abzugsfähige Betriebsausgaben**	**2.300,00 €**
= **steuerlicher** Gewinn	108.720,00 €

Die **Formel für die steuerliche Erfolgsermittlung** im Rahmen des Betriebsvermögensvergleichs wird dadurch wie folgt **erweitert**:

> Betriebsvermögen am Schluss des Wirtschaftsjahres (Wj)
>
> − Betriebsvermögen am Schluss des vorangegangenen Wirtschaftsjahres
>
> = Unterschiedsbetrag
>
> + Entnahmen
>
> − Einlagen
>
> + **nicht abzugsfähige Betriebsausgaben**
>   (z.B. "Geschenke nicht abzugsfähig", "Nicht abzugsfähige Bewirtungskosten")
>
> = **steuerlicher** Gewinn/Verlust

Übung: 1. Wiederholungsfragen 14 und 15 (Seite 400),
2. Übungsaufgaben 9 bis 14 (Seite 403 f.)

8.2.3 Reisekosten

Reisekosten sind

> 1. **Fahrtkosten**,
> 2. **Verpflegungsmehraufwendungen**,
> 3. **Übernachtungskosten** und
> 4. **Reisenebenkosten**,

wenn diese so gut wie ausschließlich durch die berufliche Tätigkeit des **Arbeitnehmers (Unternehmers)** außerhalb seiner Wohnung und einer ortsgebundenen regelmäßigen Arbeitsstätte veranlasst sind (R 37 Abs. 1 Satz 1 LStR).

Eine **Dienstreise** ist ein Ortswechsel (eines **Arbeitnehmers**) einschließlich Hin- und Rückfahrt aus Anlass einer vorübergehenden (längstens drei Monate dauernden) **Auswärtstätigkeit** (R 37 Abs. 3 **Satz 1** LStR).

Eine **Auswärtstätigkeit** liegt vor, wenn der Arbeitnehmer außerhalb seiner Wohnung und seiner regelmäßigen Arbeitsstätte beruflich tätig wird (R 37 Abs. 3 **Satz 2** LStR).

Eine **Geschäftsreise** ist ein Ortswechsel eines **Unternehmers** einschließlich Hin- und Rückfahrt aus Anlass einer vorübergehenden (längstens drei Monate dauernden) Auswärtstätigkeit (R 4.12 Abs. 2 EStR 2005).

Einkommensteuerrechtlich kann der Arbeitgeber diese Reisekosten seinem Arbeitnehmer **steuerfrei** ersetzen, soweit sie bestimmte Höchstbeträge nicht übersteigen (§ 3 Nr. 16 EStG).

Umsatzsteuerrechtlich ist der **Vorsteuerabzug** für Umsätze, die aus Anlass einer **Geschäfts- oder Dienstreise** im **Inland** für das **Unternehmen** ausgeführt werden, seit dem 20.12.2003 unter den allgemeinen Voraussetzungen des § 15 UStG wieder möglich.

Bei **Reisekosten** können die

> 1. **tatsächlichen Aufwendungen** oder
> 2. **Pauschbeträge**

geltend gemacht werden.

Der Unternehmer kann nur bei den **tasächlichen** Aufwendungen die **Vorsteuer** geltend machen, **nicht bei den Pauschbeträgen**.

Reisenebenkosten und **Übernachtungskosten** des **Unternehmers** können **nur** in **tatsächlicher Höhe (nicht als Pauschbeträge)** geltend gemacht werden.

Verpflegungsmehraufwendungen werden seit 1996 **nur** noch als **Pauschbeträge** und **nicht** mehr in tatsächlicher Höhe als abzugsfähige Betriebsausgaben anerkannt.

Bei den **anderen Reisekostenarten** hat der Steuerpflichtige ein **Wahlrecht**. Er kann die tatsächlichen Aufwendungen oder die Pauschbeträge ansetzen.

Die folgende Übersicht zeigt, welche Möglichkeiten im Einzelnen bestehen.

Reisekosten

eines Arbeitnehmers — Dienstreise

Fahrtkosten
tatsächliche Aufwendungen
oder
pauschaler Kilometersatz

1. Kraftwagen — 0,30 €/km
2. Motorrad/Motorroller — 0,13 €/km
3. Moped/Mofa — 0,08 €/km
4. Fahrrad — 0,05 €/km

Verpflegungsmehraufwendungen
eintägige Dienstreisen
- ab 14 Stunden — 12 €
- ab 8 Stunden — 6 €
- unter 8 Stunden — 0 €

mehrtägige Dienstreisen
- ab 24 Stunden — 24 €

Übernachtungskosten
tatsächliche Aufwendungen
oder
Pauschbetrag — 20 €
Kürzungsbetrag für Frühstück — 4,50 €

Reisenebenkosten
tatsächliche Aufwendungen

eines Unternehmers — Geschäftsreise

Fahrtkosten
tatsächliche Aufwendungen
oder
pauschaler Kilometersatz

1. Kraftwagen — 0,30 €/km
2. Motorrad/Motorroller — 0,13 €/km
3. Moped/Mofa — 0,08 €/km
4. Fahrrad — 0,05 €/km

Verpflegungsmehraufwendungen
eintägige Geschäftsreisen
- ab 14 Stunden — 12 €
- ab 8 Stunden — 6 €
- unter 8 Stunden — 0 €

mehrtägige Geschäftsreisen
- ab 24 Stunden — 24 €

Übernachtungskosten
tatsächliche Aufwendungen

kein Pauschbetrag

Reisenebenkosten
tatsächliche Aufwendungen

Seit dem 20.12.2003 ist **gesetzlich** geregelt, dass der **Vorsteuerabzug** aus **Reisekosten** unter den allgemeinen Voraussetzungen des § 15 wieder **möglich** ist.

Ein Vorsteuerabzug ist lediglich aus den **tatsächlichen** Verpflegungskosten möglich, wenn die Umsatzsteuer auf der Rechnung **gesondert** ausgewiesen ist und auf den Namen des **Unternehmers** lautet bzw. eine **Kleinbetragsrechnung** vorliegt.
Die **über** den Pauschbeträgen liegenden **Anteile** der tatsächlichen Verpflegungsaufwendungen sind **nicht abzugsfähige Betriebsausgaben**.
Der Vorsteuerabzug aus **Reisekostenpauschbeträgen**, z.B. aus der Verpflegungspauschale, ist **ausgeschlossen**.

Die Reisekosten, die als Betriebsausgaben **abziehbar** sind, werden auf den folgenden **allgemeinen** Aufwandskonten gebucht:

>**6650 (4660) Reisekosten Arbeitnehmer** und
>
>**6670 (4670) Reisekosten Unternehmer**

Reisekosten, die **nicht** als Betriebsausgaben **abziehbar** sind, werden auf den folgenden Konten erfasst:

>**6652 (4662) Reisekosten Arbeitnehmer** (nicht abziehbarer Anteil)
>
>**6672 (4672) Reisekosten Unternehmer** (nicht abziehbarer Anteil)

Die Buchung kann anhand von **Einzelbelegen** oder nach **Pauschalbeträgen** erfolgen.

8.2.3.1 Buchung anhand von Einzelbelegen

Der Unternehmer kann nur bei **Einzelnachweis** den Vorsteuerabzug aus Reisekosten geltend machen.

Beispiel:
Der Unternehmer U, Köln, besucht in 2006 aus betrieblichen Gründen eine Messe in Leipzig. Die Dauer der Geschäftsreise beträgt 15 Stunden.
Dabei sind ihm folgende Aufwendungen entstanden, die er anhand von ordnungsgemäß ausgestellten Rechnungen (**Einzelbelegen**) nachweist:

	abziehbare BA	nicht abziehbare BA	Vorsteuer
1. **Fahrtkosten** für Bahnfahrt:	200,00 €		32,00 €
2. **Reisenebenkosten** für Taxifahrten:	60,00 €		4,20 €
3. **Verpflegungskosten**:	12,00 €	138,00 €	24,00 €
4. **Übernachtungskosten**:	250,00 €		40,00 €
	522,00 €	138,00 €	100,20 €

U kann anhand der Rechnungen (Einzelbelege) den **Vorsteuerabzug** in Höhe von **100,20 Euro** vornehmen, obwohl er nur Mehraufwendungen für Verpflegung von **12,00 Euro** als Betriebsausgaben absetzen kann.
Von den 150,00 € Verpflegungskosten sind **138,00 €** (150 € – 12 €) nicht abzugsfähige Betriebsausgaben.

Sollkonto	Betrag (€)	Habenkonto
6670 (4670) Reisekosten Unternehmer	522,00	**1600** (1000) Kasse
6672 (4672) Reisekosten U (n.abz.A.)	138,00	**1600** (1000) Kasse
1405 (1575) Vorsteuer 16 %	96,00	**1600** (1000) Kasse
1401 (1571) Vorsteuer 7 %	4,20	**1600** (1000) Kasse

Buchung:

S **6670** (4670) **Reisekosten Unternehmer** H   S   **1600** (1000) **Kasse**   H
            522,00   760,20

S **6672** (4672) **Reisekosten U (n.abz. A.)** H   S **1401** (1571) **Vorsteuer 7 %** H
            138,00   4,20

S   **1405** (1575) **Vorsteuer 16 %**   H
              96,00

Der **Vorsteuerabzug** wird auch bei Fahrtkosten für **Fahrzeuge des Personals**, soweit der **Unternehmer Leistungsempfänger** (Rechnungsempfänger) ist, unter den übrigen Voraussetzungen des § 15 UStG zugelassen.

8.2.3.2 Buchung nach Pauschalbeträgen

Werden die Reisekosten nach **Pauschbeträgen** abgerechnet, können seit dem 1.4.1999 **keine Vorsteuerbeträge** mehr abgezogen werden.

8.2.3.2.1 Kilometerpauschalen bei Geschäfts- und Dienstreisen

Benutzt der **Arbeitnehmer** für eine **Dienstreise** sein **eigenes** Fahrzeug, so kann der Arbeitgeber die Fahrtkosten dem Arbeitnehmer ohne Nachweis der tatsächlich entstandenen Kosten mit den **pauschalen Kilometersätzen** lohnsteuerfrei vergüten (R 38 Abs. 1 LStR). Wird dem **Arbeitnehmer** für die Auswärtstätigkeit ein **Kraftfahrzeug zur Verfügung gestellt**, dürfen die pauschalen Kilometersätze **nicht** steuerfrei erstattet werden (R 38 Abs. 4 Satz 4 LStR).

Beispiel:
Der **Arbeitnehmer** A fährt im Mai 2006 bei einer **Dienstreise** mit seinem **eigenen Pkw** von Frankfurt nach Kassel. Die **einfache** Entfernung beträgt **193 km**. A erhält von seinem Arbeitgeber den **pauschalen Kilometersatz** von **115,80 Euro** (193 km x 0,30 € x 2) bar ersetzt.

Der Arbeitgeber kann den Betrag von **115,80 Euro** als **Betriebsausgabe** geltend machen. Seit dem 1.4.1999 kann der Arbeitgeber aus diesem Betrag **keine Vorsteuer** mehr herausrechnen.

Buchungssatz:

Sollkonto	Betrag (€)	Habenkonto
6650 (4660) Reisekosten Arbeitnehmer	115,80	**1600** (1000) Kasse

Buchung:

S **6650** (4660) **Reisekosten Arbeitnehmer** H   S   **1600** (1000) **Kasse**   H
            115,80   115,80

8.2.3.2.2 Verpflegungspauschalen bei Geschäfts- und Dienstreisen

Nimmt ein **Unternehmer** aus Anlass einer **Geschäftsreise** im **Inland** für seine Mehraufwendungen für Verpflegung einen **Pauschbetrag** in Anspruch **oder** erstattet er seinem **Arbeitnehmer** aus Anlass einer **Dienstreise** im **Inland** die Aufwendungen für die Mehraufwendungen für Verpflegung nach Pauschbeträgen, so kann er diese Beträge als **Betriebsausgaben** geltend machen.

Seit 1.4.1999 kann der Arbeitgeber aus diesen Beträgen jedoch **keine Vorsteuer** mehr herausrechnen.

Beispiel:
Der **Arbeitnehmer** A ist am 13.12.2006 aus Anlass einer **Dienstreise 12 Stunden** außerhalb seiner regelmäßigen Arbeitsstätte tätig. Der Arbeitgeber erstattet A für Verpflegungsmehraufwendungen den **Pauschbetrag** von **6 Euro** bar.

Der Arbeitgeber kann den Betrag von **6 Euro** als **Betriebsausgabe** absetzen. Er kann aber aus diesem Betrag **keine Vorsteuer** mehr herausrechnen.

Buchungssatz:

Sollkonto	Betrag (€)	Habenkonto
6650 (4660) Reisekosten Arbeitnehmer	6,00	**1600** (1000) Kasse

Buchung:

S **6650** (4660) **Reisekosten Arbeitnehmer** H   S **1600** (1000) **Kasse** H
                  6,00   6,00

8.2.3.2.3 Übernachtungspauschale bei Dienstreisen

Erstattet der Unternehmer seinem **Arbeitnehmer** aus Anlass einer **Dienstreise** im **Inland** die Aufwendungen für Übernachtung nach Pauschbeträgen, so kann er diese Beträge als **Betriebsausgaben** geltend machen.
Seit 1.4.1999 kann der Arbeitgeber aus diesen Beträgen jedoch **keine Vorsteuer** mehr herausrechnen.

Beispiel:
Der **Arbeitnehmer** A erhält von seinem Arbeitgeber aus Anlass einer **Dienstreise** im August 2006 **Pauschbeträge** für Übernachtungskosten (mit Frühstück) in Höhe von **31 Euro** [(20 € x 2) – (4,50 € x 2)] bar erstattet.

Der Arbeitgeber kann den Betrag von **31 Euro** als **Betriebsausgabe** absetzen. Er kann aber aus diesem Betrag **keine Vorsteuer** mehr herausrechnen.

Buchungssatz:

Sollkonto	Betrag (€)	Habenkonto
6650 (4660) Reisekosten Arbeitnehmer	31,00	1600 (1000) Kasse

Buchung:

S 6650 (4660) **Reisekosten Arbeitnehmer** H	S **1600** (1000) **Kasse** H
31,00	31,00

Übung: 1. Wiederholungsfragen 16 bis 19 (Seite 400),
2. Übungsaufgaben 15 bis 17 (Seite 404)

8.3 Erfolgskontrolle

WIEDERHOLUNGSFRAGEN

1. Was sind Steuern?
2. Was versteht man unter Betriebssteuern?
3. Wie sind abzugsfähige Betriebssteuern buchmäßig zu behandeln, die bei der Anschaffung eines Wirtschaftsgutes anfallen?
4. Wie sind abzugsfähige Betriebssteuern buchmäßig zu behandeln, die nicht zu den Anschaffungskosten gehören?
5. Welche Betriebssteuern sind steuerlich nicht abzugsfähig?
6. Was versteht man unter Privatsteuern?
7. Welche Privatsteuern kennen Sie?
8. Welche steuerlichen Nebenleistungen gibt es?
9. Wonach richtet sich die Abzugsfähigkeit der steuerlichen Nebenleistungen bei der Gewinnermittlung?
10. Wie wird der innergemeinschaftliche Erwerb buchmäßig behandelt?
11. Wie wird die innergemeinschaftliche Lieferung buchmäßig behandelt?
12. Wie wird die steuerfreie Ausfuhrlieferung buchmäßig behandelt?
13. Wie wird die Leistung im Sinne des § 13b UStG buchmäßig behandelt?
14. Wie sind die Betriebsausgaben i.S.d. § 4 Abs. 5 Nr. 1 EStG buchmäßig zu behandeln?
15. Wie werden Geschenke buchmäßig behandelt?
16. Welche Reisekosten können nur in tatsächlicher Höhe geltend gemacht werden?
17. Welche Reisekosten können nur als Pauschbeträge geltend gemacht werden?
18. Welche Reisekostenarten können entweder in tatsächlicher Höhe oder als Pauschbetrag geltend gemacht werden?
19. Wie werden Reisekosten bei der Pauschalierung buchmäßig behandelt?

ÜBUNGSAUFGABEN

Übungsaufgabe 1:

Welche der nachstehenden Steuern ist in der Regel aktivierungspflichtig?

1. Grundsteuer
2. Einkommensteuer
3. Grunderwerbsteuer
4. Gewerbesteuer

Übungsaufgabe 2:

Der Unternehmer Adams, der zum Vorsteuerabzug berechtigt ist, hat 2006 ein unbebautes Betriebsgrundstück zum Kaufpreis von 50.000 Euro gegen Bankscheck gekauft.
Außerdem wurden durch Banküberweisung gezahlt:

Grunderwerbsteuer (3,5 % von 50.000 €)	1.750,00 €
Notargebühren (800 € + 128 € USt)	928,00 €
Grundbuchgebühr	650,00 €

Zur teilweisen Finanzierung des Grundstücks hat Adam ein Darlehen bei seiner Bank aufgenommen. Die Bank hat ihm im Anschaffungsjahr berechnet:

Zinsen	3.400,00 €
Damnum (Bearbeitungsgebühren)	500,00 €

1. Ermitteln Sie die Anschaffungskosten des Grundstücks.
2. Bilden Sie die Buchungssätze für die Anschaffung des Grundstücks.

Übungsaufgabe 3:

Der Unternehmer Becker, der zum Vorsteuerabzug berechtigt ist, hat 2006 ein bebautes Betriebsgrundstück zum Preis von 500.000 Euro gegen Bankscheck gekauft. Von diesem Kaufpreis entfallen 100.000 Euro auf Grund und Boden.
Außerdem wurden durch Banküberweisung gezahlt:

Grunderwerbsteuer (3,5 % von 500.000 €)	17.500,00 €
Notargebühr (5.000 € + 800 € USt)	5.800,00 €
Grundbuchgebühr	5.000,00 €

1. Ermitteln Sie die Anschaffungskosten für den Grund und Boden und für das Gebäude.
2. Bilden Sie die Buchungssätze.

Übungsaufgabe 4:

Bilden Sie die Buchungssätze für folgende Geschäftsvorfälle:

1. Wir überweisen vom betrieblichen Bankkonto

Einkommensteuer	2.000,00 €
Kirchensteuer	180,00 €
Solidaritätszuschlag	150,00 €

   für den Unternehmer.

2. Wir überweisen durch Postbank

Gewerbesteuer-Vorauszahlung	800,00 €
Grundsteuer für das Betriebsgrundstück	300,00 €

3. Der Spediteur Will berechnet uns für eine Wareneinfuhr Einfuhrabgaben (Einfuhrzoll)   3.000,00 €

4. Wir überweisen durch Bank Grunderwerbsteuer in Höhe von   7.000,00 €
   an das Finanzamt für den Erwerb eines unbebauten Betriebsgrundstücks.

5. Wir überweisen durch Postbank Kfz-Steuer für den betrieblichen Pkw an das Finanzamt   780,00 €

6. Das Finanzamt erstattet überzahlte Einkommen- und Kirchensteuer des Unternehmers auf das betriebliche Postbankkonto   3.270,00 €

7. Aufgrund einer Außenprüfung zahlen wir durch
Bank folgende Steuern für Vorjahre nach
   Gewerbesteuer   600,00 €
   Einkommensteuer   500,00 €
   Kirchensteuer   45,00 €
8. Wir haben ein bebautes Grundstück zum Preis
von 300.000 € gekauft. Vom Kaufpreis ent-
fallen 45.000 € auf Grund und Boden und
255.000 € auf Geschäftsgebäude.
Wir überweisen die Grunderwerbsteuer von   10.500,00 €
an das Finanzamt durch Bank.
Bilden Sie nur den Buchungssatz für die Steuerzahlung.
9. Wir überweisen die Grunderwerbsteuer von   28.000,00 €
vom betrieblichen Bankkonto für ein Grundstück,
das zum Privatvermögen des Unternehmers gehört.
10. Die Gemeindekasse erstattet auf das
betriebliche Postbankkonto Grundsteuer
in Höhe von   200,00 €
für das Einfamilienhaus des Unternehmers.
11. Wir überweisen vom betrieblichen Bankkonto
   Säumniszuschlag auf ESt   70,00 €
   Säumniszuschlag auf GewSt   80,00 €

Übungsaufgabe 5:

Der niederländische Lieferer U versendet mit der Eisenbahn Ware für 15.000,00 € netto an den Unternehmer A in Köln, der die Ware für sein Unternehmen verwendet. Die Versendung beginnt am 26.07.2006 in Amsterdam und endet am 27.07.2006 in Köln. U und A sind Unternehmer mit USt-IdNrn. U liefert auf Ziel.

Bilden Sie den Buchungssatz für den Unternehmer A.

Übungsaufgabe 6:

Der deutsche Unternehmer U mit deutscher USt-IdNr., Erfurt, versendet 2006 mit der Bahn eine Maschine für 50.000,00 € netto an den italienischen Unternehmer A mit italienischer USt-IdNr., der die Maschine in seinem Unternehmen einsetzt. U liefert auf Ziel.

Bilden Sie den Buchungssatz für den Unternehmer U.

Übungsaufgabe 7:

Im August 2006 liefert Einzelunternehmer Friedrich Froh aus Fürstenfeldbruck Waren auf Ziel an einen Kunden in Kanada.
Der Warenwert beträgt 1.350 € netto und die in Rechnung gestellte Luftfracht 150 € netto.

Bilden Sie den Buchungssatz für den Unternehmer Froh.

Übungsaufgabe 8:

Der in Bern (Schweiz) ansässige Unternehmer U errichtet 2006 in München für den Unternehmer A eine Montagehalle für 150.000,00 Euro netto auf Ziel.

Bilden Sie den Buchungssatz für den Unternehmer A.

Übungsaufgabe 9:

Der Büromaschinenhändler Järgen, Köln, kauft im Dezember 2006 gegen Bankscheck für 875 € (netto) zuzüglich 140 € USt versilberte Kugelschreiber, die er guten Kunden zu Weihnachten schenkt. Die Anschaffungskosten haben je Kugelschreiber 35 € (netto) betragen. Andere Geschenke haben die Kunden in diesem Wirtschaftsjahr von Järgen nicht bekommen.

1. Bilden Sie den Buchungssatz für den Kauf der Kugelschreiber.
2. Wie sind die Geschenke bei der Ermittlung des steuerlichen Gewinns zu behandeln?

Übungsaufgabe 10:

Der Gewerbetreibende U, Koblenz, will zu Weihnachten treuen Kunden silberne Kugelschreiber schenken. Im November 2006 kauft er 60 silberne Kugelschreiber zu je 50 € = 3.000 € + 480 € USt = 3.480,00 € und begleicht den Betrag durch Banküberweisung. Im Dezember 2006 schenkt U seinen Kunden die im November 2006 gekauften silbernen Kugelschreiber.

Bilden Sie den Buchungssatz für die Geschenke der Kugelschreiber.

Übungsaufgabe 11:

Der Fabrikant Willi Müller, Ulm, kauft im November 2006 von dem französischen Unternehmer Jean Filou, Metz, 100 Brieftaschen zu je 40,00 €. Die Lieferung ging am 08.11.2006 ein, die Rechnung lag bei. Müller möchte die Brieftaschen seinen besten Kunden zu Weihnachten schenken.

Bilden Sie den Buchungssatz für die Eingangsrechnung. Die USt-IdNrn. der Unternehmer sind bekannt.

Übungsaufgabe 12:

Der bilanzierende Gewerbetreibende Heiner Boettinger, Mannheim, hat im November 2006 Geschenke (35,00 €/Stück) für seine Geschäftsfreunde gekauft; die Eingangsrechnung wurde ordnungsgemäß gebucht.
Ein Geschenk übergab Boettinger dem Inhaber eines Fitness-Studios, weil er dort Stammkunde ist.

Bilden Sie den Buchungssatz.

Übungsaufgabe 13:

Der Großhändler Gillot, Frankfurt, hat im Mai 2006 während einer mehrtägigen Geschäftsreise zwei Kunden eingeladen und bewirtet. Dadurch sind ihm Kosten in Höhe von insgesamt 180,00 € (netto) zuzüglich 16 % USt entstanden, die angemessen sind. Von den Kosten entfallen 60,00 € auf ihn selbst. Die belegmäßig nachgewiesenen Kosten wurden bar bezahlt.

1. Bilden Sie den Buchungssatz für die Bewirtungsaufwendungen.
2. Wie sind die Aufwendungen bei der Ermittlung des steuerlichen Gewinns zu behandeln?

Übungsaufgabe 14:

Der Bauunternehmer Krank, Kiel, hat im Juni 2006 einen Kunden zum Mittagessen in ein Gourmet-Restaurant eingeladen. Dadurch sind ihm Kosten in Höhe von insgesamt 300,00 € (netto) zuzüglich 16 % USt entstanden. Von diesem Betrag können nach der allgemeinen Verkehrsauffassung 160,00 € (netto) als angemessen angesehen werden.

1. Bilden Sie den Buchungssatz für die Bewirtungsaufwendungen.
2. Wie sind die Aufwendungen bei der Ermittlung des steuerlichen Gewinns zu behandeln?

Übungsaufgabe 15:

Der Unternehmer U, Bonn, der zum Vorsteuerabzug berechtigt ist, unternimmt im Dezember 2006 mit seinem privaten Pkw eine dreitägige Geschäftsreise im Inland mit zwei Übernachtungen. Die einfache Entfernung beträgt 270 km.
Die Reisekosten werden bar aus der Geschäftskasse erstattet.

1. Ermitteln Sie den Betrag für die Kilometerpauschale, die der Unternehmer als Betriebsausgabe absetzen kann.
2. Bilden Sie den Buchungssatz.

Übungsaufgabe 16:

Sachverhalt wie in Übungsaufgabe 15 mit dem Unterschied, dass die Reise von einem Arbeitnehmer unternommen wird. Der Arbeitnehmer bekommt von seinem Arbeitgeber die lohnsteuerrechtlich zulässige Kilometerpauschale steuerfrei bar erstattet.

1. Ermitteln Sie den Betrag für die Kilometerpauschale, die der Unternehmer als Betriebsausgabe absetzen kann.
2. Bilden Sie den Buchungssatz.

Übungsaufgabe 17:

Der Arbeitnehmer A führt im September 2006 mit seinem eigenen Pkw im Auftrag seines Arbeitgebers, der zum Vorsteuerabzug berechtigt ist, eine viertägige Dienstreise im Inland mit drei Übernachtungen durch. Die Dauer der Dienstreise betrug am 1. Tag 12 Stunden, am 2. Tag 24 Stunden, am 3. Tag 24 Stunden und am 4. Tag 11 Stunden.
Der Arbeitgeber erstattet ihm die lohnsteuerrechtlich zulässigen Beträge bar für die Kilometerpauschale mit dem eigenen Pkw (einfache Entfernung 150 km), die Verpflegungspauschale und die Übernachtungspauschale (ohne Frühstück).

1. Ermitteln Sie den Betrag für die Kilometerpauschale, die Verpflegungspauschale und die Übernachtungspauschale, die der Unternehmer als Betriebsausgabe absetzen kann.
2. Bilden Sie den Buchungssatz.

Zusammenfassende Erfolgskontrolle

Der Unternehmer Klaus Kollmann, Worms, hat durch Inventur folgende Bestände ermittelt:

	EUR
0235 (0085) Bebaute Grundstücke	45.000,00
0240 (0090) Geschäftsbauten	120.000,00
0520 (0320) Pkw	45.000,00
0640 (0430) Ladeneinrichtung	65.000,00
1140 (3980) Bestand Waren (AB)	175.000,00
1200 (1400) Forderungen aLuL	133.900,00
1403 (1573) Vorsteuer aus innergemeinschaftlichem Erwerb	0,00
1405 (1575) Vorsteuer 16 %	0,00
1800 (1200) Bankguthaben	53.800,00
1600 (1000) Kasse	7.300,00
3300 (1600) Verbindlichkeiten aLuL	169.200,00
3720 (1740) Verbindlichkeiten aus Lohn und Gehalt	0,00
3730 (1741) Verbindlichkeiten aus LSt/KiSt	5.620,00
3740 (1742) Verbindlichkeiten im Rahmen der sozialen Sicherheit	6.480,00
3770 (1750) Verbindlichkeiten aus Vermögensbildung	0,00
3790 (1755) Lohn- und Gehaltsverrechnung	0,00
3803 (1773) Umsatzsteuer aus innergemeinschaftlichem Erwerb	0,00
3805 (1775) Umsatzsteuer 16 %	18.700,00
2100 (1800) Privatentnahmen	0,00
2000 (0800) Eigenkapital	?

Neben den obigen Bestandskonten sind folgende Erfolgskonten zu führen:
5200 (3200), **4200** (8200), **4645** (8921), **4646** (8922), **6020** (4120), **6080** (4170), **6110** (4130), **5425** (3425), **6640** (4650), **6644** (4654), **6220** (4830), **6221** (4831), **6222** (4832)

Geschäftsvorfälle

			EUR
1. Banküberweisung der USt-Schuld			18.700,00
2. Kauf von Waren auf Ziel, netto	142.000 €		
+ USt	22.720 €		164.720,00
3. Warenverkauf auf Ziel, netto	507.000 €		
+ USt	81.120 €		588.120,00
4. Kollmann verwendet sein Neufahrzeug lt. Fahrtenbuch zu 30 % für private Zwecke. Die gesamten Pkw-Kosten (einschl. der AfA) haben in 2006 betragen.			14.000,00
Davon entfallen auf Kfz-Steuer und Kfz-Versicherung			4.000,00
5. Kollmann benutzt sein gemietetes Geschäftstelefon zu 20 % für private Zwecke. Die gesamten Telefonkosten haben 2006 betragen. Die Vorsteuer wurde ordnungsgemäß gekürzt.			6.000,00

	EUR
6. Bruttogehalt	2.122,00
+ vwL (vom Arbeitgeber getragen)	39,17
steuer- und sozialversicherungspflichtiges Gehalt	2.161,17
– Lohnsteuer/Kirchensteuer/Solidaritätszuschlag	– 348,44
– Sozialversicherungsbeiträge	– 473,29
Nettogehalt	1.339,44
– abzuführende vwL	– 39,17
= Auszahlung	1.300,27
Das Nettogehalt wird durch Bank überwiesen.	
Arbeitgeberanteil zur Sozialversicherung, noch nicht abgeführt	448,44
7. Kollmann erwirbt im Dezember 2006 von einem französischen Lieferer Ware auf Ziel für netto Kollmann und der Lieferer sind Unternehmer mit USt-IdNrn.	10.000,00
8. Kollmann hat im Dezember 2006 in einer Kölner Gaststätte für die Bewirtung von Geschäftsfreunden bar aufgewendet 600 € + 96 € USt = Die Aufwendungen sind angemessen und werden durch einen ordnungsgemäß ausgestellten Beleg nachgewiesen.	696,00

Abschlussangaben

	EUR
9. Warenbestand lt. Inventur Der innergemeinschaftliche Erwerb von 10.000 Euro ist sofort verkauft worden.	60.000,00
10. Abschreibung auf Geschäftsbauten	4.000,00
11. Abschreibung auf Pkw	5.000,00
12. Abschreibung auf Ladeneinrichtung	15.000,00

Aufgaben

1. Bilden Sie die Buchungssätze. Tz. 6 ist nach der Verrechnungsmethode zu kontieren.
2. Tragen Sie die Anfangsbestände auf den Konten vor.
3. Buchen Sie die Geschäftsvorfälle.
4. Schließen Sie die Konten ab.
5. Ermitteln Sie den handelsrechtlichen Gewinn.
6. Ermitteln Sie außerhalb der Buchführung den steuerrechtlichen Gewinn.

Weitere Aufgaben mit Lösungen finden Sie im **Lösungsbuch** der Buchführung 1.

DATEV-Kontenrahmen nach dem Bilanzrichtlinien-Gesetz
Standardkontenrahmen (SKR) 04 – (Abschlussgliederungsprinzip)
Gültig ab 2006

Anhang 1 DATEV

Bilanz-Posten[2]	Programm-verbindung[4]	0 Anlagevermögenskonten		Bilanz-Posten[2]	Programm-verbindung[4]	0 Anlagevermögenskonten	
			Ausstehende Einlagen auf das gezeichnete Kapital	Grundstücke, grundstücks-gleiche Rechte und Bauten einschließlich der Bauten auf fremden Grundstücken		0250	Fabrikbauten
Ausstehende Einlagen auf das gezeichnete Kapital		0001	Ausstehende Einlagen auf das gezeichnete Kapital, nicht eingefordert (Aktivausweis)			0260	Andere Bauten
						0270	Garagen
						0280	Außenanlagen für Geschäfts-, Fabrik- und andere Bauten
		0040	Ausstehende Einlagen auf das gezeichnete Kapital, eingefordert (Aktivausweis)			0285	Hof- und Wegebefestigungen
						0290	Einrichtungen für Geschäfts-, Fabrik- und andere Bauten
						0300	Wohnbauten
Sonstige Aktiva oder *sonstige* Passiva		0050 -59	Ausstehende Einlagen auf das Komplementär-Kapital, nicht eingefordert			0305	Garagen
						0310	Außenanlagen
						0315	Hof- und Wegebefestigungen
		0060 -69	Ausstehende Einlagen auf das Komplementär-Kapital, eingefordert			0320	Einrichtungen für Wohnbauten
						0329	Gebäudeteil des häuslichen Arbeitszimmers[1)13)]
		0070 -79	Ausstehende Einlagen auf das Kommandit-Kapital, nicht eingefordert			0330	Bauten auf fremden Grundstücken
						0340	Geschäftsbauten
						0350	Fabrikbauten
		0080 -89	Ausstehende Einlagen auf das Kommandit-Kapital, eingefordert			0360	Wohnbauten
						0370	Andere Bauten
						0380	Garagen
			Aufwendungen für die Ingangsetzung und Erweiterung des Geschäftsbetriebs			0390	Außenanlagen
						0395	Hof- und Wegebefestigungen
Aufwendungen für die Ingangsetzung und Erweiterung des Geschäftsbetriebs		0095	Aufwendungen für die Ingangsetzung und Erweiterung des Geschäftsbetriebs			0398	Einrichtungen für Geschäfts-, Fabrik-, Wohn- und andere Bauten
				Technische Anlagen und Maschinen		**0400**	**Technische Anlagen und Maschinen**
						0420	Technische Anlagen
Aufwendungen für die Währungsumstellung auf den Euro		0096	Aufwendungen für die Währungsumstellung auf den Euro			0440	Maschinen
						0460	Maschinengebundene Werkzeuge
						0470	Betriebsvorrichtungen
			Anlagevermögen	Andere Anlagen, Betriebs- und Geschäftsausstattung		**0500**	**Andere Anlagen, Betriebs- und Geschäftsausstattung**
			Immaterielle Vermögensgegenstände			0510	Andere Anlagen
						0520	Pkw
						0540	Lkw
Konzessionen, gewerbliche Schutzrechte und ähnliche Rechte und Werte sowie Lizenzen an solchen Rechten und Werten		0100	Konzessionen, gewerbliche Schutzrechte und ähnliche Rechte und Werte sowie Lizenzen an solchen Rechten und Werten			0560	Sonstige Transportmittel
						0620	Werkzeuge
						0640	Ladeneinrichtung
						0650	Büroeinrichtung
		0110	Konzessionen			0660	Gerüst- und Schalungsmaterial
		0120	Gewerbliche Schutzrechte			0670	Geringwertige Wirtschaftsgüter bis 410 Euro
		0130	Ähnliche Rechte und Werte			0680	Einbauten in fremde Grundstücke
		0135	EDV-Software				
		0140	Lizenzen an gewerblichen Schutzrechten und ähnlichen Rechten und Werten			0690	Sonstige Betriebs- und Geschäftsausstattung
				Geleistete Anzahlungen und Anlagen im Bau		**0700**	**Geleistete Anzahlungen und Anlagen im Bau**
Geschäfts- oder Firmenwert		0150	Geschäfts- oder Firmenwert			0705	Anzahlungen auf Grundstücke und grundstücksgleiche Rechte ohne Bauten
Verschmelzungsmehrwert		0160	Verschmelzungsmehrwert				
						0710	Geschäfts-, Fabrik- und andere Bauten im Bau auf eigenen Grundstücken
Geleistete Anzahlungen		0170	Geleistete Anzahlungen auf immaterielle Vermögensgegenstände			0720	Anzahlungen auf Geschäfts-, Fabrik- und andere Bauten auf eigenen Grundstücken und grundstücksgleichen Rechten
		0179	Anzahlungen auf Geschäfts- oder Firmenwert			0725	Wohnbauten im Bau
			Sachanlagen			0735	Anzahlungen auf Wohnbauten auf eigenen Grundstücken und grundstücksgleichen Rechten
Grundstücke, grundstücks-gleiche Rechte und Bauten einschließlich der Bauten auf fremden Grundstücken		0200	Grundstücke, grundstücksgleiche Rechte und Bauten einschließlich der Bauten auf fremden Grundstücken			0740	Geschäfts-, Fabrik- und andere Bauten im Bau auf fremden Grundstücken
		0210	Grundstücke und grundstücksgleiche Rechte ohne Bauten			0750	Anzahlungen auf Geschäfts-, Fabrik- und andere Bauten auf fremden Grundstücken
		0215	Unbebaute Grundstücke			0755	Wohnbauten im Bau
		0220	Grundstücksgleiche Rechte (Erbbaurecht, Dauerwohnrecht)			0765	Anzahlungen auf Wohnbauten auf fremden Grundstücken
		0225	Grundstücke mit Substanzverzehr				
		0229	Grundstücksanteil des häuslichen Arbeitszimmers[1)13)]			0770	Technische Anlagen und Maschinen im Bau
		0230	Bauten auf eigenen Grundstücken und grundstücksgleichen Rechten			0780	Anzahlungen auf technische Anlagen und Maschinen
		0235	Grundstückswerte eigener bebauter Grundstücke			0785	Andere Anlagen, Betriebs- und Geschäftsausstattung im Bau
		0240	Geschäftsbauten			0795	Anzahlungen auf andere Anlagen, Betriebs- und Geschäftsausstattung

Bilanz-Posten[2]	Programmverbindung[4]	0 Anlagevermögenskonten	Bilanz-Posten[2]	Programmverbindung[4]	1 Umlaufvermögenskonten	
		Finanzanlagen		KU	1000-1179	
Anteile an verbundenen Unternehmen		0800 Anteile an verbundenen Unternehmen		V	1180-1189	
		0809 Anteile an herrschender oder mit Mehrheit beteiligter Gesellschaft		M	1190-1199	
				KU	1200-1899	
				Vorräte		
			Roh-, Hilfs- und Betriebsstoffe	1000 -39	Roh-, Hilfs- und Betriebsstoffe (Bestand)	
Ausleihungen an verbundene Unternehmen		0810 Ausleihungen an verbundene Unternehmen	Unfertige Erzeugnisse, unfertige Leistungen	1040 -49	Unfertige Erzeugnisse, unfertige Leistungen (Bestand)	
				1050 -79	Unfertige Erzeugnisse	
Beteiligungen		0820 **Beteiligungen** 0829 Beteiligung einer GmbH & Co. KG an einer Komplementär GmbH		1080 -89	Unfertige Leistungen	
		0830 Typisch stille Beteiligungen 0840 Atypisch stille Beteiligungen 0850 Andere Beteiligungen an Kapitalgesellschaften	In Ausführung befindliche Bauaufträge	1090 -94	In Ausführung befindliche Bauaufträge	
		0860 Andere Beteiligungen an Personengesellschaften	In Arbeit befindliche Aufträge	1095 -99	In Arbeit befindliche Aufträge	
Ausleihungen an Unternehmen, mit denen ein Beteiligungsverhältnis besteht		0880 **Ausleihungen an Unternehmen, mit denen ein Beteiligungsverhältnis besteht**	Fertige Erzeugnisse und Waren	1100 -09 1110 -39 1140 -79	Fertige Erzeugnisse und Waren (Bestand) Fertige Erzeugnisse (Bestand) Waren (Bestand)	
Wertpapiere des Anlagevermögens		0900 **Wertpapiere des Anlagevermögens** 0910 Wertpapiere mit Gewinnbeteiligungsansprüchen 0920 Festverzinsliche Wertpapiere	Geleistete Anzahlungen	1180 AV 1181 R 1182 -83 AV 1184 AV 1185 R 1186	Geleistete Anzahlungen auf Vorräte Geleistete Anzahlungen 7 % Vorsteuer Geleistete Anzahlungen 16 % Vorsteuer Geleistete Anzahlungen 15 % Vorsteuer	
Sonstige Ausleihungen		0930 **Sonstige Ausleihungen** 0940 Darlehen 0960 Ausleihungen an Gesellschafter 0970 Ausleihungen an nahe stehende Personen				
Genossenschaftsanteile		0980 **Genossenschaftsanteile zum langfristigen Verbleib**	Erhaltene Anzahlungen auf Bestellungen	1190	Erhaltene Anzahlungen auf Bestellungen (von Vorräten offen abgesetzt)	
Rückdeckungsansprüche aus Lebensversicherungen		0990 **Rückdeckungsansprüche aus Lebensversicherungen zum langfristigen Verbleib**			**Forderungen und sonstige Vermögensgegenstände**	
			Forderungen aus Lieferungen und Leistungen oder *sonstige Verbindlichkeiten*	S 1200 R 1201 -06 F 1210 -14	Forderungen aus Lieferungen und Leistungen Forderungen aus Lieferungen und Leistungen Forderungen aus Lieferungen und Leistungen ohne Kontokorrent	
				F 1215	Forderungen aus Lieferungen und Leistungen zum allgemeinen Umstzsteuersatz oder eines Kleinunternehmers (EÜR)[13]	
				F 1216	Forderungen aus Lieferungen und Leistungen zum ermäßigten Umsatzsteuersatz (EÜR)[13]	
				F 1217	Forderungen aus steuerfreien oder nicht steuerbaren Lieferungen und Leistungen (EÜR)[13]	
				F 1218	Forderungen aus Lieferungen und Leistungen nach Durchschnittssätzen gemäß § 24 UStG (EÜR)[13]	
				F 1219	Gegenkonto 1215-1218 bei Aufteilung der Forderungen nach Steuersätzen (EÜR)[13]	
				F 1220	Forderungen nach § 11 Abs. 1 Satz 2 EStG für § 4/3 EStG	
				F 1221	Forderungen aus Lieferungen und Leistungen ohne Kontokorrent – Restlaufzeit bis 1 Jahr	
				F 1225 F 1230	– Restlaufzeit größer 1 Jahr Wechsel aus Lieferungen und Leistungen	
				F 1231 F 1232	– Restlaufzeit bis 1 Jahr – Restlaufzeit größer 1 Jahr	

SKR 04

Bilanz-Posten[2]	Programm-verbindung[4]	Umlaufvermögenskonten	Bilanz-Posten[2]	Programm-verbindung[4]	Umlaufvermögenskonten
Forderungen aus Lieferungen und Leistungen oder *sonstige Verbindlichkeiten*	F 1235 F 1240 F 1241 F 1245	Wechsel aus Lieferungen und Leistungen, bundesbankfähig Zweifelhafte Forderungen – Restlaufzeit bis 1 Jahr – Restlaufzeit größer 1 Jahr	Forderungen gegen Unternehmen, mit denen ein Beteiligungsverhältnis besteht H-Saldo		1296 Wertberichtigungen zu Forderungen mit einer Restlaufzeit bis zu 1 Jahr gegen Unternehmen, mit denen ein Beteiligungsverhältnis besteht 1297 Wertberichtigungen zu Forderungen mit einer Restlaufzeit von mehr als 1 Jahr gegen Unternehmen, mit denen ein Beteiligungsverhältnis besteht
Forderungen aus Lieferungen und Leistungen H-Saldo		1246 Einzelwertberichtigungen zu Forderungen mit einer Restlaufzeit bis zu 1 Jahr 1247 Einzelwertberichtigungen zu Forderungen mit einer Restlaufzeit von mehr als 1 Jahr 1248 Pauschalwertberichtigungen zu Forderungen mit einer Restlaufzeit bis zu 1 Jahr 1249 Pauschalwertberichtigungen zu Forderungen mit einer Restlaufzeit von mehr als 1 Jahr	Eingeforderte, noch ausstehende Kapitaleinlagen		1298 Ausstehende Einlagen auf das gezeichnete Kapital, eingefordert (Forderungen, nicht eingeforderte ausstehende Einlagen s. Konto 2910)
			Eingeforderte Nachschüsse		1299 Eingeforderte Nachschüsse (Gegenkonto 2929)
Forderungen aus Lieferungen und Leistungen oder *sonstige Verbindlichkeiten*	F 1250 F 1251 F 1255	Forderungen aus Lieferungen und Leistungen gegen Gesellschafter – Restlaufzeit bis 1 Jahr – Restlaufzeit größer 1 Jahr	Sonstige Vermögensgegenstände		1300 Sonstige Vermögensgegenstände 1301 – Restlaufzeit bis 1 Jahr 1305 – Restlaufzeit größer 1 Jahr 1310 Forderungen gegen Vorstandsmitglieder und Geschäftsführer
Forderungen aus Lieferungen und Leistungen H-Saldo		1258 Gegenkonto zu sonstigen Vermögensgegenständen bei Buchungen über Debitorenkonto			1311 – Restlaufzeit bis 1 Jahr 1315 – Restlaufzeit größer 1 Jahr 1320 Forderungen gegen Aufsichtsrats- und Beirats-Mitglieder
Forderungen aus Lieferungen und Leistungen H-Saldo oder *sonstige Verbindlichkeiten* S-Saldo		1259 Gegenkonto 1221-1229, 1250-1257, 1270-1279, 1290-1297 bei Aufteilung Debitorenkonto			1321 – Restlaufzeit bis 1 Jahr 1325 – Restlaufzeit größer 1 Jahr 1330 Forderungen gegen Gesellschafter 1331 – Restlaufzeit bis 1 Jahr 1335 – Restlaufzeit größer 1 Jahr 1340 Forderungen gegen Personal aus Lohn- und Gehaltsabrechnung
Forderungen gegen verbundene Unternehmen oder *Verbindlichkeiten gegenüber verbundenen Unternehmen*		1260 **Forderungen gegen verbundene Unternehmen** 1261 – Restlaufzeit bis 1 Jahr 1265 – Restlaufzeit größer 1 Jahr 1266 Besitzwechsel gegen verbundene Unternehmen 1267 – Restlaufzeit bis 1 Jahr 1268 – Restlaufzeit größer 1 Jahr 1269 Besitzwechsel gegen verbundene Unternehmen, bundesbankfähig			1341 – Restlaufzeit bis 1 Jahr 1345 – Restlaufzeit größer 1 Jahr 1350 Kautionen 1351 – Restlaufzeit bis 1 Jahr 1355 – Restlaufzeit größer 1 Jahr 1360 Darlehen 1361 – Restlaufzeit bis 1 Jahr 1365 – Restlaufzeit größer 1 Jahr
	F 1270 F 1271 F 1275	Forderungen aus Lieferungen und Leistungen gegen verbundene Unternehmen – Restlaufzeit bis 1 Jahr – Restlaufzeit größer 1 Jahr	Sonstige Vermögensgegenstände oder *sonstige Verbindlichkeiten*		1370 Durchlaufende Posten 1374 Fremdgeld
			Sonstige Vermögensgegenstände		1375 Agenturwarenabrechnung
Forderungen gegen verbundene Unternehmen H-Saldo		1276 Wertberichtigungen zu Forderungen mit einer Restlaufzeit bis zu 1 Jahr gegen verbundene Unternehmen 1277 Wertberichtigungen zu Forderungen mit einer Restlaufzeit von mehr als 1 Jahr gegen verbundene Unternehmen	Sonstige Vermögensgegenstände oder *sonstige Verbindlichkeiten*	U U	F 1376 Nachträglich abziehbare Vorsteuer, § 15a Abs. 2 UStG[1] F 1377 Zurückzuzahlende Vorsteuer, § 15a Abs. 2 UStG[1]
			Sonstige Vermögensgegenstände		1378 Ansprüche aus Rückdeckungsversicherungen 1390 GmbH-Anteile zum kurzfristigen Verbleib 1395 Genossenschaftsanteile zum kurzfristigen Verbleib
Forderungen gegen Unternehmen, mit denen ein Beteiligungsverhältnis besteht oder *Verbindlichkeiten gegenüber Unternehmen, mit denen ein Beteiligungsverhältnis besteht*		1280 **Forderungen gegen Unternehmen, mit denen ein Beteiligungsverhältnis besteht** 1281 – Restlaufzeit bis 1 Jahr 1285 – Restlaufzeit größer 1 Jahr 1286 Besitzwechsel gegen Unternehmen, mit denen ein Beteiligungsverhältnis besteht 1287 – Restlaufzeit bis 1 Jahr 1288 – Restlaufzeit größer 1 Jahr 1289 Besitzwechsel gegen Unternehmen, mit denen ein Beteiligungsverhältnis besteht, bundesbankfähig F 1290 Forderungen aus Lieferungen und Leistungen gegen Unternehmen, mit denen ein Beteiligungsverhältnis besteht F 1291 – Restlaufzeit bis 1 Jahr F 1295 – Restlaufzeit größer 1 Jahr	Sonstige Vermögensgegenstände oder *sonstige Verbindlichkeiten*	U U U U U U U	F 1396 Nachträglich abziehbare Vorsteuer, § 15a Abs. 1 UStG, bewegliche Wirtschaftsgüter F 1397 Zurückzuzahlende Vorsteuer, § 15a Abs. 1 UStG, bewegliche Wirtschaftsgüter F 1398 Nachträglich abziehbare Vorsteuer, § 15a Abs. 1 UStG, unbewegliche Wirtschaftsgüter F 1399 Zurückzuzahlende Vorsteuer, § 15a Abs. 1 UStG, unbewegliche Wirtschaftsgüter S 1400 Abziehbare Vorsteuer S 1401 Abziehbare Vorsteuer 7 % S 1402 Abziehbare Vorsteuer aus innergemeinschaftlichem Erwerb S 1403 Abziehbare Vorsteuer aus innergemeinschaftlichem Erwerb 16 %

SKR 04

Bilanz-Posten[2]	Programm-verbindung[4]	1 Umlaufvermögenskonten		Bilanz-Posten[2]	Programm-verbindung[4]	1 Umlaufvermögenskonten	
Sonstige Vermögensgegenstände oder *sonstige* Verbindlichkeiten	U U U	R 1404 S 1405 R 1406 -07 S 1408 S 1409 S 1410 S 1411 S 1412 R 1413 -14 S 1415 R 1416 S 1417 S 1418 R 1419	Abziehbare Vorsteuer 16 % Abziehbare Vorsteuer nach § 13b UStG Abziehbare Vorsteuer nach § 13b UStG 16 % Aufzuteilende Vorsteuer Aufzuteilende Vorsteuer 7 % Aufzuteilende Vorsteuer aus innergemeinschaftlichem Erwerb Aufzuteilende Vorsteuer 16 % Aufzuteilende Vorsteuer nach §§ 13a/13b UStG Aufzuteilende Vorsteuer nach §§ 13a/13b UStG 16 %	Sonstige Vermögensgegenstände oder *sonstige* Verbindlichkeiten Anteile an verbundenen Unternehmen Eigene Anteile Sonstige Wertpapiere		F 1498 1500 1504 1505 1510 1520 1525 1530	Überleitungskonto Kostenstellen **Wertpapiere** Anteile an verbundenen Unternehmen (Umlaufvermögen) Anteile an herrschender oder mit Mehrheit beteiligter Gesellschaft Eigene Anteile Sonstige Wertpapiere Finanzwechsel Andere Wertpapiere mit unwesentlichen Wertschwankungen im Sinne Textziffer 18 DRS 2 Wertpapieranlagen im Rahmen der kurzfristigen Finanzdisposition
Sonstige Vermögensgegenstände		1420	Umsatzsteuerforderungen			**Kassenbestand, Bundesbankguthaben, Guthaben bei Kreditinstituten und Schecks**	
Sonstige Vermögensgegenstände oder *sonstige* Verbindlichkeiten		1421	Umsatzsteuerforderungen laufendes Jahr	Kassenbestand, Bundesbankguthaben, Guthaben bei Kreditinstituten und Schecks		F 1550 F 1600 F 1610 F 1620	Schecks Kasse Nebenkasse 1 Nebenkasse 2
Sonstige Vermögensgegenstände		1422 1425 1427	Umsatzsteuerforderungen Vorjahr Umsatzsteuerforderungen frühere Jahre Forderungen aus entrichteten Verbrauchsteuern	Kassenbestand, Bundesbankguthaben, Guthaben bei Kreditinstituten und Schecks oder *Verbindlichkeiten gegenüber Kreditinstituten*		F 1700 F 1710 F 1720 F 1730 F 1780 F 1790 F 1800 F 1810 F 1820 F 1830 F 1840 F 1850 1890	Postbank Postbank 1 Postbank 2 Postbank 3 LZB-Guthaben Bundesbankguthaben **Bank** Bank 1 Bank 2 Bank 3 Bank 4 Bank 5 Finanzmittelanlagen im Rahmen der kurzfristigen Finanzdisposition
Sonstige Vermögensgegenstände oder *sonstige* Verbindlichkeiten	U U U	R 1430 S 1431 S 1432 F 1433 1434	Abziehbare Vorsteuer aus der Auslagerung von Gegenständen aus einem Umsatzsteuerlager Abziehbare Vorsteuer aus innergemeinschaftlichem Erwerb von Neufahrzeugen von Lieferanten ohne Umsatzsteuer-Identifikationsnummer Bezahlte Einfuhrumsatzsteuer Vorsteuer im Folgejahr abziehbar				
Sonstige Vermögensgegenstände		1435 R 1436 1440 1450 F 1456	Steuerüberzahlungen Steuererstattungsanspruch gegenüber anderen EG-Ländern Körperschaftsteuerrückforderung Forderungen an das Finanzamt aus abgeführtem Bauabzugsbetrag	Rechnungsabgrenzungsposten		1900 1920 1930 1940	**Abgrenzungsposten** Aktive Rechnungsabgrenzung Als Aufwand berücksichtigte Zölle und Verbrauchsteuern auf Vorräte Als Aufwand berücksichtigte Umsatzsteuer auf Anzahlungen Damnum/Disagio
Sonstige Vermögensgegenstände oder *sonstige* Verbindlichkeiten	 U	F 1460 1480 1481 1482 F 1483 F 1484 F 1485 F 1486 F 1490 F 1495	Geldtransit Gegenkonto Vorsteuer § 4/3 EStG Auflösung Vorsteuer aus Vorjahr § 4/3 EStG Vorsteuer aus Investitionen § 4/3 EStG Gegenkonto für Vorsteuer nach Durchschnittssätzen für § 4 Abs. 3 EStG[13] Vorsteuer nach allgemeinen Durchschnittssätzen UStVA Kz. 63 Verrechnungskonto Gewinnermittlung § 4/3 EStG, ergebniswirksam Verrechnungskonto Gewinnermittlung § 4/3 EStG, nicht ergebniswirksam Verrechnungskonto Ist-Versteuerung Verrechnungskonto erhaltene Anzahlungen bei Buchung über Debitorenkonto	Abgrenzung latenter Steuern		1950	Abgrenzung aktive latente Steuern
Sonstige Verbindlichkeiten S-Saldo							

Bilanz-Posten[2]	Programm-verbindung[4]	2 Eigenkapitalkonten	Bilanz-Posten[2]	Programm-verbindung[4]	2 Eigenkapitalkonten
		KU 2000-2348 V 2349[10] KU 2350-2398 M 2399[10] KU 2400-2999	Gezeichnetes Kapital	K	**Gezeichnetes Kapital** 2900 Gezeichnetes Kapital[17]
		Kapital Vollhafter/Einzelunternehmer 2000 Festkapital -09 2010 Variables Kapital -19 2020 Gesellschafter-Darlehen[12] -29 2030 (zur freien Verfügung) -49	Nicht eingeforderte ausstehende Einlagen Kapitalrücklage	K K K	2910 Ausstehende Einlagen auf das gezeichnete Kapital, nicht eingefordert (Passivausweis, von gezeichnetem Kapital offen abgesetzt; eingeforderte ausstehende Einlagen s. Konto 1298) **Kapitalrücklage** 2920 Kapitalrücklage[17] 2925 Kapitalrücklage durch Ausgabe von Anteilen über Nennbetrag[17] 2926 Kapitalrücklage durch Ausgabe von Schuldverschreibungen für Wandlungsrechte und Optionsrechte zum Erwerb von Anteilen[17]
		Kapital Teilhafter 2050 Kommandit-Kapital -59 2060 Verlustausgleichskonto -69 2070 Gesellschafter-Darlehen[12] -79 2080 (zur freien Verfügung) -99		K K K	2927 Kapitalrücklage durch Zuzahlungen gegen Gewährung eines Vorzugs für Anteile[17] 2928 Andere Zuzahlungen in das Eigenkapital[17] 2929 Eingefordertes Nachschusskapital (Gegenkonto 1299)[17]
		Privat Vollhafter/Einzelunternehmer 2100 Privatentnahmen allgemein -29 2130 Unentgeltliche Wertabgaben -49 2150 Privatsteuern -79 2180 Privateinlagen -99 2200 Sonderausgaben beschränkt -29 abzugsfähig 2230 Sonderausgaben unbeschränkt -49 abzugsfähig 2250 Zuwendungen, Spenden -79 2280 Außergewöhnliche -99 Belastungen 2300 Grundstücksaufwand -48 2349 Grundstücksaufwand (Umsatzsteuerschlüssel möglich)[10] 2350 Grundstücksertrag -98 2399 Grundstücksertrag (Umsatzsteuerschlüssel möglich)[10]	Gesetzliche Rücklage Rücklage für eigene Anteile Satzungsmäßige Rücklagen Andere Gewinnrücklagen Gewinnvortrag oder Verlustvortrag Vortrag auf neue Rechnung	K K K K K K K K	**Gewinnrücklagen** 2930 Gesetzliche Rücklage[17] 2940 Rücklage für eigene Anteile[17] 2950 Satzungsmäßige Rücklagen[17] 2960 Andere Gewinnrücklagen[17] 2962 Eigenkapitalanteil von Wertaufholungen[17] **Gewinnvortrag/Verlustvortrag vor Verwendung** 2970 Gewinnvortrag vor Verwendung[17] 2978 Verlustvortrag vor Verwendung[17] 2979 Vortrag auf neue Rechnung (Bilanz)[17]
		Privat Teilhafter 2500 Privatentnahmen allgemein -29 2530 Unentgeltliche Wertabgaben -49 2550 Privatsteuern -79 2580 Privateinlagen -99 2600 Sonderausgaben beschränkt -29 abzugsfähig 2630 Sonderausgaben unbeschränkt -49 abzugsfähig 2650 Zuwendungen, Spenden -79 2680 Außergewöhnliche -99 Belastungen 2700 Grundstücksaufwand -49 2750 Grundstücksertrag -99	Sonderposten mit Rücklageanteil Sonderposten aus der Währungsumstellung auf den Euro		**Sonderposten mit Rücklageanteil** 2980 Sonderposten mit Rücklageanteil steuerfreie Rücklagen[7] 2981 Sonderposten mit Rücklageanteil nach § 6b EStG 2982 Sonderposten mit Rücklageanteil nach Abschnitt 35 EStR 2983 Sonderposten mit Rücklageanteil nach § 6d EStG 2984 Sonderposten mit Rücklageanteil nach § 1 EntwLStG 2985 Sonderposten aus der Währungsumstellung auf den Euro[11]

SKR 04

Bilanz-Posten[2]	Programm-verbindung[4]	2 Eigenkapitalkonten	Bilanz-Posten[2]	Programm-verbindung[4]	3 Fremdkapitalkonten
Sonderposten mit Rücklageanteil		2986 Sonderposten mit Rücklageanteil nach § 7d EStG 2987 Sonderposten mit Rücklageanteil nach § 79 EStDV 2988 Sonderposten mit Rücklageanteil nach § 80 EStDV 2989 Sonderposten mit Rücklageanteil nach § 52 Abs. 16 EStG 2990 Sonderposten mit Rücklageanteil, Sonderabschreibungen[7] 2991 Sonderposten mit Rücklageanteil nach § 82a EStDV 2992 Sonderposten mit Rücklageanteil nach § 82d EStDV 2993 Sonderposten mit Rücklageanteil nach § 82e EStDV 2994 Sonderposten mit Rücklageanteil nach § 14 BerlinFG 2995 Sonderposten mit Rücklageanteil für Förderung nach § 3 ZonenRFG/§ 4-6 FördergebietsG 2996 Sonderposten mit Rücklageanteil nach § 4d EStG 2997 Sonderposten mit Rücklageanteil nach § 7g Abs. 1 EStG 2998 Sonderposten mit Rücklageanteil nach § 7g Abs. 3 u. 7 EStG			KU 3000-3069 KU 3100-3249 M 3250-3299 KU 3300-3899
			Rückstellungen für Pensionen und ähnliche Verpflichtungen		**Rückstellungen** 3000 Rückstellungen für Pensionen und ähnliche Verpflichtungen 3010 Pensionsrückstellungen 3015 Rückstellungen für pensionsähnliche Verpflichtungen
			Steuerrückstellungen		3020 **Steuerrückstellungen** 3030 Gewerbesteuerrückstellung 3040 Körperschaftsteuerrückstellung 3050 Vermögensteuerrückstellung 3060 Rückstellung für latente Steuern
			Sonstige Rückstellungen		3070 **Sonstige Rückstellungen** 3075 Rückstellungen für unterlassene Aufwendungen für Instandhaltung, Nachholung in den ersten drei Monaten 3080 Rückstellungen für unterlassene Aufwendungen für Instandhaltung, Nachholung innerhalb des 4. bis 12. Monats 3085 Rückstellungen für Abraum- und Abfallbeseitigung 3090 Rückstellungen für Gewährleistungen (Gegenkonto 6790) 3092 Rückstellungen für drohende Verluste aus schwebenden Geschäften 3095 Rückstellungen für Abschluss- und Prüfungskosten 3098 Aufwandsrückstellungen gemäß § 249 Abs. 2 HGB 3099 Rückstellungen für Umweltschutz
Sonderposten für Zuschüsse und Zulagen		2999 Sonderposten für Zuschüsse und Zulagen			
			Anleihen		**Verbindlichkeiten** 3100 **Anleihen,** nicht konvertibel 3101 – Restlaufzeit bis 1 Jahr 3105 – Restlaufzeit 1 bis 5 Jahre 3110 – Restlaufzeit größer 5 Jahre 3120 Anleihen, konvertibel 3121 – Restlaufzeit bis 1 Jahr 3125 – Restlaufzeit 1 bis 5 Jahre 3130 – Restlaufzeit größer 5 Jahre
			Verbindlichkeiten gegenüber Kreditinstituten oder Kassenbestand, Bundesbankguthaben, Guthaben bei Kreditinstituten und Schecks		3150 **Verbindlichkeiten gegenüber Kreditinstituten** 3151 – Restlaufzeit bis 1 Jahr 3160 – Restlaufzeit 1 bis 5 Jahre 3170 – Restlaufzeit größer 5 Jahre 3180 Verbindlichkeiten gegenüber Kreditinstituten aus Teilzahlungsverträgen 3181 – Restlaufzeit bis 1 Jahr 3190 – Restlaufzeit 1 bis 5 Jahre 3200 – Restlaufzeit größer 5 Jahre 3210 (frei, in Bilanz kein Restlaufzeit--48 vermerk)
			Verbindlichkeiten gegenüber Kreditinstituten		3249 Gegenkonto 3150-3209 bei Aufteilung der Konten 3210-3248

Bilanz-Posten[2]	Programm-verbindung[4]	3 Fremdkapitalkonten		Bilanz-Posten[2]	Programm-verbindung[4]	3 Fremdkapitalkonten	
Erhaltene Anzahlungen auf Bestellungen	U U U	3250 AM 3260 R 3261 -64 AM 3270 AM 3271 R 3272 -74 3280 3284 3285	**Erhaltene Anzahlungen auf Bestellungen** Erhaltene Anzahlungen 7 % USt Erhaltene Anzahlungen 16 % USt Erhaltene Anzahlungen 15 % USt Erhaltene Anzahlungen – Restlaufzeit bis 1 Jahr – Restlaufzeit 1 bis 5 Jahre – Restlaufzeit größer 5 Jahre	Verbindlichkeiten gegenüber Unternehmen, mit denen ein Beteiligungsverhältnis besteht oder *Forderungen gegen Unternehmen, mit denen ein Beteiligungsverhältnis besteht*		3450 3451 3455 3460 F 3470 F 3471 F 3475 F 3480	**Verbindlichkeiten gegenüber Unternehmen, mit denen ein Beteiligungsverhältnis besteht** – Restlaufzeit bis 1 Jahr – Restlaufzeit 1 bis 5 Jahre – Restlaufzeit größer 5 Jahre Verbindlichkeiten aus Lieferungen und Leistungen gegenüber Unternehmen, mit denen ein Beteiligungsverhältnis besteht – Restlaufzeit bis 1 Jahr – Restlaufzeit 1 bis 5 Jahre – Restlaufzeit größer 5 Jahre
Verbindlichkeiten aus Lieferungen und Leistungen oder *sonstige Vermögensgegenstände*		S 3300 R 3301 -03 F 3305 F 3306 F 3307 F 3309 F 3310 -33 F 3334 F 3335 F 3337 F 3338 F 3340 F 3341 F 3345 F 3348 3349	**Verbindlichkeiten aus Lieferungen und Leistungen** Verbindlichkeiten aus Lieferungen und Leistungen Verbindlichkeiten aus Lieferungen und Leistungen zum allgemeinen Umsatzsteuersatz (EÜR)[13] Verbindlichkeiten aus Lieferungen und Leistungen zum ermäßigten Umsatzsteuersatz (EÜR)[13] Verbindlichkeiten aus Lieferungen und Leistungen ohne Vorsteuer (EÜR)[13] Gegenkonto 3305-3307 bei Aufteilung der Verbindlichkeiten nach Steuersätzen (EÜR)[13] Verbindlichkeiten aus Lieferungen und Leistungen ohne Kontokorrent Verbindlichkeiten aus Lieferungen und Leistungen für Investitionen für § 4/3 EStG Verbindlichkeiten aus Lieferungen und Leistungen ohne Kontokorrent – Restlaufzeit bis 1 Jahr – Restlaufzeit 1 bis 5 Jahre – Restlaufzeit größer 5 Jahre Verbindlichkeiten aus Lieferungen und Leistungen gegenüber Gesellschaftern – Restlaufzeit bis 1 Jahr – Restlaufzeit 1 bis 5 Jahre – Restlaufzeit größer 5 Jahre Gegenkonto 3335-3348, 3420-3449, 3470-3499 bei Aufteilung Kreditorenkonto	Sonstige Verbindlichkeiten		3500 3501 3504 3507 3509 3510 3511 3514 3517 3519 3520 3521 3524 3527 3530 3531 3534 3537 3540 3541 3544 3547 3550 3551 3554 3557 3560 3561 3564 3567 3570 -98 3599	**Sonstige Verbindlichkeiten** – Restlaufzeit bis 1 Jahr – Restlaufzeit 1 bis 5 Jahre – Restlaufzeit größer 5 Jahre Sonstige Verbindlichkeiten z. B. nach § 11 Abs. 2 Satz 2 EStG für § 4/3 EStG Verbindlichkeiten gegenüber Gesellschaftern – Restlaufzeit bis 1 Jahr – Restlaufzeit 1 bis 5 Jahre – Restlaufzeit größer 5 Jahre Verbindlichkeiten gegenüber Gesellschaftern für offene Ausschüttungen Darlehen typisch stiller Gesellschafter – Restlaufzeit bis 1 Jahr – Restlaufzeit 1 bis 5 Jahre – Restlaufzeit größer 5 Jahre Darlehen atypisch stiller Gesellschafter – Restlaufzeit bis 1 Jahr – Restlaufzeit 1 bis 5 Jahre – Restlaufzeit größer 5 Jahre Partiarische Darlehen – Restlaufzeit bis 1 Jahr – Restlaufzeit 1 bis 5 Jahre – Restlaufzeit größer 5 Jahre Erhaltene Kautionen – Restlaufzeit bis 1 Jahr – Restlaufzeit 1 bis 5 Jahre – Restlaufzeit größer 5 Jahre Darlehen – Restlaufzeit bis 1 Jahr – Restlaufzeit 1 bis 5 Jahre – Restlaufzeit größer 5 Jahre (frei, in Bilanz kein Restlaufzeitvermerk) Gegenkonto 3500-3569 bei Aufteilung der Konten 3570-3598
Verbindlichkeiten aus Lieferungen und Leistungen S-Saldo oder *sonstige Vermögensgegenstände* H-Saldo						3600 3610	Agenturwarenabrechnungen Kreditkartenabrechnung
				Sonstige Vermögensgegenstände oder *sonstige Verbindlichkeiten*		3620 3630 3695	Gewinnverfügungskonto stille Gesellschafter Sonstige Verrechnungskonten (Interimskonto) Verrechnungskonto geleistete Anzahlungen bei Buchung über Kreditorenkonto
Verbindlichkeiten aus der Annahme gezogener Wechsel und aus der Ausstellung eigener Wechsel		F 3350 F 3351 F 3380 F 3390	**Verbindlichkeiten aus der Annahme gezogener Wechsel und aus der Ausstellung eigener Wechsel** – Restlaufzeit bis 1 Jahr – Restlaufzeit 1 bis 5 Jahre – Restlaufzeit größer 5 Jahre	Sonstige Vermögensgegenstände H-Saldo			
				Sonstige Verbindlichkeiten		3700 3701 3710 3715 3720 3725 3726	Verbindlichkeiten aus Betriebssteuern und -abgaben – Restlaufzeit bis 1 Jahr – Restlaufzeit 1 bis 5 Jahre – Restlaufzeit größer 5 Jahre Verbindlichkeiten aus Lohn und Gehalt Verbindlichkeiten für Einbehaltungen von Arbeitnehmern Verbindlichkeiten an das Finanzamt aus abzuführendem Bauabzugsbetrag
Verbindlichkeiten gegenüber verbundenen Unternehmen oder *Forderungen gegen verbundene Unternehmen*		F 3400 3401 3405 3410 F 3420 F 3421 F 3425 F 3430	**Verbindlichkeiten gegenüber verbundenen Unternehmen** – Restlaufzeit bis 1 Jahr – Restlaufzeit 1 bis 5 Jahre – Restlaufzeit größer 5 Jahre Verbindlichkeiten aus Lieferungen und Leistungen gegenüber verbundenen Unternehmen – Restlaufzeit bis 1 Jahr – Restlaufzeit 1 bis 5 Jahre – Restlaufzeit größer 5 Jahre	Sonstige Verbindlichkeiten oder *sonstige Vermögensgegenstände*		3730	Verbindlichkeiten aus Lohn- und Kirchensteuer

Bilanz-Posten[2]	Pro-gramm-verbin-dung[4]	3 Fremdkapitalkonten		Bilanz-Posten[2]	Pro-gramm-verbin-dung[4]	3 Fremdkapitalkonten	
Sonstige Verbindlichkeiten		3740	Verbindlichkeiten im Rahmen der sozialen Sicherheit	Sonstige Verbindlichkeiten oder *sonstige Vermögensgegenstände*	U	F 3820	Umsatzsteuer-Vorauszahlungen
		3741	– Restlaufzeit bis 1 Jahr		U	F 3830	Umsatzsteuer-Vorauszahlungen 1/11
		3750	– Restlaufzeit 1 bis 5 Jahre			R 3831	
		3755	– Restlaufzeit größer 5 Jahre			F 3832	Nachsteuer, UStVA Kz. 65
		3759	Voraussichtliche Beitragsschuld gegenüber den Sozialversicherungsträgern[1]			R 3833	
					U	S 3834	Umsatzsteuer aus innergemeinschaftlichem Erwerb von Neufahrzeugen von Lieferanten ohne Umsatzsteuer-Identifikationsnummer
		3760	Verbindlichkeiten aus Einbehaltungen (KapESt und Solz auf KapESt)			S 3835	Umsatzsteuer nach § 13b UStG
		3761	Verbindlichkeiten für Verbrauchsteuern			S 3836	Umsatzsteuer nach § 13b UStG 16 %
		3770	Verbindlichkeiten aus Vermögensbildung			R 3837	
		3771	– Restlaufzeit bis 1 Jahr			-38	
		3780	– Restlaufzeit 1 bis 5 Jahre			S 3839	Umsatzsteuer aus der Auslagerung von Gegenständen aus einem Umsatzsteuerlager
		3785	– Restlaufzeit größer 5 Jahre			3840	Umsatzsteuer laufendes Jahr
Sonstige Verbindlichkeiten oder *sonstige Vermögensgegenstände*		3790	**Lohn- und Gehaltsverrechnungskonto**			3841	Umsatzsteuer Vorjahr
		3791	Lohn- und Gehaltsverrechnung § 11 Abs. 2 EStG für § 4 Abs. 3 EStG[1]			3845	Umsatzsteuer frühere Jahre
						3850	Einfuhrumsatzsteuer aufgeschoben bis...
Sonstige Verbindlichkeiten		3796	Verbindlichkeiten im Rahmen der sozialen Sicherheit (für § 4/3 EStG)		U	F 3851	In Rechnung unrichtig oder unberechtigt ausgewiesene Steuerbeträge, UStVA Kz. 69
Sonstige Verbindlichkeiten oder *sonstige Vermögensgegenstände*		S 3800	Umsatzsteuer	Sonstige Verbindlichkeiten		3854	Steuerzahlungen an andere EG-Länder
		S 3801	Umsatzsteuer 7 %				
		S 3802	Umsatzsteuer aus innergemeinschaftlichem Erwerb				**Rechnungsabgrenzungsposten**
		S 3803	Umsatzsteuer aus innergemeinschaftlichem Erwerb 16 %	Rechnungsabgrenzungsposten		3900	**Passive Rechnungsabgrenzung**
		R 3804					
		S 3805	Umsatzsteuer 16 %			3950	Abgrenzungen zur unterjährigen Kostenverrechnung für BWA
		R 3806		Sonstige Passiva oder *sonstige Aktiva*			
		S 3807	Umsatzsteuer aus im Inland steuerpflichtigen EG-Lieferungen				
		R 3808					
		S 3809	Umsatzsteuer aus innergemeinschaftlichem Erwerb ohne Vorsteuerabzug				
Steuerrückstellungen oder sonstige Vermögensgegenstände		S 3810	Umsatzsteuer nicht fällig				
		S 3811	Umsatzsteuer nicht fällig 7 %				
		S 3812	Umsatzsteuer nicht fällig aus im Inland steuerpflichtigen EG-Lieferungen				
		S 3813	Umsatzsteuer nicht fällig aus im Inland steuerpflichtigen EG-Lieferungen 16 %				
		R 3814					
		S 3815	Umsatzsteuer nicht fällig 16 %				
		R 3816					
Sonstige Verbindlichkeiten		S 3817	Umsatzsteuer aus im anderen EG-Land steuerpflichtigen Lieferungen				
		S 3818	Umsatzsteuer aus im anderen EG-Land steuerpflichtigen sonstigen Leistungen/Werklieferungen				
		R 3819					

GuV-Posten[2]	Programm-verbindung[4]	4 Betriebliche Erträge		GuV-Posten[2]	Programm-verbindung[4]	4 Betriebliche Erträge	
		M 4000-4186 KU 4187-4188 M 4189-4329 KU 4330-4336 M 4337-4604 KU 4605 M 4606-4618 KU 4619 M 4620-4636 KU 4637-4639 M 4640-4658 KU 4659	M 4660-4678 KU 4679 M 4680-4688 KU 4689-4699 M 4700-4795 KU 4796-4829 M 4830-4839 KU 4840-4844 M 4845-4919 M 4924-4929 M 4940-4947 KU 4948-4949	Umsatzerlöse		R 4340 -49 AM 4400 -09 R 4410 -49	Erlöse 16 % USt
Umsatzerlöse		**Umsatzerlöse**				4500	Provisionserlöse[16]
		4000	Umsatzerlöse		U	AM 4504	Provisionserlöse steuerfrei (§ 4 Nr. 8 ff. UStG)[16]
		-99	(Zur freien Verfügung)		U	AM 4505	Provisionserlöse steuerfrei (§ 4 Nr. 5 UStG)[16]
	U	AM 4100	Steuerfreie Umsätze § 4 Nr. 8 ff. UStG		U	AM 4506 R 4507	Provisionserlöse 7 % USt[16]
	U	AM 4110	Sonstige steuerfreie Umsätze Inland		U	AM 4508 R 4509	Provisionserlöse 16 % USt[16]
	U	AM 4120	Steuerfreie Umsätze § 4 Nr. 1a UStG			4510	Erlöse Abfallverwertung
	U	AM 4125	Steuerfreie innergemeinschaftliche Lieferungen § 4 Nr. 1b UStG			4520	Erlöse Leergut
						4560 R 4561 -63	Provisionsumsätze[1]
	U	AM 4130	Lieferungen des ersten Abnehmers bei innergemeinschaftlichen Dreiecksgeschäften § 25b Abs. 2 UStG		U	AM 4564	Provisionsumsätze, steuerfrei (§ 4 Nr. 8 ff. UStG)[1]
					U	AM 4565	Provisionsumsätze, steuerfrei (§ 4 Nr. 5 UStG)[1]
	U	AM 4135	Steuerfreie innergemeinschaftliche Lieferungen von Neufahrzeugen an Abnehmer ohne Umsatzsteuer-Identifikationsnummer		U	AM 4566 R 4567 -68	Provisionsumsätze 7 % USt[1]
					U	AM 4569	Provisionsumsätze 16 % USt[1]
				Sonstige betriebliche Erträge		4570 R 4571 -73	Provision, sonstige Erträge[1]
		R 4138			U	AM 4574	Provision, sonstige Erträge steuerfrei (§ 4 Nr. 8 ff. UStG)[1]
	U	AM 4140	Steuerfreie Umsätze Offshore etc.		U	AM 4575	Provision, sonstige Erträge steuerfrei (§ 4 Nr. 5 UStG)[1]
	U	AM 4150	Sonstige steuerfreie Umsätze (z.B. § 4 Nr. 2-7 UStG)		U	AM 4576	Provision, sonstige Erträge 7 % USt[1]
		4180	Erlöse, die mit den Durchschnittssätzen des § 24 UStG versteuert werden[13]			R 4577 -78	
		R 4182 -83			U	AM 4579	Provision, sonstige Erträge 16 % USt[1]
						Statistische Konten EÜR[15]	
		4185	Erlöse als Kleinunternehmer i. S. d. § 19 Abs. 1 UStG[13]	Umsatzerlöse		4580	Statistisches Konto Erlöse zum allgemeinen Umsatzsteuersatz (EÜR)[13][15]
	U	AM 4186 R 4187 -88	Erlöse aus Geldspielautomaten 16 % USt			4581	Statistisches Konto Erlöse zum ermäßigten Umsatzsteuersatz (EÜR)[13][15]
		4200	Erlöse			4582	Statistisches Konto Erlöse steuerfrei und nicht steuerbar (EÜR)[13][15]
	U	AM 4300 -09	Erlöse 7 % USt			4589	Gegenkonto 4580-4582 bei Aufteilung der Erlöse nach Steuersätzen (EÜR)[13]
	U	AM 4310 -14	Erlöse aus im Inland steuerpflichtigen EG-Lieferungen 7 % USt			4600	Unentgeltliche Wertabgaben
	U	AM 4315 -19	Erlöse aus im Inland steuerpflichtigen EG-Lieferungen 16 % USt			4605 R 4608 -09	Entnahme von Gegenständen ohne USt
		4320 -29 R 4330 -36	Erlöse aus im anderen EG-Land steuerpflichtigen Lieferungen[3]		U	AM 4610 -16 R 4617 -18	Entnahme durch Unternehmer für Zwecke außerhalb des Unternehmens (Waren) 7 % USt
	U	AM 4337	Erlöse aus Leistungen, für die der Leistungsempfänger die Umsatzsteuer nach § 13b UStG schuldet			4619	Entnahme durch Unternehmer für Zwecke außerhalb des Unternehmens (Waren) ohne USt
	U	AM 4338	Erlöse aus im Drittland steuerbaren Leistungen, im Inland nicht steuerbare Umsätze		U	AM 4620 -26 R 4627 -29	Entnahme durch Unternehmer für Zwecke außerhalb des Unternehmens (Waren) 16 % USt
	U	AM 4339	Erlöse aus im anderen EG-Land steuerbaren Leistungen, im Inland nicht steuerbare Umsätze				

GuV-Posten[2]	Programm-verbin-dung[4]	4 Betriebliche Erträge	GuV-Posten[2]	Programm-verbin-dung[4]	4 Betriebliche Erträge
Sonstige betriebliche Erträge	U	AM 4630 -36 Verwendung von Gegenständen für Zwecke außerhalb des Unternehmens 7 % USt	Umsatzerlöse		S 4730 Gewährte Skonti
		4637 Verwendung von Gegenständen für Zwecke außerhalb des Unternehmens ohne USt[1]		U	S/AM 4731 Gewährte Skonti 7 % USt R 4732 -34
		4638 Verwendung von Gegenständen für Zwecke außerhalb des Unternehmens ohne USt (Telefon-Nutzung)[1]		U	S/AM 4735 Gewährte Skonti 16 % USt R 4736 -38
		4639 Verwendung von Gegenständen für Zwecke außerhalb des Unternehmens ohne USt (Kfz-Nutzung)			4740 Gewährte Boni[16]
				U	S/AM 4741 Gewährte Skonti aus Leistungen, für die der Leistungsempfänger die Umsatzsteuer nach § 13b UStG schuldet[1] R 4742
	U	AM 4640 -44 Verwendung von Gegenständen für Zwecke außerhalb des Unternehmens 16 % USt		U	S/AM 4743 Gewährte Skonti aus steuerfreien innergemeinschaftlichen Lieferungen § 4 Nr. 1b UStG[1] R 4744
	U	AM 4645 Verwendung von Gegenständen für Zwecke außerhalb des Unternehmens 16 % USt (Kfz-Nutzung)		U	S 4745 Gewährte Skonti aus im Inland steuerpflichtigen EG-Lieferungen[1]
	U	AM 4646 Verwendung von Gegenständen für Zwecke außerhalb des Unternehmens 16 % USt (Telefon-Nutzung)		U	S/AM 4746 Gewährte Skonti aus im Inland steuerpflichtigen EG-Lieferungen 7 % USt[1] R 4747 -48
		R 4647 -49		U	S/AM 4749 Gewährte Skonti aus im Inland steuerpflichtigen EG-Lieferungen 16 % USt[1]
	U	AM 4650 -56 Unentgeltliche Erbringung einer sonstigen Leistung 7 % USt R 4657 -58		U	AM 4750 -51 Gewährte Boni 7 % USt R 4752 -59
		4659 Unentgeltliche Erbringung einer sonstigen Leistung ohne USt		U	AM 4760 -61 Gewährte Boni 16 % USt R 4762 -68
	U	AM 4660 -66 Unentgeltliche Erbringung einer sonstigen Leistung 16 % USt R 4667 -69			4769 Gewährte Boni[1] 4770 Gewährte Rabatte
Umsatzerlöse	U	AM 4670 -76 Unentgeltliche Zuwendung von Waren 7 % USt R 4677 -78		U	AM 4780 -81 Gewährte Rabatte 7 % USt R 4782 -89
		4679 Unentgeltliche Zuwendung von Waren ohne USt		U	AM 4790 -91 Gewährte Rabatte 16 % USt R 4792 -99
	U	AM 4680 -84 Unentgeltliche Zuwendung von Waren 16 % USt R 4685			**Erhöhung oder Verminderung des Bestands an fertigen und unfertigen Erzeugnissen**
Sonstige betriebliche Erträge	U	AM 4686 -87 Unentgeltliche Zuwendung von Gegenständen 16 % USt R 4688			4800 Bestandsveränderungen - fertige Erzeugnisse 4810 Bestandsveränderungen - unfertige Erzeugnisse
		4689 Unentgeltliche Zuwendung von Gegenständen ohne USt	Erhöhung des Bestands an fertigen und unfertigen Erzeugnissen oder *Verminderung des Bestands an fertigen und unfertigen Erzeugnissen*		4815 Bestandsveränderungen - unfertige Leistungen
Umsatzerlöse		4690 Nicht steuerbare Umsätze (Innenumsätze) 4695 Umsatzsteuervergütung 4700 Erlösschmälerungen			
	U	AM 4705 Erlösschmälerungen aus steuerfreien Umsätzen § 4 Nr. 1a UStG			
	U	AM 4710 -11 Erlösschmälerungen 7 % USt R 4712 -19	Erhöhung des Bestands in Ausführung befindlicher Bauaufträge oder *Verminderung des Bestands in Ausführung befindlicher Bauaufträge*		4816 Bestandsveränderungen in Ausführung befindliche Bauaufträge
	U	AM 4720 -21 Erlösschmälerungen 16 % USt R 4722 -23			
	U	AM 4724 Erlösschmälerungen aus steuerfreien innergemeinschaftlichen Lieferungen	Erhöhung des Bestands in Arbeit befindlicher Aufträge oder *Verminderung des Bestands in Arbeit befindlicher Aufträge*		4818 Bestandsveränderungen in Arbeit befindliche Aufträge
	U	AM 4725 Erlösschmälerungen aus im Inland steuerpflichtigen EG-Lieferungen 7 % USt			
	U	AM 4726 Erlösschmälerungen aus im Inland steuerpflichtigen EG-Lieferungen 16 % USt			
		4727 Erlösschmälerungen aus im anderen EG-Land steuerpflichtigen Lieferungen[3] R 4728 -29			

GuV-Posten[2]	Programm-verbindung[4]	4 Betriebliche Erträge		GuV-Posten[2]	Programm-verbindung[4]	4 Betriebliche Erträge	
Andere aktivierte Eigenleistungen			**Andere aktivierte Eigenleistungen**	Sonstige betriebliche Erträge		4915	Erträge aus Zuschreibungen des Umlaufvermögens außer Vorräten
		4820	**Andere aktivierte Eigenleistungen**		G K	4916	Erträge aus Zuschreibungen des Umlaufvermögens 100 % /50 % steuerfrei (inländische Kap.Ges.)[9]
Sonstige betriebliche Erträge			**Sonstige betriebliche Erträge**				
		4830	Sonstige betriebliche Erträge			4920	Erträge aus der Herabsetzung der Pauschalwertberichtigung zu Forderungen
		4835	Sonstige Erträge betrieblich und regelmäßig				
	U	AM 4836	Sonstige Erträge betrieblich und regelmäßig 16 % USt			4923	Erträge aus der Herabsetzung der Einzelwertberichtigung zu Forderungen
		4837	Sonstige Erträge betriebsfremd und regelmäßig			4925	Erträge aus abgeschriebenen Forderungen
		4839	Sonstige Erträge unregelmäßig				
		4840	Erträge aus Kursdifferenzen			4930	Erträge aus der Auflösung von Rückstellungen
		4843	Erträge aus Bewertung Finanzmittelfonds				
	U	AM 4844	Erlöse aus Verkäufen Sachanlagevermögen steuerfrei § 4 Nr. 1a UStG (bei Buchgewinn)			4932	Erträge aus der steuerlich niedrigeren Bewertung von Rückstellungen
	U	AM 4845	Erlöse aus Verkäufen Sachanlagevermögen 16 % USt (bei Buchgewinn)			4933	Erträge aus der steuerlich niedrigeren Bewertung von Verbindlichkeiten
		R 4846 -47				4934	Erträge aus der Auflösung von Sonderposten mit Rücklageanteil (Existenzgründerrücklage)[13]
	U	AM 4848	Erlöse aus Verkäufen Sachanlagevermögen steuerfrei § 4 Nr. 1b UStG (bei Buchgewinn)			4935	Erträge aus der Auflösung von Sonderposten mit Rücklageanteil (steuerfreie Rücklagen)
		4849	Erlöse aus Verkäufen Sachanlagevermögen (bei Buchgewinn)			4936	Erträge aus der Auflösung von Sonderposten mit Rücklageanteil (Ansparabschreibungen)
		4850	Erlöse aus Verkäufen immaterieller Vermögensgegenstände (bei Buchgewinn)			4937	Erträge aus der Auflösung von Sonderposten mit Rücklageanteil (Sonderabschreibungen)
		4851	Erlöse aus Verkäufen Finanzanlagen (bei Buchgewinn)			4938	Erträge aus der Auflösung von Sonderposten mit Rücklageanteil (aus der Währungsumstellung auf den Euro)[11]
	G K	4852	Erlöse aus Verkäufen Finanzanlagen 100 %/50 % steuerfrei (inländische Kap.Ges.)(bei Buchgewinn)[9]			4939	Erträge aus der Auflösung von Sonderposten mit Rücklageanteil nach § 52 Abs. 16 EStG
		4855	Anlagenabgänge Sachanlagen (Restbuchwert bei Buchgewinn)			4940	Verrechnete sonstige Sachbezüge (keine Waren)
		4856	Anlagenabgänge immaterielle Vermögensgegenstände (Restbuchwert bei Buchgewinn)		U	AM 4941	Sachbezüge 7 % USt (Waren)
						R 4942 -44	
		4857	Anlagenabgänge Finanzanlagen (Restbuchwert bei Buchgewinn)		U	AM 4945	Sachbezüge 16 % USt (Waren)
	G K	4858	Anlagenabgänge Finanzanlagen 100 %/50 % steuerfrei (inländische Kap.Ges.) (Restbuchwert bei Buchgewinn)[9]			4946	Verrechnete sonstige Sachbezüge
					U	AM 4947	Verrechnete sonstige Sachbezüge 16 % USt (z. B. Kfz-Gestellung)
		4860	Grundstückserträge			R 4948	
		4900	Erträge aus dem Abgang von Gegenständen des Anlagevermögens				
	G K	4901	Erträge aus der Veräußerung von Anteilen an Kapitalgesellschaften 100 %/50 % steuerfrei (inländische Kap.Ges.)[9]			4949	Verrechnete sonstige Sachbezüge ohne Umsatzsteuer
						4960	Periodenfremde Erträge (soweit nicht außerordentlich)
		4905	Erträge aus dem Abgang von Gegenständen des Umlaufvermögens außer Vorräte			4970	Versicherungsentschädigungen
						4975	Investitionszuschüsse (steuerpflichtig)
	G K	4906	Erträge aus dem Abgang von Gegenständen des Umlaufvermögens (außer Vorräte) 100 %/ 50 % steuerfrei (inländische Kap.Ges.)[9]		G K	4980	Investitionszulagen (steuerfrei)
					G K	4981	Steuerfreie Erträge aus der Auflösung von Sonderposten mit Rücklageanteil[13]
		4910	Erträge aus Zuschreibungen des Sachanlagevermögens		G K	4982	Sonstige steuerfreie Betriebseinnahmen[13]
		4911	Erträge aus Zuschreibungen des immateriellen Anlagevermögens				
		4912	Erträge aus Zuschreibungen des Finanzanlagevermögens				
	G K	4913	Erträge aus Zuschreibungen des Finanzanlagevermögens 100 %/50 % steuerfrei (inländische Kap.Ges.)[9]				
	G K	4914	Erträge aus Zuschreibungen des anderen Anlagevermögens 100 %/50 % steuerfrei (inländische Kap.Ges.)[9]				

SKR 04

GuV-Posten[2]	Programm-verbindung[4]	5 Betriebliche Aufwendungen		GuV-Posten[2]	Programm-verbindung[4]	5 Betriebliche Aufwendungen	
Aufwendungen für Roh-, Hilfs- und Betriebsstoffe und für bezogene Waren		V 5000-5599 V 5700-5859 KU 5860-5899 V 5900-5999		Aufwendungen für Roh-, Hilfs- und Betriebsstoffe und für bezogene Waren		5600 -09 5610 -19 5650 -59 R 5660 -69	Nicht abziehbare Vorsteuer Nicht abziehbare Vorsteuer 7 % Nicht abziehbare Vorsteuer 16 %
		Material- und Stoffverbrauch					
		5000 -99	Aufwendungen für Roh-, Hilfs- und Betriebsstoffe und für bezogene Waren			5700 AV 5710 -11 R 5712 -19	Nachlässe Nachlässe 7 % Vorsteuer
		Materialaufwand					
		5100	Einkauf von Roh-, Hilfs- und Betriebsstoffen			AV 5720 -21 R 5722	Nachlässe 16 % Vorsteuer
		5190	Energiestoffe (Fertigung)			AV 5723	Nachlässe 15 % Vorsteuer
		5200	**Wareneingang**		U	AV 5724	Nachlässe aus innergemeinschaftlichem Erwerb 7 % Vorsteuer und 7 % Umsatzsteuer
		AV 5300 -09 R 5310 -49	Wareneingang 7 % Vorsteuer		U	AV 5725	Nachlässe aus innergemeinschaftlichem Erwerb 16 % Vorsteuer und 16 % Umsatzsteuer
		AV 5400 -09 R 5410 -19	Wareneingang 16 % Vorsteuer		U	R 5726 AV 5727	Nachlässe aus innergemeinschaftlichem Erwerb 15 % Vorsteuer und 15 % Umsatzsteuer
	U	AV 5420 -24	Innergemeinschaftlicher Erwerb 7 % Vorsteuer und 7 % Umsatzsteuer			R 5728 -29	
	U	AV 5425 -29	Innergemeinschaftlicher Erwerb 16 % Vorsteuer und 16 % Umsatzsteuer			S 5730 S/AV 5731 R 5732 -34	Erhaltene Skonti Erhaltene Skonti 7 % Vorsteuer
	U	AV 5430 R 5431 -34	Innergemeinschaftlicher Erwerb ohne Vorsteuerabzug 7 % Umsatzsteuer			S/AV 5735 R 5736 -38	Erhaltene Skonti 16 % Vorsteuer
	U	AV 5435 R 5436 -39	Innergemeinschaftlicher Erwerb ohne Vorsteuerabzug und 16 % Umsatzsteuer			5740 S 5745	Erhaltene Boni[16] Erhaltene Skonti aus steuerpflichtigem innergemeinschaftlichem Erwerb[1]
	U	AV 5440 R 5441 -49	Innergemeinschaftlicher Erwerb von Neufahrzeugen von Lieferanten ohne Umsatzsteuer-Identifikationsnummer 16 % Vorsteuer und 16 % Umsatzsteuer		U	S/AV 5746 R 5747 -48	Erhaltene Skonti aus steuerpflichtigem innergemeinschaftlichem Erwerb 7 % Vorsteuer und 7 % Umsatzsteuer[1]
		AV 5500 -04 R 5505 -29	Wareneingang 5 % Vorsteuer		U	S/AV 5749	Erhaltene Skonti aus steuerpflichtigem innergemeinschaftlichem Erwerb 16 % Vorsteuer und 16 % Umsatzsteuer[1]
		AV 5530 -34 R 5535 -39	Wareneingang 9 % Vorsteuer			AV 5750 -51 R 5752 -59	Erhaltene Boni 7 % Vorsteuer
		AV 5540 -49	Wareneingang 9 % Vorsteuer			AV 5760 -61 R 5762 -68	Erhaltene Boni 16 % Vorsteuer
	U	AV 5550 R 5551 -58	Steuerfreier innergemeinschaftlicher Erwerb			5769 5770 AV 5780 -81 R 5782 -89	Erhaltene Boni[1] Erhaltene Rabatte Erhaltene Rabatte 7 % Vorsteuer
		5559	Steuerfreie Einfuhren			AV 5790 -91 R 5792 -99	Erhaltene Rabatte 16 % Vorsteuer
	U	AV 5560 R 5561 -64	Waren aus einem Umsatzsteuerlager, § 13a UStG 7 % Vorsteuer und 7 % Umsatzsteuer			5800 5820 5840 5860	Bezugsnebenkosten Leergut Zölle und Einfuhrabgaben Verrechnete Stoffkosten (Gegenkonto 5000-99)
	U	AV 5565 R 5566 -69	Waren aus einem Umsatzsteuerlager, § 13a UStG 16 % Vorsteuer und 16 % Umsatzsteuer			5880	Bestandsveränderungen Roh-, Hilfs- und Betriebsstoffe/Waren

GuV-Posten[2]	Programm-verbindung[4]	5 Betriebliche Aufwendungen	GuV-Posten[2]	Programm-verbindung[4]	6 Betriebliche Aufwendungen
Aufwendungen für bezogene Leistungen		**Aufwendungen für bezogene Leistungen** 5900 Fremdleistungen **Umsätze, für die als Leistungsempfänger die Steuer nach § 13b Abs. 2 UStG geschuldet wird**			M 6280-6289 V 6300-6389 V 6450-6859 M 6885-6899 M 6930-6939 **Personalaufwand**
	U	AV 5910 Bauleistungen eines im Inland ansässigen Unternehmers 7 % Vorsteuer und 7 % Umsatzsteuer R 5911 -14	Löhne und Gehälter	K	6000 **Löhne und Gehälter** 6010 Löhne 6020 Gehälter 6024 Geschäftsführergehälter der GmbH-Gesellschafter 6026 Tantiemen 6027 Geschäftsführergehälter
	U	AV 5915 Leistungen eines im Ausland ansässigen Unternehmers 7 % Vorsteuer und 7 % Umsatzsteuer R 5916 -19		G	6028 Vergütungen an angestellte Mitunternehmer § 15 EStG 6030 Aushilfslöhne 6040 Pauschale Steuer für Aushilfen 6045 Bedienungsgelder 6050 Ehegattengehalt
	U	AV 5920 Bauleistungen eines im Inland ansässigen Unternehmers 16 % Vorsteuer und 16 % Umsatzsteuer R 5921 -24			6060 Freiwillige soziale Aufwendungen, lohnsteuerpflichtig 6069 Pauschale Steuer auf sonstige Bezüge (z. B. Fahrtkostenzuschüsse) 6070 Krankengeldzuschüsse
	U	AV 5925 Leistungen eines im Ausland ansässigen Unternehmers 16 % Vorsteuer und 16 % Umsatzsteuer R 5926 -29			6075 Zuschüsse der Agenturen für Arbeit (Haben) 6080 Vermögenswirksame Leistungen 6090 Fahrtkostenerstattung Wohnung/Arbeitsstätte
	U	AV 5930 Bauleistungen eines im Inland ansässigen Unternehmers ohne Vorsteuer und 7 % Umsatzsteuer R 5931 -34	Soziale Abgaben und Aufwendungen für Altersversorgung und für Unterstützung	G	6100 **Soziale Abgaben und Aufwendungen für Altersversorgung und für Unterstützung** 6110 Gesetzliche soziale Aufwendungen 6118 Gesetzliche soziale Aufwendungen für Mitunternehmer § 15 EStG
	U	AV 5935 Leistungen eines im Ausland ansässigen Unternehmers ohne Vorsteuer und 7 % Umsatzsteuer R 5936 -39			6120 Beiträge zur Berufsgenossenschaft 6130 Freiwillige soziale Aufwendungen, lohnsteuerfrei 6140 Aufwendungen für Altersversorgung 6147 Pauschale Steuer auf sonstige Bezüge (z.B. Direktversicherungen)
	U	AV 5940 Bauleistungen eines im Inland ansässigen Unternehmers ohne Vorsteuer und 16 % Umsatzsteuer R 5941 -44		G	6148 Aufwendungen für Altersversorgung für Mitunternehmer § 15 EStG 6150 Versorgungskassen 6160 Aufwendungen für Unterstützung 6170 Sonstige soziale Abgaben
	U	AV 5945 Leistungen eines im Ausland ansässigen Unternehmers ohne Vorsteuer und 16 % Umsatzsteuer R 5946 -49			**Abschreibungen auf immaterielle Vermögensgegenstände des Anlagevermögens und Sachanlagen sowie auf aktivierte Aufwendungen für die Ingangsetzung und Erweiterung des Geschäftsbetriebs**
		S 5950 Erhaltene Skonti aus Lieferungen, für die als Leistungsempfänger die Steuer nach § 13b UStG geschuldet wird[1] R 5951	Abschreibungen auf immaterielle Vermögensgegenstände des Anlagevermögens und Sachanlagen sowie auf aktivierte Aufwendungen für die Ingangsetzung und Erweiterung des Geschäftsbetriebs		6200 Abschreibungen auf immaterielle Vermögensgegenstände 6205 Abschreibungen auf den Geschäfts- oder Firmenwert 6210 Außerplanmäßige Abschreibungen auf immaterielle Vermögensgegenstände
	U	S/AV 5952 Erhaltene Skonti aus Lieferungen, für die als Leistungsempfänger die Steuer nach § 13b UStG geschuldet wird 16 % Vorsteuer und 16 % Umsatzsteuer[1]			6220 Abschreibungen auf Sachanlagen (ohne AfA auf Kfz und Gebäude) 6221 Abschreibungen auf Gebäude[13] 6222 Abschreibungen auf Kfz[13]
		S 5953 Erhaltene Skonti aus Lieferungen, für die als Leistungsempfänger die Steuer nach § 13b UStG geschuldet wird ohne Vorsteuer aber mit Umsatzsteuer[1] R 5954 -59			6223 Abschreibungen auf Gebäudeteil des häuslichen Arbeitszimmers[1]

GuV-Posten[2]	Programm-verbindung[4]	6 Betriebliche Aufwendungen		GuV-Posten[2]	Programm-verbindung[4]	6 Betriebliche Aufwendungen	
Abschreibungen auf immaterielle Vermögensgegenstände des Anlagevermögens und Sachanlagen sowie auf aktivierte Aufwendungen für die Ingangsetzung und Erweiterung des Geschäftsbetriebs		6230	Außerplanmäßige Abschreibungen auf Sachanlagen	Sonstige betriebliche Aufwendungen			**Sonstige betriebliche Aufwendungen**
		6231	Absetzung für außergewöhnliche technische und wirtschaftliche Abnutzung der Gebäude[13]			6300	Sonstige betriebliche Aufwendungen
		6232	Absetzung für außergewöhnliche technische und wirtschaftliche Abnutzung des Kfz[13]			6303	Fremdleistungen/ Fremdarbeiten
						6304	Sonstige Aufwendungen betrieblich und regelmäßig
						6305	Raumkosten
						6310	Miete
		6233	Absetzung für außergewöhnliche technische und wirtschaftliche Abnutzung sonstiger Wirtschaftsgüter[13]		G K	6313	Gewerbesteuerlich zu berücksichtigende Miete § 8 GewStG[5]
					G	6314	Vergütungen an Mitunternehmer für die mietweise Überlassung ihrer Wirtschaftsgüter § 15 EStG
		6240	Abschreibungen auf Sachanlagen auf Grund steuerlicher Sondervorschriften			6315	Pacht
		6241	Sonderabschreibungen nach § 7g Abs. 1 und 2 EStG (ohne Kfz)[13]		G K	6318	Gewerbesteuerlich zu berücksichtigende Pacht § 8 GewStG[5]
					G	6319	Vergütungen an Mitunternehmer für die pachtweise Überlassung ihrer Wirtschaftsgüter § 15 EStG
		6242	Sonderabschreibungen nach § 7g Abs. 1 und 2 EStG (für Kfz)[13]			6320	Heizung
		6250	Kaufleasing			6325	Gas, Strom, Wasser
		6260	Sofortabschreibungen geringwertiger Wirtschaftsgüter			6330	Reinigung
						6335	Instandhaltung betrieblicher Räume
		6262	Abschreibungen auf aktivierte, geringwertige Wirtschaftsgüter			6340	Abgaben für betrieblich genutzten Grundbesitz
		6266	Außerplanmäßige Abschreibungen auf aktivierte, geringwertige Wirtschaftsgüter			6345	Sonstige Raumkosten
						6348	Aufwendungen für ein häusliches Arbeitszimmer (abziehbarer Anteil)[13]
		6268	Abschreibungen auf Aufwendungen für die Ingangsetzung und Erweiterung des Geschäftsbetriebs		G	6349	Aufwendungen für ein häusliches Arbeitszimmer (nicht abziehbarer Anteil)[13]
		6269	Abschreibungen auf Aufwendungen für die Währungsumstellung auf den Euro			6350	Grundstücksaufwendungen, betrieblich[8]
						6352	Grundstücksaufwendungen, sonstige neutrale[1]
			Abschreibungen auf Vermögensgegenstände des Umlaufvermögens, soweit diese die in der Kapitalgesellschaft üblichen Abschreibungen überschreiten		G K	6390	Zuwendungen, Spenden, steuerlich nicht abziehbar
					G K	6391	Zuwendungen, Spenden für wissenschaftliche und kulturelle Zwecke
					G K	6392	Zuwendungen, Spenden für mildtätige Zwecke
Abschreibungen auf Vermögensgegenstände des Umlaufvermögens, soweit diese die in der Kapitalgesellschaft üblichen Abschreibungen überschreiten		6270	Abschreibungen auf Vermögensgegenstände des Umlaufvermögens (soweit unüblich hoch)		G K	6393	Zuwendungen, Spenden für kirchliche, religiöse und gemeinnützige Zwecke
		6272	Abschreibungen auf Umlaufvermögen, steuerrechtlich bedingt (soweit unüblich hoch)		G K	6394	Zuwendungen, Spenden an politische Parteien
		6275	Vorwegnahme künftiger Wertschwankungen im Umlaufvermögen (soweit unüblich hoch)		G K	6395	Zuwendungen, Spenden an Stiftungen für gemeinnützige Zwecke i.S.d. § 52 Abs. 2 Nr. 1-3 AO
		6280	Forderungsverluste (soweit unüblich hoch)		G K	6396	Zuwendungen, Spenden an Stiftungen für gemeinnützige Zwecke i.S.d. § 52 Abs. 2 Nr. 4 AO
	U	AM 6281 R 6282 -84	Forderungsverluste 7 % USt (soweit unüblich hoch)		G K	6397	Zuwendungen, Spenden an Stiftungen für kirchliche, religiöse und gemeinnützige Zwecke
	U	AM 6285 R 6286	Forderungsverluste 16 % USt (soweit unüblich hoch)		G K	6398	Zuwendungen, Spenden an Stiftungen für wissenschaftliche, mildtätige, kulturelle Zwecke
	U	AM 6287 R 6288	Forderungsverluste 15 % USt (soweit unüblich hoch)			6400	Versicherungen

GuV-Posten[2]	Programm-verbindung[4]	6 Betriebliche Aufwendungen		GuV-Posten[2]	Programm-verbindung[4]	6 Betriebliche Aufwendungen	
Sonstige betriebliche Aufwendungen		6405	Versicherungen für Gebäude	Sonstige betriebliche Aufwendungen		6670	Reisekosten Unternehmer
		6410	Netto-Prämie für Rückdeckung künftiger Versorgungsleistungen		G K	6672	Reisekosten Unternehmer (nicht abziehbarer Anteil)[1]
		6420	Beiträge			6673	Reisekosten Unternehmer Fahrtkosten
		6430	Sonstige Abgaben			6674	Reisekosten Unternehmer Verpflegungsmehraufwand
		6436	Steuerlich abziehbare Verspätungszuschläge und Zwangsgelder			6680	Reisekosten Unternehmer Übernachtungsaufwand
	G K	6437	Steuerlich nicht abziehbare Verspätungszuschläge und Zwangsgelder		R 6685 -86		
		6440	Ausgleichsabgabe i. S. d. Schwerbehindertengesetzes			6688	Fahrten zwischen Wohnung und Arbeitsstätte (abziehbarer Anteil)[13]
		6450	Reparaturen und Instandhaltung von Bauten		G	6689	Fahrten zwischen Wohnung und Arbeitsstätte (nicht abziehbarer Anteil)[13]
		6460	Reparaturen und Instandhaltung von technischen Anlagen und Maschinen			6690	Fahrten zwischen Wohnung und Arbeitsstätte (Haben)[13]
		6470	Reparaturen und Instandhaltung von Betriebs- und Geschäftsausstattung			6700	Kosten der Warenabgabe
						6710	Verpackungsmaterial
						6740	Ausgangsfrachten
		6485	Reparaturen und Instandhaltung von anderen Anlagen			6760	Transportversicherungen
						6770	Verkaufsprovisionen
		6490	Sonstige Reparaturen und Instandhaltung			6780	Fremdarbeiten (Vertrieb)
						6790	Aufwand für Gewährleistung
		6495	Wartungskosten für Hard- und Software			6800	Porto
		6498	Mietleasing			6805	Telefon
	G K	6499	Gewerbesteuerlich zu berücksichtigendes Mietleasing § 8 GewStG[5]			6810	Telefax und Internetkosten
						6815	Bürobedarf
		6500	Fahrzeugkosten			6820	Zeitschriften, Bücher
		6520	Kfz-Versicherungen			6821	Fortbildungskosten
		6530	Laufende Kfz-Betriebskosten			6822	Freiwillige Sozialleistungen
		6540	Kfz-Reparaturen		G	6823	Vergütungen an Mitunternehmer § 15 EStG
		6550	Garagenmiete		G	6824	Haftungsvergütung an Mitunternehmer § 15 EStG
		6560	Leasingfahrzeugkosten			6825	Rechts- und Beratungskosten
		6570	Sonstige Kfz-Kosten			6827	Abschluss- und Prüfungskosten
		6580	Mautgebühren			6830	Buchführungskosten
		6590	Kfz-Kosten für betrieblich genutzte zum Privatvermögen gehörende Kraftfahrzeuge[13]			6835	Mieten für Einrichtungen
					G K	6839	Gewerbesteuerlich zu berücksichtigende Miete für Einrichtungen § 8 GewStG[5]
		6595	Fremdfahrzeugkosten[13]			6840	Mietleasing
		6600	Werbekosten		G K	6844	Gewerbesteuerlich zu berücksichtigendes Mietleasing § 8 GewStG[5]
		6610	Geschenke abzugsfähig				
	G K	6620	Geschenke nicht abzugsfähig			6845	Werkzeuge und Kleingeräte
		6625	Geschenke ausschließlich betrieblich genutzt			6850	Sonstiger Betriebsbedarf
		6630	Repräsentationskosten			6855	Nebenkosten des Geldverkehrs
		6640	Bewirtungskosten		G K	6856	Aufwendungen aus Anteilen an Kapitalgesellschaften 100 % / 50 % nicht abzugsfähig (inländische Kap.Ges.)[9]
		6641	Sonstige eingeschränkt abziehbare Betriebsausgaben (abziehbarer Anteil)[13]				
	G K	6642	Sonstige eingeschränkt abziehbare Betriebsausgaben (nicht abziehbarer Anteil)[13]		G	6857	Aufwendungen aus der Veräußerung von Anteilen an Kapitalgesellschaften 100 %/50 % nicht abzugsfähig (inländische Kap.Ges.)[9]
		6643	Aufmerksamkeiten				
	G K	6644	Nicht abzugsfähige Bewirtungskosten			6859	Aufwendungen für Abraum- und Abfallbeseitigung
	G K	6645	Nicht abzugsfähige Betriebsausgaben aus Werbe- und Repräsentationskosten (nicht abziehbarer Anteil)[8]			6860	Nicht abziehbare Vorsteuer
						6865	Nicht abziehbare Vorsteuer 7 %
		6646	[14]			6870	Nicht abziehbare Vorsteuer 16 %
		6647	[14]		R 6871		
		6650	Reisekosten Arbeitnehmer		K	6875	Nicht abziehbare Hälfte der Aufsichtsratsvergütungen
	G K	6652	Reisekosten Arbeitnehmer (nicht abziehbarer Anteil)[1]			6876	Abziehbare Aufsichtsratsvergütungen
		6660	Reisekosten Arbeitnehmer Übernachtungsaufwand			6880	Aufwendungen aus Kursdifferenzen
		6663	Reisekosten Arbeitnehmer Fahrtkosten			6883	Aufwendungen aus Bewertung Finanzmittelfonds
		6664	Reisekosten Arbeitnehmer Verpflegungsmehraufwand		U	AM 6884	Erlöse aus Verkäufen Sachanlagevermögen steuerfrei § 4 Nr. 1a UStG (bei Buchverlust)
	R 6665						
		6668	Kilometergelderstattung Arbeitnehmer		U	AM 6885	Erlöse aus Verkäufen Sachanlagevermögen 16 % USt (bei Buchverlust)
					R 6886 -87		

GuV-Posten[2]	Programm-verbindung[4]	6 Betriebliche Aufwendungen		GuV-Posten[2]	Programm-verbindung[4]	6 Betriebliche Aufwendungen	
Sonstige betriebliche Aufwendungen	U	AM 6888	Erlöse aus Verkäufen Sachanlagevermögen steuerfrei § 4 Nr. 1b UStG (bei Buchverlust)	Sonstige betriebliche Aufwendungen	U	AM 6932	Forderungsverluste aus steuerfreien EG-Lieferungen (übliche Höhe)
		6889	Erlöse aus Verkäufen Sachanlagevermögen (bei Buchverlust)		U	AM 6933	Forderungsverluste aus im Inland steuerpflichtigen EG-Lieferungen 7 % USt (übliche Höhe)
		6890	Erlöse aus Verkäufen immaterieller Vermögensgegenstände (bei Buchverlust)				
		6891	Erlöse aus Verkäufen Finanzanlagen (bei Buchverlust)		U	AM 6934	Forderungsverluste aus im Inland steuerpflichtigen EG-Lieferungen 16 % USt (übliche Höhe)
	G K	6892	Erlöse aus Verkäufen Finanzanlagen 100 %/50 % nicht abzugsfähig (inländische Kap.Ges.) (bei Buchverlust)[9]		U	AM 6935	Forderungsverluste 16 % USt (übliche Höhe)
		6895	Anlagenabgänge Sachanlagen (Restbuchwert bei Buchverlust)			R 6936	
		6896	Anlagenabgänge immaterielle Vermögensgegenstände (Restbuchwert bei Buchverlust)		U	AM 6937	Forderungsverluste 15 % USt (übliche Höhe)
						R 6938	
		6897	Anlagenabgänge Finanzanlagen (Restbuchwert bei Buchverlust)		U	AM 6939	Forderungsverluste aus im Inland steuerpflichtigen EG-Lieferungen 15 % USt (übliche Höhe)
	G K	6898	Anlagenabgänge Finanzanlagen 100 %/50 % nicht abzugsfähig (inländische Kap.Ges) (Restbuchwert bei Buchverlust)[9]			6960	Periodenfremde Aufwendungen soweit nicht außerordentlich
		6900	Verluste aus dem Abgang von Gegenständen des Anlagevermögens			6967	Sonstige Aufwendungen betriebsfremd und regelmäßig
						6969	Sonstige Aufwendungen unregelmäßig
	G K	6903	Verluste aus der Veräußerung von Anteilen an Kapitalgesellschaften 100 %/50 % nicht abzugsfähig (inländische Kap.Ges.)[9]			**Kalkulatorische Kosten**	
				Sonstige betriebliche Aufwendungen		6970	Kalkulatorischer Unternehmerlohn
		6905	Verluste aus dem Abgang von Gegenständen des Umlaufvermögens außer Vorräte			6972	Kalkulatorische Miete/Pacht
						6974	Kalkulatorische Zinsen
	G K	6906	Verluste aus dem Abgang von Gegenständen des Umlaufvermögens (außer Vorräte) 100 %/50 % nicht abzugsfähig (inländische Kap.Ges.)[9]			6976	Kalkulatorische Abschreibungen
						6978	Kalkulatorische Wagnisse
						6979	Kalkulatorischer Lohn für unentgeltliche Mitarbeiter
		6910	Abschreibungen auf Umlaufvermögen außer Vorräte und Wertpapieren des UV (übliche Höhe)			6980	Verrechneter kalkulatorischer Unternehmerlohn
		6912	Abschreibungen auf Umlaufvermögen außer Vorräte und Wertpapieren des UV, steuerrechtlich bedingt (übliche Höhe)			6982	Verrechnete kalkulatorische Miete/Pacht
						6984	Verrechnete kalkulatorische Zinsen
		6915	Vorwegnahme künftiger Wertschwankungen im Umlaufvermögen außer Vorräte und Wertpapieren			6986	Verrechnete kalkulatorische Abschreibungen
						6988	Verrechnete kalkulatorische Wagnisse
		6916	Aufwendungen aus der Zuschreibung von steuerlich niedriger bewerteten Verbindlichkeiten			6989	Verrechneter kalkulatorischer Lohn für unentgeltliche Mitarbeiter
		6917	Aufwendungen aus der Zuschreibung von steuerlich niedriger bewerteten Rückstellungen			**Kosten bei Anwendung des Umsatzkostenverfahrens**	
				Sonstige betriebliche Aufwendungen		6990	Herstellungskosten
		6920	Einstellung in die Pauschalwertberichtigung zu Forderungen			6992	Verwaltungskosten
		6923	Einstellung in die Einzelwertberichtigung zu Forderungen			6994	Vertriebskosten
						6999	Gegenkonto 6990-6998
		6925	Einstellungen in Sonderposten mit Rücklageanteil (steuerfreie Rücklagen)				
		6926	Einstellungen in Sonderposten mit Rücklageanteil (Ansparabschreibungen)				
		6927	Einstellungen in Sonderposten mit Rücklageanteil (Sonderabschreibungen)				
		6928	Einstellungen in Sonderposten mit Rücklageanteil (Existenzgründerrücklage)[13]				
		6929	Einstellungen in Sonderposten mit Rücklageanteil (§ 52 Abs. 16 EStG)[11]				
		6930	Forderungsverluste (übliche Höhe)				
	U	AM 6931	Forderungsverluste 7% USt (übliche Höhe)				

GuV-Posten[2]	Programm-verbindung[4]	7 Weitere Erträge und Aufwendungen		GuV-Posten[2]	Programm-verbindung[4]	7 Weitere Erträge und Aufwendungen	
			Erträge aus Beteiligungen				**Erträge aus Verlustübernahme und auf Grund einer Gewinngemeinschaft, eines Gewinn- oder Teilgewinnabführungsvertrags erhaltene Gewinne**
Erträge aus Beteiligungen	G K	7000	Erträge aus Beteiligungen				
		7005	Laufende Erträge aus Anteilen an Kapitalgesellschaften (Beteiligung) 100 %/50 % steuerfrei (inländische Kap. Ges.)[9]				
	G K	7006	Laufende Erträge aus Anteilen an Kapitalgesellschaften (verbundene Unternehmen) 100 % / 50 % steuerfrei (inländische Kap. Ges.)[9]	Erträge aus Verlustübernahme	K	7190	Erträge aus Verlustübernahme
	G K	7007	Gewinne aus Anteilen an nicht steuerbefreiten inländischen Kapitalgesellschaften § 9 Nr. 2a GewStG	Auf Grund einer Gewinngemeinschaft, eines Gewinn- oder Teilgewinnabführungsvertrags erhaltene Gewinne		7192	Erhaltene Gewinne auf Grund einer Gewinngemeinschaft
	G K	7008	Gewinnanteile aus Mitunternehmerschaften § 9 GewStG		K	7194	Erhaltene Gewinne auf Grund eines Gewinn- oder Teilgewinnabführungsvertrags
		7009	Erträge aus Beteiligungen an verbundenen Unternehmen				
			Erträge aus anderen Wertpapieren und Ausleihungen des Finanzanlagevermögens				**Abschreibungen auf Finanzanlagen und auf Wertpapiere des Umlaufvermögens**
Erträge aus anderen Wertpapieren und Ausleihungen des Finanzanlagevermögens		7010	Erträge aus anderen Wertpapieren und Ausleihungen des Finanzanlagevermögens	Abschreibungen auf Finanzanlagen und auf Wertpapiere des Umlaufvermögens		7200	Abschreibungen auf Finanzanlagen
					G K	7204	Abschreibungen auf Finanzanlagen 100 % / 50 % nicht abzugsfähig (inländische Kap.Ges.)[9]
	G K	7014	Laufende Erträge aus Anteilen an Kapitalgesellschaften (Finanzanlagevermögen) 100 % / 50 % steuerfrei (inländische Kap. Ges.)[9]		G K	7208	Abschreibungen auf Grund von Verlustanteilen an Mitunternehmerschaften § 8 GewStG
						7210	Abschreibungen auf Wertpapiere des Umlaufvermögens
	G K	7015	Laufende Erträge aus Anteilen an Kapitalgesellschaften (verbundene Unternehmen) 100 % / 50 % steuerfrei (inländische Kap. Ges.)[9]		G K	7214	Abschreibungen auf Wertpapiere des Umlaufvermögens 100 %/ 50 % nicht abzugsfähig (inländische Kap.Ges.)[9]
						7250	Abschreibungen auf Finanzanlagen auf Grund steuerlicher Sondervorschriften
		7019	Erträge aus anderen Wertpapieren und Ausleihungen des Finanzanlagevermögens aus verbundenen Unternehmen		G K	7255	Abschreibungen auf Finanzanlagen auf Grund steuerlicher Sondervorschriften 100 % / 50 % nicht abzugsfähig (inländische Kap.Ges.)[9]
			Sonstige Zinsen und ähnliche Erträge			7260	Vorwegnahme künftiger Wertschwankungen bei Wertpapieren des Umlaufvermögens
Sonstige Zinsen und ähnliche Erträge		7100	Sonstige Zinsen und ähnliche Erträge				**Zinsen und ähnliche Aufwendungen**
	G K	7103	Laufende Erträge aus Anteilen an Kapitalgesellschaften (Umlaufvermögen) 100 % / 50 % steuerfrei (inländische Kap. Ges.)[9]			7300	Zinsen und ähnliche Aufwendungen
				Zinsen und ähnliche Aufwendungen		7303	Steuerlich abzugsfähige, andere Nebenleistungen zu Steuern
	G K	7104	Laufende Erträge aus Anteilen an Kapitalgesellschaften (verbundene Unternehmen) 100 % / 50 % steuerfrei (inländische Kap. Ges.)[9]		G K	7304	Steuerlich nicht abzugsfähige, andere Nebenleistungen zu Steuern
		7105	Zinserträge § 233a AO			7305	Zinsaufwendungen § 233a AO betriebliche Steuern
	G K	7106	Zinserträge § 233a AO Sonderfall Anlage A KSt		G K	7306	Zinsaufwendungen §§ 233a bis 237 AO Personensteuern
		7109	Sonstige Zinsen und ähnliche Erträge aus verbundenen Unternehmen			7309	Zinsen und ähnliche Aufwendungen an verbundene Unternehmen
		7110	Sonstige Zinserträge			7310	Zinsaufwendungen für kurzfristige Verbindlichkeiten
		7119	Sonstige Zinserträge aus verbundenen Unternehmen		G	7313	Nicht abzugsfähige Schuldzinsen gemäß § 4 Abs. 4a EStG (Hinzurechnungsbetrag)[13]
		7120	Zinsähnliche Erträge				
		7129	Zinsähnliche Erträge aus verbundenen Unternehmen			7318	In Dauerschuldzinsen umqualifizierte Zinsen auf kurzfristige Verbindlichkeiten
		7130	Diskonterträge				
		7139	Diskonterträge aus verbundenen Unternehmen			7319	Zinsaufwendungen für kurzfristige Verbindlichkeiten an verbundene Unternehmen
					G K	7320	Zinsaufwendungen für langfristige Verbindlichkeiten

GuV-Posten[2]	Programm-verbindung[4]	7 Weitere Erträge und Aufwendungen		GuV-Posten[2]	Programm-verbindung[4]	7 Weitere Erträge und Aufwendungen	
Zinsen und ähnliche Aufwendungen	G K	7325	Zinsaufwendungen für Gebäude, die zum Betriebsvermögen gehören[13]				**Steuern vom Einkommen und Ertrag**
	G K	7326	Zinsen zur Finanzierung des Anlagevermögens	Steuern vom Einkommen und Ertrag	K	7600	Körperschaftsteuer
	G K	7327	Renten und dauernde Lasten aus Gründung/Erwerb § 8 GewStG		K	7603	Körperschaftsteuer für Vorjahre
	G	7328	Zinsaufwendungen an Mitunternehmer für die Hingabe von Kapital § 15 EStG		K	7604	Körperschaftsteuererstattungen für Vorjahre
					K	7607	Solidaritätszuschlagerstattungen für Vorjahre
	G K	7329	Zinsaufwendungen für langfristige Verbindlichkeiten an verbundene Unternehmen		K	7608	Solidaritätszuschlag
					K	7609	Solidaritätszuschlag für Vorjahre
		7330	Zinsähnliche Aufwendungen		G K	7610	Gewerbesteuer
		7339	Zinsähnliche Aufwendungen an verbundene Unternehmen		G K	7630	Kapitalertragsteuer 25 %[1]
		7340	Diskontaufwendungen		G K	7632	Kapitalertragsteuer 20 %
		7349	Diskontaufwendungen an verbundene Unternehmen		G K	7633	Anrechenbarer Solidaritätszuschlag auf Kapitalertragsteuer 25 %[1]
	G K	7350	Zinsen und ähnliche Aufwendungen 100 % / 50 % nicht abzugsfähig (inländische Kap. Ges.)[9]		G K	7634	Anrechenbarer Solidaritätszuschlag auf Kapitalertragsteuer 20 %
					G K	7635	Zinsabschlagsteuer
	G K	7351	Zinsen und ähnliche Aufwendungen an verbundene Unternehmen 100 % / 50 % nicht abzugsfähig (inländische Kap. Ges.)[9]		G K	7638	Anrechenbarer Solidaritätszuschlag auf Zinsabschlagsteuer
						7640	Steuernachzahlungen Vorjahre für Steuern vom Einkommen und Ertrag
						7642	Steuererstattungen Vorjahre für Steuern vom Einkommen und Ertrag
			Aufwendungen aus Verlustübernahme und auf Grund einer Gewinngemeinschaft, eines Gewinn- oder Teilgewinnabführungsvertrags abgeführte Gewinne			7644	Erträge aus der Auflösung von Rückstellungen für Steuern vom Einkommen und Ertrag
							Sonstige Steuern
Aufwendungen aus Verlustübernahme	K	7390	Aufwendungen aus Verlustübernahme	Sonstige Steuern		7650	Sonstige Steuern
						7675	Verbrauchsteuer
						7678	Ökosteuer
Auf Grund einer Gewinngemeinschaft, eines Gewinn- oder Teilgewinnabführungsvertrags abgeführte Gewinne		7392	Abgeführte Gewinne auf Grund einer Gewinngemeinschaft			7680	Grundsteuer
						7685	Kfz-Steuer
	K	7394	Abgeführte Gewinne auf Grund eines Gewinn- oder Teilgewinnabführungsvertrags			7690	Steuernachzahlungen Vorjahre für sonstige Steuern
						7692	Steuererstattungen Vorjahre für sonstige Steuern
	G K	7399	Abgeführte Gewinnanteile an stille Gesellschafter § 8 GewStG			7694	Erträge aus der Auflösung von Rückstellungen für sonstige Steuern
			Außerordentliche Erträge	Gewinnvortrag oder Verlustvortrag		7700	Gewinnvortrag nach Verwendung
Außerordentliche Erträge		7400	Außerordentliche Erträge			7720	Verlustvortrag nach Verwendung
		7401	Außerordentliche Erträge finanzwirksam				
		7450	Außerordentliche Erträge nicht finanzwirksam	Entnahmen aus der Kapitalrücklage		7730	Entnahmen aus der Kapitalrücklage
			Außerordentliche Aufwendungen				**Entnahmen aus Gewinnrücklagen**
Außerordentliche Aufwendungen		7500	Außerordentliche Aufwendungen	Entnahmen aus Gewinnrücklagen aus der gesetzlichen Rücklage		7735	Entnahmen aus der gesetzlichen Rücklage
		7501	Außerordentliche Aufwendungen finanzwirksam				
		7550	Außerordentliche Aufwendungen nicht finanzwirksam				
				Entnahmen aus Gewinnrücklagen aus der Rücklage für eigene Anteile		7740	Entnahmen aus der Rücklage für eigene Anteile
				Entnahmen aus Gewinnrücklagen aus satzungsmäßigen Rücklagen		7745	Entnahmen aus satzungsmäßigen Rücklagen
				Entnahmen aus Gewinnrücklagen aus anderen Gewinnrücklagen		7750	Entnahmen aus anderen Gewinnrücklagen
				Erträge aus Kapitalherabsetzung		7755	Erträge aus Kapitalherabsetzung

GuV-Posten[2]	Programm-verbindung[4]	7 Weitere Erträge und Aufwendungen	Bilanz-Posten[2]	Programm-verbindung[4]	9 Vortrags-, Kapital- und Statistische Konten
Einstellungen in die Kapitalrücklage nach den Vorschriften über die vereinfachte Kapitalherabsetzung		7760 Einstellungen in die Kapitalrücklage nach den Vorschriften über die vereinfachte Kapitalherabsetzung			KU 9000-9999
					Vortragskonten
					S 9000 Saldenvorträge, Sachkonten
					F 9001 Saldenvorträge
					-07
		Einstellungen in Gewinnrücklagen			S 9008 Saldenvorträge Debitoren
Einstellungen in Gewinnrücklagen in die gesetzliche Rücklage		7765 Einstellungen in die gesetzliche Rücklage			S 9009 Saldenvorträge Kreditoren
					F 9060 Offene Posten aus 1990
					F 9069 Offene Posten aus 1999
					F 9070 Offene Posten aus 2000
					F 9071 Offene Posten aus 2001
					F 9072 Offene Posten aus 2002
					F 9073 Offene Posten aus 2003
Einstellungen in Gewinnrücklagen in die Rücklage für eigene Anteile		7770 Einstellungen in die Rücklage für eigene Anteile			F 9074 Offene Posten aus 2004
					F 9075 Offene Posten aus 2005
					F 9076 **Offene Posten aus 2006**[1]
Einstellungen in Gewinnrücklagen in satzungsmäßige Rücklagen		7775 Einstellungen in satzungsmäßige Rücklagen			F 9090 **Summenvortragskonto**
					F 9091 Offene Posten aus 1991
					F 9092 Offene Posten aus 1992
					F 9093 Offene Posten aus 1993
					F 9094 Offene Posten aus 1994
Einstellungen in Gewinnrücklagen in andere Gewinnrücklagen		7780 Einstellungen in andere Gewinnrücklagen			F 9095 Offene Posten aus 1995
					F 9096 Offene Posten aus 1996
					F 9097 Offene Posten aus 1997
					F 9098 Offene Posten aus 1998
Ausschüttung	K	7790 Vorabausschüttung			**Statistische Konten für Betriebswirtschaftliche Auswertungen (BWA)**
Vortrag auf neue Rechnung		7795 Vortrag auf neue Rechnung (GuV)			
					F 9101 Verkaufstage
					F 9102 Anzahl der Barkunden
Sonstige betriebliche Aufwendungen		R 7900			F 9103 Beschäftigte Personen
		R 7910			F 9104 Unbezahlte Personen
		-13			F 9105 Verkaufskräfte
		R 7915			F 9106 Geschäftsraum m^2
		R 7920			F 9107 Verkaufsraum m^2
		-23			F 9116 Anzahl Rechnungen
		R 7930			F 9117 Anzahl Kreditkunden monatlich
		-33			F 9118 Anzahl Kreditkunden aufgelaufen
		R 7940			
		-43			9120 Erweiterungsinvestitionen
		R 7945			F 9130 [6]
		R 7950			-31
		R 7955			9135 Auftragseingang im Geschäftsjahr
		R 7960			
		R 7965			9140 Auftragsbestand
		R 7970			F 9190 Gegenkonto für statistische Mengeneinheiten Konten 9101-9107 und Konten 9116-9118
		R 7975			
		R 7980			
		R 7985			
					9199 Gegenkonto zu Konten 9120, 9135-9140
Sonstige betriebliche Erträge oder *sonstige betriebliche Aufwendungen*		7990 Aufwendungen/Erträge aus Umrechnungsdifferenzen			**Statistische Konten für den Kennzifferteil der Bilanz**
					F 9200 Beschäftigte Personen
					F 9201 [6]
					-08
					F 9209 Gegenkonto zu 9200
					9210 Produktive Löhne
					9219 Gegenkonto zu 9210
					Statistische Konten zur informativen Angabe des gezeichneten Kapitals in anderer Währung
			Gezeichnetes Kapital in DM		F 9220 Gezeichnetes Kapital in DM (Art. 42 Abs. 3 S. 1 EGHGB)
			Gezeichnetes Kapital in Euro		F 9221 Gezeichnetes Kapital in Euro (Art. 42 Abs. 3 S. 2 EGHGB)
					F 9229 Gegenkonto zu 9220-9221

SKR 04

Bilanz-Posten[2]	Programmverbindung[4]	9 Vortrags-, Kapital- und Statistische Konten	Bilanz-Posten[2]	Programmverbindung[4]	9 Vortrags-, Kapital- und Statistische Konten
		Passive Rechnungsabgrenzung			**Statistische Konten für die im Anhang anzugebenden sonstigen finanziellen Verpflichtungen**
		9230 Baukostenzuschüsse			
		9232 Investitionszulagen			
		9234 Investitionszuschüsse			9280 Gegenkonto zu 9281-9284
		9239 Gegenkonto zu Konten 9230-9238			9281 Verpflichtungen aus Miet- und Leasingverträgen
		9240 Investitionsverbindlichkeiten bei den Leistungsverbindlichkeiten			9282 Verpflichtungen aus Miet- und Leasingverträgen gegenüber verbundenen Unternehmen
		9241 Investitionsverbindlichkeiten aus Sachanlagenkäufen bei Leistungsverbindlichkeiten			9283 Andere Verpflichtungen gemäß § 285 Nr. 3 HGB
		9242 Investitionsverbindlichkeiten aus Käufen von immateriellen Vermögensgegenständen bei Leistungsverbindlichkeiten			9284 Andere Verpflichtungen gemäß § 285 Nr. 3 HGB gegenüber verbundenen Unternehmen
		9243 Investitionsverbindlichkeiten aus Käufen von Finanzanlagen bei Leistungsverbindlichkeiten			9290 Statistisches Konto steuerfreie Auslagen
					9291 Gegenkonto zu 9290
		9244 Gegenkonto zu Konto 9240-43			9292 Statistisches Konto Fremdgeld
					9293 Gegenkonto zu 9292
		9245 Forderungen aus Sachanlagenverkäufen bei sonstigen Vermögensgegenständen	Einlagen stiller Gesellschafter		9295 Einlagen stiller Gesellschafter
		9246 Forderungen aus Verkäufen immaterieller Vermögensgegenstände bei sonstigen Vermögensgegenständen	Steuerrechtlicher Ausgleichsposten		9297 Steuerrechtlicher Ausgleichsposten
		9247 Forderungen aus Verkäufen von Finanzanlagen bei sonstigen Vermögensgegenständen		F 9300 -20 [6]	
		9249 Gegenkonto zu Konto 9245-47		F 9326 -43 [6]	
		Eigenkapitalersetzende Gesellschafterdarlehen		F 9346 -49 [6]	
		9250 Eigenkapitalersetzende Gesellschafterdarlehen		F 9357 -60 [6]	
		9255 Ungesicherte Gesellschafterdarlehen mit Restlaufzeit größer 5 Jahre		F 9365 -67 [6]	
				F 9371 -72 [6]	
		9259 Gegenkonto zu 9250 und 9255		F 9399 [6]	
		Aufgliederung der Rückstellungen			**Privat Teilhafter (für Verrechnung Gesellschafterdarlehen mit Eigenkapitalcharakter - Konto 9840-9849)**
		9260 Kurzfristige Rückstellungen			
		9262 Mittelfristige Rückstellungen			
		9264 Langfristige Rückstellungen, außer Pensionen			9400 Privatentnahmen allgemein -09
		9269 Gegenkonto zu Konten 9260-9268			9410 Privatsteuern -19
		Statistische Konten für in der Bilanz auszuweisende Haftungsverhältnisse			9420 Sonderausgaben beschränkt abzugsfähig -29
					9430 Sonderausgaben unbeschränkt abzugsfähig -39
		9270 Gegenkonto zu 9271-9279 (Soll-Buchung)			9440 Zuwendungen, Spenden -49
		9271 Verbindlichkeiten aus der Begebung und Übertragung von Wechseln			9450 Außergewöhnliche Belastungen -59
		9272 Verbindlichkeiten aus der Begebung und Übertragung von Wechseln gegenüber verbundenen Unternehmen			9460 Grundstücksaufwand -69
					9470 Grundstücksertrag -79
		9273 Verbindlichkeiten aus Bürgschaften, Wechsel- und Scheckbürgschaften			9480 Unentgeltliche Wertabgaben -89
		9274 Verbindlichkeiten aus Bürgschaften, Wechsel- und Scheckbürgschaften gegenüber verbundenen Unternehmen			9490 Privateinlagen -99
		9275 Verbindlichkeiten aus Gewährleistungsverträgen			
		9276 Verbindlichkeiten aus Gewährleistungsverträgen gegenüber verbundenen Unternehmen			
		9277 Haftung aus der Bestellung von Sicherheiten für fremde Verbindlichkeiten			
		9278 Haftung aus der Bestellung von Sicherheiten für fremde Verbindlichkeiten gegenüber verbundenen Unternehmen			
		9279 Verpflichtungen aus Treuhandvermögen			

Bilanz-Posten[2]	Programm-verbindung[4]	9 Vortrags-, Kapital- und Statistische Konten	Bilanz-Posten[2]	Programm-verbindung[4]	9 Vortrags-, Kapital- und Statistische Konten
		Statistische Konten für die Kapitalkontenentwicklung			**Ausgleichsposten für aktivierte eigene Anteile und Bilanzierungshilfen**
		9500 Anteil für Konto 2000-09			
		-09 Vollhafter			9880 Ausgleichsposten für aktivierte eigene Anteile
		9510 Anteil für Konto 2010-19			9882 Ausgleichsposten für aktivierte Bilanzierungshilfen
		-19 Vollhafter			
		9520 Anteil für Konto 2020-29			
		-29 Vollhafter[12]			**Nicht durch Vermögenseinlagen gedeckte Entnahmen**
		9530 Anteil für Konto 9810-19			
		-39 Vollhafter			9883 Nicht durch Vermögenseinlagen gedeckte Entnahmen persönlich haftender Gesellschafter
		9540 Anteil für Konto 0060-69			
		-49 Vollhafter			9884 Nicht durch Vermögenseinlagen gedeckte Entnahmen Kommanditisten
		9550 Anteil für Konto 2050-59			
		-59 Teilhafter			
		9560 Anteil für Konto 2060-69			**Verrechnungskonto für nicht durch Vermögenseinlagen gedeckte Entnahmen**
		-69 Teilhafter			
		9570 Anteil für Konto 2070-79			
		-79 Teilhafter[12]			9885 Verrechnungskonto für nicht durch Vermögenseinlagen gedeckte Entnahmen persönlich haftender Gesellschafter
		9580 Anteil für Konto 9820-29			
		-89 Vollhafter			9886 Verrechnungskonto für nicht durch Vermögenseinlagen gedeckte Entnahmen Kommanditisten
		9590 Anteil für Konto 0080-89			
		-99 Teilhafter			
		9600 Name des Gesellschafters			**Steueraufwand der Gesellschafter**
		-09 Vollhafter			
		9610 Tätigkeitsvergütung			9887 Steueraufwand der Gesellschafter
		-19 Vollhafter			9889 Gegenkonto zu 9887
		9620 Tantieme			
		-29 Vollhafter			**Statistische Konten für Gewinnzuschlag**
		9630 Darlehensverzinsung			
		-39 Vollhafter			
		9640 Gebrauchsüberlassung			9890 Statistisches Konto für den Gewinnzuschlag nach §§ 6b, 6c und 7g EStG (Haben-Buchung)
		-49 Vollhafter			
		9650 Sonstige Vergütungen		G K	9891 Statistisches Konto für Gewinnzuschlag - Gegenkonto zu 9890
		-89 Vollhafter			
		9690 Restanteil			
		-99 Vollhafter			**Vorsteuer-/Umsatzsteuerkonten zur Korrektur der Forderungen/Verbindlichkeiten (EÜR)**
		9700 Name des Gesellschafters			
		-09 Teilhafter			
		9710 Tätigkeitsvergütung			
		-19 Teilhafter			9893 Umsatzsteuer in den Forderungen zum allgemeinen Umsatzsteuersatz (EÜR)[13]
		9720 Tantieme			
		-29 Teilhafter			9894 Umsatzsteuer in den Forderungen zum ermäßigten Umsatzsteuersatz (EÜR)[13]
		9730 Darlehensverzinsung			
		-39 Teilhafter			9895 Gegenkonto 9893-9894 für die Aufteilung der Umsatzsteuer (EÜR)[13]
		9740 Gebrauchsüberlassung			
		-49 Teilhafter			9896 Vorsteuer in den Verbindlichkeiten zum allgemeinen Umsatzsteuersatz (EÜR)[13]
		9750 Sonstige Vergütungen			
		-79 Teilhafter			9897 Vorsteuer in den Verbindlichkeiten zum ermäßigten Umsatzsteuersatz (EÜR)[13]
		9780 Anteil für Konto 9840-49			
		-89 Teilhafter			9899 Gegenkonto 9896-9897 für die Aufteilung der Vorsteuer (EÜR)[13]
		9790 Restanteil			
		-99 Teilhafter			
		9800 Lösch- und Korrekturschlüssel			**Statistische Konten zu § 4 (4a) EStG**[1]
		9801 Lösch- und Korrekturschlüssel			9910 Gegenkonto zur Korrektur der Entnahmen § 4 (4a) EStG[1]
		Kapital Personenhandelsgesellschaft Vollhafter			9911 Korrektur der Entnahmen § 4 (4a) EStG (Haben)[1]
		9810 Gesellschafter-Darlehen			
		-19			
		9820 Verlust-/Vortragskonto			
		-29			
		9830 Verrechnungskonto für Einzahlungsverpflichtungen			
		-39			
		Kapital Personenhandelsgesellschaft Teilhafter			
		9840 Gesellschafter-Darlehen			
		-49			
		9850 Verrechnungskonto für Einzahlungsverpflichtungen			
		-59			
		Einzahlungsverpflichtungen im Bereich der Forderungen			
		9860 Einzahlungsverpflichtungen			
		-69 persönlich haftender Gesellschafter			
		9870 Einzahlungsverpflichtungen			
		-79 Kommanditisten			

SKR 04

Bilanz-Posten[2]	Pro-gramm-verbindung[4]	9 Vortrags-, Kapital- und Statistische Konten	Bilanz-Posten[2]	Pro-gramm-verbindung[4]	9 Vortrags-, Kapital- und Statistische Konten
		Personenkonten			
Sollsalden: Forderungen aus Lieferungen und Leistungen		10000 -69999 = Debitoren			
Habensalden: Sonstige Verbindlichkeiten					
Habensalden: Verbindlichkeiten aus Lieferungen und Leistungen		70000 -99999 = Kreditoren			
Sollsalden: Sonstige Vermögensgegenstände					

SKR 04

Erläuterungen zu den Kontenfunktionen:
Zusatzfunktionen (über einer Kontenklasse):
- KU Keine Errechnung der Umsatzsteuer möglich
- V Zusatzfunktion „Vorsteuer"
- M Zusatzfunktion „Umsatzsteuer"

Hauptfunktionen (vor einem Konto)
- AV Automatische Errechnung der Vorsteuer
- AM Automatische Errechnung der Umsatzsteuer
- S Sammelkonten
- F Konten mit allgemeiner Funktion
- R Diese Konten dürfen erst dann bebucht werden, wenn ihnen eine andere Funktion zugeteilt wurde.

Hinweise zu den Konten sind durch Fußnoten gekennzeichnet:

1) Konto für das Buchungsjahr 2006 neu eingeführt
2) Bilanz- und GuV-Posten große Kapitalgesellschaft GuV-Gesamtkostenverfahren Tabelle S4004
3) Diese Konten können mit BU-Schlüssel 10 bebucht werden. Das EG-Land und der ausländische Steuersatz werden über das EG-Fenster eingegeben.
4) Kontenbezogene Kennzeichnung der Programmverbindung in Kanzlei-Rechnungswesen/Bilanz zu Umsatzsteuererklärung (U), Gewerbesteuer (G) und Körperschaftsteuer (K). Da bei Erstellung des SKR-Formulars die Steuererklärungsformulare noch nicht vorlagen, können sich Abweichungen zwischen den in der Programmverbindung berücksichtigten Konten und den Programmverbindungskennzeichen ergeben.
5) Programmseitige Reduzierung des vollen Betrags auf die gewerbesteuerlich relevante Höhe
6) Diese Konten werden für die BWA-Formen 03, 10 und 70 mit statistischen Mengeneinheiten bebucht und wurden mit der Umrechnungssperre, Funktion 18000, belegt.
7) Die Konten 2980 Sonderposten mit Rücklageanteil, steuerfreie Rücklagen und 2990 Sonderposten mit Rücklageanteil, Sonderabschreibungen gelten als Hauptkonten für Sachverhalte, die in diesen Kontenbereichen nicht als spezieller Sachverhalt auf Einzelkonten dargestellt sind.
8) Kontenbeschriftung in 2006 geändert
9) An der Schnittstelle zu GewSt werden die Erträge zu 50 % als steuerfrei und die Aufwendungen zu 50 % als nicht abziehbar behandelt. An der Schnittstelle zu KSt werden die Erträge zu 100 % als steuerfrei und die Aufwendungen zu 100 % als nicht abziehbar behandelt. Siehe § 3 Nr. 40 EStG, § 3c EStG und § 8b KStG.
10) Diese Konten haben ab Buchungsjahr 2005 nicht mehr die Zusatzfunktion KU. Bitte verwenden Sie diese Konten nur noch in Verbindung mit einem Gegenkonto mit Geldkontenfunktion.
11) Das Konto wird ab Buchungsjahr 2004 nur noch für Auswertungen mit Vorjahresvergleich benötigt.
12) Die Konten haben in den Zuordnungstabellen (ZOT) S5204 und S0504 Eigenkapitalcharakter. In allen anderen ZOT für Personengesellschaften werden diese Konten im Fremdkapital ausgewiesen.
13) Das Konto wird für die Gewinnermittlung nach § 4 Abs. 3 EStG eingeführt. Nach § 60 Abs. 4 EStDV ist bei einer Gewinnermittlung nach § 4 Abs. 3 EStG der Steuererklärung ein amtlich vorgeschriebener Vordruck beizufügen, - Einnahmenüberschussrechnung - EÜR-.
14) Diese Konten empfehlen wir für die Einrichtung der Kontenfunktion zur automatischen Umbuchung der abzugsfähigen Bewirtungskosten mit 7 % (Konto 6646) und 0 % (Konto 6647) Vorsteuerabzug.
15) Die Konten wurden zur Aufteilung nach Steuersätzen am Jahresende eingerichtet und sollten unterjährig nicht bebucht werden. Bitte beachten Sie die Buchungsregeln im Dok.-Nr. 1012932 der Informations-Datenbank.
16) Das Konto wird ab Buchungsjahr 2007 gelöscht.
17) Das Konto wird in Körperschaftsteuer ausschließlich in die Positionen „Eigen-/ Nennkapital zum Schluss des vorangegangenen Wirtschaftsjahres" übernommen.

Bedeutung der Steuerschlüssel:
1 Umsatzsteuerfrei (mit Vorsteuerabzug)
2 Umsatzsteuer 7 %
3 Umsatzsteuer 16 %
4 gesperrt
5 Umsatzsteuer 15 %
6 gesperrt
7 Vorsteuer 15 %
8 Vorsteuer 7 %
9 Vorsteuer 16 %

Nachschlagewerke zu Buchungsfällen:
Bei Fragen zu besonderen Buchungssachverhalten im Bereich der Finanzbuchführung und Jahresabschluss bietet die DATEV folgende Nachschlagewerke an:
Buchungs-ABC (Art.-Nr. 10 013)
Buchungsregeln für den Jahresabschluss (Art.-Nr. 36 020 oder Dok.-Nr. 0907735 auf der Informations-Datenbank)

Bedeutung der Berichtigungsschlüssel:
1 Steuerschlüssel bei Buchungen mit einem EG-Tatbestand ab Buchungsjahr 1993
2 Generalumkehr
3 Generalumkehr bei aufzuteilender Vorsteuer
4 Aufhebung der Automatik
5 Individueller Umsatzsteuer-Schlüssel
6 Generalumkehr bei Buchungen mit einem EG-Tatbestand ab Buchungsjahr 1993
7 Generalumkehr bei individuellem Umsatzsteuer-Schlüssel
8 Generalumkehr bei Aufhebung der Automatik
9 Aufzuteilende Vorsteuer

Bedeutung der Steuerschlüssel 91/92/94/95 und 46 (6. und 7. Stelle des Gegenkontos)
Umsatzsteuerschlüssel für die Verbuchung von Umsätzen, für die der Leistungsempfänger die Steuer nach § 13b UStG schuldet.

Beim Leistungsempfänger:
91 7 % Vorsteuer und 7 % Umsatzsteuer
92 ohne Vorsteuer und 7 % Umsatzsteuer
94 16 % Vorsteuer und 16 % Umsatzsteuer
95 ohne Vorsteuer und 16 % Umsatzsteuer

Die Unterscheidung der verschiedenen Sachverhalte nach § 13b UStG erfolgt nach Eingabe des Steuerschlüssels direkt bei der Erfassung des Buchungssatzes.

Beim Leistenden:
46 Ausweis Kennzahl 60 der UStVA

Bedeutung der Steuerschlüssel bei Buchungen mit einem EG-Tatbestand (6. und 7. Stelle des Gegenkontos):
10 nicht steuerbarer Umsatz in Deutschland (Steuerpflicht im anderen EG-Land)
11 Umsatzsteuerfrei (mit Vorsteuerabzug)
12 Umsatzsteuer 7 %
13 Umsatzsteuer 16 %
15 Umsatzsteuer 15 %
17 Umsatzsteuer/Vorsteuer 15 % / 15 %
18 Umsatzsteuer/Vorsteuer 7 % / 7 %
19 Umsatzsteuer/Vorsteuer 16 % / 16 %

Bedeutung der Generalumkehrschlüssel bei Buchungen mit einem EG-Tatbestand (6. und 7. Stelle des Gegenkontos):
60 nicht steuerbarer Umsatz in Deutschland (Steuerpflicht im anderen EG-Land)
61 Umsatzsteuerfrei (mit Vorsteuerabzug)
62 Umsatzsteuer 7 %
63 Umsatzsteuer 16 %
65 Umsatzsteuer 15 %
67 Umsatzsteuer/Vorsteuer 15 % / 15 %
68 Umsatzsteuer/Vorsteuer 7 % / 7 %
69 Umsatzsteuer/Vorsteuer 16 % / 16 %

Erläuterungen zur Kennzeichnung von Konten für die Programmverbindung zwischen Kanzlei-Rechnungswesen/Bilanz und Steuerprogrammen:

Die Erweiterung des Standardkontenrahmens um zusätzliche Konten und besondere Kennzeichen verbessert weiter die Integration der DATEV-Programme und erleichtert die Arbeit für Anwender von Kanzlei-Rechnungswesen/Bilanz, die gleichzeitig DATEV-Steuerprogramme nutzen. Steuerliche Belange können bereits während des Kontierens stärker berücksichtigt werden.

In der Spalte Programmverbindung werden die Konten gekennzeichnet, die über die Schnittstelle in Kanzlei-Rechnungswesen/Bilanz an das entsprechende Steuerprogramm Umsatzsteuererklärung (U), Gewerbesteuer (G) und Körperschaftsteuer (K) weitergegeben und an entsprechender Stelle der Steuererklärung zu Grunde gelegt werden.

Die Kennzeichnung „G" und „K" an Standardkonten umfasst für die Weitergabe an Gewerbesteuer und Körperschaftsteuer auch die nachfolgenden Konten bis zum nächsten standardmäßig belegten Konto.

Die Kennzeichnung „U" an Standardkonten stellt die Weitergabe an Umsatzsteuererklärung dar. Kontenbereiche werden weitergegeben, wenn sie im Standardkontenrahmen ausgewiesen sind (z. B. AM 4300-09).

Wegen der über weite Bereiche geschlossenen Kontenabfrage für Erbschaft- und Schenkungsteuer wird auf eine einzelne Kennzeichnung verzichtet. An Erbschaft- und Schenkungsteuer werden folgende Bereiche an Aktiv- und Passivkonten weitergegeben:

0040-0059	0880-0899
0060-0069	0930-1499
0080-0089	1550-1949
0100-0199	2984-2984
0400-0709	2988-2988
0720-0724	2997-2997
0735-0739	3000-3059
0750-0754	3070-3079
0765-0799	3085-3091
0810-0819	3095-3097
0830-0839	3099-3949

Nicht gekennzeichnet sind solche Konten, die lediglich eine rechnerische Hilfsfunktion im steuerlichen Sinne ausüben wie Löhne und Gehälter sowie Umsätze für die Berechnung des zulässigen Spendenabzugs im Rahmen von Gewerbesteuer und Körperschaftsteuer.

Abgebildet wird mit den Kennzeichen die Programmverbindung, nicht der steuerliche Ursprung. Die Gewerbesteuer-Berechnung für Körperschaften ist in das Produkt Körperschaftsteuer integriert. Daher ist an Konten mit gewerbesteuerlichem Merkmal auch ein „K" für diese Programmverbindung zu finden.

SKR 04

DATEV-Kontenrahmen nach dem Bilanzrichtlinien-Gesetz
Standardkontenrahmen (SKR) 03
Gültig ab 2006

Anhang 2 DATEV

SKR 03

Bilanz-Posten[2]	Programmverbindung[4]	0 Anlage- und Kapitalkonten	Bilanz-Posten[2]	Programmverbindung[4]	0 Anlage- und Kapitalkonten
Aufwendungen für die Ingangsetzung und Erweiterung des Geschäftsbetriebs		0001 Aufwendungen für die Ingangsetzung und Erweiterung des Geschäftsbetriebs	Grundstücke, grundstücksgleiche Rechte und Bauten einschließlich der Bauten auf fremden Grundstücken		0140 Wohnbauten 0145 Garagen 0146 Außenanlagen 0147 Hof- und Wegebefestigungen 0148 Einrichtungen für Wohnbauten 0149 Gebäudeteil des häuslichen Arbeitszimmers[1)13)]
Aufwendungen für die Währungsumstellung auf den Euro		0002 Aufwendungen für die Währungsumstellung auf den Euro	Geleistete Anzahlungen und Anlagen im Bau		0150 Wohnbauten im Bau 0159 Anzahlungen auf Wohnbauten auf eigenen Grundstücken und grundstücksgleichen Rechten
		Immaterielle Vermögensgegenstände	Grundstücke, grundstücksgleiche Rechte und Bauten einschließlich der Bauten auf fremden Grundstücken		0160 Bauten auf fremden Grundstücken 0165 Geschäftsbauten 0170 Fabrikbauten 0175 Garagen 0176 Außenanlagen 0177 Hof- und Wegebefestigungen 0178 Einrichtungen für Geschäfts- und Fabrikbauten 0179 Andere Bauten
Konzessionen, gewerbliche Schutzrechte und ähnliche Rechte und Werte sowie Lizenzen an solchen Rechten und Werten		0010 Konzessionen, gewerbliche Schutzrechte und ähnliche Rechte und Werte sowie Lizenzen an solchen Rechten und Werten 0015 Konzessionen 0020 Gewerbliche Schutzrechte 0025 Ähnliche Rechte und Werte 0027 EDV-Software 0030 Lizenzen an gewerblichen Schutzrechten und ähnlichen Rechten und Werten			0180 Geschäfts-, Fabrik- und andere Bauten im Bau 0189 Anzahlungen auf Geschäfts-, Fabrik- und andere Bauten auf fremden Grundstücken
Geschäfts- oder Firmenwert		0035 Geschäfts- oder Firmenwert	Grundstücke, grundstücksgleiche Rechte und Bauten einschließlich der Bauten auf fremden Grundstücken		0190 Wohnbauten 0191 Garagen 0192 Außenanlagen 0193 Hof- und Wegebefestigungen 0194 Einrichtungen für Wohnbauten
Geleistete Anzahlungen		0038 Anzahlungen auf Geschäfts- oder Firmenwert 0039 Anzahlungen auf immaterielle Vermögensgegenstände			
Verschmelzungsmehrwert		0040 Verschmelzungsmehrwert			
		Sachanlagen	Geleistete Anzahlungen und Anlagen im Bau		0195 Wohnbauten im Bau 0199 Anzahlungen auf Wohnbauten auf fremden Grundstücken
Grundstücke, grundstücksgleiche Rechte und Bauten einschließlich der Bauten auf fremden Grundstücken		0050 Grundstücke, grundstücksgleiche Rechte und Bauten einschließlich der Bauten auf fremden Grundstücken 0059 Grundstücksanteil des häuslichen Arbeitszimmers[1)13)] 0060 Grundstücke und grundstücksgleiche Rechte ohne Bauten 0065 Unbebaute Grundstücke 0070 Grundstücksgleiche Rechte (Erbbaurecht, Dauerwohnrecht) 0075 Grundstücke mit Substanzverzehr 0079 Anzahlungen auf Grundstücke und grundstücksgleiche Rechte ohne Bauten	Technische Anlagen und Maschinen		0200 Technische Anlagen und Maschinen 0210 Maschinen 0220 Maschinengebundene Werkzeuge 0240 Maschinelle Anlagen 0260 Transportanlagen und Ähnliches 0280 Betriebsvorrichtungen
			Geleistete Anzahlungen und Anlagen im Bau		0290 Technische Anlagen und Maschinen im Bau 0299 Anzahlungen auf technische Anlagen und Maschinen
Geleistete Anzahlungen und Anlagen im Bau			Andere Anlagen, Betriebs- und Geschäftsausstattung		0300 Andere Anlagen, Betriebs- und Geschäftsausstattung 0310 Andere Anlagen 0320 Pkw 0350 Lkw 0380 Sonstige Transportmittel 0400 Betriebsausstattung 0410 Geschäftsausstattung 0420 Büroeinrichtung 0430 Ladeneinrichtung 0440 Werkzeuge 0450 Einbauten 0460 Gerüst- und Schalungsmaterial 0480 Geringwertige Wirtschaftsgüter bis 410 Euro 0490 Sonstige Betriebs- und Geschäftsausstattung
Grundstücke, grundstücksgleiche Rechte und Bauten einschließlich der Bauten auf fremden Grundstücken		0080 Bauten auf eigenen Grundstücken und grundstücksgleichen Rechten 0085 Grundstückswerte eigener bebauter Grundstücke 0090 Geschäftsbauten 0100 Fabrikbauten 0110 Garagen 0111 Außenanlagen 0112 Hof- und Wegebefestigungen 0113 Einrichtungen für Geschäfts- und Fabrikbauten 0115 Andere Bauten			
Geleistete Anzahlungen und Anlagen im Bau		0120 Geschäfts-, Fabrik- und andere Bauten im Bau 0129 Anzahlungen auf Geschäfts-, Fabrik- und andere Bauten auf eigenen Grundstücken und grundstücksgleichen Rechten	Geleistete Anzahlungen und Anlagen im Bau		0498 Andere Anlagen, Betriebs- und Geschäftsausstattung im Bau 0499 Anzahlungen auf andere Anlagen, Betriebs- und Geschäftsausstattung

Bilanz-Posten[2]	Programm-verbindung[4]	0 Anlage- und Kapitalkonten	Bilanz-Posten[2]	Programm-verbindung[4]	0 Anlage- und Kapitalkonten
		Finanzanlagen	Verbindlichkeiten gegenüber verbundenen Unternehmen oder *Forderungen gegen verbundene Unternehmen*		**0700 Verbindlichkeiten gegenüber verbundenen Unternehmen** 0701 – Restlaufzeit bis 1 Jahr 0705 – Restlaufzeit 1 bis 5 Jahre 0710 – Restlaufzeit größer 5 Jahre
Anteile an verbundenen Unternehmen		**0500 Anteile an verbundenen Unternehmen (Anlagevermögen)** **0504 Anteile an herrschender oder mit Mehrheit beteiligter Gesellschaft**			
Ausleihungen an verbundene Unternehmen		**0505 Ausleihungen an verbundene Unternehmen**			
Beteiligungen		**0510 Beteiligungen** 0513 Typisch stille Beteiligungen 0516 Atypisch stille Beteiligungen 0517 Andere Beteiligungen an Kapitalgesellschaften 0518 Andere Beteiligungen an Personengesellschaften 0519 Beteiligung einer GmbH & Co.KG an einer Komplementär GmbH	Verbindlichkeiten gegenüber Unternehmen, mit denen ein Beteiligungsverhältnis besteht oder *Forderungen gegen Unternehmen, mit denen ein Beteiligungsverhältnis besteht*		**0715 Verbindlichkeiten gegenüber Unternehmen, mit denen ein Beteiligungsverhältnis besteht** 0716 – Restlaufzeit bis 1 Jahr 0720 – Restlaufzeit 1 bis 5 Jahre 0725 – Restlaufzeit größer 5 Jahre
Ausleihungen an Unternehmen, mit denen ein Beteiligungsverhältnis besteht		**0520 Ausleihungen an Unternehmen, mit denen ein Beteiligungsverhältnis besteht**			
			Sonstige Verbindlichkeiten		**0730 Verbindlichkeiten gegenüber Gesellschaftern** 0731 – Restlaufzeit bis 1 Jahr 0740 – Restlaufzeit 1 bis 5 Jahre 0750 – Restlaufzeit größer 5 Jahre 0755 Verbindlichkeiten gegenüber Gesellschaftern für offene Ausschüttungen 0760 Darlehen typisch stiller Gesellschafter 0761 – Restlaufzeit bis 1 Jahr 0764 – Restlaufzeit 1 bis 5 Jahre 0767 – Restlaufzeit größer 5 Jahre 0770 Darlehen atypisch stiller Gesellschafter 0771 – Restlaufzeit bis 1 Jahr 0774 – Restlaufzeit 1 bis 5 Jahre 0777 – Restlaufzeit größer 5 Jahre 0780 Partiarische Darlehen 0781 – Restlaufzeit bis 1 Jahr 0784 – Restlaufzeit 1 bis 5 Jahre 0787 – Restlaufzeit größer 5 Jahre 0790 (frei, in Bilanz kein Restlaufzeit--98 vermerk) 0799 Gegenkonto 0730-0789 bei Aufteilung der Konten 0790-0798
Wertpapiere des Anlagevermögens		**0525 Wertpapiere des Anlagevermögens** 0530 Wertpapiere mit Gewinnbeteiligungsansprüchen 0535 Festverzinsliche Wertpapiere			
Sonstige Ausleihungen		**0540 Sonstige Ausleihungen** 0550 Darlehen			
Genossenschaftsanteile		**0570 Genossenschaftsanteile zum langfristigen Verbleib**			
Sonstige Ausleihungen		0580 Ausleihungen an Gesellschafter 0590 Ausleihungen an nahe stehende Personen			
Rückdeckungsansprüche aus Lebensversicherungen		**0595 Rückdeckungsansprüche aus Lebensversicherungen zum langfristigen Verbleib**			
		Verbindlichkeiten			**Kapital Kapitalgesellschaft**
Anleihen		**0600 Anleihen** nicht konvertibel 0601 – Restlaufzeit bis 1 Jahr 0605 – Restlaufzeit 1 bis 5 Jahre 0610 – Restlaufzeit größer 5 Jahre 0615 Anleihen konvertibel 0616 – Restlaufzeit bis 1 Jahr 0620 – Restlaufzeit 1 bis 5 Jahre 0625 – Restlaufzeit größer 5 Jahre	Gezeichnetes Kapital	K	**0800 Gezeichnetes Kapital**[17]
			Ausstehende Einlagen auf das gezeichnete Kapital		**0801 Ausstehende Einlagen auf das -09 gezeichnete Kapital,** nicht eingefordert (Aktivausweis) 0810 Ausstehende Einlagen auf das -19 gezeichnete Kapital, eingefordert (Aktivausweis)
Verbindlichkeiten gegenüber Kreditinstituten oder *Schecks, Kassenbestand, Bundesbank- und Postbankguthaben, Guthaben bei Kreditinstituten*		**0630 Verbindlichkeiten gegenüber Kreditinstituten** 0631 – Restlaufzeit bis 1 Jahr 0640 – Restlaufzeit 1 bis 5 Jahre 0650 – Restlaufzeit größer 5 Jahre 0660 Verbindlichkeiten gegenüber Kreditinstituten aus Teilzahlungsverträgen 0661 – Restlaufzeit bis 1 Jahr 0670 – Restlaufzeit 1 bis 5 Jahre 0680 – Restlaufzeit größer 5 Jahre 0690 (frei, in Bilanz kein Restlaufzeit--98 vermerk) 0699 Gegenkonto 0630-0689 bei Aufteilung der Konten 0690-0698	Nicht eingeforderte ausstehende Einlagen		**0820 Ausstehende Einlagen auf das -29 gezeichnete Kapital,** nicht eingefordert (Passivausweis, von gezeichnetem Kapital offen abgesetzt; eingeforderte ausstehende Einlagen s. Konten 0830-0838), Ausstehende Einlagen auf das Kommanditkapital
			Eingeforderte, noch ausstehende Kapitaleinlagen		**0830 Ausstehende Einlagen auf das -38 gezeichnete Kapital, eingefordert** (Forderungen, nicht eingeforderte ausstehende Einlagen s. Konten 0820-0829)
Verbindlichkeiten gegenüber Kreditinstituten			Eingeforderte Nachschüsse		0839 Eingeforderte Nachschüsse (Forderungen, Gegenkonto 0845)

Bilanz-Posten[2]	Programm-verbindung[4]	0 Anlage- und Kapitalkonten
		Kapitalrücklage
Kapitalrücklage	K	0840 Kapitalrücklage[17]
	K	0841 Kapitalrücklage durch Ausgabe von Anteilen über Nennbetrag[17]
	K	0842 Kapitalrücklage durch Ausgabe von Schuldverschreibungen für Wandlungsrechte und Optionsrechte zum Erwerb von Anteilen[17]
	K	0843 Kapitalrücklage durch Zuzahlungen gegen Gewährung eines Vorzugs für Anteile[17]
	K	0844 Kapitalrücklage durch andere Zuzahlungen in das Eigenkapital[17]
	K	0845 Eingefordertes Nachschusskapital (Gegenkonto 0839)[17]
		Gewinnrücklagen
Gesetzliche Rücklage	K	0846 Gesetzliche Rücklage[17]
Rücklage für eigene Anteile	K	0850 Rücklage für eigene Anteile[17]
Satzungsmäßige Rücklagen	K	0851 Satzungsmäßige Rücklagen[17]
Andere Gewinnrücklagen	K	0855 Andere Gewinnrücklagen[17]
	K	0856 Eigenkapitalanteil von Wertaufholungen[17]
Gewinnvortrag oder *Verlustvortrag*	K	0860 Gewinnvortrag vor Verwendung[17]
	K	0868 Verlustvortrag vor Verwendung[17]
Vortrag auf neue Rechnung	K	0869 Vortrag auf neue Rechnung (Bilanz)[17]
		Kapital Personenhandelsgesellschaft
		Vollhafter/Einzelunternehmer
		0870 Festkapital
		-79
		0880 Variables Kapital
		-89
		0890 Gesellschafter-Darlehen[12]
		-99
		Teilhafter
		0900 Kommandit-Kapital
		-09
		0910 Verlustausgleichskonto
		-19
		0920 Gesellschafter-Darlehen[12]
		-29
		Sonderposten mit Rücklageanteil
Sonderposten mit Rücklageanteil		0930 Sonderposten mit Rücklageanteil, steuerfreie Rücklagen[6]
		0931 Sonderposten mit Rücklageanteil nach § 6b EStG
		0932 Sonderposten mit Rücklageanteil nach Abschnitt 35 EStR
		0933 Sonderposten mit Rücklageanteil nach § 6d EStG
		0934 Sonderposten mit Rücklageanteil nach § 1 EntwLStG
Sonderposten aus der Währungsumstellung auf den Euro		0935 Sonderposten aus der Währungsumstellung auf den Euro[11]

Bilanz-Posten[2]	Programm-verbindung[4]	0 Anlage- und Kapitalkonten
Sonderposten mit Rücklageanteil		0936 Sonderposten mit Rücklageanteil nach § 7d EStG
		0937 Sonderposten mit Rücklageanteil nach § 79 EStDV
		0938 Sonderposten mit Rücklageanteil nach § 80 EStDV
		0939 Sonderposten mit Rücklageanteil nach § 52 Abs. 16 EStG
		0940 Sonderposten mit Rücklageanteil, Sonderabschreibungen[6]
		0941 Sonderposten mit Rücklageanteil nach § 82a EStDV
		0942 Sonderposten mit Rücklageanteil nach § 82d EStDV
		0943 Sonderposten mit Rücklageanteil nach § 82e EStDV
		0944 Sonderposten mit Rücklageanteil nach § 14 BerlinFG
		0945 Sonderposten mit Rücklageanteil für Förderung nach § 3 Zonen-RFG/§ 4-6 FördergebietsG
		0946 Sonderposten mit Rücklageanteil nach § 4d EStG
		0947 Sonderposten mit Rücklageanteil nach § 7g Abs. 1 EStG
		0948 Sonderposten mit Rücklageanteil nach § 7g Abs. 3 u. 7 EStG
Sonderposten für Zuschüsse und Zulagen		0949 Sonderposten für Zuschüsse und Zulagen
		Rückstellungen
Rückstellungen für Pensionen und ähnliche Verpflichtungen		0950 Rückstellungen für Pensionen und ähnliche Verpflichtungen
Steuerrückstellungen		0955 Steuerrückstellungen
		0957 Gewerbesteuerrückstellung
		0963 Körperschaftsteuerrückstellung
		0969 Rückstellung für latente Steuern
Sonstige Rückstellungen		0970 Sonstige Rückstellungen
		0971 Rückstellungen für unterlassene Aufwendungen für Instandhaltung, Nachholung in den ersten drei Monaten
		0972 Rückstellungen für unterlassene Aufwendungen für Instandhaltung, Nachholung innerhalb des 4. bis 12. Monats
		0973 Rückstellungen für Abraum- und Abfallbeseitigung
		0974 Rückstellungen für Gewährleistungen (Gegenkonto 4790)
		0976 Rückstellungen für drohende Verluste aus schwebenden Geschäften
		0977 Rückstellungen für Abschluss- und Prüfungskosten
		0978 Aufwandsrückstellungen gemäß § 249 Abs. 2 HGB
		0979 Rückstellungen für Umweltschutz

SKR 03

Bilanz-Posten[2]	Programm-verbindung[4]	0 Anlage- und Kapitalkonten	Bilanz-Posten[2]	Programm-verbindung[4]	1 Finanz- und Privatkonten	
		Abgrenzungsposten			KU	1000-1509
Rechnungsabgrenzungsposten (Aktiva)		0980 Aktive Rechnungsabgrenzung			V	1510-1520
					KU	1521-1709
					M	1710-1729
					KU	1730-1868
					V	1869[10]
Abgrenzung latenter Steuern		0983 Abgrenzung aktive latente Steuern			KU	1870-1878
					M	1879[10]
					KU	1880-1999
Rechnungsabgrenzungsposten (Aktiva)		0984 Als Aufwand berücksichtigte Zölle und Verbrauchsteuern auf Vorräte 0985 Als Aufwand berücksichtigte Umsatzsteuer auf Anzahlungen 0986 Damnum/Disagio			**Schecks, Kassenbestand, Bundesbank- und Postbankguthaben, Guthaben bei Kreditinstituten**	
			Kassenbestand, Bundesbankguthaben, Guthaben bei Kreditinstituten und Schecks		F 1000 Kasse F 1010 Nebenkasse 1 F 1020 Nebenkasse 2	
Rechnungsabgrenzungsposten (Passiva)		0990 Passive Rechnungsabgrenzung				
		0992 Abgrenzungen zur unterjährigen Kostenverrechnung für BWA	Kassenbestand, Bundesbankguthaben, Guthaben bei Kreditinstituten und Schecks oder Verbindlichkeiten gegenüber Kreditinstituten		F 1100 Postbank F 1110 Postbank 1 F 1120 Postbank 2 F 1130 Postbank 3 F 1190 LZB-Guthaben F 1195 Bundesbankguthaben F 1200 Bank F 1210 Bank 1 F 1220 Bank 2 F 1230 Bank 3 F 1240 Bank 4 F 1250 Bank 5 1290 Finanzmittelanlagen im Rahmen der kurzfristigen Finanzdisposition	
Sonstige Aktiva oder *sonstige Passiva*						
Forderungen aus Lieferungen und Leistungen H-Saldo		0996 Pauschalwertberichtigung auf Forderungen mit einer Restlaufzeit bis zu 1 Jahr 0997 Pauschalwertberichtigung auf Forderungen mit einer Restlaufzeit von mehr als 1 Jahr 0998 Einzelwertberichtigungen auf Forderungen mit einer Restlaufzeit bis zu 1 Jahr 0999 Einzelwertberichtigungen auf Forderungen mit einer Restlaufzeit von mehr als 1 Jahr				
			Forderungen aus Lieferungen und Leistungen oder *sonstige Verbindlichkeiten*		F 1300 Wechsel aus Lieferungen und Leistungen F 1301 – Restlaufzeit bis 1 Jahr F 1302 – Restlaufzeit größer 1 Jahr F 1305 Wechsel aus Lieferungen und Leistungen, bundesbankfähig	

			Forderungen gegen verbundene Unternehmen oder *Verbindlichkeiten gegenüber verbundenen Unternehmen*		1310 Besitzwechsel gegen verbundene Unternehmen
					    1311 – Restlaufzeit bis 1 Jahr
					    1312 – Restlaufzeit größer 1 Jahr
					    1315 Besitzwechsel gegen verbundene Unternehmen, bundesbankfähig	

			Forderungen gegenüber Unternehmen, mit denen ein Beteiligungsverhältnis besteht oder *Verbindlichkeiten gegenüber Unternehmen, mit denen ein Beteiligungsverhältnis besteht*		1320 Besitzwechsel gegen Unternehmen, mit denen ein Beteiligungsverhältnis besteht
					    1321 – Restlaufzeit bis 1 Jahr
					    1322 – Restlaufzeit größer 1 Jahr
					    1325 Besitzwechsel gegen Unternehmen, mit denen ein Beteiligungsverhältnis besteht, bundesbankfähig	

			Sonstige Wertpapiere		1327 Finanzwechsel 1329 Andere Wertpapiere mit unwesentlichen Wertschwankungen im Sinne Textziffer 18 DRS 2	
			Kassenbestand, Bundesbankguthaben, Guthaben bei Kreditinstituten und Schecks		F 1330 Schecks	

Bilanz-Posten[2]	Programm-verbindung[4]	1 Finanz- und Privatkonten	Bilanz-Posten[2]	Programm-verbindung[4]	1 Finanz- und Privatkonten
		Wertpapiere	Forderungen gegen verbundene Unternehmen H-Saldo		1478 Wertberichtigungen auf Forderungen mit einer Restlaufzeit bis zu 1 Jahr gegen verbundene Unternehmen
Anteile an verbundenen Unternehmen		1340 Anteile an verbundenen Unternehmen (Umlaufvermögen) 1344 Anteile an herrschender oder mit Mehrheit beteiligter Gesellschaft			1479 Wertberichtigungen auf Forderungen mit einer Restlaufzeit von mehr als 1 Jahr gegen verbundene Unternehmen
Eigene Anteile		1345 Eigene Anteile			
Sonstige Wertpapiere		1348 Sonstige Wertpapiere 1349 Wertpapieranlagen im Rahmen der kurzfristigen Finanzdisposition	Forderungen gegen Unternehmen, mit denen ein Beteiligungsverhältnis besteht oder *Verbindlichkeiten gegenüber Unternehmen, mit denen ein Beteiligungsverhältnis besteht*		F 1480 Forderungen aus Lieferungen und Leistungen gegen Unternehmen, mit denen ein Beteiligungsverhältnis besteht F 1481 – Restlaufzeit bis 1 Jahr F 1485 – Restlaufzeit größer 1 Jahr
		Forderungen und sonstige Vermögensgegenstände			
Sonstige Vermögensgegenstände		1350 GmbH-Anteile zum kurzfristigen Verbleib 1352 Genossenschaftsanteile zum kurzfristigen Verbleib 1355 Ansprüche aus Rückdeckungsversicherungen			
Sonstige Vermögensgegenstände oder *sonstige Verbindlichkeiten*		F 1358 -59 F 1360 Geldtransit F 1370 Verrechnungskonto für Gewinnermittlung § 4/3 EStG, ergebniswirksam F 1371 Verrechnungskonto für Gewinnermittlung § 4/3 EStG, nicht ergebniswirksam F 1380 Überleitungskonto Kostenstelle F 1390 Verrechnungskonto Ist-Versteuerung	Forderungen gegen Unternehmen, mit denen ein Beteiligungsverhältnis besteht H-Saldo		1488 Wertberichtigungen auf Forderungen mit einer Restlaufzeit bis zu 1 Jahr gegen Unternehmen, mit denen ein Beteiligungsverhältnis besteht 1489 Wertberichtigungen auf Forderungen mit einer Restlaufzeit von mehr als 1 Jahr gegen Unternehmen, mit denen ein Beteiligungsverhältnis besteht
Forderungen aus Lieferungen und Leistungen oder *sonstige Verbindlichkeiten*		S 1400 **Forderungen aus Lieferungen und Leistungen** R 1401 Forderungen aus Lieferungen und -06 Leistungen F 1410 Forderungen aus Lieferungen und -44 Leistungen ohne Kontokorrent F 1445 Forderungen aus Lieferungen und Leistungen zum allgemeinen Umsatzsteuersatz oder eines Kleinunternehmers (EÜR)[13] F 1446 Forderungen aus Lieferungen und Leistungen zum ermäßigten Umsatzsteuersatz (EÜR)[13] F 1447 Forderungen aus steuerfreien oder nicht steuerbaren Lieferungen und Leistungen (EÜR)[13] F 1448 Forderungen aus Lieferungen und Leistungen nach Durchschnittssätzen gemäß § 24 UStG (EÜR)[13] F 1449 Gegenkonto 1445-1448 bei Aufteilung der Forderungen nach Steuersätzen (EÜR)[13] F 1450 Forderungen nach § 11 Abs. 1 Satz 2 EStG für § 4/3 EStG F 1451 Forderungen aus Lieferungen und Leistungen ohne Kontokorrent – Restlaufzeit bis 1 Jahr F 1455 – Restlaufzeit größer 1 Jahr F 1460 Zweifelhafte Forderungen F 1461 – Restlaufzeit bis 1 Jahr F 1465 – Restlaufzeit größer 1 Jahr	Forderungen aus Lieferungen und Leistungen oder *sonstige Verbindlichkeiten*		F 1490 Forderungen aus Lieferungen und Leistungen gegen Gesellschafter F 1491 – Restlaufzeit bis 1 Jahr F 1495 – Restlaufzeit größer 1 Jahr
			Forderungen aus Lieferungen und Leistungen H-Saldo		1498 Gegenkonto zu sonstigen Vermögensgegenständen bei Buchungen über Debitorenkonto
			Forderungen aus Lieferungen und Leistungen H-Saldo oder *sonstige Verbindlichkeiten* S-Saldo		1499 Gegenkonto 1451-1497 bei Aufteilung Debitorenkonto
			Sonstige Vermögensgegenstände		**1500 Sonstige Vermögensgegenstände** 1501 – Restlaufzeit bis 1 Jahr 1502 – Restlaufzeit größer 1 Jahr 1503 Forderungen gegen Vorstandsmitglieder und Geschäftsführer – Restlaufzeit bis 1 Jahr 1504 Forderungen gegen Vorstandsmitglieder und Geschäftsführer – Restlaufzeit größer 1 Jahr 1505 Forderungen gegen Aufsichtsrats- und Beiratsmitglieder – Restlaufzeit bis 1 Jahr 1506 Forderungen gegen Aufsichtsrats- und Beiratsmitglieder – Restlaufzeit größer 1 Jahr 1507 Forderungen gegen Gesellschafter – Restlaufzeit bis 1 Jahr 1508 Forderungen gegen Gesellschafter – Restlaufzeit größer 1 Jahr
Forderungen gegen verbundene Unternehmen oder *Verbindlichkeiten gegenüber verbundenen Unternehmen*		F 1470 Forderungen aus Lieferungen und Leistungen gegen verbundene Unternehmen F 1471 – Restlaufzeit bis 1 Jahr F 1475 – Restlaufzeit größer 1 Jahr			

Bilanz-Posten[2]	Programm-verbindung[4]	1 Finanz- und Privatkonten	Bilanz-Posten[2]	Programm-verbindung[4]	1 Finanz- und Privatkonten
Geleistete Anzahlungen		1510 **Geleistete Anzahlungen auf Vorräte** AV 1511 Geleistete Anzahlungen, 7 % Vorsteuer R 1512 -15 AV 1516 Geleistete Anzahlungen, 15 % Vorsteuer AV 1517 Geleistete Anzahlungen, 16 % Vorsteuer R 1518	Sonstige Vermögensgegenstände oder *sonstige Verbindlichkeiten*		1580 Gegenkonto Vorsteuer § 4/3 EStG 1581 Auflösung Vorsteuer aus Vorjahr § 4/3 EStG 1582 Vorsteuer aus Investitionen § 4/3 EStG 1583 Gegenkonto für Vorsteuer nach Durchschnittssätzen für § 4 Abs. 3 EStG[13]
Sonstige Vermögensgegenstände		1521 Agenturwarenabrechnung 1525 Kautionen 1526 – Restlaufzeit bis 1 Jahr 1527 – Restlaufzeit größer 1 Jahr		U	S 1584 Abziehbare Vorsteuer aus innergemeinschaftlichem Erwerb von Neufahrzeugen von Lieferanten ohne Umsatzsteuer-Identifikationsnummer
Sonstige Vermögensgegenstände oder *sonstige Verbindlichkeiten*	U U	F 1528 Nachträglich abziehbare Vorsteuer, § 15a Abs. 2 UStG[1] F 1529 Zurückzuzahlende Vorsteuer, § 15a Abs. 2 UStG[1]		U U	S 1585 Abziehbare Vorsteuer aus der Auslagerung von Gegenständen aus einem Umsatzsteuerlager R 1586 F 1587 Vorsteuer nach allgemeinen Durchschnittssätzen UStVA Kz. 63
Sonstige Vermögensgegenstände		1530 Forderungen gegen Personal aus Lohn- und Gehaltsabrechnung 1531 – Restlaufzeit bis 1 Jahr 1537 – Restlaufzeit größer 1 Jahr 1540 Steuerüberzahlungen 1542 Steuererstattungsansprüche gegenüber anderen EG-Ländern F 1543 Forderungen an das Finanzamt aus abgeführtem Bauabzugsbetrag 1545 Umsatzsteuerforderungen 1547 Forderungen aus entrichteten Verbrauchsteuern 1548 Vorsteuer im Folgejahr abziehbar	Sonstige Verbindlichkeiten S-Saldo Forderungen gegen verbundene Unternehmen oder *Verbindlichkeiten gegenüber verbundenen Unternehmen*	U	F 1588 Bezahlte Einfuhrumsatzsteuer R 1589 1590 Durchlaufende Posten 1592 Fremdgeld F 1593 Verrechnungskonto erhaltene Anzahlungen bei Buchung über Debitorenkonto 1594 **Forderungen gegen verbundene Unternehmen** 1595 – Restlaufzeit bis 1 Jahr 1596 – Restlaufzeit größer 1 Jahr
Sonstige Vermögensgegenstände oder *sonstige Verbindlichkeiten*			Forderungen gegen Unternehmen, mit denen ein Beteiligungsverhältnis besteht oder *Verbindlichkeiten gegenüber Unternehmen, mit denen ein Beteiligungsverhältnis besteht*		1597 Forderungen gegen Unternehmen, mit denen ein Beteiligungsverhältnis besteht 1598 – Restlaufzeit bis 1 Jahr 1599 – Restlaufzeit größer 1 Jahr
Sonstige Vermögensgegenstände		1549 Körperschaftsteuerrückforderung 1550 Darlehen 1551 – Restlaufzeit bis 1 Jahr 1555 – Restlaufzeit größer 1 Jahr			
Sonstige Vermögensgegenstände oder *sonstige Verbindlichkeiten*	U U U U	F 1556 Nachträglich abziehbare Vorsteuer, § 15a Abs. 1 UStG, bewegliche Wirtschaftsgüter F 1557 Zurückzuzahlende Vorsteuer, § 15a Abs. 1 UStG, bewegliche Wirtschaftsgüter F 1558 Nachträglich abziehbare Vorsteuer, § 15a Abs. 1 UStG, unbewegliche Wirtschaftsgüter F 1559 Zurückzuzahlende Vorsteuer, § 15a Abs. 1 UStG, unbewegliche Wirtschaftsgüter	Verbindlichkeiten aus Lieferungen und Leistungen oder *sonstige Vermögensgegenstände*		**Verbindlichkeiten** S 1600 **Verbindlichkeiten aus Lieferungen und Leistungen** R 1601 Verbindlichkeiten aus Lieferungen -03 und Leistungen F 1605 Verbindlichkeiten aus Lieferungen und Leistungen zum allgemeinen Umsatzsteuersatz (EÜR)[13] F 1606 Verbindlichkeiten aus Lieferungen und Leistungen zum ermäßigten Umsatzsteuersatz (EÜR)[13] F 1607 Verbindlichkeiten aus Lieferungen und Leistungen ohne Vorsteuer (EÜR) F 1609 Gegenkonto 1605-1607 bei Aufteilung der Verbindlichkeiten nach Steuersätzen (EÜR)[13]
		S 1560 Aufzuteilende Vorsteuer S 1561 Aufzuteilende Vorsteuer 7 % S 1562 Aufzuteilende Vorsteuer aus innergemeinschaftlichem Erwerb R 1563 -64 S 1565 Aufzuteilende Vorsteuer 16 % R 1566 S 1567 Aufzuteilende Vorsteuer nach §§ 13a/13b UStG S 1568 Aufzuteilende Vorsteuer nach §§ 13a/13b UStG 16 % R 1569 S 1570 Abziehbare Vorsteuer S 1571 Abziehbare Vorsteuer 7 % S 1572 Abziehbare Vorsteuer aus innergemeinschaftlichem Erwerb S 1573 Abziehbare Vorsteuer aus innergemeinschaftlichem Erwerb 16 % R 1574 S 1575 Abziehbare Vorsteuer 16 % R 1576 -77 S 1578 Abziehbare Vorsteuer nach § 13b UStG S 1579 Abziehbare Vorsteuer nach § 13b UStG 16 %			F 1610 Verbindlichkeiten aus Lieferungen und Leistungen ohne Kontokorrent F 1624 Verbindlichkeiten aus Lieferungen und Leistungen für Investitionen für § 4/3 EStG F 1625 Verbindlichkeiten aus Lieferungen und Leistungen ohne Kontokorrent – Restlaufzeit bis 1 Jahr F 1626 – Restlaufzeit 1 bis 5 Jahre F 1628 – Restlaufzeit größer 5 Jahre

Programmverbindungen for left column middle section: U, U, U, U, U, U, U, U (for S 1570, S 1571, S 1572, S 1573, S 1575, S 1578, S 1579 entries).

Bilanz-Posten[2]	Programm-verbindung[4]	1 Finanz- und Privatkonten	Bilanz-Posten[2]	Programm-verbindung[4]	1 Finanz- und Privatkonten
Verbindlichkeiten gegenüber verbundenen Unternehmen oder *Forderungen gegen verbundene Unternehmen*		F 1630 Verbindlichkeiten aus Lieferungen und Leistungen gegenüber verbundenen Unternehmen F 1631 – Restlaufzeit bis 1 Jahr F 1635 – Restlaufzeit 1 bis 5 Jahre F 1638 – Restlaufzeit größer 5 Jahre	Sonstige Verbindlichkeiten		1730 Kreditkartenabrechnung 1731 Agenturwarenabrechnung 1732 Erhaltene Kautionen 1733 – Restlaufzeit bis 1 Jahr 1734 – Restlaufzeit 1 bis 5 Jahre 1735 – Restlaufzeit größer 5 Jahre 1736 Verbindlichkeiten aus Betriebssteuern und -abgaben 1737 – Restlaufzeit bis 1 Jahr
Verbindlichkeiten gegenüber Unternehmen, mit denen ein Beteiligungsverhältnis besteht oder *Forderungen gegen Unternehmen, mit denen ein Beteiligungsverhältnis besteht*		F 1640 Verbindlichkeiten aus Lieferungen und Leistungen gegenüber Unternehmen, mit denen ein Beteiligungsverhältnis besteht F 1641 – Restlaufzeit bis 1 Jahr F 1645 – Restlaufzeit 1 bis 5 Jahre F 1648 – Restlaufzeit größer 5 Jahre	Sonstige Verbindlichkeiten oder *sonstige Vermögensgegenstände*		1738 – Restlaufzeit 1 bis 5 Jahre 1739 – Restlaufzeit größer 5 Jahre 1740 Verbindlichkeiten aus Lohn und Gehalt 1741 Verbindlichkeiten aus Lohn- und Kirchensteuer
			Sonstige Verbindlichkeiten		1742 Verbindlichkeiten im Rahmen der sozialen Sicherheit 1743 – Restlaufzeit bis 1 Jahr 1744 – Restlaufzeit 1 bis 5 Jahre 1745 – Restlaufzeit größer 5 Jahre 1746 Verbindlichkeiten aus Einbehaltungen (KapESt und Solz auf KapESt) 1747 Verbindlichkeiten für Verbrauchsteuern 1748 Verbindlichkeiten für Einbehaltungen von Arbeitnehmern 1749 Verbindlichkeiten an das Finanzamt aus abzuführendem Bauabzugsbetrag 1750 Verbindlichkeiten aus Vermögensbildung 1751 – Restlaufzeit bis 1 Jahr 1752 – Restlaufzeit 1 bis 5 Jahre 1753 – Restlaufzeit größer 5 Jahre 1754 Steuerzahlungen an andere EG-Länder
Verbindlichkeiten aus Lieferungen und Leistungen oder *sonstige Vermögensgegenstände*		F 1650 Verbindlichkeiten aus Lieferungen und Leistungen gegenüber Gesellschaftern F 1651 – Restlaufzeit bis 1 Jahr F 1655 – Restlaufzeit 1 bis 5 Jahre F 1658 – Restlaufzeit größer 5 Jahre			
Verbindlichkeiten aus Lieferungen und Leistungen S-Saldo oder *sonstige Vermögensgegenstände H-Saldo*		1659 Gegenkonto 1625-1658 bei Aufteilung Kreditorenkonto			
Verbindlichkeiten aus der Annahme gezogener Wechsel und aus der Ausstellung eigener Wechsel		F 1660 Schuldwechsel F 1661 – Restlaufzeit bis 1 Jahr F 1680 – Restlaufzeit 1 bis 5 Jahre F 1690 – Restlaufzeit größer 5 Jahre	Sonstige Verbindlichkeiten oder *sonstige Vermögensgegenstände*		1755 **Lohn- und Gehaltsverrechnung** 1756 Lohn- und Gehaltsverrechnung § 11 Abs. 2 EStG für § 4/3 EStG[1] R 1758 1759 Voraussichtliche Beitragsschuld gegenüber den Sozialversicherungsträgern[1]
Sonstige Verbindlichkeiten		1700 **Sonstige Verbindlichkeiten** 1701 – Restlaufzeit bis 1 Jahr 1702 – Restlaufzeit 1 bis 5 Jahre 1703 – Restlaufzeit größer 5 Jahre 1704 Sonstige Verbindlichkeiten z. B. nach § 11 Abs. 2 Satz 2 EStG für § 4/3 EStG 1705 Darlehen 1706 – Restlaufzeit bis 1 Jahr 1707 – Restlaufzeit 1 bis 5 Jahre 1708 – Restlaufzeit größer 5 Jahre 1709 Gewinnverfügungskonto stiller Gesellschafter	Steuerrückstellungen oder *sonstige Vermögensgegenstände*		S 1760 Umsatzsteuer nicht fällig S 1761 Umsatzsteuer nicht fällig 7 % S 1762 Umsatzsteuer nicht fällig aus im Inland steuerpflichtigen EG-Lieferungen S 1763 Umsatzsteuer nicht fällig aus im Inland steuerpflichtigen EG-Lieferungen 16 % R 1764 S 1765 Umsatzsteuer nicht fällig 16 % R 1766
Sonstige Verbindlichkeiten oder *sonstige Vermögensgegenstände*			Sonstige Verbindlichkeiten		S 1767 Umsatzsteuer aus im anderen EG-Land steuerpflichtigen Lieferungen S 1768 Umsatzsteuer aus im anderen EG-Land steuerpflichtigen sonstigen Leistungen/Werklieferungen
Erhaltene Anzahlungen auf Bestellungen (Passiva)	U U U	1710 **Erhaltene Anzahlungen (Verbindlichkeiten)** AM 1711 Erhaltene, versteuerte Anzahlungen 7 % USt (Verbindlichkeiten) R 1712 -15 AM 1716 Erhaltene, versteuerte Anzahlungen 15 % USt (Verbindlichkeiten) AM 1717 Erhaltene, versteuerte Anzahlungen 16 % USt (Verbindlichkeiten) R 1718 1719 Erhaltene Anzahlungen – Restlaufzeit bis 1 Jahr 1720 – Restlaufzeit 1 bis 5 Jahre 1721 – Restlaufzeit größer 5 Jahre			
Erhaltene Anzahlungen auf Bestellungen (Aktiva)		1722 Erhaltene Anzahlungen (von Vorräten offen abgesetzt)			

SKR 03

Bilanz-Posten[2]	Programm-verbindung[4]	1 Finanz- und Privatkonten	Bilanz-Posten[2]	Programm-verbindung[4]	1 Finanz- und Privatkonten
Sonstige Verbindlichkeiten oder *sonstige Vermögensgegenstände*	U	S 1769 Umsatzsteuer aus der Auslagerung von Gegenständen aus einem Umsatzsteuerlager S 1770 Umsatzsteuer S 1771 Umsatzsteuer 7 % S 1772 Umsatzsteuer aus innergemeinschaftlichem Erwerb S 1773 Umsatzsteuer aus innergemeinschaftlichem Erwerb 16 % R 1774 S 1775 Umsatzsteuer 16 % R 1776 S 1777 Umsatzsteuer aus im Inland steuerpflichtigen EG-Lieferungen R 1778 S 1779 Umsatzsteuer aus innergemeinschaftlichem Erwerb ohne Vorsteuerabzug			**Privat Teilhafter** 1900 Privatentnahmen allgemein -09 1910 Privatsteuern -19 1920 Sonderausgaben beschränkt abzugsfähig -29 1930 Sonderausgaben unbeschränkt abzugsfähig -39 1940 Zuwendungen, Spenden -49 1950 Außergewöhnliche Belastungen -59 1960 Grundstücksaufwand -69 1970 Grundstücksertrag -79 1980 Unentgeltliche Wertabgaben -89 1990 Privateinlagen -99
	U U	F 1780 Umsatzsteuer-Vorauszahlungen F 1781 Umsatzsteuer-Vorauszahlung 1/11			
	U U	F 1782 Nachsteuer, UStVA Kz. 65 F 1783 In Rechnung unrichtig oder unberechtigt ausgewiesene Steuerbeträge, UStVA Kz. 69			
	U	S 1784 Umsatzsteuer aus innergemeinschaftlichem Erwerb von Neufahrzeugen von Lieferanten ohne Umsatzsteuer-Identifikationsnummer			
	U U	S 1785 Umsatzsteuer nach § 13b UStG S 1786 Umsatzsteuer nach § 13b UStG 16 % R 1787 1788 Einfuhrumsatzsteuer aufgeschoben bis 1789 Umsatzsteuer laufendes Jahr 1790 Umsatzsteuer Vorjahr 1791 Umsatzsteuer frühere Jahre			
Sonstige Vermögensgegenstände oder *sonstige Verbindlichkeiten*		1792 Sonstige Verrechnungskonten (Interimskonten)			
Sonstige Vermögensgegenstände H-Saldo		1793 Verrechnungskonto geleistete Anzahlungen bei Buchung über Kreditorenkonto 1795 Verbindlichkeiten im Rahmen der sozialen Sicherheit (für § 4/3 EStG)			
Sonstige Vermögensgegenstände oder *sonstige Verbindlichkeiten*		F 1799			
		Privat Vollhafter/Einzelunternehmer 1800 Privatentnahmen allgemein -09 1810 Privatsteuern -19 1820 Sonderausgaben beschränkt abzugsfähig -29 1830 Sonderausgaben unbeschränkt abzugsfähig -39 1840 Zuwendungen, Spenden -49 1850 Außergewöhnliche Belastungen -59 1860 Grundstücksaufwand -68 1869 Grundstücksaufwand (Umsatzsteuerschlüssel möglich)[10] 1870 Grundstücksertrag -78 1879 Grundstücksertrag (Umsatzsteuerschlüssel möglich)[10] 1880 Unentgeltliche Wertabgaben -89 1890 Privateinlagen -99			

GuV-Posten[2]	Programm-verbindung[4]	2 Abgrenzungskonten	GuV-Posten[2]	Programm-verbindung[4]	2 Abgrenzungskonten
		M 2400-2449	Steuern vom Einkommen und Ertrag	K K K	**Steueraufwendungen** 2200 Körperschaftsteuer 2203 Körperschaftsteuer für Vorjahre 2204 Körperschaftsteuererstattungen für Vorjahre
Außerordentliche Aufwendungen		**Außerordentliche Aufwendungen i.S.d. BiRiLiG** 2000 Außerordentliche Aufwendungen 2001 Außerordentliche Aufwendungen finanzwirksam 2005 Außerordentliche Aufwendungen nicht finanzwirksam		K K K G K G K G K	2208 Solidaritätszuschlag 2209 Solidaritätszuschlag für Vorjahre 2210 Solidaritätszuschlagerstattungen für Vorjahre 2212 Kapitalertragsteuer 20 % 2213 Kapitalertragsteuer 25 %[1] 2214 Anrechenbarer Solidaritätszuschlag auf Kapitalertragsteuer 20 %
Sonstige betriebliche Aufwendungen		**Betriebsfremde und periodenfremde Aufwendungen** 2010 Betriebsfremde Aufwendungen (soweit nicht außerordentlich) 2020 Periodenfremde Aufwendungen (soweit nicht außerordentlich)		G K G K G K	2215 Zinsabschlagsteuer 2216 Anrechenbarer Solidaritätszuschlag auf Kapitalertragsteuer 25 %[1] 2218 Anrechenbarer Solidaritätszuschlag auf Zinsabschlagsteuer
Zinsen und ähnliche Aufwendungen		**Zinsen und ähnliche Aufwendungen** 2100 Zinsen und ähnliche Aufwendungen 2103 Steuerlich abzugsfähige, andere Nebenleistungen zu Steuern			2280 Steuernachzahlungen Vorjahre für Steuern vom Einkommen und Ertrag 2282 Steuererstattungen Vorjahre für Steuern vom Einkommen und Ertrag 2284 Erträge aus der Auflösung von Rückstellungen für Steuern vom Einkommen und Ertrag
	G K	2104 Steuerlich nicht abzugsfähige, andere Nebenleistungen zu Steuern 2107 Zinsaufwendungen § 233a AO betriebliche Steuern	Sonstige Steuern		2285 Steuernachzahlungen Vorjahre für sonstige Steuern 2287 Steuererstattungen Vorjahre für sonstige Steuern 2289 Erträge aus der Auflösung von Rückstellungen für sonstige Steuern
	G K	2108 Zinsaufwendungen §§ 233a bis 237 AO Personensteuern 2109 Zinsaufwendungen an verbundene Unternehmen 2110 Zinsaufwendungen für kurzfristige Verbindlichkeiten			**Sonstige Aufwendungen**
	G	2113 Nicht abzugsfähige Schuldzinsen gemäß § 4 Abs. 4a EStG (Hinzurechnungsbetrag)[13]			2300 Sonstige Aufwendungen 2307 Sonstige Aufwendungen betriebsfremd und regelmäßig 2309 Sonstige Aufwendungen unregelmäßig
	G K	2115 Zinsen und ähnliche Aufwendungen 100 % / 50 % nicht abzugsfähig (inländische Kap.Ges.)[9]	Sonstige betriebliche Aufwendungen		2310 Anlagenabgänge Sachanlagen (Restbuchwert bei Buchverlust) 2311 Anlagenabgänge immaterielle Vermögensgegenstände (Restbuchwert bei Buchverlust)
	G K	2116 Zinsen und ähnliche Aufwendungen an verbundene Unternehmen 100 % / 50 % nicht abzugsfähig (inländische Kap.Ges.)[9]		G K	2312 Anlagenabgänge Finanzanlagen (Restbuchwert bei Buchverlust) 2313 Anlagenabgänge Finanzanlagen 100 %/50 % nicht abzugsfähig, (inländische Kap. Ges.) (Restbuchwert bei Buchverlust)[9]
	G K	2118 In Dauerschuldzinsen umqualifizierte Zinsen auf kurzfristige Verbindlichkeiten 2119 Zinsaufwendungen für kurzfristige Verbindlichkeiten an verbundene Unternehmen			2315 Anlagenabgänge Sachanlagen (Restbuchwert bei Buchgewinn) 2316 Anlagenabgänge immaterielle Vermögensgegenstände (Restbuchwert bei Buchgewinn) 2317 Anlagenabgänge Finanzanlagen (Restbuchwert bei Buchgewinn)
	G K G K	2120 Zinsaufwendungen für langfristige Verbindlichkeiten 2125 Zinsaufwendungen für Gebäude, die zum Betriebsvermögen gehören[13]	Sonstige betriebliche Erträge	G K	2318 Anlagenabgänge Finanzanlagen 100 %/50 % steuerfrei (inländische Kap. Ges.) (Restbuchwert bei Buchgewinn)[9]
	G K	2126 Zinsen zur Finanzierung des Anlagevermögens 2127 Renten und dauernde Lasten aus Gründung/Erwerb § 8 GewStG			2320 Verluste aus dem Abgang von Gegenständen des Anlagevermögens
	G	2128 Zinsaufwendungen an Mitunternehmer für die Hingabe von Kapital § 15 EStG	Sonstige betriebliche Aufwendungen	G K	2323 Verluste aus der Veräußerung von Anteilen an Kapitalgesellschaften 100 %/50 % nicht abzugsfähig (inländische Kap. Ges.)[9]
	G K	2129 Zinsaufwendungen für langfristige Verbindlichkeiten an verbundene Unternehmen 2130 Diskontaufwendungen 2139 Diskontaufwendungen an verbundene Unternehmen 2140 Zinsähnliche Aufwendungen 2149 Zinsähnliche Aufwendungen an verbundene Unternehmen			2325 Verluste aus dem Abgang von Gegenständen des Umlaufvermögens (außer Vorräte)
Sonstige betriebliche Aufwendungen		2150 Aufwendungen aus Kursdifferenzen 2166 Aufwendungen aus Bewertung Finanzmittelfonds 2170 Nicht abziehbare Vorsteuer 2171 Nicht abziehbare Vorsteuer 7 % 2175 Nicht abziehbare Vorsteuer 16 % R 2176			

GuV-Posten[2]	Programm-verbindung[4]	2 Abgrenzungskonten	GuV-Posten[2]	Programm-verbindung[4]	2 Abgrenzungskonten
Sonstige betriebliche Aufwendungen	G K	2326 Verluste aus dem Abgang von Gegenständen des Umlaufvermögens (außer Vorräte) 100 %/50 % nicht abzugsfähig (inländische Kap.Ges.)[9]	Abschreibungen auf Vermögensgegenstände des Umlaufvermögens, soweit diese in der Kapitalgesellschaft üblichen Abschreibungen überschreiten		2430 Forderungsverluste, unüblich hoch
		2340 Einstellungen in Sonderposten mit Rücklageanteil (steuerfreie Rücklagen)			
		2341 Einstellungen in Sonderposten mit Rücklageanteil (Ansparabschreibungen)			
		2342 Einstellungen in Sonderposten mit Rücklageanteil (Existenzgründerrücklage)[13]	Sonstige betriebliche Aufwendungen		2450 Einstellungen in die Pauschalwertberichtigung zu Forderungen
		2345 Einstellungen in Sonderposten mit Rücklageanteil (Sonderabschreibungen)			2451 Einstellung in die Einzelwertberichtigung zu Forderungen
		2346 Einstellungen in Sonderposten mit Rücklageanteil (§ 52 Abs. 16 EStG)[11]	Aufwendungen aus Verlustübernahme	K	2490 Aufwendungen aus Verlustübernahme
		2348 Aufwendungen aus der Zuschreibung von steuerlich niedriger bewerteten Verbindlichkeiten	Auf Grund einer Gewinngemeinschaft, eines Gewinn- oder Teilgewinnabführungsvertrags abgeführte Gewinne	G K	2492 Abgeführte Gewinne auf Grund einer Gewinngemeinschaft
		2349 Aufwendungen aus der Zuschreibung von steuerlich niedriger bewerteten Rückstellungen			2493 Abgeführte Gewinnanteile an stille Gesellschafter § 8 GewStG
		2350 Grundstücksaufwendungen, neutral		K	2494 Abgeführte Gewinne auf Grund eines Gewinn- oder Teilgewinnabführungsvertrags
		2375 Grundsteuer			
Sonstige Steuern			Einstellungen in die Kapitalrücklage nach den Vorschriften über die vereinfachte Kapitalherabsetzung		2495 Einstellungen in die Kapitalrücklage nach den Vorschriften über die vereinfachte Kapitalherabsetzung
Sonstige betriebliche Aufwendungen	G K	2380 Zuwendungen, Spenden, steuerlich nicht abziehbar			
	G K	2381 Zuwendungen, Spenden für wissenschaftliche und kulturelle Zwecke			
	G K	2382 Zuwendungen, Spenden für mildtätige Zwecke	Einstellungen in Gewinnrücklagen in die gesetzliche Rücklage		2496 Einstellungen in die gesetzliche Rücklage
	G K	2383 Zuwendungen, Spenden für kirchliche, religiöse und gemeinnützige Zwecke			
	G K	2384 Zuwendungen, Spenden an politische Parteien			
	K	2385 Nicht abziehbare Hälfte der Aufsichtsratsvergütungen	Einstellungen in Gewinnrücklagen in satzungsmäßige Rücklagen		2497 Einstellungen in satzungsmäßige Rücklagen
		2386 Abziehbare Aufsichtsratsvergütungen			
	G K	2387 Zuwendungen, Spenden an Stiftungen für gemeinnützige Zwecke i.S.d. § 52 Abs. 2 Nr. 1-3 AO			
	G K	2388 Zuwendungen, Spenden an Stiftungen für gemeinnützige Zwecke i.S.d. § 52 Abs. 2 Nr. 4 AO	Einstellungen in Gewinnrücklagen in die Rücklage für eigene Anteile		2498 Einstellungen in die Rücklage für eigene Anteile
	G K	2389 Zuwendungen, Spenden an Stiftungen für kirchliche, religiöse und gemeinnützige Zwecke			
	G K	2390 Zuwendungen, Spenden an Stiftungen für wissenschaftliche, mildtätige, kulturelle Zwecke	Einstellungen in Gewinnrücklagen in andere Gewinnrücklagen		2499 Einstellungen in andere Gewinnrücklagen
		2400 Forderungsverluste (übliche Höhe)			
	U	AM 2401 Forderungsverluste 7 % USt (übliche Höhe)			**Außerordentliche Erträge i.S.d. BiRiLiG**
	U	AM 2402 Forderungsverluste aus steuerfreien EG-Lieferungen (übliche Höhe)	Außerordentliche Erträge		2500 Außerordentliche Erträge
	U	AM 2403 Forderungsverluste aus im Inland steuerpflichtigen EG-Lieferungen 7 % USt (übliche Höhe)			2501 Außerordentliche Erträge finanzwirksam
	U	AM 2404 Forderungsverluste aus im Inland steuerpflichtigen EG-Lieferungen 16 % USt (übliche Höhe)			2505 Außerordentliche Erträge nicht finanzwirksam
	U	AM 2405 Forderungsverluste 16 % USt (übliche Höhe)			**Betriebsfremde und periodenfremde Erträge**
		R 2406	Sonstige betriebliche Erträge		2510 Betriebsfremde Erträge (soweit nicht außerordentlich)
	U	AM 2407 Forderungsverluste 15 % USt (übliche Höhe)			2520 Periodenfremde Erträge (soweit nicht außerordentlich)
		R 2408			
	U	AM 2409 Forderungsverluste aus im Inland steuerpflichtigen EG-Lieferungen 15 % USt (übliche Höhe)			

GuV-Posten[2]	Programm-verbindung[4]	2 Abgrenzungskonten	GuV-Posten[2]	Programm-verbindung[4]	2 Abgrenzungskonten
		Zinserträge	Sonstige betriebliche Erträge	G K	2714 Erträge aus Zuschreibungen des anderen Anlagevermögens 100 %/50 % steuerfrei (inländische Kap. Ges.)[9]
Erträge aus Beteiligungen		2600 **Erträge aus Beteiligungen**			
	G K	2615 Laufende Erträge aus Anteilen an Kapitalgesellschaften (Beteiligung 100 % / 50 % steuerfrei) (inländische Kap.Ges.)[9]			2715 Erträge aus Zuschreibungen des Umlaufvermögens
	G K	2616 Laufende Erträge aus Anteilen an Kapitalgesellschaften (verbundene Unternehmen) 100 % / 50 % steuerfrei (inländische Kap.Ges.)[9]		G K	2716 Erträge aus Zuschreibungen des Umlaufvermögens 100 % /50 % steuerfrei (inländische Kap. Ges.)[9]
	G K	2617 Gewinne aus Anteilen an nicht steuerbefreiten inländischen Kapitalgesellschaften § 9 Nr. 2a GewStG			2720 Erträge aus dem Abgang von Gegenständen des Anlagevermögens
	G K	2618 Gewinnanteile aus Mitunternehmerschaften § 9 GewStG		G K	2723 Erträge aus der Veräußerung von Anteilen an Kapitalgesellschaften 100 %/50 % steuerfrei (inländische Kap. Ges.)[9]
		2619 Erträge aus Beteiligungen an verbundenen Unternehmen			2725 Erträge aus dem Abgang von Gegenständen des Umlaufvermögens (außer Vorräte)
Erträge aus anderen Wertpapieren und Ausleihungen des Finanzanlagevermögens		2620 **Erträge aus anderen Wertpapieren und Ausleihungen des Finanzanlagevermögens**		G K	2726 Erträge aus dem Abgang von Gegenständen des Umlaufvermögens (außer Vorräte) 100 %/50 % steuerfrei (inländische Kap.Ges.)[9]
	G K	2625 Laufende Erträge aus Anteilen an Kapitalgesellschaften (Finanzanlagevermögen) 100 % / 50 % steuerfrei (inländische Kap.Ges.)[9]			2730 Erträge aus Herabsetzung der Pauschalwertberichtigung zu Forderungen
	G K	2626 Laufende Erträge aus Anteilen an Kapitalgesellschaften (verbundene Unternehmen) 100 % / 50 % steuerfrei (inländische Kap.Ges.)[9]			2731 Erträge aus Herabsetzung der Einzelwertberichtigung zu Forderungen
		2649 Erträge aus anderen Wertpapieren und Ausleihungen des Finanzanlagevermögens aus verbundenen Unternehmen			2732 Erträge aus abgeschriebenen Forderungen
					2733 Erträge aus der Auflösung von Sonderposten mit Rücklageanteil (Existenzgründerrücklage)[13]
Sonstige Zinsen und ähnliche Erträge		2650 **Sonstige Zinsen und ähnliche Erträge**			2734 Erträge aus der steuerlich niedrigeren Bewertung von Verbindlichkeiten
	G K	2655 Laufende Erträge aus Anteilen an Kapitalgesellschaften (Umlaufvermögen) 100 % / 50 % steuerfrei (inländische Kap.Ges.)[9]			2735 Erträge aus der Auflösung von Rückstellungen
	G K	2656 Laufende Erträge aus Anteilen an Kapitalgesellschaften (verbundene Unternehmen) 100 % / 50 % steuerfrei (inländische Kap.Ges.)[9]			2736 Erträge aus der steuerlich niedrigeren Bewertung von Rückstellungen
		2657 Zinserträge § 233a AO			2737 Erträge aus der Auflösung von Sonderposten mit Rücklageanteil (aus der Währungsumstellung auf den Euro)[11]
	G K	2658 Zinserträge § 233a AO Sonderfall Anlage A KSt			2738 Erträge aus der Auflösung von Sonderposten mit Rücklageanteil nach § 52 Abs. 16 EStG
		2659 Sonstige Zinsen und ähnliche Erträge aus verbundenen Unternehmen			2739 Erträge aus der Auflösung von Sonderposten mit Rücklageanteil (Ansparabschreibungen)
Sonstige betriebliche Erträge		2660 Erträge aus Kursdifferenzen			2740 Erträge aus der Auflösung von Sonderposten mit Rücklageanteil (steuerfreie Rücklagen)
		2666 Erträge aus Bewertung Finanzmittelfonds			2741 Erträge aus der Auflösung von Sonderposten mit Rücklageanteil (Sonderabschreibungen)
Sonstige Zinsen und ähnliche Erträge		2670 Diskonterträge			2742 Versicherungsentschädigungen
		2679 Diskonterträge aus verbundenen Unternehmen			2743 Investitionszuschüsse (steuerpflichtig)
		2680 Zinsähnliche Erträge		G K	2744 Investitionszulagen (steuerfrei)
		2689 Zinsähnliche Erträge aus verbundenen Unternehmen			
		Sonstige Erträge			
Sonstige betriebliche Erträge		2700 **Sonstige Erträge**	Erträge aus Kapitalherabsetzung		2745 Erträge aus Kapitalherabsetzung
		2705 Sonstige Erträge betrieblich und regelmäßig			
		2707 Sonstige Erträge betriebsfremd und regelmäßig		G K	2746 Steuerfreie Erträge aus der Auflösung von Sonderposten mit Rücklageanteil[13]
		2709 Sonstige Erträge unregelmäßig	Sonstige betriebliche Erträge	G K	2747 Sonstige steuerfreie Betriebseinnahmen[13]
		2710 Erträge aus Zuschreibungen des Sachanlagevermögens			
		2711 Erträge aus Zuschreibungen des immateriellen Anlagevermögens			2750 Grundstückserträge
		2712 Erträge aus Zuschreibungen des Finanzanlagevermögens	Erträge aus Verlustübernahme	K	2790 Erträge aus Verlustübernahme
	G K	2713 Erträge aus Zuschreibungen des Finanzanlagevermögens 100 %/50 % steuerfrei (inländische Kap. Ges.)[9]			

GuV-Posten[2]	Programm-verbindung[4]	2 Abgrenzungskonten	Bilanz-/GuV-Posten[2]	Programm-verbindung[4]	3 Wareneingangs- und Bestandskonten
Auf Grund einer Gewinngemeinschaft, eines Gewinn- oder Teilgewinnabführungsvertrags erhaltene Gewinne	K	2792 Erhaltene Gewinne auf Grund einer Gewinngemeinschaft 2794 Erhaltene Gewinne auf Grund eines Gewinn- oder Teilgewinnabführungsvertrags			V 3000-3599 V 3700-3959 KU 3960-3999 **Materialaufwand** 3000 Roh-, Hilfs- und Betriebsstoffe 3090 Energiestoffe (Fertigung)
Entnahmen aus der Kapitalrücklage		2795 Entnahmen aus der Kapitalrücklage	Aufwendungen für Roh-, Hilfs- und Betriebsstoffe und für bezogene Waren		
Entnahmen aus Gewinnrücklagen aus der gesetzlichen Rücklage		2796 Entnahmen aus der gesetzlichen Rücklage	Aufwendungen für bezogene Leistungen		**3100 Fremdleistungen** **Umsätze, für die als Leistungsempfänger die Steuer nach § 13b Abs. 2 UStG geschuldet wird**
Entnahmen aus Gewinnrücklagen aus satzungsmäßigen Rücklagen		2797 Entnahmen aus satzungsmäßigen Rücklagen		U	AV 3110 Bauleistungen eines im Inland ansässigen Unternehmers 7 % Vorsteuer und 7 % Umsatzsteuer R 3111 -14
				U	AV 3115 Leistungen eines im Ausland ansässigen Unternehmers 7 % Vorsteuer und 7 % Umsatzsteuer R 3116 -19
Entnahmen aus Gewinnrücklagen aus der Rücklage für eigene Anteile		2798 Entnahmen aus der Rücklage für eigene Anteile		U	AV 3120 Bauleistungen eines im Inland ansässigen Unternehmers 16 % Vorsteuer und 16 % Umsatzsteuer R 3121 -24
Entnahmen aus Gewinnrücklagen aus anderen Gewinnrücklagen		2799 Entnahmen aus anderen Gewinnrücklagen		U	AV 3125 Leistungen eines im Ausland ansässigen Unternehmers 16 % Vorsteuer und 16 % Umsatzsteuer R 3126 -29
Gewinnvortrag oder *Verlustvortrag*		2860 Gewinnvortrag nach Verwendung 2868 Verlustvortrag nach Verwendung		U	AV 3130 Bauleistungen eines im Inland ansässigen Unternehmers ohne Vorsteuer und 7 % Umsatzsteuer R 3131 -34
Vortrag auf neue Rechnung		2869 Vortrag auf neue Rechnung (GuV)		U	AV 3135 Leistungen eines im Ausland ansässigen Unternehmers ohne Vorsteuer und 7 % Umsatzsteuer R 3136 -39
Ausschüttung	K	2870 Vorabausschüttung		U	AV 3140 Bauleistungen eines im Inland ansässigen Unternehmers ohne Vorsteuer und 16 % Umsatzsteuer R 3141 -44
Sonstige betriebliche Aufwendungen		**Verrechnete kalkulatorische Kosten** 2890 Verrechneter kalkulatorischer Unternehmerlohn 2891 Verrechnete kalkulatorische Miete und Pacht 2892 Verrechnete kalkulatorische Zinsen 2893 Verrechnete kalkulatorische Abschreibungen 2894 Verrechnete kalkulatorische Wagnisse 2895 Verrechneter kalkulatorischer Lohn für unentgeltliche Mitarbeiter R 2900 -01 R 2907 R 2912 -14 R 2917 R 2920 -31 R 2950 -53 R 2960 -63		U	AV 3145 Leistungen eines im Ausland ansässigen Unternehmers ohne Vorsteuer und 16 % Umsatzsteuer R 3146 -49 S 3150 Erhaltene Skonti aus Leistungen, für die als Leistungsempfänger die Steuer nach § 13b UStG geschuldet wird[1]
				U	S/AV 3152 Erhaltene Skonti aus Leistungen, für die als Leistungsempfänger die Steuer nach § 13b UStG geschuldet wird 16 % Vorsteuer und 16 % Umsatzsteuer[1] S 3153 Erhaltene Skonti aus Leistungen, für die als Leistungsempfänger die Steuer nach § 13b UStG geschuldet wird ohne Vorsteuer aber mit Umsatzsteuer[1] R 3154 -59
Sonstige betriebliche Erträge oder *sonstige betriebliche Aufwendungen*		2990 Aufwendungen/Erträge aus Umrechnungsdifferenzen			

Bilanz-/GuV-Posten[2]	Programm-verbindung[4]	3 Wareneingangs- und Bestandskonten	Bilanz-/GuV-Posten[2]	Programm-verbindung[4]	3 Wareneingangs- und Bestandskonten
Aufwendungen für Roh-, Hilfs- und Betriebsstoffe und für bezogene Waren		3200 **Wareneingang** AV 3300 Wareneingang 7 % Vorsteuer -09 R 3310 -49 AV 3400 Wareneingang 16 % Vorsteuer -09 R 3410 -19	Aufwendungen für Roh-, Hilfs- und Betriebsstoffe und für bezogene Waren	U U · U	AV 3724 Nachlässe aus innergemein-schaftlichem Erwerb 7 % Vorsteuer und 7 % Umsatzsteuer AV 3725 Nachlässe aus innergemein-schaftlichem Erwerb 16 % Vor-steuer und 16 % Umsatzsteuer R 3726 AV 3727 Nachlässe aus innergemein-schaftlichem Erwerb 15 % Vor-steuer und 15 % Umsatzsteuer
	U	AV 3420 Innergemeinschaftlicher Erwerb -24 7 % Vorsteuer und 7 % Umsatz- steuer			R 3728 -29 S 3730 Erhaltene Skonti
	U	AV 3425 Innergemeinschaftlicher Erwerb -29 16 % Vorsteuer und 16 % Um- satzsteuer			S/AV 3731 Erhaltene Skonti 7 % Vorsteuer R 3732 -34
	U	AV 3430 Innergemeinschaftlicher Erwerb ohne Vorsteuer und 7 % Umsatz-steuer R 3431 -34			S/AV 3735 Erhaltene Skonti 16 % Vorsteuer R 3736 -38 3740 Erhaltene Boni[16]
	U	AV 3435 Innergemeinschaftlicher Erwerb ohne Vorsteuer und 16 % Um-satzsteuer R 3436 -39		U	S 3745 Erhaltene Skonti aus steuerpflich-tigem innergemeinschaftlichem Erwerb[1] S/AV 3746 Erhaltene Skonti aus steuerpflich-tigem innergemeinschaftlichem Erwerb 7 % Vorsteuer und 7 % Umsatzsteuer[1]
	U	AV 3440 Innergemeinschaftlicher Erwerb von Neufahrzeugen von Lieferan-ten ohne Umsatzsteuer-Identifika-tionsnummer 16 % Vorsteuer und 16 % Umsatzsteuer R 3441 -49		U	R 3747 -48 S/AV 3749 Erhaltene Skonti aus steuerpflich-tigem innergemeinschaftlichem Erwerb 16 % Vorsteuer und 16 % Umsatzsteuer[1]
		AV 3500 Wareneingang 5 % Vorsteuer -04 R 3505 -29			AV 3750 Erhaltene Boni 7 % Vorsteuer -51 R 3752 -59
		AV 3530 Wareneingang 9 % Vorsteuer -34 R 3535 -39			AV 3760 Erhaltene Boni 16 % Vorsteuer -61 R 3762 -68
		AV 3540 Wareneingang 9 % Vorsteuer -49			3769 Erhaltene Boni[1] 3770 Erhaltene Rabatte
	U	AV 3550 Steuerfreier innergemeinschaftli-cher Erwerb R 3551 -58			AV 3780 Erhaltene Rabatte 7 % Vorsteuer -81 R 3782 - 89
		3559 Steuerfreie Einfuhren			
	U	AV 3560 Waren aus einem Umsatzsteuerla-ger, § 13a UStG 7 % Vorsteuer und 7 % Umsatzsteuer R 3561 -64			AV 3790 Erhaltene Rabatte 16 % Vorsteuer -91 R 3792 -99
	U	AV 3565 Waren aus einem Umsatzsteuerla-ger, § 13a UStG 16 % Vorsteuer und 16 % Umsatzsteuer R 3566 -69			3800 Bezugsnebenkosten 3830 Leergut 3850 Zölle und Einfuhrabgaben 3960 Bestandsveränderungen Roh-, -69 Hilfs- und Betriebsstoffe sowie bezogene Waren
		3600 Nicht abziehbare Vorsteuer -09 3610 Nicht abziehbare Vorsteuer 7 % -19	Roh-, Hilfs- und Betriebsstoffe		**Bestand an Vorräten** 3970 Bestand Roh-, Hilfs- und -79 Betriebsstoffe
		3650 Nicht abziehbare Vorsteuer 16 % -59 R 3660 -69	Fertige Erzeug-nisse und Waren		3980 Bestand Waren -89
		3700 Nachlässe AV 3710 Nachlässe 7 % Vorsteuer -11 R 3712 -19			**Verrechnete Stoffkosten** 3990 Verrechnete Stoffkosten -99 (Gegenkonto zu 4000-99)
		AV 3720 Nachlässe 16 % Vorsteuer -21 R 3722	Aufwendungen für Roh-, Hilfs- und Betriebsstoffe und für bezogene Waren		
		AV 3723 Nachlässe 15 % Vorsteuer			

SKR 03

GuV-Posten[2]	Programm-verbindung[4]	4 Betriebliche Aufwendungen		GuV-Posten[2]	Programm-verbindung[4]	4 Betriebliche Aufwendungen	
		V	4000-4099	Sonstige betriebliche Aufwendungen	G K	4228	Gewerbesteuerlich zu berücksichtigende Pacht § 8 GewStG [5]
		V	4200-4299		G	4229	Vergütungen an Mitunternehmer für die pachtweise Überlassung ihrer Wirtschaftsgüter § 15 EStG
		V	4400-4819			4230	Heizung
		V	4900-4989			4240	Gas, Strom, Wasser
		Material- und Stoffverbrauch				4250	Reinigung
Aufwendungen für Roh-, Hilfs- und Betriebsstoffe und für bezogene Waren		4000 -99	Material- und Stoffverbrauch			4260	Instandhaltung betrieblicher Räume
						4270	Abgaben für betrieblich genutzten Grundbesitz
						4280	Sonstige Raumkosten
						4288	Aufwendungen für ein häusliches Arbeitszimmer (abziehbarer Anteil)[13]
		Personalaufwendungen					
Löhne und Gehälter		4100	Löhne und Gehälter		G	4289	Aufwendungen für ein häusliches Arbeitszimmer (nicht abziehbarer Anteil)[13]
		4110	Löhne			4290	Grundstücksaufwendungen betrieblich[1]
		4120	Gehälter			4300	Nicht abziehbare Vorsteuer
		4124	Geschäftsführergehälter der GmbH-Gesellschafter			4301	Nicht abziehbare Vorsteuer 7 %
		4125	Ehegattengehalt			4305	Nicht abziehbare Vorsteuer 16 %
	K	4126	Tantiemen			R 4306	
		4127	Geschäftsführergehälter				
	G	4128	Vergütungen an angestellte Mitunternehmer § 15 EStG	Steuern vom Einkommen und Ertrag	G K	4320	Gewerbesteuer
Soziale Abgaben und Aufwendungen für Altersversorgung und für Unterstützung		4130	Gesetzliche soziale Aufwendungen				
	G	4137	Gesetzliche soziale Aufwendungen für Mitunternehmer § 15 EStG	Sonstige Steuern		4340	Sonstige Betriebssteuern
						4350	Verbrauchsteuer
		4138	Beiträge zur Berufsgenossenschaft			4355	Ökosteuer
						4360	Versicherungen
Sonstige betriebliche Aufwendungen		4139	Ausgleichsabgabe i.S.d. Schwerbehindertengesetzes	Sonstige betriebliche Aufwendungen		4366	Versicherungen für Gebäude
						4370	Netto-Prämie für Rückdeckung künftiger Versorgungsleistungen
						4380	Beiträge
Soziale Abgaben und Aufwendungen für Altersversorgung und für Unterstützung		4140	Freiwillige soziale Aufwendungen, lohnsteuerfrei			4390	Sonstige Abgaben
						4396	Steuerlich abzugsfähige Verspätungszuschläge und Zwangsgelder
					G K	4397	Steuerlich nicht abzugsfähige Verspätungszuschläge und Zwangsgelder
Löhne und Gehälter		4145	Freiwillige soziale Aufwendungen, lohnsteuerpflichtig			4400 -99	(zur freien Verfügung)
		4149	Pauschale Steuer auf sonstige Bezüge (z. B. Fahrtkostenzuschüsse)			4500	Fahrzeugkosten
		4150	Krankengeldzuschüsse				
		4155	Zuschüsse der Agenturen für Arbeit (Haben)	Sonstige Steuern		4510	Kfz-Steuer
Soziale Abgaben und Aufwendungen für Altersversorgung und für Unterstützung		4160	Versorgungskassen				
		4165	Aufwendungen für Altersversorgung			4520	Kfz-Versicherungen
				Sonstige betriebliche Aufwendungen		4530	Laufende Kfz-Betriebskosten
		4167	Pauschale Steuer auf sonstige Bezüge (z. B. Direktversicherungen)			4540	Kfz-Reparaturen
						4550	Garagenmiete
						4560	Mautgebühren
	G	4168	Aufwendungen für Altersversorgung für Mitunternehmer § 15 EStG			4570	Leasingfahrzeugkosten
						4580	Sonstige Kfz-Kosten
		4169	Aufwendungen für Unterstützung				
Löhne und Gehälter		4170	Vermögenswirksame Leistungen			4590	Kfz-Kosten für betrieblich genutzte zum Privatvermögen gehörende Kraftfahrzeuge[13]
		4175	Fahrtkostenerstattung - Wohnung/Arbeitsstätte			4595	Fremdfahrzeugkosten[13]
		4180	Bedienungsgelder				
		4190	Aushilfslöhne				
		4199	Pauschale Steuer für Aushilfen				
		Sonstige betriebliche Aufwendungen und Abschreibungen					
Sonstige betriebliche Aufwendungen		4200	Raumkosten				
		4210	Miete				
	G K	4218	Gewerbesteuerlich zu berücksichtigende Miete § 8 GewStG [5]				
	G	4219	Vergütungen an Mitunternehmer für die mietweise Überlassung ihrer Wirtschaftsgüter § 15 EStG				
		4220	Pacht				

GuV-Posten[2]	Programm-verbindung[4]	4 Betriebliche Aufwendungen	GuV-Posten[2]	Programm-verbindung[4]	4 Betriebliche Aufwendungen
Sonstige betriebliche Aufwendungen		4600 Werbekosten[8]	Abschreibungen auf immaterielle Vermögensgegenstände des Anlagevermögens und Sachanlagen sowie auf aktivierte Aufwendungen für die Ingangsetzung und Erweiterung des Geschäftsbetriebs		4815 Kaufleasing
		4610 Werbekosten[16]			**4820 Abschreibungen** auf Aufwendungen für die Ingangsetzung und Erweiterung des Geschäftsbetriebs
	G K	4630 Geschenke abzugsfähig			4821 Abschreibungen auf Aufwendungen für die Währungsumstellung auf den Euro
		4635 Geschenke nicht abzugsfähig			4822 Abschreibungen auf immaterielle Vermögensgegenstände
		4638 Geschenke ausschließlich betrieblich genutzt			4824 Abschreibungen auf den Geschäfts- oder Firmenwert
		4640 Repräsentationskosten			4826 Außerplanmäßige Abschreibungen auf immaterielle Vermögensgegenstände
		4650 Bewirtungskosten			4830 Abschreibungen auf Sachanlagen (ohne AfA auf Kfz und Gebäude)
		4651 Sonstige eingeschränkt abziehbare Betriebsausgaben (abziehbarer Anteil)[13]			4831 Abschreibungen auf Gebäude[13]
	G K	4652 Sonstige eingeschränkt abziehbare Betriebsausgaben (nicht abziehbarer Anteil)[13]			4832 Abschreibungen auf Kfz[13]
		4653 Aufmerksamkeiten			4833 Abschreibungen auf Gebäudeanteil des häuslichen Arbeitszimmers[1]
	G K	4654 Nicht abzugsfähige Bewirtungskosten			4840 Außerplanmäßige Abschreibungen auf Sachanlagen
	G K	4655 Nicht abzugsfähige Betriebsausgaben aus Werbe- und Repräsentationskosten (nicht abziehbarer Anteil)[8]			4841 Absetzung für außergewöhnliche technische und wirtschaftliche Abnutzung der Gebäude[13]
		4656 [14]			4842 Absetzung für außergewöhnliche technische und wirtschaftliche Abnutzung des Kfz[13]
		4657 [14]			4843 Absetzung für außergewöhnliche technische und wirtschaftliche Abnutzung sonstiger Wirtschaftsgüter[13]
		4660 Reisekosten Arbeitnehmer			4850 Abschreibungen auf Sachanlagen auf Grund steuerlicher Sondervorschriften
	G K	4662 Reisekosten Arbeitnehmer (nicht abziehbarer Anteil)[1]			4851 Sonderabschreibungen nach § 7g Abs. 1 und 2 EStG (ohne Kfz)[13]
		4663 Reisekosten Arbeitnehmer Fahrtkosten			4852 Sonderabschreibungen nach § 7g Abs. 1 und 2 EStG (für Kfz)[13]
		4664 Reisekosten Arbeitnehmer Verpflegungsmehraufwand			4855 Sofortabschreibung geringwertiger Wirtschaftsgüter
		4666 Reisekosten Arbeitnehmer Übernachtungsaufwand			4860 Abschreibungen auf aktivierte, geringwertige Wirtschaftsgüter
	R	4667			4865 Außerplanmäßige Abschreibungen auf aktivierte, geringwertige Wirtschaftsgüter
		4668 Kilometergelderstattung Arbeitnehmer			
		4670 Reisekosten Unternehmer			
	G K	4672 Reisekosten Unternehmer (nicht abziehbarer Anteil)[1]			
		4673 Reisekosten Unternehmer Fahrtkosten			4870 Abschreibungen auf Finanzanlagen
		4674 Reisekosten Unternehmer Verpflegungsmehraufwand	Abschreibungen auf Finanzanlagen und auf Wertpapiere des Umlaufvermögens	G K	4871 Abschreibungen auf Finanzanlagen 100 % / 50 % nicht abzugsfähig (inländische Kap. Ges.)[9]
	R	4675		G K	4872 Abschreibungen auf Grund von Verlustanteilen an Mitunternehmerschaften § 8 GewStG
		4676 Reisekosten Unternehmer Übernachtungsaufwand		G K	4873 Abschreibungen auf Finanzanlagen auf Grund steuerlicher Sondervorschriften 100 % / 50 % nicht abzugsfähig (inländische Kap. Ges.)[9]
	R	4677			4874 Abschreibungen auf Finanzanlagen auf Grund steuerlicher Sondervorschriften
		4678 Fahrten zwischen Wohnung und Arbeitsstätte (abziehbarer Anteil)[13]			4875 Abschreibungen auf Wertpapiere des Umlaufvermögens
	G	4679 Fahrten zwischen Wohnung und Arbeitsstätte (nicht abziehbarer Anteil)[13]		G K	4876 Abschreibungen auf Wertpapiere des Umlaufvermögens 100 %/ 50 % nicht abzugsfähig (inländische Kap. Ges.)[9]
		4680 Fahrten zwischen Wohnung und Arbeitsstätte (Haben)[13]			4879 Vorwegnahme künftiger Wertschwankungen bei Wertpapieren des Umlaufvermögens
	R	4685			
		4700 Kosten der Warenabgabe			
		4710 Verpackungsmaterial			
		4730 Ausgangsfrachten			
		4750 Transportversicherungen			
		4760 Verkaufsprovisionen			
		4780 Fremdarbeiten (Vertrieb)			
		4790 Aufwand für Gewährleistungen			
		4800 Reparaturen und Instandhaltungen von technischen Anlagen und Maschinen			
		4805 Reparaturen und Instandhaltungen von anderen Anlagen und Betriebs- und Geschäftsausstattung			
		4806 Wartungskosten für Hard- und Software			
		4809 Sonstige Reparaturen und Instandhaltungen			
		4810 Mietleasing			
	G K	4814 Gewerbesteuerlich zu berücksichtigendes Mietleasing § 8 GewStG[5]			

GuV-Posten[2]	Programm-verbindung[4]	4 Betriebliche Aufwendungen	GuV-Posten[2]	Programm-verbindung[4]	4 Betriebliche Aufwendungen
Abschreibungen auf Vermögensgegenstände des Umlaufvermögens, soweit diese die in der Kapitalgesellschaft üblichen Abschreibungen überschreiten		4880 Abschreibungen auf Umlaufvermögen ohne Wertpapiere (soweit unübliche Höhe) 4882 Abschreibungen auf Umlaufvermögen, steuerrechtlich bedingt (soweit unübliche Höhe)	Sonstige betriebliche Aufwendungen		**Kalkulatorische Kosten** 4990 Kalkulatorischer Unternehmerlohn 4991 Kalkulatorische Miete und Pacht 4992 Kalkulatorische Zinsen 4993 Kalkulatorische Abschreibungen 4994 Kalkulatorische Wagnisse 4995 Kalkulatorischer Lohn für unentgeltliche Mitarbeiter **Kosten bei Anwendung des Umsatzkostenverfahrens**
Sonstige betriebliche Aufwendungen		4885 Vorwegnahme künftiger Wertschwankungen im Umlaufvermögen außer Vorräte und Wertpapiere des Umlaufvermögens 4886 Abschreibungen auf Umlaufvermögen außer Vorräte und Wertpapiere des Umlaufvermögens (soweit übliche Höhe) 4887 Abschreibungen auf Umlaufvermögen, steuerrechtlich bedingt (soweit übliche Höhe)	Sonstige betriebliche Aufwendungen		4996 Herstellungskosten 4997 Verwaltungskosten 4998 Vertriebskosten 4999 Gegenkonto 4996-4998
Abschreibungen auf Vermögensgegenstände des Umlaufvermögens, soweit diese die in der Kapitalgesellschaft üblichen Abschreibungen überschreiten		4890 Vorwegnahme künftiger Wertschwankungen im Umlaufvermögen (soweit unübliche Höhe)			
Sonstige betriebliche Aufwendungen	 G G G K G K G K G	4900 Sonstige betriebliche Aufwendungen 4905 Sonstige Aufwendungen betrieblich und regelmäßig 4909 Fremdleistungen/Fremdarbeiten 4910 Porto 4920 Telefon 4925 Telefax und Internetkosten 4930 Bürobedarf 4940 Zeitschriften, Bücher 4945 Fortbildungskosten 4946 Freiwillige Sozialleistungen 4948 Vergütungen an Mitunternehmer § 15 EStG 4949 Haftungsvergütung an Mitunternehmer § 15 EStG 4950 Rechts- und Beratungskosten 4955 Buchführungskosten 4957 Abschluss- und Prüfungskosten 4960 Mieten für Einrichtungen 4965 Mietleasing 4966 Gewerbesteuerlich zu berücksichtigendes Mietleasing § 8 GewStG[5] 4968 Gewerbesteuerlich zu berücksichtigende Miete für Einrichtungen § 8 GewStG[5] 4969 Aufwendungen für Abraum- und Abfallbeseitigung 4970 Nebenkosten des Geldverkehrs 4975 Aufwendungen aus Anteilen an Kapitalgesellschaften 100 %/50 % nicht abzugsfähig (inländische Kap.Ges.)[9] 4976 Aufwendungen aus der Veräußerung von Anteilen an Kapitalgesellschaften 100 %/50 % nicht abzugsfähig (inländische Kap. Ges.)[9] 4980 Betriebsbedarf 4985 Werkzeuge und Kleingeräte	GuV-Posten[2] Sonstige betriebliche Aufwendungen GuV-Posten[2] Sonstige betriebliche Aufwendungen	Programm-verbindung[4]	**5** 5000 -5999 **6** 6000 -6999

Bilanz-Posten[2]	Programm-verbindung[4]	7 Bestände an Erzeugnissen	GuV-Posten[2]	Programm-verbindung[4]	8 Erlöskonten
		KU 7000-7999			M 8000-8196
					KU 8197-8198
Unfertige Erzeugnisse, unfertige Leistungen	7000	**Unfertige Erzeugnisse, unfertige Leistungen (Bestand)**			M 8199-8329
	7050	Unfertige Erzeugnisse (Bestand)			KU 8330-8336
					M 8337-8611
	7080	Unfertige Leistungen (Bestand)			KU 8612-8614
					M 8615-8904
					KU 8905-8909
					M 8910-8917
In Ausführung befindliche Bauaufträge		7090 In Ausführung befindliche Bauaufträge			KU 8918-8919
					M 8920-8923
					KU 8924
					M 8925-8928
					KU 8929
In Arbeit befindliche Aufträge		7095 In Arbeit befindliche Aufträge			M 8930-8938
					KU 8939
					M 8940-8948
Fertige Erzeugnisse und Waren		**7100 Fertige Erzeugnisse und Waren (Bestand)**			KU 8949-8999
		7110 Fertige Erzeugnisse (Bestand)			**Umsatzerlöse**
		7140 Waren (Bestand)			8000 (Zur freien Verfügung)
			Umsatzerlöse		–99
				U	AM 8100 Steuerfreie Umsätze § 4 Nr. 8 ff. UStG
				U	AM 8110 Sonstige steuerfreie Umsätze Inland
				U	AM 8120 Steuerfreie Umsätze § 4 Nr. 1a UStG
				U	AM 8125 Steuerfreie innergemeinschaftliche Lieferungen § 4 Nr. 1b UStG
					R 8128
				U	AM 8130 Lieferungen des ersten Abnehmers bei innergemeinschaftlichen Dreiecksgeschäften § 25 b Abs. 2 UStG
				U	AM 8135 Steuerfreie innergemeinschaftliche Lieferungen von Neufahrzeugen an Abnehmer ohne Umsatzsteuer-Identifikationsnummer
				U	AM 8140 Steuerfreie Umsätze Offshore usw.
				U	AM 8150 Sonstige steuerfreie Umsätze (z. B. § 4 Nr. 2-7 UStG)
					8190 Erlöse, die mit den Durchschnittssätzen des § 24 UStG versteuert werden[13]
					R 8192
					-93
					8195 Erlöse als Kleinunternehmer i. S. d. § 19 Abs. 1 UStG[13]
				U	AM 8196 Erlöse aus Geldautomaten 16 % USt
					R 8197
					-98
					8200 Erlöse
				U	AM 8300 Erlöse 7 % USt
					-09
				U	AM 8310 Erlöse aus im Inland steuerpflichtigen EG-Lieferungen 7 % USt
					-14
				U	AM 8315 Erlöse aus im Inland steuerpflichtigen EG-Lieferungen 16 % USt
					-19
					8320 Erlöse aus im anderen EG-Land steuerpflichtigen Lieferungen[3]
					-29
					R 8330
					-36
				U	AM 8337 Erlöse aus Leistungen, für die der Leistungsempfänger die Umsatzsteuer nach § 13b UStG schuldet
				U	AM 8338 Erlöse aus im Drittland steuerbaren Leistungen, im Inland nicht steuerbare Umsätze
				U	AM 8339 Erlöse aus im anderen EG-Land steuerbaren Leistungen, im Inland nicht steuerbare Umsätze
					R 8340
					-49
				U	AM 8400 Erlöse 16 % USt
					-09
					R 8410
					-49
					8500 Provisionserlöse[16]
				U	AM 8504 Provisionserlöse, steuerfrei (§ 4 Nr. 8 ff. UStG)[16]
				U	AM 8505 Provisionserlöse, steuerfrei (§ 4 Nr. 5 UStG)[16]

SKR 03

GuV-Posten[2]	Programm-verbindung[4]	8 Erlöskonten		GuV-Posten[2]	Programm-verbindung[4]	8 Erlöskonten	
Umsatzerlöse	U	AM 8506 R 8507	Provisionserlöse 7 % USt[16]	Sonstige Zinsen und ähnliche Erträge		8650 8660	Erlöse Zinsen und Diskontspesen Erlöse Zinsen und Diskontspesen aus verbundenen Unternehmen
	U	AM 8508 R 8509	Provisionserlöse 16 % USt[16]	Umsatzerlöse		8700	Erlösschmälerungen
		8510 R 8511 -13	Provisionsumsätze[1]		U	AM 8705	Erlösschmälerungen aus steuer-freien Umsätzen § 4 Nr. 1a UStG
	U	AM 8514	Provisionsumsätze, steuerfrei § 4 Nr. 8 ff UStG[1]		U	AM 8710 -11 R 8712 -19	Erlösschmälerungen 7 % USt
	U	AM 8515	Provisionsumsätze, steuerfrei § 4 Nr. 5 UStG[1]		U	AM 8720 -21 R 8722 -23	Erlösschmälerungen 16 % USt
	U	AM 8516 R 8517 -18	Provisionsumsätze 7 % USt[1]		U	AM 8724	Erlösschmälerungen aus steuer-freien innergemeinschaftlichen Lieferungen
	U	AM 8519	Provisionsumsätze 16 % USt[1]		U	AM 8725	Erlösschmälerungen aus im Inland steuerpflichtigen EG-Lieferungen 7 % USt
		8520	Erlöse Abfallverwertung				
		8540	Erlöse Leergut		U	AM 8726	Erlösschmälerungen aus im Inland steuerpflichtigen EG-Lieferungen 16 % USt
Sonstige betriebliche Erträge		8570 R 8571 -73	Provision, sonstige Erträge[1]			8727	Erlösschmälerungen aus im anderen EG-Land steuerpflichtigen Lieferungen[3]
	U	AM 8574	Provision, sonstige Erträge steuerfrei § 4 Nr. 8 ff UStG[1]			R 8728 -29	
	U	AM 8575	Provision, sonstige Erträge steuerfrei § 4 Nr. 5 UStG[1]			S 8730	Gewährte Skonti
	U	AM 8576 R 8577 -78	Provision, sonstige Erträge 7 % USt[1]		U	S/AM 8731 R 8732 -34	Gewährte Skonti 7 % USt
	U	AM 8579	Provision, sonstige Erträge 16 % USt[1]		U	S/AM 8735 R 8736 -38	Gewährte Skonti 16 % USt
Umsatzerlöse			Statistische Konten EÜR[15]			8740	Gewährte Boni[16]
		8580	Statistisches Konto Erlöse zum allgemeinen Umsatzsteuersatz (EÜR)[13)15]		U	S/AM 8741	Gewährte Skonti aus Leistungen, für die der Leistungsempfänger die Umsatzsteuer nach § 13b UStG schuldet[1]
		8581	Statistisches Konto Erlöse zum ermäßigten Umsatzsteuersatz (EÜR)[13)15]			R 8742	
		8582	Statistisches Konto Erlöse steuerfrei und nicht steuerbar (EÜR)[13)15]		U	S/AM 8743	Gewährte Skonti aus steuerfreien innergemeinschaftlichen Lieferungen § 4 Nr. 1b UStG[1]
		8589	Gegenkonto 8580-8582 bei Aufteilung der Erlöse nach Steuersätzen (EÜR)[13]			R 8744	
Sonstige betriebliche Erträge		8590	Verrechnete sonstige Sachbezüge (keine Waren)		U	S 8745	Gewährte Skonti aus im Inland steuerpflichtigen EG-Lieferungen[1]
	U	AM 8591 R 8594	Sachbezüge 7 % USt (Waren)		U	S/AM 8746	Gewährte Skonti aus im Inland steuerpflichtigen EG-Lieferungen 7 % USt[1]
	U	AM 8595 R 8596 -97	Sachbezüge 16 % USt (Waren)			R 8747 -48	
		8600	Sonstige Erlöse betrieblich und regelmäßig		U	S/AM 8749	Gewährte Skonti aus im Inland steuerpflichtigen EG-Lieferungen 16 % USt[1]
	U	AM 8609	Sonstige Erlöse betrieblich und regelmäßig, steuerfrei § 4 Nr. 8 ff UStG		U	AM 8750 -51 R 8752 -59	Gewährte Boni 7 % USt
		8610	Verrechnete sonstige Sachbezüge		U	AM 8760 -61 R 8762 -68	Gewährte Boni 16 % USt
	U	AM 8611 R 8612 -13	Verrechnete sonstige Sachbezüge 16 % USt (z. B. Kfz-Gestellung)			8769 8770	Gewährte Boni[1] Gewährte Rabatte
		8614	Verrechnete sonstige Sachbezüge ohne Umsatzsteuer		U	AM 8780 -81 R 8782 -89	Gewährte Rabatte 7 % USt
	U	AM 8625 -29	Sonstige Erlöse betrieblich und regelmäßig, steuerfrei z. B. § 4 Nr. 2-7 UStG		U	AM 8790 -91 R 8792 -99	Gewährte Rabatte 16 % USt
	U	AM 8630 -34 R 8635 -39	Sonstige Erlöse betrieblich und regelmäßig 7 % USt				
	U	AM 8640 -44 R 8645 -49	Sonstige Erlöse betrieblich und regelmäßig 16 % USt				

GuV-Posten[2]	Programm-verbindung[4]	8 Erlöskonten		GuV-Posten[2]	Programm-verbindung[4]	8 Erlöskonten	
Sonstige betriebliche Aufwendungen		8800	Erlöse aus Verkäufen Sachanlagevermögen (bei Buchverlust)	Sonstige betriebliche Erträge	U	AM 8920	Verwendung von Gegenständen für Zwecke außerhalb des Unternehmens 16 % USt
	U	AM 8801 -06	Erlöse aus Verkäufen Sachanlagevermögen 16 % USt (bei Buchverlust)		U	AM 8921	Verwendung von Gegenständen für Zwecke außerhalb des Unternehmens 16 % USt (Kfz-Nutzung)[13]
	U	AM 8807	Erlöse aus Verkäufen Sachanlagevermögen steuerfrei § 4 Nr. 1a UStG (bei Buchverlust)		U	AM 8922	Verwendung von Gegenständen für Zwecke außerhalb des Unternehmens 16 % USt (Telefon-Nutzung)[13]
	U	AM 8808	Erlöse aus Verkäufen Sachanlagevermögen steuerfrei § 4 Nr. 1b UStG (bei Buchverlust)			R 8923 8924	Verwendung von Gegenständen für Zwecke außerhalb des Unternehmens ohne USt (Kfz-Nutzung)
	U	AM 8809	Erlöse aus Verkäufen Sachanlagevermögen 16 % USt (bei Buchverlust)		U	AM 8925 -27	Unentgeltliche Erbringung einer sonstigen Leistung 16 % USt
		R 8810 -16				R 8928 8929	Unentgeltliche Erbringung einer sonstigen Leistung ohne USt
		8817	Erlöse aus Verkäufen immaterieller Vermögensgegenstände (bei Buchverlust)		U	AM 8930 -31	Verwendung von Gegenständen für Zwecke außerhalb des Unternehmens 7 % USt
		8818	Erlöse aus Verkäufen Finanzanlagen (bei Buchverlust)		U	AM 8932 -33	Unentgeltliche Erbringung einer sonstigen Leistung 7 % USt
	G K	8819	Erlöse aus Verkäufen Finanzanlagen 100 %/50 % nicht abzugsfähig (inländische Kap. Ges.) (bei Buchverlust)[9]			R 8934	
Sonstige betriebliche Erträge	U	AM 8820 -26	Erlöse aus Verkäufen Sachanlagevermögen 16 % USt (bei Buchgewinn)		U	AM 8935 -37	Unentgeltliche Zuwendung von Gegenständen 16 % USt
						R 8938 8939	Unentgeltliche Zuwendung von Gegenständen ohne USt
	U	AM 8827	Erlöse aus Verkäufen Sachanlagevermögen steuerfrei § 4 Nr. 1a UStG (bei Buchgewinn)				
	U	AM 8828	Erlöse aus Verkäufen Sachanlagevermögen steuerfrei § 4 Nr. 1b UStG (bei Buchgewinn)	Umsatzerlöse	U	AM 8940 -43	Unentgeltliche Zuwendung von Waren 16 % USt
						R 8944	
		8829	Erlöse aus Verkäufen Sachanlagevermögen (bei Buchgewinn)		U	AM 8945 -47	Unentgeltliche Zuwendung von Waren 7 % USt
		R 8830 -36				R 8948	
		8837	Erlöse aus Verkäufen immaterieller Vermögensgegenstände (bei Buchgewinn)			8949	Unentgeltliche Zuwendung von Waren ohne USt
		8838	Erlöse aus Verkäufen Finanzanlagen (bei Buchgewinn)			8950	Nicht steuerbare Umsätze (Innenumsätze)
	G K	8839	Erlöse aus Verkäufen Finanzanlagen 100 %/50 % steuerfrei (inländische Kap. Ges.) (bei Buchgewinn)[9]			8955	Umsatzsteuervergütungen
				Erhöhung des Bestands an fertigen und unfertigen Erzeugnissen oder Verminderung des Bestands an fertigen und unfertigen Erzeugnissen		8960	Bestandsveränderungen – unfertige Erzeugnisse
						8970	Bestandsveränderungen – unfertige Leistungen
Umsatzerlöse		8900	Unentgeltliche Wertabgaben				
		8905	Entnahme von Gegenständen ohne USt				
		8906	Verwendung von Gegenständen für Zwecke außerhalb des Unternehmens ohne USt[1]	Erhöhung des Bestands in Ausführung befindlicher Bauaufträge oder Verminderung des Bestands in Ausführung befindlicher Bauaufträge		8975	Bestandsveränderungen – in Ausführung befindliche Bauaufträge
		R 8908 -09					
	U	AM 8910 -13	Entnahme durch den Unternehmer für Zwecke außerhalb des Unternehmens (Waren) 16 % USt				
		R 8914					
	U	AM 8915 -17	Entnahme durch den Unternehmer für Zwecke außerhalb des Unternehmens (Waren) 7 % USt				
		8918	Verwendung von Gegenständen für Zwecke außerhalb des Unternehmens ohne USt (Telefon-Nutzung)[1]	Erhöhung des Bestands in Arbeit befindlicher Aufträge oder Verminderung des Bestands in Arbeit befindlicher Aufträge		8977	Bestandsveränderungen – in Arbeit befindliche Aufträge
		8919	Entnahme durch den Unternehmer für Zwecke außerhalb des Unternehmens (Waren) ohne USt				

GuV-Posten[2]	Programm-verbindung[4]	8 Erlöskonten	Bilanz-Posten[2]	Programm-verbindung[4]	9 Vortrags-, Kapital- und statistische Konten
Erhöhung des Bestands an fertigen und unfertigen Erzeugnissen oder *Verminderung des Bestands an fertigen und unfertigen Erzeugnissen*		8980 Bestandsveränderungen – fertige Erzeugnisse			KU 9000-9999 **Vortragskonten** S 9000 Saldenvorträge, Sachkonten F 9001 Saldenvorträge, Sachkonten -07 S 9008 Saldenvorträge, Debitoren S 9009 Saldenvorträge, Kreditoren F 9060 Offene Posten aus 1990 F 9069 Offene Posten aus 1999 F 9070 Offene Posten aus 2000 F 9071 Offene Posten aus 2001 F 9072 Offene Posten aus 2002 F 9073 Offene Posten aus 2003 F 9074 Offene Posten aus 2004 F 9075 Offene Posten aus 2005 **F 9076 Offene Posten aus 2006**[1]
Andere aktivierte Eigenleistungen		8990 Andere aktivierte Eigenleistungen			**F 9090 Summenvortragskonto** F 9091 Offene Posten aus 1991 F 9092 Offene Posten aus 1992 F 9093 Offene Posten aus 1993 F 9094 Offene Posten aus 1994 F 9095 Offene Posten aus 1995 F 9096 Offene Posten aus 1996 F 9097 Offene Posten aus 1997 F 9098 Offene Posten aus 1998 **Statistische Konten für Betriebswirtschaftliche Auswertungen (BWA)** F 9101 Verkaufstage F 9102 Anzahl der Barkunden F 9103 Beschäftigte Personen F 9104 Unbezahlte Personen F 9105 Verkaufskräfte F 9106 Geschäftsraum m^2 F 9107 Verkaufsraum m^2 F 9116 Anzahl Rechnungen F 9117 Anzahl Kreditkunden monatlich F 9118 Anzahl Kreditkunden aufgelaufen 9120 Erweiterungsinvestitionen F 9130 [7] -31 9135 Auftragseingang im Geschäftsjahr 9140 Auftragsbestand F 9190 Gegenkonto für statistische Mengeneinheiten Konten 9101-9107 und Konten 9116-9118 9199 Gegenkonto zu Konten 9120, 9135-9140 **Statistische Konten für den Kennziffernteil der Bilanz** F 9200 Beschäftigte Personen F 9201 [7] -08 F 9209 Gegenkonto zu 9200 9210 Produktive Löhne 9219 Gegenkonto zu 9210 **Statistische Konten zur informativen Angabe des gezeichneten Kapitals in anderer Währung**
			Gezeichnetes Kapital in DM		F 9220 Gezeichnetes Kapital in DM (Art. 42 Abs. 3 S. 1 EGHGB)
			Gezeichnetes Kapital in Euro		F 9221 Gezeichnetes Kapital in Euro (Art. 42 Abs. 3 S. 2 EGHGB) F 9229 Gegenkonto zu 9220-9221

Bilanz-Posten[2]	Programm-verbindung[4]	9 Vortrags-, Kapital- und statistische Konten	Bilanz-Posten[2]	Programm-verbindung[4]	9 Vortrags-, Kapital- und statistische Konten
		Passive Rechnungsabgrenzung 9230 Baukostenzuschüsse 9232 Investitionszulagen 9234 Investitionszuschüsse 9239 Gegenkonto zu Konten 9230-9238 9240 Investitionsverbindlichkeiten bei den Leistungsverbindlichkeiten 9241 Investitionsverbindlichkeiten aus Sachanlagenkäufen bei Leistungsverbindlichkeiten 9242 Investitionsverbindlichkeiten aus Käufen von immateriellen Vermögensgegenständen bei Leistungsverbindlichkeiten 9243 Investitionsverbindlichkeiten aus Käufen von Finanzanlagen bei Leistungsverbindlichkeiten 9244 Gegenkonto zu Konten 9240-9243 9245 Forderungen aus Sachanlagenverkäufen bei sonstigen Vermögensgegenständen 9246 Forderungen aus Verkäufen immaterieller Vermögensgegenstände bei sonstigen Vermögensgegenständen 9247 Forderungen aus Verkäufen von Finanzanlagen bei sonstigen Vermögensgegenständen 9249 Gegenkonto zu Konten 9245-9247 **Eigenkapitalersetzende Gesellschafterdarlehen** 9250 Eigenkapitalersetzende Gesellschafterdarlehen 9255 Ungesicherte Gesellschafterdarlehen mit Restlaufzeit größer 5 Jahre 9259 Gegenkonto zu 9250 und 9255 **Aufgliederung der Rückstellungen** 9260 Kurzfristige Rückstellungen 9262 Mittelfristige Rückstellungen 9264 Langfristige Rückstellungen, außer Pensionen 9269 Gegenkonto zu Konten 9260-9268 **Statistische Konten für in der Bilanz auszuweisende Haftungsverhältnisse** 9270 Gegenkonto zu 9271-9279 (Soll-Buchung) 9271 Verbindlichkeiten aus der Begebung und Übertragung von Wechseln 9272 Verbindlichkeiten aus der Begebung und Übertragung von Wechseln gegenüber verbundenen Unternehmen 9273 Verbindlichkeiten aus Bürgschaften, Wechsel- und Scheckbürgschaften 9274 Verbindlichkeiten aus Bürgschaften, Wechsel- und Scheckbürgschaften gegenüber verbundenen Unternehmen 9275 Verbindlichkeiten aus Gewährleistungsverträgen 9276 Verbindlichkeiten aus Gewährleistungsverträgen gegenüber verbundenen Unternehmen 9277 Haftung aus der Bestellung von Sicherheiten für fremde Verbindlichkeiten 9278 Haftung aus der Bestellung von Sicherheiten für fremde Verbindlichkeiten gegenüber verbundenen Unternehmen 9279 Verpflichtungen aus Treuhandvermögen	Einlagen stiller Gesellschafter Steuerrechtlicher Ausgleichsposten	G K	**Statistische Konten für die im Anhang anzugebenden sonstigen finanziellen Verpflichtungen** 9280 Gegenkonto zu 9281-9284 9281 Verpflichtungen aus Miet- und Leasingverträgen 9282 Verpflichtungen aus Miet- und Leasingverträgen gegenüber verbundenen Unternehmen 9283 Andere Verpflichtungen gem. § 285 Nr. 3 HGB 9284 Andere Verpflichtungen gem. § 285 Nr. 3 HGB gegenüber verbundenen Unternehmen 9290 Statistisches Konto steuerfreie Auslagen 9291 Gegenkonto zu 9290 9292 Statistisches Konto Fremdgeld 9293 Gegenkonto zu 9292 9295 Einlagen stiller Gesellschafter 9297 Steuerrechtlicher Ausgleichsposten F 9300 [7] -20 F 9326 [7] -43 F 9346 [7] -49 F 9357 [7] -60 F 9365 [7] -67 F 9371 [7] -72 F 9399 [7] **Privat Teilhafter (für Verrechnung Gesellschafterdarlehen mit Eigenkapitalcharakter - Konto 9840-9849)** 9400 Privatentnahmen allgemein -09 9410 Privatsteuern -19 9420 Sonderausgaben beschränkt abzugsfähig -29 9430 Sonderausgaben unbeschränkt abzugsfähig -39 9440 Zuwendungen, Spenden -49 9450 Außergewöhnliche Belastungen -59 9460 Grundstücksaufwand -69 9470 Grundstücksertrag -79 9480 Unentgeltliche Wertabgaben -89 9490 Privateinlagen -99

SKR 03

Bilanz-Posten[2]	Programm-verbindung[4]	9 Vortrags-, Kapital- und statistische Konten	Bilanz-Posten[2]	Programm-verbindung[4]	9 Vortrags-, Kapital- und statistische Konten
		Statistische Konten für die Kapitalkontenentwicklung			**Ausgleichsposten für aktivierte eigene Anteile und Bilanzierungshilfen**
		9500 Anteil für Konto 0900-09 -09 Teilhafter			9880 Ausgleichsposten für aktivierte eigene Anteile
		9510 Anteil für Konto 0910-19 -19 Teilhafter			9882 Ausgleichsposten für aktivierte Bilanzierungshilfen
		9520 Anteil für Konto 0920-29 -29 Teilhafter[12]			**Nicht durch Vermögenseinlagen gedeckte Entnahmen**
		9530 Anteil für Konto 0830-39 -39 /9950-59 Teilhafter[8]			9883 Nicht durch Vermögenseinlagen gedeckte Entnahmen persönlich haftender Gesellschafter
		9540 Anteil für Konto 0810-19 -49 /9930-39 Vollhafter[8]			9884 Nicht durch Vermögenseinlagen gedeckte Entnahmen Kommanditisten
		9550 Anteil für Konto 9810-19 -59 Vollhafter			**Verrechnungskonto für nicht durch Vermögenseinlagen gedeckte Entnahmen**
		9560 Anteil für Konto 9820-29 -69 Vollhafter			
		9570 Anteil für Konto 0870-79 -79 Vollhafter			9885 Verrechnungskonto für nicht durch Vermögenseinlagen gedeckte Entnahmen persönlich haftender Gesellschafter
		9580 Anteil für Konto 0880-89 -89 Vollhafter			
		9590 Anteil für Konto 0890-99 -99 Vollhafter[12]			9886 Verrechnungskonto für nicht durch Vermögenseinlagen gedeckte Entnahmen Kommanditisten
		9600 Name des Gesellschafters -09 Vollhafter			**Steueraufwand der Gesellschafter**
		9610 Tätigkeitsvergütung -19 Vollhafter			
		9620 Tantieme -29 Vollhafter			9887 Steueraufwand der Gesellschafter
		9630 Darlehensverzinsung -39 Vollhafter			9889 Gegenkonto zu 9887
		9640 Gebrauchsüberlassung -49 Vollhafter			**Statistische Konten für Gewinnzuschlag**
		9650 Sonstige Vergütungen -89 Vollhafter			9890 Statistisches Konto für den Gewinnzuschlag nach §§ 6b, 6c und 7g EStG (Haben-Buchung)
		9690 Restanteil -99 Vollhafter		G K	9891 Statistisches Konto für den Gewinnzuschlag - Gegenkonto zu 9890
		9700 Name des Gesellschafters -09 Teilhafter			**Vorsteuer-/Umsatzsteuerkonten zur Korrektur der Forderungen/Verbindlichkeiten (EÜR)**
		9710 Tätigkeitsvergütung -19 Teilhafter			
		9720 Tantieme -29 Teilhafter			9893 Umsatzsteuer in den Forderungen zum allgemeinen Umsatzsteuersatz (EÜR)[13]
		9730 Darlehensverzinsung -39 Teilhafter			9894 Umsatzsteuer in den Forderungen zum ermäßigten Umsatzsteuersatz (EÜR)[13]
		9740 Gebrauchsüberlassung -49 Teilhafter			
		9750 Sonstige Vergütungen -79 Teilhafter			9895 Gegenkonto 9893-9894 für die Aufteilung der Umsatzsteuer (EÜR)[13]
		9780 Anteil für Konto 9840-49 -89 Teilhafter			9896 Vorsteuer in den Verbindlichkeiten zum allgemeinen Umsatzsteuersatz (EÜR)[13]
		9790 Restanteil -99 Teilhafter			9897 Vorsteuer in den Verbindlichkeiten zum ermäßigten Umsatzsteuersatz (EÜR)[13]
		9800 Lösch- und Korrekturschlüssel			
		9801 Lösch- und Korrekturschlüssel			9899 Gegenkonto 9896-9897 für die Aufteilung der Vorsteuer (EÜR)[13]
		Kapital Personenhandelsgesellschaft Vollhafter			**Statistische Konten zu § 4 (4a) EStG**
		9810 Gesellschafter Darlehen -19			9910 Gegenkonto zur Korrektur der Entnahmen § 4 (4a) EStG[1]
		9820 Verlust-/Vortragskonto -29			9911 Korrektur der Entnahmen § 4 (4a) EStG (Haben)[1]
		9830 Verrechnungskonto für Einzahlungsverpflichtungen -39			**Ausstehende Einlagen**
		Kapital Personenhandelsgesellschaft Teilhafter			
		9840 Gesellschafter-Darlehen -49			9920 Ausstehende Einlagen auf das Komplementär-Kapital, nicht eingefordert[1] -29
		9850 Verrechnungskonto für Einzahlungsverpflichtungen -59			9930 Ausstehende Einlagen auf das Komplementär-Kapital, eingefordert[1] -39
		Einzahlungsverpflichtungen im Bereich der Forderungen			9940 Ausstehende Einlagen auf das Kommandit-Kapital, nicht eingefordert[1] -49
		9860 Einzahlungsverpflichtungen persönlich haftender Gesellschafter -69			
		9870 Einzahlungsverpflichtungen Kommanditisten -79			9950 Ausstehende Einlagen auf das Kommandit-Kapital, eingefordert[1] -59

Bilanz-Posten[2]	Programm-verbindung[4]	9 Vortrags-, Kapital- und statistische Konten	Bilanz-Posten[2]	Programm-verbindung[4]	9 Vortrags-, Kapital- und statistische Konten
		Personenkonten			
Sollsalden: Forderungen aus Lieferungen und Leistungen		10000 -69999 Debitoren			
Habensalden: Sonstige Verbindlichkeiten					
Habensalden: Verbindlichkeiten aus Lieferungen und Leistungen		70000 -99999 Kreditoren			
Sollsalden: Sonstige Vermögensgegenstände					

Erläuterungen zu den Kontenfunktionen:
Zusatzfunktionen (über einer Kontenklasse):
- KU Keine Errechnung der Umsatzsteuer möglich
- V Zusatzfunktion „Vorsteuer"
- M Zusatzfunktion „Umsatzsteuer"

Hauptfunktionen (vor einem Konto)
- AV Automatische Errechnung der Vorsteuer
- AM Automatische Errechnung der Umsatzsteuer
- S Sammelkonten
- F Konten mit allgemeiner Funktion
- R Diese Konten dürfen erst dann bebucht werden, wenn ihnen eine andere Funktion zugeteilt wurde.

Hinweise zu den Konten sind durch Fußnoten gekennzeichnet:
1) Konto für das Buchungsjahr 2006 neu eingeführt
2) Bilanz- und GuV-Posten große Kapitalgesellschaft GuV-Gesamtkostenverfahren Tabelle S4003
3) Diese Konten können mit BU-Schlüssel 10 bebucht werden. Das EG-Land und der ausländische Steuersatz werden über das EG-Fenster eingegeben.
4) Kontenbezogene Kennzeichnung der Programmverbindung in Kanzlei-Rechnungswesen/Bilanz zu Umsatzsteuererklärung (U), Gewerbesteuer (G) und Körperschaftsteuer (K).
Da bei Erstellung des SKR-Formulars die Steuererklärungsformulare noch nicht vorlagen, können sich Abweichungen zwischen den in der Programmverbindung berücksichtigten Konten und den Programmverbindungskennzeichen ergeben.
5) Programmseitige Reduzierung des vollen Betrags auf die gewerbesteuerlich relevante Höhe
6) Die Konten 0930 Sonderposten mit Rücklageanteil, steuerfreie Rücklagen und 0940 Sonderposten mit Rücklageanteil, Sonderabschreibungen gelten für Sachverhalte, die in diesen Kontenbereichen nicht als spezieller Sachverhalt auf Einzelkonten dargestellt sind.
7) Diese Konten werden für die BWA-Formen 03, 10 und 70 mit statistischen Mengeneinheiten bebucht und wurden mit der Umrechnungssperre, Funktion 18000 belegt.
8) Kontenbeschriftung in 2006 geändert
9) An der Schnittstelle zu GewSt werden die Erträge zu 50 % als steuerfrei und die Aufwendungen zu 50 % als nicht abziehbar behandelt.
An der Schnittstelle zu KSt werden die Erträge zu 100 % als steuerfrei und die Aufwendungen zu 100 % als nicht abziehbar behandelt.
Siehe § 3 Nr. 40 EStG, § 3c EStG und § 8b KStG.
10) Diese Konten haben ab Buchungsjahr 2005 nicht mehr die Zusatzfunktion KU. Bitte verwenden Sie diese Konten nur noch in Verbindung mit einem Gegenkonto mit Geldkontenfunktion.
11) Das Konto wird ab Buchungsjahr 2004 nur noch für Auswertungen mit Vorjahresvergleich benötigt.
12) Die Konten haben in den Zuordnungstabellen (ZOT) S 5203 und S 0503 Eigenkapitalcharakter. In allen anderen ZOT für Personengesellschaften werden diese Konten im Fremdkapital ausgewiesen.
13) Das Konto wurde ab 2004 für die Gewinnermittlung nach § 4 Abs. 3 EStG eingeführt.
Nach § 60 Abs. 4 EStDV ist bei einer Gewinnermittlung nach § 4 Abs. 3 EStG der Steuererklärung ein amtlich vorgeschriebener Vordruck beizufügen, -Einnahmenüberschussrechnung - EÜR-.
14) Diese Konten empfehlen wir für die Einrichtung der Kontenfunktion für die automatische Umbuchung der abzugsfähigen Bewirtungskosten mit 7 % (Konto 4656) und 0 % (Konto 4657) Vorsteuerabzug.
15) Die wurden zur Aufteilung nach Steuersätzen am Jahresende eingerichtet und sollten unterjährig nicht bebucht werden. Bitte beachten Sie die Buchungsregeln im Dok.-Nr. 1012932 der Informations-Datenbank.
16) Das Konto wird ab dem Buchungsjahr 2007 gelöscht.
17) Das Konto wird in Körperschaftsteuer ausschließlich in die Positionen „Eigen-/Nennkapital zum Schluss des vorangegangenen Wirtschaftsjahres" übernommen.

Bedeutung der Steuerschlüssel:
1 Umsatzsteuerfrei (mit Vorsteuerabzug)
2 Umsatzsteuer 7 %
3 Umsatzsteuer 16 %
4 gesperrt
5 Umsatzsteuer 15 %
6 gesperrt
7 Vorsteuer 15 %
8 Vorsteuer 7 %
9 Vorsteuer 16 %

Nachschlagewerke zu Buchungsfällen:
Bei Fragen zu besonderen Buchungssachverhalten im Bereich der Finanzbuchführung und Jahresabschluss bietet die DATEV folgende Nachschlagewerke an:

Buchungs-ABC (Art.-Nr. 10 013)
Buchungsregeln für den Jahresabschluss
(Art.-Nr. 36 020 oder Dok.-Nr. 0907735 auf der Informations-Datenbank)

Bedeutung der Berichtigungsschlüssel:
1 Steuerschlüssel bei Buchungen mit einem EG-Tatbestand ab Buchungsjahr 1993
2 Generalumkehr
3 Generalumkehr bei aufzuteilender Vorsteuer
4 Aufhebung der Automatik
5 Individueller Umsatzsteuer-Schlüssel
6 Generalumkehr bei Buchungen mit einem EG-Tatbestand ab Buchungsjahr 1993
7 Generalumkehr bei individuellem Umsatzsteuer-Schlüssel
8 Generalumkehr bei Aufhebung der Automatik
9 Aufzuteilende Vorsteuer

Bedeutung der Steuerschlüssel bei Buchungen mit einem EG-Tatbestand (6. und 7. Stelle des Gegenkontos):
10 nicht steuerbarer Umsatz in Deutschland (Steuerpflicht im anderen EG-Land)
11 Umsatzsteuerfrei (mit Vorsteuerabzug)
12 Umsatzsteuer 7 %
13 Umsatzsteuer 16 %
15 Umsatzsteuer 15 %
17 Umsatzsteuer/ Vorsteuer 15 %
18 Umsatzsteuer/ Vorsteuer 7 %
19 Umsatzsteuer/ Vorsteuer 16 %

Bedeutung der Generalumkehrschlüssel bei Buchungen mit einem EG-Tatbestand (6. und 7. Stelle des Gegenkontos):
60 nicht steuerbarer Umsatz in Deutschland (Steuerpflicht im an deren EG-Land)
61 Umsatzsteuerfrei (mit Vorsteuerabzug)
62 Umsatzsteuer 7 %
63 Umsatzsteuer 16 %
65 Umsatzsteuer 15 %
67 Umsatzsteuer/ Vorsteuer 15 %
68 Umsatzsteuer/ Vorsteuer 7 %
69 Umsatzsteuer/ Vorsteuer 16 %

Bedeutung der Steuerschlüssel 91/92/94/95 und 46 (6. und 7. Stelle des Gegenkontos)
Umsatzsteuerschlüssel für die Verbuchung von Umsätzen, für die der Leistungsempfänger die Steuer nach § 13b UStG schuldet.

Beim Leistungsempfänger:
91 7 % Vorsteuer und 7 % Umsatzsteuer
92 ohne Vorsteuer und 7 % Umsatzsteuer
94 16 % Vorsteuer und 16 % Umsatzsteuer
95 ohne Vorsteuer und 16 % Umsatzsteuer

Die Unterscheidung der verschiedenen Sachverhalte nach § 13b UStG **erfolgt** nach Eingabe des Steuerschlüssels direkt bei der Erfassung des Buchungssatzes

Beim Leistenden:
46 Ausweis Kennzahl 60 der UStVA

Erläuterungen zur Kennzeichnung von Konten für die Programmverbindung zwischen Kanzlei-Rechnungswesen/Bilanz und Steuerprogrammen:

Die Erweiterung des Standardkontenrahmens um zusätzliche Konten und besondere Kennzeichen verbessert weiter die Integration der DATEV-Programme und erleichtert die Arbeit für Anwender von Kanzlei-Rechnungswesen/Bilanz, die gleichzeitig DATEV-Steuerprogramme nutzen. Steuerliche Belange können bereits während des Kontierens stärker berücksichtigt werden.
In der Spalte Programmverbindung werden die Konten gekennzeichnet, die über die Schnittstelle in Kanzlei-Rechnungswesen/Bilanz an das entsprechende Steuerprogramm Umsatzsteuererklärung (U), Gewerbesteuer (G) und Körperschaftsteuer (K) weitergegeben und an entsprechender Stelle der Steuerberechnung zu Grunde gelegt werden.
Die Kennzeichnung „G" und „K" an Standardkonten umfasst für die Weitergabe an Gewerbesteuer und Körperschaftsteuer auch die nachfolgenden Konten bis zum nächsten standardmäßig belegten Konto. Die Kennzeichnung „U" an Standardkonten stellt die Weitergabe an Umsatzsteuererklärung dar. Kontenbereiche werden nur weitergegeben, wenn sie im Standardkontenrahmen ausgewiesen sind (z. B. AM 8400-09).
Wegen der über weite Bereiche geschlossenen Kontenabfrage für Erbschaft- und Schenkungsteuer wird auf eine einzelne Kennzeichnung verzichtet. An Erbschaft- und Schenkungsteuer werden folgende Bereiche am Aktiv- und Passivkonten weitergegeben:

0010-0049	0513-0515	0947-0947	0996-1326
0079-0079	0520-0524	0950-0968	1330-1339
0129-0139	0540-0799	0970-0971	1350-1799
0159-0159	0810-0819	0973-0975	3970-3989
0189-0189	0830-0839	0977-0977	7000-7999
0199-0499	0934-0934	0979-0982	9930-9939
0505-0509	0938-0938	0984-0991	9950-9959

Nicht gekennzeichnet sind solche Konten, die lediglich eine rechnerische Hilfsfunktion im steuerlichen Sinne ausüben wie Löhne und Gehälter sowie Umsätze für die Berechnung des zulässigen Spendenabzugs im Rahmen von Gewerbesteuer und Körperschaftsteuer.
Abgebildet wird mit dem Kennzeichen der Programmverbindung, nicht der steuerliche Ursprung. Die Gewerbesteuer-Berechnung für Körperschaften ist in das Produkt Körperschaftsteuer integriert. Daher ist an Konten mit gewerbesteuerlichem Merkmal auch „K" für diese Programmverbindung zu finden.

Stichwortverzeichnis

Abschlagszahlungen 119 f., 362 f.
Abschlussgliederungsprinzip 80 f.
Abschreibung 86 ff.
Abschreibungsbetrag 87 ff.
Abschreibungssatz 87 ff.
AfA-Tabelle 88
Aktiv-Passiv-Mehrung 43
Aktiv-Passiv-Minderung 45
Aktiv-Tausch 42, 64
Aktiva 33 ff., 48 f., 165
Aktivkonto 48 ff., 73 f.
Anlagen im Bau 362 f.
Anlagengitter 360 f.
Anlagenkartei 24
Anlagenspiegel 360 f.
Anlagenverzeichnis 25 f., 356
Anlagevermögen 26 f, 35 ff., 79 ff., 332 f., 343 ff., 362
Annuitätendarlehen 302 f.
Anschaffung 343
Anschaffungskosten 18, 86 ff., 154, 172, 197 ff., 307 ff., 324 ff., 344 ff., 356 ff.
Anschaffungsnebenkosten 171 ff., 221 f., 324 f., 344 ff., 372 ff.
Anschaffungspreis 344
Anschaffungspreisminderungen 344
Anzahlung 120, 126
Arbeitgeberanteil 231 ff.
Arbeitgeberdarlehen 240 f.
Arbeitslosenversicherungsbeitrag 232
Arbeitnehmeranteil 231 ff.
Aufbewahrungsfrist 19 f.
Aufbewahrungspflichten 19 f.
Aufmerksamkeiten 267
Aufwand 4, 64 ff, 78, 89, 107, 118, 226, 387
Aufzeichnungspflichten 15 ff., 123
Ausfuhrlieferung 382
Aushilfskräfte 253
Auswärtstätigkeit 395 f.

Bardividende 330 f.
Barwertvergleichsmethode 308
Besitzwechsel 311 ff.
Besitzwechseldiskontierung 315 f.
Besitzwechseleingang 311 f.
Besitzwechseleinzug 312 f.
Besitzwechselweitergabe 314
Bestandskonto 48 ff., 73 f., 132, 92 165, 167, 335
Bestandsmehrung 101
Bestandsminderung 104
Bestandsveränderungen 24, 41 ff., 100 ff., 223 ff.

Bestandsverzeichnis 18, 25, 357
Besteuerungsgrundlage 2, 4 f., 13, 14
Betriebliches Rechnungswesen 1, 3, 4
Betriebsausgaben 17, 386 ff.
Betriebsmittel 3
Betriebssteuern 371 ff
Betriebsstoffe 219 ff.
Betriebsvermögensvergleich 71
Bewirtungsaufwendungen 391 ff.
Bezug von Waren 266 f.
Bezugskosten 171 ff.
Bezugspreis 213 ff
Bilanz 2, 19, 25, 32 ff., 41 ff., 48 ff., 67, 82, 360
Bilanzspalten 163
Bilanzverkürzung 45
Bilanzverlängerung 43
Bonus 197 ff.,
Bruttoarbeitslohn 231 ff.
Bruttoerlös 123
Bruttomethode (Personalwirtschaft) 232 ff.
Bruttomethode (Anlagenwirtschaft) 351 ff.
Bruttoverfahren 124, 201 f., 206
Buchführung 3 ff.
Buchführungserlass 1
Buchführungspflicht 7 ff.
Buchgewinn 351
Buchinventur 24
Buchungskreis 291
Buchungsliste 56
Buchungssatz 56 ff.
Buchverlust 351

Damnum 299 ff.
Darlehen 240 f., 299 ff.
Dauerfristverlängerung 130
Debitoren 74, 293 ff.
Dienstreise 395 ff.
Disagio 299 ff.
Diskont 315 ff.
Diskontkredit 315 ff.
Dividenden 322 ff.
Dividendenerträge 330 ff.
Domizilprovision 319

EDV-Journal 56
Effekten 322 ff.
Eigenkapital 4, 25, 32 ff., 41, 48 ff., 64 ff., 69 ff., 146 ff.

Eigenleistung 350
Einfuhr 15, 114, 176
Einfuhrumsatzsteuer 176
Einlagen, siehe Privateinlagen
1 %-Regelung 144, 149, 264 f.
Einzelkosten 219 f., 348
Einzelpauschalierung, siehe
   Pauschalierung
Entnahme von Gegenständen 139 ff.
Erfolg 1, 66, 90, 107
Erfolgsbilanz 163 ff.
Erfolgskonten 64 ff., 92, 165, 167, 226
Erfolgsvorgänge 66
Erlöse 97, 107, 184, 204 ff., 333, 351
Erlösschmälerungen 192 ff.
Eröffnungsbilanz 19, 32 ff.
Ertrag 4, 66, 78 ff., 107, 204 ff., 322, 375
Euro 287 ff.
Euroumrechnungsrücklage 290
Euro-Umrechnungskurse 287

Fahrtenbuchmethode 143 f., 148 f., 266
Fahrtkosten 395 ff.
Fälligkeitsdarlehen 301 ff.
Fertigungseinzelkosten 348
Fertigungsgemeinkosten 348 f.
Finanzamt 2, 112, 115, 123, 128,
Finanzierungs-Leasing 305
Finanzwirtschaft 279 ff.
Freistellungsauftrag 328
Fremdkapital 33 ff.

Gehälter 231 ff.
Geldentnahme 138 f.
Geldtransit 291 f.
Geldverrechnungskonten 291 ff.
Geldwerter Vorteil 258 ff.
Gemeinkosten 219 ff., 349
Geringfügige Beschäftigungen 247 ff.
Geringverdiener 239
Geringwertige Wirtschaftsgüter (GWG)
   18, 25, 356 ff.
Gesamtkostenverfahren 226
Gesamtpauschalierung, siehe
   Pauschalierung
Geschäftsreise 395 ff.
Geschäftsvorfall 3 f., 11 f., 41 f., 48 ff.
Geschenke 387 ff.
Gestellung von Kraftfahrzeugen 264 ff.
Gewerbebetrieb (Begriff) 7
Gewerbliche Unternehmer 7
Gewinn 1, 2, 9 f., 66, 69 ff., 156,
   165, 333, 372, 386

Gewinn- und Verlustkonto 69 ff., 91, 107,
   156 ff., 185 f., 226, 375. 394
Gewinn- und Verlustrechnung 2, 19, 71,
   82, 165 f.
Gleitzone 255 ff.
Grundbuch 56
Grundsätze ordnungsmäßiger
   Buchführung (GoB) 11 ff., 34 ff.
Gründungsbilanz, siehe Eröffnungsbilanz
Gutschrift 51, 190 ff.

Halbeinkünfteverfahren 328, 330 ff.
Handelsgesellschaften 8
Handelsgewerbe 7
Handelskalkulation 213 ff.
Handelsspanne 216 f.
Handlungskosten 213 ff.
Hauptabschlussübersicht 163 ff.
Hauptbuch 74, 293
Herstellungskosten 18, 86 ff., 154, 219,
   306 ff., 347 f., 356 ff.
Hilfsstoffe 3, 16, 219 ff.

Immobilien-Leasing 305
Industriebuchführung 219 ff.
Innergemeinschaftliche Lieferung 380 ff.,
Innergemeinschaftlicher Erwerb 15, 114,
   377 ff.
Inventar 19, 23, 25 ff., 32 ff.
Inventur 23 ff.,
Investitionsgüter-Leasing 305
Ist-Besteuerung 123

Jahresabschluss 19
Jahreszinsen 279 ff.
Journal 56
Just-in-time-Verfahren 97

Kalkulation 1, 173 f., 213 ff.
Kalkulationsfaktor 215 f.
Kalkulationszuschlag 214 f.
Kapital 1, 32 ff., 52, 67, 279 ff.
Kapitalertragsteuer 326 ff., 375 f.
Kaufmann 7 f., 11, 19, 23, 29
Kleinbetragsrechnung 117 f.
Kleingewerbetreibende 7 f.
Konsumgüter-Leasing 305
Kontenklassen 79 ff.
Konto 48 ff.
Kontokorrentbuch 74, 293
Kontokorrentkonto 293 f.
Kontenplan 78 ff.
Kontenrahmen 78 ff.
Körperschaftsteuer 371 ff.

Kosten 1, 112, 140 f., 213, 219 f.,
Kosten- und Leistungsrechnung 1,
Kostenrechnung 1
Krankenversicherungsbeitrag 232
Kurzfristige Beschäftigungen 253 f.
Kraftfahrzeugkosten 122 f.,
Kredit 299 ff.
Kreditoren 74, 293 ff.
Kursgewinn 333
Kursverlust 333

Lagebericht 2
Land- und Forstwirt 8, 9 f., 16 f., 23, 29, 32
Lastschrift 51
Laufende Kfz-Kosten 122 f.,
Leasing 305 ff.
Leasingrate 306 ff.
Leistungen i.S.d. § 13b UStG 114, 383 ff.
Leistungsempfänger 114, 383 ff.
Leistungsentnahme 138 ff.
Leistungsrechnung 1
Liquidität 26
Löhne 231 ff.
Lohnsteuer 232 ff.

Materialeinzelkosten 219, 348
Materialgemeinkosten 219, 348 f.
Mehrwert 112 ff.
Mobilien-Leasing 305

Nebenbuch 293
Netto-Bareinkaufspreis 213 ff.
Netto-Barverkaufspreis 213 ff.
Netto-Einstandspreis 213 ff.
Netto-Listeneinkaufspreis 213 ff.
Netto-Listenverkaufspreis 213 ff.
Netto-Zieleinkaufspreis 213 ff.
Netto-Zielverkaufspreis 213 ff.
Nettoarbeitslohn 231 ff.
Nettoerlös 123
Nettomethode (Personalwirtschaft) 235
Nettoverfahren 123, 201 f., 206
Neufahrzeuge 121 ff.
Nichtabzugsfähige Betriebsausgaben 386 ff.
Nutzungsentnahme 138 ff.
Operating-Leasing 305

Pacioli 1
Passiv-Tausch 41 ff.
Passiva 33 ff., 48 f.
Passivkonto 48 ff., 92, 123, 167
Pauschalierung 397 ff.
Pauschalsteuersatz 253 f.
Personalkosten 231 ff.

Personenkonten 74, 293 ff.
Pflegeversicherungsbeitrag 232
Planung 1
Preisabzüge 197 ff.
Preisnachlässe 197 ff., 344
Primanota 56
Privateinlagen 71, 138 ff., 154 ff.
Privatentnahmen 4, 5, 71, 138 ff.
Privatkonten 138 ff., 163, 167
Privatsteuern 376
Pro-rata-temporis 87
Prozentrechnung 279
Prozessgliederungsprinzip 80 f.

Rabatt 197 ff., 344
Ratendarlehen 302 ff.
Rechnung 16 f., 115 ff., 379, 391
Reingewinn 107
Reinvermögen 25 ff.
Reisekosten 395 ff.
Reisenebenkosten 395 f.
Rentenversicherungsbeitrag 232
Restbuchwert 351 ff.
Rohgewinn 98 f., 107
Rohstoffe 219 ff.
Rohverlust 98, 107
Rücksendung 190 ff.
Rundungsdifferenzen 289 f.

Sachanlagegüter 343 ff.
Sachbezüge 258 ff.
Sachentnahme 138 ff.
Sachkonto 74, 165, 293
Sachzuwendungen 258 ff.
Saldenbilanz 165 ff.
Säumniszuschlag 128
Schlussbilanz 165 ff.
Schlussbilanzkonto 53, 90, 92, 100, 103, 106, 132, 223 ff.
Schonfrist 128
Schulden 4, 23, 25, 26 f, 32 ff.
Schuldwechsel 311 ff.
Schuldwechselausgang 318
Schuldwechseleinlösung 319
Selbstkosten 1, 140, 213 f.
Skonto 197 ff., 344
Solidaritätszuschlag 233 ff., 328 ff., 375 f.
Soll-Besteuerung 123
Sondereinzelkosten der Fertigung 348
Sondervorauszahlung 130 ff.
Sonstige Bezüge 258
Sozialversicherungsbeiträge 232
Statistik 1

Steuerliche Nebenleistungen 376 f.
Steuern 371 ff.
Steuersatz 112
Stichtaginventur 24
Stückrechnung 1
Stückzinsen 325 ff.
Summarische Zinsrechnung 283
Summenbilanz 163 ff.

T-Konto 48
Tageszinsen 280 ff.
Teilwert 154 f.
Teilzeitbeschäftigte, siehe kurzfristige
 Beschäftigungen
Telefonnutzung 144 f., 151 f.
Transportkosten 171 ff., 183

Übernachtungskosten 395 ff.
Umbuchungsbilanz 163 ff.
Umlage 1 (U 1) 247
Umlaufvermögen 26 f., 35 ff., 79 f., 322 f.
Umrechnungskurse 287
Umsatz 9 f.
Umsatzsteuer 112 ff., 138 ff.
Umsatzsteuer-Traglast 112 ff.
Umsatzsteuer-Vorauszahlungen 128 ff.
Umsatzsteuer-Zahllast 112 ff.
Umsatzsteuerkonten 112 ff.
Unentgeltliche Leistungen 15, 114, 138 ff.
 - Lieferungen 139 ff.
 - sonstige Leistungen 142 ff.
Unfallversicherung 238
Unterkunft 258 ff.

Veräußerung 351 ff.
Verbindlichkeiten 32 ff., 43, 48 ff., 64, 190
Verlust 1, 4, 66, 69 ff., 156, 165, 333
Vermittlungsgebühren 171, 183
Vermögen 1, 2, 4, 25 f., 32 f., 48 ff., 64, 90
Vermögensgegenstände 23 ff., 32, 347
Vermögensteuer 375
Vermögenswirksame Leistungen 243 ff.

Verpflegung 262 f.
Verpflegungsmehraufwendungen 395 ff.
Verrechnungsmethode (Personalwirt-
 schaft) 236
Verspätungszuschlag 128, 376
Vertriebskosten 183 ff.
Voranmeldungszeitraum 128
Vorschaurechnung 1
Vorschüsse 240 ff.
Vorsteuer 112 ff.

Währungsrechnen 287 ff.
Warenausgang 16, 183 ff.
Warenbezugskosten 171 ff.
Wareneingang 16, 97 ff., 118, 171 ff., 190, 198 ff.
Wareneinsatz 98 ff., 107
Warenkonten 97 ff., 173 f.
Warenrücksendungen 190 ff.
Warenumsatz 98
Warenvertriebskosten 183 ff.
Wechsel 311 ff.
Werkstoffe 3
Wertpapiere 322 ff.
Wiederbeschaffungskosten 140
Wirtschaftsgut 23 ff.
Wohnung 258 ff.

Zeitanteilig 87
Zeitnah 24
Zeitraumrechnung 1
Zinsabschlagsteuer 328 ff., 375 f.
Zinsen 279 ff., 302 f., 313 ff., 325 ff.
Zinsersparnisse 241 f.
Zinsrechnung 279 ff.
Zinssatz 279 ff.
Zinsstaffelmethode 308 f.
Zinstage 281
Zinsteiler 280
Zinsvorteil 241 f.
Zinszahl 280
Zölle 171, 176, 183
Zwangsgeld 13

Lösungen zum Lehrbuch Buchführung 1 DATEV-Kontenrahmen 2006

Das Lösungsbuch zur Buchführung 1 hilft Ihnen, Ihre selbst erarbeiteten Lösungen zu den Aufgaben des Lehrbuches zu überprüfen.

Sind Sie vielleicht besonders lernhungrig oder fühlen Sie sich immer noch nicht sicher im Stoff?

Um Ihnen über die Angebote des Lehrbuches hinaus Übungsmaterial zur Verfügung zu stellen, wurde die 18., neubearbeitete und erweiterte Auflage des Lösungsbuches um zusätzliche Übungsaufgaben mit Lösungen zur Vertiefung Ihres Wissens erweitert.

Wir wünschen Ihnen viel Spaß beim Lernen und Erfolg in Ihren Prüfungen!

Mit zusätzlichen Aufgaben und Lösungen

18., neubearb. und erweit. Auflage 2006
ca. 175 S., EUR 18,90
ISBN 3-8349-0170-9

Ihr Bornhofen-Team:

StD, Dipl.-Hdl.
Manfred Bornhofen

Dipl.-Kfm., CPA
Martin Bornhofen

OStR, Dipl.-Hdl.
Markus Bütehorn

StB, Dipl.-Kfm. Dr.
Sebastian Gocksch

OStR, Dipl.-Kfm.
Reinhard Kintzel

Fw., Dipl.-Hdl., StD
Lothar Meyer

Änderungen vorbehalten. Stand: Mai 2006

Gabler Verlag · Abraham-Lincoln-Str. 46 · 65189 Wiesbaden · www.gabler.de

GABLER